지역 다양성과 사회 통합

세계 각국의 시민 - 정당 연계 동향과 쟁점

Ⅱ

지역 다양성과 사회 통합 II
세계 각국의 시민-정당 연계 동향과 쟁점

초판 1쇄 발행 2016년 2월 29일

지은이 윤종빈 · 정회옥 외

펴낸이 김선기
펴낸곳 (주)푸른길
출판등록 1996년 4월 12일 제16-1292호
주소 (08377) 서울시 구로구 디지털로 33길 48 대륭포스트타워 7차 1008호
전화 02-523-2907, 6942-9570~2
팩스 02-523-2951
이메일 purungilbook@naver.com
홈페이지 www.purungil.co.kr

ISBN 978-89-6291-344-6 93340

*이 도서의 국립중앙도서관 출판시도서목록(CIP)은 e-CIP홈페이지(http://www.nl.go.kr/ecip)
와 국가자료공동목록시스템(http://www.nl.go.kr/kolisnet)에서 이용하실 수 있습니다.(CIP제
어번호: CIP2016005314)

이 저서는 2013년 정부(교육부)의 재원으로 한국연구재단의 지원을 받아 수행된 연구임(NRF-
2013S1A3A2042859).

지역 다양성과 사회 통합

미래정치연구소 학술 총서 시리즈 03

세계 각국의 시민-정당 연계 동향과 쟁점

미래정치연구소 편

윤종빈 · 정회옥 · 김윤실 · 김진주 · 하종민 · 김소정
원명재 · 고혜빈 · 이송은 · 손현지 · 전미소

푸른길

Regional Diversity and Social Integration

Trends and Issues of Citizens-Parties Linkages in the World

Korea Institute for Future Politics
by Jong Bin Yoon and Hoi Ok Jeong

PURUNGIL

책을 내면서

사회 갈등의 완화와 해소는 전 세계적으로 정치의 공통된 지향점이며 최근 한국 사회에서도 통합은 중요한 화두로 떠올랐다. 주지하다시피 한국 사회의 통합 수준은 세계 여러 국가들에 비해 상당히 낮은 수준에 있다. 삼성경제연구소의 2009년 보고서에 따르면 한국의 사회 갈등 지수는 0.71로 OECD 회원국 평균(0.44)에 비해 1.5배 정도 높은 것으로 조사되었다. 한편 한국보건사회연구원이 최근 발표한 보고서에 따르면 2011년 기준 한국의 사회 갈등 수준은 OECD 국가 중 다섯 번째로 높은 것으로 나타났다. 이러한 조사 결과들은 한국 사회의 분열과 양극화의 정도가 심각한 수준에 있음을 여실히 보여 준다. 정치, 경제, 사회적 분열로 인해 사회 구성원 간의 화합과 소통이 부족한 한국의 현 상황은 사회 통합에 대한 학문적 관심의 필요성을 강하게 제기한다.

본 학술 도서는 2013년도 한국연구재단의 한국사회과학연구지원(Social Science Korea, SSK) 사업에 선정된 명지대학교 연구팀의 여러 연구 과제 중의 하나로 기획되었다. 최장 10년간의 연구 계획을 수립하였고 초기 3년간의 연구 의제는 [지역 다양성과 사회 통합]이다. 구체적인 연구 과제명은 '대의 민주주의 강화를 위한 시민-정당 연계 모델과 사회 통합'이다. 정당을 포함한 정치권이 시민들과 접촉하고 소통함으로써 대의 민주주의를 강화하고 궁극적으로 사회 통합을 이룰 수 있다는 이론적 관점에서 경험적 연구를 진행하고 있으며, 실제적으로 한국 사회의 통합에 기여하는 연구가 되고자 고민하는 과정에서 본 학술 도서를 기획하게 되었다. 본 학술 도서는 한국 사회의 통합을 저해하는 요인이 무엇인지 그리고 분열된 한국 사회를 통합하기 위해 무엇을 해야 하는지에 대한 해답을 찾고자 하는 데 그 목적이 있다.

본 연구의 목표는 크게 세 가지이다.

첫째, 그동안 사회 통합은 경제적, 사회적, 문화적 영역에서 주로 논의되었지만 본 연구는 정치적 측면에서의 사회 통합에도 관심을 기울여야 한다는 필요성을 제기한다. 사회 통합은 경제적 빈곤자나 사회적 소수자를 사회가 끌어안는다는 협의의 의미도 있지만, 이를 넘어서 시민의 참여와 책임의식, 신뢰, 그리고 사회적 네크워크 활성화라는 광의의 의미도 갖고 있기에 정치를 포함한 여러 측면이 함께 논의되어야 시너지 효과를 창출할 수 있을 것이다.

둘째, 대의 민주주의의의 강화를 통한 사회 갈등의 완화와 사회 통합의 제고라는 이론적 틀을 확립한다. 본 연구는 한국의 사회 통합을 저해하는 주요 요인으로서 시민-정당 간의 연계 약화로 인한 정치적 대표 실패와 대의 민주주의 약화 현상에 주목한다. 정당은 사회 속의 다양한 이익을 집약하고 이해관계를 제도화된 형태로 표출하는 본연의 기능을 가지고 있다. 현재와 같이 정당 정치가 제대로 작동하지 못할 때 정치에 대한 시민들의 신뢰가 낮아지고 사회의 갈등과 대립이 증폭될 수밖에 없다. 다시 말해 정당 본연의 대의 기능을 회복함으로써 시민에 대한 책임성과 대표성을 제고하는 것이 우리 사회의 갈등을 줄이고 소통과 통합에 기여하는 가장 효과적인 방법이라는 것이다.

마지막으로, 연구의 스펙트럼을 한국에만 국한하지 않고 동유럽, 유럽의회, 미국, 일본 등 세계 다양한 지역까지 포함한 비교 분석을 통해 한국적 사회 통합 방안을 모색한다. 세계 여러 나라들은 사회 통합의 수준에 있어서 각기 다양한 상황을 보여 주고 있으며, 이들 국가들이 사회적 분열이라는 문제를 해결하기 위해 사용한 전략도 지역적 특성에 따라 다양하다. 이러한 지역적 다양성을 적극 활용한 지역 간 비교는 한국 사회의 통합 모색에 매우 유효할 것이다. 민주주의 제도화의 수준이 높은 미국과 일본 정당의 과거 및 현재의 생존 전략을 연구함과 동시에 제도화가 중간 수준(유럽의회) 혹은 하위 수준(동유럽)인 정치 체제의 정당에 대한 연구를 진행함으로써 우리 사회의 통합 과정에서 발생할 수 있는 문제점을 예견하고 방향성을 찾는 것이 본 연구팀이 선택한 핵심 전략이다.

본 학술 도서는 크게 다섯 개의 영역으로 나누어져 있으며 동유럽, 유럽의회, 미국, 일본, 한국의 지역별 동향 및 쟁점을 제시하고 있다. 우선 제1부에서는 반정부 시위와 이민, 난민 문제를 겪고 있지만 대의 민주주의 강화를 위해 노력하고 있는 동유럽 사례를 다룬다. 폴란드, 헝가리, 체코를 포함한 동유럽 지역의 신생 민주주의 국가들은 1980년대 후반 이후 공산당 일당 지배 체제가 무너지면서 짧은 기간에 절차적 민주주의를 확보하고 정당 체제의 제도화를 이루었다. 한국 정당 정치의 현실과 문제점은 서구 민주주의 국가들보다는 오히려 동유럽의 구공산권 국가들의 역사적 경험과 더욱 유사하다. 동유럽 사례에 대한 분석은 우리 정당 정치를 개혁하고 정치 참여를 확대해 궁극적인 사회 통합을 실현하는 데 흥미로운 시사점을 줄 것으로 판단된다. 동유럽 지역에 대한 기존 연구들은 경험적 자료가 충분치 않다는 한계가 있지만, 본 학술 도서가 제공하는 동유럽 지역에 대한 풍부하고 생생한 정보와 동향은 귀중한 토대 자료로서 관련 연구에 기여할 것이다.

제2부는 극우주의 세력의 강화와 유럽연합의 분열 위기를 겪고 있는 유럽의회를 살펴본다. 1979년에 와서야 유럽의회 의원을 선출하는 직접 선거가 최초로 이루어졌다는 점을 고려하면 유럽의회 내 정당(European Political Groups, EPG)의 발전은 비교적 짧은 제도화의 역사를 지니고 있다. 또한 유럽의회 내 정당들은 유럽 국가 내 일반적인 정당들과 달리 역사적 사회 균열에 따라 발전한 것이 아니라 유사한 이념을 공유하는 유럽 각국 정당들의 연합으로 구성되기 때문에, 사회적 지지 기반이 약하고 제도적으로 유럽 시민들의 선호를 직접적으로 대표하기 힘든 제한적인 상황에 놓여 있다. 이러한 유럽의회의 역사적·맥락적 환경은 우리 사회의 통합 문제를 논의하는 데 중요한 시사점을 제공해 줄 수 있을 것이다.

제3부에서는 반복되는 분점 정부의 갈등 속에서 화합의 가능성을 찾고자 하는 미국 정치의 동향과 쟁점을 다룬다. 이민 개혁, 안보 위협, 인종 차별, 성소수자 문제, 총기 사고 등 다양한 이슈를 둘러싼 미국 사회의 분열이 어떤 형태를 띠고 있으며 어떠한 방식으로 해결되고 있는지 살펴본다. 미국의 정당들은 유권자와의 연계를 유지하고 강화하기 위해 끊임없이 노력하고 있다는 점에서 한국의 대의제 강화를 논의하는 데 유용한 함의를 제공할 것이다. 미국 정당들은 단순히 의회 내 활동뿐만 아니라 각 지역의 풀뿌리 조직을 활성화하기 위해 노력하고 있으며 시민들과의 접촉을 강화하기 위해 다양한 논의를 진행하고 있기 때문이다.

제4부는 아베 총리의 장기 집권과 그에 맞서는 야당의 결속 노력이라는 측면에서 일본 사례를 살펴본다. 일본은 미국과 더불어 선진 민주주의 국가 중의 하나라 할 수 있지만 지속적으로 시민-정당 간의 연계 약화 문제가 제기되고 있다. '1955년 체제'라 불리는 자민당 일당 우위의 정당 체제에서 일본 정당과 시민의 연계는 이념적 차원보다는 개별적 접촉과 물질적 보상에 기반을 둔 후견인적 연계의 형태를 취하게 되었다. 하지만 1990년대 들어 후견인적 연계가 해체되어 가고 있음에도 새로운 연계의 틀이 갖추어지지 못한 상황이다. 이러한 일본 정당들의 경험은 한국 사회의 갈등을 해소하는 과정에서 반면교사로 삼을 수 있을 것이다.

제5부에서는 한국의 동향과 쟁점을 소개한다. 파행의 연속과 소통 부족의 정치를 보여 주는 한국 정치를 생생하게 분석함으로써 독자들에게 한국 사회의 갈등 양상에 대한 심도 있는 정보를 제공하고자 노력하였다. 본 학술 도서는 지난해 미래정치연구소 학술 총서의 첫 번째 결과물이었던 『지역 다양성과 사회 통합 - I』의 후속 도서이다. 이후에도 한국 사회의 통합과 대의 민주주의 강화 방안을 제시하는 후속 시리즈뿐만 아니라 정당과 관련된 다양한 이론적 쟁점과 정치 현실 분석을 담은 추가적인 연구 총서가 계속해서 발간될 수 있기를 기대한다. 본 연구팀의 학문적 연구 결과물의 축적이 현실 사회에 실제적 적용으로 연결될 수 있으리라 믿으며, 이를 통해 한국 사회의 갈등 해소와 분열 치유의 과정이 본격화되기를 희망해 본다.

지난 2년여 간의 연구 기간 동안 참여 연구원 7명은 매달 열린 월례 발표회에 빠짐없이 참석하여 다양한 해외 지역의 동향과 쟁점에 대한 진지한 고민을 함께하였고 때로는 치열한 학술적 논쟁을 벌이기도 하였다. 공동 연구원으로서 박경미(전북대 정치외교학과)·유성진(이화여대 스크랜튼학부)·장승진(국민대 정치외교학과)·한의석(성신여대 정치외교학과)·한정훈(숭실대 정치외교학과) 교수님의 노고가 매우 소중했다. 연구 자료 수집과 정리를 담당한 명지대 대학원생 김윤실·김진주 연구원, 그리고 금년에 새로이 팀에 합류한 김소정 학생을 포함한 명지대 정치외교학과 학부생 연구 보조원들에게도 감사의 마음을 전한다. 마지막으로 출판을 적극 지원해 주신 출판사 푸른길의 김선기 대표님과 편집 담당 선생님들께도 진심으로 감사의 마음을 전한다.

2016년 2월

저자들을 대신하여 윤종빈 · 정회옥

차례

제1부
동유럽의 동향 및 쟁점
- 반정부 시위와 대의 민주주의 강화 노력

제4부

일본의 동향 및 쟁점
- 아베 총리의 장기 집권과 야당의 결속 노력

기집권 길 닦은 일본 자민당의 승리 | 아베 총리를 붙잡는 지역 민심 | 아베 담화는 과연 어떻게 작성될까? | 자민당의 독주, 막을 수는 없는 것인가 | 지방 선거 압승, 아베 장기 집권 가속화 | 야당의 결집, 아베 장기 집권을 막을 변수로 작용할 것인가 | 안보법제 통과를 둘러싼 여야 간의 갈등 첨예화

제5부 한국의 동향 및 쟁점
- 갈등의 연속과 소통 부족의 정치

지역 다양성과 사회 통합: 세계 각국의 시민-정당 연계 동향과 쟁점

동유럽의 동향 및 쟁점

반정부 시위와 대의 민주주의 강화 노력

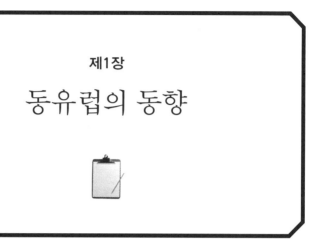

제1장

동유럽의 동향

1차(2014년 6월 말~7월 말)

하종민

폴란드는 경비행기 추락 사고로 인해 한동안 시끄러웠다. 경비행기 추락사고로 11명이 숨지는 대형 참사가 발생했기 때문이다. 추락의 정확한 원인은 바로 확인되지 않았지만 정원 초과로 인해 문제가 발생했다는 의견이 제기되었다. 또한, 폴란드 야당인 법과정의당(Prawo i Sprawiedliwość, PiS)은 최근 언론에 공개된 바르틀로미예 시엔키에비츠(Bartlomiej Sienkiewicz) 내무부 장관과 마렉 벨카(Marek Belka) 국립은행장의 대화 내용에 장관의 직권 남용 의혹을 제기하며 9일에 불신임안을 하원에 제출하였다. 그러나 11일에 실시된 내각 및 시엔키에비츠 내무부 장관에 대한 불신임안 모두 부결 처리되었다.

헝가리의 경우 에너지 수급의 안정성을 위해 우크라이나를 우회하는 파이프라인 사업을 계속 진행하기로 했다. 빅토르 오르반(Viktor Orban) 헝가리 총리는 "러시아 천연가스를 공급하는 '사우스 스트림(South Stream)' 프로젝트를 연기하지 않을 것"이라며 "헝가리의 에너지 안보를 지키기 위함"이라고 말했다. 이는 2013년 11월부터 사우스 스트림 사업에 참여 중인 불가리아가 사업을 잠정적으로 중단한 것과는 대조적인 결과로, 미국과 유럽연합(European Union, EU)의 대응에 귀추가 주목되고 있다. 오르반 총리는 대외적인 문제보다는 농업 경제 활성화와 의료 제도 개선과 같이 국민들에게 직접적으로 관련된 문제에 보다 초점을 맞추고 있다.

체코의 경우 최근 실시된 여론 조사에서 야당인 긍정당(Akce Nespokojených Občanů, ANO)이 집권당인 사회민주당(Česká Strana Sociálně Demokratická, ČSSD)에 크게 앞선 것으로 드러났다. 재정부 장관인 안드레이 바비스(Andrej Babis)가 이끄는 긍정당이 최근 실시된 여론 조사에서 31%의 지지율을 기록하면서 16%의 지지율을 기록한 사회민주당을 크게 앞선 것으로 나타났다. 그 다음으로는 공산당(Komunistická Strana Čech a Moravy, KSČM)이 11.5%를 기록했으며, 극우 성향의 전통책임번영당(Tradice Odpovědnost Prosperita, TOP 09)은 11%, 시민민주당(Občanská Demokratická Strana, ODS)당은 7%를 기록했다. 보후슬라브 소보트카(Bohuslav Sobotka) 체코 총리는 2015년부터 국민의무부서를 개설하기 위한 법안을 제출했지만 야당의 강력한 반대에 부딪치고 있다. 야당인 전통책임번영당과 시민민주당은 법안의 최종 통과를 막겠다는 입장이며 일반 부서로의 개정을 원하고 있지만, 소보트카 총리는 "일반 부서로의 개정은 법안의 본래 취지와 반대되기 때문에 어렵다"고 밝혀 법안 통과의 난항이 예상되고 있다.

폴란드

07월 06일
• 폴란드 경비행기 추락, 11명 사망-1명 중상　　　　　　　　　　(조선일보 07. 06)
– 폴란드에서 경비행기가 추락하는 사고가 발생해 11명이 숨진 사실이 알려졌다. 5일 오후 폴란드 남부 지역에서 경비행기 한 대가 추락, 11명이 사망하고 1명이 중상을 입는 대참사가 발생했다. 현지 언론에 따르면 폴란드 경비행기 추락의 정확한 원인은 바로 확인되지 않았다. 그러나 정원 초과로 인해 문제가 발생했다는 의견이 제기되고 있는 상태이다. 이 경비행기에는 사고 당시 기장과 낙하산 요원 11명이 탑승하고 있었던 것으로 드러났다.

07월 09일

• 폴란드 야당, 의회에 정부 불신임 투표 요청 　　　　　　　　　　(뉴시스 07. 09)

– 폴란드의 주요 야당은 정부가 지지율을 끌어올릴 목적으로 중앙은행과 물밑거래를 했다는 내용의 정치적 스캔들과 관련해 9일 도날드 투스크(Donald Franciszek Tusk) 총리가 이끄는 정부에 대한 불신임 투표를 요구했다. 야당인 법과정의당 소속의 야로슬라프 카친스키(Jaroslaw Kaczynski) 전 총리는 이날 의회에 투스크 정부를 축출하고 새로운 정부를 구성할 것을 제안했다. 가톨릭의 가치를 중요시하면서 사회주의적인 성향을 가진 법과정의당은 총선이 약 1년 넘게 남은 상황에서 지지율에서 여당인 시민연단(Plaforma Obywatelska, PO)에 앞서고 있다. 투스크 정부에 대한 불신임 투표는 11일 실시될 전망이다.

07월 15일

• 폴란드 하원, 법과정의당 제출 내각 및 내무부 장관 불신임안 부결 처리

　　　　　　　　　　　　　　　　　　　　　　　　(주폴란드 대사관 07. 15)

– 폴란드 하원은 제1야당 법과정의당이 제출한 내각 및 시엔키에비츠 내무부 장관에 대한 불신임안을 7월 11일 금요일, 부결 처리했다. 내각 불신임 투표의 경우 찬성 155표, 반대 236표, 기권 60표를 기록했으며 내무부 장관 불신임 투표는 찬성 213, 반대 235표, 기권 1표를 기록했다. 법과정의당은 최근 언론에 공개된 시엔키비츠 내무부 장관과 벨카 국립은행장의 대화 내용 기록 중, 장관의 직권 남용 의혹을 제기하며 불신임안을 하원에 제출하였다.

헝가리

07월 02일

• 헝가리 "사우스 스트림 사업 계속할 것"

　　　　　　　　　　　　　(로이터통신 07. 01, 뉴스토마토 07. 02 재인용)

– 헝가리가 우크라이나를 우회하는 파이프라인 사업을 계속 진행하기로 했다. 1일 빅토르 오르반 총리는 "러시아 천연가스를 공급하는 사우스 스트림 프로젝트를 연

기하지 않을 것"이라며 "헝가리의 에너지 안보를 지키기 위함"이라고 말했다. 그는 또 "우크라이나 사태에 휩싸여 에너지 사업이 지연되는 일이 없도록 할 것"이라며 "계속 우크라이나에 의존할 수 없다"고 강조했다. 사우스 스트림은 러시아산 에너지 공급으로 우크라이나 공급에 의존하는 현재의 상황을 바꾸고자 마련된 가스 노선이다. 이 가스관은 흑해를 통과해 러시아와 불가리아, 세르비아, 크로아티아, 헝가리, 그리스 등을 잇는다.

07월 07일

• 헨데 처버(Hende Csaba) 국방부 장관, 미 독립 기념일 전야제에서 헝가리 국방 예산 증액해야 한다고 주장

(hirado.hu 07. 04, 주헝가리 대사관 07. 07 재인용)

− 헨데 처버 국방부 장관은 주헝가리 미국대사관에서 열린 미국 독립 기념일 전야제에서 안보 없는 자유는 없다며 헝가리는 국방 예산을 증액해야 한다고 밝혔다. 그는 공산주의 체제의 헝가리가 자유를 얻는 과정에서 받았던 미국의 도움을 절대 잊지 않을 것이며, 2010년 이후 총 350억 포린트(약 1억 5천만 달러) 상당의 도움으로 양국 군사 합동 임무를 수행할 수 있었다고 밝혔다.

07월 10일

• 헝가리−포르투갈, 4일 쓰레기 처리 관련 협정 맺어

(hirado.hu 07. 05, 주헝가리 대사관 07. 10 재인용)

− 헝가리 국립쓰레기처리기관은 매년 도시 고형 폐기물(Municipal Solid Waste, MSW) 5억 톤을 처리하고 있는 리포르(LIPOR: Intermunicipal Waste Management of Greater Porto) 포르투갈 쓰레기 처리 기관과 4일(금) 3년 기술 협정을 맺었다. 이 협정을 통해 헝가리와 포르투갈은 쓰레기 처리 전문가 파견을 통해 분리수거 시스템 개선 및 환경 의식 고취 프로그램 구축을 위한 활발한 정보 교류를 할 예정이다.

07월 11일

• 인적자원부 차관, 의료 서비스 시스템 더 개선해야 한다고 밝혀

(hirado.hu 07. 09, 주헝가리 대사관 07. 11 재인용)

- 좀보르 가보르(Zombor Gabor) 인적자원부 보건 담당 차관은 몇 년에 걸친 의료 서비스 시스템 개선에도 불구하고 여전히 변화가 필요하다고 한 회의에서 밝혔다. 의료 서비스에 정부 지원금을 더 할당하기 이전에 자금 흐름의 유용성을 점검하고 의료 종사자들의 해외 유출을 방지하는 것이 중요하며, 사회 보장 제도에 빈부 격차가 있어서는 안 된다고 밝혔다.

체코

07월 10일

• 체코, 슬로바키아 대통령 교통 분야 협력 필요성에 공감　　　　　(CTK통신 07. 10)
- 밀로스 제만(Miloš Zeman) 체코 대통령과 안드레이 키스카(Andrej Kiska) 슬로바키아 대통령은 양국 고속도로 연결 구간을 확장해야 한다는 데 의견을 같이했다고 밝혔다. 체코를 방문 중인 키스카 대통령은 국방 협력 및 해외 시장 협력 방안에 대해서도 논의했다.

07월 13일

• 긍정당, 선거에서 집권당인 사회민주당에 크게 앞서　　　　　　　(CTK통신 07. 13)
- 재정부 장관인 안드레이 바비스가 이끄는 긍정당이 최근 실시된 여론 조사에서 31%의 지지율을 기록하면서 16%의 지지율을 기록한 사회민주당에 크게 앞선 것으로 나타났다. 그 다음으로는 공산당이 11.5%를 기록했으며, 극우 성향의 전통책임번영당은 11%, 시민민주당은 7%를 기록했다.

07월 17일

• 체코 정부, 야당의 반대에도 불구하고 국민의무법 적용키로　　　　(CTK통신 07. 17)
- 보후슬라브 소보트카 체코 총리는 야당의 반대에도 불구하고 2015년부터 체코에 새로운 국민의무부서를 만들기로 결정했다. 정부 야당인 전통책임번영당과 시민민주당은 법안의 최종 통과를 막겠다는 입장이다. 야당은 일반 부서로의 개정을 원하

고 있지만, 소보트카 총리는 "일반 부서로의 개정은 법안의 본래 취지와 반대되기 때문에 어렵다"고 밝혀 법안 통과의 난항이 예상되고 있다.

2차(7월 말~8월 말)

폴란드에서는 유럽연합과 러시아의 경제 제재로 인해 다양한 분야에서 부작용이 발생하고 있는 상황이다. 러시아로의 수출이 막힌 식료품 및 농산품이 싼 가격으로 내수 시장에 쏟아지고 있으며, 이로 인해 폴란드의 국내 총생산(Gross Domestic Product, GDP)이 소폭 하락하는 모습을 보이고 있다. 농업뿐만 아니라 운송업 역시 앞으로의 성장이 둔화될 가능성을 보이면서 투자자 및 소비자의 소비 심리가 지속적으로 위축되는 모습을 보이고 있다. 이를 타개하기 위해 농업과 서비스 산업에서의 규제를 완화하는 정책을 준비하고 있으며, 외교적으로도 유럽연합과 러시아 간의 화해를 도모하려는 움직임을 보이고 있다. 폴란드 외무부 장관인 라도슬라프 시코르스키(Radoslaw Sikorski)는 "러시아와 우크라이나의 분위기가 이전보다 나아졌다"고 밝히면서, 유럽연합 외교정책위원장 자리를 놓고 강경파로 분류되는 이탈리아의 페데리카 모게리니(Federica Mogherini) 외무부 장관에 한 발 앞서는 모습을 보여 주었다.

헝가리는 2014년 10월에 실시될 예정인 지방 자치 선거일을 10월 12일 일요일로 확정했다. 헝가리 헌법과 선거 절차법에 따르면 지방 자치 선거는 선거일 80일전에 공표되어야 하며, 일요일에 시행되어야 함을 규정하고 있다. 이번 지방 자치 선거에서는 2014년 6월 개정된 지방 자치선거법이 시행될 예정이다. 이와 더불어 빅토르 오르반 총리의 발언이 국내외에서 비난을 받고 있다. 오르반 총리는 최근 대학생 지지자 수천 명이 모인 집회에서 "러시아나 중국, 인도, 터키 같은 국가가 세계 무대에서 '스타'로 성공한 만큼 헝가리는 서방이 추구하는 가치 대신 이를 모델로 삼아 나아가야 한다"고 밝혔다. 이러한 발언은 서방의 가치가 지배하는 시대는 끝났고 헝가리는 러시아나 중국 등을 본받아야 한다는 의미로 해석될 수 있으며, 헝가리와 유럽의 민주주의를 부정한다는 의미로 이해될 수 있다. 이 같은 발언이 알려지자 헝가리 야당들은 일제히 이를 비난하는 성명을 내놓았으며, 미국의 워싱턴포스트(The Washington Post)도 이를 비난하는 기사를 기재했다.

체코에서는 야당인 긍정당이 지속적으로 가장 높은 선호도를 기록하고 있으며 집권 여당인 사회민주당은 그 뒤를 이어 2위를 기록하고 있다. 밀로스 제만 체코 대통령은 현재 논의되고 있는 '공무원법안(Civil Service Bill)'의 부정적 측면을 강조하면서, 만약 의회에서 정부와 우파 정당에 의해 법안이 통과된다면 거부권을 행사할 것임을 밝혔다. 이에 따라 법안에 대한 내용 수정과 각 정당들의 반응에 귀추가 주목되고 있다.

폴란드

08월 01일

• 폴란드 바르샤바 봉기 70주년⋯70초간 묵념 (연합뉴스 08. 01)
– 제2차 세계 대전이 끝날 무렵 나치 독일 치하의 폴란드 바르샤바 시민들이 봉기했다가 20만 명가량이 무자비하게 살해됐던 '바르샤바 봉기'가 1일로 70주년을 맞았다. 이날 당시 봉기의 첫 총성이 울렸던 오후 5시를 기려 폴란드는 70초간 묵념했고 교회는 추념의 종소리를 울렸다. 또 바르샤바 시민들은 당시의 '금지곡'을 부르며 묘지에 헌화했다.

08월 01일

• 유럽연합 외교 정책 최고 자리 놓고 이탈리아와 폴란드 장관 경합

(AP통신 08. 01, 뉴시스 08. 01 재인용)
– 유럽연합 외교 정책의 최고 책임자 자리를 놓고 이탈리아와 폴란드의 최고위외교관이 경합하고 있다. 러시아와 유럽과의 관계가 좋지 못한 상황에서 이 자리를 누가 차지할 것인가가 주목되고 있다. 이탈리아의 마테오 렌지(Matteo Renzi) 총리실은 자국의 페데리타 모게리니 외무장관을 공식 추천했고, 폴란드의 도날드 투스크 총리는 라도슬라프 시코르스키 외무장관이 최적임자라고 강조했다. 이번 달 30일, 28개 회원국 정상들이 회동해 유럽연합 집행위원회 소속 외교정책소위원회 위원장을 뽑게 된다. 현 캐서린 애슈턴(Catherine Ashton) 외교정책소위원장은 10월에 임기가 만료된다.

08월 13일

• 폴란드 외무장관 "우크라이나 긴장감 누그러져, 러시아 당국 대화할 준비 된 것"

(로이터통신 08. 12, 뉴스토마토 08. 13 재인용)

– 라도슬라프 시코르스키 폴란드 외무장관이 러시아가 우크라이나 땅을 침범할 것
이란 우려감이 다소 누그러졌다고 평가했다. 12일 로이터통신은 라도슬라프 시코르
스키 폴란드 외무장관이 현지 방송과의 인터뷰에서 이같이 말했다고 전했다. 시코
르스크 외무장관은 "우크라이나의 사정이 며칠 전보다 약간 더 호전됐다"며 "러시
아가 국제적십자위원회와 협력해 인도주의적 지원에 나서기로 했기 때문"이라고 설
명했다. 그는 이어 "이번 지원 결정을 통해 우리는 러시아 지도부가 우크라이나 정
부와 대화할 용의가 있다는 사실을 알게 됐다"고 덧붙였다. 이는 러시아 당국이 국
제적십자위원회와 함께 음식과 물 등 지원 물품 2,000톤을 우크라이나 동부 주민들
에게 제공하기로 한 데 따른 발언이다.

08월 17일

• 러시아인, 폴란드서 식료품 사재기 열풍

(Polskie Radio 08. 17, 연합뉴스 08. 17 재인용)

– 러시아의 역외 영토로 폴란드와 접경한 칼리닌그라드에 거주하는 러시아인들
이 폴란드에 건너와 대거 식료품을 사들이고 있다. 유럽연합이 우크라이나 사태의
책임을 물어 러시아에 경제 제재를 하고 러시아는 그 보복으로 유럽연합 농수축산
물 수입 금지 조치를 내려 양쪽 모두 식품 가격이 요동치고 있기 때문이다. 폴란드
와 2011년 무비자 협정을 맺어 왕래가 자유로운 칼리닌그라드 거주 러시아인들이
'무역 겸 관광'으로 폴란드로 대거 몰려온다고 폴란드 인터넷 매체인 폴스키라디오
(Polskie Radio)가 보도했다. 유럽연합산 식품 수입이 끊긴 러시아에서는 식료품 가격
이 급등했지만, 수출길이 막힌 식품이 내수 시장에 쏟아진 폴란드에서는 값이 급락
해 이런 '무역 겸 관광'이 인기를 끌고 있다고 밝혔다.

08월 01일

• 헝가리 지방 자치 선거일 10월 12일 일요일로 확정   (주헝가리 대사관, 08. 01)

- 헝가리 야노시 아데르(Joanos Ader) 대통령은 2014년 10월에 실시될 예정인 지방 자치 선거일을 10월 12일 일요일로 확정하였다. 헝가리 헌법과 선거절차법에 따르면 지방 자치 선거는 선거일 80일 전에 공표되어야 하며, 일요일에 시행되어야 함을 규정하고 있다. 2014년 6월 개정된 지방 자치선거법으로 인해 부다페스트 주민의 경우, 시장, 구청장, 구의회 의원 등 3명을 직접 선거에 의해 선출하게 된다. 시의회는 개정된 선거법에 따라 부다페스트 시장, 23개 구청장, 구청장 선거에서 탈락한 후보자 중 사표 배정에 따라 결정된 9명 등 총 33명의 의원으로 구성된다. 또한 지방 의회의원, 시장, 주의회 의장직에 대한 임기가 4년에서 5년으로 늘어나게 된다. 공식 선거전은 선거일 50일 전인 8월 23일 토요일부터 개시되며, 선거 입후보자는 9월 8일 월요일 오후 4시까지 유권자로부터 받은 추천서 명부를 제출해야 한다.

08월 04일

• 헝가리 총리 "러시아 본받자" 발언 논란 야기

               (Budapest Times 08. 04, 연합뉴스 08. 04 재인용)

- 서방의 가치가 지배하는 시대는 끝났고, 헝가리는 러시아나 중국 등을 본받아야 한다는 빅토르 오르반 총리의 발언이 국내외에서 비난을 받고 있다. 4일 부다페스트타임스(Budapest Times) 등의 보도에 따르면 오르반 총리는 최근 대학생 지지자 수천 명이 모인 집회에서 "러시아나 중국, 인도, 터키 같은 국가가 세계 무대에서 '스타'로 성공한 만큼 헝가리는 서방이 추구하는 가치 대신 이를 모델로 삼아 나아가야 한다"고 밝혔다. 그는 헝가리가 서방의 '진보 민주주의'를 좇은 결과 "국가 자산을 지키지 못했고, 공동체가 무시됐으며, 빚더미에 앉았다"며 "복지 국가 체제로 자원을 소진했을 뿐 결국 실패했다"고 지적했다. 그는 더 나아가 "우리를 죽여 놓았던 서방 시스템을 이제 더 지탱할 수 없다"며 "국가 지도자들이라면 앞으로 20~30년 장래를 내다봐야 한다"고 강조했다. 이 같은 발언 내용이 알려지자 헝가리 야당들은

일제히 비난 성명을 내놨다. 제1야당인 헝가리사회당(Magyar SZocialista Párt, MSZP)은 "헝가리와 유럽의 민주주의를 저버린 발언"이라고 비난했고, 다른 야당인 '다함께 2014(Együtt 2014)'도 "민주주의 존재 자체를 부정하는 것"이라고 반발했다.

체코

08월 05일

• 체코 정당 선호도, 긍정당이 1위   (CTK통신 08. 05, 주체코 대사관 08. 05 재인용)

– 여론 조사 기관인 'PPM Factum'이 실시한 7월 말 정당 선호도에서 긍정당이 22.4%를 얻으며 1위를 차지했다. 집권당인 사회민주당은 2014년 7월보다 소폭 상승한 19.6%로 2위를 차지했으며, 그 뒤로 공산당 17.7%, 전통책임번영당 11.2%, 시민민주당 6.3%, 기독민주연합(Křesťanská a Demokratická Unie - Československá Strana Lidová, KDU-CSL) 5.6%를 기록했다.

08월 05일

• 밀로스 제만 대통령, 러시아와의 무역 거래 유지 원해

(CTK통신 08. 05, 주체코 대사관 08. 05 재인용)

– 밀로스 제만 대통령은 대통령실 대변인을 통해 러시아와의 비즈니스 관계가 중단되는 것에 반대하는 입장이며 이런 관점에서 소보트카 총리의 노력을 높게 평가하고 있다고 밝혔다. 또한 러시아 제재 조치로 체코 기업이 영향을 받을 경우 체코 정부는 이들 기업이 다른 구소련 시장에 진입할 수 있도록 지원해야 한다는 산업통상부 장관의 의견에도 공감한다는 의견을 밝혔다.

08월 06일

• 체코 사회민주당 내부 투표 결과 52%의 유효 득표 기록   (CTK통신, 08. 06)

– 집권 여당인 사회민주당이 당령과 규칙을 수정하기 위해 실시한 자체 투표에서 52%의 투표율을 기록하면서 새로운 당령과 규칙을 시행하게 되었다고 밝혔다. 새로운 규정은 새로운 의회의 임기가 시작되는 2015년 3월부터 시행될 예정이다. 사회

민주당을 이끌고 있는 소보트카 총리는 "52%가 넘는 투표율을 기록한 것은 당원들이 자신들의 의사를 정확히 표현한 것으로 이번 자체투표는 매우 성공적이다"라고 밝혔다.

08월 16일

• 밀로스 제만 대통령, 현 '공무원 법안'에 대해 거부권 행사 밝혀   (CTK통신 08. 16)
– 밀로스 제만 대통령은 현재 논의되고 있는 공무원 법안과 관련해 부정적 의견을 밝혔다. 그는 현재 논의되고 있는 공무원 법안이 약 30여 개에 해당하는 행정부 부장들의 하는 일을 축소시키되, 높은 임금만을 지불하게 된다고 주장했다. 이어 법안이 통과되었을 경우 자신이 거부권을 행사하는 것은 지극히 당연한 일이라고 밝혔다. 밀로스 제만 대통령의 이와 같은 발언으로 이번 법안에 동의한 각 정당들은 혼란을 겪게 될 것으로 예상된다.

3차(8월 말~9월 말)

전미소

　폴란드의 투스크 총리가 유럽연합 차기 상임의장직을 맡아 총리직에서 사임했다. 동유럽권의 인사가 상임의장직에 오르는 것은 이번이 처음으로, 이는 폴란드의 역내 영향력을 방증한다. 투스크 총리는 공산주의가 붕괴한 이후 폴란드 최초 연임 총리라는 점에서 폴란드의 정치에서 그 상징성이 크다. 투스크 총리가 속한 시민연단 내부적으로는 그를 대체할 후임을 선택하는 데 어려움을 겪을 것으로 보인다. 일각에서는 투스크 총리의 사임으로 시민연단이 타격을 받을 것이며, 최대 라이벌인 법과정의당이 힘을 얻을 것이라 보지만, 최근 지지도 여론 조사를 봤을 때 오히려 그의 후광 효과를 받아 시민연단의 지지율이 상승한 것으로 나타났고 이는 11월에 있을 지방 선거에 직접적인 영향을 미칠 것으로 보인다(KOTRA 글로벌 윈도우 2014. 09. 05).

　헝가리의 경우 코앞으로 다가온 10월 12일 지방 자치 선거를 앞두고 여야가 활발한 유세전을 펼치고 있다. 여당인 청년민주동맹(Magyar Polgári Szövetség, Fidesz)은 티보르 너브러치츠(Tibor Navracsics) 외교통상부 장관이 유럽의회 선거에서 당선되는 등 유럽의회 선거 및 주재국 총선에서 압승을 거둔 것을 바탕으로 이번 지방 선거에서도 승리를 이어가기 위해 노력하고 있다. 또한 근래 실시된 공공요금 인하 정책, 외화 표시 대부자들에 대한 피해 구제 정책 실시 등의 요인이 지지율 유지에 큰 영향을 끼치고 있는 것으로 평가된다. 반면 야당은 여전히 분리된 양상을 보였는데, 제1야당인 헝가리사회당은 좌파 간의 연합을 시도했으나 전국적인 연합은 이루지 못하고 부분적인 연합만을 이룬 모습을 보였다. 여론 조사 결과 또한 집권당인 청년민주동맹이 56%의 지지율을 기록해 야당을 크게 앞서고 있는 것으로 나타났다(주헝가리 대사관 2014. 09. 19).

　체코는 공무원 법안 통과를 놓고 지속적인 갈등 상태를 보이고 있다. 이 공무원법은 2002년에 처음 통과되었지만 정부가 반복적으로 연기시킴으로써 상당 부분이 시행되지 않고 있다. 제만 대통령을 비롯한 NGO(Non Governmental Organization,비정부 기구) 시민 단체는 이 법안을 공무원의 정치화를 배제하는 데 도움이 되지 못할 것임을 우려해 반대하고 있음에도 불구하고 하원선거에서 172 명 중 127명의 지지를 받으며 통과되었다. 하지만 제만 대통령은 계속 반대 입 장을 고수할 것으로 보인다(CTK 2014. 09. 16). 한편 오는 10월 선거를 앞두고 사회 민주당은 기존의 저소득층을 겨냥했던 이전 정책들과 달리, 새로운 유권자 층 을 대상으로 한 정책들을 선보였다.

폴란드

08월 25일

• 폴란드 재무장관 "유로화 결국 도입하지만 당장은 힘들어"　　　　(연합뉴스 08. 25)
– 동유럽에서 높은 경제 성장률을 보이는 폴란드가 궁극적으로 유로화를 도입하겠 지만 현재로서는 준비를 더 해야 한다는 주장이 제기됐다. 폴란드에서는 2013년 말 투스크 총리가 유로화 도입을 놓고 국민 투표와 헌법 개정을 제안한 이래 논란이 계 속되고 있다. 폴란드 재무장관은 2년 전 불거진 유로존 위기를 염두에 두고 "유로화 도입이 경제 안정과 개발을 이끄는 도약대 역할을 보장하지 않는다"고 지적하고 "유 로화 도입에 대한 여론의 지지와 정치권의 합의가 필요하다"고 덧붙였다.

09월 10일

• 러시아, 폴란드 가스 공급 축소···유럽 에너지 수급 '위기'　　　　(뉴스토마토 09. 11)
– 러시아가 자국산 천연가스를 우크라이나로 재수출한 폴란드에 대한 보복 조치로 에너지 공급을 대폭 줄였다. 폴란드 가스공사(Polskie Górnictwo Naftowe i Gazownic- two, PGNiG)는 9월 8일 러시아의 국영 천연가스 회사인 가즈프롬(Gazprom)이 계약서 에 명시된 것보다 20% 적은 가스를 보냈다고 주장했다. 9일에는 24%가 줄어든 것 으로 알려졌다. 자연히 폴란드가 우크라이나로 재수출하던 러시아산 천연가스량이 줄었다. 러시아는 그동안 폴란드와 슬로바키아, 헝가리 등 유럽연합 국가들에 에너 지 재수출을 중단하지 않으면 공급량을 줄이겠다고 위협해 왔다. 전문가들은 이번 조치로 유럽연합 회원국들이 천연가스 부족 현상에 시달릴 수 있다고 진단했다. 이 런 가운데 가즈프롬은 관련 사실을 부인하며 "종전과 동일한 양의 가스를 폴란드에

공급했다"고 밝혔다.

09월 11일
• 도날드 투스크 차기 유럽연합 정상회의 상임의장, 폴란드 총리직 공식 사임

(AP통신, 조선일보 09. 12 재인용)

– 유럽연합 정상회의 상임의장으로 선출된 도날드 투스크 폴란드 총리가 11일 총리직에서 공식적으로 물러났다. 브로니스와프 코모로프스키(Bronislaw Komorowski) 폴란드 대통령은 이날 투스크 총리가 이끌던 내각의 사퇴를 수리했다고 미국 연합통신(Associated Press, AP)이 보도했다. 투스크 총리는 2014년 8월 차기 의장으로 뽑힌 후 이달 9일 사직서를 제출했다. 투스크 총리는 7년간 내각을 이끌며 폴란드의 정치적 안정을 확립했다는 평을 받았다. 폴란드의 총리 후임자로는 투스크 총리와 함께 중도 우파당인 시민연단 소속 에바 코파츠(Ewa Kopacz) 하원 의장이 지명됐다.

09월 19일
• 여론 조사 결과, 시민연단이 앞서   (Warsaw Voice 09. 19)

– 최근 CBOS에서 실시한 여론 조사 결과, 폴란드 여당인 시민연단이 도날드 투스크 전 총리의 유럽연합 정상회의 상임의장 임명 발표에 힘입어 38%의 지지율을 차지했다. 한편, 소수 우파 정당들과의 연립한 야당 법과정의당은 두 번째 위치로 떨어졌다. 농민당(Polskie Stronnictwo Ludowe, PSL)은 의회에 입회하기 위해 필요한 5%의 문턱을 겨우 넘은 7%를 차지한 것으로 나타났다.

헝가리

09월 04일
• 라자르 야노쉬(Lázár János), 새 정부 개혁 프로그램 계획안 공개

(politics.hu 09. 04, 주헝가리 대사관 09. 05 재인용)

– 라자르 야노쉬 국무총리실장은 2015년 1월 1일부터 국가 서비스 가격 인하와 공무원들의 업무 매뉴얼을 내용으로 한 새 정부 개혁 프로그램을 실시할 계획이라고

밝혔다. 그는 국가 기관들의 서비스 질이 국가 경쟁력에 큰 영향을 끼친다며 국가 기관들의 효율성을 향상시킴으로써 중앙 유럽 국가들 중 헝가리가 가장 경쟁력 있는 국가가 될 수 있을 것이라고 말했다.

09월 10일
• 헝가리, '꼬리 두 개 달린 개 당' 정당 등록 허가   (연합뉴스 09. 11)
– 헝가리에서 정치인을 풍자하는 정당인 '꼬리 두 개 달린 개 당'이 법원으로부터 공식 등록 판결을 받아 내달 12일 열리는 지방 선거에서 후보를 낼 수 있게 됐다. 이 정당은 풍자 벽화 화가의 제안에 동조한 지지자들이 꾸린 것으로 애초 법원은 정당의 명칭이나 정강이 '진지하지 않다'는 이유로 등록을 불허했다. 그러나 고등 법원이 하급 법원의 결정을 번복해 등록을 허가하자 이 정당은 "이 결정이 헝가리의 민주주의를 분명하게 보여 주는 것은 아니다"고 풍자한 다음 "아직 후보를 낼 시간이 남았다는 데 감사한다"고 거듭 비꼬았다.

09월 10일
• 너브러치츠 헝가리 외교통상부 장관, 유럽연합 집행위원 진출
                                                      (주헝가리 대사관 09. 11)
– 헝가리 너브러치츠 외교통상부 장관이 차기 유럽의회의 교육·문화·청소년·시민권 담당 집행위원으로 확정되었다. 너브러치츠 장관 본인, 이바 쿠루츠(Eva Kurucz) 정부 대변인과 안탈 로간(Antal Rogan) 집권 여당 청년민주동맹의 원내총무는 이에 긍정적인 반응을 보인 반면, 요제프 토비아쉬(Jozsef Tobias) 헝가리사회당 당수, 안다쉬페르(Andas Schiffer) 녹색당(Lehet Más a Politika, LMP) 공동 대표 등 야당인사들은 배정 직무가 너브러치츠 장관의 경력과 걸맞지 않을뿐더러, 유럽연합의 직접적인 관할권을 벗어나 주로 회원국의 국내 문제를 다루는 비중이 낮은 직무를 배정받았다고 지적했다. 이들은 너브러치츠 장관이 직무 배정에서 경시를 받은 이유는 헝가리 국민들 때문이 아니라 오르반 총리의 잘못된 국정 운영 탓이라고 현 정부를 비판했다.

09월 13일

• 헝가리 정부, 노르웨이 후원금 받은 환경 단체 단속…부다페스트서 항의 시위 야기

(뉴시스 09. 14)

－ 헝가리 정부가 노르웨이 후원금을 받은 환경 단체 오코타르(Okotars)에 대한 특별 수사를 실시했다는 이유로 분노한 부다페스트 시민들 수백 명이 수사 중단을 요구하는 항의 시위에 나섰다. 헝가리 정부는 이 단체가 야당인 녹색당을 지원하고 있다며 자금 출처 조사 등을 지시한 것으로 알려졌다. 이에 그린피스(Greenpeace) 헝가리 지부장은 경찰 수사는 정부의 권력 남용을 노골적으로 보여 주는 처사라며 강력히 비난하고, 헝가리 환경 단체들이 외국 후원금을 받아 외국을 위해 봉사하고 있다는 정부 주장은 터무니없는 것이라고 강조했다.

09월 18일

• 여론 조사 결과 정당 지지율, 집권당인 청년민주동맹이 크게 앞서

(주헝가리 대사관 09. 19)

－ 10월 12일 지방 선거를 앞두고 입소스(Ipsos)가 발표한 여론 조사에 따르면 집권당인 청년민주동맹이 56%의 지지율을 기록, 각각 12%를 기록한 헝가리사회당 및 요빅(Jobbik Magyarországért Mozgalom, Jobbik) 등의 야당에 크게 앞서고 있는 것으로 조사되었다. 특히 부다페스트 시장의 경우, 청년민주동맹 후보인 이슈트반 떠를로슈(István Tarlós) 현 시장에 대한 지지율이 좌파 정당들에 비해 약 2.5배 앞서고 있는 것으로 나타남으로써 떠를로슈 현 시장의 재선이 확실시되고 있다. 한편 제1야당인 헝가리사회당은 2014년 4월과 5월에 각각 실시된 주재국 총선 및 유럽의회 선거에서의 패배를 만회하기 위해 좌파 간 연합을 통해 구심점을 찾고자 노력하였으나 전국적인 연합은 이루지 못하고 여전히 분리 양상을 보였다.

체코

08월 21일

• 체코, 세금 탈루 대책 놓고 '중구난방'

(Hospodárske Noviny · Lidové noviny, 연합뉴스 08. 21 재인용)

– 체코 정부가 세금 탈루 대책으로 특별 단속반을 구성한 데 대해 주요 일간지 칼럼
니스트들이 조세 정책의 문제점을 지적하고 나섰다. 일간지 호스포다르스케 노비니
(Hospodárske Noviny) 21일자에서 한 칼럼니스트는 "(세금 탈루가 근절되리라는)기적을 바
라지 말라"면서 "세율을 낮추는 게 단속과 같거나 더 나은 효과를 낸다는 점을 잊어
서는 안 된다"고 꼬집었다. 체코 정부는 최근 '코브라'라는 명칭의 탈세 단속반을 구
성해 기업과 개인 사업자의 세금 납부를 점검하고 있다. 또한 일간지 리도베 노비니
(Lidové noviny)에서 한 칼럼니스트는 "이전 정부는 연금 재원을 늘리려 세금을 올렸
고 현 정부는 탈세와 전쟁을 벌이고 있다"면서 "그러나 세율을 낮추려 아무도 애쓰
지 않는다는 점은 체코에서는 분명하다"고 지적했다.

08월 31일

• 우크라이나인, 프라하 도심 시위 시작 (CTK통신 08. 31, 주체코 대사관 09. 01 재인용)
– 약 100여 명의 우크라이나인들은 8월 31일 프라하 도심에서 보후슬라브 소보트카
총리에게 우크라이나 동부 사태 관련, 러시아에 대한 보다 강한 제재 조치를 요구하
는 시위를 시작했다. 소보트카 총리는 페트로 포로셴코(Petro Poroshenko) 우크라이나
대통령의 '평화 계획'만이 우크라이나 사태에서 벗어날 수 있는 방법이라고 언급한
바 있다. 기독민주당의 대표뿐만 아니라 우파 야당도 러시아 추가 제재 조치에 대한
소보트카 총리의 유보 입장을 비판했다.

09월 09일

• 사회민주당, 전략에 변화 추구   (CTK통신 09. 09)
– 체코 사회민주당의 여론을 향한 전략이 저소득층 유권자의 이익 증진만을 위했던
모습을 버리고 새롭게 중산층을 목표로 하는 듯한 모습이다. 이는 총선거 전에 중산
층 유권자들이 최근 새롭게 설립된 ᄂᆞ성당을 더 선호한다는 것에 대한 반응으로 보
인다. 사회민주당은 노동자의 당으로서의 가능성을 모두 소진해, 그 방향을 돌려야
할 때가 왔다. 이것이 사회민주당의 선거 캠페인이 삶의 질, 환경 보호, 의료의 질 향
상 같은 새로운 문제에 집중을 하는 이유이다. 프라하에서 오는 10월에 실시될 선거

는 투표자들이 사회민주당의 '변화'를 믿는지와 새로운 정책을 실행할 수 있는 믿을 만한 사람들을 얻게 되는지 보여 줄 것이다.

09월 16일

- 체코 하원, 공무원 법안 개정안 통과시켜 　　　　　　　　　　　　　(CTK통신 09. 16)

- 하원 회의에서 제만 대통령이 반대해 왔던 상급 공무원의 정치성 배제와 관련된 문제를 포함한 공무원 법 개정안을 통과시켰다. 172명의 참석한 하원 의원들 가운데 127명이 공무원 법 개정안에 찬성했으며, 이는 곧 상원으로 보내질 것이다. 제만 대통령은 현재의 개정안이 오히려 공무원의 정치화를 심화시킨다고 주장하며 하원이 그의 거부를 무시한다면 헌법재판소에 회부할 것이라고 말했다. 그러나 소보트카 총리는 계속된 제만 대통령의 비판에도 불구하고 개정안에 대한 변화는 이루어지지 않을 것이라고 말했다. 한편 NGO들은 "많은 영역들이 불충분하거나 형편없게 다뤄지고 그들의 해결책들이 완전히 사라지게 될 것이다"라고 말하며 부정적 입장을 보였다. 또한 한 시민 단체는 "이 법안이 공무원의 안정성을 강화하지 않으며 오히려 투명하지 못한 경제를 만들고, 정치인들의 공익사업에 영향을 줄 것"이라고 말했다.

4차(9월 말~10월 말)

 폴란드에서는 에바 코파츠 총리 내정자의 새 내각이 2014년 9월 22일 출범했다. 코파츠 총리는 2015년 하반기에 예정된 총 선거까지 국정에 큰 변화를 주지 않고 정책을 이어나갈 것이라고 밝혔다(연합뉴스 2014. 09. 22). 한편 폴란드의 정당들은 11월에 실시될 지방 선거를 앞두고 연합을 모색하는 모습을 보였다. 연립여당인 시민연단과 농민당은 민주좌파동맹(Sojusz Lewicy Demokratycznej, SLD)과의 연합을 모색하고 있으며, 법과정의당은 폴스카라젬(Polska Razem, PR), 폴란드연합(Solidarna Polska, SP)과의 연합에 동의했다(Warsaw Voice 2014. 10. 07). 지방 선거를 앞두고 실시된 여론 조사에서는 이전의 시민연단이 힘을 잃을 것이라는 예측과 달리 33%로 안정적인 지지를 얻었으며, 법과정의당은 31%의 지지를 얻었다(Warsaw Voice 2014. 10. 09).

 헝가리에서 실시된 지방 선거 결과 부다페스트 시장 선거에서 청년민주동맹의 후보였던 현 따를로슈 시장이 49.05%의 지지율로 재선에 성공했다. 청년민주동맹은 시장 선거에서는 23개 주요 도시 중 20개 도시에서 승리했으며 주의회 선거에서는 모든 주에서 승리하며 압도적인 차이를 보였다. 요빅은 헝가리 사회당을 제치고 제1야당으로 부상한 것에 만족스러운 입장을 드러내며 2018년 있을 대선을 기약했다. 이번 지방 선거의 투표율은 44.29%로, 상대적으로 낮은 투표율을 기록했다(주헝가리 대사관 2014. 10. 14).

 체코에서는 지방 선거와 상원 선거가 실시되었는데, 지방 선거에서는 무소속 후보자와 연합이 강한 지지를 얻었으며 상원 선거에서는 최종 결과 연립 여당이 이번에 투표를 실시한 27석 중 총 19석을 차지하면서 전체 상원 의원 중 46석을 차지하며 다수당의 자리를 지켰다. 하지만 여당 중 사회민주당은 이번 선거를 통해 총 상원 의석의 23석만을 가지게 되면서 지위가 약화될 것으로 보인다(CTK 2014. 10. 18). 시민민주당과 전통책임번영당과 같은 우익 정당들이 이번 선거에서 부진을 모면하지 못하는 모습을 보였는데, 이에 대한 원인으로 부실한 정당 관리와 정부 기관의 부적절한 운영이 포함된 것으로 보인다(CTK 2014. 10.

15; 주체코 대사관 2014. 10. 15 재인용).

09월 22일

• 폴란드 코파츠 총리 내각 출범 (연합뉴스 09. 22)

- 에바 코파츠 총리 내정자가 22일 대통령에게 취임 선서를 함으로써 새 내각이 출범했다. 도날드 투스크 전 총리는 오는 11월부터 유럽연합 정상회의 상임의장을 맡아 최근 사임했다. 신임 코파츠 총리는 이날 브로니스와프 코모로프스키 폴란드 대통령에게 취임 선서를 한 다음 2015년 하반기에 예정된 총선거 때까지 국정에 큰 변화를 주지 않고 기존 정책을 이어갈 것이라고 밝혔다. 새 내각에서는 장관 16명 중 경제 관련 장관들을 포함한 대부분이 유임되었으며, 신임 장관은 5명에 이른다. 폴란드의 두 번째 여성 총리의 선서를 받으면서 코모로프스키 대통령은 새 정부가 폴란드의 유로화 도입 여부 논란을 매듭지어 달라고 당부했다. 코파츠 총리는 2001년 국회의원이 된 후 3선에 성공한 정치인으로 2009년 보건장관을 지냈다.

10월 07일

• 좌파 야당, 지방 선거를 위한 연합 모색해

(Gazeta Wyborcza, Warsaw Voice 10. 07 재인용)

- 다가오는 지방 선거를 앞두고 좌익 야당인 민주좌파동맹은 여당인 시민연단과 '국제적 연합'을 원했다고 민주좌파동맹의 저명한 정치인이 폴란드의 일간지 가제타비보르차(Gazeta Wyborcza)에서 말했다. 연립 여당은 16개 지역 중 12개 지역에서 이기지 못할 것이라고 자료는 말했다. 민주좌파동맹은 여당이 민주좌파동맹이 약한 지지를 받는 네 지역에서 연합을 형성한다면 시민연단을 지지할 것이다. 만약 민주좌파동맹이 주요 야당인 법과정의당과 연합한다면 시민연단은 이 제안을 거절해야 한다. 한편, 최근 설문 결과에 기반을 둔 정치학자들의 예측에 따르면, 다가오는 지방 선거에서 법과정의당은 세 개의 지역에서 우세한 반면, 시민연단은 아홉 개 지역에서 우세할 것이라고 한다.

10월 09일

• 여론 조사 결과 시민연단이 우세 (Warsaw Voice 10. 09)

- 다가오는 지방 선거를 앞두고 폴란드의 여당인 시민연단은 최대 라이벌인 법과정의당으로부터 승세를 가져올 것을 보여 주는 최근 여론 조사 발표로 다시 승리의 희망을 얻었다. 최근 폴란드의 제츠포스폴리타(Rzeczpospolita) 지에서 발표한 여론 조사에 따르면, 9월 중순과 비교했을 때 시민연단은 33%의 안정적인 지지를 얻었으며 법과정의당은 31%의 지지를 얻었다. 불과 몇 주 전까지만 하더라도 시민연단은 7년 만에 첫 패배를 겪으며 지역 의회의 절반의 힘을 잃을 것이라 예상되었다. 시민연단은 에바 코파츠가 총리가 되고 시민연단에 부정적인 유권자들에 대한 방법을 모색하기 시작한 이후 "새로운 개방"이라고 불리는 효과의 이득을 봤다고 시민연단의 선거 캠페인 팀원 중 한 사람이 말했다. 같은 여론 조사 결과에 따르면, 농민당은 6%의 지지를 받았으며, 민주좌파동맹은 10%의 지지를 받았다.

10월 10일

• 우파 정당들, 지방 선거를 위해 연합 (Warsaw Voice 10. 10)

- 폴란드의 가장 큰 야당인 법과정의당은 지방 의회 선거의 선거 명부가 다른 우파 정당인 폴스카라젬, 폴란드연합과 연합하여 제출될 것이라고 말했다. "현재 폴란드의 우파 정당들이 연합된 것은 사실이다"라고 법과정의당은 공동 기자 회견에서 말했다. 2014년 7월, 세 정당은 정당 간의 다른 점을 해결하고 2014년 지방 선거와 2015년 총선과 대선을 위해 연합하는 데 동의했다.

헝가리

10월 10일

• 공원 재개발 계획에 반대하는 시위 일어나 (politics.hu 10. 10)

- 400여 명의 시위자들이 부다페스트 시의 공원의 재개발 계획에 항의하기 위해 공원에 모였다. 시위는 대화당(Párbeszéd Magyarországért, PM), 민주연합(Demokratikus Koalíció, DK), 사회주의 정당과 지역 시민 단체로 구성되었다. 사회주의 정당의 한 의

원은 이 법안을 의회에 제출한 것이 청년민주동맹의 지도자이자 시의 시장이며, 법안은 국영 기업에게 "원하는 어떤 것이든, 어떤 크기이든 상관없이" 공원에 건설할 수 있는 권한을 부여한다. 정부 계획에 따르면, 공원에 다섯 개의 박물관을 짓는 계획이 진행 중이다.

10월 11일

• 헝가리사회당, 청년민주동맹의 선거 캠페인 비난

(politics.hu 10. 12)

– 야당인 헝가리사회당은 청년민주동맹의 지방 선거 캠페인이 "거만하며 거짓말을 하고 있다"고 묘사하며 여당이 공금에서 자금을 조달한다고 덧붙였다. 사회당의 한 의원은 선거 캠페인 마지막에 마련된 기자 회견에서 "청년민주동맹은 과장되었으며, 국가가 기능을 못할 정도로 주변의 것들을 집어삼켰다"고 말했다. 그는 유권자들에게 개발 자금은 유럽연합에서 오며, 우파 시장 또한 그 자금에 대한 권리가 있기 때문에 이를 주지 않을 것을 두려워하여 우파의 시장을 지지하는 것을 피하지 말아 달라고 말했다.

10월 12일

• 헝가리 지방 선거 결과 청년민주동맹 압승 (주헝가리 대사관 10. 14)

– 부다페스트 시장 선거에서는 청년민주동맹 후보인 현 따를로슈 시장이 49.05%의 지지율로 재선에 성공했다. 전체 시장 선거에서는 청년민주동맹이 23개 주요 도시 중 20개 도시에서 승리한 가운데, 야당은 3개 도시에서 승리를 거두었다. 주의회 의원 선거에서는 청년민주동맹이 19개 모든 주에서 승리한 가운데, 극우를 표방하는 요빅이 부다페스트를 제외한 18개 주에서 헝가리사회당을 제치고 제1야당으로 부상했다. 오르반 총리는 선거 승리 후 "세 가지 헝가리의 진실(총선, 유럽연합 의회 선거, 지방 선거의 승리를 빗댐), 우리가 지방 선거를 승리함으로써 이루어졌다"고 말하면서, "앞으로 4년간 우리들은 헝가리를 위대하게 만들 것"이라고 승리를 자축했다. 요빅의 가보르 보너(Gabor Vona) 대표는 금번 선거를 통해 요빅이 동북부에 기반을 둔 지역적인 당이 아니라, 부다페스트를 제외한 18개 주에서 헝가리사회당을 제치고 제1야

당으로 부상한 것에 대해 만족해하며 "2018년 청년민주동맹 정권을 교체하기 위해 최선의 노력을 다해 나갈 것"이라고 말했다. 한편 금번 지방 선거 투표율은 44.29%로 낮은 투표율을 기록했다. 주의회 선거 결과 청년민주동맹은 총 385석 중 225석을 차지했으며, 요빅은 81석, 헝가리사회당은 50석을 얻었다.

10월 15일

• 헝가리사회당, 좌파 정당들과의 협력을 끝낼 것으로 보여 　　　　(politics.hu 10. 15)
- 헝가리사회당은 다른 좌파 정당들과 협력하기로 한 기간이 거의 끝나간다고 말했다. 또한 헝가리사회당의 대표는 당 의원들에게 민주연합 대표인 주르차니 페렌츠(Gyurcsany Ferenc)가 좌파들에게 놓은 덫에 빠지지 말라고 경고했다. 주르차니는 "민주적인" 야당들은 여당인 청년민주동맹의 정부에 대항하기 위해 힘을 합쳐야 한다고 재차 주장했다. 정당의 사회주의 강령을 이끌고 있는 페렌츠 바야(Ferenc Baja)는 다른 좌파 세력과 정치적 협력을 하는 것은 원했던 결과를 가져오지 못한다고 말했다. 그들은 정부의 대표인 오르반을 자리에서 몰아내는 데 실패했고 최근 지방 선거에서 전통적으로 진보 좌파의 지지 지역인 부다페스트를 사로잡는 데도 실패했다고 그는 상기했다. 좌익연합강령의 지도자인 데네스 쾰타이(Denes Koltai)는 2018년 총선 전에 대화와 "약간의 협력"은 상상할 수 있을지 몰라도, 다른 정치 세력과 당이 합쳐지는 것은 상상할 수 없다고 말했다. 민주연합은 사회당의 결정을 존중하지만 이것은 최근 상황의 오해의 결과라고 주장하며 후에 정책을 형성할 때 사회당의 결정을 고려하겠다고 덧붙였다.

체코

10월 11일

• 체코 연성, 상원 부분 선거에서 승리 　　　　　　　　　　(뉴시스 10. 12)
- 체코의 집권 연립 정당들이 11일 실시된 상원 부분 선거에서 승리했다. 81석 가운데 3분의 1인 27석을 뽑는 이번 선거의 개표가 95% 진행된 시점에서 어느 후보도 50% 이상을 얻지 못해 최종 결과는 2명의 선두 후보가 다음 주에 결선을 치러야 나

타나게 된다. 집권 사회민주당은 19개 구역에서 1위나 2위로 결선에 진출했고, 연립 정당인 중도 긍정당은 9개 지역에서, 기독민주당은 8개 지역에서 결선에 진출해 호조를 보이고 있다. 보수 정당인 시민민주당은 6개 지역에서 결선에 진출해 야권에서 가장 높은 득표율을 보였다.

10월 15일

• 긍정당, 공산당과 연합 추진   (주체코 대사관 10. 15)

– 긍정당이 공산당과 호무토브(Chomutov), 하비르조프(Havířov), 클라드노(Kladno) 지역에서의 연합을 추진하고 있다. 긍정당은 체코 내의 다른 특정 당과의 연합을 따로 금지하지 않는다.

10월 15일

• 체코 우익 정당 최악의 위기 맞이해 (CTK통신 10. 15, 주체코 대사관 10. 15 재인용)

– 긍정당의 가파른 상승세로 인하여 시민민주당과 전통책임번영당과 같은 우익 정당들이 이번 선거에서 큰 부진을 면하지 못하였다. 부진의 원인으로는 기존 우익 정당들의 부실한 정당 관리와 구청, 시의회 같은 정부 기관의 부적절한 운영도 포함된 것으로 보인다.

10월 15일

• 전통책임번영당 의원들 탈당   (CTK통신 10. 16, 주체코 대사관 10. 16 재인용)

– 프라하의 시장과 부시장을 포함한 소수 의원들이 15일 탈당했다. 이는 시장과 부시장 간 분쟁으로 당에 미친 피해를 고려한 당 대표의 탈당 촉구에 따른 결과로 알려져 있다.

10월 17일

• 체코 지방 선거에서 사망한 후보 득표

                    (Mlada, CTK통신 재인용, 연합뉴스 10. 17 재재인용)

– 체코의 지방 선거에 나선 후보가 사망했지만, 소속 정당이 후보 철회를 하지 않아

득표하는 일이 발생했다. 사망한 후보는 당선되지는 못했지만, 그가 얻은 표는 소속 정당의 득표에 합산된다고 현지 언론은 전했다. 체코 모라비아 남부의 미쿠로프 지방 선거에서 후보로 나섰던 즈데네크 크빈타 후보는 10월 10-11일의 지방 선거일에 앞서 3주 전에 사망했지만, 개표 결과 100여 표를 얻었다고 체코통신(Česká Tisková Kancelář, CTK)이 현지 지역 신문인 믈라다(Mlada)를 인용, 보도했다. 아직은 이의 제기가 없지만 25일까지 이 지역 주민 중 누구라도 이의를 제기하면 규정에 따라 재선거를 치러야 한다. 선거관리위원회는 후보의 생사를 확인해야 할 법적 의무가 없고, 정당 역시 사망한 후보를 철회할 의무를 진 것도 아니라고 믈라다는 설명했다. 이와 유사한 일은 지난 2006년 북부 모라비아의 하비로프 지역에서도 발생한 바 있다. 당시 충격을 받아 사망한 시장 후보를 소속 정당이 그대로 후보로 두는 바람에 사망한 후보가 당선됐고, 결국 재선거를 시행한 바 있다.

10월 18일
• 상원 선거 최종 결과, 연립 여당의 승리로 끝나   (CTK통신 10. 18)
– 이번 체코 상원 선거에서 사회민주당이 27석 중 10석을 차지하며 승리했으며 기독민주당은 5석을 차지했고, 긍정당은 4석밖에 차지하지 못했다. 연립 여당은 81석의 총 상원 의석 중 46석을 차지하며 다수당이 될 것이다. 하지만 사회민주당은 총 의석의 23석만을 지켜내 지위가 약화될 것으로 보인다. 시민민주당은 2석을 차지했다. 투표율은 17% 이하로 낮게 나타났다.

5차(10월 말∼11월 말)

전미소

폴란드에서는 전국 지자체 선거 출구 조사 결과에서 제1야당인 법과정의당이 승리한 것으로 나타났던 것과 달리, 22일 최종 발표된 결과에 따르면 여당인 시민연단이 승리했다. 11월 16일 실시된 이 선거의 결과는 컴퓨터 고장으로 집계가 6일 늦어져 22일 공식 발표되었으며 이 과정에 대한 국민의 분노로 중앙선거관리위원장이 사임하기도 했다. 투표 결과 시민연단이 지방 의회의 179석을 차지했고 법과정의당이 169석, 시민연단의 청년 연맹 정당인 농민당이 159석을 차지한 것으로 나타났다(뉴시스 2014. 11. 23). 한편 폴란드의 민족주의 성향의 극우파가 11일 바르샤바에서 격렬한 시위를 벌였다. 극렬하게 시위를 벌인 이들은 폴란드가 유럽연합의 가치를 포용하면서 낙태와 동성 결혼 등에 반대하는 폴란드 고유의 가톨릭 신념을 잃어간다는 주장을 펼치고 있다(연합뉴스 2014. 11. 12).

한편 헝가리는 정부의 인터넷세 도입에 대해 반대하는 대규모 반정부 시위가 여러 차례에 거쳐 발생했고 그 결과 오르반 총리는 인터넷세 도입을 연기하기로 결정했다고 밝혔다. 한편 미국 정부는 헝가리의 부정부패가 동맹국으로서 협조하기 어려울 정도로 심각하다고 말하며, 헝가리 고위 공직자 등 총 6명을 부패 혐의로 입국 금지 조치를 내렸다. 이러한 사건들은 집권 여당인 청년민주동맹의 지지율을 하락시키는 요인이 되었으며, 11월 17일에는 학생과 청년들로 구성된 1만 명 이상의 시민들이 헝가리 의회 앞에 모여 오르반 총리와 집권 여당에 반대하는 대규모 반정부 시위를 벌였다. 시위 참가자들은 일디코 비더(Ildikó Vida) 헝가리 국세청장과 총리 등 정치인들의 부정부패 척결, 세금 인상 반대, 헝가리 외교 정책 변화를 요구했다(bbj.hu 2014. 11. 17; 주헝가리 대사관 2014. 11. 19 재인용).

체코에서도 대규모 시위로 프라하가 들썩였다. 체코 수도 프라하에서 시민 수천 명이 친러시아 성향의 밀로스 제만 대통령을 비난하는 시위를 벌였다. 시위대는 레드카드와 '제만 타도', '러시아의 속국이 되긴 싫다'는 내용의 플래카드를 들고 행진에 나섰다(연합뉴스 2014. 11. 18). 한편 보후슬라브 소보트카 총리는 기업이 아닌 공공의 이익을 대변하는 정당을 만들기 위해 정당의 선거 운동 비용 및 정당에 대한 기부금을 제한하는 규제를 신설해야 한다고 말했으며(CTK 2014. 10. 30; 주체코 대사관 2014. 10. 31 재인용), 체코의 예로님 테이츠(Jeronym Tejc) 하원 의원은 대통령 탄핵을 위한 국민 투표를 제안할 수 있도록 하는 헌법 개정을 제안했다(주체코 대사관 2014. 11. 10).

폴란드

11월 11일
• 폴란드 극우파 "유럽연합 탓에 전통 상실" 격렬 시위   (연합뉴스 11. 12)

- 폴란드의 독립 기념일을 맞아 민족주의 성향의 극우파가 11일 저녁 바르샤바에서 격렬한 시위를 벌였다. 경찰은 독립 기념 행진에 앞서 무기로 쓸 수 있는 물품을 소지한 200여 명을 체포, 격리했다고 밝혔다. 시위대 중 일부는 폴란드가 유럽연합에 가입한 이후 폴란드 고유 가치를 잃고 전통을 희생했다며 '유럽연합은 물러가라'는 구호를 외쳤다. 극렬하게 시위를 벌인 이들은 폴란드가 유럽연합의 가치를 포용하면서 낙태와 동성 결혼 등에 반대하는 폴란드 고유의 가톨릭 정신을 잃어 간다는 주장을 펴고 있다. 경찰은 물대포를 쏘고 공중에 고무총탄을 발사하며 시위대 해산에 나서 수십 명이 다쳤다고 현지 언론은 전했다.

11월 14일
• 지방자치단체장 임기 제한 필요성 제기 여론 증가   (주폴란드 대사관, 11. 14)

- 11월 16일 전국 지자체 선거를 앞두고 실시된 여론 조사에서 현행 지방 자치 단체장의 무제한 임기 제도를 변경해야 한다는 의견이 증가하고 있는 것으로 나타났다. 재선, 3선 단체장을 보유한 일부 도시의 경우 독선적인 시정 운영에 대한 부정적 의견이 증가하고 있으나, 4선을 지낸 후 금번 선거 미출마를 선언한 카토비체 표드르 우속(Katowic Piotr Uszok) 시장은 시의 지속적 발전 여부는 시장의 안정적 시정 운영 여부에 달려 있다며 반론을 제기했다. 금번 여론 조사 대상 전국 22개 대도시 주민들의 45%는 연임(총 8년)까지만 허용해야 한다고 응답했으며, 단임만 허용해야 한다

는 의견은 5%를 기록했다. 3선 허용 의견은 14%를 기록했다.

11월 22일

• 폴란드 지방 선거 예상 뒤엎고 여당 승리, 컴퓨터 고장으로 발표 6일 늦어져

(뉴시스 11. 23)

– 폴란드 지방 선거 결과가 출구 조사 결과와 반대로 여당인 시민연단이 승리한 것으로 드러나 놀라움을 자아내고 있다. 11월 16일에 실시된 이 선거의 결과는 컴퓨터 고장으로 집계가 6일 늦어져 22일 공식 발표되었으며 이 과정에 대한 국민의 분노 폭발로 중앙선거관리위원장이 사임하기도 했다. 빗나간 출구 조사로 인해 에바 코파츠 총리는 패배를 자인했고 정적인 법과정의당은 승리를 자축했었지만 극적 반전이 이뤄졌다. 투표 결과는 시민연단이 지방 의회의 179석을 차지했고 법과정의당이 169석, 폴란드 국민당이 159석을 차지한 것으로 나타났다.

헝가리

10월 30일

• 인터넷세 도입에 반대하는 대규모 반정부 시위 개최　　(주헝가리 대사관 10. 30)

– 미하이 버르거(Mihaly Varga) 경제부장관은 10월 21일 2015년도 세제안을 발표하면서, 인터넷 사업자에게 인터넷 사용 1GB당 한화로 약 650원을 부과하는 인터넷세를 도입, 약 870억 원의 세입을 목표로 한다고 발표했다. 이 발표 이후, 인터넷세가 헝가리 디지털 경제에 큰 타격을 줄 수 있으며, 인터넷 사업자가 세금 부담을 회피하기 위해 요금 및 가입비 인상을 할 경우 결국 소비자만 피해를 볼 것이라는 우려로 반대 의견이 비등했고 사회당, 요빅, 녹색당 등 야당은 인터넷세 도입을 즉각 철회하라고 정부에 요구했다. 이에 대해 집권당은 2011년 시행된 통신세 도입 시에도 같은 논란이 있었다고 하면서 인터넷세 도입을 강행하기로 방침을 정하는 한편, 인터넷 사업자가 요금을 올리지 못하도록 규제안을 마련할 것이며, 당초 계획하였던 부과액에 상한선을 두는 개정안을 마련할 것이라 말했다. 인터넷세 도입에 반대하는 시민 단체를 중심으로 10월 26일 약 10,000명이 참가한 가운데 반대 시위가 부다페스트에

서 개최되었으며, 일부 시위자들은 청년민주동맹 본부에 컴퓨터 부품을 집어던지고 건물 유리창을 파손했고 이 과정에 시위자 5명이 체포되었다. 10월 28일 부다페스트에서 개최된 반대 시위에는 약 100,000명이 참가하였으며, 지방 여러 도시에서도 개최되었다. 이번 시위는 청년민주동맹이 2010년 집권한 이래 최대 인원이 참가한 시위로, 참가자들은 정보 접근의 자유를 제한하는 인터넷세 도입은 민주주의에 대한 제한을 의미한다고 주장하면서 정부에 즉각적인 철회를 요구했다. 이들은 인터넷세 철폐, 청년민주동맹, 오르반 총리 및 푸틴 러시아 대통령 반대 구호를 연호했다.

11월 03일

• 빅토르 오르반 총리, 인터넷세 도입 연기하기로 결정했다고 밝혀

(bbj.hu 11. 03, 주헝가리 대사관 11. 03 재인용)

– 오르반 총리는 현재로서는 인터넷세 도입이 어렵다고 판단하여 도입 결정 시기를 2015년 초로 연기하기로 결정했으며 1월 중순 인터넷세 관련 대국민 회담을 가질 예정이라고 밝혔다. 또한 그는 기존의 텔레커뮤니케이션(telecommunication)이 인터넷기반으로 진화를 하는 현재 추세에 맞춰 어디까지나 이동통신세의 연장 선상에서 인터넷세를 도입하려 했지만, 이를 국민들이 합리적이지 않다고 여기기에 국민들의 의사를 따라 더 논의가 필요하다고 결정했다고 밝혔다.

11월 03일

• 미국 정부, 부패 혐의로 헝가리 공직자에 대한 입국 금지 조치

(주헝가리 대사관 11. 03)

– 헝가리 주재 굿프렌드(Andre Goodfriend) 미국 대사 대리는 10월 20일 기자 회견에서 "미국이 헝가리를 더 이상 동맹국으로서 협조하기 어려울 정도로 헝가리의 부정부패가 심각하다"고 말하고, 미국 정부가 부패 혐의로 헝가리 고위 공직자 등 총 6명에 대해 입국 금지 조치를 내렸으며, 해당인의 명단은 미국 프라이버시(privacy)보호법에 따라 공개할 수 없다고 언급했다. 헝가리 언론은 문제의 인사들이 세무 감사 면제를 조건으로 뇌물 요구, 유럽연합 자금 관련 사업에 참여한 미국 대기업체에게 낙

찰을 대가로 뇌물을 요구한 것과 관련이 있을 것으로 보도했다. 사회당, 요빅 등의 야당 대표들은 집권 청년민주동맹 전 각료들이 부패 혐의를 받고 있다고 주장하면서, 입국 금지 된 인사가 누구인지를 밝히기 위해 오르반 총리가 즉각적인 수사를 개시하여야 한다고 요구했다. 이에 대해 오르반 총리는 고발자가 문제가 된 사람의 이름을 밝히는 것이 원칙이며, 부패에 대한 아무런 증거 없이는 수사를 개시하지 않을 것임을 분명히 했다. 정치 전문가들은 이번 미국의 헝가리 정부 인사 등에 대한 입국 금지 조치로 인해 양국 관계가 경색될 것을 우려하고 있다.

11월 13일
• 헝가리 집권 여당 청년민주동맹, 11월 들어 지지율 하락

(mtva.hu 11. 12, 주헝가리 대사관 11. 13 재인용)

− 여론 조사 기관 니죄폰트(Nézőpont)에 따르면, 11월 들어 녹색당과 극우세력인 요빅의 지지율은 올라가고 있는 반면, 집권 여당인 청년민주동맹의 지지율은 하락하는 추세를 보였다. 집권 여당인 청년민주동맹의 지지율은 32%에서 29%로 하락했으며, 이는 2014년 10월에 인터넷세에 반대하는 대규모 집회를 계기로 정당선호가 변화한 것으로 분석되었다.

11월 17일
• 의회 앞에서 1만 명 이상의 대규모 반정부 시위 열려

(bbj.hu, 11. 17, 주헝가리 대사관 11. 19 재인용)

− 11월 17일, 학생과 청년들로 구성된 1만 명 이상의 시민들이 헝가리 의회 앞에 모여 빅토르 오르반 총리와 집권 여당에 반대하는 대규모 시위를 열었다. 시위참가자들은 일디코 비더 헝가리 국세청장과 총리 등 정치인들의 부정부패 척결, 세금 인상 반대, 헝가리 외교 정책 변화를 요구하는 한편, 시위가 막바지에 이르렀을 때에는 일부 시민들이 폭력을 행사해 추가 경찰 인력이 투입되는 사태가 벌어졌다.

10월 30일

• 긍정당, 체코 주요 13개 지역 중 7~9개 지역 연립 정부 참여 전망

(주체코 대사관 10. 30)

– 긍정당이 체코 주요 13개 지역 중 7~9개 지역 연립 정부에 참여할 것으로 전망되었다. 일부 도시는 여전히 연립 정부 구성이 진행 중이며, 사회민주당은 7~8개 지역 연립 정부에 참여할 것으로 전망된다. 소보트카 총리는 새로 구성되는 지방 정부도 현 중앙 연립 정부 구성과 비슷한 형태로 사회민주당, 긍정당, 기독민주연합이 참여하는 연립 정부 구성을 희망한다고 언급한 바 있으나, 이는 프라하와 파르두비체 (Pardubice) 지역에서만 가능할 것으로 전망된다.

10월 30일

• 소보트카 총리, 선거 운동 비용 및 정치 기부금 제한 필요성 언급

(CTK통신 10. 30, 주체코 대사관 10. 31 재인용)

– 소보트카 총리는 10월 30일 정당의 선거 운동 비용 및 정당에 대한 기부금을 제한하는 규제를 신설해야 한다고 말했다. 소보트카 총리는 기업의 정치 기부금이 제한되지 않을 경우 공공의 이익을 대변하여야 할 정당이 일부 기업의 홍보에 치중할 수 있어 제도적 보완이 필요하다고 주장했다.

11월 10일

• 테이츠 의원, 대통령 탄핵과 관련한 헌법 개정 제안 (주체코 대사관 11. 10)

– 테이츠 의원은 체코 하원이 대통령 탄핵을 위한 국민 투표를 제안할 수 있도록 하는 헌법 개정을 제안했다. 테이츠 의원은 만약 탄핵을 반대하는 투표 결과가 나오면 대통령이 의회를 해산시킬 수 있으며, 제만 대통령의 현 임기는 개정안에 영향을 받지 않는다고 언급했다.

11월 17일

• 헝가리·체코서 대규모 시위…동구권, 변혁 요구로 '들썩'　　　　(연합뉴스, 11. 18)

− 체코 수도 프라하에서 17일 공산 정권을 무너뜨린 '벨벳 혁명' 25주년을 맞아 시민 수천 명이 친러시아 성향의 밀로스 제만 대통령을 비난하는 시위를 벌였다. 시위대는 축구 시합에서 퇴장을 뜻하는 레드카드와 '제만 타도', '러시아의 속국이 되긴 싫다'는 내용의 플래카드를 들고 행진에 나섰다. 또 시위대 수백 명은 벨벳 혁명 기념비 제막식에 참석한 제만 대통령을 향해 휘파람을 불거나 소리치며 연설을 방해하기도 했다. 이 제막식 도중 요아힘 가우크(Joachim Gauck) 독일 대통령이 제만 대통령을 겨냥한 달걀에 맞기도 했다.

6차(11월 말~12월 말)

전미소

폴란드의 경우 2014년 11월에 치러진 선거 결과에 대한 논란이 지속되었다. 법과정의당의 총재 야로슬라프 카친스키가 "당국은 선거가 실패로 돌아가고 그 결과가 아직 알려지지 않은 것을 이용하여 위 사실을 덮기 위한 캠페인을 시작했으며 폴란드 대통령과 가장 주요한 법원장들의 힘까지 등에 업고 법원을 위협하며 치룬 선거는 허위"라며 법원이 정부에 복종했다고 주장한 것에 대해, 법원 측은 집행권을 원하는 정치인의 사법권에 대한 공격이라고 비난했다(Warsaw Voice 2014. 12. 16). 또한 법과정의당은 지난 선거 결과에 항의하기 위해 재선거를 요구하는 시위를 벌였다. 한편 여론 조사 결과 우익 정당들과 연합한 법과정의당이 28%의 유권자들의 지지를 얻은 반면, 폴란드의 집권당인 시민연단은 5%포인트 정도 오른 43%의 유권자들의 지지를 얻었다(Warsaw Voice 2014. 12. 15).

헝가리는 집권당인 청년민주동맹의 지지율이 전월 대비 10%포인트 정도 크게 하락한 25%를 기록하였다. 지지를 결정하지 못하였거나 무응답인 부동층은 11월 34%에서 44%로 증가한바, 청년민주동맹에 대한 지지 이탈자들이 부동층으로 몰린 것으로 보인다(주헝가리 대사관 2014. 12. 08). 한편 부다페스트에서는 정부의 긴축 정책과 부패, 총체적 경제난을 규탄하는 시위가 벌어졌으며 빅토르 오르반 총리에 대한 지속적인 비난의 목소리가 나오고 있다. 오르반 총리는 국민들과의 소통에 실패했고 유권자들은 정부를 더 이상 신뢰하지 않는다고 찬나 샬라니(Zsuzsanna Szelenyi) 의원은 말했으며(politics.hu 2014. 12. 19), 헝가리 전 총리 주르차니 페렌츠는 오르반 총리는 협력을 받아들이지 않고 세상을 친구와 적 이분법으로 바라보며 동부를 친구로 여기고 서부를 적으로 여기고 있다며 조기 총선을 준비해야 한다고 말했다(politics.hu 2014. 12. 20).

체코 또한 밀로스 제만 대통령에 대한 비난이 쇄도하고 있다. 제만 대통령은 직선제로 선출된 첫 대통령으로, 블라디미르 푸틴(Vladimir Putin) 러시아 대통령을 2015년 1월 프라하로 초청하는가 하면 우크라이나를 향해 집단 안보 체제인 북대서양조약기구(North Atlantic Treaty Organization, NATO) 가입을 하지 않는 게 좋다고 밝히는 등 러시아를 편드는 게 아니냐는 비난을 받고 있다. 체코 일간지인 호스포다르스케는 제만 대통령의 친러 성향은 자신만의 취향일 뿐이라고 꼬집으면서 첫 직선 대통령이 인기를 추종하고 있다고 비난했으며, 체코에서는 직선제가 포퓰리즘과 권위주의를 견제하는 역할을 하지 못한다고 평가했다(연합뉴스 2014. 11. 27).

폴란드

12월 13일

• 법원 측, 야당 지도자의 발언에 대한 비난　　　　　　　(Warsaw Voice 12. 16)
- 12월 13일 폴란드의 대법원, 헌법재판소, 최고행정법원의 원장들은 제1야당의 지도자인 야로슬라프 카친스키가 정부에 복종하는 법원을 지적한 것에 대하여 비난했다. 원장들은 이는 집행권을 가지기를 열망하는 정치인의 사법권에 대한 유럽의 전례 없던 공격이며, 이는 폴란드 법원의 모든 판사들을 겨냥한 경멸적인 공격이라고 밝혔다. 카친스키는 자신의 지지자들에게 "당국은 선거가 실패로 돌아가고 그 결과가 아직 알려지지 않은 것을 이용하여 위 사실을 덮기 위한 캠페인을 시작하였으며, 폴란드 대통령과 가장 주요한 법원 원장들의 힘까지 등에 업고 법원을 위협하며 치른 선거는 허위"라고 주장했다. 또한 "현 당국은 선거가 허위라고 말하는 모든 이에 대하여 미디어 캠페인을 시작하였다"고 말했다. 카친스키는 브로니스와프 코모로프스키 대통령이 지방 선거 이후 최고법원 의장들을 만나 선거 시위를 거절하라고 말했다고 밝혔다.

12월 15일

• 여론 조사 결과 집권당인 시민연단이 앞서　　　　　　　(Warsaw Voice 12. 15)
- CBOS의 최근 여론 조사에 따르면, 우익 정당들과 연합한 제1야당인 법과정의당이 28%의 유권자들의 지지를 얻은 반면, 폴란드의 집권당인 시민연단은 12월, 5%포인트 정도 오른 43%의 유권자들의 지지를 얻었다. 조사에 따르면 민주좌파동맹은 2%포인트 하락한 7%로 나타났다. 연립 정권을 이루고 있는 농민당은 9%의 지

지율을 획득했다.

12월 15일
- 선거 결과에 항의하는 시위 벌어져 (Warsaw Voice 12. 15)
– 조작되었다고 여겨지는 11월 지방 정부 선거에 대하여 제1야당이자 보수 정당인 법과정의당이 준비한 바르샤바에서의 행진에 수많은 사람들이 참가하였다. 시위자들은 "민주주의를 위하여"라는 슬로건 아래 재선거를 외치며 행진하였다. 법과정의당은 가장 많은 표를 얻었음에도 불구하고 선거 제도로 인해 지방 의회에서 집권당인 시민연단보다 적은 의석을 차지하였다. 또한 공식 결과가 법과정의당이 많이 앞서던 출구 조사와 큰 차이가 있었다. 선거로부터 정보를 수집하는 시스템의 오작동으로 인해 선거 결과 발표가 심각하게 지연되었다. 또 다른 논쟁적인 측면은 출구 조사 결과와 달리 폴란드 국민당이 좋은 결과를 얻었다는 것이다. 한편 이번 선거에서 총 투표의 17.9%가 무효라고 밝혀졌는데, 이에 대해 임원들은 선거 책자의 혼란스러운 디자인 때문이라고 말했다. 법과정의당의 지도자 야로슬라프 카친스키는 이번 시위는 민주주의, 출판, 보도의 자유 그리고 시민권을 지키기 위한 행진이라고 말했다.

헝가리

11월 26일
- 집권당 청년민주동맹, 최근 지지율 크게 하락해 (주헝가리 대사관 12. 08)
– 여론 조사 기관인 Tarki가 11월 26일 발표한 정당 지지율에 따르면 집권당인 청년민주동맹의 지지율이 전월 대비 10%포인트 정도 크게 하락한 25%를 기록하였으며, 극우 정당인 요빅이 1%포인트 상승한 12%, 사회당은 변동 없이 11%를 기록하였다. 지지를 결정하지 못하였거나 무응답인 부동층은 10월 34%에서 44%로 증가한바, 청년민주동맹에 대한 지지 이탈자들이 부동층으로 몰린 것으로 보인다. 청년민주동맹에 대한 지지율이 단기간에 크게 하락한 이유로는 최근 오르반 정부의 인터넷세 부과 시도에 대한 국민적 반발, 미국의 주재국 국세청장 등 공직들에 대한 입국 금지 조치를 둘러싼 정부의 부정부패 논란 등에 따른 것으로 보인다. 그러나 지지

결정 유권자의 경우, 청년민주동맹에 대한 지지율이 45%로 여타 정당에 비해 여전히 크게 앞서고 있으므로 최근 청년민주동맹에 대한 지지율 하락이 추세라고 판단하기는 너무 이르다고 여론 조사 전문가들은 말하고 있다. 2014년 실시된 3대 선거(총선, 유럽연합 의회 선거, 지방 선거)에서 크게 승리한 청년민주동맹이 너무 자기만족에 빠져 있었다는 당내 지적이 제기되고 있는 가운데, 오르반 총리는 최근 청년민주동맹의 지지율 하락에 우려를 표하고 정부 시책 홍보 강화 및 총리실 정부 소통 부서의 재구성을 지시했다. 유럽연합 집행위원으로 진출한 너브러치츠 전 외교통상부장관의 결원에 따라 보궐 선거가 2015년 2월 22일 실시될 예정이며, 선거 결과에 따라 청년민주동맹의 2/3 의석 지속 유지 여부가 판가름 나게 돼 있어 그 귀추가 주목되고 있다(4월 총선에서 총 199 의석 중 133석을 획득, 1석 차이로 2/3 의석을 차지하였으나 현재 1명 결원으로 2/3에 미달).

12월 16일
• 성난 헝가리 민심   (REUTERS 12. 18)
– 헝가리 부다페스트에서 시민들이 정부의 긴축 정책과 부패, 총체적 경제난을 규탄하는 시위를 벌였다. 이날 집회에는 지난 한달 동안 비록 철회됐지만 인터넷세 계획과 서방과의 갈등으로 인기가 곤두박질치고 있는 빅토르 오르반 총리에 반대하는 단체들이 참여했다.

12월 19일
• 유권자들과의 소통 실패한 오르반 총리   (politics.hu 12. 19)
– 빅토르 오르반 총리는 국민들과 소통하지 않고 유권자들은 정부를 더 이상 신뢰하지 않는다고 찬나 샬라니 의원은 말했다. 야당인 대화당을 대표해서 샬라니 의원은 의회가 정부를 위한 입법 기관으로 전락하였으며, 유권자나 야당 모두 정책 결정에 아무런 영향을 끼치지 못하고 있다고 주장했다. 그러나 국민들은 이제 오르반 정권에의 실체를 알게 되었고 끊임없는 반정부 시위를 행하고 있다고 그녀는 덧붙였다. 곽스(Paks)원자력발전소의 격상에 관하여 샬라니 의원은 러시아와의 협약이 자국을 망하게 할 것이라고 경고하였다. 합의에 서명함으로써 오르반 총리는 유럽연

합과 서방으로부터 헝가리를 완전히 분리시켰고 또한 가장 큰 국가 안보 위협에 놓이게 하였다고 그녀는 말했다.

12월 20일

- 헝가리 전 총리가 주시하는 조기 선거　　　　　　　　　　　　(politics.hu 12. 20)

– 전 총리 페렌츠 주르차니는 민주 야당이 조기 선거를 준비해야 한다고 말했다. 주르차니 전 총리는 빅토르 오르반 현 총리가 협력을 받아들이지 않고 세상을 친구와 적, 이분법으로 바라보며 동부를 친구로 여기고 서부를 적으로 여기고 있다고 주장하며, 이러한 사고는 헝가리의 국익에 반하는 것이라고 말했다. 그리고 헝가리가 30~35년 전보다 현재 더 고립되어 있고 정부는 2015년 국내와 국외에서 여러 정치적 갈등을 마주하며 지금보다 더 고립될 것으로 바라보았다. 또한 다른 외교 정책을 보기 원하는 이들은 현 정권의 최대한 빠른 후퇴를 바라는 수밖에 없다고 말하며 중도 좌파 야당의 주된 목표를 조기 선거로 설정하였다. 한편, 전 외교부 장관은 헝가리가 유럽의 모든 동맹국을 잃었으며 그들의 지원까지도 포기하였다고 말했다.

체코

11월 27일

- 체코 대통령 친러시아 정책에 안팎 비난 쇄도

(CTK통신·Hospodárske Noviny, 연합뉴스 11. 27 재인용)

– 밀로스 제만 체코 대통령이 러시아에 우호적인 정책을 펼친다고 국내외에서 비난을 받고 있다. 제만 대통령은 직선제를 통해 당선된 첫 대통령으로, 블라디미르 푸틴 러시아 대통령을 2015년 1월 프라하로 초청했는가 하면 우크라이나를 향해 집단 안보 체제인 북대서양조약기구(NATO) 가입을 하지 않는 게 좋다고 밝히는 등 러시아를 편드는 게 아니냐는 비난을 받고 있다. 프라하에서 활동하는 우크라이나 기자이자 비정부 기구의 후원으로 체코에서 연수 중인 이들은 제만 대통령의 언행에 대해 "러시아의 하수인이나 다름없다"고 맹비난했다고 체코 CTK통신이 26일 보도했다. 이들은 체코가 1990년대 무혈 혁명으로 공산 체제를 전환한 것으로 우크라이

나에 모범이 될 수 있으나 제만 대통령의 발언으로 실망감이 커졌다고 털어놓았다. 지난주 미국 일간지 워싱턴포스트는 제만 대통령이 "사실상 블라디미르 푸틴 러시아 대통령의 선전 도구"가 됐다고 비난한 바 있다. 같은 날 체코 일간지인 호스포다르스케는 제만 대통령의 친러 성향은 자신만의 취향일 뿐이라고 꼬집으면서 첫 직선 대통령이 인기에 추종하고 있다고 비난했다. 호스포다르스케는 슬로바키아에서는 널리 알려진 자선 사업가가, 루마니아에서도 독일계 후손이 대통령에 각각 선출되는 것으로 미뤄 대통령 직선제가 포퓰리즘과 권위주의를 견제하는 역할을 제대로 했지만, 체코는 그렇지 않다고 평가했다. 최근 체코의 공산주의 체제 전환의 계기가 된 '벨벳 혁명' 25주년 기념식에서 참석자들은 제만 대통령에게 야유를 퍼붓고 일부는 계란을 투척하는 등 제만 대통령에 대한 반감을 표출했다.

12월 01일
• 제만 대통령, 의회의 정치인 급여 인상안 찬성 시 거부권 행사 시사

(주체코 대사관 12. 02)

- 제만 대통령은 12월 1일 의회가 정치인 급여를 14.4% 인상하는 법안을 통과시킨다면 대통령의 거부권을 행사할 것이라고 언급했다. 제만 대통령은 현재 유용한 투자 프로젝트에 투자할 예산을 찾고 있는 와중에 이러한 급여 인상은 동의할 수 없으며, 다른 공공 기관에 있는 근로자들과 같이 정치인들도 3.5%의 급여 인상을 받아야 한다고 말했다.

12월 01일
• 제만 대통령의 사임을 요구하는 시위 벌어져   (주체코 대사관 12. 02)

- 500여 명의 시위자들은 12월 1일 저녁, 제만 대통령의 사임을 요구하는 시위행진을 바츨라프 광장에서 프라하 성까지 펼쳤으며, 이들은 제만 대통령의 외교 정책이 정부의 입장과 유럽연합의 외교 정책과 상반된다고 주장했다.

12월 02일
• 시민민주당, 긍정당, 전통책임번영당 의원들, 보후슬라프 소보트카 총리 비난

(주체코 대사관 12. 03)

- 보후슬라브 소보트카 총리는 정치인 급여 인상 반대 의견으로 인해 12월 2일 시민민주당, 긍정당, 전통책임번영당 소속 의원들로부터 비난을 받았다. 시민민주당 소속 의원들은 소보트카 총리가 미국으로 출국 전 14.5%의 급여 인상안에 대해 인지하고 동의하였다고 말했다. 또한 긍정당과 전통책임번영당의 의원들은 소보트카 총리가 정당들이 오랫동안 준비해 온 것을 무너뜨렸다며 사과를 요구했다.

12월 19일

• 지속적으로 하락하는 제만 대통령의 신뢰도 　　　　　　　(CTK통신 12. 19)

- CVVM(Centrum pro výzkum veřejného mínění)의 여론 조사에 의하면 제만 대통령의 신뢰도가 2013년 3월 그의 임기가 시작된 이후부터 34% 밑으로까지 떨어진 것으로 나타났다. 지난 11월 제만 대통령은 체코 국민의 37%로부터 신뢰를 받았었다. 그러나 모든 주요 정치 기관들의 신뢰도 역시 떨어졌다. 반면 시의회와 시장들은 기관들 중 가장 신뢰를 받고 있다. 하원의 신뢰도는 5%포인트 떨어진 현재 29%이며, 상원은 11월보다는 2%포인트 하락한 30% 정도의 신뢰를 받는 것으로 나타났다. 한편 체코인의 약 44%가 총리 소보트카가 이끄는 사회민주당을 신뢰하고 있는 것으로 나타났다.

7차(12월 말~2015년 1월 말)

전미소

폴란드에서는 주요 야당 법과정의당과 그의 우파 동맹인 폴란드연합과 폴스카라젬이 2015년 의회 선거 이전에 공동 선거 팀을 구성하기로 하였다(Warsaw Voice 2014. 12. 31). 반면 좌파 정당 사이에서는 마찰이 일어났는데, 그제고르츠 나피에랄스키(Grzegorz Napieralski)의 정직과 자호드니오포모르스키에 지역의 당 체제 해산 그리고 젊고 잘 알려지지 않은 역사학자 막달레나 오고렉(Magdalena Ogórek)을 대통령 후보로 발표한 것에 대하여 민주좌파동맹 당내 고위층 사이에서 일어났다(Warsaw Voice 2015. 01. 14). 한편 여론 조사 결과, 시민연단의 유권자 지지율이 40%로, 우파 정당들과 동맹을 맺은 주요 야당인 법과정의당은 29%로 나타났다(Warsaw Voice 2015. 01. 16).

헝가리의 경우 정부의 노숙자 학대에 반해 결성된 사회 운동 단체 '모두의 도시(The City is for all)'가 반정부 행진을 벌이고, 노숙자들을 위한 텐트를 설치하며 정부에게 노숙자들을 위한 보호와 정책의 수립을 주장했다(politics.hu 2014. 12. 31; KOTRA 2014. 12. 31 재인용; 주헝가리 대사관 2014. 12. 31 재재인용). 한편 빅토르 오르반 총리는 유럽연합의 이민 정책이 중단되어야 한다고 말하며 소수 인종과 섞이는 것을 원치 않음을 밝혀 논란이 야기되었다(이데일리 2015. 01. 12). 이러한 오르반 총리의 발언의 여파로 여당인 청년민주동맹은 지지율이 2%포인트 하락하면서 앞선 2014년 11월, 12월 10%포인트의 급격한 하락세에 이어 하락세가 지속되고 있다(politics.hu 2015. 01. 16; KOTRA 2015. 01. 16 재인용; 주헝가리 대사관 2015. 01. 16 재재인용).

체코의 경우 정치인들이 파리에서 일어난 총격 테러 사건을 강력하게 비난하였으며(CTK 2015. 01. 08; 주체코 대사관 2015. 01. 08 재인용), 프라하 흐랏드차니 광장에서는 반이슬람 집회가 열렸다. 설문 조사 결과에 따르면, 대다수 체코인들(87%)은 이슬람교도 수용 관련 법안을 강화해야 한다고 응답한 것으로 조사되었다(CTK 2015. 01. 16; 주체코 대사관 2015. 01. 16 재인용). 한편 체코 정부는 70명의 시리아인과 현재 요르단에 있는 아이들을 포함한 열다섯 가구의 망명을 받아주기로 승인하였다. 또한 재정착을 위한 모든 비용을 체코의 내무부에서 부담할 것이라고 밝혔다(CTK 2015. 01. 14). 체코 정부는 전 세계에서 체코로 이주하는 이민자들을 위해 6천6백만 크라운을 지원했으며, 이 중 대부분이 우크라이나인을 위해 사용될 예정이다(CTK 2015. 01. 15; 주체코 대사관2015. 01. 15 재인용).

폴란드

12월 24일

- 법원, 좌파 야당의 선거 시위 기각   (Warsaw Voice 12. 24)

- 민주좌파동맹은 법원으로부터 지방 자치 단체 선거 관련 시위를 처음으로 거절당했다. 여러 지역에서 투표 책자에 오해의 소지가 있었고 책자 일면에 명단이 인쇄되어 있는 정당을 홍보하였다고 주장함으로써 민주좌파동맹은 11월 선거의 무효를 요구하였다. 폴란드의 선거 당국은 선거결과를 발표함에 있어 선거로부터 데이터 수집 역할을 하는 정보 통신 기술(Information Technology, IT) 시스템의 오작동으로 인해 심각한 지연을 겪었다. 투표의 또 다른 논쟁적인 관점은 특별히 농민당의 결과가 좋았다는 것이었는데, 지방 자치 선거로부터의 공식 결과가 출구 조사로부터의 결과보다 상당히 좋게 나왔다. 한편, CBOS의 여론 조사에 따르면 58%의 폴란드 국민들은 국가선거위원회가 발표한 지방 선거 결과를 믿고 있다고 한다. 오직 5%의 폴란드 국민들만이 이번 지방 선거 결과를 신용할 수 없다고 확신하였고 17%는 약간 신뢰 할 수 없다고 주장하였다. 이번 선거 결과를 신뢰할 수 없다고 생각하는 사람들 중의 35%는 이번 선거가 부정 선거였다고 믿고 있고, 52%는 다수의 부정 행위가 일어났다고 주장하였다.

12월 29일

- 다수의 폴란드 국민이 의회 의장이 사임하기를 원해

        (Rzeczpospolita, Warsaw Voice 12. 29 재인용)

- 일간지 제츠포스폴리타의 여론 조사에 따르면 58%의 폴란드 국민들은 의회 의장 라도슬라프 시코르스키가 의장직에서 물러나야 한다고 믿고 있다. 시코르스키가 속

해 있는 당인 시민연단의 지지율에도 못 미치는, 오로지 25%만이 그의 자리를 유지해야 한다고 여기고 있다.

12월 31일
• 2015년 선거 이전에 보수 정당들 힘을 모으기로   (Warsaw Voice 12. 31)
− 주요 야당 법과정의당과 그의 우파 동맹인 폴란드연합과 폴스카라젬은 2015년 의회 선거 이전에 공동 선거 팀을 구성하기로 하였다. 법과정의당의 총재인 야로슬라프 카친스키는 이번 동맹은 올해의 가장 중요한 일이라고 크리스마스 모임에서 말했다. 작은 정당들의 정치인들은 카친스키가 당 대표들만 초대한 것이 아니라 모든 의원들을 초대한 것에 놀랐다. 그의 이러한 행동은 이번 동맹을 진지하게 대하고 있음을 입증하는 것이라고 말했다.

01월 14일
• 좌파 정당 사이의 마찰
                    (Gazeta Wyborcza · Rzeczpospolita, Warsaw Voice 01. 14 재인용)
− 이번 마찰은 주요 당원인 그제고르츠 나피에랄스키의 정직과 자호드니오포모르스키 지역의 당 체제 해산 그리고 젊고 잘 알려지지 않은 역사학자 막달레나 오고렉을 대통령 후보로 발표 한 것에 대하여, 좌파 야당인 민주좌파동맹 당내 고위층 사이에서 일어났다고 당대표가 밝혔다. 민주좌파동맹의 의원은 몇몇의 당내 고위층 인사들이 당을 떠날 수도 있다고 일간지 가제타비보르차에서 말했다. 민주좌파동맹의 리더였던 나피에랄스키를 정직시키는 결정은 레세크 밀레르(Leszek Miller)가 간절히 원한 시도였는데 이는 지방 자치 단체 선거에서의 저조한 성적 이후 당내에서 밀레르 자신이 힘을 키우기 위함이라고 좌파 정치인은 말했다. 나피에랄스키는 연립 정권의 파트너인 국민당이나 집권당인 시민연단으로의 이전을 숙고하고 있을 것이다. 일간지 제츠포스폴리타는 오고렉을 대통령 후보로 지명한 것은 민주좌파동맹의 새로운 전략의 시작이라고 말했다.

01월 16일

• 집권당 시민연단, 여전히 라이벌인 법과정의당을 앞서 　　　(Warsaw Voice, 01. 16)

— 폴란드 집권당 시민연단의 유권자 지지율이 40%로 3%포인트 하락한 반면 우파 정당들과 동맹을 맺은 주요 야당 법과정의당은 1%포인트 오른 29%로 CBOS의 최근 여론 조사를 통해 나타났다. 좌파 정당 민주좌파동맹은 1%포인트 하락한 6%로 나타났다. 연립 정권인 국민당은 2%포인트 감소한 7%로 나타났다.

헝가리

12월 31일

• 사회 운동 단체 '모두의 도시' 반정부 행진, 노숙자를 위한 시설 마련 촉구해
　　　(politics.hu 12. 31, KOTRA 12. 31 재인용, 주헝가리 대사관 12. 31 재재인용)

— 정부의 노숙자 학대에 반해 결성된 사회 운동 단체 '모두의 도시'가 12월 19일 반정부 행진에 이어 코슈트 러요쉬(Kossuth Lajos) 광장 근처 크리스마스트리 옆에 노숙자들을 위한 텐트 20개를 설치하였다고 밝혔다. 2010년부터 노숙자들에 대하여 강경한 조치를 취해 오던 헝가리 정부에게 이 단체는 입주가 안 된 빈 집을 활용한 사회적 홈 렌탈 서비스 등 구체적인 방안을 제시하며 노숙자들을 위한 적절한 보호와 보호 강화 정책이 수립되어야 한다고 주장했다.

01월 11일

• 일요일 폐점 관련 국민 투표 계획안 제출해 　　　(politics.hu 01. 11)

— 민주연합 당 대변인은 지난 토요일, 야당인 민주연합이 일요일에 쇼핑하는 것을 제한하는 것에 관한 법을 무효화하기 위한 국민 투표 계획을 제출했다고 밝혔다. 당위원 라슬루 보류(Laszlo Varju)는 우리 당은 개인의 삶에 개입하는 것과 3만 명 이상의 사람들의 식상을 위협하는 정부를 받아들일 수 없다고 말했다. 민주연합이 국가 선거위원회에 제출한 질문은 "일요일에 가게 문을 열어 두는 것에 동의하십니까?"이다. 그는 당은 모든 정치적 이익 집단과 시민들의 협력을 희망하고 있다고 덧붙였다. 한편 지난 금요일, 선거위원회는 원외의 당인 어쉐포가쉬(Osszefogas)의 국민 투

표를 위한 청원서를 명확성의 불충분이라는 이유로 거부했다. 12월 중순에 의원들은 2015년 3월 15일부터 발효되는 '일요일 폐점'의 도입을 승인하였다.

01월 11일

• 헝가리 총리 "유럽연합 이민 정책 중단하라…소수 인종 원치 않아"

(이데일리 01. 12)

– 그동안 반유럽연합 기조를 지속해 온 빅토르 오르반 헝가리 총리가 "이민 정책은 유럽연합에 큰 위협이며 이제는 중단돼야 한다"고 촉구해 논란을 야기하고 있다. 오르반 총리는 11일 최대 150만 명의 시민들과 전 세계 40여 개국 정상급 인사들이 참석한 가운데 프랑스 파리에서 열린 대규모 테러 규탄 거리행진에 참석하고 난 뒤 가진 현지 국영TV 인터뷰에서 "유럽연합 내 이민을 자유롭게 하는 정책은 중단돼야 한다"고 밝혔다. 그는 "이민이라는 제도를 경제적인 유용성을 가지고 있다는 사실로만 이해해선 안 된다"며 "이민은 유럽 시민들을 어려움에 빠뜨리고 있고 심지어 위협이 되고 있다"고 주장했다. 이에 따라 오르반 총리는 "이민 정책은 반드시 중단돼야 하며, 이는 바로 헝가리의 입장"이라고 말했다. 다만 그는 정치적인 망명을 요구하는 사람들에게만 이민이 허용돼야 한다고 덧붙였다. 그는 "헝가리는 이민자들이 정착을 목표로 하는 국가가 되진 않을 것"이라며 "내가 총리로 있는 한, 그리고 이 정권이 권력을 유지하는 한은 그런 일이 생기지 않도록 하겠다"고 약속했다. 아울러 "우리는 다른 문화적 특징을 가진 많은 소수 인종들이 우리에게 섞이는 것을 원하지 않는다"며 "헝가리는 헝가리로서 유지되길 원한다"고도 말했다. 또한 오르반 총리는 지난주 프랑스에서 벌어진 알카에다(Al-Qaeda)의 언론사 테러에 대한 유럽연합의 대응을 높여야 한다고 촉구하기도 했다.

01월 12일

• 시위 단체, 공공집회의 자유 제한 발언에 대한 반발 시위 계속 진행 할 예정

(politics.hu 01. 12, KOTRA 01. 12 재인용, 주헝가리 대사관 01. 12 재재인용)

– 12월 8일 라슬로 시몬(Laszlo Simon) 헝가리 총리실 수석비서관이 집회 관련 법 개정은 없을 것이라는 공식 발표에도 불구하고 시위 단체들은 집회의 자유에 대한 잠

재적인 규제가 완벽히 없어질 때 까지 시위를 계속 진행하겠다는 뜻을 밝혔다. 이는 2014년 12월 게르게이 구야쉬(Gergely Gulyas) 청년민주동맹 의원이 '공공집회의 자유는 때때로 제한되어질 필요가 있다'라고 언급한 것에 대해 항의하는 시위 인력이 집결되고 조직을 갖추기 시작하면서부터 집회 관련 법 개정안에 대해 꾸준히 항의한 것에서 비롯되었다.

01월 16일

• 청년민주동맹, 지지율 지속적 하락세 기록해

(politics.hu 01. 16, KOTRA 01. 16 재인용, 주헝가리 대사관 01. 16 재재인용)
- 헝가리 여당 청년민주동맹의 지지율이 빅토르 오르반 총리가 프랑스 테러 사건과 관련하여 "유럽연합 외부 이민자들을 불허해야 한다"고 언급한 직후 지지율이 2% 포인트 하락하면서 앞선 2014년 11월, 12월 급격한 하락에 이어 하락세가 지속되고 있다. 헝가리 일간지 Origo.hu는 청년민주동맹이 3개월 사이 지지자 10만 명을 잃었으며 유권자 기준 23%의 지지율을 기록하고 집권 이후 최대의 위기를 맞고 있다고 보도했다.

체코

01월 08일

• 체코 정치인들 파리 테러 사건에 대하여 비난

(CTK통신 01. 08, 주체코 대사관 01. 08 재인용)
- 체코 정치인들은 파리에서 일어난 충격 테러 사건을 강력하게 비난했으며 이러한 행위는 언론의 자유, 민주주의, 유럽-대서양 정체성에 대한 공격이라고 주장했다. 보후슬라브 소보트카 총리는 민주주의 사회 속에서 언론의 자유가 상실되면 민주주의 기능이 온전히 작동할 수 없다고 언급했다. 한편 내무장관은 체코 내에 보안대책을 강화시킬 필요는 없다고 밝혔다.

01월 14일

• 체코 정부, 시리아 난민 가족의 망명을 승인하기로　　　　　　　(CTK통신, 01. 14)

- 체코 정부는 오늘, 70명의 시리아인과 현재 요르단에 있는 아이들을 포함한 열다섯 가구의 망명을 받아주기로 승인하였다. 시리아인들은 체코 정부가 오늘 논의한 것을 바탕으로 체코에 입국하기 전에 체코 정보국으로부터 철저히 검사받을 것이다. 체코가 받아들인 시리아 난민들은 망명의 형식으로 국제적 보호를 보장받을 것이며 의료 사회 지원 또한 받을 것이다. 보고서에 따르면 이들은 그들이 원한다면 영구적으로 체코에 머물 수 있다. 재정착을 위한 모든 비용을 체코의 내무부에서 부담할 것이라고 밝혔다. 내무부는 경계 부대와의 협조를 통해 이번 사안을 다루기 위한 특수 실무반을 꾸릴 것으로 밝혔다. 이는 체코로 이전되는 난민들을 철저히 가리기 위함이다. 실무진의 구성원들은 이후에도 난민들이 체코 사회에 잘 적응하는지 지속적으로 주시할 것이다. 시리아는 수년에 걸친 전쟁으로 인해 고통 받았다. 국제연합 보고서에 따르면 300만 명의 시리아인들이 분쟁으로 인해 나라를 떠났다고 말했다. 서양 국가들은 10만 명의 시리아 난민들을 받아주기로 약속했다.

01월 15일

• 밀로스 제만 대통령, "이민자, 그 나라의 법 수용하지 않는다면 떠나야"

　　　　　　　　　　　　(CTK통신 01. 15, 주체코 대사관 01. 15 재인용)

- 제만 대통령은 특히 테러 위협을 주는 이민자들은 예방 차원에서 본국가로 추방해야 한다고 피력했다.

01월 15일

• 체코 정부, 이민자 정착 위해 6천6백만 크라운 지원　　　•

　　　　　　　　　　　　(CTK통신 01. 15, 주체코 대사관 01. 15 재인용)

- 체코 정부는 전 세계에서 체코로 이주하는 이민자들을 위해 6천6백만 크라운을 지원했으며, 이 중 대부분이 우크라이나인을 위해 사용될 예정이다. 지급 대상자들에게는 반년에서 일 년간 무료 주택이 제공되며 금전적 원조도 성인(최대 5만 크라운) 및 18세 미만 아이(최대 2만 크라운)에게 제공될 예정이다.

01월 16일

• 프라하 흐랏드차니 광장(Hrandcanske namesti)에서 반이슬람 집회 열려

(CTK통신 01. 16, 주체코 대사관 01. 16 재인용)

- '우리는 체코 내 이슬람교를 원하지 않는다'라는 슬로건을 걸고 오늘 프라하 흐랏드차니 광장에서 열릴 반이슬람 집회에는 약 4000명의 시위자들이 참여할 예정이다. 주최 측은 집회를 통해 최근 파리 테러 희생자들을 추모하고 대중들에게 반이슬람적 태도와 유럽 내 반이슬람 정서의 확산을 보여 주고자 한다. 또한 각종 법안과 국가적 보안을 강화하는 조치 등을 취해 체코의 이슬람화를 방지하고자 한다고 언급했다.

01월 16일

• 대다수 체코인들, "이슬람교도 수용 법안 강화해야"

(CTK통신 01. 16, 주체코 대사관 01. 16 재인용)

- 미디언에이전시(Median Agency)의 설문 조사 결과, 대다수 체코인들(87%)은 이슬람교도 수용 관련 법안을 강화해야 한다고 응답했다. 이러한 결과는 단순히 최근 파리 테러로 인한 이슬람교도들에 대한 반발심에서 비롯된 것이 아닌 오랜 기간 지속되어 온 이민자들에 대한 체코인들의 부정적 견해로 분석된다.

8차(1월 말~2월 말)

폴란드는 2015년 5월 실시되는 대통령 선거를 앞두고 후보자들의 출마 선언이 연이었다. 현 대통령인 브로니스와프 코모로프스키가 출마를 공식 선언했고 (주 폴란드 대사관 2015. 02. 05), 민주좌파동맹에서는 36세 여성인 막달레나 오고렉이 출마했다. 현재 여론 조사 상으로 오고렉의 지지율은 10%를 밑도는 수준이지만 2000년대 초반 집권 이후 내리막길을 걷던 민주좌파동맹에서는 오고렉이 선전해 주기를 기대하고 있다(중앙일보 2015. 02. 08). 한편 TNS(Taylor Nelson Sofres)에서 실시된 조사에 따르면, 폴란드의 집권 여당인 시민연단이 총 33%의 유권자의 지지를 받으며 27%의 지지를 받은 최대의 라이벌 당인 법과정의당을 앞섰다(Warsaw Voice 2015. 02. 23).

헝가리의 경우 앙겔라 도로테아 메르켈(Angela Dorothea Merkel) 독일 총리와 블라디미르 푸틴 러시아 대통령의 방문을 앞두고 '친유럽연합, 반러시아'를 외치는 시위가 이어졌다. 푸틴 대통령의 방문 이후 집권 여당은 러시아와의 가스 공급 연장에 합의한 것을 긍정적으로 평가했으나, 야당 측에서는 이번 방문을 통해 푸틴 대통령이 유럽연합 내에서도 자신의 친구가 있다는 것을 보여 준 결과가 되었다며 빅토르 오르반 정권을 비난했다(주헝가리 대사관 2015. 02. 20). 한편 2월 22일 실시된 베스프렘(Veszprem) 시 보궐 선거에서 무소속의 졸탄 케스(Zoltán Kész) 후보가 42.7%의 득표율로 33.6%를 기록한 청년민주동맹 소속 라이오쉬 네메디(Lajos Nemedi) 후보를 물리치고 당선되었다. 이로써 청년민주동맹은 2010년 4월 집권 이후 유지해 오던 2/3 의석 유지에 실패했다(주헝가리 대사관 2015. 02. 24).

체코에서는 설문 조사 결과 긍정당과 사회민주당이 각 30%와 27.5%의 지지율을 기록, 사회민주당이 선두 긍정당과의 지지율 격차를 줄여 가고 있는 것으로 나타났다(CTK 2015. 01. 30; 주체코 대사관 2015. 01. 30 재인용). 한편 체코의 야당인 새벽당(Úsvit) 의원들과 지도층은 국가 이익을 지키기 위한 발판으로서의 새로운 정당을 설립하기로 합의했다고 당대표 토미오 오카무라(Tomio Okamura)를 제외한 의원들이 발표했다(CTK 2015. 02. 10).

02월 04일

• 농민 광부 철도 부문 시위 이어져…가계 대출도 급증

(Warsaw Voice, 연합뉴스 02. 04 재인용)

– 4일 새벽 석탄 산업 구조 조정에 반발하는 광부 수백 명이 바르샤바에 있는 폴란드 최대 석탄 기업인 JSW(Jastrzebska Spolka Weglowa) 본부 앞에서 시위를 벌이며 경찰과 대치했다. 이들은 2015년 초부터 시위를 이어가고 있으나 정부와의 협상에서 접점을 찾지 못하고 있다. 앞서 지난 2일에는 폴란드 동부의 소도시 시에들체(Siedlce)에서 농민 150여 명이 트랙터 등을 몰고 나와 인근 고속도로를 봉쇄했다. 이들은 폴란드가 유대인 도축 방식을 금지하는 바람에 육류 수출이 차질을 빚고 아프리카 돼지독감 탓에 수입이 급감했다며 정부에 대책 마련을 요구했다. 여기에다 우체국과 철도 노동자들도 시위를 계획하고 있어 폴란드는 2015년 봄에 각계의 시위로 진통이 클 것이라고 폴란드 온라인 매체인 바르샤바보이스(Warsaw Voice)가 전했다. 특히 최근 스위스 중앙은행이 최저 환율제를 폐지하는 바람에 스위스 프랑의 가치가 폭락, 스위스 프랑 표시 외화 대출을 쓴 폴란드 가계에 부담이 급증한 상태다. 이런 상황은 오는 5월에 대통령 선거를, 10월에 총선거를 차례로 치르는 폴란드의 여당 시민연단에 큰 악재로 작용할 것이라고 현지 언론은 전망했다.

02월 05일

• 브로니스와프 코모로프스키 대통령 선거 재선 출마 선언　(주폴란드 대사관 02. 05)

– 코모로프스키 대통령은 2015년 5월 실시 예정인 대통령 선거에 출마할 것이라고 2월 5일 재선 출마를 공식 선언했다. 이보다 앞선 2월 4일 라도슬라프 시코르스키 하원의장은 2015년 대선 1차 투표를 5월 10일 실시할 예정이며, 1차 투표에서 과반 득표자가 없을 경우 득표자 1, 2위를 대상으로 하는 결선 투표를 5월 24일 실시하겠다고 발표한 바 있다.

02월 08일

• 폴란드에 36살 미녀 대통령 후보 　　　　　(파이낸셜타임스, 중앙일보 02. 08 재인용)
– 민주좌파동맹이 이번 대통령 선거 후보로 36세 여성 막달레나 오고렉을 선정했다. 그녀는 매우 출중한 외모의 소유자로, 영국의 유력 경제지인 파이낸셜타임스가 "플레이보이도 취재에 나설 정도로 미디어의 관심이 폭발적"이라고 보도했다. 그녀가 주목받는 또 다른 요인은 대통령이 되기엔 상대적으로 정치 경험이 일천해서이다. 역사학 전공자인 오고렉은 행정 쪽으로는 대통령궁에서의 인턴 경험과 2004년부터 2년간 내무부에서 일한 게 전부다. 정치적으로는 2010년 대선 후보 그제고르츠 나피에랄스키 민주좌파동맹 대표의 수석 참모였고, 2011년 국회의원 선거에서 낙선한 경험 정도가 있다. 이 때문에 폴란드에선 "젊고 아름답다는 이유로 대선 후보가 됐다"는 목소리가 크다. 과거 총리를 지낸 민주좌파동맹 당대표인 레세크 밀레르는 "오고렉은 변화를 상징하고 이제 유럽연합 세대로 불리는 젊은이들에게도 폴란드 정치가 개방돼야 한다"고 주장했다. 오고렉 자신은 "폴란드의 좌익 전체를 대변하겠다"며 포부를 밝혔다. 이어 "폴란드의 법을 대대적으로 개편하고 싶다"며 "대통령이 입법 주도권을 행사해야 한다"고 말했다. 하지만 현재 여론 조사 상으로 오고렉의 지지율은 10%를 밑도는 수준이다. 2000년대 초반 집권 이후 내리막길을 걷던 민주좌파동맹에서는 오고렉의 선전을 기대하고 있다.

02월 23일

• 집권 여당인 시민연단, 유권자 지지에서 법과정의당을 앞서 (Warsaw Voice 02. 23)
– 2월 TNS에서 실시된 조사에 따르면, 폴란드의 집권 여당인 시민연단이 총 33%의 유권자의 지지를 받으며 27%의 지지를 받은 최대의 라이벌 당인 법과정의당을 앞섰다. 연정을 이루고 있는 농민당의 지지는 8%에 머물렀다.

헝가리

02월 01일

• 헝가리인 수천 명, 푸틴과 가까운 총리 축출 요구 시위 　　　　　(뉴시스 02. 02)

- 헝가리인 3000여 명은 앙겔라 메르켈 독일 총리의 방문을 하루 앞둔 1일 빅토르 오르반 총리 정부의 축출을 요구하는 시위를 벌였다. 오르반 총리가 이끄는 청년민주동맹은 2014년 3개의 선거에서 쉽게 승리했지만, 인터넷 사용세를 도입하려 한 이후 인기가 급락했다. 시위자들은 2일 방문하는 메르켈 총리에게 호소하기 위해 독일어로 '마피아와 협상하지 말라'란 슬로건이 담긴 표지판과 유럽연합 깃발을 들어 눈길을 끌었다. 시위 주도자는 "헝가리는 오르반과 같지 않다. 국민 대다수는 블라디미르 푸틴 러시아 대통령에 더 가까워지는 정책을 지지하지 않는다는 점을 보여 주고 싶었다"고 말했다. 그는 "국민 절반 이상은 유럽연합을 원한다"고 덧붙였다.

02월 02일

• 독일 메르켈 총리 헝가리 방문　　　　　　　　　　　　　(주헝가리 대사관 02. 02)

- 집권 여당인 청년민주동맹은 메르켈 총리의 방문이 헝가리−독일 간 양자관계를 강화했을 뿐만 아니라 더욱 강한 유럽을 구축하는 데 기여했다고 논평했다. 사회당은 메르켈 총리가 자유 민주주의적 가치를 옹호한 데 대해 환영한 반면, 빅토르 오르반 총리는 인권에 기초한 사회체제를 다시 부정하였으며 오르반 정부가 추구하고 있는 정책이 여러 분야에서 유럽연합의 정책과 상반됨을 확인할 수 있었다고 논평했다. 한편 극우 정당인 요빅은 오르반 총리가 러시아와의 교역을 강조하면서도 최근 유럽연합의 러시아 제재를 지지하는 등 정책의 일관성이 없음을 지적하였으나, 우크라이나 사태의 평화적 해결과 헝가리의 중립 약속에 대해서는 호의적인 태도를 보였다.

02월 16일

• 헝가리 시민들 푸틴 방문 앞두고 "푸틴 니예트" 반대 시위

　　　　　　　　　　　　　　　　　(AFP통신 02. 16, 뉴스1 02. 17 재인용)

- 블라디미르 푸틴 러시아 대통령의 방문을 하루 앞둔 헝가리에서 2,000명 규모의 반발 시위가 일어났다고 프랑스 통신사(Agence France Presse, AFP)가 16일 보도했다. 주최 측은 프랑스 통신사를 통해 부다페스트 최대 기차역인 동부역에서 서부역까지 그들의 행진 경로가 "동쪽(러시아)이 아닌 서쪽(유럽)으로 향하고자 하는 헝가리인

들의 열망을 상징한다"고 밝혔다. 시위의 주최자는 "옆 동네 우크라이나에서 전쟁이 일어나고 있는데 빅토르 오르반 총리는 푸틴을 초대해 은밀한 협약을 맺고 헝가리를 바보로 만들려 하고 있다"고 비난했다. 푸틴 대통령은 17일 헝가리를 방문해 오르반 총리와 정상 회담을 갖는다. 이는 우크라이나 사태로 인해 촉발된 러시아의 국제적 고립을 탈피하려는 제스처로 여겨진다. 핀란드 국제문제연구소의 한 연구원은 "이번 방문은 오르반보다는 푸틴에게 더 중요하다고 볼 수 있다"며 "푸틴 대통령으로서는 유럽연합 회원국이자 북대서양조약기구의 가입국인 나라가 자신들의 동맹이며 유럽의 단합이 사실 그다지 강하지 않다는 점을 서방 국가들에 부각시키는 계기가 될 것"이라고 설명했다.

02월 17일

• 러시아 푸틴 대통령 헝가리 방문　　　　　　　　　　(주헝가리 대사관 02. 20)

－ 집권 여당은 러시아와의 가스 공급 연장에 합의함으로써 향후 안정적인 에너지 공급이 가능하게 되었으며, 국민들에게 더 저렴한 가격으로 에너지를 공급할 수 있는 실리를 거두었다고 평가했다. 그러나 주르차니 민주연합 당수 및 사회당은 오르반 정부가 고립무원의 푸틴 대통령을 초청함으로써 푸틴 대통령이 유럽연합 내에서도 자신의 친구가 있다는 것을 보여 준 결과가 되었다며 오르반 정권을 비난했다. 기타 야당 지도자들도 독재자 대(大) 푸틴이 소(小) 푸틴(오르반 총리를 말함)을 만나러 왔다고 냉소적인 반응을 보였다.

02월 22일

• 집권당 청년민주동맹, 2/3 의석 유지 실패　　　　　(주헝가리 대사관, 02. 24)

－ 2월 22일 티보르 너브러치츠 전 외교부 장관이 유럽연합 집행위원으로 진출함에 따른 공석 발생으로 실시된 헝가리 베스프렘시 보궐 선거에서 무소속의 케스 후보가 42.7%의 득표율로 33.6%를 기록한 청년민주동맹 소속 네메디 후보를 물리치고 당선되었다. 이로써 청년민주동맹은 2010년 4월 집권 이후 유지해 오던 2/3 의석 유지에 실패했다. 최근 청년민주동맹에 대한 지지도는 인터넷세 도입 시도에 대한 시민들의 저항, 고용 감소가 예상되는 토요일 영업 금지 법안 통과, 여론을 감안하지

않은 도로 통행세 도입 등 논란을 둘러싸고 큰 하락세를 기록(2014. 10월 37%에서 2015. 02월 27%)하고 있다. 금번 보궐 선거 결과도 집권당의 추진정책에 대한 유권자들의 불만이 반영된 것으로 보인다. 베스프렘시는 전통적으로 청년민주동맹의 텃밭으로 여겨졌으나, 사회당, 민주연합, 대화당 등 좌파 정당의 지지를 얻은 무소속의 케스 후보가 승리했다. 하지만 보궐 선거에서 청년민주동맹의 2/3 의석 수 유지 저지를 위한 야당 단일 후보를 추천하는 방안이 거론되었으나 요빅이 사회당과의 협력을 거부하였으며, 녹색당도 케스 후보가 자유 시장주의자로서 녹색당이 추구하는 강령과 일치하지 않는다는 이유로 지지를 거부하는 등 야권의 분열이 지속되고 있음을 보여 준다. 오르반 총리는 선거 결과를 인정하면서, 이번 선거는 우리가 자기만족에 빠져서는 안 된다는 교훈을 주었다고 평했다. 너브러치츠 유럽연합 집행위원은 유권자의 선택은 항상 올바르므로 청년민주동맹은 유권자의 마음을 살 새로운 전략이 필요하다고 말했다. 한편 사회당 등 좌파 정당은 좌파의 결집과 지역 시민 사회와의 소통을 승리의 원동력으로 평가하고, 선거 결과가 국민들이 정권 교체를 원하는 만큼 총선의 조기 실시를 주장했다.

체코

01월 30일

• CVVM 설문 조사 결과 – 체코 사회민주당, 긍정당과의 지지율 격차 해소

(CTK통신 01. 30, 주체코 대사관 01. 30 재인용)

– 1월 30일 발표된 체코 여론 조사 기관인 CVVM(Centrum pro Výzkum Veřejného Mínění)의 1월 정당 선호도 설문 조사에서 긍정당과 사회민주당이 각 30%와 27.5%의 지지율을 기록, 사회민주당이 선두 긍정당과의 지지율 격차를 줄여 가고 있는 추세로 나타났다.

01월 31일

• 프라하에서 반이슬람 세력 집회 열려 (CTK통신 01. 31, 주체코 대사관 02. 02 재인용)

– 1월 31일 프라하 구시가지 광장에 약 500명이 모여 체코의 이슬람화와 무슬림 이

민자들에 대항하는 시위에 참여했다. 시위자들은 '우리는 다문화를 원하지 않는다'와 '체코 땅은 신도들이 아닌 체코인들을 위해'라는 문구가 적힌 배너를 들고 내무부로 행진하며 이민자들과 교회를 철저히 관리할 것을 요구했다.

02월 02일

• 제만 대통령 지지율 본격적 회복세　(CTK통신 02. 02, 주체코 대사관 02. 02 재인용)
- 체코 여론 조사 기관인 CVVM의 설문 조사에 따르면 밀로스 제만 대통령의 지지율이 12월 34%에서 1월 44%로 상승한 것으로 나타났다. 제만 대통령의 지지율은 지난여름부터 지속적인 하락세를 보여 왔으나 최근 본격 회복세에 돌입했다.

02월 10일

• 새벽당 의원들, 새 정당 창립에 동의해　　　　　　　　　　(CTK통신 02. 10)
- 체코의 야당인 새벽당 의원들과 지도층은 국가 이익을 지키기 위한 발판으로서의 새로운 정당을 설립하기로 합의했다고 오늘 당대표 오카무라를 제외한 의원들은 발표했다. 새벽당은 하원의 200개의 의석 중 총 14석을 보유하고 있다. 오늘 회의에서 새로운 정당을 설립하자는 결정은 12명의 새벽당 의원 중 10명의 지지를 받았다. 그는 새로운 정당의 이념적 바탕은 긍정적이고 반포퓰리즘적 국가 이익의 보호라고 말했다. 당 위원회는 새로운 정당 설립 계획을 지지한다고 위원장 마레츠크 체르노흐(Mareck Cernoch)는 말했다. 체르노흐는 지난 1월부터 오카무라의 의도에 반하였지만 레지무 피알라(Radim Fiala)의 직책을 체르노흐가 대체함으로써 위원회의 장을 해왔다. 체르노흐는 새로운 멤버를 받아들이는 것을 못하게 한 당의 규칙이 새로운 정당을 창당해야 하는 주요 원인들 중 하나라고 말했다. 또한 새로운 당은 표준 민주주의 원칙에 기초로 하여 운영될 것이라고 말했다.

02월 24일

• 새벽당, 오카무라의 계획을 거절하고 새 정당 창립하기로　　(CTK통신 02. 24)
- 야당인 새벽당은 새로운 당을 창당하기로 결정하였다고 밝혔다. 당대표인 오카무라는 이를 반란이라고 칭했지만 그의 반대 세력은 그들은 단지 당을 개방하고 싶었

다고 말했다. 오카무라는 "당 반란은 완료되었다. 내 동료들이 당에서 권력을 잡고 그들만의 정당을 만들려 하고 있다"고 말했다. 또한 "그들은 우리의 계획을 배신하였고 그들은 나를 배신하였을 뿐 아니라 35만 명 유권자들도 배신하였다"라고 덧붙였다. 오카무라는 자신에 맞서는 의원들에게 당을 떠나고 하원의 권한을 포기하기를 요구하였으나 그들은 그렇게 하기를 거부했다. 새벽당의 대변인은 의회가 새벽당의 하원 의원들과 당 지도부의 의견에 동의하였고 새로운 당을 만드는 것에 대한 그들의 투표를 확인해 주었다고 밝혔다.

9차(2월 말~3월 말)

김소정

폴란드의 동향을 살펴보면, 에바 코파츠 총리와 내각의 지지율이 점점 하락하고 있는 모습을 볼 수 있다(Warsaw Voice 2015. 02. 25). 5월 10일 대통령 선거를 앞둔 브로니스와프 코모로프스키 대통령의 수행 능력에 대한 지지율(Net job approval)은 전반적으로 하락했으나, 차기 대선 후보들의 지지율(Vote support)을 조사한 결과에서는 여전히 선두를 달리고 있는 모습을 보이고 있다(Warsaw Voice 2015. 02. 26). 한편 러시아가 우크라이나 사태에 개입한 이후로 폴란드 국민이 느끼는 전쟁에 대한 위기감은 고조되었고, 이는 준(準)군사 조직 가입으로 이어지고 있다. 폴란드 내에서는 러시아와의 전쟁을 기정사실화하고 있는 분위기이다(NYT 2015. 03. 14; 한국일보 2015. 05. 15 재인용).

헝가리에서는 야당인 사회당이 현재의 노동법은 약자를 보호하지 못한다고 말하며, 노동법에 대한 전면적인 개정을 주장했다(politics.hu 2015. 02. 25; KOTRA 2015. 03. 02 재인용; 주헝가리 대사관 2015. 03. 02 재재인용). 한편, 여당인 청년민주동맹은 3월 1일부터 새롭게 실시되는 복지 시스템의 전반적인 관리를 지방 자치 단체에 맡길 것이라고 발표했다. 하지만 이에 대한 사회당의 반발이 거센 상황이다(politics.hu 2015. 03. 02). 3월 15일에는 부다페스트에서 새로운 헝가리를 외치는 반정부 시위가 일어났다. 시위대는 여당이 헝가리를 망가뜨렸다고 주장했으며 이를 타개하기 위한 개혁을 요구했다(politics.hu 2015. 03. 15). 그리고 헝가리의 급진적 국수주의 정당인 요빅의 지지율 상승도 주목할 만한 사안인데, 요빅의 이념이 신나치주의(Neo-nazism)적이라는 점에서 우려의 목소리가 나오고 있다(politics.hu 2015. 03. 17).

체코의 경우 이슬람국가(Islamic State, IS)와 우크라이나 사태가 국내 보안에 위협이 된다고 생각하는 국민의 비율이 각각 67%, 61%인 것으로 밝혀졌다(CTK 2015. 03. 02). 또한 외국인의 자국 거주에 반대하는 체코인 비율이 16%로 상승해 2007년 이후 최대치를 기록했다(CTK 2015. 03. 04; 주체코 대사관 2015. 03. 04 재인용). 3월 4일에 발표된 여론 조사 결과에 따르면, 긍정당에 대한 지지율이 상승하여 현재로선 총선 승리가 유력한 것으로 보인다. 그리고 한 시민 단체는, 미군이 독일에 있는 군사 기지에 도착하는 과정에서 체코를 지나는 것에 반대하는 시위가 열릴 것이라고 예고했다(CTK 2015. 03. 19). 가장 주의 깊게 봐야 할 사안은 밀로스 제만 대통령 해임 청원에 관한 여론이다. 직선제로 뽑은 대통령을 해임할 권한이 유권자에게 있느냐에 대한 논의가 뜨겁다(CTK 2015. 03. 23).

폴란드

02월 25일

• 에바 코파츠 총리와 내각의 지지율 하락　　　　　　　　　(Warsaw Voice 02. 25)

– TNS의 여론 조사 보고서에 따르면, 코파츠 총리와 내각의 지지율이 하락하고 있다고 한다. 에바 코파츠 총리의 지지율은 14%포인트 하락해 19%에 머물렀고, 내각의 지지율은 9%포인트 하락해 40%가 되었다. 가장 신뢰하는 정치인 설문 조사에서 오랜 기간 동안 1위에 머물러 있는 브로니스와프 코모로프스키 대통령의 지지율은 여전히 높지만, 한 달 전과 비교했을 때 42%에서 28%로 하락했다.

02월 26일

• 현직 대통령 브로니스와프 코모로프스키, 2월 지지율 조사에서 여전히 선두 달려

(Warsaw Voice 02. 26)

– 여론 조사 기관 기에프카 폴로니아(GfK Polonia)의 2월 조사 결과에 따르면, 폴란드의 현직 대통령인 코모로프스키가 최근의 대통령 선거 관련 여론 조사에서 지지율이 3%포인트 하락해 52%가 되었음에도 불구하고 선두를 달리고 있다고 한다. 한편, 경쟁자인 법과정의당 안드레이 두다(Andrzej Duda) 후보의 지지율은 1월에 비해 6%포인트 상승해 20%가 되었다. 이 외의 경쟁자들의 지지율은 앞선 두 후보들과의 격차가 크다. 민주좌파동맹의 막달레나 오고렉 후보는 4%, 처음 여론 조사에 포함된 유명 뮤지션인 파블 쿠키스(Pawel Kukiz)는 3%대의 지지율을 보이고 있다. 우파 후보인 야노시 코르빈 미카(Janusz Korwin-Mikke)는 1월에 비해 1%포인트 하락해 2%, 새로운 후보인 농민당의 아담 야로바스(Adam Jarubas)도 2%대의 지지를 받고 있다.

03월 07일

- 브로니스와프 코모로프스키 대통령의 공약 개요 발표 　　　(Warsaw Voice 03. 09)
- 코모로프스키 대통령이 지난 토요일 회동에서 임신 중절 반대 정책, 지방정책뿐만 아니라 조세 정책과 노동법의 변화를 포함한 공약을 발표했다. 정치 평론가들은 대부분의 공약들이 대통령 책무의 범위를 넘어서기 때문에 이번 발표가 경쟁자들과의 논쟁을 야기했다고 말한다. 코모로프스키의 강력한 경쟁자인 법과정의당의 안드레이 두다는 두 달 동안의 활동적인 캠페인을 이어가고 있는 가운데, 주말에는 런던에 거주하는 폴란드 국민들을 만나기 위해 영국을 방문했다. 일간지 가제타비보르차는 두다가 해외 거주 폴란드인들의 표를 얻기 위해 감행한 런던 방문의 이점을 충분히 활용하지 못했다고 지적했다. 두다는 매우 지쳐 보였으며 캠페인의 슬로건을 외치는 것만 반복했을 뿐 구체적인 공약들을 만들지 못했기 때문이다. 토요일의 회동이 끝나자마자 코모로프스키는 지방 유권자들을 만나기 위한 2주간의 일정을 시작했다. 대통령 선거는 5월 10일에 치러질 예정이다.

03월 14일

- 우크라이나 사태에 위기감… 폴란드 청년들 준군사 조직 가입 줄이어
　　　　　　　　　　　　　　　　　(NYT 03. 14, 한국일보 03. 15 재인용)
- 우크라이나 사태로 동유럽 지역에 군사적 긴장감이 고조되면서, 폴란드에서 준군사 조직에 가입하는 대원이 급증하고 있다고 뉴욕타임스(New York Times)가 14일 보도했다. 준군사 조직 가입 붐은 2014년 러시아가 우크라이나 사태에 개입한 이후 전쟁 위기감을 느낀 폴란드 젊은이들 사이에서 유행처럼 번지고 있다. 폴란드 내에서는 현재 남녀노소를 막론하고 러시아와의 전쟁을 기정사실화하고 있다고 뉴욕타임스는 전했다. 폴란드 국방부가 민간인들을 대상으로 군사 훈련 희망 신청을 받기 시작한 1일 하루 동안 1,000명이 군사 훈련을 신청했을 정도다. 최근 정부는 거의 모든 성인 남성이 군사 훈련을 받도록 법을 개정하기도 했다. 폴란드는 2008년 징병제를 모병제로 전환하면서 현직 군인과 예비군만 군사 훈련을 받도록 했었다.

03월 23일

• 집권당 시민연단, 법과정의당에 선두 빼앗겨　　　　　　　(Warsaw Voice 03. 23)

– 폴란드의 여당인 시민연단이 TNS에서 3월에 실시된 유권자를 대상으로 한 지지
도 조사에서 3%포인트 하락해 30%의 지지율을 얻었다. 반면 법과정의당의 지지율
은 5%포인트 상승해 32%가 되었다. 이로써 시민연단은 법과정의당에게 선두를 내
주고 말았다. TNS는 법과정의당이 시민연단을 추월한 것은 2014년 11월 이후로 처
음이라고 밝혔다. 연립 내각 정당인 국민당의 지지율도 3%포인트 하락해 5%대의
지지율을 획득했다.

헝가리

02월 25일

• 헝가리 야당 사회당, 노동법의 전면 개정과 사회적 소외 계층을 위한 기반을 마련 주
　장해　(politics.hu 02. 25, KOTRA 03. 02 재인용, 주헝가리 대사관 03. 02 재재인용)

– 야당인 사회당은 2012년 개정된 노동법이 노동자들을 보호하지 못하기 때문에 전
면적인 변화가 필요하고, 사회적 약자를 보호하기 위한 새로운 토대도 마련해야 한
다고 밝혔다. 또한 코로즈 러요쉬(Korózs Lajos) 복지위원회의 부위원장은 정부는 실
업자, 노인, 장애인 등 사회적 약자들에 대한 지원을 확대해야 한다고 밝혔다.

03월 02일

• 헝가리 여당 청년민주동맹, 사회 복지금 꼭 필요한 사람이 받도록 할 것

　　　　　　　　　　　　　　　　　　　　　　　　(politics.hu, 03. 02)

– 헝가리 여당 청년민주동맹은 3월 1일부터 시행되는 새로운 복지 시스템은 정부보
다 관할 구역 주민들의 사정을 잘 파악하고 있는 지방 자치 단체에서 관리하게 하여
여당에 의한 복지 지원금의 악용을 막고 투명성을 보장할 것이라고 밝혔다. 정부는
지원금 예산이 부족한 지방 자치 단체를 돕기 위해 350억 포린트(1160만 유로)가 구비
되어 있으며 꼭 필요한 국민들이 받도록 할 것이라고 선언했다. 야당인 사회당은 정
부의 정책은 국가를 분열시키는 것이라고 비난했다. 또한 사회당 의원인 코로즈 러

요쉬는 지금까지 거의 백 만 명의 사회 안전망을 책임지던 법안이 폐기될 3월 1일은 가난한 사람들과 중산층에게는 '블랙데이(black day)'가 될 것이라고 비난했다.

03월 04일

• 기독민주국민당(KeresztényDemokrata NépPárt, KDNP) 청년 당원, 학생회 대표 선출법 비판해

　　　　(politics.hu 03. 04, KOTRA 03. 06 재인용, 주헝가리 대사관 03. 06 재재인용)

– 기독민주국민당 청년 당원은 4일 수요일, 할로카(HÖOK) 전국 고등 교육 총학생회가 정당 소속 및 청년 군인 출신이 학생회 대표로 출마하는 것을 금지한 것에 항의했다. 주말에 승인된 할로카 전국 고등 교육 총학생회의 개정된 선거법은, 기독민주국민당에 속해 있는 학생들은 학생회 선거에 출마할 수 없고 따라서 대학 생활에서 활발한 참여를 할 수 없다는 내용을 골자로 하고 있다. 이에 대해 기독민주국민당 청년 당원들은 고등 교육법에 따르면 모든 학생은 선거에 출마하거나 투표에 참여할 권리가 있으므로 이러한 규정은 헌법을 위반하는 것이라고 주장했다.

03월 10일

• 피테르 씨야르토(Péter Szijjártó) 외무장관, 의원들 4월 중순까지 반이슬람국가(IS) 법안 결정해야…　　　　　　　　　　　　　　　　　　　　(politics.hu 03. 10)

– 피테르 씨야르토 외무장관은 공영 방송에서 의원들이 4월 중순까지 이슬람국가(IS)에 대한 군사적 개입 법안을 결정할 예정이라고 밝혔다. 씨야르토 장관은 의결된 법안에 따라 100여 명의 헝가리 군대가 이라크 북부 지역에 경비대로 주둔할 수 있다고 말하며, 서구에 대한 도전을 의미하는 이슬람국가(IS)의 잔인한 공격에 대항할 헝가리의 국제적 의무를 강조했다. 또한 그는 다음 주에 외무위원회와 국방위원회가 이 문제에 대해 논의할 것이라고 말했다. 법안이 의결되면 매년 200억 포린트(6560만 유로)의 예산이 필요할 것이라고 추정된다.

03월 15일

• 부다페스트에서 반정부 시위 열려　　　　　　　　　　　　　　　(politics.hu 03. 15)

– 휴일인 3월 15일 오후에 부다페스트에서 반정부 시위가 열렸다. '새로운 헝가리 공화국'이라는 슬로건 아래 켈레티(Keleti) 기차역에서 시작된 행진은 아쉬토리아(Astoria) 교차로에서 끝났다. 6천~8천여 명의 시민들은 "자유, 시민 평등, 평등한 세금 부담, 독립, 그리고 청년민주동맹 정부에 의해 망가진 헝가리의 회복"을 외치는 시위대에 환호했다. 그들은 또한 반부패, 경제, 교육 그리고 주의 담배 독점 폐지와 무료 고속도로 등의 내용을 포함한 19개의 국민 투표 안건을 발표했다. 또 시민들은 상점의 일요일 폐점과 투명한 공공 조달을 약속할 것을 주장했다.

03월 17일

• 요빅, 입소스가 실시한 여론 조사에서 높은 지지율 획득 (politics.hu 03. 17)
– 급진적 국수주의 정당인 요빅이 입소스에서 실시한 여론 조사에서 높은 지지율을 보였다. 유권자에 한해 실시된 조사에서 요빅은 2월 25%에서 3%포인트 오른 28%의 역대 최고 지지율을 기록했다. 반면 여당인 청년민주동맹은 37%의 지지율을 얻어, 총선거 이후 처음으로 40% 이하의 지지율을 기록했다. 입소스에 따르면 청년민주동맹은 170만 명, 요빅은 150만 명, 사회주의 정당들은 100만 명의 지지자를 가지고 있는 것으로 조사되었다.

체코

03월 01일

• 이슬람국가(IS)와 우크라이나 사태는 체코에 위협적 (CTK 03. 02)
– 어제 발표된 CVVM의 설문 조사 결과에 따르면, 67%의 체코인이 이슬람국가(IS)가 국내의 보안을 위협하고 있다고 응답했다. 또한 우크라이나 사태가 보안을 위협하고 있다고 생각하는 체코인은 61%로 집계되었다.

03월 04일

• 외국인의 자국 거주 반대하는 체코인 비율 상승

(CTK 03. 04, 주체코 대사관 03. 04 재인용)

- CVVM 설문 조사 결과, 외국인의 자국 장기 거주를 반대하는 체코인의 비율은 16%로 2014년 대비 5%포인트 상승했으며 2007년 이후 최대치를 기록했다.

03월 04일

• 긍정당, 지지율 상승세 　　　　　　　　(CTK 03. 04, 체코한인신문 03. 05 재인용)

- 3월 4일 발표된 여론 조사 기관 'PPM Factum'의 설문 조사에 따르면, 긍정당의 지지율은 2월 초에 비해 2.5%포인트 증가한 26%로 현재로서는 총선 승리가 유력하다. 2위는 사회민주당으로 21%의 지지율을 기록했으며, 공산당이 15.6%, 전통책임번영당이 8.3%의 지지율을 보이며 뒤를 이었다.

03월 19일

• 체코를 지나는 미군 호송에 반대하는 시위 개최될 예정 　　　　　　(CTK, 03. 19)

- 시민 운동가 에바 노봇나(Eva Novotna)는 시민 단체인 'No to Bases group'이 미국이 체코를 지나 미군을 호송하는 것에 반대하는 시위를 열 것이라고 밝혔다. 시위는 3월 28일, 프라하에 있는 바츨라프(Wenceslas) 광장에서 하루 종일 열릴 것이라고 말했다. 시위 주최자는 오천여 명의 시민이 참여할 것이라고 예상한다. 발트 3국(에스토니아·라트비아·리투아니아)에서 독일까지 가기 위해 중부 유럽과 동부 유럽 6개국을 지나는 미군의 120여 대 차량은 3월 29일부터 4월 1일까지 체코를 지날 예정이다. 체코 정부는 수송에 대해 지난 월요일 승인한 상태이다. 미군 부대와 군사 차량은 발트 3국에서의 '대서양 결의 작전(Operation Atlantic Resolve)'을 마치고 돌아올 것이다. 이 작전의 목적은 러시아의 우크라이나 침략에 따른 위협에 대항한 동맹국들의 지원을 보여 주기 위한 것이다. 미군은 독일에 있는 군사 기지에 도착하기 위해 에스토니아, 리투아니아, 폴란드를 경유하여 라트비아와 체코를 지날 것이다. 노봇나는 "우리는 의회 밖에서 수많은 집회를 벌여 왔고, 앞으로는 청원을 준비 중이다"라고 말하며, 이번 집회는 매우 큰 집회가 될 것이라고 예고했다. 공산주의자들과 몇몇의 시민 단체도 수송에 대한 반대 청원을 준비해 오고 있다. 공산주의자들은 미국 대사관 밖에서 같은 날인 3월 28일에 시위를 할 것이라고 밝혔다.

03월 23일

• 직선제를 통해 당선된 정치인의 지위 박탈, 가능한가? (CTK 03. 23)

– 제만 대통령의 지지자들은 2013년 이래로 이어지고 있는 직선제의 영향력을 바꾸려는 시도인, 시민 운동가에 의한 제만의 탄핵에 대한 청원을 비난했다. 하지만 블라디미르 쿠체라(Vladimir Kucera)는 일간지인 믈라다의 기사에서 "대통령 직선제가 국가에 해를 끼치는 행동에도 정당성을 부여할 수 있는가?"라고 질문했다. 쿠체라는 "직선제를 통해 당선된 정치인의 직위를 박탈하는 것은 정말 불가능한가? 시민들은 정치인이 선거 공약과 맞지 않는 행동을 하더라도 권한을 박탈할 권리를 가지지 않는가? 당선된 정치인의 임기가 끝날 때까지 시민들은 침묵해야 하는가?"라고 물었다. 제만은 문제가 발생할 때마다 직선제라는 카드를 가지고 반대자들의 비난을 간단히 처리해 왔다고 쿠체라는 말했다. 이러한 논의들은 다른 한편으로는 시민들이 직선제로 선출된 정치인을 탄핵하여 결과적으로 무정부 상태까지 갈 수 있는 가능성을 야기한다. 문제는 정치인의 선출과 탄핵이 모두 직선제로 이뤄져야 하는가 아니면 선출만 직선제로 이뤄져야 하는가이다.

10차(3월 말~4월 말)

  폴란드의 동향을 살펴보면 5월에 치러질 대통령 선거를 앞두고 승패를 좌우하는 쟁점이라고 볼 수 있는 유로화 도입에 대한 찬반 논란이 뜨겁다(Financial Times 2015. 04. 02; MK뉴스 2015. 04. 02 재인용). 그리고 민주좌파동맹에서 파생된 세력이 새로운 좌파 정당을 창당하려는 움직임을 보이고 있다(Warsaw Voice 2015. 04. 10). 브로니스와프 코모로프스키 대통령은 5년간의 임기를 정리하고 다가오는 대통령 선거에서 승리하기 위한 본격적인 정치적 활동을 시작했다(Warsaw Voice 2015. 04. 16). 한편 러시아의 오토바이 동호회가 2차 대전 승전 기념으로 유럽 횡단을 계획한 것에 대해 에바 코파츠 총리를 비롯한 폴란드 국민들이 반대하는 입장을 보이고 있다(연합뉴스 2015. 04. 16).

  헝가리에서는 반유대주의적 성향이 약간 감소했다는 여론 조사 결과가 발표되었다. 요빅 지지자들일수록, 그리고 보수적인 성향을 가진 사람일수록 반유대주의 성향이 강하다는 결과가 도출되었다(politics.hu 2015. 04. 01). 그리고 좌파 정당들은 국민들이 정부에 의해 피해를 입었다고 주장하며, 부다페스트에서 반정부 시위를 개최할 것이라는 계획을 발표했다(politics.hu 2015. 04. 10). 타포이차(Tapolca)에서 실시된 보궐 선거에서 요빅이 간발의 차이로 승리했다. 전문가들은 이를 헝가리에서의 정당 간 경쟁이 새로운 국면으로 접어든 것이라고 보고 있다(politics.hu 2015. 04. 13).

  체코의 동향을 살펴보면, 정부가 소수 인종의 권익과 인권 등을 보호하기 위한 위원회를 설치하고 4월부터 가동할 예정이라고 발표했다(CTK 2015. 03. 27; 연합뉴스2015. 03. 28 재인용). 가장 인기 있는 정치인을 선정하는 여론 조사 결과 긍정당의 안드레이 바비스가 1위를 차지했다. 바비스에 뒤이어 2위는 보후슬라브 소보트카 총리인 것으로 드러났다(CTK 2015. 04. 10). 그리고 논란이 계속되었던 밀로스 제만 대통령의 러시아 방문을 정부가 승인했다. 승인의 배경에는 제만이 김정은 등과 함께하는 퍼레이드에 참가하지 않는다는 조건이 붙었다(CTK 2015. 04. 15). 한편 자유시민당(Party of Free Citizens)의 의원인 에스터 카플란코바(Ester Kaplankova)가 정부의 증세에 반대하는 의견을 내기 위해 알몸 동영상을 올려 파문이 일고 있다. 이에 대해 자유시민당은 정당의 공식 입장이 아니라며 동영상을 삭제할 것을 요청했다(서울신문 2015. 04. 20).

폴란드

04월 02일

• 폴란드 대선 빅 이슈는 '유로화 도입'

(Financial Times 04. 02, MK뉴스 04. 02 재인용)

− 5월 10일 열리는 폴란드 대통령 선거에서 유로화 도입이 핵심 이슈가 되고 있다고 파이낸셜타임스가 보도했다. 파이낸셜타임스에 따르면 폴란드 야당은 현직 대통령 브로니스와프 코모로프스키가 유로화를 도입하려한다고 비난하고 있다. 과거 코모로프스키 대통령은 공공연하게 유로화 도입 필요성을 언급해 왔다. 하지만 실제로 폴란드 국민들의 유로화 도입 의지는 높지 않다. 최근 12개월간 이뤄진 여론 조사에서 유로화 도입 반대 의견이 50~75% 사이로 찬성보다 더 많았다. 지난 2008년 글로벌 금융 위기가 닥쳤을 때도 즐로티화(폴란드 화폐)가 평가 절하되면서 폴란드 경제는 유럽에서 유일하게 경기 침체를 겪지 않았기 때문이다. 코모로프스키의 가장 강력한 경쟁자인 안드레이 두다 법과정의당 후보는 유로화를 도입하면 물가가 급등해 서민들이 고통을 받을 것이라고 대통령을 공격하고 있다.

04월 10일

• 폴란드 정치의 장(political scene)에 새로운 좌파 세력 출현 (Warsaw Voice 04. 10)

− 좌파 정당인 민주좌파동맹의 당대표였던 그제고르츠 나피에랄스키는 최근 당대표직을 박탈당했다. 그는 지역에 있는 지지자들을 기반으로 새로운 좌파 정치 단체를 형성했다. 나피에라시키와 지지자들은 세력 확장에 박차를 가했으며, 이 세력은 정당으로 굳어질 가능성이 매우 높다.

04월 15일

- 폴란드 대통령, 5년의 임기를 정리   (Warsaw Voice 04. 16)
- 현직 대통령인 브로니스와프 코모로프스키는 수요일에 진행된 행사에서 대통령으로서의 5년을 정리하고 다음 임기에 대한 계획을 발표했다. "나의 대통령직은 다섯 가지 우선순위 위에 세워졌다. 그것은 안전, 가족, 경쟁력 있는 경제, 올바른 법 그리고 현대적인 애국심이다"라고 그는 말했다. 또한 "우리는 안전한 유럽 속 안전한 폴란드를 원하며 따라서 우리는 강한 군대로부터 보호받아야 한다. 우리는 동맹국을 도울 수 있는 국가가 되기를 원하고 막연히 다른 동맹국들로부터 도움을 받기를 기대하는 국가가 되는 것은 원치 않는다"고 덧붙였다. 그는 다음 임기에서 젊은 층들이 이주를 선택하는 대신 폴란드 내에서 머물고 일할 수 있도록 그들을 장려하는 일련의 정책들을 제안할 예정이라고 말했다.

04월 15일

- 러시아 오토바이 동호회 유럽 횡단 계획에 폴란드 '제동'   (연합뉴스 04. 16)
- 에바 코파츠 폴란드 총리는 러시아의 극우 성향 오토바이 동호회가 제2차 세계대전 승전을 기념한 유럽 횡단 계획을 '도발'로 규정하며 폴란드에서 위법 행위가 이뤄지면 처벌하겠다고 밝혔다. 총리는 15일 러시아 동호회에 "공공질서와 치안을 위태롭게 한다면 폴란드 법을 적용할 것"이라고 경고했다고 현지 언론들이 보도했다. 폴란드에는 이미 이들의 입국을 불허하라고 청원하는 페이스북 계정이 생겨 수천 명이 서명한 상태다. 러시아 오토바이 동호회인 '밤의 늑대들(Night wolves)'은 오는 25일 러시아에서 벨라루스, 폴란드, 체코, 슬로바키아, 오스트리아를 지나 승전 기념일인 5월 9일 독일 베를린에 도착하는 유럽 횡단을 계획 중이다. 블라디미르 푸틴 러시아 대통령을 지지하는 회원이 대부분인 이 동호회는 70년 전 당시 소련의 '붉은 군대'가 동유럽을 진군한 행로를 좇아 러시아의 자부심을 높인다는 뜻으로 이 여행을 추진하고 있다.

03월 27일

• 자유민주연합 당대표, 정부의 언론 통제를 비판하고 언론 통제 반대를 위한 국민들의
참여 호소 (mtva.hu 03. 27, KOTRA 03. 27 재인용, 주헝가리 대사관 03. 27 재재인용)
– 주르차니 페렌츠 자유민주연합(SZabad Demokraták Szövetsége-a Magyar Liberális Párt,
SZDSZ) 당대표는 16일에 발표된 헝가리미디어위원회에 의한 공영 방송국의 통합화
를 비판하며, 오늘날 헝가리 언론이 통제를 받고 있다고 언급했다. 또한 페렌츠는
국가 기구에 의해 통합된 방송국은 객관적인 사실을 보도하지 않고 특정 정당을 위
한 방송국으로 전락할 것이기 때문에 국민들이 주권 의식을 갖고 대항해야 한다고
주장했다.

03월 31일

• 시위 후에 제출된 19개의 국민 투표안, 거부돼 (politics.hu, 03. 31)
– 헝가리 중앙선거관리위원회(The National Election Committee, NVB)는 지난 3월 15일
에 열린 반정부 시위에서 시민 단체가 제출한 대부분의 국민 투표안들을 거부했다.
지난 15일 시위 주최자는 주(州)의 담배 판매 독점 폐지, 유료 고속도로 폐지 등의 문
제를 해결할 수 있을 것이라며 19개의 국민 투표안을 발표했다. 지난주에 선관위는
국민 투표안들을 검토했으며 학교를 졸업하는 나이를 18살로 하는 것을 복구하고,
상공회의소에 회비를 강제적으로 지불하는 것을 폐지하는 것의 내용을 담은 국민
투표안 2개를 만장일치로 승인했다. 이제 선관위는 공산주의 시대의 밀고자와 재정
적인 사안을 담은 기밀문서 공개 등의 내용을 담은 남은 7개의 안을 검토하여 차례
로 거부할 것이라고 발표했다. 선관위는 투표안과 관련된 법안의 개정은 개헌이 필
요하기 때문에 국민 투표는 시행되지 않을 것이라고 말했다. 게다가 사안들이 국제
협약의 영향력 하에 있으며 의회의 권력과는 거리가 멀다고 언급했다.

04월 01일

• 헝가리 내의 반유대주의 약간 감소해 (politics.hu 04. 01)

– 여론 조사 기관 메디엔(Medián)의 조사에 따르면 2013년에서 2014년 사이 헝가리 내의 반유대주의 확산은 다소 감소하였다고 한다. 메디엔의 책임자인 엔드레 한(Endre Hann)은 기자 회견에서 응답자의 23%가 유대인에 대한 반감을 보이고 있었으며, 이는 2014년에 비해 약간 감소한 수치라고 말했다. 또한 그는 헝가리 사회 내의 반유대주의자의 비율은 '유대인들은 음모를 만들어 낸다.' 혹은 '오늘날 헝가리 내의 유대인의 영향력은 엄청나다.'와 같은 기치가 확산되는 것과 병행한다고 하였다. 메디엔의 조사에 따르면 반유대주의가 교육적 성취, 사회적 지위, 소득 수준과 유의한 관계가 있는 것은 아니었다. 그러나 요빅 지지자의 2/3는 강한 반유대주의자로 반유대주의와 정치적 감정은 상관관계가 있는 것으로 나타났다. 또한 보수적 성향을 보이는 사람들이 반유대주의적 감정을 느끼기 쉬운 것으로 조사되었다.

04월 02일

• 라자르, 주간 브리핑에서 요빅과의 협력 배제한다고 밝혀　　　　(politics.hu 04. 03)
– 관방장관(Cabinet chief)인 라자르 야노쉬(Lázár János)는 목요일에 열린 정부의 주간 브리핑에서 여당인 청년민주동맹의 급진적 국수주의 정당인 요빅과의 협력에 대한 질문에 대해 요빅을 배제할 것이라고 밝혔다. 라자르는 요빅에 대해 "국가가 확실하게 필요로 하지 않는 것들이 많이 있는데 요빅이 그 중 하나"라고 말하며 요빅의 세력 확장과 정면으로 마주해야 한다고 주장했다.

04월 10일

• 좌파 정당들, 반정부 시위 개최 예정　　　　　　　　　(politics.hu 04. 10)
– 야권의 좌파 정당들이 지난 5년간 청년민주동맹 정부에 의해 헝가리 국민들이 피해를 입었다고 주장하며, 토요일에 부다페스트에서 시위를 개최할 것이라고 한다. 사회주의위원회(Socialist board)의 회원인 코로이 베케(Károly Beke)는 "담배 산업은 타격을 입었고, 농부들은 농지를 스스로 없앴고, 시민들은 개인 연금 저축을 박탈당했다"고 말하며 이에 대한 정부의 책임이 여전히 남아 있다고 주장했다. 이러한 문제점들은 정부의 '도난, 사기, 거짓 그리고 게으름을 포함한 파괴적인 관행'을 상징한다고 말했다. 시위는 민주연합과 사회주의자들에 의해 개최될 예정이다.

04월 13일

• 요빅의 보궐 선거 승리에 대한 반응   (politics.hu 04. 13)

– 한 연구 기관은 지난 일요일 타포이차에서의 요빅의 보궐 선거 승리는 요빅을 더 이상 이념적으로 극단적인 정당으로 보는 것은 바람직하지 않다는 사실을 보여 준 다고 말했다. 또 부동층이 요빅을 지지하지 않는다는 편견이 깨졌다고 주장했다. 보 궐 선거 결과는 요빅의 잠재적인 성장 가능성에 상한선이 없다는 것을 암시하며, 정 치적 경쟁자들만이 요빅의 성장을 막을 수 있다고 말했다. 요빅의 대표인 가보르 보 너는 선거 결과를 '역사적인 승리'라고 묘사하며 요빅이 개별 선거구에서 얻은 첫 권 한이라는 말로 기쁨을 표했다. 그는 만약 요빅이 서헝가리에서 얻은 권한을 잘 유지 해 간다면 동헝가리에서도 세력을 얻을 만하다고 덧붙였다. 사회당의 대표인 요제 프 토비아쉬(József Tóbiás)는 보궐 선거의 결과는 헝가리 정치 상황이 새로운 국면으 로 접어들었다는 것을 의미한다고 말했다.

체코

03월 27일

• 체코, 소수 민족 담당 위원회 설치   (CTK 03. 27, 연합뉴스 03. 28 재인용)

– 체코가 늘어나는 소수 인종의 권익과 인권 등을 보호하기 위한 소수계 대표들이 참여하는 전국 단위의 위원회를 설치, 4월 1일부터 가동한다. 소수 민족 인구는 수도 프라하의 경우 주민 20명 중 한 명의 비율로, 체코 내 외국인의 절반가량인 16만 8천 명이 프라하에 거주한다. CTK통신은 위원회는 우크라이나와 불가리아, 독일, 그리 스, 헝가리, 폴란드, 루마니아 등 주변국 출신의 대표가 참여하는 가운데 모두 14명 의 위원으로 구성된다고 27일 보도했다. 벨라루스와 크로아티아, 베트남 대표는 아 직 결정되지 않았다.

04월 08일

• 사회민주당, 제만 대통령의 모스크바 방문에 반대하지 않아   (CTK 04. 08)

– 보후슬라브 소보트카 총리는 사회민주당은, 우파 정당과 일부 정당들에 의해 논

란이 된 밀로스 제만 대통령의 모스크바 방문을 막지 않을 것이라고 밝혔다. 소보트카 총리는 10만 명 이상의 소련 군인이 체코를 해방하는 과정에서 희생되었으며 그들의 정신은 기려져야 한다고 했다. 기독민주당은 만약 방문 중 러시아 대통령 블라디미르 푸틴과 함께 북한의 김정은의 군사 퍼레이드에 참여하는 일정이 있을 경우 제만의 방문을 지지하지 않을 것이라고 밝혔다. 재무장관이면서 긍정당 대표인 안드레이 바비스 역시 이러한 방법으로 소련군 전사자의 명예를 기리는 것에는 반대하였다.

04월 10일

• 가장 인기 있는 정치인에 여전히 바비스가 이름 올려…　　　　　　　(CTK 04. 10)

– 여론 조사 기관인 스테마(STEM)의 조사에 따르면 긍정당에 속해 있는 재무장관 안드레이 바비스가 보후슬라브 소보트카 총리를 제치고 여전히 가장 인기 있는 체코의 정치인인 것으로 드러났다. 하지만 바비스의 인기는 1월 이후 상당히 하락했다. 3위는 마찬가지로 긍정당 소속이자 국방장관인 마르치노 스트로프니치키(Martin Stropnicky)가 차지했다. 소보트카 총리에 대한 긍정적인 평가는 9%포인트 하락해 54%에 그쳤다. 스트로프니치키는 52%의 체코인의 긍정적인 평가를 받았다. 정치인에 대한 평가는 전반적으로 1월에 비해 나빠지거나 정체되어 있는 것으로 나타났다. 조사 결과에 따르면 바비스의 인기는 처음으로 하락하고 있는 것이다. 가장 인기가 없는 정치인으로는 전통책임번영당의 부대표인 미로슬라프 칼로세크(Miroslav Kalousek)인데, 국민의 13%만이 그에 대해 긍정적인 평가를 내렸다.

04월 15일

• 밀로스 제만 대통령의 모스크바 승전기념일 행사 참석 승인　　　(CTK 04. 15)

– 체코 정부는 제만 대통령이 5월 초 러시아의 70번째 승전기념일(Victory Day)을 축하하기 위해 모스크바를 방문하는 것을 승인하였다. 지난주 정부는 붉은광장(Red Square)에서의 군사적 퍼레이드에 제만이 참가하는 것에 대한 논쟁을 중단하기로 했다. 제만이 퍼레이드에 참가하지 않을 것임을 밝힘에 따라 정부 역시 방문을 승인한 것이다. 외교부 장관 루보모르 조르라익(Lubomor Zaoralek)은 정부의 결정이 거의 만

장일치로 이루어졌다고 밝혔다. 제만의 모스크바 방문 계획은 많은 비판을 받았는데 그 이유는 북한의 김정은과 같은 전체주의적 정권 지도자들과 함께하는 축하 행사에 참여하려는 계획 때문이었다.

04월 16일

• 정부 증세에 반대, 알몸 동영상 올린 여성 정치인 　　　　　　(서울신문 04. 20)

– 체코의 한 군소 정당 소속 여성 정치인이 자신의 알몸을 담은 선전 영상을 SNS에 공개해 이목을 끌었다. 지난 16일 외신은 체코 자유시민당 소속 여성 정치인 에스터 카플랜코바가 제작한 선전 영상이 화제가 되고 있다고 보도했다. 해당 영상은 체코의 여당인 사회민주당의 높은 세금 부과 정책에 반대하는 차원에서 제작한 영상으로 벌거벗은 몸으로 시민들의 모습을 묘사한 내용인 것으로 전해졌다. 한편 카플랜코바가 속해 있는 자유시민당의 대표 페트르 마치(Petr mach)는 카플랜코바가 그녀의 페이스북에 공개한 해당 영상이 누리꾼들의 입방아에 오르자, 카플랜코바에게 영상을 삭제하거나 정당의 로고를 삭제해 달라고 권고한 것으로 알려졌다.

11차(4월 말~5월 말)

폴란드에서는 5월 10일에 실시된 대통령 선거에 대한 국민들의 관심이 뜨겁다. 언론에서는 현직 대통령인 브로니스와프 코모로프스키 후보의 승리를 예상했으나, 선거 결과 안드레이 두다 후보가 승리했다. 하지만 과반 득표를 하지 못해 5월 24일에 결선 투표가 실시되었고, 출구 조사 결과 안드레이 두다 후보의 승리가 확정되었다(연합뉴스 2015. 05. 25). 한편 코모로프스키 대통령은 소선거구제 도입을 중심으로 한 선거 제도 개편과 정당 지원금 관련 예산 개편 등에 대한 국민 투표 초안을 의회에 제출하였고 상원의 승인을 받았다(Warsaw Voice 2015. 05. 22).

헝가리의 동향을 살펴보면 정부가 효율성을 증진시키는 방향으로 고등 교육 개정안을 내놓자 야당이 반발했다. 개정안에 대한 교사들과 학생들의 반발도 거센 상황이다(politics.hu 2015. 04. 27). 그리고 헝가리 내에서는 사형 제도 부활에 대한 논의가 이루어지고 있다. 기독민주국민당은 사형제에 대해 반대하는 입장을 밝혔다(politics.hu 2015. 04. 30). 또한 헝가리 정부는 유럽연합의 '난민 수용 의무 할당제' 계획에 대해 반대한다는 입장을 거듭 표명했다(연합뉴스 2015. 05. 15).

체코의 동향을 살펴보면 밀로스 제만 대통령이 의회의 고속도로 속도 제한을 시속 150km까지 허용하는 개정안에 대해, 책임감 없는 결정이라고 비난하며 거부권을 실시할 예정이라고 밝혔다(CTK 2015. 04. 30). 새벽당의 토미오 오카무라와 레지무 피알라 의원은 당을 떠나 새로운 당을 만들 것이라고 밝혔다(CTK 2015. 05. 05). 그리고 체코 정부 또한 유럽연합의 '난민 수용 의무 할당제' 계획에 반대하는 입장을 표명했다. 긍정당과 기독민주당 등의 정당들 역시 반대한다는 의견을 내놓았다(CTK 2015. 05. 13). 한편 하원에서는 5월 26일에 세금 관련 문제를 이유로 보후슬라브 소보트카 총리의 중도 좌파 내각에 대한 불신임 투표를 실시할 것이라고 밝혔다(CTK 2015. 05. 22).

04월 24일

• 민주좌파동맹의 오고렉 후보에 대한 지원 중단   (Warsaw Voice 04. 24)

– 폴란드의 좌파 정당인 민주좌파동맹이 당의 대선 후보인 막달레나 오고렉에 전쟁을 선포했다. 민주좌파동맹은 오고렉의 선거 운동에 대한 지원을 멈추었다. 민주좌파동맹의 의원들은 당의 공식적인 후보가 자신을 독립적인 후보라고 표현하고 그녀가 과거에 당을 위해 투표한 것을 알릴 의도가 없다는 것에 대해 놀랐다. 며칠 전 민주좌파동맹의 당대표인 레세크 밀레르는 오고렉에게 당의 유권자에게 감사 인사를 하라는 최후의 말을 통보했다. 하지만 오고렉은 당의 요구를 거절했다. 따라서 민주좌파동맹의 지도부는 오고렉의 선거 운동에 대한 지원을 중단하기로 결정했다고 밝혔다.

05월 08일

• 대통령 선거, 5월 10일에 치러질 예정   (Warsaw Voice 05. 08)

– 현직 대통령 브로니스와프 코모로프스키의 임기가 8월 6일에 종료되므로 폴란드 유권자들은 오는 5월 10일 일요일에 1차 투표를 실시하게 된다. 1차 투표에서 50% 이상의 지지를 받는 후보가 없으면 가장 많은 득표를 한 후보 두 명을 대상으로 2주 후인 5월 24일에 결선 투표를 실시하게 된다. 코모로프스키가 여론 조사 결과 선두를 달리고 있다. 야당인 법과정의당의 안드레이 두다 후보는 결선 투표까지 치르기 위해 박차를 가하고 있다. 두 후보 간의 선거 운동은 10년 간 유지된 시민연단과 법과정의당 사이의 경쟁 구도를 반영한다. 코모로프스키는 자신을 '통합과 대화'를 중시하는 중도의 후보라고 표현했다. 코모로프스키는 가족과 안보에 대한 정책을 강조한다. 코모로프스키에 비해 당선 가능성이 낮은 안드레이 두다는 '변화를 추구하는 후보'라는 슬로건을 내걸고 코모로프스키에 대한 비난을 주축으로 선거 운동을 진행해 왔다.

05월 12일

• 폴란드 24일 대선 결선 투표…두다-코모로프스키 접전 　　　　　　　(연합뉴스 05. 12)

– 후보 11명이 대거 출마한 가운데 10일 진행된 폴란드 대통령 선거 결과 과반 득표자가 나오지 않아 안드레이 두다 후보와 현 대통령인 브로니스와프 코모로프스키 후보가 24일 결선 투표를 치르는 것으로 확정됐다. 출구 조사에서 비슷한 결과가 나오자 두 후보는 약 20%를 득표해 3위를 한 록 가수인 파블 쿠키스 후보의 지지자를 공략하는 방안을 추진하고 있다고 현지 언론은 전했다. 쿠키스 후보는 기성 체제 변화를 공약하며 이번 선거에서 큰 인기를 끌었다. 폴란드는 총리 중심제인 내각 책임제로, 대통령은 법률 거부권만 갖고 정책 입안 집행권은 없다. 임기 5년인 대통령 직은 군 최고통수권자로 국가를 대표하고 외교를 맡는 의례적 역할을 담당한다. 폴란드 선거관리 위원회는 개표결과 두다 후보가 34.76%, 코모로프스키 후보는 33.77%를 각각 득표했다고 12일 공식 발표했다.

05월 22일

• 상원, 대통령의 국민 투표 초안 승인 　　　　　　　(Warsaw Voice 05. 22)

– 폴란드 상원은 브로니스와프 코모로프스키 대통령이 제출한 소선거구제 도입, 당의 재정과 세법 개정에 대한 국민 투표 시행 초안을 승인 했다. 57명의 상원 의원이 이 안건에 대해 찬성했다. 보수 야당인 법과정의당은 의결과정에 참여하지 않았지만 안건은 의결되었다. 따라서 이와 관련된 국민 투표는 9월 6일에 실시될 예정이다. 지난 월요일 코모로프스키 대통령은 기존의 정당명부식 비례대표제를 소선거구제 방식으로 대체하는 안건, 그리고 정당에 대한 국가 예산 조달을 폐지하는 것에 대한 국민 투표를 실시하길 원한다고 밝혔다. 소선거구제 도입을 위해서는 헌법 개정이 필요하다.

05월 25일

• 폴란드 대선 결선 투표 출구 조사 "안드레이 두다 후보 승리" 　　　　　　　(연합뉴스 05. 25)

– 폴란드 대통령 선거 결선 투표에서 법과 정의당 후보인 안드레이 두다 후보가 당선이 유력한 것으로 나타났다. 24일 치러진 폴란드 대통령 결선 투표 마감 결과 실

시된 출구 조사에서 두다 후보는 53% 득표율로 현 대통령으로 재선에 나선 브로니
스와프 코모로프스키 후보(47% 득표)를 제쳤다고 폴란드 현지 언론들은 보도했다.

헝가리

04월 27일

• **고등 교육 개혁 방안에 대한 야당의 비난** (politics.hu 04. 27)

- 녹색당은 고등 교육에서 시장성 있는 기술(marketable skills)을 강조하는 정부의 개
혁안은 큰 실수라고 비난했다. 한편 민주연합은 정부의 개혁안에 대한 유럽연합 집
행위원회의 의견을 들어야 한다고 주장했다. 지난주 인적자원부는 몇몇의 교육 과
정을 폐기하고, 전문성과 사회경제적인 요구를 충족시키며 고등 교육의 효율성을
증진하는 교육 과정을 골자로 한 새로운 정책을 제안했다. 학생들과 교사들은 직업
교육의 폐기 등에 대해 반발하며 시위를 계속하고 있다. 녹색당의 대변인은 정부의
교육에 대한 개념은 구식이며 부당한 것이라고 말하며 교육에 대한 개혁안이 관철
된다면 창의성과 혁신에 반하는 교육이 될 것이라고 주장했다.

04월 30일

• **기독민주국민당, 사형 제도 부활 반대 입장 표명** (politics.hu 04. 30)

- 기독민주국민당 대표인 벤체 리드바리(Bence Rétvári)는 사형제 부활에 대한 반대
입장을 표명했다. 기독민주국민당은 형법이 지난 5년 동안 엄격해진 것에는 찬성하
지만, 사형제에 대해서는 반대한다고 밝혔다. 인적자원부 장관이기도 한 리드바리
는 기독교인과 교회의 사형제에 대한 입장은 "생명은 신에 의해 주어지는 것이며 어
떤 사람도 그것을 빼앗아 갈 수 없다. 또한 누구나 그들이 저지른 죄에 대해 양심의
가책을 느낄 권리를 가진다"는 말로 대표된다고 밝혔다.

05월 13일

• **헝가리 야당, 의회에서 의료 산업 관련 문제점들 언급해** (mtva.hu 05. 13)

- 이슈트반 이코티츠(István Ikotity) 녹색당 의원은 현재 헝가리 의료 산업은 열악한

상태라고 언급하며 종사자, 의료 기기, 각종 의료용품이 상당히 부족한 상태라고 밝혔다. 녹색당을 비롯해 요빅 등 다른 야당들도 의료 산업 분야의 일손이 많이 부족할 뿐더러 헝가리 간호사의 평균 급여는 국제 평균에도 미치지 못한다고 주장했다.

05월 14일

• 헝가리, 유럽연합의 '난민 수용 의무 할당제' 거듭 반대   (연합뉴스 05. 15)

– 유럽연합 집행위원회의 난민 수용 의무 할당제 계획을 둘러싸고 회원국들 간의 갈등이 커지는 가운데 헝가리 정부도 이 계획에 반대한다는 뜻을 14일 거듭 밝혔다. 유럽연합의 난민 할당제는 지중해 연안 국가들이 적극 찬성하고 있음에도 영국과 아일랜드, 덴마크 등이 받아들일 수 없다고 밝힌 바 있어 난항을 겪을 것으로 보인다. 라자르 야노쉬 헝가리 관방장관은 이날 난민 할당제 방안을 받아들일 수 없다면서 유럽연합의 시도를 막을 것이라고 밝혔다. 남쪽 이웃 국가인 세르비아를 통해 밀입국하는 난민들이 급증하는 추세가 이어지면 지난 2013년 1만 8천900명인 난민 신청자 수가 2015년 10만 명으로 늘어날 것이라고 라자르는 전망했다. 그는 헝가리는 경유지로서 이곳에 들어온 난민들이 머물지 않고 독일 등지로 옮겨가지만 난민을 받아들일 여력이 없다고 덧붙였다.

05월 20일

• 이민과 테러에 대한 정부의 입장에 대해 항의하는 시위 열려   (politics.hu 05. 21)

– 지난 20일 오후 수백 명의 시민들이 정부의 이민 정책에 항의하며 덱(Deák) 광장부터 의회까지 행진했다. 이민자들은 테러의 위협을 느껴 그들의 국가에서 탈출한 것이라고 강조하며, 왜 정부에서 자신들을 테러리스트라고 규정하는지 이해할 수 없다고 말했다. 이민자들 중 한 명은 그가 망명했을 때 헝가리 사람들에게 환대를 받았다고 느꼈으며 헝가리 정부가 자신을 받아준 것에 대해 감사한다고 말했다. 인권운동 단체인 헬싱키위원회(Helsinki Committee)의 공동 창설자인 페레츠 쿠섹(Ferenc Kőszeg)은 빅토르 오르반 총리의 구시대적인 생각과 발언은 총리 자신과 당에 대한 지지율 하락을 야기할 것이라고 비난했다.

04월 30일

• 밀로스 제만 대통령, 고속도로 제한 속력을 높이는 개정안에 대해 거부권 행사 예정

(CTK 04. 30)

– 체코의 밀로스 제만 대통령은 고속도로 제한 속력을 시속 150km까지 허용하는 법안에 대해 책임감 없는 결정이라고 비난하며, 법률안 거부권을 행사할 예정이라고 밝혔다. 이 법안은 이번 주 초에 하원 의원 다수의 찬성으로 의결되었다. 법안은 현재 상원에서 심의 중이다. 제만 대통령은 생명의 손실과 부상을 고려하여 이 같은 결정을 내렸다고 말했다. 의원들이 독일의 사례를 언급하는 것에 대해서는 체코의 도로 상황이 독일과는 다르다고 반박했다. 현재 체코 고속도로에서의 제한 속력은 시속 130km이다. 교통부 장관인 댄 토크(Dan Tok)는 체코의 고속도로 상황이 시속 150km로 달릴 수 있을 정도로 안전하게 설계되지는 않았다고 밝혔다. 교통경찰들은 제한 속력 상승에 따른 고속도로에서의 위험에 대해 염려하고 있다.

05월 05일

• 오카무라와 피알라, 새벽당을 떠나 창당 움직임 보여… (CTK 05. 05)

– 토미오 오카무라와 레지무 피알라는 새벽당을 떠나 자유와 직접 민주주의를 강조하는 당을 만들 것이라고 밝혔다. 새벽당 내부에서는 재정 문제를 두고 분쟁이 계속되고 있다. 이 문제로 인해 오카무라와 피알라는 최근 당에서 퇴출당했다. 오카무라는 새로운 당이 그가 2013년 중반에 창당했던 새벽당과 같은 이념과 정책을 갖출 것이라고 말했다.

05월 08일

• 대마초 합법화를 위한 행진 (CTK 05. 08)

– 5000여 명의 시민들이 프라하에서 대마 재배 합법화를 위한 행진을 했다. 시민들의 요구 사항은 대마 재배와 소유에 대한 합법화와 의료 목적뿐만 아니라 개인적인 용도로 사용할 수 있도록 허용해 달라는 것이다. 경찰들은 행진을 감시했다. 체코에

서 대마를 개인적인 목적으로 사용하는 것은 여전히 불법이지만 2013년에 개정된 법에서 대마를 의료 목적으로 사용하는 것은 허용하고 있다. 대마를 수입할 수 있지만 재배할 수는 없다. 따라서 공급량이 적기 때문에 소수의 사람들만이 대마를 합법적으로 구입할 수 있다. 원칙적으로 체코에서 대마초 소지는 불법이지만 널리 퍼져 있는 것으로 확인되는 상황이다. 여론 조사 결과에 따르면 15세에서 34세의 체코 국민 중 절반 이상이 대마초를 사용한 경험이 있다고 한다. 행진은 해적당(Pirate Party)과 녹색당(Strana Zelených, SZ)의 후원에 의해 진행되었다.

05월 13일
• 소보트카 총리, 유럽연합의 난민 수용 의무 할당제 반대 　　　　　(CTK 05. 13)

– 보후슬라브 소보트카 총리는 난민 수용 할당제를 거부하는 입장을 밝히며 체코는 유럽연합의 결정이 아닌, 체코 정부의 주권에 의해 내린 결정에 기반 하여 망명자들을 도울 것이라고 말했다. 소보트카는 또한 "유럽연합 내부에 할당제가 시행되어야 할 법적인 체계가 없다"고 말했다. 유럽연합집행위원회의 문서에 따르면 할당제가 실시될 시 체코는 2.63%, 즉 520여 명의 망명자를 수용해야 한다. 긍정당과 기독민주당 그리고 다른 정당들 역시 할당제에 반대하는 입장을 표명했다.

05월 16일
• 노조 연합, 2016년 1월 최저 임금 1천 크라운 인상 제안

　　　　　　　　　　　　　　(CTK 05. 16, 체코한인신문 05. 18 재인용)

– 노조연합은 2016년 최저 임금을 10,200크라운으로 1천 크라운을 인상하는 방안을 제안했다. 체코 노동조합연맹(ČeskoMoravská Konfederace Odborových Svazů, ČMKOS) 노조협회장은 2016년뿐만 아니라 2017, 2018년에도 1천 크라운씩 최저 임금을 인상하도록 요청할 예정이다. 5월 18일에 노사정 3자 협의회는 최저 임금 인상안으로 놓고 논의할 계획이다.

05월 22일
• 하원, 5월 26일 내각에 대한 불신임 투표 실시 예정 　　　　　　(CTK 05. 22)

– 하원 의장 얀 하우마책(Jan Hamacek)은 5월 26일 하원이 보후슬라브 소보트카의 중도 좌파 내각에 대해 불신임 투표를 실시할 것이라고 밝혔다. 그러나 사회민주당, 긍정당, 기독민주당으로 구성된 연립 내각 정당이 200석 중 111석을 차지하고 있다. 게다가 공산당 역시 불신임 투표에서 기권할 것이라고 밝혔다. 우파 정당인 시민민주당과 새벽당은 오늘 아침 특별 의회를 소집하는 데 필요한 불신임 투표 지지자 50명의 서명을 모아 하원 의장에게 제출했다. 야당들은 이것을 통해 바이오 연료에 대한 세제 혜택을 없애는 것에 대한 정부의 제안을 거절할 수 있기 때문에 정부에 대한 불신임 투표 실시를 원하고 있다. 이 투표는 현재의 내각에서 처음으로 실시되는 불신임 투표가 될 것이다.

12차(5월 말~6월 말)

김소정

폴란드에서는 현대폴란드당(NowoczesnaPL)이 새롭게 창당되었다. 당의 창립자인 르샤르드 페트루(Ryszard Petru)는 현대폴란드당이 젊은이들과 기업가들을 동원하기 위해 만들어졌다고 밝혔다(Warsaw Voice 2015. 06. 01). 한편 5월 말 실시된 여론 조사 결과에 따르면 국민들의 대부분이 선거 제도 개혁을 원한다고 한다. 브로니스와프 코모로프스키 대통령은 소선거구제 도입을 중심으로 한 선거 제도 개편과 정당 지원금 관련 예산 개편 등에 대한 국민 투표 초안을 승인하였고 국민 투표는 오는 9월에 치러질 예정이다(Warsaw Voice 2015. 06. 18).

헝가리의 동향을 살펴보면 빅토르 오르반 총리가 경제 성장을 최우선의 목표로 삼았던 것에서 이제는 국민의 삶의 질을 높이는 데에 힘쓸 것이라고 밝혔다(kormany.hu 2015. 05. 29; KOTRA 2015. 05. 29 재인용; 주헝가리 대사관 2015. 05. 29 재재인용). 또한 사회 복지 분야에서 종사하는 노동자들이 낮은 임금에 대해 항의하며 부다페스트에서 시위를 개최했다(politics.hu 2015. 06. 01). 한편 정부에서 국경 지대에 방벽을 설치하는 계획에 대한 논의가 이루어지고 있는 것에 대해 정당들의 입장이 갈리고 있으며, 세르비아를 비롯한 주변국들의 반대가 거센 상황이다(세계일보 2015. 06. 18).

체코의 동향을 살펴보면 유로화 도입을 두고 의견이 분분한 가운데 보후슬라브 소보트카 총리가 현 정부에서는 도입 시기를 결정하지 않을 것이라고 밝혔다. 이에 대해 안드레이 바비스 재무장관은 국민 투표를 실시해야 한다고 주장하고 총리는 국민 투표에 반대하면서 갈등이 빚어지고 있다(CTK 2015. 05. 31). 한편 정부는 대통령 권한에 대한 헌법 개정 초안을 승인했다. 개정안은 하원이 대통령에 대한 헌법 소원을 실시할 수 있게 되는 등 전반적으로 대통령의 권한이 축소되는 내용을 담고 있다(CTK 2015. 06. 03). 체코에서는 2016년부터 2027년까지 총 19번의 선거가 매년 실시될 예정이라고 한다. 따라서 잦은 선거의 부작용에 대한 우려가 커지고 있다(CTK 2015. 06. 08). 여론 조사 결과에 따르면 체코 국민들의 이슬람 원리주의, 난민, 러시아에 대한 두려움이 증가한 것으로 나타났다. 러시아가 체코의 안보에 위기를 불러일으킨다고 생각하는 사람들은 2011년에 비해 두 배 이상 증가해 59%이고, 난민들이 안보에 위기를 가져온다고 응답한 사람들은 48%에서 71%로 증가했다(CTK 2015. 06. 16).

05월 25일

• 폴란드 대선, 40대 극우파 당선   (조선일보 05. 26)

− 5월 24일 열린 폴란드 대선에서 정치 무명에 가까운 안드레이 두다가 현직인 브로니스와프 코모로프스키를 누르고 대통령에 당선됐다. 반유럽연합을 표방하는 극우보수 성향의 법과정의당 소속 두다는 53%의 득표율로 코모로브스키(47%)에 앞섰다. 내각책임제인 폴란드에서 실권은 총리에게 있지만, 5년 임기의 대통령도 군 최고통수권과 법률 거부권을 갖고 있다. 두다의 공약들은 20%가 웃도는 높은 실업률에 시달리는 폴란드 젊은 층의 지지를 이끌어 냈다. 두다는 폴란드의 유로존 가입에도 반대의 뜻을 분명히 밝혔고, 선거 후 지지자들에게 "공약들을 확실히 지켜 폴란드를 다시 일으켜 세우겠다"고 말했다. 이번 선거는 오는 10월 예정된 총선의 전초전 성격이었다. 두다의 승리로 시민연단 소속의 개혁 성향 에바 코파츠 총리의 재집권 전략에도 빨간불이 켜졌다.

05월 31일

• 새로운 정당인 현대폴란드당 등장   (Warsaw Voice 06. 01)

− 9,000여 명의 사람들이 바르샤바에서 열린 창당 행사에 참여했다. 새롭게 만들어진 정당은 '현대폴란드당'이라고 명명되었으며 젊은이들과 기업가들, 여당인 시민연단에 환멸을 느낀 유권자들을 동원하기 위해 만들어졌다. 당의 창립자는 경제학자인 르샤르드 페트루이다. 창당 행사는 정강의 개요를 밝힐 수 있는 기회가 되었다. 당의 정책에는 국가 예산에서 지출되는 당의 기금을 포기하고, 하원 의원의 임기를 두 번으로 제한하는 것과 세법 규정의 단순화 등을 통한 경제의 자유화의 내용 등이 포함되었다. 한 일간지와의 인터뷰에서 페트루는 현대폴란드당은 현재는 투표

권이 없는 미래의 유권자들을 유인하기를 원한다고 밝혔고, 앞으로는 지지 기반을 형성하고 미래의 유권자들을 동원하는 것에 집중할 것이라는 의사를 표명했다.

06월 02일

• 대부분의 폴란드 국민 선거 제도 개혁 원해   (Warsaw Voice 06. 02)

– 여론 조사 기관인 이바에르이에스(IBRiS)에서 실시한 조사 결과에 따르면 51% 정도의 폴란드 국민이 9월에 실시될 국민 투표에 참여할 예정이라고 밝혔다고 한다. 이 수치는 50%를 겨우 넘어 투표 결과가 유효하기 위한 투표율의 문턱을 넘었다고 볼 수 있다. 사안별로 여론을 살펴보면, 61%의 국민이 최다 득표자를 당선시키는 소선거구제 도입에 대해 찬성표를 던질 것이며 74%의 국민이 현재의 정당 지원금 제도를 유지하는 것에 반대할 것이라는 결과가 나왔다고 한다. 여론 조사는 5월 22일부터 23일까지 실시되었다.

06월 17일

• 코모로프스키 대통령, 국민 투표 실시하기로 결정해   (Warsaw Voice 06. 18)

– 브로니스와프 코모로프스키 대통령이 지난 수요일 기자 회견에서 소선거구제 도입 문제와 정당의 기금, 세법 개정의 내용을 다루는 국민 투표를 실시하기로 결정했다고 밝혔다. 국민 투표는 오는 9월에 실시되는 것으로 확정되었다. 투표에서는 현재의 정당명부식 비례대표제를 소선거구제로 대체하는 것에 대해 찬반 여부를 물을 것이다. 투표는 또한 국가 예산으로 정당의 재정을 충당하는 현행의 제도를 폐지하는 것에 대한 찬반과 세법 개정에 대한 의견도 물을 것이다. 국민 투표 결과가 법적 구속력을 발휘하려면 유권자의 과반이 투표를 해야 한다. 코모로프스키 대통령은 국민들에게 국민 투표에 참여할 것을 호소했고 정당들에게도 국민들의 투표 참여를 이끌어낼 것을 요청했다.

06월 23일

• 여론 조사 결과 여당인 시민연단, 야당인 법과정의당 거의 따라잡아

(Warsaw Voice 06. 23)

– 조사에 따르면 여당인 시민연단이 5%포인트 상승한 26%의 지지율을 획득한 반면, 보수 야당인 법과정의당은 이전의 조사 결과보다 4%포인트 하락해 28%의 지지율을 보였다. 또한 대선 후보였던 파블 쿠키스가 새롭게 만든 정당의 지지율은 3%포인트 하락해 21%에 그쳤다. 경제학자인 르샤르드 페트루가 만든 자유주의 정당인 현대폴란드당은 이전의 조사보다 3%포인트 하락한 5%대의 지지율을 보였다. 농민당은 2%포인트 상승해 5%의 지지율을 획득했고 진보 야당인 민주좌파동맹은 1%포인트 하락해 4%대에 머물렀다.

헝가리

05월 29일
• 헝가리 총리, 새로운 통치 방향 제시
　　　(kormany.hu 05. 29, KOTRA 05. 29 재인용, 주헝가리 대사관 05. 29 재재인용)
– 빅토르 오르반 헝가리 총리는 29일 금요일 부다페스트에서 열린 컨퍼런스에서 통치의 방향을 활력(strength)에서 집중(attentiveness)으로 전환할 것이라고 밝혔다. 빅토르 오르반 총리는 지난 몇 년 동안 약해진 경제를 살리는 데 집중했지만 이제는 국민의 삶의 질을 높이는 데 힘쓸 것이며 2016년도 예산도 이에 집중되어 있다고 말했다.

05월 29일
• 사회 복지 노동자들, 낮은 임금에 반발하며 시위 열어　　　　　　(politics.hu 06. 01)
– 지난 금요일 사회 복지 분야에 종사하는 노동자들이 부다페스트에서 임금상승을 요구하는 시위를 개최했다. 시위 참여자들은 코달리 코론트(Kodály Körönd)부터 의회까지 행진했다. 사회 복지 분야 노동조합장인 안드레아 바르가(Andrea Varga)는 9만 3천여 명의 노동자들이 기난과 사투를 벌이고 있으며 일상생활에서 어려움을 느끼고 있다고 연설했다. 바르가는 또한 지난 몇 번의 시위에도 불구하고 그들의 임금 인상 요구를 들어주지 않았다며 정부를 비난했다. 그렇기 때문에 대화로서의 요구는 끝났으며 참여자들에게 단합을 통해 보다 강경한 방법으로 자신들의 의견을 피력하자

고 외쳤다.

06월 18일

• 헝가리, 국경 방벽 세워 불법 이민 차단   (세계일보 06. 18)

- 헝가리가 갈수록 늘고 있는 불법 이민자를 막기 위해 국경 지대에 대규모 방벽을 세우겠다고 나서자 유엔 난민기구와 접경국이 일제히 우려의 뜻을 나타냈다. 18일, 피테르 시야르토 헝가리 외무장관은 남쪽 세르비아와의 국경 지대에 높이 4m, 길이 175km의 방벽을 치기로 했다고 밝혔다. 셍겐 조약(Schengen agreement) 가입국으로 국경에 울타리를 세우는 국가는 헝가리가 유일하다. 유럽 7개국에 둘러싸인 내륙 국가이자 중동에서 유럽으로 통하는 길목에 위치한 헝가리는 최근 밀려드는 불법 이민자들로 몸살을 앓았다. 2015년 들어 최근까지 불가리아와 마케도니아 등을 거쳐 헝가리에 불법 입국한 이주민은 5만 7,000명이 넘는다. 유엔난민기구(United Nations High Commissioner for Refugees, UNHCR)와 세르비아는 구시대적인 발상이라며 철회를 요구했다.

06월 19일

• 청년민주동맹 대변인, 정부의 국경 방벽 설치 계획 비난해   (politics.hu 06. 19)

- 국가안전보장위원회의 부위원장인 실라드 니메트(Szilárd Németh)는 정부가 추진하고 있는 국경 지대에 대규모 방벽을 설치하려는 계획이 북대서양조약기구(NATO)의 규약에 부합한다고 밝혔다. 니메트는 불법 체류자의 99%가 세르비아를 통해 헝가리에 입국하기 때문에 방벽 설치는 필수적인 것이라고 주장했다. 졸트 모나르(Zsolt Molnár) 청년민주동맹 대변인은 방벽 설치 계획이 북대서양조약기구와 유럽연합의 규약에 부합한다고 할지라도 방벽이 유럽을 위한 것이 아니기 때문에 청년민주동맹은 그 계획에 반대할 것이라고 밝혔다. 녹색당 의원인 베르나데트 질(Bernadett Szél)은 방벽 설치는 비인간적이며 난민 문제를 해결하지도 못할 것이라고 정부를 비난했다. 또한 헝가리 정부가 유럽연합 회원국들과 함께 해결책을 찾아야 한다고 주장했다.

06월 22일

• 요빅, 가장 강력한 야당이지만 여당인 청년민주동맹이 지지율에서 앞서

(hungarytoday.hu 06. 22)

‑ 여론 조사 기관인 사저드빅(Századvég)의 조사 결과에 따르면 청년민주동맹과 기독민주국민당이 연대를 시작한 지 반년이 지난 현재, 가장 높으면서도 안정된 지지율을 보이고 있다고 한다. 극우 민족주의 이념을 내세운 요빅은 가장 강력한 야당이 되었다. 전체적으로 좌파 정당이 정체되고 있는 분위기에서 사회당에 대한 지지 또한 감소하고 있다. 당에 대한 지지율을 살펴보면 청년민주동맹은 30%, 요빅은 16%, 사회당은 8%, 녹색당은 6%, 좌파 정당인 민주연합은 5%인 것으로 나타났다. 즉 46%의 유권자가 우파 정당(청년민주동맹, 요빅)을 지지했으며 15%의 유권자가 좌파 정당(사회당, 민주연합)을 지지했다. 한편 응답자 중 74%가 정부가 이민자에 대해 보다 엄격한 정책을 추진해야 한다고 응답했고 정부의 개인 소득세 인하 계획을 지지한다고 밝혔다.

체코

05월 31일

• 소보트카 총리, 현 정부에서는 유로화 도입 시기를 결정하지 않을 것이라고 밝혀

(CTK 05. 31)

‑ 보후슬라브 소보트카 총리가 현 정부에서는 유로화 도입 시기를 결정하지 않을 것이기 때문에 그에 대한 국민 투표를 시행할 필요가 없다고 밝혔다. 소보트카 총리는 "현재 체코의 상황에서 유로화를 단일 화폐로 채택하는 것은 맞지 않다"고 말했다. 또한 "현재 체코에서 우선순위를 두어야 할 것은 경제 발전을 이루어 유로화를 도입할 수 있는 상황으로 만드는 것"이라고 덧붙였다. 안드레이 바비스 재무장관은 법적 구속력이 없는 유로화 도입에 관한 국민 투표를 2017년에 치러질 총선과 함께 실시해야 한다고 주장했다. 소보트카 총리는 국민 투표를 실시해야 한다는 제안을 거절하며 "법적 구속력이 없는 국민 투표는 의미가 없으며 어떠한 안건을 다루더라도 국민 투표 결과는 법적 구속력이 있어야 한다"고 말했다. 또한 국민들이 국민 투

표를 통해 유로화 도입 시기를 정할 수는 있지만 이 일은 차기 정부의 일이라고 못 박았다.

06월 03일
- 체코 정부, 대통령 권한 축소에 대한 헌법 개정 초안 승인　　　　　(CTK 06. 03)
- 예례 디누스비에라(Jiri Dienstbier) 법무부 장관은 체코 정부가 대통령의 권한을 축소하는 내용을 담은 헌법 개정 초안을 승인했다고 밝혔다. 개정안에는 상원에서 예산을 심의하는 기간을 현행 30일에서 60일로 늘리는 내용도 담겨 있다. 헌법을 개정하기 위해서는 하원(200명), 상원(81명) 각각에서 재적 의원 5분의 3 이상이 찬성해야 한다. 의회에서 개정안을 승인하면 개정된 헌법은 2016년 1월 1일부터 효력을 발휘한다. 개정된 헌법은 대통령의 협상권과 국제 협약 비준권을 박탈하게 된다. 외교 정책에 있어 책임을 명확히 하기 위해 정부는 대통령과의 분쟁을 막기 위한 결정을 내린 것이다. 현재는 의회의 동의가 필요하지 않지만 헌법이 개정되면 대통령은 중앙은행 이사회를 지명한 뒤 상원의 동의를 받아야 한다. 또한 하원이 대통령에 대한 헌법 소원을 제기할 수 있게 된다. 현재는 이 권한을 상원만이 가지고 있다. 현행 헌법에서는 총리가 사퇴하면 자동적으로 내각이 해산되는 것인지가 불분명하지만 헌법이 개정되면 총리의 사퇴는 곧바로 내각이 해산되는 것을 의미한다.

06월 08일
- 2027년까지 매년 선거 실시될 예정　　　　　(CTK 06. 08)
- 일간지 프라보(Pravo)는 체코에서 2016년부터 2027년까지 총 19번의 선거를 치르게 될 것이라고 전하며, 유일하게 올해(2015년)가 끝없는 선거를 앞두고 유권자와 정당이 쉴 수 있는 시간이라고 말했다. 2017년에는 하원 의원 선거가 있을 예정이며 2018년에는 세 번의 선거가 치러질 예정이다. 1월에는 대통령 선거가 있고 가을에는 상원 의원 선거와 지방 선거가 치러진다. 끊임없는 선거는 유권자의 인내심을 시험할 뿐만 아니라 당의 재정적인 문제를 야기할 것이다. 정치학자인 예례 페헤(Jiri Pehe)는 "선거 과정은 민주주의의 배움터가 될 수 있다. 유권자들은 고민하고 결정을 내릴 것이다. 문제는 유권자들이 다양하고 수준이 다른 선거를 구분할 수 있는지 여

부이다"라고 말했다. 그의 동료인 야논 부레스(Jan Bures)는 장점도 물론 있겠지만 선거의 횟수가 늘어날수록 낮은 투표율이 나타날 것이라고 말했다.

06월 16일

• 체코 국민의 이슬람 원리주의, 난민, 러시아에 대한 두려움 증가   (CTK 06. 16)

– 여론 조사 기관인 스테마의 조사에 따르면 체코 국민들이 국가에 가장 위협이 된다고 생각하는 것은 이슬람 원리주의자들과 테러리즘이라고 한다. 러시아가 체코의 안보에 위기를 불러일으킨다고 생각하는 사람들은 2011년에 비해 두 배 이상 증가해 59%이고, 난민들이 안보에 위기를 가져온다고 응답한 사람들은 48%에서 71%로 증가했다. 또한 이슬람 원리주의자들이 가장 큰 위협이라고 응답한 사람들은 2011년 57%에서 82%로 큰 폭으로 늘었다. 이러한 응답은 이슬람국가(IS)의 행동과 명백히 관련이 있는 것이라고 여론 조사 기관은 밝혔다. 중국이나 미국이 체코에 위협이 된다고 응답한 사람들은 소수인 것으로 드러났다. 진보적인 정당을 지지하는 사람일수록 미국을 견제해야 한다고 응답했고, 보수 정당을 지지하는 사람일수록 러시아에 비판적인 반응을 보였다.

06월 22일

• 하원, 단기근로정책 도입 방안 승인   (CTK 06. 22)

– 체코 하원은 단기근로정책(Kurzarbeit) 도입 방안을 승인했으며 근로자들은 경제 위기 또는 자연재해로 인해 풀타임 근무가 어려울 경우에 최소 임금의 70%를 지원받을 수 있게 되었다. 임금의 70%는 회사와 정부가 각각 50%, 20%를 지원하게 된다.

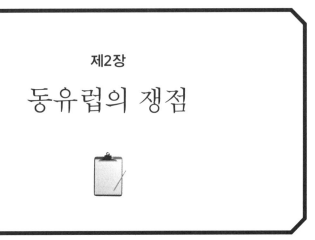

제2장

동유럽의 쟁점

민생 정책이 해결책

하종민

정부는 국민으로부터 국가를 통치할 수 있는 권리를 선거를 통한 적법한 절차에 의해 위임받았으며, 이러한 국가를 통치하는 방법은 크게 두 가지로 나눌 수 있다. 첫째로는 국가와 국가 간의 관계를 맺고 갈등을 조정해 가는 거시적 관점의 정책과, 다른 하나는 국민 개개인의 안녕과 생활 수준 향상을 위한 미시적 관점의 정책이다. 두 가지 정책이 완벽하게 상반되어 서로 다른 방향으로 이루어지는 것은 아니지만, 명백히 다른 속성을 가지고 있다. 거시적 정책은 국가 간 실리를 도모하는 과정이며 나라의 이름과 위신이 달려있는 문제로 외교, 안보, 거시 경제 등의 문제를 주로 다룬다. 미시적 정책은 직접적으로 국민들을 대상으로 하는 정책들로서 치안, 의료, 복지 등의 문제가 대표적이다. 두 정책 간 중요성을 비교하는 것 자체가 무의미할 정도로 모두 국가를 통치하는 데 중요한 것들이며, 모두 관련되어 있다고 생각해도 무방할 것이다. 그러나 두 가지 정책이 가진 속성이 명백히 차이가 있는 만큼 둘 간의 균형을 맞추는 것이 가장 중요하며, 정부가 국가를 통치하는 데 가장 핵심이 되는 부분일 것이다.

헝가리의 경우 사우스 스트림 프로젝트를 지속하기로 결정함으로써 에너지 수급의 자율성을 추구하고 동시에 지속적으로 의료 서비스 시스템 개선과 자국의 농작물 수확량에도 신경을 쓰면서 대외적, 대내적 정책을 적절히 조화시키는 모습을 보여 주고 있다. 반면 체코의 경우 전투기, 소총 등 무기의 생산과 수출에 집중하는 모습을 보이면서 상대적으로 미시적인 정책과의 균형을 맞추지는 못하는 모습을 보여 주었다. 더불어 정부 여당인 사회민주당이 준비하고 있는 민생 관련 정책도 야당의 반대에 막혀 의회의 최종 통과가 불투명해지면서, 최근 실시된 여론 조사에서 집권당인 사회민주당보다 야당인 긍정당이 더욱 높은 지지율을 기록하게 되었다. 지지율의 격차가 오차 범위 이상인 것으로 측정되면서 여당인 사회민주당은 민생 법안의 강행 처리를 고심하고 있는 모양이다.

　이처럼 대외적, 대내적 정책 사이의 균형을 유지하는 것은 매우 중요한 일이며 일부 정책에만 편중된다면 이것은 국민들의 통합을 저해할 뿐만 아니라 국가 입장에서도 도움이 되지 않는다. 또한 국민들은 이러한 정부의 정책에 대해 즉각적인 반응을 보이게 되며, 결국 정당 혹은 정치인의 지지율 하락으로까지 이어지게 된다. 대내적, 대외적 정책 사이의 균형을 맞추는 것이 쉽지 않다는 사실과 균형의 실패가 정책의 실패로 귀결되는 것이 아님은 너무도 자명한 일이다. 그러나 대내적 정책을 통한 국민의 통합과 대외적 정책을 통한 국가의 실익이 균형 있게 도모된다면, 국민을 완벽하게 대변하는 정부가 될 것이다.

정치인의 말 한마디에 사회 통합 달려 있다

하종민

　사람과 사람 사이에 대표적인 의사소통 수단인 '말'은 단순히 의사소통의 한 방법이 아닌 화자의 정보를 전달하는 중요한 기능을 수행한다. 동서고금(東西古

ㅆ)을 막론하고 말의 중요성과 말하는 방법의 신중함을 강조하는 태도는 크게 다르지 않다. 특히, 국민들을 대표하고 대리하는 정치인들의 '말'은 더욱이 그 중요성과 신중함을 거듭 요하는 부분이다. 대중들의 이목이 집중되었을 뿐만 아니라, 대부분 단체나 기관을 대표하는 요직에 위치한 정치인들에게는 말 한마디 한마디가 그들의 의견을 대변하기 때문이다. 잘못된 말로 정보를 왜곡하거나 말하는 방법의 오류로 의견이 잘못 전달된다면, 정치인 자신에게 치명상이 될 뿐만 아니라 나아가 국민들의 갈등을 조장해 사회적 통합의 걸림돌이 될 수도 있다.

최근 헝가리의 총리인 빅토르 오르반의 발언이 크게 이슈가 되었다. 대학생 수천 명이 모인 집회에서 "러시아나 중국, 인도, 터키 같은 국가가 세계 무대에서 '스타'로 성공한 만큼 헝가리는 서방이 추구하는 가치 대신 이를 모델로 삼아 나아가야 한다"고 밝혔다. 그는 헝가리가 서방의 '진보 민주주의'를 좇은 결과 "국가 자산을 지키지 못했고, 공동체가 무시되었으며, 빚더미에 앉았다"며 "복지 국가 체제로 자원을 소진했을 뿐 결국 실패했다"고 지적했다. 그는 더 나아가 "우리를 죽여 놓았던 서방 시스템을 이제 더 지탱할 수 없다"며 "국가 지도자들이라면 앞으로 20~30년 장래를 내다봐야 한다"고 강조했다. 이 같은 발언이 언론을 통해 공개되면서 헝가리의 야당뿐만 아니라 미국의 워싱턴포스트도 오르반 총리의 실언을 비난했다. 체코의 밀로스 제만 대통령 역시 국회 통과를 앞두고 있는 한 법안에 대해 거부권을 행사할 것이라는 의견을 뒤늦게 밝혀, 이를 추진해 온 국회와 우익 정당과의 갈등이 불가피해 보인다. 또한 해당 법안에 대한 수정이 불가피해지면서 각 정당들의 움직임도 분주해질 전망이다.

빅토르 오르반 총리의 발언은 명백한 '실언'이라고 할 수 있다. 실언이 아니라면 분명히 말하는 방법에 있어서 부주의한 잘못이 있다. 한 국가를 대표하는 정치인 총리의 이와 같은 실수로 인해 야당의 반발뿐만 아니라 다른 국가의 비난도 피할 수 없게 되었다. 갈등을 조정하고 사회 통합을 주도해야 하는 총리에게는 치명적인 실수가 될 수 있다. 체코의 밀로스 제만 대통령의 경우 실언은 아니지만 말하는 시기가 아쉽다. 법안의 통과 직전에 이 같은 발언은 국회와 각 정당 간 합의한 내용을 부정하는 것 같은 어감을 줄 수 있다. 역시 말의 중요성을 간과한 행동이라고 할 수 있으며, 국민들을 대표하는 정당의 갈등을 조장할 수 있는 실수이다. 이처럼 말 한마디는 사람을 살리고 죽일 수도 있으며 나아가 사회를 하나로 만들 수도 여러 개로 분리할 수도 있다. 국민들을 대표하고 갈등을 조정해 사회 통합에 앞장서야 하는 정치인들이 다시 한 번 '말'의 중요성에 대해 생각해 봐야 할 시기이다.

정치인 개인의 영향력 신경 써야

전미소

최근 실시된 유럽연합의 집행위원 직무 배분 결과는 여러 나라의 국내정치에 영향을 주었다. 폴란드의 경우 투스크 총리가 유럽연합의 대통령직이라고 할 수 있는 상임의장직에 선출되면서 폴란드 국내정치와 여론에 영향을 끼쳤다. 투스크 총리의 선출은 단기적으로 그가 직접 창당한 정당인 시민연단의 지지율을 증가시키는 효과를 보였고, 이에 따라 오는 11월에 있을 폴란드의 지방 선거에서 단기적으로 그 효과를 이어나갈 것으로 보인다. 또한 헝가리에서는 유럽의회에서 교육·문화·청소년·시민권 담당 집행위원으로 너브러치츠 외교통상부 장관이 선출되면서 10월 지방 선거를 앞두고 그가 속한 청년민주동맹의 지지율을 높이는 데 기여했다. 반면 헝가리의 헝가리사회당, 다함께2014-헝가리를 위한 대화(Együtt 2014-Párbeszéd Magyarországé, E14-PM), 민주연합 세 개 좌파 정당 연합의 부다페스트 시장 후보인 펄루쉬(Ferenc Falus)는 최근 자신이 공개한 아이스 버킷 챌린지(ice bucket challenge) 동영상 문제와 전문가답지 못한 발언으로 이미지에 타격을 받았다.

이러한 사례들은 정치인 개인의 문제가 정당의 지지율, 더 나아가 정당이 중요시하는 선거에도 영향을 줄 수 있다는 것을 보여 준다. 정당의 목표는 정권 획득에 있으며, 이는 유권자들의 선택에 좌우되기 때문에 이들이 정당과 정당에 속한 정치인에 대해 생각하는 이미지는 매우 중요하다고 할 수 있다. 특히 우리나라와 같이 정당의 정책보다 정치인 개개인을 중시하는 인물 중심의 정당 운영이 실시되는 상황에서는 개인 정치인의 영향이 더 커질 수밖에 없기 때문에 더욱 개인의 모습에 신경을 써야 한다.

폴란드와 헝가리, 체코는 모두 선거를 앞두고 있다. 각 나라의 정당들은 정책의 방향뿐만 아니라 정치인 개인의 모습에도 신경을 써 유권자들의 표심을 얻을 수 있어야 할 것이다.

참고문헌

주헝가리 대사관 2014. 09. 11.
주헝가리 대사관 2014. 09. 19.
KOTRA 글로벌 윈도우 2014. 09. 05.

헝가리와 체코의 선거 결과로 보는 폴란드 선거

전미소

2014년 9월 헝가리의 집권당인 청년민주동맹이 56%의 지지율을 기록한 여론조사 결과와 유사하게, 10월 실시된 지방 선거의 주요 선거에서 청년민주동맹이 압도적인 차이로 승리했다. 부다페스트 시장 선거에서 청년민주동맹 후보인현 따를로슈 시장이 49.05%의 지지율로 재선에 성공한 것을 비롯해 청년민주동맹은 23개 주요 도시 중 20개 도시의 시장 선거에서 승리했고, 주의회 선거 결과역시 총 385석 중 225석을 차지하며 다수당의 입지를 굳혔다(주헝가리 대사관 2014. 10. 14). 청년민주동맹의 캠페인에 대한 사회당의 비판에도 불구하고 청년민주동맹이 압도적인 차이를 보이며 승리한 이유는 여러 가지가 있을 수 있겠지만, 지금까지 쌓아 온 좋은 대내외적 이미지와 더불어 지속된 좌파 야당 간의 분열 또한 한 몫을 한 것으로 보인다.

체코의 경우 연립 여당이 상원 선거에서 우세한 모습을 보였지만 좌파인 사회민주당은 이번 선거에서 총 81석의 의석 중 23석만을 차지해 세력이 많이 약해질 것으로 보인다(CTK 2014. 10. 18). 한편 시민민주당과 전통책임번영당은 신생 정당인 긍정당의 가파른 상승세와 더불어, 부실한 정당 관리 및 정부 기관의 부적절한 운영과 같은 부정적 이미지로 인해 긍정당과 같은 우익 정당임에도 불구하고 이번 선거에서 최악의 위기를 맞이했다(CTK 2014. 10. 15; 체코 대사관 2014. 10. 15 재인용). 이는 같은 성향을 가진 당이더라도 여론의 반응까지 같지는 않다는 것을 알 수 있는 부분이다.

이제 남은 것은 11월에 있을 폴란드의 지방 선거이다. 헝가리의 경우 여론 조사에서 정당 간의 압도적인 차이를 볼 수 있었지만, 폴란드의 경우 시민연단과 법과정의당의 지지율 차이가 크지 않은 상황이다(Warsaw Voice 2014. 10. 09). 또한 법과정의당이 우파 야당들과 연합을 하게 되면서 여론 조사 결과만으로는 예측하기 어려울 것으로 생각된다(Warsaw Voice 2014. 10. 10). 특히 분리된 야당의 모습을 보였던 헝가리와는 달리, 연합하는 모습을 보이고 있는 법과정의당에 대응하기 위해 시민연단 역시 조치를 취할 필요가 있을 듯하다. 또한 시민연단은 언급된 모든 당들이 우파라는 점을 감안할 때, 성향의 차이로는 차별화되는 특징을 보이기 힘들 것으로 예상되어 좀 더 확실한 대책이 필요할 것으로 보인다.

참고문헌

주헝가리 대사관 2014. 10. 14.
체코 대사관 2014. 10. 15.
CTK 2014. 10. 15.
CTK 2014. 10. 18.
Warsaw Voice 2014. 10. 09.
Warsaw Voice 2014. 10. 10.

반정부 시위로 들썩이는 헝가리와 체코

전미소

헝가리의 청년민주동맹은 2014년 4월 총선거에 이어 5월의 유럽의회 선거, 최근 지방 선거에서 50% 안팎의 득표율로 3연승을 이뤄냈으며, 이 덕분에 오르반 총리는 총리직 3선에 성공했다. 그러나 인터넷 과세 계획은 '일상화한 인터넷'이라는 예민한 대목을 건드렸고 자칫 언론과 소통의 자유라는 기본권을 침해할 수도 있다는 주장이 힘을 얻으면서 거센 반발을 맞았다. 한 정치 평론가는 "냉소주의와 무관심을 극복하고 일상의 사안에 분노해 거리로 나왔다는 점에서 이번 시위의 의미가 각별하다"고 평가했다. 특히 시위가 자생적으로 발생했다는 점에 정치권은 주목했다. 또한 이번 미국의 헝가리 정부 인사 등에 대한 입국 금지 조치는 2014년 7월 26일 오르반 총리가 "헝가리는 비자유 민주주의적인 국가가 될 것"이라고 선언한 연설에 대해 미국 언론의 비난과 NGO 탄압 등 헝가리 인권상황 악화에 대한 9월 오바마 대통령과 클린턴 전 대통령의 헝가리 정부에 대한 비판 등에 기반한 것으로 끊임없이 이어져 온 헝가리의 민주주의, 인권에 대한 위협과 관련된다. 이러한 헝가리의 인터넷 세(稅) 문제, 부패 문제로 인한 미국 입국 금지 조치 상황은 여론으로 하여금 집권 여당인 청년민주동맹의 이미지와 신뢰를 실추시켰고 이는 지지율 하락으로 이어졌으며 심지어는 반정부적 성향의 시위를 만들었다.

한편 이번에 일어난 체코에서의 반정부 시위는 민주주의와 자유, 인권에 역행하는 제만 대통령의 발언과 행동 때문이라고 분석이 있다. 외신에 따르면 제만 대통령은 우크라이나 사태로 서방과 갈등을 겪고 있을 때 러시아에 우호적인 행보를 보였다. 제만 대통령은 2014년 4월 "유대인은 무슬림들에게 죽어야 한다"고 깜짝 발언을 했고, 지난 중국 방문 때는 "대만은 중국의 일부"라고 밝혀 유럽 국가들과 상반된 입장을 표명했다. 최근에는 라디오 생방송에 출연해 푸틴 러시아 대통령을 비판한 일로 유명해진 러시아 여성 가수에 관해 이야기하면서 욕설을 내뱉어 구설에 오르기도 했다. 이러한 체코 정부의 반민주적, 반인권적 행동들이 시민들을 행동하게 했다고 볼 수 있다.

민주주의 사회에서 부당함에 맞서고, 자신의 의견을 표출하기 위한 시위는 정당하다. 이번에 헝가리와 체코에서 나타난 이러한 시위들은 더 이상 정부에 순응하는 것이 아닌 진정한 민주주의를 찾아 나가는 시민의 모습을 보여 주는 듯하다. 민주주의가 실현된 지 얼마 되지 않은 동유럽에서 이러한 형태의 시위들이 발생하는 것은 민주주의의 진정한 실현과 안정적인 정착으로 이어지기 위한 하나의 과정이 아닌가 생각한다.

참고문헌

연합뉴스 2014. 11. 01.
주헝가리 대사관 2014. 11. 03.
한국일보 2014. 11. 18.

대의 민주주의에서 선출된 대표의 자세

전미소

우리나라를 포함해 현재 대부분의 나라들은 대표를 뽑아 정치를 대신하는 대의 정치를 하고 있다. 이와 비슷하게 대의 민주주의는 국민들이 개별 정책에 대해 직접적으로 투표권을 행사하지 않고 대표자를 선출해 정부나 의회를 구성하여 정책 문제를 처리하도록 하는 민주주의를 말한다. 그렇기 때문에 대의 민주주의에서 선거를 통해 선출된 대표자는 전체 국민의 대표자가 되어야 한다. 그러나 이러한 면에서 여러 차례의 민주화 혁명을 거치고 제법 시간이 흘러온 우리나라도, 아직 민주주의가 낯선 동유럽에서도 대의 민주주의의 안정적인 정착은 찾아보기 힘든 듯하다.

폴란드에서는 대의 민주주의의 꽃이라 할 수 있는 투표권을 행사하는 선거가 대통령과 주요 법원 원장들의 힘을 등에 업고 법원을 위협하며 치른 선거라는 의심을 받고 있으며 이에 따른 재선거 시위가 일어나고 있다. 헝가리에서는 국민의 투표에 의해 구성된 의회가 정부를 위한 입법 기관으로 전락하였으며, 유권자나 야당 양쪽 모두 정책 결정에 아무런 영향을 끼치지 못하고 있다는 비난을 받으며 조기 총선을 치러야 한다는 말까지 나온다. 특히 의회에서 선출해 왔던 대통령을 2013년부터 직선제를 실시해 최초로 선출된 밀로시 제만 체코 대통령은 여론에 반하는 대외 정책으로 비난을 받고 있다. 체코의 일간지인 호스포다르스케는 제만 대통령의 친러 성향은 자신만의 취향일 뿐이라고 꼬집으면서 첫 직선 대통령이 인기를 추종하고 있다고 비난했으며, 슬로바키아에서는 널리 알려진 자선 사업가가, 루마니아에서도 독일계 후손이 대통령에 각각 선출되는 것으로 미뤄 대통령 직선제가 포퓰리즘과 권위주의를 견제하는 역할을 제대로 했지만 체코는 그렇지 않다고까지 평가했다.

국민들의 선택에 의해 선출된 대표들이 국민들의 의견을 반영하지 않는 정책을 펼친다면, 대의 민주주의는 올바르게 실현될 수 없으며 대표를 선출한 의미를 잃게 된다. 그렇기 때문에 대표자는 개인의 이익을 우선시하는 것이 아닌, 국민의 이익을 고려해야 하며 최대한 국민의 의견을 반영해야 한다고 본다. 그러기 위해서는 시민들에게는 지속적이고 활발한 의견 표출이, 그리고 대표자에게는 자신의 이념과 이익을 고집하는 것이 아닌 국민들과의 소통과 의견을 수용하려는 자세가 요구된다.

참고문헌

연합뉴스 2014. 11. 27.
politics.hu 2014. 12. 19.

이민 문제와 사회 통합

전미소

헝가리의 빅토르 오르반 총리는 1월 11일 인터뷰를 통해 유럽 내의 이민 정책이 시민들에게 위협이 되며 이러한 정책이 중단되어야 한다는 부정적인 입장을 보였다. 또한 헝가리가 소수 인종과 섞이는 것을 원치 않으며 헝가리인만으로 유지되기를 원한다고 말했다(이데일리 2015. 01. 12). 이러한 오르반 총리의 발언에 대해 헝가리의 야당은 다른 나라에서 일하고 있는 헝가리인들에게 피해를 줄 수 있으며 외국에 거주하는 헝가리인들이 35만 명에 이르는 점을 보았을 때 이율배반적이라 비난하며 발언 취소를 요구했다. 하지만 극우 계열의 정당은 외부에서 온 이민자들을 받아들여서는 안 되며 정치적 망명자나 난민의 수용 시설을 가능한 한 주거 지역 밖에 건립해야 한다고 주장하기도 했다. 오르반 총리는 전에도 여러 차례 이민자에 대해 강경한 입장을 보인 바 있다. 2011년에는 유럽연합의 미래를 이민자에게 의지해서는 안 된다고 밝혔으며, 2014년에도 재외 헝가리 대사들의 모임에 참석해 이민자를 받아들여야 한다는 정책을 급진적이며 위선에 불과하다고 지적해 논란을 일으킨 바 있다. 또한 2014년 프랑스 파리에서 열린 제1차 세계 대전 100주년 기념식에서도 이런 주장을 펴며 '이민 중지 조치'를 공동 선언문에 넣자고 요구하기도 했다(충청일보 2015. 01. 13).

세계화 현상이 진행됨에 따라 인구의 이동은 피할 수 없다. 유엔 통계에 의하면 전 세계적으로 약 1억 9천100만 명 정도의 이주자가 있으며 이는 전 세계 인구의 약 3%를 차지한다(설동훈·이병하 2013). 인구의 이동이 활발하게 진행되고 있는 이러한 상황에서 자국이 많은 국민들이 해외로 떠나지만 이주민은 허용하지 않는 오르반 총리와 같은 태도는 주변국으로 하여금 이기적이고 부정적인 이미지를 갖게 할 수 있으며 모순적이라고 할 수 있다. 이민자에 대한 구체적인 정책은 각 국마다 차이가 있을 수 있겠지만, 인구의 유입을 막기 힘든 현 상황에서는 자국민과 이민자들을 큰 충돌 없이 통합시키려는 노력이 필요하다. 이민자들의 경우 역시 단순히 보호받는 존재에 그치는 것이 아닌, 정당한 범위 내에서 스스로 사회에 참여하려는 노력을 보여야 한다고 본다. 즉, 자연스럽게 유입 인구를 융화시켜 자국민과의 통합을 이루려는 국가의 노력과 동시에 이들을 자연스럽게 받아들이려는 국민들의 노력, 이민자들의 적극적인 태도 또한 필요할 것으로 보인다.

참고문헌

설동훈·이병하. 2013. "다문화주의에서 시민 통합으로: 네덜란드의 이민자 통합 정책." 『한국정치외교사논총』 35권 1호: 207-238.

이데일리 2015. 01. 12.

충청일보 2015. 01. 13.

새로운 정당의 창립이 답인가?

전미소

최근 체코에서는 새벽당에서 분열이 일어나 새로운 당을 창당하려는 움직임이 일어나고 있다. 현 당대표인 오카무라는 새로운 창당 대신 지금의 당을 개혁하자고 설득했지만 당원의 대부분은 이를 거절하고 새로운 당의 창당을 결정을 했다. 그 후 다른 두 명이 새로 창설되는 당에 들어가려 했으나 창당하려는 의원들이 그것을 막았는데, 그 이유는 오카무라가 새롭게 창당하려는 당에서 자신의 영향력을 행사하기 위해 이 두 명을 보낸 것이기 때문이라고 주장했다(CTK 2015. 02. 24). 새로운 멤버를 받아들이는 것을 못하게 한 기존당의 규칙이 새로운 정당을 창당해야 하는 주요 원인들 중 하나로 꼽혔으며, 새로운 정당의 이념적 바탕은 반포퓰러리즘적 국가 이익의 보호라고 밝혔다(CTK 2015. 02. 10).

오카무라가 기존 당의 더 나은 발전을 위한 개혁의 의지를 보였음에도 불구하고 이를 거절하고 새로운 당 창립의 입장을 고수하는 모습에서 과연 반(反)포퓰리즘적 국가 이익의 보호가 창당의 순수한 이유였는지 궁금해진다. 이러한 모습은 그저 의견이 다른 사람들을 외면한 채 자신들이 권력을 잡고 뜻대로 움직일 수 있는 자신들만의 당을 만들겠다는 것으로 보인다. 또한 이러한 식의 새로운 당의 창당은 기존의 당을 지지하던 유권자들에 대한 예의가 아니라고 보며, 단지 그 세력의 정치적 입지를 확보하려는 것으로 생각된다. 덧붙여 잦은 당의 설립과 통합, 해체는 유권자로 하여금 혼란을 일으키게 할 수 있다. 당 내부에 분열이 일어날 때마다 당을 해체하고 또 설립할 수는 없는 노릇이다. 효율적이고 진실된 당의 개혁은 기존의 당 안에서도 이루어질 수 있으며 이것이 가능할 때 안정적인 정당의 정착이 가능해지고 더불어 안정적인 정책의 수립이 이루어질 수 있을 것이다.

참고문헌

CTK 2015. 02. 10.
CTK 2015. 02. 24.

시민의 정치 참여와 민주주의 신장

김소정

체코 CTK통신의 3월 23일의 보도에 따르면, 제만 체코 대통령에 대한 시민들의 탄핵 청원을 두고 찬성과 반대의 의견이 팽팽히 맞서고 있다. 2013년 1월 11일 체코 역사상 최초로 직선제로 치러진 선거를 통해 당선된 제만 대통령은 불과 2년 만에 시민들로부터 탄핵 청원을 받았다(헤럴드경제 2015. 02. 10). 2014년 12월 시민 운동가들은 우크라이나 사태에 대한 제만의 친러시아적 태도를 이유로 시민 10만 명의 서명을 받아 탄핵 청원서를 대통령 집무실에 제출했다(Mirror Weekly 2014. 12. 02). 이에 과연 직선제로 뽑은 대통령을 국민들의 청원만으로 탄핵하는 것이 정당성이 있는 것인지가 논란이 되고 있다. 즉 대통령의 선출과 탄핵 모두 직선제로 이뤄져야 하는지, 혹은 선출만이 직선제로 이뤄져야 하는지가 쟁점이다(CTK 2015. 03. 23). 결국 이는 국민 소환 제도의 도입 여부에 대한 논의로 이어진다.

우선 체코의 대통령 탄핵에 대한 제도를 살펴보면, 의회를 통한 탄핵은 헌법을 통해 명시되어 있다. 상원은 하원의 동의를 얻어 헌법재판소에 대통령의 책임을 물을 수 있다. 출석 의원 5분의 3 이상의 상원 의원의 동의를 얻은 탄핵안은 하원으로 회부된다. 하원에서도 출석 의원 5분의 3 이상의 동의가 필요하고, 이 과정에서 하원의 동의를 얻지 못하면 탄핵안은 부결되는 것으로 간주된다. 의결된 탄핵안은 헌법재판소에서 판결해 탄핵 여부를 결정한다(체코 헌법 65조 2항).

하지만 체코에서도 의회에 의한 탄핵만 가능할 뿐 국민이 대표자를 임기 중에 퇴임시키는 제도인 국민 소환은 불가능하다. 국민 소환 제도의 의의는 국민에 의해 부여된 대통령의 권한을 국민 스스로 거두어들이며 이를 통해 국민 주권의 실질화를 이루는 것이다. 하지만 국민 소환 제도는 신임 투표로 변질될 수 있으며, 궁극적으로는 국가의 안정성을 해칠 위험이 있다(장영수 2005).

국민 소환 제도의 도입은 민주주의의 신장이라는 측면에서는 올바른 길이지만, 민주주의가 완전히 정착되지 않은 나라에서는 앞서 언급한 역기능으로 인해 국가가 더욱 혼란에 빠질 수 있다. 따라서 충분한 논의를 거친 후에 도입하는 것이 필요하다.

국민 소환 제도의 도입 여부를 떠나, 민주주의 역사가 짧은 체코에서 시민들의 정치 참여가 점차 활발해지는 것은 체코의 민주주의 발전에 희망적인 현상이다. 보다 성숙한 민주주의 사회를 위해 상대방의 의견을 듣고, 대화와 토론을 통해 적절한 타협점을 찾는 길이 현명한 방법이 될 것이다.

참고문헌

장영수. 2005. "국민 소환 제도의 의의와 기능 및 문제점." 『고려법학』 45호, 31-52.

헤럴드경제 2015. 02. 10.

CTK 2015. 03. 23.

Mirror Weekly 2014. 12. 02.

|||||||||||||||||||||||||||||||||||||||||||||||||||||||||||||||||||||||||||||||||||||||||||||||||

요빅의 성장, 정당 정치 발전을 위한 자연스러운 흐름

김소정

1990년 선거 이후 헝가리는 다섯 차례의 총선을 치러냈다. 오랜 기간 공산당 일당 체제로 인한 국민들의 약한 정당 귀속감과 하향식의 엘리트 정당 구조에도 불구하고, 헝가리의 정당 체계는 점차 안정화되고 있다. 헝가리의 정당 체계는 사회균열을 반영하고 있으며 정당 체계의 결빙을 향해 진보하고 있다(김예지 2010). 최근에는 국민 투표를 요구하는 시위가 일어나는 등 시민 사회의 정치 참여가 활발하고, 정당이 자신들의 의견을 관철시키기 위해 시민들을 동원하려는 노력을 거듭하는 모습을 보이고 있다.

최근 헝가리이 정치는 다양한 성당들이 권력 획득을 위해 각축전을 벌이고 있는데, 가장 큰 움직임으로는 요빅의 세력 확장을 꼽을 수 있다. 지난 4월 13일 타포이차 지역에서의 보궐 선거 승리는 요빅의 잠재적인 성장 가능성에 상한선이 없다는 것을 보여 준다(politics.hu 2015. 04. 13). 또한 요빅은 2014년 총선에서도 유권자의 20.3%의 지지를 얻었으며 지난 3월 실시된 여론 조사에서는 28%의 역대 최고 지지율을 보였다(politics.hu 2015. 03. 17). 이는 요빅의 정책이 헝가리 국민들을 효과적으로 동원하고 있다는 것을 보여 준다. 요빅의 정강은 '헝가리의 가치와 이익 보호'이며, 세계 자본주의와 유럽의 통합 그리고 시오니즘(Zionism)

에 대해 반대한다(jobbik.com 2015). 종합적으로 보았을 때 요빅은 극우 민족주의의 이념을 기본으로 하고 있다.

헝가리 내에서는 이런 요빅의 성향이 신나치주의(Neo-nazism)적인 이념을 보인다며 세력 확장을 견제해야 한다는 의견이 존재하고 더 나아가 요빅을 해산해야 한다는 목소리까지 나오고 있다. 하지만 정상적인 방법으로 이뤄지는 정당의 세력 확장을 강제적으로 막을 수 있는가에 대한 의문이 든다.

1990년 5월 자유 총선 이후 현재까지 헝가리 정치는 중도 좌파와 중도 우파가 반복적으로 교차하면서 집권한 것으로 평가된다(이은구 2013). 이것은 유권자들이 한 이념 세력에 의한 장기 집권을 고의적으로 차단한 것이라고 볼 수 있으며 결과적으로 시민 사회의 정치 세력에 대한 견제가 이루어지고 있다는 것을 보여 준다. 요빅의 세력 확장 역시 큰 틀에서 헝가리의 정당 정치 발전과 정치적 다원화를 위한 자연스러운 흐름이다. 따라서 대의 민주주의를 채택하고 있는 국가에서 정당의 세력 확장을 막는 것은 바람직하지 못한 것이다. 다만 요빅이 이념과 그에 따른 정당의 활동이 과거 독일의 나치당과 같이 극단화되지 않도록 하는 노력은 바람직하다. 올바른 대의 민주주의 체제를 위해 헝가리 국민들은 정치권에 대한 감시와 견제를 계속해야 할 것이다.

참고문헌

김예지. 2010. "헝가리 정당 체계에 관한 연구: 사회 균열, 정책, 제도의 복합 요인 분석." 이화여자대학교 석사학위논문.

이은구. 2013. "탈사회주의 이후 헝가리 시민 사회에 관한 연구." 『세계지역연구논총』 31권 1호. 287-309.

jobbik.com 2015. http://www.jobbik.com/policies (검색일: 2015. 04. 24).

politics.hu 2015. 03. 17.

politics.hu 2015. 04. 13.

난민 할당제와 여론 반영

김소정

2015년 4월 이탈리아로 향하던 난민선이 지중해에서 전복돼 800여 명이 숨지는 사고가 발생했다. 국제이주기구(International Organization for Migration, IOM)에 따르면 2014년 지중해를 건너다 목숨을 잃은 난민은 3,072명으로 2013년의 700명보다 크게 늘었다고 한다(경향신문 2015. 04. 19). 그럼에도 불구하고 내전과 가난을 피해 유럽에서 새 삶을 꾸리려는 난민들의 행렬은 해마다 이어지고 있다.

유럽연합은 전복 사고 이후 긴급 정상회의를 열어 난민 할당제에 대해 논의했다. 현재까지는 독일, 스웨덴, 프랑스, 이탈리아 4개국이 전체 난민의 3분의 2를 수용해 왔으나 난민 할당제를 통해 경제 수준, 인구 규모, 실업률, 과거 망명 신청자 수 등을 고려하여 분배함으로써 이런 불균형을 해소하고자 하는 것이다(연합뉴스 2015. 05. 20). 독일, 스웨덴 등은 할당제에 찬성하는 반면 영국과 프랑스, 아일랜드, 체코, 헝가리 등의 국가는 난민 할당제에 반대하는 입장을 밝혔다(헤럴드경제 2015. 05. 20).

한편 유럽연합 이 외 국가의 망명자에 대한 체코 국민들의 인식 조사 결과를 살펴보면 긍정적인 반응이 18%, 부정적인 반응이 74%이고 헝가리는 긍정적인 반응이 46%, 부정적인 반응이 49%인 것으로 나타났다(craigjameswilly 2015). 체코 국민들의 부정적인 반응은 우크라이나 사태 이후 안보에 대한 위협으로 인해 반이민 정서가 확대된 결과로 보인다(romea.cz 2015. 02. 19). 체코의 기독민주당과 긍정당 역시 난민 할당제에 반대한다고 밝힌 바 있어 결과적으로 체코 정부는 정당과 국민들의 의견을 잘 반영했다고 볼 수 있다.

반면 헝가리의 경우 국민들의 의견이 양분되어 있는 것에 비해 정부는 강경하게 반대 의사를 피력하고 있다. 빅도르 오르반 헝가리 총리는 "누군가가 이민자를 들어오도록 허용한 후 다른 나라에 나눠 준다는 것은 정신 나가고 불공평한 생각"이라고 유럽연합의 난민 할당 구상에 직격탄을 날렸다(huffingtonpost 2015. 05. 14).

체코와 헝가리를 비교해 보면 비교적 체코가 국민들의 여론을 잘 반영한 결정을 내렸다고 볼 수 있다. 내전과 가난을 피해 망명하는 난민을 수용하는 것은 인륜적으로 옳은 일이지만 국가의 치안이나 경제적 사정 등 여러 요건들을 고려하면 무조건 수용하기란 쉽지 않은 일이다. 유럽 연합 역시 그런 부담을 유럽 국가들이 공평하게 부담하기 위해 난민 할당제를 실시하려고 하나 찬반을 두고 유럽의 국가들이 분열되고 있는 상황이다. 따라서 할당제에 대한 입장을 확고히 하기 전에 국가 내부에서 충분한 대화와 합의를 통해 여론을 통합하는 일이 우선되어야 할 것이다.

참고문헌

경향신문 2015. 04. 19.

연합뉴스 2015. 05. 20.

헤럴드경제 2015. 05. 20.

craigjameswilly. 2015. "Poll: 57% of Europeans have 'negative view' osf non-EU migration." http://www.craigwilly.info/2015.01.16/poll-57-of-europeans-have-negative-view-of-non-eu-migration/ (검색일: 2015. 05. 24).

huffingtonpost 2015. 05. 14.

romea.cz 2015. 02. 19.

선거와 대의 민주주의

김소정

체코에서는 2016년부터 2027년까지 총 19차례의 선거가 매년 실시될 예정이라고 한다. 이에 대해 체코의 정치학자들은 유권자들이 다양한 선거의 종류를 구별할 수 있는지 여부가 문제라며 구별할 수 없는 유권자가 더 많을 것이라고 주장한다. 또한 선거가 계속될수록 유권자가 지치기 때문에 합리적인 결정을 하지 못하게 되며 따라서 투표율이 점차 낮아질 것이라는 우려도 표명했다(CTK 2015. 06. 08). 선거를 자주 치를수록 선거 비용이 많이 들고 선거의 이벤트성이 떨어져 국민들의 관심이 점차 줄어들 수도 있을 것이다.

선거 비용을 줄이기 위해 우리나라에서도 지난 2009년 재보선 횟수 축소 논의가 이루어진 적이 있다. 비용뿐만 아니라 선거가 치러질 때마다 이념적인 갈등으로 인해 국력이 소모된다는 이유에서 축소 논의가 이루어진 것이다(연합뉴스 2009. 09. 06). 또한 2014년 새정치민주연합은 지방 선거 실시일을 현행 06월에서 04월로 앞당겨 총선과 시기를 맞추자는 주장을 했었다(한국경제 2014. 12. 02). 2015년도 잦은 선거로 인해 결과에 따라 책임론에 휩싸이고 선거전 공방으로 인한 감정 대립 격화는 정치를 실종시킨다며 재보선 횟수를 줄이자는 주장이 이어지고 있다(서울경제2015. 04. 29).

선거 비용 측면에서는 맥락을 같이하지만 우리나라의 논의들은 재보선 선거에 집중되어 있다는 점이 체코와 다르다고 할 수 있다. 하지만 논의가 대의 민주주의가 잘 작동하게 하기위한 것에서 출발했다는 점에서 근본적으로 같은 고민인 것 같다. 국민이 그들의 대표자를 어떻게 선출하는가 하는 문제가 곧 올바른 민주주의 실현을 위한 출발점이자 가장 기본적인 전제가 될 수 있기 때문에, 선거는 대의 민주주의의 주춧돌이 되는 중요한 방법이며 정치과정이라고 할 수 있다. 하지만 선거가 민주적이기 위해서는 그 과정뿐만 아니라 선거의 결과 또한 국민 의사의 정확한 반영이 있어야 한다(이홍구 2011). 체코에서 선거 횟수 축소에 대해 논의되고 있는 것은 아니지만 논의가 시작된다면 결정된 방안이 궁극적으로 대의 민주주의를 위한 것인지를 가장 먼저 생각해야 할 것이다.

참고문헌

서울경제 2015. 04. 29.
연합뉴스 2009. 09. 06.
이홍구. 2011. "현행 선거 제도의 문제와 개선에 대한 연구." 경북대학교 학위논문.

한국경제 2014. 12. 02.
CTK 2015. 06. 08.

유럽의회의 동향 및 쟁점

극우주의 세력의 강화와 유럽연합의 분열 위기

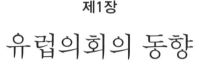

제1장
유럽의회의 동향

1차(2014년 6월 말~7월 말)

김진주

유럽의회의 새로운 의원들이 활동을 시작했다. 2014년 6월 24일 유럽의회 내 교섭 단체 등록에서 총 7개의 정당 그룹이 등록되었다. 유럽의회 내 교섭 단체는 7개국 이상의 대표와 25명 이상의 의원으로 구성되어야 하는데, 극우주의 연합 중에서는 영국 독립당이 중심이 되는 자유민주그룹(Europe of Freedom and Democracy, EFD)만이 이러한 조건을 충족시켜 교섭 단체로 등록되었다(European Parliament Press Releases 2014. 06. 25). 뿐만 아니라 7월 1일 유럽사회당그룹(Socialists&Democrats, S&D) 소속인 마르틴 슐츠(Martin Schulz) 전 의장이 유럽의회 의장 재선에 성공하였다. 이는 유럽의회의 제1정당인 유럽국민당그룹(European People's Party, EPP)과 유럽사회당그룹이 각각 유럽의회 의장과 유럽연합 집행위원장 자리를 나누기로 합의한 데에서 나온 결과라 할 수 있다(AFP통신; 헤럴드경제 2014. 07. 01 재인용). 그에 따라 7월 15일에 유럽국민당그룹 소속인 장 클로드 융커(Jean Claude Juncker)가 유럽연합 집행위원장에 선출되었다(연합뉴스 2014. 07. 16). 그 외에 7월 2일 유럽의회 내 20개의 위원회와 2개의 소위원회가 결정되었으며, 소속 의원 및 위원장도 선출됨으로써 유럽의회 내 구성이 모두 마무리된 상태이다(European Parliament Press Releases 2014. 07. 02).

유럽국민당그룹은 장 클로드 융커의 집행위원장 선출을 선거에서의 승리라고 표현하며 자축하는 분위기이다(EPP Press Releases 2014. 07. 15). 유럽사회당그룹 역시 유럽의회 의장에 선출된 마르틴 슐츠에 대한 축하와 격려를 아끼지 않고 있다(S&D News room 2014. 07. 01). 이 밖에 7월 17일 승객·승무원 등 298명을 태운 말레이시아항공 소속 여객기 MH17편이 우크라이나 동부의 러시아 국경 근처에서 미사일에 격추된 사건이 일어났다(YTN 2014. 07. 18). 이에 대해 각 정당 그룹은 애도와 진상 규명을 촉구하고 있으며, 우크라이나 정부군과 친러시아 민병대 사이에 이뤄지는 전쟁을 막아야 한다는 목소리가 높아지고 있다.

이번 사건과 관련하여 반러시아적 여론이 증가하고 있으며, 러시아에 대한 유럽의 에너지 의존도 역시 줄여야 한다는 의견이 나타났다(연합뉴스 2014. 07. 21). 또한 이미 유럽 각국 정상들이 러시아의 크림 반도 합병을 인정하고 있어 유럽이 러시아에 대해 눈감아주고 있다는 비판도 존재한다(EurActiv 2015. 07. 22).

8월은 휴가 기간으로 본회의가 열리지 않으며, 9월 15일부터 18일까지 본회의가 개최될 예정이다.

유럽의회 정당

07월 01일

• 이탈리아 잔니 피텔라, 새로운 유럽사회당그룹 회장으로 선출

(S&D News room 07. 01)

– 오늘 유럽사회당그룹은 새로운 대표로 잔니 피텔라(Gianni Pittella)를 선출했다. 그는 앞으로 유럽의회에서 두 번째로 큰 그룹을 이끌게 될 것이다. 당선 후 잔니 피텔라는 말했다. "나는 유럽사회당그룹의 대표로 선출된 것을 자랑스럽게 생각한다. 이탈리아인이 이런 중요한 역할을 맡게 된 것은 처음이다. 우리는 새로운 법률적 용어들을 시작으로 강한 진보 정치 그룹을 이끌 수 있는 좋은 기회가 될 것이다. 유럽연합은 경제 대국이지만 경제적인 불균형을 극복해야 한다."

07월 01일

• 유럽사회당그룹은 마르틴 슐츠가 유럽의회의 의장에 선출된 것을 축하한다

(S&D News room 07. 01)

– 오늘 유럽사회당그룹의 멤버인 마르틴 슐츠는 스트라스부르에 있는 본회의 투표에서 유럽의회 의장으로 선출되었다. 잔니 피텔라 유럽사회당그룹 대표는 "마르틴 슐츠가 의회 의장으로 선출된 것을 매우 기쁘게 생각한다. 경제적, 정치적으로 불안정한 시대에 의장의 강력한 정치적 역할이 중요하다. 마르틴 슐츠가 지난 기간 동안 큰 성공을 거두었고, 훌륭한 일을 해냈기에 재선할 수 있게 되었다. 모든 유럽연합 시민을 위한 더 나은 미래를 기대한다"고 말했다.

07월 15일

• 융커가 유럽위원회의 집행위원장으로 선출되다; 유럽국민당그룹의 승리

(EPP Press Releases 07. 15)

– 유럽연합 집행위원회(European Commission)의 집행위원장 후보로 유럽이사회(European Council)에 제안된 장 클로드 융커가 422표를 획득하여 선출되었다. 장 클로드 융커는 2014년 유럽의회 선거에서 220석 규모의 유럽의회 내 가장 큰 그룹을 형성한 유럽국민당그룹의 대표였다. 유럽국민당그룹의 대표인 조셉 다울(Joseph Daul)은 장 클로드 융커의 승리를 환영했다. "유럽국민당그룹을 대표하여, 유럽위원회 집행위원장에 선출된 장 클로드 융커를 축하한다. 그의 능력이 그를 유럽위원회의 훌륭한 집행위원장으로 만들 것이다. 나는 명확하고 강력한 정치적 우선순위를 설정한 장 클로드 융커의 지도력 하에, 유럽연합이 일자리와 성장을 생성하고, 경제 회복에 경로에 들어갈 것이라고 확신한다. 융커의 야심찬 계획은 유럽 시민을 위한 큰 번영으로 이어질 것이다. 장 클로드 융커의 성공을 기원하며, 전체 유럽국민당그룹 가족은 향후 5년 동안 그와 긴밀하게 협력할 것이다."

07월 18일

• MH17 비행기 충돌: 유럽국민당그룹은 깊이 있고, 독립적인 국제 조사를 촉구한다

(EPP Press Releases 07. 18)

– 다음 주에 키예프 대표단을 방문하기로 했던 조셉 다울은 우크라이나에서 추락한 말레이시아 항공 비행기 MH17의 충돌 상황에 대한 자세한 설명을 요구했다. "유럽 국민당그룹은 깊은 충격에 빠져 있으며, 신속하고 깊이 있는 독립적인 국제 조사를 요청한다. 또한 명확하게 이 끔찍한 비극의 원인을 알아내기 위해 러시아에 요청한다. 이것은 러시아에 대한 신뢰의 문제이다. 진심으로 애도의 뜻을 표현하며, 특히 많은 동포를 잃은 네덜란드 사람들과 함께할 것이다."

07월 18일
• 잔니 피텔라: "유럽 일어나! 동부 국경을 넘어가는 전쟁을 중지해야 한다"

(S&D News room 07. 18)

– 어제 저녁 우크라이나 상공에서 추락한 보잉 777로 298명이 사망했다. 이에 대해 잔니 피텔라 유럽사회당그룹 대표는 "유럽사회당그룹을 대표하여, 이 끔찍한 비극에 대해 무고한 사상자에 대한 깊은 애도를 표현한다. 즉시 정의가 모든 피해자들에게 보장되어야 한다. 우리는 더 이상 아무 일 없는 척 눈감을 수 없다. 우리의 동부 국경에는 전쟁이 일어나고 있다. 유럽연합은 이에 대한 책임에 부응하여 유럽을 평화의 공간으로 유지해야 한다. 유럽은 일어나야 한다. 우리는 원탁회의에 러시아와 우크라이나를 호출해야 한다. 더 이상 침묵으로 많은 살인과 무고한 희생자가 생기지 않기 위해 유럽연합은 행동을 시작해야 한다"고 말했다.

유럽의회 선거·의회

06월 25일
• 유럽의회는 7개의 정치 단체와 새로운 임기를 시작한다

(European Parliament Press Releases 06. 25)

– 정치 교섭 단체가 되려면 최소 7개 이상의 국가의 의원과 25인 이상이라는 조건을 충족시켜야 한다. 이번 새로운 의회에서 정치 교섭 단체로서 기준을 충족한 7개의 정치 단체가 결정되었다. 유럽국민당그룹이 221명, 유럽사회당그룹이 191명, 유럽 보수주의자와 개혁주의자그룹(European Conservatives and Reformists Group, ECR)이

70명, 유럽 자유주의자와 민주당의 동맹 그룹(The Alliance of Liberals and Democrats for Europe Group, ALDE)이 67명, 유럽좌파 연합 및 북유럽 녹색 좌파 그룹(European United Left-Nordic Green Left-European Parliamentary Group, GUE/NGL)이 52명, 녹색당 및 유럽 자유동맹(The Greens/European Free Alliance, Green/EFA)이 50석, 마지막으로 자유민주 그룹이 48석을 차지했다.

07월 01일

• 독일 출신 마르틴 슐츠, 유럽의회 의장 재선   (AFP통신, 헤럴드경제 07. 01 재인용)
- 20년간 유럽의회에 몸담아 온 마르틴 슐츠는 1일 프랑스 스트라스부르 유럽의회에서 진행된 의장 선거 투표에서 612표의 유효 투표 가운데 과반이 넘는 409표를 얻어 당선됐다고 AFP통신이 전했다. 그는 당선 소감에서 "유럽연합 시민의 의회인 유럽의회 의장이 되어 영광이며 책임감을 느낀다"며 "모두가 이익이 되도록 의회를 강화하겠다"고 밝혔다. 슐츠는 향후 유럽의회 의원 임기 5년 가운데 전반부에 해당하는 2년 반 동안 의장으로 활동한다. 이날 회의에서는 유럽연합 국가인 베토벤의 '환희의 송가'가 울려 퍼졌으며 유럽연합 통합에 반대하는 일부 10여 명의 의원들은 자리에서 일어나 뒤돌아서기도 했다고 AFP통신은 전했다. 유럽의회 제1, 2 정파는 장클로드 융커 유럽국민당그룹 대표를 유럽연합집행위원장으로, 슐츠 대표를 유럽의회 의장으로 각각 지지하기로 약속했다.

07월 02일

• 새로운 임기의 유럽의회 위원회가 설정되다

(European Parliament Press Releases 07. 02)
- 새로운 입법기간 동안 유럽의회는 20개의 위원회와 2개의 하위 위원회를 승인하였다. 외교위원회, 개발에 관한 위원회, 국제 거래에 관한 위원회, 예산위원회, 예산안제어위원회, 경제 통화 담당 위원회, 고용 및 사회 업무 위원회, 환경, 보건 및 식품안전 위원회, 연구, 에너지 및 산업 위원회, 국내 시장 및 소비자 보호 위원회, 교통 및 관광 위원회, 지역개발위원회, 농업 및 농촌 개발 위원회, 수산위원회, 문화와 교육 위원회, 법무위원회, 시민의 자유, 정치자치위원회, 헌법업무위원회, 여성의

권리 및 성 평등 위원회, 청원위원회, 인권소위원회, 보안 및 국방 소위원회로 나누어져 있다.

07월 16일
- **유럽의회, 융커 유럽연합 집행위원장 선출**   (연합뉴스 07. 16)
- 장 클로드 융커 전 룩셈부르크 총리가 유럽연합 집행위원장에 선출됐다. 유럽의회는 15일 프랑스 스트라스부르 유럽의회에서 실시된 융커 집행위원장 지명자에 대한 찬반 투표에서 찬성 422표, 반대 250표로 융커를 차기 유럽연합 집행위원장으로 뽑았다. 융커는 조제 마누엘 바호주(José Manuel Barroso) 현 집행위원장에 이어 오는 11월 1일부터 5년 동안 유럽연합 집행위원회를 이끌게 된다. 융커 전 룩셈부르크 총리는 2005년부터 2012년까지 유로존(유로화 사용 18개국) 재무장관 협의체인 유로그룹 의장직을 맡는 등 유럽연합의 권한 확대를 주창해 온 대표적인 유럽 통합파 정치인이다. 이 때문에 데이비드 캐머런(David Cameron) 영국 총리는 유럽에서 반유럽연합 정서가 높아지는 상황에서 '구시대 인물'인 융커에게 유럽연합 개혁을 맡길 수 없다는 논리로 지명에 반대했다. 융커는 이날 유럽의회 투표에 앞서 집행위원장 지명자로서 유럽연합의 청사진을 제시했다. 융커는 "유로화가 유럽을 보호한다"고 말했다가 반유럽연합 성향의 유럽의회 의원들로부터 야유를 받기도 했다.

07월 17일
- **영국, 유럽연합 집행위원 지명에 유럽의회 못마땅**

(Independent, 조선비즈 07. 17 재인용)

- 데이비드 캐머런 영국 총리는 이달 15일 힐을 차기 유럽연합 집행위원으로 지명했다. 그가 유럽의회의 승인을 받으면 힐은 5년간 유럽연합 집행위원을 맡게 된다. 마르틴 슐츠 유럽의회 의장은 7월 16일 독일의 라디오 프로그램에 출연해 "힐은 급진적인 반유럽연합 성향을 갖고 있으며, 그가 유럽의회에서 과반의 지지를 얻기 어렵다고 생각한다"며 "힐이 유럽연합에 대해 편견 없는 시각을 가졌는지 두고 봐야 한다"고 말했다고 인디펜던트(Independent)는 전했다. 영국에서는 최근 영국이 유럽연합을 탈퇴해야 한다는 여론이 높아지고 있다. 캐머런 총리는 이를 의식해 그가

2015년에 재선되면 2017년에 영국의 유럽연합 탈퇴 여부를 결정할 국민 투표를 치르겠다고 밝혔다.

07월 21일

• 브레진스키 "유럽, 푸틴에 순응하면 러시아 속국 된다"   (연합뉴스 07. 21)
– 즈비그뉴 브레진스키(Zbigniew Kazimierz Brzezinski) 전 백악관 국가안보담당보좌관은 20일 "유럽 각국이 블라디미르 푸틴 러시아 대통령에게 맞서야 한다"고 촉구했다. 브레진스키 전 보좌관은 이날 말레이시아 여객기 피격 사건과 관련한 CNN과의 인터뷰에서 여객기 격추에 대해 "이 사건은 너무 비극적이고, 잔인해서 유럽의 여론도 움직이기 시작했다. 유럽의 주요 정상들은 해야 할 역할이 있다"고 말했다. 그러면서 러시아 에너지에 대한 유럽의 의존도를 확대한 게르하르트 슈뢰더(Gerhard Schroder) 전 독일 총리와 러시아에 신형 무기를 수출할 예정인 프랑수아 올랑드(Francois Hollande) 프랑스 대통령을 비판했다. 브레진스키는 많은 러시아인이 자국의 세계적 지위가 급격히 약화하는 것을 불안해하고 있을 것이며 푸틴의 측근들도 러시아가 신임을 잃고 스스로 고립될 것을 우려한다고 주장했다.

07월 22일

• 러시아 눈감아 주는 유럽   (EurActiv, 07. 22)
– 말레이시아 비행기 사고 난 지 5일 후에도 유럽의 지도자들은 그저 푸틴에게 제제를 언급하고 있다. 주말 동안 유럽, 미국, 호주, 말레이시아의 지도자들이 푸틴이랑 통화했고, 사고 장소에 조사자들을 들일 수 있도록 힘 좀 써 달라 부탁했다. 하지만 이건 푸틴이 우크라이나 내 친러시아 세력이 미사일을 쏜 게 아니라고 하면서 사고 장소 증거인멸을 할 우려가 있다. 푸틴에게 더 시간을 줄 여유가 없다. 유럽 지도자들은 03월에 러시아가 크림 반도를 병합한 이래로 러시아 봐주는 일을 반복적으로 하고 있다. 그들은 사실상 크림 반도 병합을 받아들이고 있으며 러시아가 우크라이나 사태에 개입하는 걸 부추기고 있다. 동우크라이나 사태와 말레이시아 비행기

추락에 대한 유럽리더들의 태도를 보니 정말 이젠 결정적인 행동을 취해야 한다. 강력한 제재가 즉시 부과돼야 한다. 더 나아가 사고 현장에 조사자들을 보내 현장 보존할 필요가 있다. 비록 우크라이나 영토여서 쉽지 않겠지만, 이젠 다 같이 행동을 보일 때이다.

2차(7월 말~8월 말)

김진주

8월은 유럽의회의 휴가 기간이다. 따라서 본회의가 열리지 않으며 새로 선출된 제8대 유럽의회 의원들의 활동도 9월부터 시작된다. 유럽의회의 휴가 기간에는 유럽의회의 사이트도 업로드되지 않으며, 각 정당들도 뚜렷한 활동을 보이지 않는다. 유럽의회를 구성하기 위한 정당이니만큼 정당의 활동도 유럽의회에 초점이 맞춰져 있다고 할 수 있다. 유럽국민당그룹은 조지아의 문제점을 지적하며 유럽연합과 조지아협회 협약(the EU-Georgia Association Agreement, AA)에 대한 조지아의 협약 이행을 촉구하는 내용을 보도하였다(EPP Press Releases 2014. 08. 01). 유럽사회당그룹의 경우 국제적으로 문제가 되고 있는 가자 지구에 관한 의견 표명을 지속하고 있다. 가자 지구 충돌에 대해 유럽연합의 제재가 이루어져야 하며, 이러한 제재를 촉구하고자 '유럽이여, 일어나라'라는 #EuwakeUp 캠페인을 시작하였다(S&D News room 2014. 08. 04; 2014. 08. 13; 2014. 08. 17). 또한 가자 지구에 인도적인 지원과 휴전을 요청했으며, 유럽연합 국경 감시 임무단(EU Border Assistance Mission, EUBAM)의 역할 증대를 대안으로 제시하였다(S&D News room 2014. 08. 06). 이러한 유럽사회당그룹의 보도 및 활동은 국제 사회의 유럽의회의 위상을 높이고 기여하는 활동으로 볼 수 있다. 유럽의회의 선거 및 의회와 관련한 부분은 8월이 유럽의회 휴가 기간인 관계로 어떠한 동향도 찾을 수 없었다. 유럽의회 활동이 없었기에 유럽의회에 대한 여론도 두드러지지 않았다.

8월 6일 블룸버그(Bloomberg)는 2014년 5월에 이루어졌던 유럽의회 선거의 투표율에 대한 진실을 보도했다. 실제 이번 제8회 유럽의회 선거 투표율은 42.5%였으나 유럽의회 측에서 예측치인 43.09%를 마치 이번 선거 투표율인 듯 기존의 투표율보다 상승했다고 보도한 것이다(Bloomberg 2014. 08. 06). 제8회 유럽의회 의원들의 첫 번째 본회의가 2014년 9월 15일부터 18일까지 개최될 예정이다.

08월 01일

• 조지아: 유럽국민당그룹은 전 대통령 미하일 사카쉬빌리에 반하는 변화를 우려한다

(EPP Press Releases 08. 01)

- 유럽국민당그룹의 부대표 자섹 볼스키(Jacek Saryusz-Wolski)는 조지아 전 대통령이자 국가운동연합(United National Movement, UNM)의 대표인 미하일 사카쉬빌리(მიხეილ სააკაშვილი)에 대해 언급했다. "조지아 전 대통령인 미하일 사카쉬빌리가 야당, 국가운동연합, 유럽국민당그룹에 반하는 부정의한 행위를 지속하는 것에 대한 우려가 높다. 이러한 사카쉬빌리의 변화는 국가운동연합 대표의 체포 한 달 뒤, 전 총리의 체포 일 년 뒤부터 시작되었다. 유럽연합과 조지아협회의 협약(AA)은 한 달 전에 정의의 존중과 법의 지배를 요구하는 내용으로 구성되었다. 그러나 최근 야당에 대응하는 정치적인 행동들은 정부가 유럽연합과 조지아협회 협약(AA)을 진지하게 여기지 않는 것으로 보인다. 조지아 정부는 정치적 충돌을 피하고, 조지아의 경제 개발에 집중하며 국민들의 이익을 위해 움직이겠다는 유럽연합과 조지아협회 협약(AA)의 내용과 정신을 준수해야 한다."

08월 04일

• 잔니 피텔라: 가자 충돌에 대해 유럽연합의 제재가 금기시되어서는 안 된다

(S&D News room 08. 04)

- 유럽의회 의장인 마르틴 슐츠와 잔니 피텔라는 가자 지구의 극적인 상황에 대해 대화 후 유럽이사회 의장에게 편지를 보냈다. 유럽사회당그룹 대표인 잔니 피텔라는 다음과 같은 성명을 발표했다. "우리는 가자 지구 충돌에 대한 유럽연합의 전략을 논의하기 위해 유럽이사회의 특별한 만남을 가능한 빨리 개최할 것을 요청했다. 유럽연합은 무기 금수 조치를 취해야 하며, 가자 지구의 상황을 중지하기 위해 구체적인 조치를 취해야 한다. 제재는 더 이상 금기시되면 안 된다. 민간인 사상자를 막기 위해 하마스와 이스라엘 측에 압박을 가해야 한다. 가자 지구의 상황은 악화되고 있으며 이에 대한 대중의 분노가 유럽의 도시에도 도달했다. 더 늦기 전에 유럽연합

이 즉시 평화 과정에서 적극적인 역할을 담당해야 한다."

08월 06일

• 유럽사회당그룹: 가자 지구에 영구적인 휴전과 즉각적인 인도적 지원을 요구

(S&D News room 08. 06)

– 유럽사회당그룹의 대표인 잔니 피텔라는 국제연합(United Nations, UN)의 이스라엘
과 팔레스타인 대사와 어제, 오늘 회담을 가졌다. 잔니 피텔라는 말했다. "무고한 민
간인의 생명 손실과 가자 지구의 절망적인 상황에 대해 애도의 뜻을 표명하고 72시
간 휴전을 요청한다. 이는 영구적인 휴전을 향한 첫 단계가 될 수 있다. 많은 팔레스
타인인이 가자 지구에서 비인간적인 상황에 직면하고 있다. 국제 사회는 어린이와
사람들의 고통을 완화하기 위해 즉각적인 조치를 취해야 한다. 우리는 이 점에서 추
가적인 유럽연합 자금 동원 및 모든 활동을 지원해야 한다. 이는 동시에 직, 간접적
으로 팔레스타인 사람들의 이익을 위해 사용될 것이며, 테러 활동에 사용되지 않을
것을 보장해야 한다. 봉쇄의 해제는 영구적인 해결책이 될 수 없다. 그렇기에 우리
는 유럽연합 국경감시임무단(EUBAM)의 임무를 강화하는 것을 제안한다. 하루빨리
평화 회담을 재개해야 한다. 나는 9월 초 소규모 대표단을 구성해 예루살렘과 라말
라를 방문할 것이다."

08월 13일

• 유럽사회당그룹은 가자 지구와 이라크 위기에 대한 유럽연합의 부끄러운 침묵에 대
해 캠페인을 시작한다   (S&D News room 08. 13)

– 유럽사회당그룹 잔니 피텔라 대표는 가자 지구와 이라크 위기에 대해 말했다. "유
럽의 금융 기관은 국제 사회에 귀머거리와 장님이다. 유럽이사회의 회장이 우리가
공식적으로 요청한 특별 회의 소집을 거부하는 것은 수치이며 부끄러운 행동이다.
민간인 사상자와 인권의 악행에 우리는 더 이상 침묵할 수 없다. 유럽연합의 평화 찬
성에 적극적인 역할을 하는 유럽의회의 유일한 그룹인 유럽사회당그룹이 필수적으
로 인식 캠페인을 진행해야 한다. 캠페인의 이름은 #EuwakeUp이다."

08월 17일

• 유럽연합 외무장관 회의에서 잔니 피텔라: "우리는 여전히 많은 그림자를 가지고 있
  다" (S&D News room 08. 17)

– 가자 지구와 이라크 위기에 대한 외무장관 회의에 대해 유럽사회당그룹 대표인
잔니 피텔라는 말했다. "우리는 약간의 빛이 있지만 너무 많은 그림자가 여전히 존
재한다. 우리는 지속적으로 국제 위기에 대해 특별 회의를 요구한 후 외무장관 회의
에서 효과적인 조치가 나올 것으로 기대했다. 우리는 이스라엘과 팔레스타인 사이
의 평화 과정이 가자 지구 상황과 분리될 수 없다는 견해를 공유하고 있다. 우리는
더 구체적인 행동을 계속적으로 요구한다. 유럽연합이 효과적이고 포괄적인 조치를
취할 수 있도록 옵션을 개발할 것을 약속해야 한다. 또한 유럽연합 국경감시임무단
(EUBAM)과 유럽연합 경찰의 역할에 대한 구체적인 제안을 요구한다. 이번 회의 결
과에 우리는 만족할 수 없다. 우리의 캠페인 #EuwakeUp은 계속된다."

유럽의회 여론

08월 06일

• 유럽의회의 부끄러운 진실이 드러나고 있다: 투표율 저하 (Bloomberg 08. 06)

– 5월에 있었던 유럽의회 선거 투표율은 30년간 하락 추세가 중단되었다는 친 유럽
연합 정치인들의 주장을 부수는 최종적 수치에 따르면, 새로운 저하를 기록했다. 5
월 22일에서 25일까지의 유럽의회 투표율은 이전 선거였던 2009년 선거가 43%를
기록한 데에 반해 그보다 낮은 평균 42.5%였다. 최종 투표율은 28개국 유럽연합 의
회가 5월 25일 추측한 43. 09%보다 낮았고, 추측치는 7월 하순까지 수정되지 않았
다. 원래의 추측치는 유권자의 관심이 유럽의회 최초 직접 선거였던 1979년에 9개
국가의 블록으로 62%의 투표율을 기록했던 이래로 꾸준히 하락했던 것의 끝을 알
렸다. 5월 25일 브뤼셀에서 유럽의회 친기업 자유주의 기업을 이끈 기 베르호프스타
트(Guy Verhofstadt)는 "오늘 밤 첫 번째 중요한 뉴스는 우리가 마침내 유럽 선거의 떨
어지던 참여의 경향을 끝냈다는 것이다. 유럽의회의 대표성은 2009년에 선출되었
던 의회 의원보다 올라갈 것이다"라고 말했다. 유럽의회는 유럽에서 유일하게 직접

투표로 선출되는 입법 기관으로 강력한 힘과 정통성을 가지고 있지만, 그렇기 때문에 그들의 주장을 약화시킬 수 있는 투표율에 항상 민감해 왔다. 이번 선거에서는 최초로 유럽연합 집행위원장을 유럽의회 정당 그룹과 함께 후보자를 선출했기 때문에 직접 선거의 효과로서 투표율이 올라갈 것으로 기대했다. 그럼에도 투표율은 상승하지 못했다.

3차(8월 말~9월 말)

김진주

9월 15일부터 18일 동안 제8회 유럽의회 의원들의 첫 번째 본회의가 스트라스부르에서 개최되었다. 우선 새로운 집행위원장인 장 클로드 융커는 유럽연합의 장관 격인 국장들을 지명했으며, 집행위원들을 선출했다. 이번 인사는 균형과 화해를 담은 인사라 할 수 있다. 유럽위원회 경제 분과 위원장에는 피에르 모스코비치(Pierre Moscovici) 프랑스 전 재무장관과 금융 분과 위원장에는 영국 상원의장을 지낸 조너선 힐(Jonathan Hill)을 임명하였다. 이는 재정 적자인 프랑스에는 회원국의 예산을 규제할 수 있는 권한을 부여하고 유럽연합 금융 규제안에 불만을 나타내는 영국에는 그에 대한 권한을 부여해 불만을 잠재우려는 의도로 보인다(아시아경제 2014. 09. 11). 유럽사회당그룹과 유럽국민당그룹은 이런 균형 잡힌 인사에 대해 환영하는 분위기이다. 하지만 유럽사회당그룹은 몇몇 인사에 대해서는 철저한 조사를 하겠다는 입장이다(S&D News room 2014. 09. 10). 반면, 유럽국민당그룹은 장 클로드 융커의 이러한 인사를 적극적으로 환영하고 있다(EPP Press Releases 2014. 09. 10). 유럽의회의 대표적인 두 정당 그룹에서는 최근 우크라이나 문제와 이슬람국가(IS)에 대한 비판 및 대응, 그리고 스코틀랜드의 영국 독립에 대한 입장 표명이 있었다. 두 정당 그룹 모두 유럽연합과 우크라이나의 협력 협정에 대해 찬성하고, 평화를 지지했으며, 이슬람국가(IS)의 살인 행위를 비판하고 유럽연합이 적극적으로 군사적 지원을 할 것을 촉구했다. 또한 스코틀랜드의 영국 독립에도 부정적인 입장을 표명했다.

첫 번째 본회의에서는 유럽연합-우크라이나 협력 협정의 역사적인 합의가 이루어져 유럽연합의 적극적인 우크라이나 포섭 정책이 시작되었으며(European Parliament Press Releases 2014. 09. 16), 대내적으로는 러시아 제재로 인한 농업 지원 자금 확충, 청년 실업 지원 자금 확충 등이 논의 되었다. 유럽의회뿐 아니라 유럽 전역에서는 스코틀랜드의 영국 분리 독립 투표가 매우 큰 이슈였다. 이는 유럽연합의 분열과도 직결될 수 있으며, 영국 외에 스페인, 프랑스 등에서 독립을 주장하는 지역들의 선례가 될 수 있기에 귀추가 주목되었다. 그러나 투표 결과

제2부 .. 유럽의회의 동향 및 쟁점 **139**

스코틀랜드의 분리 독립은 실패로 돌아갔으며 이에 대해서 유럽연합, 유럽의회 주변 수많은 국가들이 안도하는 상황이 나타났다. 그러나 이번 스코틀랜드 분리 독립 투표로 인해, 2017년 유럽연합 독립에 대해 국민 투표를 하겠다는 데이비드 캐머런 영국 총리의 주장이 다시금 대두되면서 유럽연합의 분열이 우려되고 있다. 다음 본회의는 10월 20일부터 23일까지 개최될 예정이다.

유럽의회 정당

09월 04일

• 유럽사회당그룹은 우크라이나에 평화의 기회를 제공하고자 한다

(S&D News room 09. 04)

- 유럽사회당그룹은 정치적인 해결을 찾으려는 키예프와 모스크바의 최신 뉴스를 환영한다. 유럽사회당그룹 멤버이자 외교 부대표인 크누트 플레켄스타인(Knut Fleckenstein)는 "우리는 우크라이나의 영토 보전, 주권과 독립 존중을 바탕으로 우크라이나 위기에 대한 포괄적인 정치적 해결 방법을 찾을 수 있기를 바란다. 정치적 해결이 진행된다면 우리는 러시아에 대한 추가 제재의 최종 결정을 유럽연합 위원회에 회부할 것이다. 평화 계획의 기회는 부여해야 한다"고 말했다.

09월 09일

• 우크라이나: 유럽국민당그룹은 지원을 계속한다 (EPP Press Releases 09. 09)

- 크로아티아 유럽의회 의원 안드레이 플렌코비치(Andrej Plenković)는 우크라이나와의 관계에 대한 유럽의회의 대표로 선출되었다. 안드레이는 7월에 우크라이나를 방문했던 유럽국민당그룹 대표단의 노력과 중요성을 강조했다. 또한 그는 유럽연합이 개혁, 다른 국가 및 국제기구와의 협력, 특히 경제 및 금융 패키지를 구현하기 위한 노력과 함께 우크라이나에 대한 지원을 지속해야 한다고 강조했다. 안드레이는 우크라이나와의 관계를 위해 새롭게 만들어지기로 한 정치적인 결정인 유럽연합협정 비준에 속도를 높이는 것을 지지했다.

09월 10일

• 융커의 성장 및 일자리 정책을 이끌 네 명의 유럽국민당그룹 의원

(EPP Press Releases 09. 10)

– 장 클로드 융커 신임 유럽연합 집행위원장이 유럽국민당그룹의 유럽의회 의원 네 명을 향후 5년 동안 성장 및 일자리 정책을 추진할 집행위원으로 지명했다. 새로운 유럽연합 부집행위원장에는 전 라트비아 총리인 발디스 돔브로브스키(Valdis Dom-brovskis)가 지명되었으며 그는 지속 가능한 경제 성장과 새로운 일자리 창출을 위한 금융 안정과 경제 성장이 새로운 융커 집행위원들의 중요 우선순위가 될 것이라고 말했다. 또한 유럽연합 수준에서뿐만 아니라 모든 유럽연합 회원국 내 시민의 임금 격차를 최소화하고, 경제 성장의 혜택을 누릴 수 있도록 하는 것이 중요하다고 말했다. 두 번째 위원은 고용, 사회 연구원으로서 기술과 노동 이동성을 다룰 벨기에 유럽의회 의원인 마리아 티센(Marianne Thyssen)이다. 그녀는 고용을 위한 최적의 환경을 만드는 데 최선을 다하고 사람들에게 노동 시장에서 최대의 기회를 줄 수 있도록 앞으로 힘쓸 것이라고 말했다. 세 번째는 기후 변화와 에너지 분야에 스페인 의원 미겔 아리아스 카네테(Miguel Arias Cañete)를 지명했다. 마지막으로는 인도주의 원조와 위기 관리 국장에 크리스토스 스타리나이드(Christos Stylianides)를 지명했다. 그는 인도주의의 위기, 갈등과 재해에 대해 밤낮으로 노력할 것이라 말했다.

09월 10일

• 잔니 피텔라 "이 위원회는 새로운 국면을 열 것이지만, 일부 후보자에 대해서는 신중하게 조사할 것이다" (S&D News room 09. 10)

– 장 클로드 융커의 새로운 집행위원회 발표에 대해 유럽사회당그룹은 팀의 균형은 환영하지만 신중하게 새로운 위원회를 자세히 조사할 것이라고 한다. 유럽사회당그룹의 대표인 잔니 피텔라는 "희망하는 혁신적인 구조와 위기를 극복할 수 있는 새로운 개발계획을 위한 이번 집행위원회는 균형 잡힌 새로운 위원회이다. 그러나 유럽사회당그룹은 금융 서비스 및 교육과 문화에 대해 우려하고 있다. 우리는 특히 융커의 투자 계획에 도움을 줄 것이며, 사민당 위원 등의 임명을 환영한다. 그러나 성별 균형에 있어 여성의 부족이 우려된다. 또한 피에르 모스코비치의 약속은 유럽이 긴

축을 설정한다는 명확한 표시로 보이며 이에 대해 매우 신중하게 청문회를 통해 융커 팀에 대해 찬성할지 여부를 결정할 것이다"라고 말했다.

09월 16일

• 잔니 피텔라 "스코틀랜드가 영국에 속하는 것이 유럽연합에게 좋을 것이다"

(S&D News room 09. 16)

– 잔니 피텔라는 말했다. "스코틀랜드는 유럽의 일부이며, 영국과 같은 위대하고 역사적인 국가의 가족으로 있는 것은 세계에서 단점보다 많은 장점을 지닌다. 우리는 스코틀랜드 국민 투표에 찬성하는 것에 대해 깊은 우려를 표명한다. 스코틀랜드가 독립한다면 새로운 유럽연합 회원국이 되어야 하고 이는 몇 년이 걸릴 것이다. 또한 스코틀랜드 국경 통제 및 관세 등의 문제로 유럽연합의 권한을 다시 협상해야 하며 이러한 것들은 시작에 불과하다. 스코틀랜드의 진정한 이익은 새로운 독립 국가로서 국제적인 맥락에서 주장되는 것보다 강한 영국의 일환으로서 주장하는 것이 더욱 나을 것이다. 또한 우리는 효율적이고 효과적인 유럽을 만들기 위해 영국 내의 강한 스코틀랜드가 필요하다."

09월 17일

• 유럽국민당그룹은 이슬람국가(IS)에 대항한 유럽인의 형사 처분에 찬성한다

(EPP Press Releases 09. 17)

– 오늘날의 유럽의회가 이라크와 시리아의 상황에 대해, 그리고 이라크와 시리아 안에 이슬람국가(IS)에 대한 공격적인 박해를 포함하여 논쟁을 하는 동안, 유럽의회 정당의 결의안을 교섭하는 투네 케람(Tunne Kelam) 유럽 정당원은 유럽연합 국가들에게 이스라엘 테러리스트의 확장을 저지할 수 있도록 지역 당국에 적절한 군사 협조를 포함한 가능한 모든 수단을 협조 부탁하였다. 유럽국민당그룹은 비열한 소위 이슬람국가(IS)의 무장 세력의 행동을 우려하고 반대하는 국제연합의 모든 노력을 지원한다. 유럽국민당그룹의 결의안 초안에 따르면 국제 사회는 난민들이 안심할 수 있도록 최소한의 지원을 할 수 있으며, 이라크와 시리아에 은신처를 만들 수 있다. 유럽연합이 난민에게 제공할 수 있는 즉각적인 도움에 대해 법률 자치부에 책임

이 있는 유럽국민당그룹의 부회장은 난민에 대한 인도적인 지원을 강화해야 한다고
말했다. 또한 국내 법률에 따라 범죄 행위로 간주되어야 하는 제3국에서의 극단주의
단체들은 유럽으로 돌아올 경우 국적에 상관없이 법의 심판대에 서야 하며, 모든 유
럽 시민의 안정을 위해 이러한 형사 처분이 이루어져야 한다고 주장했다.

유럽의회 선거·의회

09월 15일

• **독일 2곳 주의회 선거…유로(Euro)화 반대 신생 정당 또 약진**   (연합뉴스 09. 15)
- 유로화를 반대하는 독일 신생 정당 '독일을 위한 대안'(Alternative für Deutschland,
AFD)이 8월 31일 작센 주에 이어 9월 14일 뮈링겐 주와 브란덴부르크 주의회에도
원내 기반을 마련할 가능성이 있는 것으로 나타났다. 독일 공영 방송에 따르면 뮈
링겐, 브란덴부르크 주의회 선거 출구 조사 결과 '독일을 위한 대안'이 각각 10.0%,
12.0% 선의 지지를 받을 것으로 예상된다고 밝혔다. '독일을 위한 대안'은 지난달 말
작센 주의회 선거에서 9.7% 득표율로 원내 기반을 확보했다. 2013년 2월에 창당된
'독일을 위한 대안'으로서는 연방, 주의회 통틀어 처음으로 원내 기반을 가지게 되었
다. '독일을 위한 대안'은 5월 유럽의회 선거에서 7석을 차지하기도 했다.

09월 14일

• **스웨덴 총선서 35세 당수의 극우 정당 제3당으로 약진**   (연합뉴스 09. 15)
- 9월 14일 스웨덴에서 치러진 총선에서는 사회민주당이 이끄는 좌파 연합이 정권
을 탈환했고, 극우 성향인 스웨덴민주당(SverigeDemok raterna, SD)이 약진을 보였다.
스웨덴민주당은 예비 개표 결과에서 13%를 득표, 전체 349석의 의석 중 40석 이상
을 확보하며 제3당을 차지할 것으로 전망되었다. AFP통신에 따르면 스웨덴민주당
의 승리 요인은 반이민 정책과 지미 오케손(Jimmie Åkesson) 당수의 세련되고 지적인
이미지라고 분석했다. 오케손 당수는 이민에 반대하면서도 인종주의를 배격하여,
당원들에게 이슬람이나 외국인 혐오, 반유대주의에 대한 언급을 하지 못하게 하는
등 정책에 신중을 기한 것으로 알려졌다.

09월 16일

• 유럽의회는 유럽연합-우크라이나 협력 협정을 비준했다

(European Parliament Press Releases 09. 16)

- 유럽의회는 스트라스부르에서 화요일에 깊고 포괄적인 자유 무역 협정(Deep and Comprehensive Free Trade Agreement, DCFTA)을 포함하는 유럽연합-우크라이나 협력 협정에 대해 비준을 승인했다. 동시에 우크라이나 키예프에서도 협력 협정이 비준 되었다. 협력 협정은 유럽연합과 우크라이나 사이의 깊은 정치적 관계 및 경제 통합 을 설정하고, 자유 시장 액세스를 제공한다. 이는 유럽의회 의원 535 찬성, 127 반 대, 35 기권으로 승인되었다. 비준안을 통해 우크라이나가 유럽을 선택한 것은 제도 화 될 것이며, 유럽연합과 우크라이나의 미래를 설계하게 될 것이다. 이 협력 협정 은 점점 더 큰 조치를 도입하여 러시아에 대한 침략으로부터 우크라이나를 보호하 는 정책도 유지하게 된다. 협력 협정을 통해 정치적 연합과 자유 무역을 모두 제공 하며 에너지, 교통, 교육 등 분야에서 협력을 위한 기본 규칙을 설정하여 개혁을 구 현하고 민주적 원칙, 인권과 법의 지배를 존중하는 우크라이나를 만들게 된다. 또한 노동자의 큰 이동을 가능하게 하는 비자 무료 여행 정책을 수립하고 수입 관세를 해 제하고 무역 제한을 금지하여, 유럽연합과 우크라이나 시장을 통합하게 된다. 적용 시기는 잠정적으로 적용되지만 실제로 28개 회원국에 의해 비준되어야 한다. 현재 는 6개국에서만 비준되었으며, 이는 몇 년이 경과될 수도 있다. 그러나 올해(2014년) 11월 1일에 무역 규칙을 적용할 계획이다.

09월 18일

• 이슬람국가(IS): 유럽의회 의원은 말했다. 살인을 멈추고 유럽연합과 국제적인 노력
  을 시작하자   (European Parliament Press Releases 09. 18)

- 이번 결의안은 목요일에 투표되었으며, 소위 이슬람국가(IS)에 의한 기자 제임스 폴리(James Foley), 스티븐 소틀로프(Steven Sotloff) 및 봉사자 데이비드 헤인즈(David Haines)의 살인 사건에 대해 유럽의회가 강력하게 비난한 것이다. 유럽연합은 이라크 국가 및 지방 자치 단체가 적절한 군사 지원을 포함하여 이슬람국가(IS)에 대처할 수 있도록 모든 수단을 사용해야 한다고 유럽의회는 말했다. 또한 이슬람국가(IS)에 대

한 지원 차단을 국제 사회에 촉구하고 시리아 충돌에 대한 정치적 해결을 요구했다.

09월 19일

• 스코틀랜드 독립 무산 … 상처 입은 영국의 앞날은?

(파이낸셜타임스 09. 19, 한겨레 09. 19 재인용)

– 스코틀랜드 분리 독립이 무산됐다. 9월 19일 전체 32개 지역 중 31개 지역을 개표한 결과 독립 반대가 55.4%(191만 4187표)로 찬성(44.6%, 153만 9920표)을 앞섰다. 반대표가 유효표를 넘어서 독립 반대가 승리를 거두었다. 19일 파이낸셜타임스는 영국의 유럽연합 통합 찬성론자들이 이번 스코틀랜드 분리 독립 투표를 보면서, 2017년 유럽연합 탈퇴 여부를 묻는 국민 투표를 실시하겠다는 데이비드 캐머런 영국 총리의 정책을 불길하게 여기기 시작했다고 전했다. 하지만 스코틀랜드 분리 독립 투표 캠페인이 점차 분리 독립 지지 여론을 급속히 모은 것을 보면서, 유럽연합 탈퇴 선거에서도 같은 상황이 벌어져 영국이 결국 유럽연합에서 탈퇴하게 될지도 모른다는 불안감이 커지고 있다. 2017년 유럽연합 탈퇴 여부 국민 투표가 실시될 경우, 이런 상황이 재현될 것이란 전망이다.

09월 19일

• 총회에서 논의된 것: 우크라이나, 에볼라, 작업 약물

(European Parliament Press Releases 09. 19)

– 화요일에 스트라스부르와 키예프의 의원들은 유럽연합–우크라이나 협력 협정을 동시에 승인하는 역사적인 투표를 이루었다. 또한 토론에서 유럽의회 의원은 새로운 생명을 구하는 의약품의 가격을 인상함으로써, 제약 산업이 평등하지 않고 의료 시스템에 추가 부담이 증가하는 것에 대해 경고했다. 수요일 토론에서 유럽연합 국가들이 유럽 청년 실업을 해결하기 위해 6억 유로를 사용해야 한다고 논의하였으며, 세계화 및 위기로 인해 일자리를 잃은 스페인, 네덜란드, 그리스, 루마니아 중복 근로자에 대한 유럽의회의 지원책도 승인하였다. 목요일에는 러시아에 대한 유럽연합의 제재 조치에 해당하는 특정 농산물에 대해 러시아의 금수 조치에 영향 받는 농민을 지원하는 자금을 확충하자는 결의안이 제안되었다. 또한 유럽연합이 이라크 국

가 및 지방 자치 단체의 적절한 군사 지원을 포함하여 이슬람국가(IS)에 대항하기 위한 모든 수단을 지원해야 한다는 결의안이 제시되었다.

유럽의회 여론

09월 19일

• 스코틀랜드의 반대 투표를 응원하지 않은 다섯 가지 이유 (European Voice 09. 19)
– 스코틀랜드의 독립을 영국은 거부했지만, 그들의 캠페인은 유럽연합에 대한 많은 질문을 제기한다. 지난 몇 주 동안 스코틀랜드가 영국에서 독립할 가능성은 유럽연합의 다른 국가들에게 공포의 전율을 보냈다. 스코틀랜드에 대한 관심이 사라지기 전에 유럽연합에 다음과 같은 중요한 사항을 알리고자 한다. 첫째, 긍정적인 측면에서 일부 지역은 90% 이상의 투표율이 나타나는 등 매우 높은 투표율을 보였다. 이는 시민들이 그들의 투표가 결과에 직접적인 영향을 미칠 수 있다는 생각을 가지고 투표에 참여했다는 것을 보여 준다. 유럽의회 선거 투표율이 42.54%였던 것과 비교하면 매우 높은 수치이다. 둘째, 투표율이 높았던 이유 중 하나로 최종 결과에 대해 의문이 있었다. 데이비드 캐머런 총리는 스코틀랜드 독립에 대한 문제를 비난하기보다는 미래에 대한 약속과 비전을 보여 주었다. 셋째, 영국은 헌법 개혁과 권한 이양에 대한 지저분한 논의에 착수할 것이다. 캐머런은 오늘 아침 회담을 열어 영국에 대한 의사 결정에 대해 선언했다. 스코틀랜드의 독립보다 잉글랜드가 앞으로 변화해야 한다는 것에 양 정당 합의가 있었다. 넷째, 유럽연합은 영국의 요구 사항을 해결하기 위해 스스로 준비하고 있지만 영국 자체 내부의 헌법 정착에 있어 적어도 향후 2년의 시간이 소비될 것이다. 따라서 유럽연합의 진보적인 개혁이 유용하지 않은 상황이다. 다섯째, 스코틀랜드 국민적인 캠페인은 헌법상의 문제에 대한 캐머런의 대처에 대항하는 모습이 드러난 것이다. 캐머런은 이전 영국 의회에서 상원에 대한 개혁 처리를 잘못했다. 그는 당시 유럽연합의 역동성에 대해 무감각하다는 것을 스스로 보여 주었다. 그렇기에 국민을 설득하고 참여를 위한 변화를 제안하는 것에 실패하였다. 오늘날 유럽연합은 영국에 대해 안심하고 있다. 그러나 향후 영국의 행보에 주의를 기울일 필요가 있을 것이다.

4차(9월 말~10월 말)

김진주

10월 20일부터 23일까지 본회의가 스트라스부르에서 개최되었다. 본회의에 앞서 유럽의회에서는 9월 29일부터 10월 7일까지 새로운 집행위원장인 장 클로드 융커가 지명한 집행위원 내정자들에 대한 청문회를 진행하였다(European Parliament Pressreleases 2014. 09. 29). 10월 7일 청문회가 마무리되면 10월 22일 유럽의회 총회에서 새로운 집행위원회에 대한 승인 여부가 투표에 붙여지게 된다(European Parliament Pressreleases 2014. 10. 17). 이번 청문회에서는 승인 투표 직전인 10월 20일 에너지연합, 수송 분야의 위원 내정자에 대한 청문회를 추가로 열기로 하고 마무리되었다. 청문회와 관련하여 유럽의회의 대표적인 정당 그룹인 유럽국민당그룹과 유럽사회당그룹은 모두 자신들의 정당 그룹에 속해 있는 후보자들에게는 우호적인 입장을 취했다. 또한 가자 지구, 우크라이나 선거 등의 대외적인 부분에도 지속적인 의견을 보이고 있다.

본회의에서는 수송 분야 위원 내정자인 비올레타 브럭(Violeta Bulc), 에너지 연합 위원 내정자인 마로스 세프코빅(Maroš Šefčovič)에 대한 청문회가 추가적으로 20일 저녁 7시에 진행되었다(European Parliament Newsroom 2014. 10. 17). 또한 22일에는 청문회 절차가 끝난 뒤 장 클로드 융커가 27인의 위원 내정자들로 구성된 자신의 팀과 향후 집행위원회의 추진 프로그램의 우선순위를 설명한 뒤, 의회의 새로운 위원회에 대한 승인 여부를 묻는 투표가 이루어질 예정이다(European Parliament Pressreleases 2014. 10. 17). 이번 본회의에서는 2015년 유럽연합 예산과 관련한 토론 및 기자 회견 등이 논의될 것이다.

한편 청문회 제도가 원활하게 이루어지고 있는지에 대해 비판적인 입장을 보이는 의견(EU Obsever 2014. 10. 06)과 이번 청문회에서 장 클로드 융커의 집행위원회 중 가장 미흡한 내정자는 누구인지에 대한 논의가 있었다(European Voice 2014. 10. 09). 이렇듯 이번 달에는 유럽의회 구성의 마무리라 할 수 있는 유럽연합 집행위원회 구성에 초점이 맞춰졌다.

다음 본회의는 11월 24일부터 27일까지 개최될 예정이다.

09월 29일

• 유럽사회당그룹은 환경, 어업에 있어 카메누 벨라(Karmenu Vella)의 유망한 가능성
  을 환영한다   (S&D News room 09. 29)

– 환경, 해양 수산 분야 위원 내정자인 카메누 벨라는 오늘 유럽의회 청문회에서 설
득력 있는 제안을 했다. 유럽사회당그룹은 벨라가 환경, 어업 및 해양 정책에 있어
유럽연합의 의제를 높이고 새로운 인물이 될 것이라고 확신한다. 유럽사회당그룹
부대표인 이사벨 토마스(Isabelle Tomas)는 벨라가 지속 가능한 발전에 매우 균형 잡힌
접근 방식을 가지고 있다고 말하며, 바다에서의 기존 및 새로운 활동에 지속 가능성
을 보여 줄 것이라 말했다.

09월 30일

• 유럽국민당그룹은 세프코빅이 약속을 지킬 것을 기대한다
                                        (EPP Group Press Releases 09. 30)

– 유럽의회의 유럽국민당그룹은 마로스 세프코빅이 화요일 밤 청문회에서 언급한
약속을 지킬 것이라 기대한다. 유럽국민당그룹 대변인은 그가 분명 트랜스 유럽 네
트워크(Trans Europe Network, TEN–TS)인 유럽 내 국제 교통 연결을 진행할 것이라 말
했다고 전하면서 이러한 사업은 단일 유럽 운송 지역에 대해 중요하다고 말했다. 또
한 유럽국민당그룹은 이날 세프코빅에게 보다 안전하고 효율적인 항공 교통을 요청
했다.

10월 09일

• 우크라이나: 유럽의회 선거 관찰 수장에 안드레이 플렌코비치
                                        (EPP Group Press Releases 10. 09)

– 오늘 유럽의회는 우크라이나의 선거 관찰 위임을 구성했다. 대표단은 안드레이
플렌코비치 유럽의회 의원이며, 유럽연합–우크라이나 의회 협력 위원회에서 유럽
의회 의원 대표단 의장으로 선출되었다. 대표단은 10월 24일 활동을 시작해 10월 27

일 공동 기자 회견 후 관찰을 완료한다. 유럽의회 대표단은 15인의 유럽의회 의원으로 구성되며 키예프, 체르니, 카시, 닐 등의 7개 도시를 방문하게 된다.

10월 13일
• 유럽사회당그룹은 가자 지구의 재건이 보다 긴급하다고 말했다

(S&D News room 10. 13)

− 유럽사회당그룹은 카이로에서 열린 기여국 회의에서의 어제의 결과를 환영했다. 유럽사회당그룹 멤버인 빅터 보스티나루(Victor Boştinaru)는 이스라엘과 하마스 사이의 비극적인 50일 충돌로 2014년 초 가자 지구 인프라 대부분이 파괴되었고 많은 이들이 집을 잃었다고 말했다. 이에 이번 회의에서 원조 54억 달러를 약속한 것은 우수한 결과이며 국제 사회 연대의 중요한 신호임을 강조했다.

10월 16일
• 에볼라: 유럽국민당그룹 대표는 안전 조치 방법의 적용을 회원국에 요청했다

(EPP Group Press Releases, 10. 16)

− 유럽의회 내 유럽국민당그룹 회장인 만프레드 베버(Manfred Weber)는 에볼라의 발발을 해결하고 유럽의 주요 위생 위기를 방지하기 위해 필요한 모든 조치를 취하도록 유럽연합 상임위원회와 회원국들에 촉구했다. 그는 긴급한 사안이니만큼 감염된 나라에서 오는 여행객을 선별하기 위해 모든 회원국에게 도움을 요청하며, 의료가 제공되어야 하며, 공항 직원과 승무원에게 바이러스에 대한 적절한 정보를 제공해 주어야 한다고 말했다. 또한 에볼라 바이러스에 감염된 아프리카 국가에 도움을 증가해야 한다고 요청했다.

10월 20일
• 유럽사회당그룹은 유럽이 에볼라에 대해 지금 행동해야 한다고 생각한다

(S&D News room 10. 20)

− 유럽사회당그룹은 다시 한 번 에볼라에 대해 공동의 위협에 대응하는 노력을 강화하자고 유럽연합, 특히 유럽연합 집행위원회에 촉구했다. 유럽사회당그룹 회원인

마티아스 그루(Matthias Groote)는 우리는 유럽 시민들을 보호해야 하며, 에볼라 바이러스 등의 질병 발생에 신속히 반응할 수 있도록 예방에 초점을 맞춘 조율된 접근 방식이 필요하다고 주장했다.

유럽의회 선거·의회

09월 29일
• 집행위원 후보에 대한 청문회가 오늘 시작된다

(European Parliament Press Releases 09. 29)

– 장 클로드 융커가 이끄는 새로운 유럽연합 집행위원회의 집행위원으로 오른 27명의 후보에 대한 청문회가 오늘부터 시작된다. 3시간의 청문회 동안 유럽의회 위원회는 10월 22일에 새로운 집행위원회를 승인할지 여부를 결정하고자 집행위원의 전문 지식과 역량을 측정한다. 청문회는 9월 29일에 시작해 10월 7일까지 이어질 것이며, 청문회 시작 전에 후보들은 질의에 대한 서면 답변을 제출하게 된다. 청문회에서 후보들은 최대 15분의 연설을 할 수 있으며, 3시간 동안 후보자들의 일반적인 역량과 유럽에 대한 의지, 서면 답변과 관련된 전문 지식을 평가받게 된다. 청문회 이후 유럽의회 총회 전체에서 집행위원회에 대한 승인 여부를 결정하게 될 것이다.

10월 17일
• 결정의 시간: 유럽의회 의원들의 새로운 집행위원회에 대한 마지막 평가

(European Parliament Press Releases 10. 17)

– 장 클로드 융커가 이끄는 새로운 유럽연합 집행위원회에 대해 유럽의회 의원들의 승인 여부를 묻는 결정이 10월 22일에 이루어질 예정이다. 추가적으로 에너지 연합과 수송 분야 위원에 대한 청문회가 20일에 진행될 예정이다. 22일에는 장 클로드 융커의 새로운 유럽연합 집행위원회와 추진 프로그램 발표가 있을 것이며, 같은 날 유럽의회 의원 총회에서 새로운 유럽연합 집행위원회를 승인 또는 거부할지 여부에 대한 투표가 진행될 것이다. 승인된다면 임기는 5년으로 11월 1일부터 사무실로 들어가게 된다.

10월 17일

• 총회, 위원내정자 청문회, 위원회 회의, 스트라스부르
(European Parliament Newsroom 10. 17)

— 위원 내정자 청문회: 수송위원 내정자인 비올레타 브럭, 에너지연합위원 내정자인 마로스 세프코빅에 대한 청문회가 월요일 저녁 7시에 진행될 예정이다.

— 새로운 위원회 투표: 청문회 절차가 끝난 뒤 장 클로드 융커는 27인의 위원 내정자들로 구성된 자신의 팀과 향후 집행위원회 추진 프로그램의 우선순위를 설명할 것이다. 그 후 의회는 새로운 위원회에 대한 승인 여부를 투표할 것이다(토론 및 투표: 수요일).

— 유럽연합 예산: 유럽의회는 2015년 유럽연합 예산안에서 모든 유럽의회 위원회의 예산이 삭감되고, 유럽연합 집행위원회의 일자리, 교육, 연구, 외부 정책 등에 예산이 추가된 것에 대해 반대한다. 이에 대해 투표 후 기자 회견을 열 예정이다(토론: 화요일, 투표: 수요일).

— 우크라이나 상품에 대한 무관세: 어려움을 겪은 우크라이나에 경제적인 지원을 하기 위해 2015년 말까지 우크라이나의 유럽연합에 대한 수출에 있어 무관세 연장 계획이 월요일 저녁에 국제무역위원회에 회부될 것이다(토론: 화요일, 투표: 수요일).

— 실업자에 대한 원조: 유럽의회 의원은 스페인, 프랑스, 벨기에에서 다양한 산업에서 정리 해고 당한 노동자들이 새로운 일자리를 찾는 것을 돕기 위해 유럽 세계화 조정 기금 유럽연합 원조에 투표할 것이다(수요일).

10월 20일

• 오프닝: 북아일랜드 평화 과정을 방해하려는 시도에 대한 슐츠의 경고
(European Parliament Press Releases10. 20)

— 유럽의회 대표 마르틴 슐츠는 10월 회의 개회사에서 북아일랜드 평화 과정의 모든 면에 있어 위험한 상호도발을 자제해야 한다는 점을 촉구했다. 그는 유럽의회는 북아일랜드의 모든 사람이 안전하고 풍요로운 미래를 기대할 수 있도록 안정적 기관과 번성하는 경제 구축 과정을 지원하는 정직한 중간다리 역할을 하겠다고 말했다.

10월 09일

• 장 클로드 융커의 문제 학생   (European Voice, 10. 09)

– 인사 청문회는 유럽집행위원이 매 5년마다 선출되는 것이며 전 유럽의회 의원들이 새로운 범주를 형성할 기회이다. 정치적으로 청문회는 특정 논란이 되는 후보를 제거하는 힘이 있다. 이 청문회는 정치의 비트, 정치 드라마, 유럽연합 정책의 요구 등이 존재하는 순간이다. 정치는 유럽연합의 사업을 지배하고 있다. 이러한 상황에서 청문회는 정치의 단순한 전주곡이 아닌 유럽의회 의원들이 그들의 결정을 형성하기 위해 사실적 근거를 수립하는 수단에 불과하다. 사실적 근거 외에도 위원 내정자의 배경, 전문성, 적합성 검사를 하고 있다. 이러한 과정을 거쳐 개인의 자질과 자격을 측정하지만 청문회를 통과할 수 있을지 여부는 복잡하다. 지금까지 위원 내정자 중 조나단 힐의 경우 전문 지식의 부족이 드러났으나, 재적 산업과 밀접한 점을 보여 주었다. 아리아스 카네테는 유럽의회 의원들에게 오일 산업을 위한 연계를 만족시키는 데 실패하였다.

5차(10월 말~11월 말)

이번 본회의는 11월 24일부터 27일까지 스트라스부르에서 개최되었다. 10월 22일 유럽의회에서는 새로운 집행위원장인 장 클로드 융커를 중심으로 하는 유럽연합 집행위원회가 승인되었다(European Parliament Press Releases 2014. 10. 22). 집행위원회가 승인됨으로써 그들은 11월 1일부터 임기를 시작하여 5년간 유럽연합을 이끌게 되었다. 그러나 11월 5일 국제탐사보도언론인협회(International Consortium of Investigative Journalists, ICIJ)가 다국적 기업과 룩셈부르크 조세 당국 사이의 비밀 거래를 통한 세금 탈루 의혹을 공개하면서, 당시 룩셈부르크 총리였던 장 클로드 융커 유럽연합 집행위원장의 책임에 대한 문제가 제기되었다(AFP통신 2014. 11. 06; 연합뉴스 2014. 11. 07 재인용). 11월 18일, 유럽의회 내 반유럽연합 세력을 중심으로 장 클로드 융커에 대한 불신임 투표안이 의회에 제출되었다(연합뉴스 2014. 11. 19). 이번 스캔들에 대해 장 클로드 융커가 속했던 유럽국민당 그룹은 융커에 대한 지지를 표명하고 그가 탈세와 관련하여 강력한 방안을 제시할 것을 기대하고 있다(EPP Group Press Releases 2014. 11. 06). 반면 유럽사회당그룹은 탈세는 부끄러운 일이며, 유럽 시민들의 신뢰를 얻기 위해서라면 더욱 강력한 대안을 낼 것을 촉구했다(S&D News room 2014. 11. 12).

본회의에서는 장 클로드 융커의 불신임 투표안에 대한 토론과 투표, 유럽연합의 2015년 예산에 대한 투표가 예정되어 있으며, 3,000억 유로를 통한 일자리, 성장 및 투자 계획에 대한 장 클로드 융커의 발표가 있을 것이다(European Parliament Plenary sessions News letter 2014. 11. 20).

유럽의 여론은 2014년 5월 유럽의회 선거와 관련하여 유로바로미터(Eurobaro meter)의 투표율 결과와 관련하여 젊은 세대들의 평균 투표율이 28%로 다른 연령대에 비하여 가장 적은 것으로 나타났다(EU Observer 2014. 11. 07). 특히 스웨덴은 약 66%의 젊은이가 투표했으며, 아일랜드는 21%, 핀란드는 10%의 투표율로 국가별로 큰 차이가 있었다. 또한 유럽연합에 대한 젊은 사람들의 인식이 꾸준히 긍정적인 것으로 나타났으며, 다른 연령 그룹보다 유럽의회 투표에 대한

제2부.. 유럽의회의 동향 및 쟁점 **153**

큰 믿음을 가지고 있는 것을 알 수 있었다.

다음 본회의는 12월 15일부터 18일까지 개최될 예정이다.

11월 03일

• 우크라이나: 유럽의회 의원에게 불법 선거는 인식되지 않는다

(EPP Group Press Releases, 11. 03)

– 유럽의회의 우크라이나와의 관계 대표인 안드레이 프렌코비치는 2014년 11월 2
일에 도네츠크(Donetsk)인민공화국과 루한스크(Luhansk)인민공화국에서 행해진 불
법과 불법 선거는 우크라이나 법에 위배된다고 말했다. 이러한 불법 조직의 선거를
정당화하려는 협정에 유럽의회는 반대해야 하며 분쟁의 평화적 해결 및 지역 재통
합을 위한 노력들을 훼손시켜서는 안 된다고 말했다. 안드레이는 우크라이나에서의
유효한 선거는 지난 10월 26일 치러진 총선뿐이며 우크라이나의 유럽연합 중심의
개혁에 있어 유럽의회가 강력한 지원을 해야 함을 강조했다. 유럽국민당그룹은 10
월 선거에서 우크라이나 사람들이 유럽과 우크라이나의 영토 보전뿐 아니라 민주주
의, 개혁 그리고 국가 통합을 위해 투표했다고 생각한다.

11월 05일

• 나폴리에서 유럽을 다시 시작한다: 잔니 피텔라가 이민 및 망명에 대한 논쟁을 개최
한다   (S&D News room11. 05)

– 유럽은 이민자들을 위한 진보적인 새로운 모델을 만들기 위해 공통 협력 정책을
확립해야 한다. 이민에 대한 논의는 우리 사회 발전의 긍정적인 요인으로 작용하게
된다. 따라서 우리는 남들과 다르게 생각해야 한다. 11월 6일 나폴리에서 16시 30분
잔니 피텔라는 이민 및 망명에 대한 토론회를 개최한다. 유럽을 다시 시작하는 것
은 유럽사회당그룹이 솔선수범해야 하는 것이다. 유럽연합에서의 일련의 사건과 주
요 정치인들과 함께 유럽이 원하는 미래에 대해 논의하기 위해 시민, 학계, 사회단
체 대표 등과 만나 이야기를 나눌 것이다. 유럽 다시 시작하기 프로젝트는 이미 다른

유럽의 26개 도시를 방문했으며 이번 주는 나폴리에서 논쟁을 벌일 예정이다. 이는 #EU Wakeup(유럽 일어나) 프로젝트의 일환이다.

11월 06일

• 세금 거래: 유럽국민당그룹은 조사를 지지한다

(EPP Group Press Releases 11. 06)

– 유럽의회 내 유럽국민당그룹 대표인 만프레드 베버는 유럽국민당그룹이 룩셈부르크의 세금에 대해 조사하는 유럽연합 집행위원회를 전적으로 신뢰하고 있다고 밝혔다. 룩셈부르크의 대기업 세금 관행에 대한 부분에 대해 만프레드 베버는 유럽연합 집행위원장인 장 클로드 융커의 개인적인 문제가 아니고 유럽과 국가 기관에 대한 문제임을 지적했다. 그는 융커의 지도력 하에 유럽연합 집행위원회가 탈세 및 세금 관련 사안에 대처할 것이며 이에 대해 유럽국민당그룹은 강력하게 모든 활동을 지원할 것이라고 말했다. 또한 베버는 재정 정책이 회원국 역량에 남겨진 것이지만 대담하게 모범이 되는 탈세와의 전쟁을 보여 주고, 각국 정부가 관행을 종식할 수 있기를 기대한다고 밝혔다.

11월 12일

• 피텔라: 부끄러운 금전적 투기를 더 이상 유럽에서 허용할 수 없다. 유럽사회당그룹
  은 집행위원회에게 혁명적인 조치를 촉구한다　　　　　(S&D News room 11. 12)

– 유럽사회당그룹 회장 잔니 피텔라는 지금은 모든 유럽 기관의 신뢰성이 걸려있다고 말했다. 따라서 세금과 관련하여 회원국 간 재정 정책에 대해 전체적인 조화를 달성하기 위한 판결과 재정 통제 등의 구체적인 조치를 유럽연합 집행위원장 융커에게 요청했다. 조세 피난처를 식별할 수 있는 공통된 기준을 채택해 주기를 바라며, 조세 회피에 포함되는 세금은 국가에 지불되어야 하며, 다국적 기업들이 자신의 이익만을 챙기고 세금을 납부하지 않는 것은 부끄러운 일임을 강조했다. 또한 다국적 기업이 유럽 국가 정부의 세금을 탈루했음에도 이러한 것이 어떠한 규칙이나 법률에 침해되지 않았음을 비판했다. 피텔라는 이러한 행위가 더 이상 허용되지 않도록 융커 자신이 혁명적인 대안을 제시함으로써 긴축 재정의 의지를 증명해야 하며 이

러한 증명만이 유럽 시민의 앞에서 각 국가를 설득하는 데에 필요한 힘과 정당성을 얻을 수 있다고 주장하며, 유럽 시민들이 우리를 보고 있다고 말했다.

11월 18일

• 지중해 국가: 유럽국민당그룹은 협력 관계를 갱신하고자 한다

(EPP Group Press Releases 11. 18)

– 유럽국민당그룹 대표단은 유럽연합에 소속된 지중해 국가의 대사들과 회의를 개최했다. 최근 유럽의 선거 이후에 이번 행사는 이들 국가와 협력 관계를 갱신하고 새로운 내용과 관점을 알아보는 좋은 기회였다. 회의를 개최한 만프레드 베버는 2014년부터 2019년까지 유럽국민당그룹 대표로서 우선순위로 두는 것 중 하나가 지중해 국가들과의 관계 강화라고 밝혔다. 그는 지중해 전반에 걸쳐 협력을 강조했으며, 각 국가들이 큰 도전에 직면하고 있지만 민주적 선거와 정치적 수준뿐만 아니라 경제적인 위기도 모두 이겨낸 것에 대해 진심으로 축하와 칭찬을 아끼지 않았다.

유럽의회 선거·의회

10월 22일

• 유럽의회, 새로운 유럽연합 집행위원회 선출

(European Parliament Press Releases 10. 22)

– 유럽의회는 수요일 아침까지 제시된 총 27명의 유럽연합 집행위원회를 찬성 423, 반대 209, 기관 67로 승인했다. 새로운 위원회는 공식적으로 11월 1일부터 5년의 임기를 가지며 임무를 수행하게 된다. 이전의 경우 2004년 집행위원회는 찬성 449, 반대 149, 기권 82로, 2010년 집행위원회는 찬성 488, 반대 137, 기권 72로 승인된 바 있다.

10월 24일

• 총회: 새로운 집행위원회, 사하로프상, 유럽연합의 2015년 예산

(European Parliament Newsroom 10. 24)

- 10월 총회(22일~24일)는 장 클로드 융커를 위원장으로 하는 새로운 유럽연합 집행위원회를 찬성 423, 반대 209, 기권 67로 승인하였다. 또한 유럽의회 의원들은 중소기업, 연구, 교육 및 외국 원조에 대해 더 많은 자금을 지원하는 등의 2015년 예산에 대해 투표했다. 의회는 유럽연합 정부와 예산에 대한 최종 타협을 추구하고 있다. 또한 2014년 사하로프 상 수상자는 모국에서 강간 피해자 치료에 헌신한 산부인과 의사 데니스 무퀘게(Denis Mukwege)로 선정되었다.

11월 06일

• 룩셈부르크 "다국적 기업 탈세 없었다"…유럽연합 조사 중

(AFP통신 11. 06, 연합뉴스 11. 07 재인용)

- 국제탐사보도언론인협회가 다국적 기업과 룩셈부르크 조세 당국 간 비밀 거래를 통한 세금 탈루 의혹을 제기한 가운데 룩셈부르크 정부는 불법이 없었다고 주장했다. 사비에르 베텔(Xavier Bettel) 룩셈부르크 총리는 6일 기자 회견을 열고 "룩셈부르크는 국내법과 국제법을 준수했다"면서 "룩셈부르크는 조세 정의를 향해 나아가고 있다"고 강조했다고 AFP통신이 보도했다. 국제탐사보도언론인협회는 전날 룩셈부르크 조세 당국과 회계 법인 '프라이스워터하우스쿠퍼스(PricewaterhouseCoopers, PwC)'의 내부 문서를 분석한 결과 펩시와 이케아, 페덱스, 코치, 도이체방크 등 다국적 기업 340곳이 수십억 달러에 이르는 세금을 탈루한 것으로 드러났다고 주장했다. 다국적 기업 340곳은 세율이 낮은 룩셈부르크로 옮겨 수십억 달러의 세금을 절감했으며, 일부 기업은 룩셈부르크에서 1% 미만의 우대 세율을 적용받았다. 폭로 이후 유럽연합은 룩셈부르크가 다국적 기업에 불법적인 세제 특혜를 제공했는지 조사하고 있다고 밝혔다. 장 클로드 융커 유럽연합 집행위원장의 대변인은 이날 "유럽연합이 룩셈부르크를 조사 중이며 결과가 부정적이면 개선 조치를 취하도록 할 것"이라고 말했다. 이달 유럽연합 집행위원장에 공식 취임한 융커는 지난 19년간 룩셈부르크 총리를 지냈으며, 현재 문제가 된 룩셈부르크 성부와 다국적 기업 간 거래 상당수가 당시 체결됐다. 융커 집행위원장은 "유럽연합 조사에 영향을 주는 어떤 행동도 취하지 않을 것"이라고 선언했다.

11월 18일

• 유럽의회, 다음 주 융커 유럽연합집행위원장 불신임 투표   (연합뉴스 11. 19)

– 유럽의회가 장 클로드 융커 유럽연합집행위원장에 대해 룩셈부르크 총리 시절 다
국적 기업 탈세의 책임을 물어 불신임 투표를 하기로 했다. 마르틴 슐츠 유럽의회 의
장은 18일 "의원의 10분의 1이 참여한 융커 위원장에 대한 불신임 투표안을 제출받
았다"고 밝혔다. 이에 따라 유럽의회는 다음 주 총회 기간 불신임 투표안에 대해 토
론하고 이를 표결에 부쳐야 한다고 유럽의회 대변인은 전했다. 불신임 투표안에는
나이절 패라지(Nigel Farage) 영국독립당(United Kingdom Independent Party, UKIP) 대표
와 이탈리아 오성 운동(5 Star Movement)의 지도자 베페 그릴로(Beppe Grillo), 마린 르
펜(Marine Le Pen) 프랑스 극우 정당 국민전선(Front National, FN) 당수 등이 서명했다.
유럽 통합에 부정적인 이들은 융커 위원장이 룩셈부르크 총리 시절 다국적 기업 탈
세에 대한 "직접적인 책임이 있다"며 "최악의 경제 위기에 직면한 수백만 명의 유럽
시민이 도덕적·윤리적인 문제 제기를 할 수 있다"고 주장했다. 불신임 투표안이 통
과하려면 의원 3분의 2 이상이 찬성해야 하기 때문에 통과될 가능성은 낮다. 실제로
지난 35년간 유럽의회에서 불신임 투표는 모두 7차례 있었지만, 가결된 적은 한 차
례도 없다. 이달 초 국제탐사보도언론인협회가 문제 삼은 탈세 의혹 대부분은 융커
위원장이 룩셈부르크 총리로 재임하던 시절의 것이어서 그 불똥이 융커 위원장까지
튀었다. 이달 임기를 시작한 융커 위원장은 지난 12일 유럽의회에 출석해 "세금과
관련해 불법적인 지침을 준 적이 없다"고 해명했다.

11월 20일

• 11월 24일-27일 스트라스부르 본회의

                    (European Parliament Plenary sessions News letter 11. 20)

– 24일 유럽연합 집행위원회에 대한 불신임 투표안에 대해 토론할 예정이며, 27일
투표에 붙일 예정이다. 전체의 3분의 2인 376명 이상의 찬성을 얻으면 집행위원회
는 해산되게 된다. 25일 오후 2014년 예산 및 2015년 예산 변경에 대한 토론이 이루
어질 예정이다. 26일 유럽연합 집행위원회의 위원장인 장 클로드 융커는 3,000억 유
로를 통한 일자리, 성장 및 투자 계획을 발표하여 토론할 예정이다.

11월 07일

• 왜 젊은 사람들은 투표를 하지 않을까?　　　　　　　　　　(EU Observer 11. 07)

- 유로바로미터는 5월 유럽의회 선거에서의 유권자 투표율을 발표했다. 조사 결과 이전의 유럽의회 선거에서와 같이 이번 선거에서도 18~24세 유권자가 28%로 가장 적은 것으로 나타났다. 벨기에, 룩셈부르크, 스웨덴의 경우 이와 달리 청년의 투표율이 높았으나, 벨기에와 룩셈부르크는 필수 투표인 점을 감안해야 한다. 스웨덴은 약 66%의 젊은이가 투표했으며, 아일랜드는 21%, 핀란드는 10%로 국가별 차이가 매우 큰 것으로 나타났다. 젊은이들의 지속적인 투표율 하락의 원인은 어느 하나에서 찾을 수 없으며, 유럽 회의주의의 상승 등 다양한 점에서 기인한다. 그러나 유로바로미터의 조사를 살펴보면 꾸준히 유럽연합에 대한 젊은 사람들의 인식은 긍정적인 것으로 나타나고 있고, 다른 연령 그룹보다 유럽의회 투표에 대한 큰 믿음을 가지고 있었다. 또한 젊은 사람들은 유럽연합 자체를 비난하기보다 전반적인 정치에 대한 신뢰, 불만을 가지고 있는 것으로 나타났다. 최근 젊은 사람들은 국가 차원을 벗어나 유럽 수준에서 적극적인 참여를 하고 있다. 그들을 불러낼 수 있는 캠페인을 진행해야 하며, 관심이 있는 젊은 사람들과 접촉하여 그들이 참여할 수 있는 다양한 방법을 정당들이 만들어야 할 것이다.

6차(11월 말~12월 말)

2014년 12월에는 15일부터 18일까지 스트라스부르에서 본회의가 개최되었다. 그에 앞서 2014년 11월 24일부터 27일까지 진행된 본회의에서는 장 클로드 융커의 불신임 투표안에 대한 토론과 투표가 있었고, 3,000억 유로를 통한 일자리, 성장 및 투자 계획에 대한 장 클로드 융커의 발표가 있었다. 장 클로드 융커의 불신임 투표안의 경우 찬성 101, 반대 461, 기권 88로 부결되었으며(European Parliament Press Releases 2014. 11. 27), 유럽연합 전략적 투자 펀드가 발표되었다(European Parliament Press Releases 2014. 11. 26).

유럽의회 내 다수당인 유럽국민당그룹은 장 클로드 융커의 유럽연합 집행위원회가 발표한 선택과 집중의 작업 프로그램을 지지한다고 보도했으며(EPP Group Press Releases 2014. 12. 16), 11월에 발표된 유럽연합 전략적 투자 펀드를 유럽 전체가 기회로 삼아야 한다고 주장했다(EPP Group Press Releases 2014. 12. 19). 반면 유럽사회당그룹은 룩셈부르크 탈세 스캔들에 대한 대안으로서 불공평한 세금 관행과 조세 회피를 해결하기 위한 '#TaxJustice 캠페인'을 시작했다(S&D News room 2014. 11. 26).

12월 본회의에서는 2015년 유럽연합 예산이 유럽연합과의 힘든 협상을 끝에 채택되었다(European Parliament Press Releases, 2014. 12. 16). 수요일에 의회에서는 이스라엘–팔레스타인 갈등에 있어 "팔레스타인 국가 지위를 인정하고 두 국가에 대한 해법"을 지지하는 결의안이 승인되었다(르피가로; 연합뉴스 2014. 12. 18 재인용). 또한 화요일(16일)에는 유럽 옴부즈맨에 에밀리 라일리(Emily O'Reilly)를 재선시켰다(European Parliament Press Releases 2014. 12. 19).

12월 17일 유로바로미터(Eurobarometer)는 '가을 2014 유로바로미터'를 발표하였다(Eurobarometer 2014. 12. 17). 유럽연합의 긍정적인 이미지에 대한 응답은 39%로, 지난 6월 35%보다 4%포인트 상승했고, 유럽연합의 신뢰 역시 유럽의회 선거 직후 실시한 조사보다 6%포인트 증가한 37%인 것으로 나타났다.

다음 본회의는 1월 12일부터 15일까지 개최될 예정이다.

11월 28일

• 잔니 피텔라: 세금 사기와 탈세에 대해 유럽이 단속에 나설 것을 요구하며
#TaxJustice 캠페인을 시작하다   (S&D News room 11. 26)

– 룩셈부르크의 다국적 기업 탈세 스캔들로 인해 조세 정책은 유럽 의제의 상단에 있으며, 유럽사회당그룹은 #TaxJustice 캠페인을 시작할 것이다. 이는 유럽 내의 공정한 세제를 달성하기 위해 진행하고 있던 #NoTaxHaven 캠페인보다 우선순위를 갖게 될 것이다. 잔니 피텔라 유럽사회당그룹 대표는 유럽에서 매년 소비되는 1조 유로와 유럽 시민의 세금을 인상하는 불공정 관행에 대한 단속을 요구했다. 그는 불공평한 세금 관행과 조세 회피가 유럽에서 불법이 아니라는 사실은 받아들일 수 없는 역설이며, 이러한 상황을 해결하고자 #TaxJustice 캠페인을 시작한다고 말했다. 그는 유럽의회가 이러한 문제에 있어 강한 선도적인 역할을 해야 한다고 강조하며, 유럽연합 집행위원회와 유럽연합 회원국들은 조세 피난처를 확인하고, 포괄적인 정의와 기준을 명확히 하며, 다국적 기업이 이익 창출 시 세금을 납부하는 의무가 정해져야 하며 세금에 있어 조세 회피 목적의 경우에는 제재를 가하는 등의 실질적인 조치를 취해야 한다고 요구했다.

12월 16일

• 집행위원회의 프로그램, 구현이 핵심이다   (EPP Group Press Releases 12. 16)

– 장 클로드 융커의 유럽연합 집행위원회는 중요 우선순위를 포함하는 선택과 집중의 작업 프로그램을 발표했다. 이는 유럽국민당그룹이 찬성하는 새로운 방식이다. 유럽국민당그룹의 부회장인 요셉 사이어(József Szájer)는 이러한 변화는 환영하지만, 구현은 현실적인 열쇠가 될 것이라고 강조했다. 또한 이러한 우선순위가 입법 과정에서는 비생산적일 수 있다는 것을 강조하며, 주요 이슈에 대한 집중은 다른 사안에 소홀해질 수 있기에 우선순위에 속하지 않은 정책들도 지속적으로 진행되어야함을 강조했다. 그러나 효율적인 유럽을 위해서 중요한 사안에 우선순위를 두는 이러한 새로운 방식은 긍정적인 영향을 미칠 것이라고 찬성했다.

12월 17일

• 유럽의회는 팔레스타인에 대한 무조건적인 인정을 거부했다

(EPP Group Press Releases 12. 17)

– 유럽국민당그룹은 유럽의회가 팔레스타인의 국가 지위 인식과 '2국가 해법' 결의 안을 지지하는 것을 환영하지만 평화 회담을 진행해야 한다고 생각했다. 특히나 이 번 결의안으로 유럽의회는 평화 협상과는 별도로 팔레스타인에 대한 무조건적인 인 정을 거부하고 있다. 유럽국민당그룹은 이스라엘 정착촌 정책을 찬성하며, 이번 결 의안이 폭력과 테러의 형태를 거부하고 종교적 차원에서 충돌될 가능성에 대해 경 고한 것에 찬성하며, 평화롭고 비폭력적인 수단을 통해 이스라엘–팔레스타인 분쟁 의 지속 가능한 해결책을 찾아야 한다는 점을 강조하였다.

12월 17일

• 팔레스타인 인식에 대한 유럽사회당그룹의 요청   (S&D News room 12. 17)

– 팔레스타인의 국가 지위 인식에 대한 결의안이 채택된 유럽의회의 투표에 대해 유럽사회당그룹은 평화 과정이 무엇보다 중요함을 강조했다. 이번 결의안의 채택 은 회원국들 사이에서 인식이 변화하고 있음을 보여 주는 결과라 할 수 있다. 유럽사 회당그룹의 대표 잔니 피텔라는 이번 결의안은 팔레스타인, 이스라엘, 유럽연합 사 이의 역사적인 순간이며, 유럽의회가 팔레스타인에 대한 국가적 지위를 지지한다는 것을 명확히 알 수 있다고 말했다. 이러한 결정은 유럽사회당그룹의 끊임없는 노력 에 대한 의회에 반응으로 오늘 채택되었다. 이 결의안의 가장 중요한 점은 지금까지 이어져 온 이스라엘–팔레스타인 분쟁에서 유럽연합이 폭력 없는 평화와 안전 속에 서 평화적 과정으로 결정적인 역할을 해야 한다는 것을 보여 준다는 점이다.

12월 19일

• 투자 계획, 유럽은 기회를 사용해야 한다   (EPP Group Press Releases 12. 19)

– 만프레드 베버 유럽국민당그룹 대표는 유럽정당 회담의 결과에 대해 "유럽상임 위원회가 장 클로드 융커의 투자 계획에 찬성한 것은 중요하고 강한 신호이다"라고 말했다. 그러나 그는 이러한 투자 계획이 성장과 고용을 위한 기회이니만큼 회원국

에 대한 투자 계획만 환영할 것이 아니라, 유럽이 이러한 기회를 활용해야 함을 강조했다. 이번 장 클로드 융커의 투자 계획은 가능한 한 많은 회원국이 유럽 투자 펀드로 돈을 벌 수 있다는 것이며, 이를 통해 기금의 효율성을 높이고 새로운 투자를 통해 안정성과 구조 개혁이 같이 이루어질 수 있을 것이라고 주장했다.

유럽의회 선거·의회

11월 26일
• 유럽연합의 경제 성장을 위한 3,150억 유로의 투자

(European Parliament Press Releases 11. 26)
- 유럽연합 집행위원장 장 클로드 융커는 유럽연합의 경제 성장을 위해 향후 3년간 최소 3,150억 유로를 투자하겠다는 내용의 새롭게 설계된 유럽연합 전략적 투자 펀드를 발표했다. 전략적 투자 펀드는 유럽연합 자체 예산과 유럽투자은행(the European Investment Bank, EIB)의 기금을 통해 210억 유로의 1단계 기금을 조성한 다음 민간 투자를 유치해 규모를 3,150억 유로로 키운다는 구상이다. 이에 대해 유럽국민당그룹의 대표인 만프레드 베버는 민간 차원의 투자를 받는 것이 새로운 부채를 만드는 것보다 낫다며, 융커의 투자 계획에 찬성했다. 반면, 유럽사회당그룹의 대표 잔니 피텔라는 공공의 돈과 많은 투자는 좋은 출발점이 될 수 있다며, 유럽사회당그룹은 융커가 투자 패키지를 제공하고 의회 전체가 이번 전략에 참여하는 것을 조건으로 융커의 이번 계획을 지지한다는 점을 강조하였다. 이번 계획은 다음 달 유럽연합 정상회의에 제출돼 2015년 1월부터 유럽의회의 법안 승인 절차를 거치게 된다.

11월 27일
• 유럽연합 집행위원회 불신임 투표안에 반대하는 움직임을 보였다

(European Parliament Press Releases 11. 27)
- 27일 장 클로드융커를 중심으로 한 유럽연합 집행위원회에 대한 불신임 투표가 이루어졌다. 불신임 투표안이 통과하려면 유럽의회 의원 3분의 2 이상이 찬성해야 한다. 이번 투표에서는 찬성 101, 반대 461, 기권 88로 불신임 투표안이 부결되었다.

12월 16일

• 유럽연합 집행위원회의 '더 집중' 2015 프로그램에 대한 혼재된 응답

(European Parliament Press Releases 12. 16)

－ 오늘 장 클로드 융커 위원장은 2015년 유럽연합 집행위원회 프로그램에 있어 23개의 새로운 제안과 철수 또는 개정 법안을 보류 중인 80개의 항목을 나열해 발표하였다. 특히 유럽의회의 승인을 얻고자 향후 5년간 10개 우선 과제 중 2015년에 시행할 작업을 구체화시켰다. 이에 대해 유럽국민당그룹의 부의장은 위원회의 제안에 대해 찬성했으며, 선택적 집중을 찬성했다. 반면, 유럽사회당그룹의 부의장은 융커의 선택과 집중은 찬성하지만 강한 유럽연합이 필요함을 강조하며, 사회 모델에 있어 출산 휴가와 순환 경제에 대해 더욱 강조할 것을 주장했다. 본 새로운 프로그램은 2015년 1월 본회의에서 투표에 회부될 예정이다.

12월 17일

• 유럽의회, 2015년 유럽연합 예산 승인

(European Parliament Press Releases 12. 16)

－ 유럽의회는 2015년 1,804억 유로의 예산을 승인했으며 지출 비용은 1,753억 유로로 설정했다. 이 중 88%는 회원국들의 경제 프로젝트에 할당되는 비용이며 외교 정책과 유럽연합 관리에 각각 6%씩 배정될 예정이다. 이번 2015년 예산에 대한 결의안은 찬성 443, 반대 250, 기권 43으로 승인되었다.

12월 18일

• 유럽의회, '원론적으로' 팔레스타인 국가 승인 지지

(르피가로, 연합뉴스 12. 18 재인용)

－ 유럽의회도 최근 유럽 국가에서 잇따르는 팔레스타인 국가 승인 촉구 대열에 동참했다. 유럽의회는 17일 스트라스부르 유럽의회에서 팔레스타인 국가 승인을 '원론적으로(in principle)' 지지하는 결의안을 찬성 498표, 반대 88표로 채택했다고 프랑스 일간지 르피가로(Le Figaro)가 18일 보도했다. 결의안에는 유럽의회가 원론적으로 '2국가 해법', 즉 팔레스타인을 국가로 승인하는 안을 지지한다면서도 국가 승인은

이스라엘과 팔레스타인 간 평화 협상과 함께 진행돼야 한다는 내용이 담겼다. 이스라엘-팔레스타인 평화 협상이 교착 상태에 빠지면서 일부 유럽연합 회원국은 이를 타개하기 위해 팔레스타인을 국가로 승인했거나 승인할 움직임을 보이고 있다. 스웨덴 정부가 지난 10월 말 유럽 주요국 중 처음으로 팔레스타인을 국가로 승인했으며, 영국과 프랑스, 스페인, 포르투갈, 아일랜드, 룩셈부르크 의회도 국가 승인을 촉구하는 구속력 없는 결의안을 채택했다. 현재는 스웨덴, 불가리아, 체코, 헝가리 등 유럽연합 8개 회원국을 포함한 전 세계 135개국이 팔레스타인을 국가로 승인했다.

12월 19일

• 총회에서 논의된 사안: 유럽연합 2015 예산, 팔레스타인, 미 중앙정보국 고문

(European Parliament Press Releases 12. 19)

- 2014년 마지막 본회의에서 유럽의회는 유럽연합 예산을 중점으로 논의하였고 이를 채택했다. 의회는 유럽연합과 힘든 협상을 치른 뒤 2015년 유럽연합 예산을 채택했다. 또한 유럽의회 의원은 미국 중앙정보국(Central Intelligence Agency, CIA)의 심문 관행인 고문 사용을 비난하고 수요일 본회의 토론에서 유럽연합 회원국의 가능한 협력을 요구했다. 또한 수요일에 의회에서 이스라엘-팔레스타인 갈등에 있어 "팔레스타인 국가 지위를 인정하고 두 국가에 대한 해법"을 지원했다. 터키에 대해서는 터키 내 언론 자유의 침해에 대한 토론이 이루어졌으며 다음 달에 이에 대한 결의안을 투표할 예정이다. 지난 화요일에 의회는 유럽 기관의 업무에 대한 불만을 처리하는 임무를 가지는 유럽 옴부즈맨에 에밀리 라일리를 재선시켰다.

유럽의회 여론

12월 17일

• 가을 2014 유로바로미터: 유럽연합에 대한 신뢰가 증가하고 있다

(Eurobarometer 12. 17)

- 표준 유로바로미터 조사 결과가 발표되었다. 가을 2014 유로바로미터는 융커의 집행위원회가 2014년 11월 1일에 취임한 이후 실시된 첫 번째 유럽연합 차원의 여

론 조사이다. 조사 결과 많은 시민들이 유럽연합의 긍정적인 이미지를 가지고 유럽연합을 신뢰하는 것으로 나타났다. 유럽연합의 긍정적인 이미지에 대한 응답은 11월에 39%로 지난 6월 35%보다 4%포인트 상승했다. 또한 유럽연합의 신뢰는 유럽의회 선거 직후 실시한 조사보다 6%포인트 증가한 37%인 것으로 나타났다. 유로에 대한 경제 지원에 대한 기대는 안정적으로 유지되고 있는 것으로 나타났다. 경제적인 부분에서 45%가 유럽의 경제 상황이 동일하게 유지될 것이라 응답했다. 한편 유럽인의 56%가 낙관적인 전망을 해, 유럽 시민은 유럽연합의 미래를 낙관적으로 보고 있는 것으로 나타났다.

7차(12월 말~2015년 1월 말)

김진주

　이번 본회의는 2015년 1월 12일부터 15일까지 스트라스부르에서 개최되었다. 유럽에서는 2015년 한 해가 불미스러운 사건으로 시작되었다. 프랑스 파리에서 2015년 1월 7일, 8일, 9일 3일에 걸쳐 테러 공격이 자행되어 17인의 무고한 희생자가 사망했다(한겨레 2015. 01. 11). 이러한 분위기 속에 유럽 전역 및 의회에서는 테러에 의한 안보의 위협에 관심이 집중되었다. 유럽의회 내 중도 우파이자 다수당인 유럽국민당그룹과 유럽사회당그룹 역시 파리에서의 희생자를 애도하며, 테러에 대한 강력한 규탄을 이어갔다. 두 정당 그룹 모두 유럽이 테러에 대응하기 위해서는 보다 단결된 모습을 보여야 함을 강조했다. 유럽국민당그룹의 경우 테러와 관련하여 유럽연합 회원국 사이에 통합 승객 예약 정보(The Passenger Name Records, PNR)의 도입을 통해 정보 서비스의 교류가 필요하다는 점을 강조했다(EPP Group Press Releases 2015. 01. 13). 승객 예약 정보(PNR)는 테러 직후 회원국 간 자유로운 이동을 보장한 셍겐 조약을 개정해 지하디스트(Jihadist: 이슬람 성전주의자)들의 이동을 막고, 프라이버시 침해 문제로 엄격히 금지했던 항공기 이용자의 승객 예약 정보(PNR)를 회원국들이 공유하는 방안이다(경향신문 2015. 01. 18). 유럽사회당그룹은 룩셈부르크 탈세 스캔들에 대해 조사위원회의 활동의 속도가 더디다며 경제 문제위원회와의 공조를 통해 불공평한 세금 관행과 조세 회피를 해결하고, 향후 또 다른 탈세 사건이 나오지 않도록 조치를 취해야 함을 강조했다(S&D News room 2015. 01. 14).

　1월 본회의에서는 파리의 희생자를 애도하는 분위기에서 회의가 진행되었으며(European Parliament Press Releases 2015. 01. 12), 일관된 대테러 정책을 촉구하는 목소리가 높았다. 이에 대해 유럽의회 의원과 유럽인들의 평화 유지를 위한 단결을 촉구했으며 유럽이 추구하는 자유의 가치를 훼손하지 않아야 한다는 논의가 이어졌다(European Parliament Press Releases 2015. 01. 13; 연합뉴스 2015. 01. 14 재인용). 또한 유럽연합 집행위원회가 3150억 유로(약 402조1857억 원) 규모의 경기 부양 프로그램 초안을 채택했으나 전 회원국의 동의가 있어야 하기에 귀추가 주목된다

(European Commission 2015. 01. 13; 뉴시스 2015. 01. 14 재인용). 지난달 논의되었던 터키 내 언론 자유의 침해에 대해 결의안이 채택되었으며, 유럽 옴부즈맨의 2013년 보고서가 통과되었다(European Parliament Press Releases 2015. 01. 15).

파리에서는 유럽 내의 각 수장들 및 수십만 인파가 테러 공격을 규탄하는 대규모 거리 시위가 11일 진행되었다(The Wall Street Journal 2015. 01. 12). 또한 다가오는 1월 25일 그리스 총선거에서 급진 좌파 연합인 시리자(SYRIZA)당이 집권할 가능성이 높아지면서 그리스의 유럽연합 탈퇴인 '그렉시트(Grexit=Greece +exit)'에 대한 우려의 목소리가 높아지고 있다(wow한국경제TV 2015. 01. 19).

다음 본회의는 2월 9일에서 12일까지 진행될 예정이다.

유럽의회 정당

01월 07일

• 유럽국민당그룹, 샤를리에브도에서의 테러를 강력하게 규탄

(EPP Group Press Releases 01. 07)

- 만프레드 베버 유럽국민당그룹 대표는 우리는 샤를리에브도 본사에서 많은 사람들의 생명이 위협된 테러에 충격을 받았으며, 강력하게 이러한 살인 사건을 비난한다고 말했다. 이러한 언론에 대한 공격은 유럽의 핵심 가치인 종교의 자유, 언론의 자유, 표현의 자유에 대한 공격이기에 민주주의와 유럽의 가치를 훼손시키는 것은 허용할 수 없으며, 살인을 정당화하기 위해 정치적 신념이나 종교가 사용되어서는 안 된다고 말했다. 또한 유럽은 이러한 테러에 대항하여 유럽 모델을 보호하기 위해 단결해야 한다고 강조했다.

01월 11일

• 잔니 피텔라, "유럽 사회주의자들과 민주당은 야만에 대항한다"

(S&D News room 01. 11)

- 유럽사회당그룹의 대표 잔니 피텔라(Gianni Pittella)는 이번 파리 테러 공격의 무고한 희생자를 기리기 위한 대중 집회에 참여했다. 그는 유럽에서의 모든 사회주의자

와 민주당의 연대를 보여 주기 위해 파리에 왔으며 모든 사람들이 테러에 대해 반대하기 위해 거리에서 함께하고 있다고 말했다. 그는 또한 이번 사건 이후에 감정이 가라앉더라도 멈추지 말고 유럽연합이 국제적으로 테러에 대항할 수 있게 소리를 내야 한다고 주장했다. 또한 유럽이 자신을 보호해야 하며 유럽연합의 회원국들이 효과적으로 경찰과 사법에 대한 협력을 강화해야 한다고 말했다.

01월 13일
• 유럽국민당그룹은 유럽연합의 통합 승객 예약 정보(PNR)시스템의 빠른 진행 요구
(EPP Group Press Releases 01. 13)
– 만프레드 베버 유럽국민당그룹 대표는 파리의 테러 공격으로부터 얻은 교훈으로 정치적인 조치가 필요하다는 것을 인식했다고 말했다. 보다 필요한 것은 정보 서비스에 대한 국가 기관의 긴밀한 협력이며 항공 승객의 움직임을 모니터하는 것이 보다 효율적이고 중요한 방안이 될 것이라 강조했다. 베버 대표는 통합 승객 예약 정보 시스템을 사용하는 것이 필요하며, 유럽 외부의 국경 통제도 강화해야 한다고 말했다. 또한 그는 장 클로드 융커 집행위원장이 제안한 투자 계획을 지원하는 기금 조성에 대해서 유럽국민당그룹은 지원을 다 할 것임을 밝혔다.

01월 14일
• 룩스리크스(Luxembourg leaks, Luxleaks)에 대한 조사 작업의 속도가 느려지고 있다
(S&D News room 01. 14)
– 룩셈부르크 다국적 기업 탈세와 관련하여 유럽사회당그룹은 룩스리크스(Lux-Leaks)에 대해 조사할 위원회에 대한 성명을 발표했다. 잔니 피텔라는 룩스리크스(LuxLeaks)조사위원회를 설치하는 데에 필요한 서명은 이미 준비되었으나 여전히 경제문제위원회에서 입법 보고서를 발행하는 것이 가장 좋은 방법이라고 생각한다고 말했다. 또한 이번 사건과 관련한 조사위원회는 과거의 위법을 확인할 수 있을 뿐 아니라 미래의 또 다른 탈세 사건을 방지할 수 있기에 조사위원회가 경제문제위원회과 협력하여 작동해야 한다고 말했다. 유럽사회당그룹은 세금 사기와의 전쟁에 최전선에 있으며 세금 회피 및 탈세에 대한 보고서를 진행하고 있다고 밝혔다.

01월 12일

• 유럽의회 의원들, 파리 테러 공격의 희생자들에 대해 경의를 표하다

(European Parliament Press Releases 01. 12)

– 이번 달 본회의 시작에 있어 유럽의회 의원은 지난 파리 테러의 희생자들에 대해 추모하고 그에 대한 논의를 진행했다. 유럽의회 의장 마르틴 슐츠는 칼라슈니코프 (자동 소총의 하나)의 폭력이 우리의 유럽적 가치를 낮추게 만들지 않을 것이라고 말하며, 반유대주의는 이슬람 공포증이나 증오로 나아갈 수 있는데 이보다는 관용과 상호 존중이 필요함을 언급했다. 알랭 라마소(Alain Lamassoure) 유럽국민당그룹 의원은 유럽인 모두는 평화를 보존할 의무가 있다고 말했다. 유럽사회당그룹의 퍼벤치 베레스(Pervenche Berès) 의원 역시 수많은 재앙이 있다 하더라도 유럽은 분열되지 않을 것이며 이상적인 민주주의를 실현할 것이라고 말했다. 반면 극우주의 정당의 그룹인 자유민주그룹의 나이절 패라지 의원은 중동의 군사개입을 비판하며, 무슬림 공동체 내에서 매우 깊은 분노를 선동하는 중동의 군사 개입은 안 될 것이며, 이들이 우리 국가에 살고 있다는 것이 가치에 반대된다고 말했다. 또한 교섭 단체가 없지만 프랑스 극우주의 정당인 국민전선 소속의 마린 르펜 의원은 테러리즘은 목적과 수단일 뿐 피해자를 죽인 것은 이슬람 근본주의이기에 유럽은 이슬람 근본주의의 유럽에서 유럽인들을 보호해야 한다고 강조했다.

01월 13일

• 신임 유럽이사회 상임의장, '일관된 대테러 정책' 촉구

(European Parliament Press Releases 01. 13, 연합뉴스 01. 14 재인용)

– 도날드 투스크 신임 유럽이사회 상임의장은 본질적인 민주적 자유를 지키려면 일관된 대테러 정책이 필요하다며 논란이 이는 항공 정보 공유 방안을 지지하고 나섰다. 투스크 상임의장은 13일 유럽의회에서 "우리는 다시 한 번 안보와 자유 사이의 영원한 딜레마에 봉착했고, 또다시 이 근본적인 필요 사이에서 현명한 균형을 찾아야 한다"고 이같이 밝혔다. 또 "일관된 안보 정책을 세우지 못한다면 우리가 이룩한

자유가 조만간 위험에 처할 것"이라고 경고했다. 이어 유럽연합이 통합 승객 예약 정보(PNR) 시스템을 사용하는 것을 지지한다고 강조했다. 그는 "하나의 시스템을 이루지 못한다면 각국의 시스템은 구멍 뚫린 조각보가 될 것"이라며 "그것이 개인 정보를 침해할 수도 있지만 우리의 안전을 적절하게 보호해 줄 수 있다. 안전과 자유를 위해서는 하나의 시스템이 확실히 더 낫다"고 설명했다. 통합 승객예약정보는 승객의 여행 정보를 공유해 중동의 위험 지역에서 훈련을 받고 들어올 가능성이 있는 사람들 등 용의자 정보를 신속하게 교환하자는 방안으로, 유럽의회는 이 제도가 개인 정보를 침해할 수 있다는 이유로 반대를 표명한 바 있다.

01월 13일
• 유럽연합 집행위원회, 3,150억 유로 규모 경기 부양 초안 채택

(European Commission 01. 13, 뉴시스 01. 14 재인용)

‑ 13일 유럽연합 집행위원회가 3150억 유로(약 402조 1857억 원) 규모의 경기 부양 프로그램 초안을 채택했다. 이는 집행위원장이 취임한 이후 처음으로 내놓은 대형 프로젝트로 역내 인프라 건설 사업에 투자할 민자 유치를 목적으로 한 '유럽 전략 투자 펀드(EFSI)'다. 융커 집행위원장은 "오는 06월부터 펀드가 진행되는 것과 동시에 새로운 투자금이 나올 수 있도록 유럽의회와 집행위가 제안을 받아들일 것으로 확신한다"고 강조했다. 이번 프로그램은 경기 부양을 위해 전략적 투자를 시행할 3,150억 유로 규모의 펀드를 조성하는 것을 골자로 하고 있다. 일단 유럽연합의 210억 유로를 바탕으로 민간 투자를 이끌어 낼 계획이다. 210억 유로 중 160억 유로는 유럽연합 예산에서, 50억 유로는 유럽투자은행(EIB)에서 조달한다. 소액의 공적 자금을 바탕으로 거액의 민간 자본을 유치한 유럽투자은행(EIB)을 모델로 삼았다. 한편 펀드가 조성되기 위해서는 전 회원국의 찬성이 필요하지만 회원국 간 의견이 엇갈리고 있어 귀추가 주목되고 있다.

01월 14일
• 외교 정책: 유럽의회 의원은 유럽의 단결을 요구한다

(European Parliament Press Releases 01. 14)

– 유럽연합의 외교, 안보 정책 수석 페데리카 모게리니(Federica Mogherini)가 수요일 토론에서 유럽연합은 새롭게 직면한 안보에 대한 도전을 해결하기 위해 더욱 단결하고, 공동의 역할을 해야 한다고 말했다. 대다수 유럽의회 의원들은 파리에서의 테러 이후 유럽연합 회원국들 간의 대내적, 대외적인 협력과 공조가 필요하다고 말했다.

01월 15일

• 유럽의회는 터키에서의 언론의 자유와 법의 지배에 대한 위협을 우려한다

(European Parliament Press Releases 01. 15)

– 유럽의회 의원은 2014년 12월 터키에서 발생한 경찰의 급습과 언론인의 체포를 비난하며 그들은 자유와 다원주의 속에서의 민주주의의 필수 구성 요소임을 지적했다. 또한 목요일에 그들에 대한 우려를 표명하며, 매체의 자유를 조속히 보장할 것을 터키 정부에 요청하는 결의안을 채택했다.

유럽의회 여론

01월 11일

• 파리서 '테러 규탄' 대규모 집회… 수십만 운집   (The Wall Street Journal 01. 12)

– 지난주 프랑스의 수도를 공포로 몰아넣은 테러 공격을 규탄하는 대규모 집회가 11일 열렸다. 세계 주요국 정상들도 서로 팔짱을 끼고 역사적인 행진에 참여했다. 프랑스 전역과 안팎에서 시민 수십만 명이 파리로 모여들었다. 세계 외교 무대에서 사이가 어색한 정상들도 한마음으로 테러를 반대했다. 이번 테러로 희생된 17명의 유족과 친구들도 시위대 선두에서 엄숙하게 행진했다. 베냐민 네타냐후(Benjamin Netanyahu) 이스라엘 총리, 마흐무드 압바스(Mahmoud Abbas) 팔레스타인 자치정부 수반, 앙겔라 메르켈독일 총리, 데이비드 캐머런 영국 총리를 비롯한 세계 각국 정상들이 그 뒤를 따라 걸었다. 이번 행진은 파리에서 수십 년 만에 최대 규모로 열린 집회였다. 프랑스 관계 당국은 시위대를 관리하고 외국 정상의 안전을 보장하기 위해서 이례적인 조치를 취했다. 당국은 파리 시내 대부분의 교통을 통제하고 지하철 운행도 중단했다. 이번 폭력 사태로 프랑스는 큰 충격을 받았다. 프랑스의 안보가 튼

튼하다는 국민들의 신뢰는 산산이 부서졌다. 유럽에서 이슬람교도 인구가 제일 많은 나라인 프랑스는 긴장감에 휩싸였다. 한편 프랑스 우파 정당인 국민전선은 프랑스 남부에서 따로 집회를 열었다. 국민전선을 이끄는 마린 르펜 총재는 파리 반테러 집회에 참가하지 않겠다는 뜻을 밝혔다. 파리에서 반테러 집회가 열리기 전인 토요일, 프랑스 전역뿐만 아니라 뉴욕과 더블린, 제네바 등 세계 각지에서 희생자를 추모하는 시위가 열렸다.

01월 15일

• 유럽 옴부즈맨: 2013년 시민을 위한 투명성

(European Parliament Press Releases 01. 15)

- 유럽의회 의원은 바람직한 행정에 대해 시민이 가지고 있는 권리를 강조하고 투명한 정책 결정과 정보 캠페인에 대한 옴부즈맨의 요청을 승인했다. 또한 옴부즈맨은 유럽연합의 기관들이 더욱 개방적이고 시민 친화적이 될 수 있도록 하는 데에 중요한 역할을 하고 있다고 밝혔다. 지난 목요일 2014년 9월 15일에 제출되었던 2013 옴부즈맨의 연례 보고서가 의회에서 통과되었다. 보고서에 따르면 투명성에 관한 문제가 2012년 52.7%보다 11.6%포인트 증가한 64.3%인 것으로 나타났다. 특히 정보 캠페인 등에 대한 협상의 투명성 부족이 문제인 것으로 나타났다. 또한 2013년 23,245명의 유럽 시민들이 옴부즈맨 서비스를 사용하였고, 대부분 정보에 대한 요청과 불만 사항 접수가 가장 많은 것으로 나타났다. 유럽연합 집행위원회에 대한 불만이 늘어나는 만큼 그에 대한 조치 또한 시급해 보인다. 유럽의회 의원들은 이러한 대중의 인식을 제고하고 더욱 유럽연합 시민들의 권리를 보장하기 위해 옴부즈맨이 소셜 미디어를 더욱 활용할 것을 요청했다.

01월 19일

• 운명의 날, 01월 25일…그리스 과연 유로존에서 탈퇴하나? (wow한국경제TV 01. 19)

- 1월 25일 그리스 총선을 앞두고 급진 좌파 연합인 시리자(SYRIZA) 당이 집권할 가능성이 높아지면서 한동안 잠복돼 왔던 '그렉시트'에 대한 우려가 확산되고 있다. 총선을 앞두고 실시된 각종 여론 조사 결과를 보면 정당 지지율이 알렉시스 치프라스

(Alexis Tsipras) 대표가 이끄는 시리자가 1위를 고수하고 있는 것으로 나타났다. 아테네 여론 조사 기관인 알코가 발표한 여론 조사 결과를 보면 시리자가 31.6%로 안토니스 사마리스(Antonis Samaras) 현 그리스 총리가 이끄는 신민당(New Democracy Party, ND)의 27.6%를 앞서는 것으로 조사됐다. 3년 전 재정 적자와 국가 채무에서 비롯된 유럽 재정 위기 때와 달리 이번에는 그렉시트와 같은 회원국 탈퇴 문제가 곧바로 제기되는 것은 스코틀랜드 분리 독립 투표를 계기로 유로존 회원국 내에서도 분리 독립 운동이 확산돼 온 것과 위기 극복 정책이 거의 소진돼 회원국 탈퇴 이 외 별다른 방안이 없어 보이기 때문이다. 그렇기에 총선 이후 시리자가 집권할 경우 선택할 수 있는 방안은 두 가지다. 유로존에서 탈퇴하는 '그렉시트'와 그대로 잔존하는 'G-유로(Greece+Euro)'다. 특히 'G-유로'는 외형상으로 그리스를 유로존에 잔존시키면서 독자적인 경제 운용권을 주는 방식이다. 이때 그리스는 수렴 조건에 구속되지 않으면서 위기를 풀어갈 수 있고, 독일은 구제 금융 부담을 덜 수 있는 '윈-윈 방식'으로 더 현실적이다. 2014년 5월에 치러졌던 유럽의회 선거에서 좌파 세력이 약진한 이후 경제 취약국은 'G-유로' 방식을 고집해 유럽 통합을 깨지 않으면서 내부적인 문제를 해결해 나가는 움직임이 뚜렷하다. 급진 좌파 연합인 시리자의 치프라스 대표도 이 방안에 대해 기본적으로 동조하고 있다. 그럼에도 불구하고 그렉시트 우려가 높아지는 것은 구제 금융 수용 조건인 긴축을 이행하지 않을 가능성 때문이다. 그리스 국민도 그렉시트에 반대하고 있으나 긴축 이행에 대해서는 부정적인 입장을 보이고 있다.

8차(1월 말~2월 말)

김진주

2015년 1월 21일 브뤼셀에서 유럽의회 인권소위원회가 열렸다. 이번 인권소위원회에서는 북한 인권 문제 개선을 위한 국제적인 협력 방안이 논의되었다(연합뉴스 2015. 01. 22). 유럽의회 본회의는 2월 9일부터 12일까지 스트라스부르에서 진행되었다. 유럽의회 내 중도 우파이자 다수당인 유럽국민당그룹은 테러에 대한 대책으로 유럽연합 회원국 사이에 통합 항공 여객 기록(Passenger Name Record, PNR) 시스템의 도입을 강하게 요구했다(EPP Group Press Releases 2015. 02. 11). 2015년 말까지는 반드시 도입하겠다는 의지를 보이고 있으며, 국경 통제 강화를 강조하는 모습이다. 또한 지난 24일 유로존 재무장관 협의체인 유로그룹(Eurogroup)*이 24일 그리스 정부의 자체 개혁안을 수용한 것은 환영하지만 그리스 정부가 더욱 노력해야 한다고 말했다(EPP Group Press Releases 2015. 02. 24). 반면, 유럽의회 내 중도 좌파인 유럽사회당그룹은 항공 여객 기록(PNR) 시스템이 데이터 보호 협약을 침해하지 말아야 하며, 민주주의 수준을 낮추지 않는다는 전제하에 찬성한다는 입장을 명확히 하였다(S&D News room 2015. 02. 11).

02월 본회의에서는 테러 공격으로부터 유럽연합을 보호하고 유럽 시민들의 권리를 보호하기 위해 항공 여객 기록(PNR) 시스템과 데이터 보호 협약이 함께 가야 한다는 내용의 결의안이 채택되었다(European Parliament Press Releases 2015. 02. 11). 또한 1월 21일 유럽의회 인권소위원회에서는 북한 인권 문제 개선을 위한 국제 협력 방안이 논의되었다(연합뉴스 2015. 01. 22). 1월 25일 치러진 그리스 총선에서는 급진 좌파 연합(시리자, Syriza)이 승리하면서, 알렉시스 치프라스 대표가 그리스 현대 정치사상 최연소 총리가 되었다(연합뉴스 2015. 01. 26).

1월 31일 스페인에서는 대규모 반긴축 시위가 열렸으며(El País 2015. 01. 30; 연합뉴스 2015. 02. 01 재인용), 2월 2일 오전 브뤼셀 유럽의회 건물 근처에서 총기와 전기

---

* 유로그룹: 유로존 내 회원국 재무장관들의 비공식적 협의체로서 유로에 대한 공동의 책임을 공유하고 주로 경제 정책의 긴밀한 협조를 보장하기 위해 주로 한 달에 한 번 회의를 진행함
(유로그룹, http://www.consilium.europa.eu/en/council-eu/eurogroup/)

톱을 가지고 있는 수상한 차량이 발견되어 테러 소동이 있었다(Independent 2015. 02. 02). 최근 영국의 컴레스(ComRes)가 유럽 개혁파 싱크 탱크(Think Tank)인 뉴디렉션(New Directions)의 의뢰를 받아 시행한 여론 조사에 따르면, 프랑스 주민들은 '유럽연합은 개혁돼야 하는가?'라는 물음에 58%가 '그렇다'고 밝혔으며, 영국과 네덜란드는 각각 49%, 독일 주민은 46%가 찬성 의견을 밝혔다(Telegraph 2015. 02. 07; 헤럴드경제 2015. 02. 08 재인용). 급진 좌파 정부의 탄생으로 유럽연합 탈퇴가 우려되었던 그리스는 유로그룹이 24일 그리스 정부의 자체 개혁안을 수용함에 따라 우려가 잠식된 것으로 보인다(뉴욕타임스 2015. 02. 24; 서울경제 2015. 02. 25 재인용).

다음 본회의는 3월 9일에서 12일까지 진행될 예정이다.

유럽의회 정당

01월 28일

• 유럽국민당그룹, 다른 정치 집단들에게 반테러리스트 조약 제안

(EPP Group Press Releases 01. 28)

– 유럽국민당그룹은 기자 회견에서 다른 정치 단체들에게 반테러에 대해 협정을 맺을 것을 요청하였으며, 테러와의 싸움을 위한 전략을 밝혔다. 만프레드 베버 유럽국민당그룹 대표는 기자 회견에서 테러와의 전쟁에서 미국과 같은 방식을 따르하지 않겠다고 말하며, 유럽연합이 가지고 있는 높은 데이터 보호 기준과 동시에 테러와의 전쟁을 할 수 있는 권한을 강화할 것이라고 말했다. 기자 회견에 참석한 유럽국민당그룹 소속 유럽의회 의원 모니카 홀마이어(Monika Hohlmeier)는 더 나은 국경 통제를 위해 유럽연합의 항공 여객 기록(PNR)과 스마트 국경 시스템의 도입을 제안했다.

02월 11일

• 테러리즘(Terrorism): 2015년 말까지 항공 여객 기록(PNR)을 도입할 것

(EPP Group Press Releases 02. 11)

– 유럽의회는 유럽연합이 테러와의 전쟁을 위해 제안한 정책들에 대한 결의안을 승

인했다. 이번 결의안은 유럽국민당그룹에 의해 상정되었으며 유럽의회 모든 정치 그룹들의 지지를 받았다. 유럽국민당그룹은 유럽연합이 항공 여객 기록(PNR) 시스템을 도입할 것을 주장하며, 올해(2015년) 말까지 이 시스템을 확정할 정치적 의지를 가지고 있다. 유럽국민당그룹은 모든 회원국이 체계적이고 효과적으로 여행 서류를 확인하여 외부 국경 통제를 강화하는 데 힘써 줄 것을 요청했다.

02월 11일

• 유럽연합 집행위원회에 항공여객기록(PNR) 개정 요청 "그것은 반드시 유럽사법재판소(European Court of Justice, ECJ) 규칙에 따라야 하고, 데이터 보호 협약과 연관되어야 한다."   (S&D News room 02. 11)

– 유럽사회당그룹의 결정적인 지원 덕분에 유럽의회에서 테러를 비난하고 유럽연합 시민의 안전을 강화하기 위한 결의안이 채택되었다. 테러의 근본적인 원인을 해결하기 위해 서로 다른 문화와 종교 사이에서의 사회 통합, 대화, 참여, 평등, 관용과 이해를 돕는 교육 프로그램, 재활 프로그램에도 홍보 및 투자가 필요할 것이다. 유럽사회당그룹의 대표 잔니 피텔라는 "우리는 보안의 환상과 우리의 자유를 거래하고 싶어 하는 사람들의 협박에 굴복할 수 없다. 셍겐 조약에서는 이러한 것이 명확히 거부되었다. 테러와의 전쟁은 내부 및 외부의 조치뿐만 아니라 사법 협력 간의 정보 및 데이터 교환 시스템의 포괄적인 접근 방식을 필요로 한다. 유럽사회당그룹은 테러와의 전쟁에 대한 대안들이 우리의 민주주의 수준을 감소시키지 않을 경우에 한해서만 항공 여객 기록(PNR)을 찬성한다. 항공 여객 기록(PNR) 교환이 테러의 위협을 근절하지 못할 것이란 점을 명시해야 한다"고 말했다.

02월 21일

• 그리스의 대출 확장안 승인에 피텔라 "유럽이 이겼다"   (S&D News room 02. 21)

– 유로그룹(Eurogroup)의 동의에 어제 그리스의 대출 확장안이 승인됨에 따라 유럽사회당그룹의 대표 잔니 피텔라는 공표했다. "유럽이 이겼다. 책임감과 유럽연합 국가의 상호 신뢰가 당파를 우세한다. 마지막으로 참여한 모든 인사들에 의해 보인 약속은 그리스의 대출금 확장을 위한 요청에 대해 사리에 맞는 약속을 가능케 하였다.

그리스뿐만 아니라 유럽 전체를 통틀어서 이것은 새로운 시작이다. 우리는 지난 몇 주에 걸쳐 유럽사회당그룹으로서 진행했던 회유적 행동으로 이루어 낸 긍정적인 결과물을 환영한다."

02월 24일
• 유럽국민당그룹, 그리스에 대해 "유로그룹의 동의는 백지수표가 아니다"

(EPP Group Press Releases 02. 24)

− 유럽국민당그룹은 유로그룹과 그리스 사이에 이루어진 구제 금융 프로그램 연장 조건에 대한 합의를 환영한다. 유럽국민당그룹 대표인 만프레드 베버는 유럽의회에서 "유럽의 납세자들은 치프라스의 공약들에 대해 돈을 지불하지 않을 것이다. 그리스 정부가 이것을 이해하기 시작했다는 것은 좋은 소식이다. 유럽의 동반자들은 치프라스에게 백지수표를 주지 않고 있다. 치프라스와 그의 정부에게는 참된 의지로 이전의 그리스 정부로부터 시작된 개혁의 길을 밀고 나가며 증명해 보일 4개월이라는 시간을 가지고 있다. 이것은 그리스를 향한 유럽 연대의 연장 조건이다"라고 말했다.

유럽의회 선거 · 의회

01월 21일
• 유럽의회 인권소위, 북한 인권 개선을 위한 국제 협력 방안 논의   (연합뉴스 01. 22)
− 유럽의회 인권소위원회는 21일 북한 인권 문제 개선을 위한 국제 협력 방안을 논의했다. 브뤼셀에서 열린 인권소위에 참석한 로버트 킹(Robert King) 미국 국무부 북한인권특사는 2014년 02월 유엔총회가 북한 인권 상황을 국제형사재판소(International Criminal Court, ICC)에 넘길 것을 권고하는 결의안을 채택한 데에 이어, 국제연합(UN) 안전보장이사회가 북한 인권 문제를 정식 안건으로 채택한 것에 대해 북한 인권 문제에 대한 국제 사회의 논의에 큰 진전이 있었다고 평가하고 국제연합(UN)과 미국, 유럽연합, 그리고 한국 정부가 북한 인권 개선을 위한 협력을 더욱 강화하는 것이 중요하다고 말했다. 유럽의회 의원들은 유럽연합이 북한 인권 문제에 대해

지속적으로 강조하고, 북한에 대한 압박의 강도를 높일 것을 제의했다. 유럽연합은 2005년 이후 매년 국제연합(UN) 인권이사회 및 국제연합(UN) 총회에서 북한 인권 개선을 촉구하는 북한 인권 결의안 채택을 주도하고 있다.

01월 25일

• 그리스 총선 승리 치프라스, 사상 최연소 총리에 　　　　　　　(연합뉴스 01. 26)

– 25일 치러진 그리스 총선에서 급진 좌파 연합 시리자가 승리하면서, 알렉시스 치프라스 대표가 그리스 현대 정치사상 최연소 총리가 될 것으로 전망되었다. 치프라스 총리는 3일 안에 정부를 구성해 의회의 승인을 받으면 대통령으로부터 총리 임명장을 받게 된다. 그리스의 강경 좌파 진영을 이끌어 온 치프라스 대표는 긴축 정책을 철폐하기 위해 구제 금융 재협상을 해야 한다며 조기 총선을 치르자고 끈질기게 요구했으며 결국 그리스 신민당 소속 안토니스 사마라스(Antonis Samaras) 총리를 끌어 내렸다. 시리자는 2014년 5월 유럽의회 선거에서는 득표율 26.57%로 신민당(22.7%)을 누르고 1위에 올랐다.

02월 11일

• 항공 여객 기록(PNR)과 데이터 보안은 함께 가야 한다

　　　　　　　　　　　　　(European Parliament Press Releases, 02. 11)

– 테러 공격으로부터 유럽연합을 보호하고 유럽 시민들의 권리를 보호하기위한 유럽의회 의원들의 결의안이 채택되었다. 이번 결의안은 항공 여객 기록(PNR) 등의 정책과 유럽연합 데이터 보호 규칙이 함께 가야 함을 강조했으며 기권 36, 반대 136, 찬성 532로 승인되었다. 가장 중점적인 것은 대테러 조치가 유럽 시민의 기본권을 손상시켜서는 안 된다는 점이다. 항공 여객 기록(PNR)과 유럽연합 개인 데이터 보호 기준이 함께 병렬적으로 진행되어야 한다는 것이다. 유럽의회 의원들은 회원국들에게 급진화를 방지하고자 다음과 같은 다층적인 접근을 요구하였다. 근본적인 급진화의 원인을 논하는 교육과 사회 제도에 대해 노력(투자)할 것, 테러에 대한 온라인 선동을 상쇄할 것, 테러리스트 조직과 무기 밀매상들의 재정 지원을 방해할 것, '탈참여와 탈급진(disengagement and de-radicalisation)' 프로그램을 세울 것. 또한 항공 여

객 기록(PNR)을 통해 외부 국경에서의 검사를 강화하고, 현재 50%만 유러폴(Euro-pean police force, Europol)과 유럽연합 사법기구(Eurojust)에 제공되는 회원국들의 국가 단위 정보를 더욱 제공할 것을 촉구하였다.

02월 22일

• 유럽연합 '스마트 국경 시스템' 도입 추진…비유럽연합 국가 국민 지문 채취

(European Voice 02. 22, 연합뉴스 02. 22 재인용)

– 유럽연합 대부분의 국가는 그동안 역내 자유 통행을 보장하는 '솅겐 조약'에 따라 국경 통제를 하지 않았으나 테러 방지 필요성이 증대함에 따라 유럽연합이 국경 통제 강화를 추진하고 있다고 유러피언보이스(European Voice)가 22일 보도했다. 유럽 연합이 마련 중인 '스마트 국경' 시스템은 역내 국경으로 들어오는 비유럽연합 국가 국민의 지문을 채취하고 사진을 찍는 것이다. 또한 등록 여행자 프로그램(Registered Traveller Programme, RTP)과 출입국 시스템(Entry Exit System, EES)으로 구성된 스마트 국경 통제 장비를 개발해 테러 용의자를 쉽게 가려내고 국경 통과 시간을 줄일 계획 이다. 비 유럽연합 시민에 대한 국경 통제는 미국, 한국 등 비자 면제 협정 체결 국가 국민에게도 적용될 것으로 보인다. 유럽연합 집행위원회의 스마트 국경 통제 계획 은 다음 달부터 역내 주요 공항에서 시험적으로 지문 채취 등의 통제 방안을 시행할 예정이다. 예정 시험 통제 기간은 오는 9월까지로 지문 채취 등이 의무 사항은 아니 며 비유럽연합 국민은 이 같은 통제를 거부할 수 있다. 홍채 인식 장비는 비용 문제 로 채용 여부가 결정되지 않았다. 이러한 전자 장비와 새로운 통제 방식은 공항뿐 아 니라 도로와 해상 등의 모든 국경에서 적용될 예정이다. 유럽연합 집행위원회는 연 말까지 스마트 국경 통제 시스템의 전면적인 시행 계획을 마련할 계획이다. 이 계획 은 유럽연합 28개 회원국과 유럽의회의 동의를 얻어 시행된다.

유럽의회 여론

01월 30일

• 스페인서 긴축 반대 시위…좌파 정당 '포데모스' 인기

(El País 01. 30, 연합뉴스 02. 01 재인용)

- 31일 스페인에서 대규모 반긴축 시위가 열렸다. 현지 일간지 엘파이스(El País)는 스페인 각지에서 수만 명의 시민이 신생 좌파 정당인 포데모스(Podemos)가 주최한 '변화를 위한 행진' 시위에 참가했다고 보도했다. 시위에 참가한 시민은 마드리드 시청에서 푸에르타델솔 광장까지 걸어가며 "우리는 할 수 있다"라는 구호를 외쳤다. 파블로 이글레시아스(Pablo Iglesias) 포데모스 대표는 행진 후 집회 참가자들에게 "변화의 바람이 유럽에 불기 시작했다"고 평가했다. 그리스에서 급진 좌파 정당이 집권한 이후 스페인에서도 신생 좌파 정당인 포데모스의 인기가 갈수록 올라가고 있다. 포데모스는 창당 4개월 만에 치러진 2014년 5월 유럽의회 선거에서 8%의 득표율로 5석을 확보하면서 스페인 정치권에 새 바람을 일으켰다. 시리자와 마찬가지로 포데모스는 반부패와 긴축 반대를 내세우면서 지지 기반을 넓히고 있다.

02월 02일

• '수상한 차량'의 위협과 유럽의회 건물의 대피　　　　　(Independent 02. 02)

- 벨기에 경찰은 오전 11시 브뤼셀 유럽의회 건물 근처에서 총기와 전기톱을 가지고 있는 수상한 차량을 발견하여 유럽의회 건물 직원과 방문객 등을 대피시키고 위장복을 입은 용의자를 체포하였다. 그는 유럽의회 의장을 만나고 싶었다고 말한 것으로 알려졌다.

02월 07일

• "유럽인 절반, 유럽연합 개혁 지지"　(Telegraph 02. 07, 헤럴드경제 02. 08 재인용)

- 7일 영국 신문 텔레그래프(Telegraph)는 영국의 조사 기관 컴레스의 여론 조사 결과를 인용해 이같이 보도했다. 컴레스가 유럽 개혁과 싱크 탱크인 뉴디렉션의 의뢰를 받아 시행한 여론 조사에 따르면 프랑스 주민들은 '유럽연합은 개혁돼야 하는가?'라는 물음에 58%가 '그렇다'고 밝혀 조사 대상국 주민 중 가장 지지율이 높았다. 영국과 네덜란드는 각각 49%, 독일 주민은 46%가 찬성 의견을 밝혔다. '유럽연합이 회원국 내부 문제에 대한 간섭을 줄여야 하는가?'라는 문항에 '그렇다'는 답변은 영국은 64%였고, 프랑스와 네덜란드는 각각 49%, 독일은 46%로 과반 수준에 육박했다.

영국 정부가 내세우는 대표적인 유럽연합 개혁 요구 사항인 회원국 주민 자유 이주의 통제 또는 폐지 방안에 대해서는 프랑스인은 65%가 지지 의견을 밝혔다. 영국과 네덜란드에서는 이주민 규제 방안에 대한 찬성 의견이 78%와 70%까지 상승했고, 독일인의 찬성 응답률은 48%였다.

02월 24일

• 그렉시트 우려 덜었지만… 치프라스 앞길 험로

(뉴욕타임스 02. 24, 서울경제 02. 25 재인용)

- 유로존 재무장관 협의체인 유로그룹이 24일 그리스 정부의 자체 개혁안을 수용하면서 이른바 '그렉시트(그리스의 유로존 탈퇴, Grexit) 리스크'는 큰 고비를 넘겼지만 알렉시스 치프라스 총리 정부가 넘어야 할 산은 여전히 험난하다는 분석이 나온다. 뉴욕타임스는 유로그룹이 이날 그리스의 경제 개혁 리스트를 승인하기로 했다고 전하면서 "채권단의 요구를 충족시키면서도 (선거공약이었던) 반(反)긴축 약속을 동시에 지킬 수 있는 절묘한 균형점을 찾아야 한다는 점에서 치프라스 총리의 앞날은 험로가 예상된다"고 내다봤다. 그리스 정부는 현 구제 금융 프로그램을 4개월 더 연장하고, 2015년 4월 말 72억 유로(약 8조 9,800억 원)의 미집행 잔금을 받을 수 있게 되었다. 급진 좌파 치프라스의 등장으로 그리스 이슈가 글로벌 금융 시장을 뒤흔들 수 있다는 그렉시트 우려도 한시름 덜게 됐다. 그러나 그리스 국내 여론을 어떻게 설득할지가 또 다른 문제이다. 22일 현 구제 금융을 한시적으로 연장하기 위한 첫 합의를 놓고 구제 금융 연장에 대한 그리스 내 여론은 부정적이다.

9차(2월 말~3월 말)

김진주

　이번 본회의는 3월 9일부터 12일까지 스트라스부르에서 진행되었다. 본회의에 앞서 지난 2015년 2월 27일 러시아의 보리스 옐친(Boris Yeltsin) 대통령 시절 제1부총리를 지내고 푸틴 정권에서 반정부 운동을 이끈 보리스 넴초프(Boris Nemtsov)가 크렘린 궁에서 불과 200m 정도 떨어진 모스크바 강 다리 위에서 괴한의 총에 맞아 숨지는 사건이 발생한 가운데 러시아 크렘린 궁의 개입설이 돌며 러시아 전체의 추모 분위기와 반정부 분위기가 일었다(한겨례 2015. 03. 01). 넴초프를 추모하고자 3월 2일 폴란드의 보그단 보루세비치(Bogdan Borusewicz) 상원의장과 라트비아의 유럽의회 의원인 산드라 칼니에테(Sandra Kalniete)가 러시아로 향했으나 러시아는 입국을 불허했다(연합뉴스 2015. 03. 12). 유럽의회 의원이면서 유럽국민당그룹의 부회장인 산드라 칼니에테의 러시아 입국이 불허되자 유럽국민당그룹은 비난의 목소리를 높였다(EPP Group Press Releases 2015. 03. 02). 유럽의회에서도 이번 사건에 대해 엄중한 조사를 촉구하는 결의안을 채택했으며 유럽연합 차원에서도 러시아의 유럽 정치인 입국 거부 대응 방안이 논의되고 있다(연합뉴스 2015. 03. 12). 이 외에 유럽국민당그룹은 극단주의 세력의 테러에 맞서 사법 경찰을 통한 회원국의 보호, 테러 피해자의 권리와 지원 등의 중요성을 강조했다(EPP Group Press Releases 2015. 03. 12). 한편 유럽의회 내 중도 좌파인 유럽사회당그룹은 성 평등 결의안에 대해 여성의 일과 생활의 양립이 중요하며 출산 휴가가 더욱 보완되어야 할 것임을 강조했다(S&D News room 2015. 03. 10).

　본회의에서는 성 평등, 카드 결재 수수료 등의 실생활과 연관된 법안 및 결의안과 러시아의 넴초프 암살 사건에 대한 엄중한 조사를 요구하는 결의안도 통과되었다. 3월 유럽에서는 22일 프랑스와 스페인에서 선거가 있었다. 스페인의 안달루시아 주의회 선거에서 최대 야당인 사회당(Socialists)이 승리하였으며, 101개 도의원 선거가 치러진 프랑스에서는 2014년 11월 정계 복귀를 선언한 니콜라 사르코지(Nicolas Paul Stéphane Sarkozy de Nagy-Bocsa) 전 대통령을 앞세운 대중운동연합(Union pour un Mouvement Populaire, UMP)이 주도하는 보수 연합이

제2부.. 유럽의회의 동향 및 쟁점　**183**

29.7~32.5%의 지지율로 1위를 차지할 것으로 예상되었다(AFP통신 2015. 03. 22; 아시아경제 2015. 03. 23 재인용).

유럽 전역에는 극우주의 정당의 움직임이 다시 보이기 시작했다. 2월 28일 이탈리아의 반이민·반유럽연합 정당 북부동맹(Lega Nord)이 로마델포폴로 광장에서 주최한 시위에 수천 명의 지지자가 집결했다. 같은 날 영국 북동부 뉴캐슬에서는 독일에서 시작된 반이슬람 운동 단체 '서구의 이슬람화에 반대하는 애국적 유럽인들'이라는 '페기다'(Patriotic Europeans against the Islamization of the West, PEGIDA) 주최의 집회가 있었다(AFP통신; 세계일보 2015. 03. 01 재인용).

다음 본회의는 4월 27일부터 30일까지 개최될 예정이다.

유럽의회 정당

03월 02일
• 유럽국민당그룹 부회장인 산드라 칼니에테의 러시아 입국이 거부되었다
(EPP Group Press Releases 03. 02)
– 유럽의회에서 동유럽 확대를 위해 노력하고 있는 유럽국민당그룹 산드라 칼니에테 부회장의 러시아 입국이 거부되었다. 2월 27일 암살된 보리스 넴초프의 장례식장에 참석하기 위해 모스크바로 향했으나 입국이 거절되었다. 칼니에테는 "푸틴정권의 이러한 결정해도 불구하고 유럽국민당그룹이 나의 국가인 라트비아 내 정치적 가족과 보리스 넴초프의 친구, 가족, 러시아 내 모든 민주주의자들과 함께한다는 것을 알아주길 바란다"고 말했다. 이번 유럽의회 의원의 러시아 입국 거절은 세 번째 일어난 사건이다. 그렇기에 유럽의회 대통령인 마르틴 슐츠는 유럽의회 의원이 직무를 수행할 수 있도록 러시아 당국과 협의하여 조속이 이러한 문제를 해결해야 할 것이다.

03월 09일
• 성 평등: 유럽연합과 회원국들은 그들의 역량 내에서 실행해야 한다
(EPP Group Press Releases 03. 09)

- 유럽국민당그룹의 대변인은 유럽 전체에서 성 평등이 빠르게 이루어져야 하며 여성의 권리를 위해 유럽연합 전체가 노력해야 할 것이라고 말했다. 또한 유럽국민당그룹의 여성 권리 담당자인 콘스탄스 르 그립(Constance Le Grip) 역시 여성의 낮은 정치적, 경제적 참여와 지속적인 폭력으로 인해 남성과 여성의 임금 격차가 16.4%에 달한다면서 성 평등을 위해 앞으로 더 많은 노력과 구체적인 행동을 실행해야 함을 강조하였다. 유럽국민당그룹은 유럽연합과 그 회원국들에게 그들의 역량을 강조하며 강한 진보로써 성 평등을 실행할 수 없다면 가장 적절한 수준에서 성 평등을 위한 일들을 행해야 하는 것이 바람직하다고 생각한다.

03월 09일

• 러시아 제한으로 인한 도로 수송의 문제 　　　(EPP Group Press Releases 03. 09)
- 유럽연합 집행위원회는 러시아 수입 규제로 인한 유럽의 도로 수송 문제를 분석해야 한다. 러시아에 의해 수입된 제품은 주로 도로를 통해 수송된다. 이 과정에서 특정 제품을 실은 트럭은 국경에서 차단된다. 그렇기에 러시아는 카자흐스탄과 같은 다른 나라를 통해 수송에 제한이 있는 종류의 물건들을 들여온다. 유럽국민당그룹은 이러한 문제를 해결하기 위해 유럽연합 집행위원회에 적절한 조치를 취해 줄 것을 요구한다.

03월 10일

• 유럽은 성 불평등을 줄이기 위해 더 많은 일을 해야 한다　(S&D News room 03. 10)
- 성 평등에 대한 연례 보고서가 찬성 441, 반대 205, 기권 52로 유럽의회에서 채택되었다. 유럽사회당그룹의 여성 권리위원회 대변인 마리 아레나(Marie Arena)는 우리는 평등뿐만아니라 여성이 가족과 직장 생활의 균형을 가질 수 있도록 해야 한다며, 출산 휴가는 현재 여성의 고용률과 출산율을 증가 시킬 수 있는 중요한 제도라고 말했나.

03월 12일

• 관용은 극단주의에 맞서 싸우는 중요한 열쇠이다

- 많은 언론들이 유럽 내의 반유대주의와 반이슬람주의에 대한 급증을 보도하고 있다. 예컨대 프랑스의 폭력적 반유대주의의 수는 2014년 대비 130% 상승했다. 이러한 폭력적인 행위는 유럽연합의 가치와 기본적 자유, 민주주의에 대해 직접적인 공격이라 할 수 있다. 여러 유럽연합 회원국에서 극단주의가 증가하는 것에 대한 우려의 목소리가 높다. 현재 유럽에는 급진적인 물결이 있으나 상호 이해와 종교 간 대화를 촉진하는 전략을 통해 과격하고 극단적인 종교 지도자들의 종교 지침을 방해하기 위한 구체적인 조치를 취할 것을 모든 회원국들에게 촉구한다. 또한 사법 경찰을 통한 회원국 당국의 보호, 테러 피해자의 권리와 지원, 테러 자금 조달에 대한 근원 추적 등의 중요성을 강조하는 바이다.

03월 18일

• 유럽국민당그룹은 숨겨진 관행을 밝힐 수 있는 세금 투명 패키지를 환영한다

- 유럽국민당그룹은 현재 유럽연합 집행위원회에 의해 제안된 세금 투명 패키지를 환영하고 추가적인 조치를 요구하는 바이다. 유럽국민당그룹 경제 및 통화 담당 대변인은 유럽국민당그룹은 지금까지의 어두웠던 문제들을 해결하길 원하며 회원국들과 개별 기업 간의 모든 단일 세금 거래에 대한 정보의 의무 및 자동 교환이 절대적으로 필요하기에 가능한 빨리 이러한 제도가 채택되어서 일부 회원국의 숨겨진 문제들을 밝혀 줄 것을 촉구했다.

03월 20일

• 진보 세력은 유럽연합과 라틴아메리카 사이의 협력을 강화하기 위해 서약했다

- 유로라틴아메리카 의원 총회(The Euro-Latin American Parliamentary Assembly, Euro-Lat)의 상임위원회가 유럽연합과 중남미의 정치, 사회, 환경, 경제적 문제를 논의하고자 3월 16~19일 파나마에서 회의를 개최했다. 포르투갈 사회주의 의원인 카를로스 조리노(Carlos Zorrinho)는 회의의 긍정적인 결과를 환영하며, "이번 논쟁은 강렬하

고 유익한 세 가지였다. 자유, 민주주의, 지속 가능한 개발의 원칙으로 수렴했다. 유
럽연합과 라틴 아메리카의 진보 세력은 지구를 보호하는 데 도움이 되고 세계화에
있어 동일한 비전을 공유할 수 있다"고 말했다.

03월 25일

• 유럽사회당그룹 유로 의원, "유럽 시민들은 유럽에서 공정한 세금 제도를 받을 자격
  이 있다" (S&D News room 03. 25)

— 유럽사회당그룹 유로 의원인 에바 카일리(Eva Kaili)는 오늘 유럽의 세금 사기, 탈세
및 조세 회피를 해결하기 위한 적극적인 세금 계획을 담은 보고서를 제출했다. 그녀
는 "이것은 룩셈부르크 탈세와 스위스 탈세 스캔들 폭로 이후에 탈세 및 회피에 대
항할 구체적인 제안을 제시한 최초의 보고서이다. 우리는 유럽연합이 기업의 조세
회피와 적극적 세금 계획을 해결하기 위해 강력한 조치를 취해야 하며, 우리는 세금
제도 사이의 불일치를 줄이기 위한 조치를 포함하여 여러 가지의 요구 사항들을 제
시한다"고 말했다.

유럽의회 선거 · 의회

03월 10일

• 유럽의회는 트럭이 안전하고 친환경적일 수 있도록 조치를 취한다
(European Parliament Press Releases 03. 10)

— 유럽의회에 의해 승인되었던 트럭의 중량 및 크기 지침(1996)이 변경되었다. 제조
업체들이 전반적인 환경 및 안전 성능을 향상시킬 경우 현재 제한되어 있던 중량과
한계를 초과할 수 있으며, 새로운 디자인을 사용할 수도 있다. 보다 효율적으로 화
물을 수용하기 위해 이번 규칙을 승인했으며 2년 이내의 관련 회원국이 조항을 신설
하면 실행될 예정이다. 효율성을 강화함과 동시에 무게 제한을 초과하는 등의 범법
행위는 더욱 엄격하게 진행할 것을 포함한다.

03월 10일

• 유럽의회 의원은 불투명 카드 결제 수수료에 종지부를 찍었다

(European Parliament Press Releases 03. 10)

- 유럽의회 의원은 국경 및 국내 카드 기반의 지불에 모두 적용될 지침을 허용하였다. 이 법안은 반대 29, 기권 26, 찬성 621로 통과되었다. 이번 규칙은 국경 간 직불카드 거래의 경우 수수료 총액은 거래 금액의 0.2%이며, 5년간의 전환 기간 후 거래당 0.05유로의 최대 고정 요금을 설정할 수 있게 된다. 신용카드의 경우 수수료는 0.3%로 더 낮은 수수료를 설정할 수 있다. 이러한 비용 절감은 소매 업체와 구매자에게 모두 수혜일 것으로 보인다.

03월 10일

• 성 평등을 위한 정책 변경 요구 결의안 유럽의회 통과

(European Parliament Press Releases 03. 10)

- 성 평등을 위한 정책이 변경되어야 한다는 내용의 결의안이 찬성 441표 반대 205, 기권 52로 유럽의회를 통과했다. 이번 결의안은 지금까지의 상황들을 평가하고 임금 격차, 여성의 정치적, 경제적 의사 결정의 위치, 여성의 경제 위기, 직업/생활의 균형, 보육 시스템, 출산 및 육아 휴직 개선, 피임과 낙태를 포함한 성 건강 및 권리, 여성에 대한 폭력 퇴치의 과제를 강조하고 있다.

03월 12일

• 유럽의회, 러시아 넴초프 피살 사건 국제 조사 촉구　　　　　(연합뉴스 03. 12)

- 유럽의회는 12일 러시아 유력 야권 지도자 보리스 넴초프 피살 사건을 '러시아 현대사에서 가장 심각한 정치적 살인'이라고 규정하고 이 사건에 대한 국제적인 조사를 촉구했다. 유럽의회는 이날 채택한 결의안에서 러시아 당국이 넴초프의 장례식에 참석하려던 유럽 정치인의 입국을 막은 데 대해 유감을 표명했다. 또한 이 결의안은 러시아가 민주주의에 역행하고 압제와 공포의 국가로 나아가고 있다고 지적했다. 러시아 초대 보리스 옐친 대통령 시절 제1부총리를 지내고 블라디미르 푸틴 정권에서 야권의 반정부 운동을 이끈 넴초프는 2월 27일 크렘린 궁에서 불과 200m 정

도 떨어진 모스크바 강 다리 위에서 괴한의 총에 맞아 숨졌다. 러시아 야권은 크렘린 개입설을 주장하고 있으나 수사 당국은 종교적 과격 세력의 소행에 무게를 두고 수사를 벌이고 있다. 러시아 정부는 지난 2일 넴초프의 장례식에 참석하려던 폴란드의 보그단 보루세비치(Bogdan Borusewicz) 상원의장과 라트비아의 유럽의회 의원인 산드라 칼니에테의 입국을 불허했다. 러시아의 유럽 정치인 입국 거부에 대해 유럽연합 차원의 대응 방안이 논의되고 있는 것으로 전해졌다. 유럽연합은 2014년 03월 러시아의 크림 병합 이후 러시아 관련자 및 우크라이나 분리주의자에 대해 수차례의 제재를 가했다.

03월 23일

• 프랑스·스페인 지방 선거, 반유로 정서 재확인

(AFP통신 03. 22, 아시아경제 03. 23 재인용)

- 22일 프랑스와 스페인에서 치러진 지방 선거를 통해 유럽의 반유로·반긴축 정서가 재확인됐다. 스페인에서는 22일 안달루시아 주의회 선거가 치러졌다. 89.5% 개표가 완료된 상황에서 반긴축을 주장한 포데모스(Podemos)가 14.8%의 지지율로 3위를 기록 중이라고 AFP통신이 전했다. '우리는 할 수 있다'라는 뜻의 당명인 포데모스는 2014년 1월 창당한 신생 정당이다. 최대 야당인 사회당은 35.8%의 지지율을 기록해 1위에 올랐다. 같은 날 프랑스에서는 101개 도의원 선거가 치러졌다. AFP통신은 출구 조사 결과를 인용해 최대 야당인 대중운동연합이 주도하는 보수 연합이 29.7~32.5%의 지지율로 1위를 차지할 것이라고 예상했다. 1위 가능성이 점쳐졌던 극우 성향의 국민전선은 24.5~26.4%의 지지율을 기록할 것으로 예상된다. 국민전선은 이번 선거에서도 반유로와 반이민 정책을 전면에 내세워 표심을 공략했으나 국민전선의 기세는 2014년 11월 정계 복귀를 선언한 니콜라 사르코지 전 대통령을 앞세운 대중운동연합에 의해 한풀 꺾인 형국이 됐다. 프랑스에서도 집권 사회당은 몰락했다. 좌파 성향의 사회당은 19.7~24.0%의 지지율을 기록할 것으로 예상된다. 다른 군소 좌파 성향 정당들이 최대 7.7%의 지지율을 확보할 것으로 예상된다. 프랑스는 22일 1차 투표를 치렀으며 과반 투표자가 나오지 않은 곳에서는 29일 2차 결선 투표가 치러진다.

03월 01일

• '푸틴 비판' 넴초프, 괴한 총격에 사망…러시아 정국 '격랑'

(뉴욕타임스, 로이터, 한겨레 03. 01 재인용)

− 러시아의 대표적인 반정부 지도자인 보리스 넴초프의 암살로 러시아 정국이 요동치고 있다. 당국은 이 사건이 푸틴 정부를 곤경에 빠뜨리려는 반푸틴 세력들의 자작극일 가능성을 비치며 파문을 차단하려 하고 있다. 블라디미르 푸틴 대통령에 반대하는 세력들은 암살의 배후로 푸틴 정부를 지목하며 결집할 기세다. 넴초프는 27일 저녁 모스크바 크렘린 인근의 한 식당에서 여자 친구와 식사하고 자신의 아파트로 돌아가던 중 밤 11시 40분께 괴한의 총격을 받았다. 괴한은 6발을 넴초프에게 쏘았고 이 중 4발이 넴초프의 몸에 맞았다. 괴한은 근처에서 기다리고 있던 차량을 타고 달아났으나, 넴초프는 현장에서 즉사했다. 러시아 검찰총장실의 수사위원회는 28일 성명을 발표해, 수사의 방향에 미리 선을 그으며, 반정부 세력들이 넴초프를 살해해 그 책임을 푸틴 정부에게 떠넘기고 세력을 강화시키려는 의도가 이 사건의 배후인지를 수사하겠다고 나섰다. 푸틴 반대 세력들은 이번 암살은 푸틴의 실정이 빚어낸 결과라고 반박하고 있다. 푸틴 정부가 우크라이나 등에 대한 자신의 정책에 지지를 얻어내고, 경제 위기에 대한 책임을 돌리려고 민족주의와 증오, 반서방 분위기를 선동한 결과라는 것이다. 뉴욕타임스는 러시아 당국이 직접 암살에 개입하지는 않았다 하더라도, 푸틴 정부가 선동한 러시아 극우민족주의 세력 내부의 통제 안 되는 분자들이 저질렀을 가능성도 제기된다고 보도했다. 넴초프가 당초 반정부 집회로 계획했던 1일 모스크바 집회는 그의 추모 집회로 바뀌었고, 수만 명이 참석해 시내를 관통하는 행진을 벌였다. 이날 집회는 최근 몇 년 동안 러시아에서 벌어진 반정부 집회 중 최대 규모였다.

03월 01일

• 유럽서 반이민 시위 급속 확산   (AFP통신, 세계일보 03. 01 재인용)

− 유럽 사회의 반이민 정서가 심상치 않다. 아프리카·중동계 난민이 증가하는 상황

에서 이슬람 극단주의자들의 테러가 기름을 부었다. 이탈리아와 영국에서 대규모 집회가 열리는 등 반이민 시위가 급속히 확산되는 양상을 보이고 있다. AFP통신 등에 따르면 2월 28일 이탈리아의 반이민·반유럽연합 정당 북부동맹이 로마델포폴로 광장에서 주최한 시위에 수천 명의 지지자가 집결했다. 마테오 살비니(Matteo Salvini) 당수는 이날 시위에서 불법 이민자를 강도 높게 비판했다. 그는 "나는 좌·우. 파시스트·공산주의자의 차이를 모른다. 다만 일하는 자와 기생충 같은 인간을 구분지을 뿐이다"라며 현 정부의 이민 정책을 재앙이라고 규정했다. 마리오 보르게지오(Mario Borghezio) 유럽의회 의원도 "일자리를 구하지 못한 이민자들을 모두 이탈리아에서 내보내야 한다"고 역설했다. 이날 영국 북동부 뉴캐슬에서는 독일에서 시작된 반이슬람 운동 단체 '서구의 이슬람화에 반대하는 애국적 유럽인들(페기다)' 주최의 집회가 처음으로 열려 375명이 참가했다고 경찰이 밝혔다. 영국 페기다는 페이스북 페이지를 통해 1만 7,000명의 지지자를 확보하고 있으며 향후 런던에서도 집회를 열계획이다.

10차(3월 말~4월 말)

김진주

이번 본회의는 4월 15일 브뤼셀에서 단기 총회가 있었고, 4월 27일부터 30일까지 진행될 예정이다. 유럽에서의 4월은 '봄 악몽'이라고 할 정도로 난민의 익사 사건이 이어졌다(연합뉴스 2015. 04. 15). 유럽으로 향하던 난민선이 리비아 해안에서 전복되어 12일에는 400명이 익사했으며, 19일에는 600~700명이 숨진 것으로 추정되었다(CNN 2015. 04. 19). 유럽 사회에서 난민에 대한 문제가 큰 이슈로 떠오르고 있는 가운데, 이에 대해 유럽의회 내 중도 우파이자 다수당인 유럽국민당그룹은 논의를 진행하고 있으며(EPP Group Press Releases 2015. 04. 16), 유럽의회 내 중도 좌파인 유럽사회당그룹은 당장 유럽연합 정부가 난민 문제 해결에 나서야 하며, 유럽이사회를 개최해야 한다고 강하게 주장하고 있다(S&D Press Releases 2015. 04. 19). 유럽연합 차원에서도 이에 대한 긴급 대책 마련을 위해 유럽연합 28개 회원국 외무, 내무장관 회의를 개최하였고, 유럽연합 정상회의도 오는 23일에 개최될 예정이다(연합뉴스 2015. 04. 21). 또한 4월 8일 국제 로마(Roma, 집시)의 날을 맞이하여 유럽국민당그룹과 유럽사회당그룹은 유럽 내에서 로마 사람들이 겪는 편견과 차별에 맞서 그들을 통합하는 방향으로 나아가야 함을 강조하였다.

한편, 3월 프랑스 선거가 3월 30일 종지부를 찍었다. 29일 프랑스 도의원을 뽑는 지방 선거에서 니콜라 사르코지 전 프랑스 대통령이 이끄는 우파 제1야당인 대중운동연합이 큰 승리를 거둘 것으로 관측되었고, 여론 조사 기관인 시청각최고평의회(Le Conseil Supérieur de l'Audiovisuel, CSA)의 도의원 선거 2차 결선 투표 출구 조사 결과에 따르면 대중운동연합 등 우파는 98개 도에서 치러진 이날 선거에서 66~70개 도에서 다수당을 차지하는 것으로 나타났다(CSA: 연합뉴스 2015. 03. 30 재인용).

유럽 전역에는 난민 사건으로 인해 피해자들을 애도하고 있으며, 4월에 국제로마의 날(International Roma Day), 아르메니아 학살 100주기가 모두 포함되어 있어 차분한 분위기이다. 특히 아르메니아 학살 100주기를 맞이하여 유럽의회가

4월 15일 터키에 집단 학살을 인정하라는 결의안을 채택하였고(European Parliament Press Releases 2015. 04. 15), 이에 대해 터키가 이슬람교를 차별한 것이라는 입장을 보이면서 갈등이 확산될 조짐을 보이고 있다(터키 아나돌루 통신; 연합뉴스 2015. 04. 17 재인용).

다음 본회의는 5월 18일부터 21일까지 개최될 예정이다.

유럽의회 정당

04월 15일

• 유럽의회는 로마 집단 대학살을 기념하기 위해 '유럽인의 날'을 바친다

(S&D Press Releases 04. 15)

− 제2차 세계 대전 중 일어난 유럽의 로마 집단 대학살 기념의 날을 맞이하여 로마를 기억하기 위해 최선을 다해야 한다고 유럽사회당그룹은 선언했다. 유럽사회당그룹 대변인은 현재 유럽의회는 반집시를 해결하는 중요한 위치에 놓여 있으며, 로마 집단 대학살에 대한 인식과 피해자를 위한 기념일 설립은 유럽 내에서 반 집시에 대한 인식과의 싸움에서 매우 중요하다고 말했다. 또한 로마 사람들은 여전히 인종 차별과 폭력의 피해자로서 유럽연합 국민의 기본적인 가치를 존중받기 위해 유럽연합 상임위원회에 지속적인 요구를 하고 있다.

04월 15일

• 국제 로마의 날 − 집단 학살을 기억해야 한다 (EPP Group Press Releases 04. 15)

− 4월 8일 국제 로마의 날 행사에서 유럽의회는 유럽 내에서 반집시를 해결하고 제2차 세계 대전에 자행된 로마 집단 학살을 기억하자는 결의안을 오늘 채택할 예정이다. 오늘날 유럽에서 과거 사건뿐만 아니라 로마에 대한 지역 사회의 편견 등에 대해 논의할 것이다. 로마 집난 학살에 대한 인식은 반집시와의 싸움에서 중요한 단계이며, 유럽에서 로마에 대한 역사 지식의 확대로 이어질 것이다. 유럽국민당그룹 대변인은 유럽연합이 과거의 문화와 민족에 대한 존중을 가지고 있는 만큼, 다양성과 전통에 대해서도 존중해야 한다고 강조하며, 로마에 대한 지역 사회의 편견, 증오,

적대감과 싸워 회원국 내에서 로마 사회가 시민 단체와 함께 통합으로 나아가야 한다고 말했다.

04월 15일

• 멕시코 항공 여객 기록(PNR): 유럽국민당그룹은 무모한 좌파를 비난한다

(EPP Group Press Releases 04. 15)

− 유럽의회는 멕시코의 항공 여객 기록(PNR)에 관하여 유럽국민당그룹이 제안한 것에 대한 투표와 토론을 오늘 저녁 개최할 예정이다. 멕시코 당국은 유럽연합 내 항공사의 항공기가 멕시코로 착륙 또는 이륙할 때 멕시코에게 항공 여객 기록(PNR)을 제공하지 않을 경우 2015년 4월 1일부터 비행기 당 30,000달러(27,272 유로)를 부여할 예정이었으나 7월 1일로 미뤄진 상황이다. 유럽국민당그룹은 유럽연합의 항공사에게 벌금을 부여하는 멕시코를 설득하기 위해 노력 중이다. 항공 여객 기록(PNR) 관련 유럽국민당그룹 담당자는 일부 사회주의자들이 자유주의의 책임성과 관련된 문제 제기로 인해 치명적인 결과가 도래되었으며, 수년 동안 멕시코 당국이 유럽연합과 항공 여객 기록(PNR) 계약을 맺고 싶어 했으나 유럽연합의 명확한 답변이 없기에 초조해하고 있는 상황에서 이러한 문제가 생겨났다고 말했다. 또한 이번 멕시코의 결정이 유럽연합 항공사의 경쟁력을 약화시킬 것이며, 이미 멕시코는 2012년 항공 여객 기록(PNR) 시스템을 채택했기에 이에 대한 사회주의자들의 지속적인 반대가 있는 것은 유감이라고 밝혔다.

04월 16일

• 유럽국민당그룹은 밀라노에서 이주 및 무역 정책을 논의할 것이다

(EPP Group Press Releases 04. 16)

− 이주와 대서양 횡단 무역 투자 협정(the Transatlantic Trade and Investment Partnership, TTIP)과 관련하여 4월 23일부터 24일까지 유럽국민당그룹은 밀라노에서 회의를 진행할 것이다. 우선 이주와 관련하여 유럽국민당그룹은 이러한 문제에 대한 새로운 조정 및 유럽연합 내에서 공통의 접근 방식이 필요하다고 여기며 이에 대한 구체적인 제안을 올리기로 했다. 또한 매일 수백 명의 이민자들이 유럽연합 해안에 도달하

기 위해 지중해를 건너는 만큼 지중해 중심에 위치한 이탈리아에서 회의를 하는 것은 의미가 남다르다. 유럽국민당그룹의 유럽의회 의원들은 국제 사회에서 이주 및 망명에 대해 대처하고자 시행하고 있는 유럽연합 외부 국경 통제 개선, 지중해 제3국과의 협력, 불규칙한 이주, 밀수와 인신 매매에 맞서 싸우는 방안들에 대해 논의할 것이다. 대서양 횡단 무역 투자 협정과 관련해서 2015년 밀라노 엑스포에 대한 논의도 진행될 예정이다.

04월 19일

• 람페두사의 비극: 유럽연합 정부는 당장 반응하여, 특별 유럽연합 정상회의를 개최
  해야 한다   (S&D Press Releases 04. 19)

– 시칠리아 해안에서의 전복 사고로 수백 명의 사람들이 죽은 것으로 알려진 가운데 유럽사회당그룹의 대표인 잔니 피텔라는 유럽 정부가 자신의 이기심을 버리고 이러한 비극의 책임을 개별 정부와 함께 져야 한다고 말했다. 또한 그는 즉시 특별 유럽연합 정상회의를 개최하여 대안을 모색해야 하며, 신뢰 재정착 프로그램을 지원하고 협력하여 인신 매매와 밀수업자의 범죄 네트워크를 근절해야 한다고 주장했다.

유럽의회 선거 · 의회

03월 29일

• 프랑스 지방 선거서 사르코지의 야당 승리   (CSA, 연합뉴스 03. 30 재인용)

– 29일 프랑스 도의원을 뽑는 지방 선거에서 니콜라 사르코지 전 프랑스 대통령이 이끄는 우파 제1야당인 대중운동연합이 큰 승리를 거둘 것으로 관측됐다. 여론 조사 기관인 시청각최고평의회의 도의원 선거 2차 결선 투표 출구 조사 결과에 따르면 대중운동연합 등 우파는 98개 도에서 치러진 이날 선거에서 66~70개 도에서 다수당을 차지하는 것으로 나타났으며, 기존 41개 도에서 다수당인 대중운동연합은 이번 선거에서 도의 절반 이상에서 승리할 것으로 예상됐다. 2012년 대통령 선거에서 당시 프랑수아 올랑드 사회당 후보에게 패배하고서 정계에서 은퇴했다가 2014년 하반기 복귀한 사르코지는 이번 선거에서 압승을 거두면서 2017년 차기 대선의 발관

을 마련했다는 평가를 받았다. 61개 도에서 다수당인 사회당 등 좌파는 이번 선거에서 27~31개 도에서만 다수당을 유지하고 26~30개 도를 잃는 것으로 나타났다. 국민전선 역시 이번 선거에서 상승세를 이어갔다. 현재 도의회에서 다수당인 곳이 없는 국민전선은 2개 도에서 다수당에 오를 것으로 전망됐다.

04월 08일

• 국제 로마의 날: 유럽 최대의 소수 민족을 기념하여

(European Parliament Press Releases 04. 08)

– 국제 로마의 날은 로마 문화를 축하하고 로마가 직면하고 있는 문제에 대한 인식을 제고하기 위해 매년 4월 8일에 개최된다. 유럽연합 내의 약 1000만 명의 로마가 살고 있으며 이들은 종종 차별과 사회적 배제를 겪는다. 지난 3월 25일 유럽의회 의원들은 로마에 대한 차별과 제2차 세계 대전 당시 로마 집단 학살에 대한 유럽연합의 인식을 논의하였으며, 4월 본회의 내에 로마 집단 대학살에 대한 기념일을 지정하기 위한 날짜를 논의하여 결의안에 투표할 예정이다.

04월 15일

• 브뤼셀에서 04월 총회 개최   (European Parliament Press Releases 04. 15)

– 4월 총회의 개회는 유럽의회 의원들이 지중해에서의 이민자 사고와 케냐에서의 공격 피해자들에 대한 묵념하는 것으로 시작되었다. 리비아 해안에서의 비극에 대해 유럽의회 의장인 마르틴 슐츠는 리비아 해안에서의 전복 사고로 400명의 난민이 익사한 것으로 추정되는 것에 대해 통탄하며, 지난주 6,000명 이상의 난민을 구출한 이탈리아의 긴급 서비스에 경의를 표했다. 그는 바다에서의 반복되는 비극의 원인을 해결하기 위해 각 회원국들과 유럽연합 내 이주에 대한 정책을 담당하는 기관에게 해결책을 제공해 줄 것을 호소했다. 또한 케냐 대학에서 있었던 테러 공격에 대해 테러와의 싸움은 기본적인 민주적 가치를 유지하는 싸움임을 다시 한 번 언급했다.

04월 15일

• 아르메니아 집단 학살 100주기: 유럽의회 의원은 터키와 아르메니아에 관계 정상화

를 촉구 (European Parliament Press Releases 04. 15)

- 유럽의회는 수요일 결의안을 통해 아르메니아 집단 학살 100주기를 맞이하여 아르메니아와 터키의 외교 관계를 갱신하고, 경제 통합을 위한 방안을 모색할 것을 촉구했다. 유럽의회 의원은 진정한 화해를 보여 주기 위해 터키가 아르메니아 집단 학살을 인정할 필요가 있음을 주장했다.

유럽의회 여론

04월 14일

• 지중해의 '봄 악몽'…이탈리아 가던 난민 400명 익사

(세이브더칠드런, 국제이주기구, 연합뉴스 04. 15 재인용)

- 14일 국제 아동 구호단체 세이브더칠드런(Save the Children)과 국제이주기구(IOM) 등은 12일 리비아를 떠나 이탈리아로 향하던 난민선이 지중해에서 전복되어 400명이 숨졌다고 밝혔다. 생존자들에 따르면 난민선에는 550명 정도가 타고 있었으며 리비아 해안을 떠난 지 하루도 안 되어 사고를 당했고, 이탈리아 해안경비대가 13일 출동, 144명을 구출하고 시신 9구를 수습했다. 이탈리아 당국에 따르면 10~13일 사이 지중해에서 구조된 난민만 8,500명에 달한다. 유럽연합 국경 수비대 프론텍스(Frontex)는 여름이 다가오면서 50여만 명의 난민이 리비아를 떠나 유럽으로 가려고 대기하고 있다고 밝혔다. 국제이주기구에 따르면 지난 2014년 지중해를 건너다 사망한 난민은 3,072명으로 2013년의 700명보다 크게 늘었고, 2000년부터는 22,000명의 난민이 유럽으로 가다 숨진 것으로 알려졌다.

04월 17일

• '아르메니아 학살' 둘러싸고 이슬람-기독교 갈등 확산 조짐

(터키 아나돌루 통신, 연합뉴스 04. 17 재인용)

- 오는 24일 100주기를 맞는 아르메니아인 학살 사건을 놓고 벌어진 터키와 아르메니아 간 충돌이 이슬람교와 기독교 간 갈등으로 확산할 조짐이 나타나고 있다. 터키 아나돌루 통신(Anadolu Agency) 등에 따르면 아흐메트 다부토울루(Ahmet Davutoglu)

터키 총리는 17일 유럽의회가 4월 15일 터키에 집단 학살을 인정하라는 결의안을 채택한 것을 두고 이슬람교를 차별한 것이라고 비판했다. 아르메니아는 제1차 세계 대전 당시인 1915~18년에 오스만제국이 아르메니아인 150만 명을 집단 학살했다고 주장하며 터키에 사과와 보상을 요구했고, 유럽의회에서도 '집단 학살'로 인정했다. 반면 터키는 전시였고, 사망자도 30만 명 정도이기에 집단 학살이 아니라고 반박하고 있다. 아르메니아는 세계 최초로 기독교를 국교로 공인한 국가로 오스만제국의 지배 아래서 무슬림과 여러 차례 충돌했다. 아르메니아는 100주기인 24일을 앞두고 국제 사회에 집단 학살 인정을 촉구하는 외교적 노력을 강화하고 있다.

04월 20일

• 유럽연합, 지중해 난민 참사 대책 부심…수색·구조 작전 강화　　　　(연합뉴스 04. 21)
— 유럽연합 28개 회원국의 외무, 내무장관들은 20일 룩셈부르크에서 특별 합동회의를 열어 지중해상 난민에 대한 수색 및 구조 작전을 강화하는 방안을 논의했다. 이번 회의에서는 이탈리아, 그리스 등 남유럽 국가에 집중된 난민 구조 부담을 유럽연합 회원국 전체가 공유하는 방안이 논의되었고, 유럽연합 집행위원회는 프론텍스의 난민 구조 작전에 대한 자금 지원을 2배로 늘리고 구조 선박을 추가 배치하는 방안을 포함하는 10개 항의 즉시 행동 계획을 제의했다. 이탈리아와 스페인 등 남유럽 국가들은 리비아 사태 악화로 난민 유입이 늘어나는 상황을 우려하고 있어 유럽연합의 적극적인 사태 개입과 평화 유지 활동 수행을 지지하고 있다. 도날드 투스크 유럽연합 정상회의 상임의장은 이번 사태를 논의하기 위해 긴급 유럽연합 정상회의를 오는 23일 소집할 것이라고 밝혔다. 유럽연합 집행위원회의 종합적인 난민 대책은 오는 5월에 발표될 예정이다. 이 대책에는 국경 통제 강화와 회원국 부담 공유, 난민 수용을 위한 법적 근거 마련 등이 포함될 것이다.

11차(4월 말~5월 말)

김진주

유럽의회 본회의가 4월 말인 4월 27일부터 30일까지 진행되었고, 이어 5월 달에도 5월 18일부터 21일까지 스트라스부르에서 개최되었다. 우선 지난 4월 말 본회의에서는 한 달 동안 유럽 사회에서 난민에 대한 문제가 크게 대두된 가운데 유럽연합 회원국에 대해 난민들의 구직, 재정착 프로그램 등에 대한 협력과 분배를 위한 할당량을 주장하는 결의안이 본격적으로 논의되었다. 이후 5월 본회의에서도 이러한 이민에 대한 논의가 지속되었다(European Parliament Press Releases 2015. 05. 20). 이에 대해 유럽의회 내 중도 우파이자 다수당인 유럽국민당그룹은 이주민들을 보호하기 위한 연대 기구를 환영하는 한편, 망명자 중 기준을 충족하지 못하는 사람들에 대해서는 본국으로 송환시킬 수 있는 방안을 만들어야 한다는 의견을 보이고 있다(EPP Group Press Releases 2015. 05. 20). 한편 유럽의회 내 중도 좌파인 유럽사회당그룹은 단기적인 정치적 계산을 제쳐 두고 이민에 대한 책임을 모든 유럽연합 회원국이 지녀야 하며, 그들에 대한 조치가 영구적으로 자리해야 한다고 주장했다(S&D Press Releases 2015. 05. 20).

이 외에 이번 유럽의회 본회의에서는 분쟁 광물에 대한 법률안이 통과되었다. 이에 대해서도 유럽국민당그룹은 모두가 수용할 수 있도록 기업이 자발적으로 분쟁 지역 광물에 대한 표기를 하는 것을 주장한 반면(EPP Group Press Releases 2015. 05. 20), 유럽사회당그룹은 강하게 철저한 광물 원산지 표기 및 추적을 주장했다(S&D Press Releases 2015. 05. 20). 결과적으로 법률안은 유럽의회를 통과했으며, 유럽연합 내의 기업은 광물에 대해 원산지 추적과 공표를 의무화해야 하며, 광물을 수입하는 과정에서 분쟁 지역의 광물 반입을 차단해야 한다(European Parliament Press Releases 2015. 05. 20).

한편 5월에는 영국과 스페인에서 선거가 치러졌다. BBC(British broadcasting Corporation)에 따르면 영국에서 7일 치러진 총선에서는 데이비드 캐머런 총리가 이끈 보수당이 전체 의석 650석 중 331석을 차지하여 압승을 거뒀다(BBC; Guardian; Telegraph; 국민일보 2015. 05. 09 재인용). 스페인 지방 선거는 24일 치러졌으며, 좌파 정당 포데모스 등이 참여한 좌파 연합이 마드리드, 바르셀로나 등 주요 도시의 의회에서 집권당인 국민당(Partido Popular, PP)을 꺾은 것으로 나타났다(연합뉴스 2015. 05. 25).

유럽의 여론은 이번 분쟁 광물 법안과 관련하여 유럽이 인권 침해적인 무역을 뿌리 뽑고 유럽의회가 그 역할을 해야 한다는 주장(EurActiv 2015. 05. 19)과 영국의 보수당 승리와 관련하여 영국의 유럽연합 탈퇴를 막기 위해 유럽연합이 영국과 협상을 해야 한다는 주장이 있었다(EurActiv 2015. 05. 19).

다음 본회의는 6월 8일부터 11일까지 개최될 예정이다.

유럽의회 정당

05월 20일
• 지중해의 위기는 보편적인 유럽의 응답에 의해 해결될 것이다

(EPP Group Press Releases 05. 20)

– 만프레드 베버 유럽국민당그룹 대표는 지중해에서 일어나고 있는 비극을 유럽 시민들이 텔레비전으로 보는 이미지는 어떨 것이냐고 물으며 그에 대한 대답은 명확하기에 유럽 차원에서 이를 해결 할 수 있는 응답이 필요하다고 말했다. 그는 유럽국민당그룹은 그들을 보호하기 위한 연대 기구를 환영하는 한편 망명자 중 우리의 기준을 충족하지 못하는 사람들에 대해서는 본국으로 송환시킬 수 있는 방안을 만들어야 하며, 유럽 시민들이 장기적으로 망명 정책을 지원할 수 있게 해야 한다고 말했다.

05월 20일
• 광물 분쟁은 통합된 유럽연합 차원의 접근이 필요하다

(EPP Group Press Releases 05. 20)

– 유럽의회는 광물 및 금속의 수입에 대해 인증을 요구하는 보고서의 초안을 채택했다. 유럽국민당그룹 소속 유럽의회 의원인 루류 윈클러(Iuliu Winkler)는 보고관으로서 복잡한 협상 과정 속에서 모든 회원국들이 동의할 수 있는 효율적인 방안을 찾

는 것이 목적이라며, 통합된 유럽연합의 접근 방식이 필요하다고 말했다. 그는 또한 전체 공급 체인에서 충분히 준비된 인증이 아니기에 부작용이 있을 수 있으며, 자발적 방식으로 접근하는 것을 지원하여 사실상 금지하게끔 만드는 방안을 주장하며, 가장 효과적이고 실행 가능한 규정이 필요함을 강조했다.

05월 20일

• 유럽사회당그룹은 유럽연합 시장에서 광물 분쟁을 종료할 수 있는 의회의 투표를 이끌었다   (S&D Press Releases 05. 20)

- 유럽사회당그룹은 광물 분쟁에 대한 오랜 캠페인을 지속해 왔으며 오늘 원료 및 제조 제품에 대한 투표를 진행했다. 보수의 강한 반대에도 불구하고 유럽사회당그룹은 유럽연합에서 판매되는 제품에 있어 분쟁 지역에서 위탁되어 인권 침해 요소가 있는 물품을 공급하지 않기 위해 주석, 텅스텐, 탄탈룸, 금의 원산지 추적과 공표를 의무화하는 체계를 확보했다. 잔니 피텔라(Gianni Pittella) 유럽사회당그룹 대표는 오늘은 다국적 이익 속에서 인권의 존중을 위해 싸우는 모든 이들의 승리라고 말하며, 유럽연합이 인권을 넘어 인간 존엄성에 대한 관심이 있다는 것을 증명했다고 말했다.

05월 20일

• 이민에 대한 피텔라의 생각: 유럽연합 정부는 단기적인 정치적 계산을 제쳐 두어야 한다   (S&D Press Releases 05. 20)

- 잔니 피텔라는 유럽연합 회원국들과 유럽연합 집행위원회가 단기적인 정치적 계산을 제쳐 두고 이민에 대한 책임을 가져야 한다고 말했다. 그는 유럽은 연대를 기반으로 공통으로 이주 정책에 도전할 준비가 되어 있으며, 각국의 정부들은 사소한 정치적 이기심과 사악한 방법을 버리고 미래를 위해 인도주의적 위기 해결을 해야 함을 주장했다. 유럽연합 집행위원회의 제안은 단기적인 조치에 지나지 않으며, 우리는 밀수업자 손에 사라져 가는 이민자를 막기 위해 안전하고 합법적인 채널을 요구하며, 망명 신청자의 할당량뿐만 아니라 다양한 조치들이 영구적으로 진행되는 것이 무엇보다 중요함을 강조했다.

04월 29일

• 이민: 의회는 생명을 구하기 위해 긴급 조치를 요구한다

(European Parliament Press Releases 04. 29)

- 유럽연합과 회원국들은 '효과적인 수색 및 구조 의무'와 '트리톤 작업'의 권한을 확대하고, 바다에서 희생되는 희생자를 더 이상 막기 위한 모든 것을 실행해야 한다는 결의안이 유럽의회에서 채택되었다. 유럽의회 의원은 유럽연합 회원국들에게 난민의 구직자, 재정착 프로그램 등에 대한 협력과 분배를 위해 할당량을 요구한다. 유럽의회는 4월 23일 유럽이사회와 유럽연합 차원의 연대 기구를 설정하는 것이 행해지지 않는 부분에 대해 유감을 표명했다. 또한 인신 매매와 밀수에 대한 강력한 형사 제재를 요구하며, 유럽연합과 각 회원국들의 기관에서 이를 방지하기 위해 노력하고 협력할 것을 촉구한다.

04월 30일

• 케냐 학살과 기독교 박해   (European Parliament Press Releases 04. 30)

- 지난 4월 케냐에서 있어났던 무장 테러 단체 알샤밥(Al-Shabaab)의 잔인한 행위가 다시 일어나지 않게 하기 위해 유럽연합은 케냐에 군사 훈련을 실시해야 하며 케냐 군과 경찰에 장비를 공급해야 한다. 또한 그들의 대상은 기독교인들이기에 우선 기독교 종교 학대에 대한 연설이 필요하다. 기독교인들은 늘 박해를 받아 왔으며, 매해 15만 명이 넘게 죽고 있다. 그렇기에 아프리카에서 그들을 보호하기 위해 유럽연합은 지원을 지속해야 하며, 아프리카 내의 평화 기관과 아프리칸 연합에 재정적인 도움을 줄 것을 촉구한다.

05월 07일

• 보수당 단독 과반 확보··· '브렉시트(Brexit)' 판도라 상자 열리나

(BBC · Guardian · Telegraph, 국민일보 05. 09 재인용)

- 7일 영국에서 총선이 치러졌으며, BBC 등 영국 언론들에 따르면 전체 의석 650

석 중 데이비드 캐머런 총리가 이끈 보수당이 331석을 차지하여 압승을 거뒀으며, 노동당은 100석 차이인 232석을 얻는 데 그친 것으로 나타났다. 제3당은 스코틀랜드 독립을 강하게 주장하는 스코틀랜드독립당(Scottish National Party, SNP)으로 56석을 차지했고, 보수당의 연정 파트너인 자유민주당은 8석에 그쳤으며, 기세를 올리던 영국독립당은 1석밖에 차지하지 못했다. 이번 선거로 노동당의 에드 밀리밴드(Ed Miliband) 당수와 영국독립당의 나이절 패라지(Nigel Farage) 당수는 책임을 지고 사임을 표명했다. 보수당은 재정 긴축 기조와 반이민 정책, 2017년까지 유럽연합 탈퇴를 묻는 국민 투표를 진행 할 것으로 보인다. Telegraph에 따르면 이번 선거에서는 스코틀랜드독립당 소속의 20세 여대생이 348년 만에 최연소 하원 의원으로 당선되기도 하였다.

05월 19일
• 유럽연합, 입법 과정 단순·효율화 추진…집행위 권한 강화

(유럽연합 전문매체, 연합뉴스 05. 19 재인용)

- 유럽연합이 입법 과정을 단순화하고 입법 논의를 효율화하는 방안을 추진한다. 유럽연합 전문매체들에 따르면 유럽연합 집행위원회는 입법 절차의 관료주의를 지양하고 '규제를 위한 규제'로 기업 활동을 위축시키는 상황을 개선하기 위해 '더 나은 규제' 프로젝트를 마련했다. 유럽연합 집행위 수석 부위원장이 주도한 '더 나은 규제' 정책을 살펴보면 법률안에 대한 수정과 승인 과정을 단축하는 방안이 주요 골자이다. 현재는 유럽의회가 유럽연합 집행위원회의 제안 법안을 거부하거나 수정할 수 있으며, 이는 유럽연합 집행위원회와 유럽의회의 공동 결정 형식이었다. 그러나 앞으로는 법안에 대해 꼭 필요한 부분만 법안 심의 기구를 통해 수정 논의를 거치기로 했으며, 일정 기간이 지나면 자동적으로 효력이 종료하는 일몰 조항을 도입하는 방안도 추진 중이다. 그러나 이에 대해 100여 개의 시민 단체와 환경 단체들이 12일 공동 성명을 발표하며 유럽연합 집행위원회에 대한 견제 기능 약화의 우려를 표명하고 있다.

05월 20일

• 분쟁 광물: 유럽의회 의원은 유럽연합 수입에 필수 인증을 요청한다

(European Parliament Press Releases 05. 20)

– 유럽의회는 국제무역위원회에서 채택된 것과 같은 제안을 기권 171, 반대 118, 찬성 402표로 통과시켰다. 이번 법률 초안은 유럽연합에 수입되는 주석, 탄탈룸, 텅스텐 및 금에 대해 제련하는 업체와 이러한 광물 제품을 부품으로 사용하는 업체에 대해 원산지 추적과 공표를 의무화하는 것이다. 또한 유럽 업체들은 이러한 광물을 수입하는 과정에서 분쟁 지역의 광물 반입을 차단해야 한다.

05월 24일

• '분노하라' 시위 세력 스페인 지방 선거로 정치권 입성   (연합뉴스 05. 25)

– 24일 치러진 스페인 지방 선거에서 긴축 정책을 주장한 집권당인 국민당이 과반 의석에 실패하고 신생 정당이 정치권에 입성했다. 2011년 스페인 시위에 뿌리를 둔 좌파 정당 포데모스 등이 참여한 좌파 연합이 주요 도시의 의회를 장악한 것으로 알려졌다. 수도인 마드리드에서 포데모스가 참여한 좌파 연합 '아오라마드리드(Ahora Madrid)'는 수도 마드리드 시의회에서 집권 국민당보다 1석 적은 20석을 확보했으며, 제2도시인 바르셀로나에서도 포데모스를 포함한 좌파 연합 '바르셀로나엔코무(Barcelona En Comu)'가 카탈루냐 주 분리 독립 정당을 1석 차이로 이기고 1위를 차지했다. 포데모스는 광역 자치 단체에서만 후보를 냈으며, 이 또한 인민당과 제1야당인 스페인사회노동당(Spanish Socialist Workers' Party, PSOE)에 이어 3위를 기록했다.

유럽의회 여론

05월 19일

• 분쟁 광물: 유럽 역사의 오른쪽에 있는 것인가?   (EurActiv, 05. 19)

– 우리는 지구상에서 가장 소중한 자원에 둘러싸여 있으며 희귀한 미네랄은 늘 우리 삶 속에 있다. 아침에 듣는 라디오의 내부에 있으며, 자동차를 움직이게 하고, 컴퓨터 화면 속에도 존재한다. 이러한 미네랄의 대부분은 가장 가난하고 취약한 지역

에서 나오며 이러한 귀중한 자원을 추출 및 관리, 거래하는 이들은 많은 일자리를 창출한다. 그러나 지나친 상업적인 행위는 이익 갈등과 인권 침해를 가져온다. 중앙아프리카공화국에서는 금과 다이아몬드에 대한 수요가 수천 명을 살해하고 있다. 그렇기에 그들에게 인도적 지원이 필요하며 이러한 인도적 지원은 무장 단체에 자금으로 들어가는 악순환이 계속되고 있다. 유럽의회는 5월 20일 이것에 대해 무엇인가 할 수 있는 역사적인 기회에 놓여 있다. 의회의 법안은 효력이 약할 수 있다. 그렇기에 시민 단체와 활동가들이 리더십을 보여 무역으로 황폐해진 사람들을 구해야한다. 유감스럽게도 의회가 노력하고 있으나 유럽의회는 여전히 너무나 약하다. 분쟁 광물에 대해 무역을 제재하고 남용을 막는 데에 종지부는 찍을 수 없겠지만 유럽이 깨끗한 무역에 앞장서야 하며, 세계의 가난한 시민을 위해 무책임한 사업을 용인해서는 안 된다.

05월 19일

• 브렉시트를 방지하기 위해 무엇을 할 수 있을까? (EurActiv 05. 19)
- 영국의 유럽연합 탈퇴는 이제 가시화되고 있다. 2017년까지 탈퇴하겠다는 약속이 있었기 때문이다. 여론 조사 결과 상당수가 찬성을 표시하고 있으며, 영국 정부의 인기가 높아짐에 따라 이는 영국 유권자들에게 유럽에 대한 부정적인 반응을 낳게 된다. 그러나 여전히 브뤼셀의 유럽연합은 이러한 영국의 탈퇴를 막기 위해 할 수 있는 일이 있다. 이는 영국과 몇 가지 개혁 방안을 합의하는 것이다. 2016년이라는 짧은 기간 동안 유럽은 영국과 합의할 수 있어야 한다. 성공적인 결과를 달성하기 위해 런던과 브뤼셀 간의 뚜렷한 통신 라인을 구축하여 런던에서 필요한 요구가 무엇인지 이해해야 하고, 일관된 통신 전략의 개혁이 다른 곳들에서도 이루어져야 한다. 또한 모두의 이익보다는 단일 회원국에 대한 개혁 의제를 만들어야 하며, 협상 과정은 기관을 필요로 하지만 국가 정치적으로 구동되게 해야 한다. 마지막으로 유럽연합 수준에서 기존에 개발된 실용수의와 기회주의는 의제 협상을 논의하는 데 큰 틀이 되어야 할 것이다. 유럽연합은 차별화된 통합 모델 및 전체 통합과정을 통해 이러한 간단한 원칙들을 지키고 영국을 감싸야 할 것이다.

12차(5월 말~6월 말)

김진주

본 회의에 앞서 2015년 5월 말, 6월 초 러시아와 유럽의회의 관계가 악화되는 모습을 보였다. 5월 28일 러시아가 대(對)러시아 제재를 지지한 유럽연합 정치인 등 89명에 대해 자국 입국을 금지하면서, 유럽의회 역시 러시아 대사와 러시아 정치인에 대한 유럽의회 접근을 제한한 것이다(연합뉴스 2015. 06. 03). 이에 대해 유럽의회 내 다수당인 유럽국민당그룹은 모욕이라는 단어를 사용하며 불편한 심기를 보였다(EPP Group Press Releases 2015. 06. 09). 또한 유럽의회 내부 단체인 '종교·신념의 자유와 종교적 관용(Freedom of Religion or Belief and Religious Tolerance, FoRB&RT)'이 연례 보고서를 통해 북한의 종교 탄압을 비판하고 인권 유린 제재를 권고했다(자유아시아방송(Radio Free Asia, RFA); 연합뉴스 2015. 06. 04 재인용).

이번 본회의는 6월 8일부터 11일까지 스트라스부르에서 개최되었다. 본회의에서는 헝가리의 사형 제도 재도입 및 이주자 공공 상담에 대해 비판하는 결의안과 국제축구연맹(Fédération Internationale de Football Association, FIFA)의 조직 내 구조 개혁을 요구하는 결의안이 채택되었다(European Parliament Pressreleases 2015. 06. 10; 2015. 06. 11). 중도 우파인 유럽국민당그룹과 중도 좌파인 유럽사회당그룹은 사형제를 재도입하려는 헝가리 정부를 비난하는 목소리를 높였다. 또한 그리스의 구제 금융에 있어서도 두 정당 그룹은 그리스 정부가 구조적인 경제 개혁을 채택할 필요가 있다는 것에 뜻을 함께했다.

한편, 프랑스 극우 정당 국민전선이 주도하는 유럽의회 교섭 단체가 구성되면서 극우 정당 그룹이 16일 새로운 교섭 단체로 활동하게 되었다(연합뉴스 2015. 06. 16). 또한 덴마크 총선에서도 '유럽연합 회의론자'인 라르스 뢰케 라스무센(Lars Løkke Rasmussen) 전 총리가 이끄는 우파 야권 연합이 승리하면서 유럽연합 및 유럽의회 내의 극우 정당의 움직임이 다시 확대되고 있는 것으로 보인다(Independent; 국민일보 재인용 2015. 06. 20). 더불어 영국에서 유럽연합 탈퇴 여부를 묻는 국민 투표에 대한 안건이 하원을 통과하면서(YTN 2015. 06. 10) 유럽연합 공동체에 대한 위기가 가시화되고 있다.

그러나 유럽의 여론은 그다지 부정적이지 않은 것으로 나타났다. 퓨리서치센터(Pew research center)의 최근 조사에 따르면 프랑스, 독일, 이탈리아, 폴란드, 스페인, 영국 총 6개국을 조사한 결과 유럽연합에 대한 태도와 경제에 대한 전망이 낙관적이었다. 또한 같은 조사에서 영국인들의 유럽연합 탈퇴에 대한 의견을 살펴본 결과 영국인의 55%가 유럽연합에 남고 싶어 하는 것으로 나타났다(퓨리서치센터 2015. 06. 02).

　　다음 본회의는 7월 6일부터 9일까지 개최될 예정이다.

유럽의회 정당

06월 09일

• 푸틴의 침략 이후 유럽연합과 러시아와의 관계에 변화가 필요하다

(EPP Group Press Releases 06. 09)

－ 러시아의 우크라이나 동부 크림 반도 침략 이후 유럽연합과 러시아의 관계는 난관에 놓여 있다. 유럽국민당그룹이 제안한 보고서에 따르면 러시아는 국제법의 반복적인 위반을 일삼고 있으며, 최근 유럽연합 정치인들의 입국을 금지하는 행위를 하고 있다. 이에 대해 유럽국민당그룹의 랜즈버지스(Landsbergis) 유럽의회 의원은 이는 유럽의회에 대한 경멸을 보여 주며 투명하고 평화로운 국제 협력을 기반으로 하는 유럽연합에 대한 모욕이라고 말했다.

06월 10일

• 유럽의회는 헝가리인들의 기본권에 대한 지원을 보여 주어야 한다

(S&D Press Releases 06. 10)

－ 유럽의회는 오늘 헝가리인의 기본권을 지지하는 결의안을 채택하였고 이는 유럽법에 올라가게 된다. 유럽의회는 사형제를 재도입하려는 헝가리 총리에 대해 그의 정부가 이주 노동자의 희생을 증가시킬 것이며, 유럽의 가치를 위협하게 될 것이라고 지적하였다. 결의안 채택 후 시피에 비르짓(Sippel Birgit) 유럽사회당그룹 대변인은 이러한 결의안이 모든 회원국에 법적인 적용이 이루어질 수는 없을 것이 분명하지

만 사형은 어떠한 개념과도 호환될 수 없기에 사형을 재도입한다는 헝가리 총리를 비난한다고 말했다.

06월 10일

· 유럽국민당그룹은 강하게 사형에 반대하며, 법의 규칙은 모든 회원국에 적용되어야 한다 (EPP Group Press Releases 06. 10)

– 유럽의회는 사형, 이주에 대한 조사에 있어서 법의 지배가 필요하다는 내용을 결의안을 투표할 예정이다. 유럽국민당그룹의 부대표 곤살레스 폰즈(González Pons)는 유럽국민당그룹과 유럽의회는 헝가리의 극단주의와 외국인 혐오가 증가하고 있다는 점에 대해 우려를 표하고 있으며, 유럽의회는 이러한 극단적인 견해를 막기 위해 민주적인 싸움을 진행해야 한다고 말했다. 또한 그는 유럽국민당그룹은 강하게 사형에 반대하며, 이는 헝가리만의 문제가 아니라 유럽 전체의 문제임을 강조했다.

06월 17일

· 피텔라, 그렉시트를 방지하고 유럽을 지키기 위해서는 무엇이든 수행해야 한다 (S&D Press Releases 06. 17)

– 유럽사회당그룹의 대표 잔니 피텔라는 특별 유로그룹 회의에 앞서 그렉시트의 도미노 효과는 유럽 전체에 파괴적인 영향을 미칠 것이기에 유럽 시민 모두를 위한 포괄적인 타협을 찾기 위해 모든 정당들이 공통의 책임을 느끼고 유로존을 지킬 수 있는 정치적 합의를 통해 유럽을 지켜야 한다고 말했다. 또한 그는 그리스 정부의 구체적 개혁안을 촉구하며 정부의 의지를 통해 유럽의 미래를 지켜야 한다는 점을 강조했다.

06월 23일

· 그리스에 대한 유로존 정상 회담 (EPP TV 06. 23)

– 만프레드 베버 유럽국민당그룹 대표는 유로존 정상 회담은 환영하지만 앞으로 더 많은 작업이 필요할 것이라고 말했다. 그는 그리스에 대한 유로존 특별 정상 회담은 그리스 채무 문제에 있어 5개월 만에 처음 생긴 결과이기에 긍정적인 진전은 환영한

다고 말했다. 그러나 그리스의 좌파 정부를 비판하며, 그리스 치프라스 정부가 앞으로 구조적인 경제 개혁을 채택할 필요가 있다고 지적했다.

유럽의회 선거·의회

06월 03일

• 유럽의회, 대러시아 보복 조치…"러 외교관 출입 제한"　　　　　(연합뉴스 06. 03)
– 러시아가 5월 28일 우크라이나 및 크림 사태와 관련해 대(對)러시아 제재를 지지한 유럽연합 정치인 등 89명에 대해 자국 입국을 금지하면서 유럽의회 역시 러시아 대사와 러시아 정치인에 대한 유럽의회 접근을 제한한다고 밝혔다. 러시아의 제재 명단에는 유럽의회와 유럽연합 회원국 의회 의원, 사법 및 정보 기관 고위 인사, 등이 포함됐다. 이에 대해 유럽연합과 유럽의회는 즉각 반발했으며, 마르틴 슐츠 유럽의회 의장은 2일 발표한 성명에서 "유럽연합 주재 러시아 대사와 러시아 정치인에 대한 유럽의회 접근을 제한하기로 결정했다"고 밝혔다. 유럽의회의 이번 조치에 따라 유럽연합 주재 러시아 대사와 러시아 상·하원 의원들은 사안별로 특별 허가를 받아야 유럽의회에 들어올 수 있다. 또한 유럽의회는 러시아 의회와 정기적인 교류도 전면 중단했다.

06월 04일

• 유럽의회, 북한 종교 탄압 비판…인권 유린 제재 권고

　　　　　　　　　　　　　　　(자유아시아방송, 연합뉴스 재인용 06. 04)
– 미국의 자유아시아방송(RFA)은 4일 유럽의회 내부 단체인 '종교·신념의 자유와 종교적 관용'(FoRB&RT)이 올해(2015년) 처음으로 발표한 연례 보고서를 통해 북한의 종교 탄압 상황을 비판했다고 보도했다. 보고서는 "북한의 헌법은 공식적으로 종교와 신앙의 자유를 인정하고 있지만, 현실적으로는 교회와 사찰 등이 관광 명소의 기능만을 하고 5만~7만 명에 이르는 기독교인들이 노동 수용소로 보내지고 있다며, 유럽연합과 회원국의 노력과 북한 인권 유린 책임자에 대한 제재 등을 통해 북한의 종교와 신앙의 자유를 촉진해야 한다"고 권고했다.

06월 10일

• 유럽의회, 헝가리의 사형 제도 및 이민에 대한 설문 조사 비난

(European Parliament Press Releases 06. 10)

- 유럽의회는 헝가리의 상황을 파악하고 민주주의를 모니터링할 수 있는 유럽연합 내의 기구를 유럽연합 집행위원회에 요청하기로 합의했다. 이번 결의안에서는 헝가리의 사형 제도 재도입이 인간의 존엄성, 자유, 민주주의, 등의 인권 존중 규칙에 위배되며, 유럽연합 헌장에도 위배되는 행위라는 점을 조했다. 또한 헝가리 정부가 이주에 대한 공개적인 상담을 진행하겠다는 것에 대해 공공 상담 정책은 편견과 불균형을 초래한다고 비난했다. 이번 결의안은 기권 88, 반대 247, 찬성 362로 통과되었다.

06월 11일

• 유럽의회, 국제축구연맹(FIFA)의 새로운 임시 대표 요구

(European Parliament Press Releases 06. 11)

- 유럽의회는 최근 국제축구연맹(FIFA)에 대한 부패 의혹이 세계 축구의 신뢰성과 무결성을 손상시킨 것을 비난하며, 심층적으로 조직 내 구조 개혁과 부패 없는 관용 정책을 요구하는 결의안을 채택했다. 유럽의회는 국제축구연맹 회장의 사임을 환영하고 임시 대표를 선발할 것을 촉구했다. 이번 결의안에는 금융 부정 행위에 관련된 모든 관계자를 체포하고, 스위스와 미국 당국의 조사를 통해 월드컵 개최 결정에 부정 행위가 있었을 경우 2018년과 2022년의 월드컵 개최지 선정이 무효화될 수 있다는 국제축구연맹의 감사 및 규정 준수위원회의 의견을 환영한다는 내용이 포함되어 있다. 또한 독립적인 기관을 통해 국제축구연맹의 윤리적인 부분이 감시되어야 하며, 유럽연합 회원국들이 조사에 적극적으로 협조할 것을 요구하고 있다.

06월 16일

• 프랑스 극우 정당 주도 유럽의회 교섭 단체 구성　　　　　(연합뉴스 06. 16)

- 프랑스 극우 정당 국민전선이 주도하는 극우 정당 그룹이 16일 유럽의회 새로운 교섭 단체로 활동할 것이라고 밝혔다. 유럽의회에서 교섭 단체를 구성하려면 7개국 이상의 회원국에서 25명 이상의 의원이 참여해야 한다. 마린 르펜 당수가 이끄는 국

민전선은 2014년 5월 유럽의회 선거에서 23석을 얻는 성과를 거두었으나 당시 의원은 40여 명을 확보했음에도 7개국 요건을 갖추지 못해 교섭 단체 구성에는 실패한 바 있다. 그러나 이번에는 국민전선이 이끄는 극우 정당 그룹이 기존의 5개국 정당과 영국의 영국독립당 소속 의원 1명과 헝가리 극우 정당 소속 의원 1명을 영입하는 데 성공했다. 유럽의회에서 교섭 단체를 구성하면 총회 발언권과 20개 위원회 및 2개 분과위원회의 위원장직을 맡을 권한이 있으며, 사무국과 사무실, 보좌관을 지원받고 임기 5년 동안 총 2천만~3천만 유로의 지원금을 받을 수 있다.

06월 20일

- 영국 이어 덴마크서도…거세지는 유럽 '탈(脫)유럽연합 바람'

(Independent, 국민일보 06. 20 재인용)

– 유럽 곳곳에서 '탈유럽연합' 움직임이 확산되고 있다. 영국에 이어 덴마크 총선에서도 '유럽연합 회의론자'인 라르스 뢰케 라스무센 전 총리가 이끄는 우파 야권 연합이 승리하면서 유럽연합에 불안감을 조성하고 있다. 영국 일간 인디펜던트(Independent) 등은 18일 치러진 덴마크 총선 투표 집계 결과 라스무센 전 총리의 중도 우파 자유당(Venstre)과 배타적 이민 정책을 내세운 덴마크국민당(Dansk Folkeparti) 등 우파 야권 연합이 90석을 손에 넣었다고 19일 전했다. 특히 반이민·반유럽연합 기조의 극우 정당인 덴마크국민당은 4년 전 총선보다 높은 21%의 득표율을 기록하며 제2정당으로 자리했다. 우파 정당들은 데이비드 카메론 영국 총리의 유럽연합 역내 이민자에 대한 복지 혜택 축소 요구를 지지하는 성명을 내기도 했다. 핀란드와 노르웨이 등 다른 북유럽 국가들에서도 극우 정당이 힘을 얻고 있어 유럽연합 내 불화는 심화될 것으로 보인다.

유럽의회 여론

06월 02일

- 유럽연합과 경제에 대해 바라보는 유럽인들의 5가지 주요 결과

(퓨리서치센터 06. 02)

– 유럽의 경기 침체와 통화 위기의 여파로 유럽연합과 유럽의 경제 통합에 대한 유럽인들의 의견이 2013년 급격이 부정적으로 변했으나 올해(2015년) 유럽의 여론은 낙관적으로 보인다. 5가지의 주요한 결과는 낙관적인 전망을 보여 주고 있다. 우선 유럽의 경제 분위기가 다소 밝아져 이번에 조사한 프랑스, 독일, 이탈리아, 폴란드, 스페인, 영국 총 6개국의 유럽인들은 경제에 대해 2013년에는 12%가 낙관적이었던 것에 비해 올해는 28%로 증가한 것으로 나타났다. 또한 유럽연합 자체에 대한 태도 역시 61% 유럽인이 호의적인 의견을 보였으며 이는 가장 낮았던 2013년에 비해 9% 상승한 수치이다. 또한 유럽연합 탈퇴가 가시화되고 있는 영국만을 살펴보았을 때 2013년 당시 유럽연합에 남고 싶은 국민과 떠나고 싶은 국민의 수가 각각 46%로 동일했던 데에 반해 2015년 조사 결과 각각 55%, 36%로 영국인의 55%가 유럽연합에 남고 싶어 하는 것으로 나타났다. 또한 무슬림과 유대인을 향한 유럽의 반감이 줄어드는 것을 볼 수 있었다. 마지막으로 최근 지지율이 증가하고 있는 유럽 회의주의 정당에 있어서 스페인, 영국, 이탈리아, 독일은 각 국가의 대표적인 회의주의 정당에 대해 전통적인 정당들이 다루지 않는 중요한 이슈를 다루고 있기에 긍정적으로 생각한다는 의견이 50% 이상이었다. 반면 프랑스, 폴란드의 경우 각 국가의 회의주의 정당에 대해 너무 극단적이라는 부정적인 의견이 높은 것으로 나타났다.

06월 10일

• 영국, '유럽연합 탈퇴 국민 투표' 하원 통과…유럽연합 협약 개정 협상 본격화

(YTN 06. 10)

– 영국의 유럽연합 탈퇴, 이른바 브렉시트(Brexit) 여부를 묻는 국민 투표를 시행하기 위한 법안이 영국 하원에 상정되었다. 집권 보수당 정부가 발의한 이 안건은 영국이 유럽연합에서 남아야 한다고 생각하느냐는 질문에 찬성과 반대를 표시하는 국민 투표를 2017년 말까지 치르는 내용을 담고 있다. 지난 총선에서 3당이 된 스코틀랜드 독립당이 국민 투표에 반대했지만 제1야당인 노동당이 찬성으로 돌아섬으로써 안건이 통과되었고 상원의 의견 절차를 거쳐 국민 투표가 확정될 것이다. 캐머런 영국 총리는 유럽연합 이민자에 대한 복지 혜택 제한 등 협약 개정 협상을 마무리한 뒤 결과에 따라 국민에게 뜻을 물을 것이라고 밝혔다.

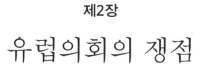

제2장
유럽의회의 쟁점

끊임없는 분열, 해결책은 무엇인가

김진주

 유럽연합은 오늘날 단순히 경제적인 연합을 넘어 정치적인 부분도 함께하고 있다. 그러나 이러한 연합체를 형성하게 된 것은 그리 오래 되지 않았다. 현재 연합을 형성하고 있는 국가들은 과거 다양한 전쟁의 역사를 가지고 있다. 영토가 밀접해 있기에 끊임없는 영토 싸움을 벌여 온 것이다. 로마 제국부터 백년전쟁, 나폴레옹 전쟁 등 전쟁과 피의 역사로 만들어진 유럽은 상식적으로 하나로 연합을 한다는 것 자체가 납득이 안 갈 수 있다. 그래서인지 현재 유럽연합은 끊임없는 분열에 놓여 있다.

 우선 첫 번째 분열은 내적인, 이념적인 분열이다. 영국의 독립당을 중심으로 세력을 확장시키고 있는 자유민주그룹(EFD)이 이번 유럽의회에서 교섭 단체로 등록하게 됨에 따라 연간 수백만 유로의 지원금을 받고, 총회 발언권이 주어지게 되었다. 이는 유럽의회 내에서 막대한 힘을 지니게 되는 것으로서, 유럽연합 내 유럽의회 내에서 유럽연합을 반대하는 세력이 강한 힘을 가지게 되었다는 것은 앞으로 유럽의회의 의사 결정에 있어 많은 분열을 가져올 것으로 보인다. 이러한 분열의 우려는 총회 시작부터 등장했다. 이번 회의에서 유럽연합 국가(國歌)인 베토벤의 '환희의 송가'가 울려 퍼질 때 유럽연합 통합에 반대하는 일부 10여 명의 의원들이 자리에서 일어나 뒤돌아서기도 했다. 또한 이번 유럽연합 집행위원장으로 선출된 장 클로드 융커가 "유로화가 유럽을 보호한다"고 말했다가 반(反)유럽연합 성향의 유럽의회 의원들로부터 야유를 받기도 했다. 이렇듯 분열은 이미 시작된 것으로 보인다.

두 번째 분열은 외적인, 영토적인 분열이다. 비록 유럽연합 내에서의 전쟁은 아니지만 우크라이나 정부군과 친러시아 민병대 사이에 전쟁이 유럽 대륙 동쪽에서 끊임없이 이루어지고 있다. 이러한 전쟁으로 유럽 대륙 내에 영토적인 분열이 부상하고 있으며, 유럽 시민들 내에서도 반러시아적인 입장이 많아지고 있다. 또한 2014년 7월 15일 우크라이나 상공에서 말레이시아 항공기가 격추되어 298명이 사망했으며, 그중 대다수는 유럽 시민인 것으로 나타났다. 이러한 시점에서 유럽연합은 더 이상 유럽연합 회원국이 아니라는 이유만으로 방관자적인 태도를 보여서는 안 된다. 유럽연합에 속하지 않더라도 유럽연합은 유럽 대륙 전체의 국가들을 가입시키는 데에 그 목적을 두어야 하기에 앞으로는 더욱 적극적으로 나설 필요가 있다.

그렇다면 이러한 분열을 해소하기 위해 유럽연합이 나아가야 할 방향은 무엇인가. 우선 유럽연합 내를 공고히 할 필요가 있다. 내적인 분열로 인해 유럽연합은 연합의 기능을 상실해 가고 있다. 따라서 유럽의회 내 반유럽연합 의원들과 등을 돌리기보다는 손을 잡고 나아가며, 그들의 의견을 절충하는 태도를 보여야 할 것이다. 그리고 두 번째로는 유럽연합 내 군사적 기능을 강화해야 할 것이다. 현재 유럽 대륙 내에서 전쟁이 일어날 경우 그를 방어할 수 있는 대안이 존재하지 않는다. 그러나 국제연합(UN) 평화군과 같이 공동의 군대를 소유한다면, 어느 누구도 쉽게 전쟁을 일으키지 못할 것이다. 그러한 점들을 고려하여 당장 군사적 기능을 강화시키지 못하더라도, 강력한 힘을 지녀야 할 것이다.

유럽연합은 다른 국가들과 다르게 수많은 국가가 연합되어 있다. 그렇기에 그들 내의 균열과 분열은 유럽연합 자체를 무너뜨리는 위력을 갖게 될 것이다. 그러한 맥락에서 유럽 시민들을 위해 출범한 유럽연합이 자신들의 역할을 더욱 공고히 하고, 나아가 사회적 균열을 극복하여 연합체 이상의 의미를 갖기를 기대해 본다.

참고문헌

연합뉴스 2014. 07. 16.
조지 차일즈 콘 저, 조행복 역. 2014.『세계 전쟁사 사전』. 산처럼.
헤럴드경제 2014. 07. 01.

|||||||||||||||||||||||||||||||||||||||||||||||||||||||||||||||||||||||||||||||||||||||||||||||||||||||||||||||||||

유럽의회, Wake Up!

김진주

　유럽의회 선거의 투표율은 유럽의회의 정통성, 정당성을 보여 주는 매우 중요한 지표라 할 수 있다. 그렇기에 유럽연합이 확대되어 가는 이 시점에서 떨어지는 유럽의회 투표율은 유럽연합과 유럽의회가 유럽인들을 제대로 대표하지 못한다는 것을 보여 준다. 그렇지만 이러한 문제를 단순히 유럽의회의 책임으로만 돌릴 수는 없다. 유럽연합에 속하는 국가들이 점차 늘어나고 아직 유럽의회에 대해 소속감 등을 느끼지 못하는 후반 가입국들의 투표율은 안정적일 수 없기 때문이다. 그렇기에 제8회 유럽의회 선거에서 각 정당 그룹의 대표를 선출해 내세움으로써 직접 선거적인 요소를 확대했기에 투표율 상승을 기대했다 하더라도 반드시 상승할 것이란 보장은 없다. 그러나 유럽의회는 '투표율'이라는 늪에 빠진 것으로 보인다.

　블룸버그(Bloomberg) 2014년 8월 6일자 기사에 따르면 이번 제8회 유럽의회의 실제 투표율은 42.5%이다. 이는 지난 7회 선거 때보다 0.5% 하락한 결과이다. 투표율의 상승을 기대했음에도 투표율이 떨어진 것이다. 이에 대해 유럽의회 사이트는 마치 진실을 감추려고 하는 듯 7월 하순까지 자신들의 투표율 예측치인 43.09%가 실제 투표율인 듯 공개하고, 실제 결과를 묻어 두었다. 이는 단지 보이는 것에만 치중한 행동이라 할 수 있다. 유럽 시민들은 유럽의회 내 민주주의가 상승되어 직접 선거적 요소가 증가함에도 이번 선거에서 그들에게 낮은 관심을 보였으며, 선거 결과에서도 반유럽연합을 주창하는 극우 정당에 손을 들어주었다. 이러한 시민의 생각을 받아들이고, 그들의 관심을 높이기 위해 노력하는 것이 진정한 시민의 의견을 대변하는 것이다. 그러나 이번 유럽의회의 투표율 숨기기는 시민의 생각을 대변하기는커녕, 자신들의 체면과 시민들의 실제 의견을 맞바꾼 셈이다. 제8회 유럽의회 의원들은 첫 번째 본회의를 시작하기 이전에 심도 있게 반성해야 한다. 또한 각 정당 그룹도 주목해야 한다. 정당 그룹이 유럽의회에 중점을 두고 있는 만큼 유럽의회의 투명성과 공정성은 정당 그룹의 이미지를 보여 주기도 한다. 이번 사례와 같이 유럽 시민들의 눈 가리기식 행동은 유럽의회뿐 아니라 정당에게도 유럽 시민들의 신뢰를 잃을 수 있는 문제이다. 그렇기에 정당은 시민을 제대로 대변하기 위해 유럽의회에 대해 누구보다 비판적이고 객관적이며 공정한 시각을 갖기 위해 노력해야 할 필요가 있다.

민주주의 국가에는 삼권 분립의 원칙이 존재한다. 권력을 분산시키고 권력 기관 간의 견제와 균형을 통해 국민의 주권을 보장하고 올바른 정치를 실행하기 위함이다. 그러나 유럽연합의 경우 특수한 경우이기에 유럽의회를 견제하는 명확한 기관이 존재하지 않는다. 그렇기에 유럽의회가 시민을 위해 일하려면 자체적으로 개혁하고 견제하는 것이 반드시 필요하며, 이번 사례를 계기로 유럽의회가 깨어나길 바란다.

참고문헌

Bloomberg 2014. 08. 06.

분열 위기에 직면한 유럽연합

김진주

유럽연합의 분열에 대해 수많은 조짐이 있었다. 유럽 전역에 반유럽연합을 주장하는 극우주의 세력이 확대되어 가고, 그들은 실제로 각국의 원내에 진출하면서 정치적 역량을 키워 왔다. 그러나 이러한 극우주의 정당의 활동은 법과 규제라는 틀 안에서 이루어져 왔고, 점차적인 것이었기에 유럽연합 및 유럽의회 내에서 그들을 막고자 중도 보수 및 중도 진보에 속하는 유럽국민당그룹과 유럽사회당그룹이 역할을 해왔다. 그러나 이번에는 유럽연합에 직접적 위협을 가하는 위기가 등장했다.

2013년 5월, 스코틀랜드 집권당인 스코틀랜드국민당은 영국 중앙 정부와 2014년 9월 18일에 독립 찬반 투표를 실시하기로 합의하였다. 스코틀랜드의 독립은 사회 분열의 문제를 가져오며, 주민 투표에서 독립이 확정될 경우 스페인 내에서 현재 독립 운동이 진행되고 있는 카탈루냐와 캐나다의 퀘벡, 미국 텍사스, 중국 신장위구르자치구와 티베트 등의 분리 독립 운동에도 불씨를 제공할 가능성이 크다(파이낸셜뉴스 2014. 09. 12). 이러한 분열은 다양한 역사를 지닌 유럽 내 많은 지역들의 독립으로 이어질 수 있으며 이는 나아가 유럽이라는 통합적인 개체를 형성함에 있어 사회적 어려움이 따르게 된다.

특히 이번 스코틀랜드 독립 투표는 민주적이고 자율적인 이념 속에서 영국으로부터의 독립 자체가 부정적이라고 볼 수는 없다. 그러나 국가 연합체인 유럽연합의 입장에서 보았을 때 통합해야 할 개체가 늘어나는 것은 전체적인 사회적 분열의 도화선이 될 수 있다. 이러한 상황에서 시민들의 입장을 대변해야 하는 것이 정당의 역할이다. 그러나 유럽연합의 분열이 걸린 문제임에도 이번 유럽의회 정당들의 반응은 적극적이었다고 할 수 없다. 오히려 영국 내의 정당들과 주요 인사들의 노력이 더욱 컸다고 할 수 있다. 이는 유럽의회 내 정당들의 역할이 실제로 유럽연합의 사회적 통합을 이루기 위해 노력하고 있는 것인지 다시금 생각하게 하는 부분이다.

유럽연합이 각 지역 국가들의 민주주의와 독립을 막을 명분이 있는 것은 아니다. 그러나 유럽 전체의 통합을 목표로 하는 연합체라면 분열과 균열을 막기 위해 노력하고 그들이 유럽연합 틀 내에서 자유로울 수 있게끔 하는 역할을 해야 할 것이다. 그러나 이번 스코틀랜드 독립 투표는 부결되었으나 2017년에 영국의 유럽연합 탈퇴 투표에도 지대한 영향을 미칠 것이다. 유럽연합으로부터의 탈퇴가 영국 시민들이 실제 원하는 것이라면 유럽의회 내 정당은 오히려 영국의 탈퇴를 도와야 할 것이다. 그러나 그러한 자국의 이익만을 쫓아 국가들이 독립하게 된다면 유럽 공동체라는 대의를 이루는 것이 불가능할 것이다. 유럽연합은 생성초기부터 이러한 딜레마를 지니고 있다. 그렇기에 어떤 쪽이 더욱 옳으며, 유럽 시민들을 위한 것인지 다시 한 번 신중히 생각해야 할 것이다.

참고문헌

파이낸셜 뉴스 2014. 09. 12.

European Voice 2014. 09. 19.

|||||||||||||||||||||||||||||||||||||||||||||||||||||||||||||||||||||||||||||||||||||||||||||||||||||||||||||||||||||||||||||||

유럽연합 내 민주주의 제고 노력

김진주

2014년 5월 치러진 제8회 유럽의회 선거는 지난 다른 선거들과 차별화된 부분이 존재했다. 1979년 유럽의회가 직선제로 전환된 이후 지금까지 유럽연합 집행위원장은 유럽이사회에서 후보를 지명하고 그 후보에 대한 승인을 유럽의회에서 받음으로써 선출되었다. 유럽연합의 대통령과 같은 유럽연합 집행위원장 선출에 있어 이전의 지명의 형태에서 유권자와 좀 더 밀접하게 연관되는 형태로 변화한 제도는 유럽연합 내의 민주주의가 한발 더 나아갈 것으로 기대를 모았다.

처음으로 변화된 제도에서 선출된 장 클로드 융커 유럽연합 집행위원장은 지난 2014년 9월 자신과 함께 향후 5년간 유럽연합을 이끌 분야별 집행위원을 지목했다. 지목된 집행위원 내정자들은 9월 29일부터 10월 7일까지 유럽의회 위원회의 청문회를 거친 뒤, 10월 22일 유럽의회 총회에서 새로운 집행위원회로서의 승인을 받게 되면 향후 5년간 유럽연합 집행위원회로 임기를 시작하게 된다(European Parliament Press Releases 2014. 10. 17).

유럽연합 집행위원장의 선출은 이전에 비해 보다 민주주의적인 요소가 적용되었고, 유권자와의 연계도 증가한 것으로 보인다. 그러나 청문회 제도는 유럽연합 내 민주주의 제고에 있어 좀 더 보완될 필요가 있다. 청문회 제도에 있어 과연 유럽의회 의원들의 질문은 실질적인지, 모든 위원 내정자들에게 동일한 압박을 가하고 있는지 등에 대해 논란의 여지가 존재한다(EU Observer 2014. 10. 06). 더욱이 내정자들이 대표적인 정당 그룹인 유럽국민당그룹과 유럽사회당그룹에서 대부분 정해지기 때문에 각 정당 그룹의 분위기도 자신들에게 속한 위원 내정자에 대해서는 긍정적인 평가를 하고 있다. 이는 일반 국가의 시각에서 바라본다면 당연한 일이 될 수 있지만 유럽연합, 유럽의회의 경우 유럽 내 수많은 국가들이 모여 있고, 유럽 통합이라는 하나의 공통 목표를 가지고 나아가는 집단이기에 제 식구 감싸기의 청문회 풍토는 유권자에게 실망을 안겨줄 수 있을 뿐만 아니라, 유럽 통합이라는 공통된 가치를 실현하고자 하는 집단에서 반드시 근절되어야 할 필요가 있다.

유럽연합의 집행위원들은 유럽이라는 거대한 대륙의 모든 시민들을 위해 유럽연합을 운영해 나가야 하기에 단순히 자신들의 정당 그룹의 이권을 보장해야 할 위치에 있는 것이 아니다. 따라서 각 정당 그룹 역시 진정으로 유럽 시민을 위해 일할 역량이 있는 사람들을 가려내는 역할에 더욱 집중해야 할 것이다.

참고문헌

European Parliament Press Releases 2014. 10. 17.

EU Observer 2014. 10. 06.

유럽연합 집행위원장 불신임안과 유럽 통합

김진주

지난 2014년 10월 22일 장 클로드 융커의 유럽연합 집행위원회가 유럽의회의 최종 승인을 받고 11월 1일 정식으로 출범하였다. 그러나 18일 업무를 개시한 지 20일도 되지 않아 집행위원장에 대한 불신임 투표안이 접수되었다. 11월 5일 국제탐사보도언론인협회가 제기한 다국적 기업과 룩셈부르크 조세 당국 간 세금 탈루 의혹으로 인해 당시에 룩셈부르크 총리였던 장 클로드 융커에게도 책임을 물어야 한다는 목소리가 높아졌다. 비록 지난 35년간 총 7차례 제기되었던 유럽의회 불신임 투표안은 가결된 적이 없고(연합뉴스 2014. 11. 19), 전체 인원의 2/3에 해당하는 376명 의원의 찬성이 있어야 불신임이 가능하지만(European Parliament Plenary sessions News letter 2014. 11. 20) 불신임 투표안이 제출되었다는 것만으로도 이미 불안한 출발을 보이고 있는 것이다. 더욱이 불신임 투표안을 주도한 세력이 반유럽연합을 주창하는 세력이기에 그들의 활동도 본격적으로 시작되었다고 볼 수 있다.

유럽사회당그룹 대표인 잔니 피텔라는 이번 스캔들에 대해 모든 유럽 기관의 신뢰가 걸려 있는 사안이라고 말하며, 무엇보다 강력하고 혁명적인 개혁안으로 융커의 의지를 보여야 한다고 말했다(S&D News room 2014. 11. 12). 즉, 강력한 개혁과 의지를 통해 위기를 기회로 만들 수 있는 것이다. 또한 유로바로미터의 조사에 따르면 젊은 사람들의 유럽연합에 대한 인식이 점차 긍정적으로 변하는 것으로 나타났다(EU Observer 2014. 11. 07). 이러한 변화하는 유럽 시민들의 인식을 기반으로 유럽 통합이라는 공통의 가치를 강조하고, 신뢰를 얻을 수 있는 보다 구체적인 정책들을 통해 이번 위기를 타계해 가는 모습을 보여야 할 것이다.

보다 좋은 사례로 현재 유럽사회당그룹은 'EU Wake Up(유럽, 일어나)' 캠페인을 진행 중이다. 유럽의 각 도시들을 돌며 유럽 통합과 유럽의 재건을 위한 방안

등을 토론하며 유럽 시민들을 직접만나고 있다. 유럽연합 집행위원장이 간접 선거의 형태로 선출되었으나 유럽 시민이 없었다면 그 자리에 설 수 없었을 것이다. 그렇기에 위기를 맞은 만큼 더욱 유럽 시민에게 다가가 신뢰를 쌓고, 그러한 신뢰를 기반으로 강력한 정책을 추진하여 대중의 마음과 지지를 얻음으로써 위기를 기회로 바꾸어 밑에서부터 이루어지는 유럽 통합을 위한 기반을 다져야 할 것이다.

참고문헌

연합뉴스 2014. 11. 19.

EuObserver 2014. 11. 07.

European Parliament Plenary sessions News letter 2014. 11. 20.

S&D News room 2014. 11. 12.

|||||||||||||||||||||||||||||||||||||||||||||||||||||||||||||||||||||||||||||||||||||||||||

유럽의회의 신뢰와 유럽사회당그룹의 캠페인 활동

김진주

　2014년 12월 17일 유로바로미터는 11월에 실시한 '가을 2014 유로바로미터'를 발표하였다(Eurobarometer 2014. 12. 17). 이번 조사는 장 클로드 융커의 유럽연합 집행위원회가 출범한 뒤 첫 번째 조사였으며, 유럽의회 의원들의 활동이 본격적으로 시작된 후의 조사라는 의미도 지닌다. 유로바로미터에 따르면 유럽의회에 대한 신뢰는 지난 5월 조사보다 4%포인트 상승하여 39%를 기록한 것으로 나타났다. 유럽의회에 대한 신뢰의 상승은 새롭게 2015년 예산과 프로그램을 계획하는 유럽의회 의원들과 장 클로드 융커 유럽연합 집행위원장에게도 힘을 실어주는 결과라 할 수 있다.

그러나 이러한 유럽의회의 신뢰 상승은 정권 출범 초기에 흔히 일어나는 기대효과일 가능성이 존재한다. 경제 상황이나 사회적 상황이 악화된다면 유럽 시민의 지지와 신뢰는 흔들리게 될 것이다. 그럼에도 정책이나 프로그램이 실패하더라도 그 정권에 대한 신뢰가 변하지 않을 수 있도록 하는 방안을 모색할 필요가 있다. 보다 구체적으로 유럽 시민에게 다가가고 그들의 신뢰를 얻을 방안으로 유럽사회당그룹의 지속적인 캠페인 전략을 제시하고자 한다. 유럽사회당그룹은 다양한 분야의 캠페인을 진행하고 있다. 5월 유럽의회 의원 선거를 앞두고 '#Knock the Vote'라는 캠페인을 통해 유럽 시민들의 유럽의회선거 참여를 독려하고 각 지역의 풀뿌리 운동가 수천 명과 만나며 시민에게 다가가는 모습을 보였다(S&D Newsroom 2014. 04. 15). 또한 선거가 끝난 이후 유럽의회 내 다수당을 차지하지 못했음에도 유럽 내 도시를 돌아다니며 지역별 문제점 및 유럽사회 내의 개혁 방안에 대해 토론하고, 유럽 내의 개혁과 변화를 외치는 '#EU-Wakeup' 캠페인을 진행 중이다(S&D Newsroom 2014. 11. 05). 그 밖에 최근 11월 발생한 룩셈부르크 다국적 기업 탈세 스캔들에 대해 유럽 내의 공정한 세재를 주장하는 '#Tax Justice' 캠페인을 시작하였다. 유럽사회당그룹의 이러한 다양하고 꾸준한 캠페인 활동은 유럽 시민에게 다가간다는 의미도 있지만 유럽 내의 문제점을 인정하고 개선한다는 의식을 심어 주기에 충분하다.

유럽의회 내에서 유럽사회당그룹은 다수당인 유럽국민당그룹을 무서운 기세로 쫓아가고 있다. 2009년 유럽의회 선거에서 유럽국민당그룹과 유럽사회당그룹의 의석 격차는 91석이었으나(BBC 2009. 07. 14), 이번 선거에서 두 정당 그룹의 격차는 30석에 지나지 않는다. 이러한 유럽사회당그룹의 성장에 그들의 꾸준한 캠페인 활동은 중요한 요인 중 하나일 것이다. 유럽의회 역시 유럽 시민의 신뢰를 얻고 나아가 유럽 통합에 중추적인 역할을 하는 데에 있어, 유럽 시민의 의식 깊숙이 자리하는 캠페인 활동이 중요한 방안 중 하나가 될 수 있을 것이다.

참고문헌

BBC 2009. 07. 14.

Eurobarometer 2014. 12. 17.

S&D Newsroom 2014. 04. 15.

S&D Newsroom 2014. 11. 05.

|||||||||||||||||||||||||||||||||||||||||||||||||||||||||||||||||||||||||||||||||||||||||||||||||||||||||||||||

테러의 위협 속 유럽의회의 역할

김진주

2015년 1월 7일 프랑스 파리에서는 총성이 울렸고 8일, 9일 연달아 총 17명이 사망하는 테러가 자행되었다(한겨레 2015. 01. 11). 테러범들은 사살되기 전 자신들을 테러 집단인 알카에다 혹은 이슬람국가(IS) 소속이라고 주장했으며, 두 테러 집단은 모두 종교적인 극단 집단에 속한다. 유럽 전역은 이들의 테러 위협으로부터 불안에 떨고 있으며, 유럽의회 내에서도 안보에 대한 목소리가 높아지고 있다. 특히 외교 정책에 있어 유럽인들의 공통의 가치와 단결을 주장하는 의견이 많아지는 가운데 유럽의회의 역할이 중요해지는 시점이 다가왔다.

유럽 통합의 상징이라 할 수 있는 것은 현재 유럽연합 본부의 건물 이름이기도한 '샤를마뉴'이다(서울경제 2006. 01. 28). 2004년 건물을 새로 지을 당시 본부의 이름을 샤를마뉴로 한 데에는 샤를마뉴가 프랑스와 독일의 공동 조상이며, 서로마제국 이후 처음으로 유럽을 통합해 신성로마제국을 이룩했기 때문이다. 즉 샤를마뉴는 영토적으로 유럽을 통합함과 동시에 종교적으로도 기독교로 유럽을 통합했다. 그러나 샤를마뉴는 기독교 외에 다른 종교에게는 관용을 베풀지 않았던 것으로 알려져 있다. 어딘지 모르게 샤를마뉴를 상징으로 여기는 유럽연합과 비슷한 부분이 있어 보인다. 이번 테러 사건 이후 유럽연합에서 등장한 대테러 정책은 테러 직후 회원국 간 자유로운 이동을 보장한 셴겐 조약을 개정해 지하디스트들의 이동을 막고, 프라이버시 침해 문제로 엄격히 금지했던 항공기 이용자의 항공 여객 기록(PNR)를 회원국들이 공유하는 방안이다(경향신문

2015. 01. 18). 이번에 제시된 방안들은 시민의 권리를 침해할 수 있으며, 보편적 가치를 추구하기보다는 국가, 회원국 내의 카르텔을 형성하는 방향으로 나아가는 것으로 보인다. 그렇기에 이러한 시점에서 보다 중요한 것은 유럽의회의 바람직한 역할이다. 유럽의회는 유럽 회원국 내의 모든 유럽인들을 아우르고, 그들의 의견을 대변해야 할 의무를 가진다. 안보에 집중하면 인권이 후퇴할 가능성이 있기에 유럽의회는 보다 유럽 시민의 인권에 주력하여 대의 민주주의가 훼손되지 않게 중심을 잡아야 할 것이다.

유럽의회는 유럽연합 내에서 정책 및 의사를 결정하는 집행위원회와는 다르게 동의와 권고의 역할을 주로 하기에 강력한 힘을 가지고 있지 못하게 보일 수 있다. 그러나 유럽의회는 유럽 내 모든 유럽 시민을 대표할 의무가 있다. 그렇기에 이번 테러 사건을 대응하는 데에 있어 유럽 시민들의 인권과 의견이 보장될 수 있도록 보다 많은 노력을 기울여야 할 것이다.

참고문헌

경향신문 2015. 01. 18.
서울경제 2006. 01. 28.
한겨레 2015. 01. 11.

||||||||||||||||||||||||||||||||||||||||||||||||||||||||||||||||||||||||||||||||||||||||||||||||||||||||||||||

유럽연합의 대테러 정책을 통해 바라본
진정한 의미의 유럽 통합

김진주

이슬람국가(IS)의 테러가 유럽으로 방향을 돌린 가운데 유럽 전역에서는 테러와의 전쟁이 선포되었다. 2015년 1월 7일 프랑스 파리에서 총 17명이 사망하는 이슬람국가(IS)의 테러가 자행되면서(한겨레 2015. 01. 11) 강력한 대테러 정책에 대한 요구가 높은 가운데, 유럽연합은 테러에 대응하고자 다양한 방안을 모색하고 있다. 유럽연합이 제시한 다양한 방안 중 2015년 2월 11일에 항공 여객 기록(PNR) 시스템 도입과 관련한 결의안이 유럽의회를 통과했다.

이번 유럽의회에서 통과된 결의안은 항공 여객 기록(PNR)을 통해 외부 국경에서의 출입 관련 검사를 강화하는 내용과 항공 여객 기록(PNR) 도입이 유럽 시민들의 권리인 데이터 보호와 반드시 병행되어야 한다는 내용을 중점적으로 다루고 있다(European Parliament Press Releases 2015. 02. 11). 유럽의회의 중도 보수 정당 그룹인 유럽국민당그룹은 항공 여객 기록(PNR)의 도입을 강력하게 주장하고 있다. 반면 중도 좌파 정당 그룹인 유럽사회당그룹은 유럽 시민의 인권과 더불어 유럽연합 내 민주주의 수준의 하락으로 이어지지는 않을지 우려하고 있으며(S&D News room 2015. 02. 11), 이러한 의견이 적극 반영되어 결의안이 통과되었다. 유럽사회당그룹이 유럽 시민의 권리 침해를 우려하는 것은 매우 시의적절하며 유럽연합 집행위원회가 아닌 유럽 시민을 대변해야 하는 유럽의회이기에 대테러 정책을 대함에 있어 반드시 고려해야 할 부분이다.

한편 유럽의회의 우려에도 불구하고, 유럽연합은 또 다른 대안으로 '스마트 국경' 시스템 도입을 추진 중이다. '스마트 국경' 시스템은 유럽연합 회원국 국민을 제외하고, 역내 국경으로 들어오는 비유럽연합 국가 국민의 지문을 채취하고 사진을 찍는 것이다. 오는 9월까지 비유럽연합 국민은 이 같은 통제를 거부할 수 있는 예비 기간을 두고 있으나 예정 기간이 지나면 본 시스템은 도입될 가능성이 높아 보인다(European Voice 2015. 02. 22; 연합뉴스 2015. 02. 22 재인용). 이는 유럽연합 회원국의 국민, 즉 유럽연합 시민들에게는 해당되지 않을 수 있으나 그보다 상위 개념인 인권 전체에 대한 침해로 간주될 수 있다. 현재 유럽연합 회원국 내 비유럽연합 시민은 2013년 기준 약 4.1%에 달한다(European Commission 2014. 05). 5%이내의 작은 인구로 보일 수 있으나, 이는 총 20,400,000명의 이동에 통제를 가한다는 것을 의미한다. 유럽연합은 유럽연합 회원국을 아우르고 그들의 통합을 이룬다는 의미를 가지고 있다. 그렇지만 자신들의 통합을 위해 유럽 대륙에 살고 있는 수많은 사람들의 인권을 침해할 수 있는 행위는 정당화될 수 없다는 점을 명심해야 할 것이다.

　민주주의는 유럽연합 시민들에게만 적용되는 것이 아니다. 유럽 대륙에 살고 있는 모든 시민들에게도 민주주의는 적용되어야 한다. 그들의 출신 국가는 비록 유럽연합 회원국이 아닐지라도 유럽연합이 유럽 전역의 진정한 통합을 이루기 위해서는 그들의 민주주의와 인권 또한 보호해야 하며 유럽의회가 이런 역할에 앞장서야 할 것이다.

참고문헌

연합뉴스 2015. 02. 22.

한겨레 2015. 01. 11.

European Commission 2014. 05. http://ec.europa.eu/eurostat/statistics-explained/index.php/Migration_and_migrant_population_statistics(검색일: 2015. 02. 26).

European Parliament Press Releases 2015. 02. 11.

European Voice 2015. 02. 22.

S&D News room 2015. 02. 11.

ıllıllıllıllıllıllıllıllıllıllıllıllıllıllıllıllıllıllıllıllıllıllıllıllıllıllıllıllıllıllıllıllıllıllıllıll

반이슬람 정서에 대한 유럽사회당그룹의 역할

김진주

　2014년 5월 유럽의회 의원 선거 이후 극우주의 정당의 약진으로 유럽의회 내 세력이 강해짐으로써 유럽 전역에 위협으로 다가왔다. 당시의 극우주의 정당들은 대개 반유럽연합, 반이민이었다. 그러나 이러한 반이민 정서가 반이슬람 정서로 집중되고 있는 듯하다. '페기다(PEGIDA)'의 움직임이 심상치 않기 때문이다.

독일에서 시작된 반이슬람 운동 단체인 페기다는 독일에서 2014년 10월 20일에 처음 집회를 시작했다. 독일 전역에서 월요일마다 동시다발로 진행되어 '월요 집회'라고도 불리며 2015년 1월 26일 약 1만 7천300명이 참가했다. 시위의 인원은 2주 전인 1월 12일 역대 최다인 2만 5천명이 시위에 참가한 것과 비교해 줄어든 것이다(연합뉴스 2015. 01. 26). 물론 페기다는 포퓰리즘 성격을 가지고 있기에 단체 내부에서도 여러 가지 문제가 있어 유럽 내 다른 극우 정당에 비해 그 영향력이 확대될 가능성이 있는지는 미지수이다(시사IN 2015. 02. 06). 그럼에도 유럽전역에서 집회와 세력을 확대시켜 나가려는 움직임을 보이고 있다. 지난 2월 28일에는 영국 뉴캐슬에서 '반이슬람' 집회를 열었다. 그러나 영국 내에서는 처음 행하는 집회이기에 단 375명만이 참여하여, 2천여 명이 참여한 반대 집회에 열세를 보였다고 경찰은 밝혔다(연합뉴스 2015. 03. 01). 비록 현재는 그 규모가 작을 수 있으나 테러 집단인 이슬람국가(IS)의 위협이 유럽 전역에 퍼지고 있는 추세이기에 앞으로의 위험성을 간과할 수는 없다. 반이민정서가 보다 구체적으로 반이슬람 정서까지 확대되는 상황에서 이러한 분위기가 유럽 전체에 퍼지지 않도록 하기 위한 대책을 마련해야 한다. 이러한 문제를 해결하기 위해서 유럽의회 내 중도 좌파인 유럽사회당그룹이 적극적으로 나서야 한다. 유럽사회당그룹은 유럽의회 내에서 난민, 망명, 이민자에 대한 문제에 보다 진보적이고 인권을 중시하며, 민주주의 가치를 실현하는 주장을 펼쳐 왔다. 그렇기에 반이슬람 정서를 해소하기 위해 노력함으로써 그들의 정당 기조를 지키고 유럽 시민들의 평화롭고 안전한 통합을 위해 노력하는 정당임을 보여 주어야 할 때이다.

아직은 반이슬람 정서에 대한 우려가 시기상조일 수 있다. 그러나 지난번 유럽의회 선거에서 보았듯 반이민자 정서와 같은 심리적인 확산은 그 영향과 속도를 예측할 수 없다. 그렇기에 유럽의회 내 정당 그룹은 이러한 이슈에 대해 귀 기울여야 할 것이다. 반이슬람 정서를 해소하는 것은 종교를 떠나 유럽 전역의 사회 통합과 갈등 해소라는 측면에서 큰 의미를 가지기 때문이다.

참고문헌

시사IN 2015. 02. 06.

연합뉴스 2015. 01. 26.
연합뉴스 2015. 03. 01.

‖‖‖

유럽의 난민 문제와 정당의 역할

김진주

2015년 들어 유럽 내의 난민선 사고가 끊이지 않고 있다. 2015년 4월 12일 유럽으로 향하던 난민선이 리비아 해안에서 전복되면서 400명이 사망했고, 일주일이 지난 19일 비슷한 장소에서 난민선이 다시 전복되면서 최소 600명에서 최대 950명이 익사한 것으로 나타났다(CNN 2015. 04. 19). 유엔난민기구에 따르면 2015년 지중해를 통해 유럽으로 향하다 숨진 난민만 1,500명이 넘는 것으로 알려지고 있다(동아일보 2015. 04. 21).

유럽연합 내에서는 4월 20일 긴급 대책 마련을 위해 28개 회원국의 외무장관, 내무장관 회의를 개최하였고 유럽연합 정상회의도 23일에 개최될 예정이다(연합뉴스 2015. 04. 21). 유럽연합 차원에서는 이러한 인도적인 정책과 논의가 이어지지만 유럽 내의 다양한 유럽 시민의 의견을 대변하는 각 정당의 경우 난민 문제에 대한 입장이 제각각이다. 유럽국민당그룹은 유럽연합 외부 국경 통제 개선, 지중해 제3국과의 협력 등에 대해 4월 23일 논의할 예정이고(EPP Group Press Releases 2015. 04. 16), 유럽사회당그룹의 경우 특별 유럽연합 정상 회담을 요구하는 등 강하게 유럽연합의 대응을 촉구하고 있다(S&D Press Releases 2015. 04. 19). 이 두 정당 그룹의 경우 중도 우파, 중도 좌파이기에 난민 문제를 단순히 불법적인 시각으로 보기보다 인권적인 측면에서 다루고 있으며, 그들에 대한 해결책을 촉구하고 있다. 그러나 극우 정당들의 난민 문제에 대한 입장은 이와 다르다. 영국의 영국독립당 소속의 한 후보자는 4월 21일 난민선을 탄 난민들을 조롱하는 글을 리트윗(Retweet)하였고(Independent 2015. 04. 21.), 프랑스의 극우 정당인 국민 전선 부대표 플로리안 필리포(Florian Philippot)는 입국을 거부할 수 있는 자신들의 권리를 널리 알려야 한다고 말했다(Front National Press Releases 2015. 04. 20.). 또한 이탈리아 북부동맹(Lega Nord)의 이민 담당자 역시 생명을 구할 수 있는 유일한 방법은 해상 봉쇄를 활성화하는 것이라고 주장하고 있다(Lega Nord News 2015. 04. 19.).

이러한 극우 정당들의 태도는 유럽의 다양한 목소리를 대변하는 것을 넘어서 난민에 대한 인권적인 시각을 배제하는 듯 보인다. 정당은 시민의 의견을 대변하는 것뿐만 아니라 다양한 의견 사이에서 발생하는 갈등과 대립을 조정하고 사회를 통합할 의무가 있다. 그렇기에 난민과 같은 갈등의 문제에서 보다 폭넓고 객관적인 시각을 가지고 국가와 시민을 이어 주는 올바른 정당의 역할을 수행해야 할 것이다.

참고문헌

동아일보 2015. 04. 21.

연합뉴스 2015. 04. 21.

CNN 2015. 04. 19.

EPP Group Press Releases 2015. 04. 16.

Front National Press Releases 2015. 04. 20.

Independent 2015. 04. 21.

Lega Nord News 2015. 04. 19.

S&D Press Releases 2015. 04. 19.

유럽연합 내 작아지는 유럽의회

김진주

유럽연합 내에서 유럽의회는 한 국가 내에서 의회와 같은 역할을 수행한다. 법률안을 입법하고, 이슈에 대한 결의안을 채택하며, 유럽연합 내의 행정부의 역할을 하는 유럽연합 집행위원회가 제안하는 법률안을 거부, 수정함으로써 유럽연합 집행위원회를 견제하는 역할도 하고 있다. 또한 유일하게 유럽연합 내에서 유럽 시민들에 의해 직접적으로 선출되는 기관으로서 유럽 시민의 의견을 대변하는 기관이다. 그러나 이러한 유럽의회가 최근 유럽연합 집행위원회의 권한 확장으로 위기에 놓여 있다.

유럽연합은 입법 과정을 단순화하고 입법에 대한 논의를 효율적으로 만들겠다는 일념 하에 '더 나은 규제'라는 개혁 방안을 추진하고 있다. 이번 방안은 기존의 유럽의회의 역할을 없애고, 유럽연합 집행위원회가 제안한 법률에 대해 법안에 대해 꼭 필요한 부분만 법안 심의 기구를 통해 수정 논의를 거치겠다는 내용을 담고 있다(Politico 2015. 05. 18). 그러나 이는 논란의 여지가 많다. 유럽연합 내에서 이러한 법안이 통과된다면 현재 강력한 힘을 가지고 있지 못하는 유럽의회의 역할이 더욱 줄어들 수 있기 때문이다. 특히 유럽연합 집행위원회에 대한 유럽의회의 견제의 역할이 약화될 수 있어 우려의 목소리가 높다(유럽연합 전문매체; 연합뉴스 2015. 05. 19 재인용). 100여 개의 유럽 내의 시민 단체, 환경 단체들은 충분한 논의가 이루어지지 않은 채 이와 같은 규제 완화 방식이 진행된다면 소비자, 인권, 환경 보호의 측면보다 기업이나 유럽의 이익 단체들의 이익이 더욱 우선시될 것을 우려하여 5월 12일 공동 성명을 발표하기도 했다(EurActiv 2015. 05. 13).

유럽의회는 2014년 선거 투표율이 지난 2009년 선거에 비해 0.5%포인트 하락한 42.5%에 그치며 지속적으로 투표율 하락 현상을 보이고 있다(Bloomberg 2014. 08. 06). 이는 유럽 시민들의 유럽의회에 대한 관심이 줄어들고 있음을 보여주는 것이다. 유럽의회가 시민들을 제대로 대변하고 유럽연합 내의 민주성을 확보하려면 작아져만 가는 역할을 확대시켜야 하고 우선적으로 시민들의 의견을 대변하고 있다는 것을 보여 주어야 한다. 유럽의회는 선거 직전 유럽의회 견학, 활동 과정 인포그래픽(infographics) 등 유럽 시민들과 다양한 소통의 활동을 벌여 왔다. 그러나 선거 이후 그들의 활동은 단순히 홈페이지에 글을 올리는 것에 지나지 않아 보인다. 그렇기에 유럽의회는 위기감을 느끼고 시민과의 소통 속에서 진정한 대의 민주주의 강화를 위한 노력을 지속하여 자신들의 역할을 확대시켜 나가야 할 것이다.

참고문헌

연합뉴스 2015. 05. 19.

Bloomberg 2014. 08. 06.

EurActiv 2015. 05. 13.

Politico 2015. 05. 18.

‖‖

반유럽연합을 통해 바라본 대의 민주주의

김진주

2014년 유럽의회 선거에서 반유럽연합을 주장하는 극우 정당들이 유럽의회에 입성하면서 그들에 대한 우려의 목소리와 유럽연합 자체가 위기에 봉착했다는 부정적인 평가가 이어지고 있다. 이러한 반유럽연합 정서는 유럽연합이라는 기구 자체에도 반대를 할 뿐만 아니라 유럽 내의 통합에 대해서도 반대를 하는 정서라 할 수 있다(강유덕·오현정 2011).

이러한 유럽연합 내의 반유럽연합 정서는 극우주의 정당의 세력 확장과 유럽연합 회원국의 유럽연합 탈퇴 가시화라는 두 가지 측면에서 살펴볼 수 있다. 지난 선거 이후 교섭 단체를 형성하지 못했던 극우주의 정당들이 2015년 6월 17일 프랑스 국민전선을 중심으로 교섭 단체를 형성하였고(연합뉴스 2015. 06. 16), 6월 18일 치러진 덴마크 총선에서도 중도 우파인 자유당과 반 이민·반유럽연합 기조의 극우 정당인 덴마크국민당 등의 우파 야권 연합이 총 179석 중 90석을 차지하며 선거에서 승리하였다. 이는 극우주의 정당 세력이 확대되어 가는 것을 보여 주며 반유럽연합 정서가 고조되고 있음을 보여 준다. 또한 회원국의 유럽연합 탈퇴 가시화라는 측면에서 역시 영국에서 데이비드 캐머런 총리가 2015년 총선거에서 공약으로 세웠던 유럽연합 탈퇴를 묻는 국민 투표에 대한 안건이 6월 10일 영국 하원을 통과하면서 반유럽연합 정서가 표출되고 있는 상황이다(YTN 2015. 06. 10).

현재 반유럽연합 정서는 이렇듯 정당 및 정부의 행태에서 살펴볼 수 있다. 그러나 반유럽연합 정서가 실질적으로 자국의 국민들의 의견에서 나오고 있는 것인지 생각해보아야 한다. 2015년 퓨 리서치 센터의 조사에 따르면 유럽 내 국민들의 유럽연합에 대한 태도는 점차 호의적으로 변화하고 있다(퓨 리서치 센터 2015. 06. 02). 2013년 당시 유럽연합에 호의적이라고 응답한 유럽인은 52%였으나 최근 조사에서는 61%로 3년 새에 유럽연합에 대해 호의적이라는 응답이 9%포인트 증가한 것을 볼 수 있다. 더욱이 같은 조사에서 영국의 사례만을 보았을 때에도 55%에 달하는 영국 국민이 유럽연합에 남고 싶다고 응답한 것으로 나타났다. 이는 유럽 내에서 유럽연합에 대한 인식이 긍정적으로 변화하고 있음을 의미하며 반유럽연합 정서를 표출하는 정당과 정부의 행태가 과연 유럽인의 의사를 대변한 것인지 의문을 갖게 한다.

국민의 의사를 정당과 정부가 제대로 반영하는 것은 대의 민주주의의 기본이라 할 수 있다. 반유럽연합 정서에 있어서도 실제 국민이 원하는 것이 무엇인지 심도 있게 살펴봄으로써 대의 민주주의 강화에 정당과 정부가 보다 많은 노력을 기울여야 할 것이다.

참고문헌

강유덕·오현정. 2001. "유럽의 경기 침체와 최근 극우주의의 부상." 『지역경제포커스』 제5집 38호(대외경제정책연구원).

연합뉴스 2015. 06. 16.

퓨리서치센터 2015. 06. 02.

YTN 2015. 06. 10.

미국의 동향 및 쟁점

반복되는 분점정부 갈등 속 화합의 가능성

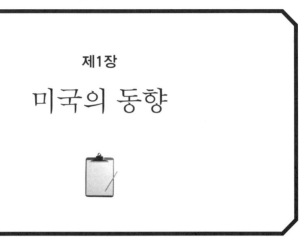

제1장
미국의 동향

1차(2014년 6월 말~7월 말)

원명재

  새로운 이슈가 적은 한 달이었다. 버락 오바마(Barack Obama) 미국 대통령의 재당선 이후 줄곧 논란이었던 이민법 논쟁과 더불어 6월에 있었던 이라크 사태 개입에 대한 논쟁이 이어졌다. 이민법 개정, 이라크 개입 문제 모두 여론의 반응은 냉담하다. 2기 오바마 행정부에 대한 국정 지지율이 절반을 넘지 못하는 것은 어찌 보면 당연하다. 7월 이민법 개정 여론 조사는 찬성 28%, 반대 56%로 두 배 넘는 차이를 보여 준다(폴리티코 2014. 07. 15). 같은 시기 이라크 군사 개입에 대한 물음에서 유권자의 55%가 잘못한 일이라고 답변하는 등 오바마 행정부에 대한 부정적 여론이 지배적인 상황이다(폴리티코 2014. 07. 03). 오바마 행정부에 대한 불신이 커진 상황이지만 민주당(Democratic Party) 후보 힐러리 로뎀 클린턴(Hillary Rodham Clinton) 전 장관에 대한 여론의 지지는 변함이 없다. 오바마 행정부에 대한 지지 여론 감소가 민주당 지지 철회로 이어지지 않은 것이다.

  2016년 대선 후보 경쟁도 치열하다. 후보군이 정해지지도 않은 시점에 양당 모두 대선 후보에 대한 논의가 활발하다. 민주당 유력 대선 후보로 거론되는 힐러리 클린턴 전 장관의 경우 초당적인 지지를 받으며 여론 조사에서 압도적인 선두를 달리고 있다. 공화당(Republican Party)은 당내 세력경쟁으로 혼란을 경험했다. 11월 중간 선거를 앞두고 치러진 공화당 예비 경선에서 티파티(Tea Party) 소속 후보가 공화당 주류 세력과의 경쟁에 밀려 탈락하는 일이 발생했다. 당내 주도권 싸움에서 밀려난 티파티의 후보는 자살했고, 내부 경쟁의 치열함을 보여 주었다(AP통신 2014. 06. 28).

이민법 개정안은 상원을 통과했지만 하원을 통과하지 못했다. 오랜 시간이 지났지만 이민법을 둘러싼 대립은 해결의 실마리가 보이지 않는다. 공화당 소속 존 엔드류 베이너(John Andrew Boehner) 하원의장은 이민법 의결이 없을 것이라 선언했고, 오바마 대통령은 의회를 우회하는 방법을 통해 이민법 개혁을 이뤄낼 것이라고 선언하며 앞으로의 갈등을 예고했다. 한편 우크라이나를 지나는 민항기가 반군 미사일에 의해 격추되는 사건이 발생했다. 탑승자 전원이 사망했다. 사용된 미사일은 우크라이나 반군 측에 러시아가 제공한 것으로 추측된다. 이에 미국 행정부, 의회는 비난의 목소리를 키우며 국제 사회에 러시아 제재 협력을 요청하고 있다(YTN 2014. 07. 19).

미국 정당

06월 28일

- 티파티 의원의 자살   (AP통신, 06. 28)

- 11월 중간 선거에 내보낼 공화당 후보를 뽑는 예비 선거에서 공화당 주류와 보수 강경 세력인 티파티가 내전에 가까운 권력 투쟁을 벌이고 있는 가운데 26일 미시시피 주 티파티 리더가 자살하는 사건이 벌어졌다. 그의 죽음은 미시시피 주 공화당 상원 의원 후보 예비 경선과 관련돼 있다. 공화당 주류와 티파티의 싸움으로 전국적 관심을 모았던 선거였다. 후보 경쟁에서 상대 후보에 대한 네거티브 전략을 사용했고, 여론의 역풍을 맞아 상대 후보에게 7,000표 차로 패배했다. 당내 후보를 놓고 공화당 주류와 티파티 사이의 권력 싸움이 그를 자살로 몰고 간 것이다.

07월 07일

• 네오콘(Neocons)이 힐러리를 민다? (한겨레21 07. 07)

－ 조지 부시(George Bush) 전 대통령 시절 보수 외교 정책을 주도했던 네오콘들이 민주당 유력 대선 주자인 힐러리 클린턴을 통해 재기를 꿈꿀 수 있다는 주장이 제기되었다. 클린턴 장관은 과거 이라크 전쟁에 찬성했고, 국무장관 시절 시리아 반군에 대한 무기 지원을 주장하는 등 외교 정책에서 강경한 태도를 보였기에 네오콘의 지지 근거가 되었다. 특히 공화당의 유력 대선 후보로 거론되는 자유주의 성향의 랜드 폴(Rand Paul) 상원 의원이 선출될 경우 국가 안보를 중요하게 생각하는 공화당 유권자들은 클린턴 전 장관을 지지하는 것 외에 선택지가 없다는 전망이 거론되고 있다.

07월 10일

• 국경 위기에 대한 민주당 전국위원회의 응답 (AP통신 07. 10)

－ 공화당 대변인 존 엔드류 보헤너(John Andrew Boehner)의 오바마 대통령 비난에 대해 민주당의 공식 입장이 나왔다. "공화당이 국경 위기에 대해 오바마 대통령을 비난하려는 시도가 있지만, 보헤너가 대변인으로 있던 지난 3년 6개월 동안 이주 법안에 대한 단 한 건의 법안 발의도 하지 않았다. 오바마 대통령 단독으로 이 문제를 처리할 수 있는 방법은 없으며, 그는 $3,700,000의 예산을 이미 의회에 제출한 상태이다. 이에 대해 공화당은 대통령을 비난만 할 것이 아니라 자금 조달을 위한 의결에 참여해 주는 것이 바람직하다"라는 내용의 글을 민주당 공식 홈페이지에 게제함으로써 입장을 밝혔다.

07월 15일

• 사라 루이즈 페일린(Sarah Louise Palin) 전 주지사, "지금이 탄핵할 때"

(오마이뉴스 07. 15)

－ 오바마 대통령 탄핵 주장이 공화당 보수 인사를 중심으로 다시 나오고 있다. 이번에는 페일린 전 알래스카 주지사가 입을 열었다. 그는 보수 성향 인터넷 매체에 기고한 글을 통해, 오바마 대통령이 최근 급증하는 중앙아메리카 출신 아동들의 밀입국 사태를 방조하고 있다면서 "그(오바마)를 탄핵할 때"라고 주장했다. 페일린 전 주지사

는 "오바마는 20여 가지 탄핵 사유가 있으며, 근본적으로 헌법을 무시해 왔다. 지금 탄핵하지 않는다면 누구도 탄핵할 수 없을 것"이라고 탄핵을 강력하게 주장했다. 하지만 이러한 탄핵 주장은 다가오는 11월 중간 선거를 앞둔 상황에서 정치적 주도권을 잡으려는 의도로 풀이된다. 따라서 공화당이 실제 탄핵을 추진할 가능성은 높아 보이지 않는다.

07월 21일

• 힐러리 쫓는 엘리자베스 앤 워런(Elizabeth Ann Warren)?　　(워싱턴포스트 07. 21)
- 2016년 대선을 앞두고 민주당 내 힐러리 전 장관이 '부자 논란'에 휩싸여 주춤하자 소득 불평등 문제 등에 대해 훨씬 진보적 성향을 보이는 '워런' 상원 의원이 대선 주자로 무게감을 키우고 있다. 워런이 민주당 내에서 주목받는 이유는 그가 진보적 의제를 적극적으로 제기하고 있기 때문이다.

미국 선거 · 의회

07월 01일

• 미국 의회, 이민법 개혁 작업 사실상 포기　　　　　　　　(워싱턴포스트 07. 01)
- 미국 의회가 포괄적인 이민법 개혁 작업을 사실상 포기하자 오바마 대통령이 행정명령을 통해 이민 개혁을 추진하겠다고 맞서고 있다. 민주당이 다수를 차지하는 상원은 이미 이민 개혁법을 통과시켰다. 하지만 공화당이 다수당인 하원은 이 법안을 처리하지 않았고, 공화당 존 베이너 하원 의장이 지난주 이민법 개정에 대한 표결을 하지 않을 것이라고 선언했다. 이에 오바마 대통령은 의회를 우회해 이민 개혁을 하겠다는 의지를 밝혔다. 오바마 대통령은 행정부 관료들에게 우회 개혁 방안을 찾으라고 지시한 것으로 알려졌다.

07월 01일

• 오바마 '이민법 개혁' 독자 추진…공화당과 힘겨루기 새 국면　　(연합뉴스 07. 01)
- 공화당의 반대로 '이민 개혁안'이 좌초 위기에 내몰리자 오바마는 행정 조치를 통

한 독자 개혁 추진을 천명했다. 국토안보부 장관에게 수개월 안에 의회 승인 없이 이민 개혁을 추진할 방안을 마련하라고 지시하였고, 구체적 방안이 나오는 대로 행정 조치를 단행할 것이라고 밝혔다. 하지만 공화당 의원들의 극심한 반대로 이민 개혁안의 통과 여부는 아직 불투명하다.

07월 04일
• 힐러리 클린턴 북 투어(Book Tour)   (폴리티코 07. 04)
– 힐러리는 그녀의 책 'Hard Choice'를 위한 북 투어를 시작했다. 최근 그녀의 엄청난 재산이 논란이 되었다. 개인 비행기를 포함하는 막대한 부를 가지고 있는 힐러리가 과연 서민들의 삶을 어느 정도 이해하고, 대변할 수 있느냐 하는 것이 논쟁의 핵심이었다. 이번 사인회를 통해 그간 그녀를 둘러싼 논쟁에서 어떻게 대처하는지 볼 수 있을 것이며, 힐러리가 대중과 접촉하고 유권자의 생생한 목소리를 들을 수 있는 기회가 될 것이다.

07월 19일
• 미 의회, 러시아 제재 추진   (YTN 07. 19)
– 말레이시아항공 여객기 피격 사태와 관련해 미국 의회가 러시아를 상대로 추가 제재를 추진하고 있다. '크리스 머피(Chris Murphy)' 미 상원 유럽소위원회 위원장은 새로운 러시아 제재 법안 제정을 논의할 계획이라고 말했다. 머피 위원장은 "오바마 대통령이 러시아에 고강도 추가 제재를 할 계획이라면 의회가 같은 목적을 공유하고 있다는 것을 보여 주기 위해 의회 지원을 얻는 것도 가능할 것"이라고 말했다. 그는 유럽 국가들이 러시아 추가 제재에 동참하는 것의 중요성을 강조했다.

07월 21일
• 빌 클린턴(Bill Clinton) "힐러리, 대선 도전 결정할 시간 더 필요"   (CNN 07. 21)
– 빌 클린턴 전 대통령은 아내 힐러리 클린턴 전 국무장관이 대통령 선거에 나서기까지 "시간이 더 필요하다"고 말하며 출마 여부는 "본인이 결정할 내용"이라고 밝혔다. 아직 정식으로 대선 출마를 선언하지 않았지만 힐러리 전 국무장관은 유력 후보

로 지목되고 있다. 클린턴 전 대통령은 심사숙고할 시간의 필요성을 이야기하면서
도 아내에 대해 "지금까지 내가 일해 본 사람 중 가장 능력 있는 공직자였다"라고 말
하며 그녀의 능력을 치켜 세우기도 했다.

미국 여론

07월 03일

• 대부분 유권자는 이라크 사태 개입에 반대하는 것으로 나타나　　(폴리티코 07. 03)
– 오바마 대통령의 이라크 개입을 다수 유권자가 반대하는 것으로 나타났다. 퀴니
피액 대학(Quinnipiac University)의 여론 조사 결과에 따르면 55%의 유권자가 이라크
문제 개입에 반대했으며, 37%의 유권자만이 찬성하는 것으로 조사되었다. 2011년
이라크 주둔 미군 철수에 대해 58% 유권자가 잘했다고 응답했고, 37% 유권자가 잘
못된 판단이라고 응답했다. 조사는 6월 24~30일까지 1,500명의 등록된 유권자를
대상으로 이루어졌다.

07월 04일

• 힐러리, 강연료 기부 사실 밝혀　　(폴리티코 07. 04)
– 힐러리 클린턴 전 장관이 그녀를 둘러싼 논란의 하나인 고액 강의료에 대한 입장
을 내놓았다. 그녀는 재단을 통해 강연료를 기부했다고 밝혔으며, 전 보좌진의 말에
따르면 강연 당 $200,000씩 받은 것으로 알려졌다. 또한 고소득 논란과 관련해서는
"소득의 불균형적인 측면을 문제로 인식하지 말아 달라. 정당하게 세금을 내고 있는
우리는 차명으로 탈세를 저지르는 많은 사람들과 다르다"고 일축했다. 강경한 그녀
의 대응에 여론이 어떻게 반응할지는 미지수이다.

07월 08일

• 힐러리, 공화당 주요 후보에 모두 우세　　(연합뉴스 07. 08)
– 미국 민주당 유력 대선 후보인 힐러리 클린턴 전 국무장관이 공화당의 주요 예비
후보보다 높은 선호를 보인다는 여론 조사 결과가 발표되었다. 클린턴 전 장관은 젭

부시(Jeb Bush)에 48% 지지율을, 폴 라이언(Paul Ryan)에 41% 지지율을 기록하며 앞 섰다. 마이크 허커비(Mike Huckabee)에 49%, 랜드 폴 의원에 40%, 크리스 크리스티 (Chris Christie)에 47%로 우위를 보였다. 민주당 유력 대선 후보를 묻는 질문에는 클 린턴 전 장관이 58%의 지지를 얻으며 2위 엘리자베스 워런 11%를 큰 차이로 압도 했다. 이번 조사는 6월 24일부터 30일까지 미국 유권자 1천446명을 대상으로 진행 되었고 표본오차는 ±2.6%포인트다.

07월 14일

• **오바마 대통령 탄핵 여론 조사**　　　　　　　　　　　　　　(허핑턴포스트 07. 14)

– 오바마 대통령 탄핵 주장에 대해 미국민 35%가 찬성하는 것으로 나타났다. 여론 조사 결과에 의하면 미국민의 44%가 반대 의사를, 35%는 찬성 의사를, 그리고 21% 는 '확실하지 않다'는 의사를 피력했다. 이번 여론 조사에서 공화당 지지자 68%가 오바마 탄핵에 동의하는 데 반해 민주당 지지자는 겨우 8%만이 찬성 의사를 표시해 지지하는 정당별로 국민 의사가 분명하게 나뉜 것으로 평가되었다. 또한 오바마 대 통령의 권력 남용 부분에 관해 34% 국민은 '그렇지 않다', 49% 국민은 '그렇다'라고 답변했다고 밝혔다.

07월 15일

• **이민법 개정 여론 조사**　　　　　　　　　　　　　　　　　　(폴리티코 07. 15)

– 퓨리서치센터가 7월 8~14일까지 실시한 이민법 개정 여론 조사를 살펴보면 찬성 28%, 반대 56%를 기록하며 부정적 여론이 압도적인 것을 확인할 수 있다. 민주당, 공화당 가운데 어느 정당이 이민법 논의에 더 탁월할 것인지 묻는 질문에 민주당, 공 화당이 각각 40%, 42%를 기록하며 비슷한 수준의 기대를 받고 있는 것으로 조사되 었다.

2차(7월 말~8월 말)

원명재

새로운 이슈가 없었던 7월을 보내고 다가온 8월, 미국은 새로운 이슈와 다가오는 중간 선거에 대비하는 모습을 보였다. 8월 8일 미국은 이라크 사태에 대한 개입을 결정하고, 반군 거점에 폭격을 시작하였다. 지상군 투입이 없는 '지원' 성격을 규정한 개입에 약속대로 지상군 파견은 없었다. 이라크 사태 개입에 대한 여론과 양대 정당의 반응은 비교적 잠잠했다. 공화당과 민주당의 입장차는 있었지만 큰 틀 안에서 수긍하는 모습을 보였다(경향신문 2014. 08. 10).

7월 이스라엘-팔레스타인 분쟁이 시작되었고, 국제 사회의 비난에도 불구하고 미국은 명확한 입장을 밝히지 않았다. 8월 미국 의회는 이스라엘 미사일 방어체제 '아이언 돔(Iron Dome)' 관련 예산을 상원 만장일치, 하원 과반 이상 찬성으로 통과시킴으로써 이스라엘에 대한 암묵적 지지를 보였다. 상원이 만장일치로 아이언 돔 관련 예산을 통과시킨 것과 대조적으로 이스라엘을 대하는 여론은 하나가 되지 않았다. 과거 이스라엘에 우호적인 것으로 생각되었던 여론이 이전과는 다른 양상을 나타낸 것이다. 압도적 지지가 우세했던 이전과 달리 최근의 지지 여론은 과거의 절반 정도에 불과하였다. 오히려 팔레스타인을 생각하는 여론이 증가하였다. 이는 이스라엘 폭격으로 인한 민간인 피해가 연일 보도되면서 반이스라엘 정서가 확대된 것으로 풀이된다(월스트리트저널 2014. 08. 03).

미국 하원은 11월 중간 선거를 앞두고 있다. 선거에서 우위를 점하기 위한 양당의 노력이 시작되었다. 8월 한 달 두드러지는 활동을 보인 것은 공화당이었다. 전통적인 민주당 지지 성향인 히스패닉 유권자를 포섭하기 위한 지원 활동을 시작했다. 공화당을 지지하는 억만장자가 주도하는 이 활동이 다가오는 11월 선거에서 어느 정도 영향을 발휘할지 지켜봐야 할 것 같다. 민주당 유력 대선 후보로 손꼽히는 힐러리 클린턴 전 국무장관의 지지가 불안하다. 2위와 격차가 눈에 띄게 줄어들었는데, 오바마 비난, 고액 강연료 논란, 부자 논란 등이 영향을 끼친 것이라 생각한다(AP통신 2014. 08. 12).

8월 가장 큰 이슈가 되었던 사건은 경찰에 의한 10대 흑인 사망 사건이었다.

경찰의 과잉 진압 논란이 번지면서 미주리 주에서 폭동이 일어났다. 폭동 진압 과정에서 경찰의 군대화, 과잉 진압 논란이 또다시 일어났고 뜨거운 이슈가 되었다. 그런데 이슈를 대하는 미국 내 백인, 흑인의 시각이 확연한 차이를 보였다 (로이터통신 2014. 08. 19).

미국 정당

08월 09일

• '우버(Uber)' 지지 서명 운동을 벌이는 공화당　　　　　　　　　(연합뉴스 08. 09)
– 미국 공화당이 세계 곳곳에서 논란을 일으키고 있는 유사 콜택시 서비스 '우버'를 지지하는 서명 운동에 나섰다. 이는 현행법에 따라 우버를 금지, 규제하는 대도시의 민주당 소속 시장들을 공격하고 젊은 유권자들의 표심을 얻겠다는 의도로 분석된다. 공화당 전국위원회(Republican National Committee, RNC)는 "택시 노조와 진보적 정부 관료들이 장애물을 만들고 불필요한 규제를 통해 우버의 영업을 방해하고 있다"고 비판했다.

08월 10일

• '이라크 공습' 양당 입장 엇갈려　　　　　　　　　　　　　　(경향신문 08. 10)
– 오바마 행정부의 이라크 공습에 대해 공화당, 민주당이 입장차를 드러내고 있다. 양당 모두 '인도적 측면'이라는 큰 틀에서의 개입은 인정하지만 자세히 보면 서로 다른 입장을 보이고 있다. 공화당 '에드워드 란델 로이스 (Edward Randall Royce)' 하원 외교위원장은 "드론을 이용해 잔혹한 행위를 막을 것을 제안했음에도 일찍 행동하지 않은 것은 비극"이라며 뒤늦은 개입을 비판했다. 같은 당 존 시드니 매케인(John Sidney McCain), 린제이 올린 그레이엄(Lindsey Olin Graham) 상원 의원은 이라크 공습이 위협 대응에 충분하지 않다는 성명을 발표하기도 했다. 이에 반해 민주당 바버라 레비 박서(Barbara Levy Boxer) 하원 의원은 "집단 학살을 막기 위한 인도적 노력은 지지한다", "이라크 사태가 더 큰 갈등으로 번지는 것을 우려한다"며 제한적인 지지 의사를 보이고 있다. 오바마 행정부가 이번 공급에 '인도주의', '자국민 보호'를 명분으

로 내걸었기 때문에 반전, 평화론자의 목소리는 미약한 편이다.

08월 12일

• 공화당의 '히스패닉 껴안기?'   (AP통신 08. 12)

− 미국 공화당 골수 지지자로 억만장자인 찰스 코크(Charles Koch)와 데이비드 헤밀
턴 코크(David Hamilton Koch) 형제가 거액을 들여 히스패닉 주민을 지원하고 있다.
이는 11월 중간 선거를 의식한 것으로 풀이된다. 코크 형제는 공화당 티파티를 비롯
한 다수의 정치 후원인으로 공화당의 '돈줄'이다. 미국 유권자 가운데 민주당에 우
호적인 히스패닉 비율이 2004년 8%에서 2012년 10%로 늘어난 점. 조지 워커 부시
(George Walker Bush) 전 대통령, 오바마 대통령의 재선 당시 나타난 히스패닉의 지지
율 격차로 표심 확보에 적극 나선 것으로 보인다.

08월 17일

• '동성애 옹호' 공화당 후보 지원 단체 등장   (USA TODAY 08. 17)

− 11월 중간 선거를 앞두고 동성애자의 권리를 옹호하는 온건 공화당 후보를 지원
하는 단체가 등장했다. '아메리카 유니티(American Unity)'(억만장자인 폴 싱어(Paul Singer)
가 주도) 라는 정치 자금 기부 단체는 선거에서 동성애자 권리 주장에 찬성하는 공화
당 후보에게 총 200만 달러를 기부할 예정이다. 동성애자를 아들로 둔 싱어는 동성
애자 차별을 금지하는 '고용차별금지법'의 의회 통과를 위해 공화당에 압력을 행사
하고 있다. 2013년 11월 미국 상원에서 찬성 64, 반대 32로 가결될 때 공화당 의원 10
명이 찬성표를 던지기도 하였다. 히스패닉 유권자를 적극 포용하려는 억만장자 재
벌 코크형제의 행보와 함께 주의 깊게 지켜볼 대목이다.

미국 선거 · 의회

07월 30일

• 미 하원, 오바마에 소송 내기로   (한겨레 07. 31)

− 공화당이 과반수를 차지하고 있는 미국 하원이 30일 오바마 대통령을 상대로 소

송 내기로 결의하였다. 하원은 30일 찬성 225표, 반대 201표로 이와 같은 결의안을 가결했다. 공화당은 '오바마 케어(Obama Care)' 실행 과정에서 핵심 조항을 행정명령을 통해 지연한 것이 헌법에 위배된다고 주장하고 있다. 민주당은 11월 중간 선거를 겨냥한 정치적 행위라며 공화당을 비판하고 있다. 이번 결의안에서 민주당 소속 의원 전원, 공화당 소속 5명이 반대표를 던졌다.

08월 03일

• 미 상원 이스라엘 원조 승인   (폴리티코 08. 03)

– 미국 상원, 하원은 이스라엘의 아이언 돔 미사일 방어 시스템에 대한 자금을 승인했다. 하원은 해당 예산안 표결에 찬성 395표, 반대 8표로 통과시켰고, 상원은 구두 표결을 통해 만장일치로 통과시켰다. 오바마 대통령의 결정만 남은 상황이다. 지난 1일 오바마 대통령이 팔레스타인 민간인 보호를 강화해야 한다고 촉구하면서도 "아이언 돔을 이용해 이스라엘의 자기 방어 권리를 지지한다"는 입장을 밝혔다.

08월 11일

• 힐러리 클린턴 – 오바마와 거리두기 시작?   (AP통신 08. 11)

– 2016년 대선 유력 주자로 손꼽히는 힐러리 클린턴 전 국무장관이 오바마 대통령의 외교 정책을 정면으로 비판하기 시작했다. 시사 잡지 '아틀란틱(The Atlantic)'과의 인터뷰에서 그녀는 "이슬람 급진 세력을 날뛰게 만든 것은 오바마 대통령의 외교 정책 실패"라고 비판했다. 1기 오바마 행정부의 '정치적 동반자'였던 클린턴 전 장관이 오바마 대통령을 비판하고 나서는 것은 사실상 대권 행보를 시작하는 신호탄으로 워싱턴 정가의 소식통들은 해석하고 있다.

08월 15일

• 공화당 유력 대선 후보 릭 페리(Rick Perry) 텍사스 주지사, 직권 남용 혐의 기소

                                                 (AP통신 08. 16)

– 공화당 유력 대선 후보로 거론되던 페리 텍사스 주지사가 직권 남용 혐의로 15일 기소되었다. 텍사스 주 대법원 배심원단은 페리 주지사가 자신과 당적이 다른 민

주당 검사장을 낙마시키고자 주정부 기금으로 운영되는 '공공진실성위원회(Public Information Unit, PIU)'에 대한 예산 지원을 끊겠다고 위협한 것을 직권 남용이라고 봤다. 페리 주지사는 2013년 민주당 소속 검사장이 음주 운전에 적발되자 공공진실성위원회 위원장을 겸하고 있던 그에게 자진 사임하지 않으면 2년간 위원회 예산 750만 달러를 주지 않겠다며 압박했다. 이번 기소로 중앙아메리카 출신 주민의 불법 이민을 둘러싸고 오바마 대통령과 대립각을 세우던 페리 주지사의 공화당 대통령 후보 도전이 불투명해졌다.

미국 여론

08월 03일

• 미국 내 친이스라엘 정서가 깨지고 있다   (월스트리트저널 08. 03)
– 최근 여론 조사 기관 '마리스트(Marist)'와 공동으로 실시한 여론 조사 결과, 미국 내 친이스라엘 정서가 깨지고 있는 것으로 나타났다. 이스라엘, 팔레스타인에 대한 호감을 물어보는 항목에서 43%가 '이스라엘', 14%가 '팔레스타인'을 선택했고 43%가 '모르겠다'라고 대답했다. 여전히 친이스라엘 정서가 압도적이지만 18~29세 응답을 살펴보면 과거에 비해 확연히 줄어든 친이스라엘 정서를 확인할 수 있다. 18~29세 '이스라엘'에 호감을 느끼는 사람은 27%로 조사되어, 과거에 비해 친 이스라엘 정서가 줄어드는 모습을 보였다. 이는 지난달부터 시작된 이스라엘의 폭격 등으로 팔레스타인 민간인들이 큰 고통을 당하는 상황이 반영된 결과로 풀이된다.

08월 07일

• 미국인 76% "다음 세대는 더 힘들게 살 것"   (월스트리트저널 08. 07)
– 미국 성인 네 명 중 세 명은 다음 세대들이 자신들보다 더 팍팍한 삶을 살아야 할 것이라고 내나봤다. NBC(National Broadcasting Company)와 공동으로 성인 1,000명을 대상으로 설문 조사한 결과 금융 위기 이후 경기가 나아지고 있지만, 장기적으로 미국 경제에 대한 비관이 증가하는 것으로 조사되었다. '다음 세대의 삶이 나을 것이라고 느끼는가'라는 질문에 21%만 '확신한다'라고 대답했고, 76%는 '확신하지 못한다'

고 답변했다. 이는 2007년 조사(60%)보다 16%포인트 높아진 것이다. 또한 경제 상황이 좋지 않은 것은 의회에 잘못이 있다고 대답하였다. '정치인의 무능'에 71%가 응답하였고, '장기적인 문제'에 23%의 응답을 보였다.

08월 17일

- 힐러리 '오바마 때리기' 역풍 부나?　　　　　　　　　　　　　　(연합뉴스 08. 17)

– 힐러리는 2016년 대선 지지율 1위를 달리고 있지만 2위와 지지율 격차가 눈에 띄게 좁혀지기 시작했다. '대세론'이 거론되었던 얼마 전까지의 분위기와 사뭇 다른 것이다. 여론 조사 기관인 '맥클러치(Mac Clutch Research)'가 성인 남녀 1,035명을 대상으로 한 양자 대결에서 클린턴 전 장관은 48%, 크리스 크리스트 뉴저지 주지사는 41%로 나타났다. 두 사람의 지지율 격차는 지난 2월(21%), 4월(11%)에 비해 8월 −7%로 조사되며 격차가 줄어드는 양상을 보이고 있다. 이러한 현상은 최근 오바마 대통령 비난, 부자 논란 등이 복합적으로 작용한 것으로 풀이된다.

08월 19일

- 퍼거슨 사태 보는 흑·백간 반응 확연히 달라　　　　　　　　　(로이터통신 08. 19)

– 미국 미주리 주 퍼거슨 시에서 발생한 10대 흑인 청년 총격 사망 사건에 대해 흑인과 백인들이 확연히 대비되는 반응을 보이고 있다는 전국적인 조사 결과가 발표되었다. 퓨리서치가 14~17일 미국 성인 남녀 1천 명을 대상으로 진행한 여론 조사 결과에 따르면 흑인 응답자의 80%는 일련의 사건이 중요 논의 주제인 인종 문제를 부각시켰다고 대답했다. 같은 질문을 받은 백인은 37%만이 그렇다고 대답했다. 경찰의 대응이 가혹한지 묻는 질문에 흑인 응답자는 60%, 백인 응답자는 30%가 가혹하다고 응답했다. 또한 이번 사건에서 경찰 조사를 신뢰하는지 묻는 문항에 흑인 응답자의 76%가 신뢰하지 않는다고 대답한 반면 백인 응답자의 50%는 상당히 신뢰한다고 응답해 흑·백간 상이한 인식을 보여 주었다.

3차(8월 말~9월 말)

힐러리 클린턴 전 국무장관이 민주당 유력 대선 후보로 거론된 것은 어제오늘 일이 아니다. 1년 전 오늘도 그녀는 민주당의 유력 대선 후보였다. 그녀는 오랜 기간 대선 출마를 신중하게 고민하고 있다. 실제로 그녀는 "아주 어려운 결정이기 때문에 서둘러서 결정하지 않을 것"이라고 밝히는 등 말을 아껴 왔다. 자서전 출간을 시작으로 최근 몇 달 그녀의 정치 행보가 심상치 않았던 것이 사실이다. 최근 그녀는 한 연설에서 "대선 출마에 대해 생각하는 것은 사실"이라는 발언을 하며 대선 출마 가능성을 내비쳤다(연합뉴스 2014. 09. 14).

미국은 총기 소유가 합법화되어 있고, 총기 관련 이익 집단의 힘이 막강한 국가이다. 총기 소지는 미국의 역사에 기인한 측면이 강하지만, 총기 사고가 끊임없이 발생하는 것도 사실이다. 8월 말 미국 캘리포니아 주의회에서 총기 소지를 둘러싼 흥미로운 법안이 의결에 붙여졌다. 경찰과 법원 판결에 따라 개인의 총기 구입과 소지를 일시 금지하는 것이 법안의 핵심이다. 총기 소지 역사가 긴 미국에서 어떤 결과가 나올지 지켜볼 만한 대목이다(LA 타임스 2014. 08. 27).

2기 오바마 행정부가 강하게 추진하고 있는 이민법은 여전히 시간을 잡아먹고 있다. 얼마 전 오마바 대통령은 행정 집행을 명령하며 강력한 추진 의사를 밝혔다. 하지만 11월 중간 선거를 앞두고 선거 이후로 행정 집행을 미루겠다고 밝히며 한발 물러서는 모습을 보이기도 했다. 또한 존 베이너 하원 의장은 한 라디오 토크쇼에 출연해 '조건이 맞으면' 이민 개혁 법안이 2015년쯤에 가능할 것이라고 밝혔으며, 그가 언급한 '조건'은 오바마 대통령이 행정명령을 통한 압력을 행사하지 않는 것으로 풀이된다(더힐 2014. 09. 04).

9월 미국은 이슬람국가(IS)에 대한 대응을 신속하게 결정했다. 미국을 상대로 하고 있는 이 조직은 미국인 두 명을 참수하였고, 이 영상은 유튜브를 통해 전 세계로 퍼져 나갔다. 이에 오바마 행정부는 즉각적인 조치를 단행하였고, 공화당이 장악하고 있는 하원도 즉각 승인하며 신속한 대응책 마련에 함께하였다. 행정부, 의회가 발 빠르게 움직이고 있는 만큼 군사 작전에 대한 미국 국민들의

제3부.. 미국의 동향 및 쟁점   **249**

지지도 상당하다. 한 여론 조사에서는 조사자의 절반이 넘는 61%가 군사적 행동이 미국의 국익에 부합한다고 대답했다(월스트리트저널 2014. 09. 11).

11월 중간 선거가 다가온 만큼 9월 초 선거 관련 이슈가 쏟아져 나올 것으로 예상했었다. 하지만 예상치 못한 이슬람국가(IS)의 존재와 도발로 인해 선거 관련한 이슈는 적은 한 달이었다.

미국 정당

08월 25일

• 미국 공화당, 오바마 제소위해 변호사 선임   (허핑턴포스트 08. 25)

– 공화당이 버락 오바마 대통령을 제소하기 위한 변호사를 선임하는 등 제소 움직임에 박차를 가하고 있다. 미 하원의 운영위원장인 캔디스 밀러(Candice Miller) 의원은 성명에서 "오바마 대통령은 권한 남용 혐의에 대해 책임져야 하며, 하원은 지속적으로 투명하고 공개적인 방식으로 헌법을 유지하고 지키며 변호해 나갈 것"이라고 말했다. 공화당과 계약한 로펌은 비용에 관해 월별 보고서를 제출하며, 공화당의 승인 없이 언론과 인터뷰를 할 수 없게 된다. 미 하원은 7월 30일 본회의에서 오바마 대통령이 행정명령을 남용하고 있다는 이유로 오바마 대통령 제소권을 하원의장에게 부여하는 결의안을 통과시킨 바 있다.

09월 05일

• 미국 공화당 유력 정치인, 부패 혐의 유죄 판결   (폴리티코 09. 05)

– 미국 공화당 대권 주자 가운데 한 명으로 꼽혀 온 로버트 프란시스 밥 맥도넬(Robert Francis Bob McDonnell) 전 버지니아 주지사가 사업가에게서 거액의 금품을 받는 등 부패 혐의에 대해 유죄 평결을 받았다. 버지니아 주 연방지방법원 배심원단은 그에게 적용된 13개 중 11개의 혐의에 대해 유죄라고 평결했다. 그는 스타사이언티픽 이라는 제약회사 최고 경영자로부터 1억 7천만 원 상당의 선물과 대출금을 받은 혐의로 기소됐다.

09월 15일

• 공화당, 민주당 '히스패닉 문화유산의 달' 성명 발표 　　　　　　　(폴리티코 09. 15)

– 공화당 전국위원회, 민주당 전국위원회는 각각 '히스패닉 문화유산의 달' 기념 성명을 발표했다. 공화당 전국위원회는 "미국이 위대한 국가가 될 수 있었던 데에 히스패닉 인구의 공헌에 감사한다. 히스패닉은 비즈니스, 법률, 정치, 교육 등 다양한 분야에서 공헌을 하였다"며 감사함을 표현했고, 민주당 전국위원회는 현재 논란이 지속 중인 이민법의 조속한 처리를 약속하며 기회 확대를 위한 노력을 기울일 것이라고 약속했다. 양대 정당의 성명은 나날이 증가하는 미국 내 히스패닉 유권자를 의식한 것으로 보인다.

미국 선거 · 의회

08월 27일

• 캘리포니아 주의회 '총기 규제' 법안 찬반 투표 　　　　　　　(LA타임스 08. 27)

– 캘리포니아 주 하원은 총기 구입과 소지에 대한 규제를 강화하는 새로운 법률안에 대한 찬반 투표를 벌일 예정이라고 밝혔다. 법안의 핵심은 경찰이 위험하다고 여겨지는 개인의 총기 구입과 소지를 일시 금지할 수 있는 것이다. 법안이 통과되면 경찰은 자신이나 타인을 해칠 정황이 있는 경우 법원에 총기 구입이나 소지 금지를 요청할 수 있다. 법안 투표를 앞두고 총기 난사 사건 희생자의 가족들은 주의회에 총기 규제 법안의 통과를 강력히 촉구하는 서한을 보내기도 했다.

09월 04일

• 존 베이너 하원의장 이민법 2015년 처리 가능할 것 　　　　　　　(더힐 09. 04)

– 존 베이너 연방 하원 의장이 이민 개혁 법안의 2015년 의회 처리 가능성을 내비쳤다. 그는 보수 성향 라니오 토크쇼에 출연해 '조건이 맞으면' 이민 개혁 법안의 의회 처리가 내년인 2015년에 가능할 것이라고 말했다. 그는 법안 처리가 가능하려면 "대통령이 해야 할 일과 하지 말아야 할 일이 있다"는 조건을 달았다. 하지 말아야 하는 일은 오바마 대통령이 언급했던 '행정명령'을 통한 일방적 시행을 이야기하는 것으

로 보인다. 한편 이민 개혁 행정명령을 발동할 예정이었던 오바마 대통령은 11월 중간 선거 이후로 시기를 조정하겠다고 밝힌 바 있다.

09월 08일
• 제2의 힐러리 '낙태 경험 공개' 승부수?   (폴리티코 09. 08)
– 제2의 힐러리 클린턴이라고 불리는 '웬디 러셀 데이비스(Wendy Russell Davis)' 민주당 텍사스 주지사 후보가 선거를 두 달 앞두고 낙태 경험을 공개했다. 그녀는 자서전 '두려움을 잊는 것'에서 1990년대 두 차례 낙태한 사실을 공개했다. 그녀는 1996년 식물인간이 될 가능성이 크다는 의사의 권유에 따라 뇌 손상을 입은 태아를 제왕절개로 지웠다. 1994년에는 자궁 외 임신에 따른 낙태도 했다고 밝혔다. 그녀는 이러한 사실을 고백하며 "태아와 산모에게 모두 불가피한 결정이었다"고 해명했다. 선거가 임박한 시점에서 강력한 낙태 금지법을 시행 중인 텍사스 주에서 여성 유권자 표심을 잡기 위한 전략이 아니냐는 분석이 나오고 있다. 데이비스는 공화당 그렉 웨인 애보트(Gregory Wayne Abbott) 후보에 비해 지지율이 18%가량 뒤쳐져 있는 상황이다.

09월 14일
• 아이오와 찾은 힐러리 "대선 출마 생각은 사실"   (연합뉴스 09. 14)
– 민주당의 유력한 차기 대선 주자인 힐러리 클린턴 전 국무장관이 '대선 풍향계'로 여겨지는 아이오와 주를 찾았다. 클린턴 전 장관은 이날 아이오와에서 열린 톰 하킨(Tom Harkin) 상원 의원 주최 연례 '스테이크 프라이' 행사의 연사로 참여했으며 이 스테이크 프라이 행사에서는 '대선 잠룡'의 연설을 듣는 것이 관례로 되어 있다. 클린턴 전 국무장관은 이날 연설에서 톰 하킨 의원의 업적을 기리는 데 할애하였고 연설 도중 "내가 대선 출마에 대해 생각하는 것은 사실"이라면서도 "그러나 오늘은 그 자리가 아니다"며 말을 아꼈다. 사실상 대선 출마를 기정사실화하면서도 전략적으로 발표 시점을 늦추는 모양새다. 지난 5일 멕시코 포럼 초청연설에서는 "아직 대선 출마를 결정하지 못했다"면서 "2015년 초에 출마여부를 결정할 것"이라 말하기도 하였다.

09월 16일

• 미 하원, 공화 의원들도 시리아 반군 지원안 찬성　　　　　　　(AP통신 09. 16)

– 미국 의회가 이슬람국가(IS)에 대항하기 위한 전략의 하나로 시리아 온건파 반군에 대한 오바마 정부의 지원 계획을 지지하고 나섰다. 오바마 정부는 이들에 대한 지원 계획이 미국 공습 시 지상군을 대신할 병력으로 이슬람국가에 대항하기 위해 필요하다고 말하고 있다. 미국인 기자 참수 이후 상하 양원이 중간 선거 준비에 돌입하기 전에 법안 통과를 목표하고 있으며 12월 중순 이전까지 정부의 특별 예산 추인에도 동의하는 것으로 알려졌다. 이번 법안은 미국 전투 병력을 파병하는 것을 허락하지는 않으며, 공개적으로 금지하고 있지도 않다.

09월 20일

• 힐러리 중간 선거 본격 지원 시작　　　　　　　　　　　　　(연합뉴스 09. 20)

– 민주당 유력 대선 주자로 손꼽히는 힐러리 클린턴 전 국무장관이 중간 선거에 민주당 지지를 호소하며 지원에 나섰다. 워싱턴 DC에서 열린 민주당 전국위원회 여성 리더십 포럼에서 여성 지도자 400여 명이 모인 가운데 지지를 호소했다. 그녀는 민주당에 대한 지원 호소에 더해 남녀 차별 없는 임금과 공평한 교육 기회, 건강 보험 접근권 등을 강조했다. 최근 뉴욕타임스 조사를 보면 여성 유권자의 민주당 선호도는 43%로 공화당 42%와 비슷한 수준인 것으로 조사되었다.

미국 여론

09월 10일

• 힐러리 대권 행보에 빨간불　　　　　　　　　　　　(월스트리트저널 09. 11)

– 민주당 유력 차기 대선 주자인 힐러리 클린턴 전 국무장관에 대한 긍정적 시각이 줄어들고 있다. 힐러리는 오바마 1기 행성부 국무장관 재직 당시 여론 조사에서 50% 이상의 지지를 얻었었다. 그런데 국무장관직을 떠나 대권 도전 가능성이 제기되면서부터 40%대로 지지율이 하락했다. 9월 3~7일 NBC와 공동으로 등록 유권자 1천 명을 대상으로 벌인 여론 조사에서 클린턴 전 장관을 긍정적으로 보는 시각은

43%, 부정적으로 보는 시각은 41%로 나타났다. 이는 오바마 1기 행정부 당시 줄곧 유지했던 긍정 50% 대 부정 20%와 확연히 달라진 결과이다.

09월 10일

• 미국인 61% "이슬람국가 군사 공격은 미국 이해에 부합"　　(월스트리트저널 09. 11)

– 미국인 10명 중 6명은 이슬람 수니파 무장 단체 이슬람국가(IS)를 공격하는 것이 미국의 이해에 부합된다고 보는 것으로 조사되었다. NBC와 등록 유권자 1천 명을 대상으로 벌인 여론 조사에서 61%는 미국이 이슬람국가(IS)를 대상으로 군사 행동을 벌이는 것이 국익에 맞는다고 대답했고, 13%만이 그렇지 않다고 응답했다. 이 결과는 2013년 시리아 정부의 화학무기 사용이 이슈가 되었을 때 21%만이 군사 행동을 지지했던 것과 대조적이다. 동시에 미국이 국제 이슈에 대해 조금 더 적극적인 역할을 해야 하느냐는 질문에서는 응답자의 27%가 '그렇다'고 대답하며 지난 4월 19%에 비해 8% 증가한 결과를 보였다. 이번 여론 조사는 이슬람국가(IS)가 두 번째 미국인 참수 동영상을 공개한 직후인 3~7일 진행되었다.

09월 10일

• "미국 경찰 소수 인종 편파 대우 인식 여전"　　　　　　　(LA타임스 09. 11)

– 캘리포니아 주민 10명 가운데 4명 이상은 경찰이 흑인·중남미인·아시아인 등 소수 인종에게 백인보다 부당하게 대우한다고 인식하는 것으로 나타났다. 퍼거슨시 흑인 청년 총격 사망 사건 이후 경찰에 대한 흑인들의 부정적 인식이 점점 심화하고 있는 것으로 드러났다. '경찰이 모든 인종 집단을 공평하게 대우하느냐'는 질문에 40%는 그렇다고 응답하였고, 33%는 '흑인에게 더 공격적', 10%는 '중남미 출신에게 더 공격적'이라고 각각 응답했다. 반면 '백인이나 아시아인에게 더 공격적'이라는 응답은 1% 이하에 불과했다. 이번 여론 조사는 LA타임스와 USC 인문과학대학과 공동으로 캘리포니아 유권자 1,507명을 대상으로 실시되었으며 오차는 ±2.9%포인트이다.

09월 18일

• 미국인 언론 매체 신뢰도 40%, 역대 최저 　　　　　　　　　　　　　　　(갤럽 09. 18)

— 미국인들의 언론 매체 전반에 대한 신뢰도가 40%를 기록해 역대 최저치로 나타났다. 이는 갤럽(Gallup)에서 발표한 오바마 미국 대통령의 현재 지지율 41%보다도 낮은 수치이다. 갤럽 조사에서 언론 매체에 대한 신뢰도는 1997~2003년까지 51~54% 사이를 유지해 왔지만 이후 계속 하향세를 보이는 추세이다. 이번 설문 조사는 9월 4~8일 사이 미국 성인 1,017명을 대상으로 시행되었으면 표본오차 95%, 신뢰수준 ±4%포인트이다.

4차(9월 말~10월 말)

원명재

11월 4일 중간 선거가 훌쩍 다가왔다. 2주가량 시간을 남겨 둔 지금 공화당, 민주당 양당의 경쟁이 치열하다. 2014년 10월 현재 미국 의회의 상원은 민주당이, 하원은 공화당이 각각 다수당을 차지하고 있다. 오바마 대통령이 속한 민주당이 상하 양원을 장악하고 있지 않은 상황에서 오바마 대통령은 집권 이후 꾸준하게 정책 반대에 직면해 왔다. 때문에 그의 대선 공약인 이민법, 오바마 케어는 아직까지도 큰 성과를 내지 못한 채 어려움을 겪고 있다. 반대급부에 부딪혀 정책을 추진하지 못하는 민주당에게 중간 선거에서의 승리가 절실한 이유이다.

중간 선거에서는 상원 36석, 하원 435석이 결정된다. 상하원을 분점하고 있는 상황에서 11월 중간 선거 예측 결과는 민주당에게 그리 녹록치 않다. 민주당이 다수당을 차지하고 있는 상원 의원 선거에서 공화당 우세 또는 접전 양상을 보이고 있기 때문이다. 공화당이 다수당인 하원의 경우도 공화당의 우세가 계속될 것으로 예측되고 있다. 이렇게 되면 11월 선거 이후 의회와 행정부가 분리되는 여소야대 정국이 나타날 것으로 보인다. 또한 오바마 대통령의 남은 임기 동안 추진하고자 하는 정책이 강한 저항에 직면할 것이다. 공화당 의원 가운데 일부는 공화당이 상원을 차지하게 되면 오바마 정부의 정책 수행에 큰 어려움을 겪게 될 것이라고 장담하기도 했다(세계일보 2014. 09. 28).

또 다른 이슈는 '에볼라 바이러스(Ebola Virus)'이다. 에볼라 바이러스로 인한 불안이 미국 사회에 확산되고 있는 상황에서 공화당은 오바마 정부의 미흡한 대응을, 민주당은 관련 예산 통과를 미룬 공화당을 각각 비난하고 있다. 미국의 이슬람국가(IS)에 대한 대응의 경우 미국 국민들이 대체로 찬성하고 있으며 이념적 성향과 별개로 판단하고 있는 것으로 풀이된다. 지상군 투입에 대한 여론은 냉담하지만, 결국은 지상군 투입 '결정으로 이어질 것이란 판단이 주를 이루고 있었다(CNN 2014. 09. 29).

10월 미국 7개 주에서 동성 결혼을 추가로 인정했다. 미국에서 소수자 인권에 대한 관심이 확대 되고 있는 것으로 생각할 수 있는 이번 판결에 에릭 힘프턴 홀

더(Eric Himpton Holder) 법무장관은 인터뷰에서 "동성이든 이성이든 모든 자격 있는 부부에게 완전한 권리와 책임을 제공하는 우리의 책무를 미루지 않겠다"고 말했다. 이 법으로 미국에서 동성 부부가 이성 부부와 같은 법적 권리와 연방정부의 복지 혜택을 받는 주는 전체 50개 주 가운데 26개로 늘어나게 되었다(연합뉴스 2014. 10. 18).

9월 캘리포니아 주에서 총기 규제에 관한 표결이 있었다. 10월 1일 그 결과가 발표되었다. 캘리포니아 주에서는 법원의 판단 아래 총기 사고를 낼 만한 위협적 인물에 대한 총기 소유 규제가 이뤄질 전망이다. 캘리포니아 주의 입법으로 다른 주의 총기법에 어떤 영향을 끼치게 될지 지켜볼 대목이다(AP통신 2014. 10. 01).

미국 정당

09월 26일

• 테드 크루즈(Ted Cruz), 공화당 대선 후보 선호도 또 1위 　　　　　(AP통신 09. 28)
- 공화당 차기 대선 후보 가운데 40대 중반의 크루즈 상원 의원이 돌풍을 일으키고 있다. 이렇다 할 확실한 주자가 없는 상황에서 크루즈 의원이 두각을 나타내고 있는 것이다. 그는 워싱턴D.C에서 열린 보수 유권자 모임에서 열린 비공식 예비투표에서 25%의 지지를 얻으며 1위를 차지했다. 그는 5월에 열린 공화당 지도자회의에서도 30.3%의 득표율을 얻으며 1위에 오르기도 했다.

10월 02일

• 공화당 전국위원회 위원장, 미국 재건을 위한 공화당 원칙 소개 　　(AP통신 10. 14)
- 공화당 전국위원회 린스 프리버스(Reince Priebus) 위원장은 조지워싱턴 대학을 찾아 공화당 정책과 중간 선거에 대해 설명했다. 그는 '미국 재건을 위한 공화당의 11가지 원칙'을 소개하며 현 정부의 문제점과 공화당이 나아갈 방안을 소개했다. 그는 오바마 케어에 대한 강한 비판과 함께 공화당이 이민 개혁안을 지지하지 않는다는 비판적인 시선에 대해서 "불법 체류자에 대한 대규모 사면을 포함한 인도주의적인 부분은 동의하지만 합법적인 이민자들은 무조건적 사면을 부당하게 생각할 수 있

다"고 밝혔다.

10월 13일

• 민주당 엘리자베스 워런 상원 의원 '오바마는 월가 편'　　　　　(폴리티코 10. 14)

– 엘리자베스 워런 상원 의원은 잡지 인터뷰에서 오바마 대통령과 그의 경제팀이
2008년 글로벌 금융 위기 이후 지속적으로 월스트리트(Wallstreet) 편을 들고 있다고
지적했다. 월스트리트로 대변되는 금융업계를 더 규제해야 한다고 주장하는 워런
의원은 "오바마 대통령이 일부 경제 현안에서는 제대로 된 결정을 내렸지만, 결정적
인 순간에 월스트리트 쪽에 섰다"고 말했다. 그녀는 '민주당 풀뿌리 운동의 상징'으
로 불리고 있으며, 당내 경선에서 클린턴 전 장관에 맞설 진보 진영의 대안으로 떠올
랐다.

미국 선거 · 의회

09월 28일

• 미국 공화당, 상원까지 장악 가능성　　　　　(세계일보, 09. 28)

– 다가오는 중간 선거에 상원은 36명을 새로 뽑는다. 전문가들은 상원은 대체로 공
화당 측에 유리하고, 하원의 경우에도 의석수 변화는 나타나겠지만 공화당 우세가
이어질 것으로 예측하고 있다. 뉴욕타임스, 워싱턴포스트 등은 각각 선거 예측 시스
템을 활용해 공화당의 승리 가능성을 점치고 있다. 이번 선거에서 상·하원을 공화
당이 장악한다면 앞으로 오바마 행정부의 남은 임기 동안 정책 수행이 어려울 것이
다. 실제로 공화당 지도부는 오바마 행정부의 정책에 제동을 걸 것임을 예고하기도
했다.

10월 10일

• 거액의 에볼라 예산 통과　　　　　(폴리티코 10. 10)

– 오클라호마 주 짐 인호프(Jim Inhofe) 상원 의원은 에볼라 바이러스에 대한 예산 승
인에서 자신의 반대를 철회했다. 하원 군사위원회는 정부 제출 10억 달러 예산 가운

데 7억 5천만 달러를 승인한 상태였다. 그는 의문점이 남아 있지만, 에볼라 대처에 관한 예산 가운데 7억 5천만 달러를 허용한다고 말했다. 또한 그는 오바마 행정부의 미흡한 대응을 지적하기도 했다.

10월 15일

• 에볼라, 미국 중간 선거 쟁점 부상 (세계뉴스 10. 15)

– 미국 본토를 덮친 에볼라 공포가 다가오는 중간 선거의 뜨거운 쟁점으로 부상하고 있다. 공화당은 오바마 행정부의 미흡한 대응을 질타하는 반면, 민주당은 공화당의 에볼라 예산 삭감을 비판하는 상황이다. 에볼라 대응에 관해 공화당 인사들은 에볼라 발생 국가 여행자의 미국 입국을 즉각 제한해야 한다고 주장하고 있으며, 민주당과 백악관은 여행 제한으로 인한 부작용이 클 것이라는 입장을 고수하고 있다. 전문가들은 미국에서 에볼라가 어느 정도 확산되는지, 오바마 정부의 대응에 대한 여론에 따라 중간 선거 결과에 영향을 끼치리라 예상하고 있다.

10월 18일

• 텍사스 주 '투표자 신분 확인법' 유효 판결 (허핑턴포스트 10. 19)

– 미국 연방 대법원은 투표를 할 때 본인 여부를 확인하기 위해 사진이 붙은 신분증을 요구하는 텍사스 주의 '투표자 신분 확인법'이 유효하다고 결정했다. 앞서 연방 지방법원은 이 법이 저소득층과 흑인, 히스패닉 유권자에 대한 차별이어서 무효라고 판결했으나 항소 법원은 중간 선거까지 기간이 너무 촉박한 만큼 그대로 적용해야 한다는 엇갈린 판결을 내놓은 바 있다. 이에 대법원이 합헌 또는 위헌에 대한 결정은 하지 않았으나 일단 법을 시행토록 한 것이다. 민주당은 저소득층과 소수 인종 유권자가 투표소에 나오는 것을 막으려는 의도로 제정된 점과, 1965년 투표 권리법에 어긋난다는 점을 들어 반대하고 있다.

10월 21일

• 아이오와, 플로리다 조기 투표 시작 (AP통신 10. 21)

– 아이오와 주와 플로리다 주에서 11월 중간 선거의 조기 투표 실시 결과 230만 명

이 투표에 참여한 것으로 나타났다. 결과가 발표되자 공화당과 민주당은 각각 조기 투표율이 높은 것은 자기 당에 유리하다며 주장하고 있다. 플로리다 주는 주지사 선거에서 투표율이 가장 높은 주 가운데 하나이다. 등록된 공화당원들이 조기 투표수의 거의 절반을 차지하고 있으며 공화당은 현직 리차드 린 스콧(Richard Lynn Scott) 주지사의 우세를 증명하는 것이라고 주장하고 있다.

미국 여론

09월 29일

• 미국인 73% 시리아 공습 지지…반군 무장엔 반대 여론 높아 　　　　　(CNN 09. 29)

– 미국인 10명 가운데 7명 이상이 이슬람국가(IS) 격퇴를 위한 미국 주도의 시리아 공습을 지지하는 것으로 나타났다. 여론 조사 전문 기관 ORC(Opinion Research Center)와 공동 여론 조사를 벌인 결과(9월 25~28일, 1,055명 대상) 응답자의 73%가 미국과 동맹국의 이라크 및 시리아 공습을 지지한다고 응답했다. 그러나 미국의 단독 공습에 대해서는 지지율이 50%로 뚝 떨어졌다. 지상군 투입 논란에 관해서는 24%가 투입하지 않을 것으로 예상한 반면, 75%는 지상군 투입 가능성이 있다고 전망했다. 이러한 전망과 별개로 응답자의 60%는 지상군 투입에 반대하는 입장을 보였다.

10월 01일

• 캘리포니아, 최초로 총기 규제법 실시 　　　　　　　　　　(AP통신 10. 01)

– 캘리포니아 주는 총기 사고를 낼 만한 위협적 인물에 대해 총기 몰수 신청을 할 수 있도록 허용하는 일종의 총기 규제법을 통과시켰다고 발표했다. 이 법안은 묻지마 총격 사건 이후 민주당 의원들이 발의한 것이다. 정책 지지자들은 사전 대책이 있었더라면 총기 사고를 방지할 수 있었을 것이라고 환영하며, 정책 반대론자들의 목소리를 압도하고 있다. 캘리포니아에 이어 코네티컷, 인디애나, 텍사스 주에서도 비슷한 내용의 법안을 모색 중이다.

10월 03일

• 힐러리 지지율 부동의 1위, 중간 선거 지원 나서 　　　　　　　　(폴리티코 10. 04)

– 미국 대선 후보 지지도 조사에서 선두를 유지하고 있는 힐러리 클린턴 전 장관이 중간 선거 지원에 본격적으로 나선다. 미국 유권자 1,052명을 대상으로 한 설문 조사에서 민주당 지지 성향 유권자 가운데 64%가 민주당 대통령 후보로 힐러리를 지지했다. 공화당 유력 후보와의 1:1 경쟁에서도 여전히 앞서고 있는 것으로 조사되었다. 힐러리는 중간 선거 격전지를 중심으로 상원, 주지사 후보들을 지원할 것으로 알려졌다.

10월 16일

• 미국인 분점정부, 단일정부에 대한 선호 조사 　　　　　　　　　(갤럽 10. 16)

– 4~7일 동안 실시한 갤럽의 설문 조사에서 단일정부, 분점정부에 대한 국민의 선호가 조사되었다. 유권자의 30%는 단일정부를, 28%는 분점정부를 선호하는 것으로 각각 조사되었고, 가장 높은 37%의 유권자는 상관없다고 응답했다. 다가오는 중간 선거에서 공화당이 다수당을 차지할 것으로 예측되는 가운데 이번 조사는 과거 38%까지 올랐던 단일정부 선호의 하락과 연결해 생각해 볼 수 있다. 이번 조사는 18세 이상 성인 1,017명을 대상으로 한 무작위 전화 인터뷰로 실시되었다.

10월 17일

• 2014년 중간 선거를 앞두고 알아본 미국 유권자 지형 　　　　(퓨리서치센터 10. 17)

– 3,154명을 대상으로 한 여론 조사 결과에 따르면 미국인의 정치 성향이 양분화되는 경향을 나타내고 있다. 보수 9%, 중도 보수 18%, 중도 39%, 중도 진보 21%, 진보 13%로 조사되었다. 집단별로 투표에 참여할 것이라는 물음에 보수 73%, 중도 보수 52%, 중도 25%, 중도 진보 32%, 진보 58% 로 조사되었다. 다가오는 선거에 보수성향 유권자의 결집이 두드러질 것으로 예상할 수 있는 대목이다.

5차(10월 말~11월 말)

11월 4일 미국의 중간 선거가 마무리되었다. 공식적으로 발표된 투표율은 36.3%로 72년 만에 가장 낮은 투표 참여율이라고 한다. 정권에 대한 중간 평가 성격이 짙은 중간 선거에서 대부분의 언론이 공화당의 승리를 예고한 바 있다. 예상대로 공화당은 다수당을 차지하고 있던 하원을 굳건히 지켜냈고, 민주당은 상원 다수당 지위를 잃었다(연합뉴스 2014. 11. 12).

이변은 일어나지 않았고, 집권당인 민주당은 하원에 이어 상원까지 공화당에 넘겨주게 됨으로써 앞으로의 정국 운영에 빨간불이 켜졌다. 중간 선거 이후 민주당, 공화당은 즉각 새로운 지도부 선출에 들어갔다. 양당은 선거 이전 원내대표, 의장의 유임을 의결했다. 이 가운데 눈에 띄는 변화는 민주당의 엘리자베스 워런 의원이다. 당내 진보의 아이콘으로 불리는 그녀는 힐러리 클린턴에 대항할 민주당 대선 후보의 한 명으로 거론되기도 하는데, 민주당은 그녀를 위한 특별 직위를 만들어 그녀를 지도부에 입성시킨 것이다. 그녀는 다가오는 2016년 대선을 위한 공약을 개발할 것으로 알려졌다(워싱턴포스트 2014. 11. 14).

버락 오바마 행정부는 이슬람국가(IS) 철퇴를 위한 공습을 시작하면서, "지상군 투입은 없을 것"이라며 공언하였다. 하지만 이후 군사 교육을 위한 주변국 파병이 증가하고 있다. 이번 결정으로 이라크에 파견된 미군의 숫자는 1,400여 명에서 3,000여 명으로 두 배 가까이 증가하게 되었다. 오바마 행정부는 훈련을 위한 파견일 뿐 전투 병력 파병이 아니라는 입장을 밝히고 있지만, 지상군 파견에 따른 여론은 그리 호의적이지 않은 것 같다(연합뉴스 2014. 11. 08).

의회에서는 양당의 정쟁이 이어지고 있는데, 중간 선거 이후 양당이 추진하는 정책을 하나씩 가로막으며 의외로 팽팽한 양상을 보이고 있다. 애초 공화당이 추진하고 있던 텍사스와 캐나다를 잇는 송유관 건설은 1표차로 부결되었다. 민주당과 오바마 행정부가 추진하던 '미국 자유법(USA Freedom Act)'은 공화당의 강한 반대로 상원을 통과하지 못하였다(폴리티코 2014. 11. 19).

에볼라 바이러스 관련 이슈에 대해서 국민들은 행정부의 대응이 부족하다고 이야기하고 있다. 미국 내 간호사 85%가 병원에서 에볼라 발생 시 대응 지침을 교육받지 못했다는 기사가 발표되었고, 비난 이론이 커지고 있는 것이다(허핑턴 포스트 2014. 10. 16).

중간 선거 이후 이민법을 추진을 위한 행정 절차를 시작하겠다던 오바마 대통령이 미국 내 불법 체류자의 44%에 대해서 추방 유예를 발표했다. 400~500만 명이 해택을 볼 것으로 전망되며, 1986년 레이건 대통령의 270만 명 사면 이후 28년 만에 대대적인 사면이 결정된 것이다(폴리티코 2014. 11. 20).

미국 정당

11월 12일

• 공화당 '이슬람국가(IS) 예산' 요청에 앞서 전략부터 내놔라　　　　　(CNN 11. 12)

– 오바마 대통령이 이슬람국가(IS)격퇴를 위한 예산 56억 달러를 추가 요청한 가운데 공화당 일부에서 전략 미흡 등을 이유로 제동을 걸 움직임을 보이고 있다. 공화당 팀 스콧 연방 상원 의원은 11일 폭스뉴스(Fox News)의 프로그램에 출연, "오바마 대통령의 IS예산 요청은 전략도 없이 백지수표를 달라는 것과 같다"고 비판했다. 그는 예산의 구체적 내용을 포함한 장기 전략을 제시할 것을 요구했다.

11월 13일

• 공화·민주 새 지도부 꾸려　　　　　(AP통신 11. 14)

– 중간 선거를 통해 공화당이 상·하원을 모두 장악한 가운데 양당이 114대 회기를 이끌 지도부를 새로 구성했다. 공화당은 비공개 의원총회를 통해 상원 다수당 원내대표에 애디슨 미첼 미치 맥코넬(Addison Mitchell Mitch McConnell) 현 원내대표를, 하원에 존 베이너 현 의장을 추대하기로 했다. 상·하원 모두 소수당으로 전락한 민주당도 의원총회를 통해 상원에 해리 메이슨 리드(Harry Mason Reid), 하원에 낸시 패트리시아 알레산드로 펠로시(Nancy Patricia D'Alesandro Pelosi) 현 대표를 유임할 것을 결정했다.

11월 13일

• 진보의 아이콘 엘리자베스 워런, 민주당 지도부 입성　　　　　(워싱턴포스트 11. 14)

– 민주당 차기 대권 주자 가운데 한 명으로 꼽히는 엘리자베스 워런 의원이 13일 당 지도부에 입성했다. 민주당은 이날 의원총회에서 워런 의원을 위한 특수한 자리를 신설했다. 구체적인 직책이나 이름은 알려지지 않았지만 진보 세력과 소통하며 2016년 대선 공약을 개발하는 일을 맡을 것으로 알려졌다. 워런 의원은 민주당 내에서 '진보의 아이콘'으로 불리며 오랜 민주당 지지자 가운데 다수가 힐러리 클린턴의 대항마로 그녀를 꼽고 있다.

11월 21일

• 미 하원 공화당, 오바마 정부 제소　　　　　　　　　　　(CNN 11. 22)

– 미국 하원을 주도하는 공화당이 21일 오바마 행정부가 '오바마 케어' 이행과 관련해 행정명령을 남용했다는 이유로 공식 소송을 제기했다. 이번 소송은 오바마 대통령이 20일 이민 개혁 행정명령을 일방적으로 발표한 이후 공화당과 정치적 대립이 심화되고 있는 가운데 나온 것이다.

미국 선거 · 의회

11월 08일

• 오바마, 이라크 미군 병력 두 배 증파　　　　　　　　　(연합뉴스 11. 08)

– 오바마 행정부가 이슬람국가(IS) 격퇴를 위한 군사 작전을 위해 이라크에 병력 1천 500명을 증파하기로 했다. 이에 이라크에 파병된 민군 병력은 1천400여 명에서 3천 명 가까이 늘어나게 됐다. 오바마 대통령은 이날 중간 선거 이후 처음으로 민주·공화 양당 지도부와 오찬 회동을 가진 뒤 이 같은 병력 증파안을 승인했다고 밝혔다. 또한 오바마 대통령은 의회를 이끄는 공화당과 협력하고 정치적 교착 상태를 끝내겠다고 공언했다. 한편 오찬 회동이 열리는 동안 백악관 밖에서는 150명에 달하는 시위대가 이민 개혁법의 조속한 추진을 요구하는 집회를 가졌다.

11월 11일

• 미국 의회 회기 개시   (AP통신 11. 11)

– 중간 선거로 휴회했던 의회가 13일 다시 개회한다. 이번 회기는 2015년 1월 새 의회의 임기가 시작되기 전까지 가동되는 회기로, 12월 11일로 되어 있는 현행 임시 예산안을 연장하고 예산 부수 법안인 국방수권법안 등을 처리하게 된다.

11월 12일

• 미국 중간 선거 투표율 36. 3%, 72년 만에 최저치   (연합뉴스 11. 12)

– 지난 4일 치러진 미국 중간 선거 투표율이 72년 만에 가장 낮은 것으로 집계되었다. 최종 투표율은 36.3%로 최종 집계되었다. 대체로 중간 선거 투표율은 40%를 유지한다. 이번 중간 선거에서 투표율이 60%를 넘은 주는 단 한 곳도 없었고, 43개 주의 투표율은 50%를 밑돌았다. 투표율이 낮은 이유로 정치 무관심, 네거티브 선거전 등이 주요 요인으로 꼽히고 있으며 30대 미만 유권자의 무관심 현상도 두드러졌다.

11월 18일

• 상원 키스톤XL(The Keystone XL) 송유관 건설안, 끝내 부결   (폴리티코 11. 19)

– 중간 선거 이후 최대 쟁점 가운데 하나인 '키스톤XL' 송유관 건설 법안이 단 1표 차로 상원에서 부결 되었다. 캐나다 앨버타 주와 미국 텍사스 주까지 약 2,700km를 연결하는 키스톤 송유관은 공화당의 숙원 사업이지만 환경 단체의 지지를 받는 민주당은 크게 반대해 왔다. 18일 전체회의에서 찬성 59표, 반대 41표를 받았는데, 이 투표에서 60표 이상 얻어야 법안 심의에 들어갈 수 있다. 이번 표결로 송유관 건설 법안이 통과되더라도 거부권을 행사할 것을 내비쳤던 오바마 대통령은 상원과 정면으로 맞서야 하는 정치적 부담을 덜게 되었다.

11월 18일

• '미국 자유법', 상원 반대에 막혀   (폴리티코 11. 19)

– 오바마 대통령이 미 국가안보국의 무차별 정보 수집을 막기 위한 방편 중 하나로 추진한 '미국 자유법'이 상원의 벽에 막혔다. 상원에서 법안 통과에 필요한 60표

에 못미친 찬성 58표, 반대 42표로 부결되었다. 이번 표결에서 다수의 공화당 의원들은 반대표를 행사했다. 법안 반대를 주도한 공화당 마르코 안토니오 루비오(Marco Antonio Rubio) 상원 의원은 "이 법안은 테러 음모를 효과적으로 차단할 수 있는 프로그램을 무용지물로 만들 수 있다"고 말했다.

미국 여론

11월 05일
• 중간 선거 종료, 누가 차기 대권을 노리나? (워싱턴포스트 11. 05)
- 2015년 초 대선 주자들의 출마 선언이 예상되는 가운데, 유력 주자 중심의 대선 국면으로 재편될 전망이다. ABC(American Broadcasting Company) 뉴스와 공동 여론 조사 결과 민주당 지지자 가운데 대선 후보로 클린턴 전 장관을 선호한다고 답한 사람은 65%에 달했다. 조 바이든(Joe Biden) 부통령, 엘리자베스 워런은 각각 13%, 11%의 지지를 받았다. 공화당은 윌리어드 밋 롬니(Willard Mitt Romney) 전 지사가 21%, 젭 부시와 랜드 폴 상원 의원이 각각 13%, 12% 지지를 받은 것으로 조사되었다.

11월 08일
• 미국민 63% '총기 소유로 집 더 안전해졌다' (갤럽 11. 08)
- 미국 전역에 거주하는 18세 이상 성인 1천 17명을 대상으로 한 설문 조사에서 미국민 10명 중 6명이 '집에 총기류를 두는 것이 집을 더 안전한 장소로 만드는 것이냐'는 질문에 '그렇다'고 대답했다. 이러한 응답은 2000년 조사 때 35%에서 약 두 배 가량 급증한 것이다. 대조적으로 더 위험해졌다고 대답한 비율은 2000년 51%에서 30%로 감소한 것으로 나타났다. 총기와 자택의 안전을 같이 보는 입장은 공화당 지지자(81%), 민주당 지지자(41%)로 각각 조사되었다.

11월 21일
• 에볼라 우려는 늘었지만, 정부는 꽤나 신뢰한다 (퓨리서치센터 11. 21)
- 에볼라 바이러스 확산에 대한 미국민의 우려는 32%에서 41%로 10%가량 증가하

였다. 절반 이상인 58%의 미국민은 에볼라 바이러스에 대해 크게 걱정하지 않는 것으로 조사되었다. 에볼라 바이러스에 관련한 정부를 어느 정도 신뢰하느냐는 질문에는 61%의 미국민이 '에볼라 바이러스를 진단하고 격리하는 일에 믿을 만하다'라고 대답했으며 38%가 그렇지 않다고 대답하였다. 이번 조사는 만 18세 이상 미국민 2,003명을 대상으로 진행되었다.

6차(11월 말~12월 말)

원명재

한 해를 마무리하는 12월, 미국 전역은 인종 차별과 무력 진압에 항의하는 시위로 시끄러웠다. 미주리 주 퍼거슨 시에서 백인 경찰의 총에 흑인 청년이 목숨을 잃었다. 이달 초, 사건에서 문제가 되었던 백인 경관에 대한 불기소 처분이 결정되었고, 인종 차별에 반대하는 시위가 계속되었다. 이러한 가운데 뉴욕에서 백인 경찰에 의해 흑인 한 명이 질식한 사건에 대한 불기소 처분이 반복되면서 뉴욕을 포함한 전국으로 시위가 확대되었다(연합뉴스 2014. 12. 15).

시민 사회에서 인종 차별에 반대하는 시위가 계속되는 한편, 연방 의회에서는 새해 예산안 처리, 오바마 대통령의 이민 정책을 둘러싼 공화당과 민주당 사이의 힘겨루기가 계속되었다. 2015 회계연도 예산안은 예정된 시한을 겨우 2시간 앞두고, 12표의 적은 차이로 하원을 통과하였다. 또한 하원 다수당을 차지하고 있는 공화당이 오바마 대통령의 이민법 행정처분에 반발하여 백지화 법안을 강행 통과시키면서 양당의 긴장이 극에 달하였다(AP통신 2014. 12. 11).

상원 정보위원회(The United States Senate Select Committee on Intelligence, SSCI)가 중앙정보국(Central Intelligence Agency, CIA)의 고문 보고서를 공개하면서 인권 침해 논란이 전 세계적인 이슈로 부상하였다. 9.11 테러 이후 중앙정보국의 테러 용의자 고문 과정에 나타난 참혹한 인권 침해를 담은 보고서의 공개로 미국 정보당국에 대한 비판 의견이 거세다. 이에 대해 상원 정보위원회는 "그들의 심문 기법이 효과적이지 못하며 당초 중앙정보국이 인정한 것보다 훨씬 더 야만적이고 잔혹하다"고 비판하고 있다(월스트리트저널 2014. 12. 09).

2016년 대선을 2년 앞둔 시점에서 수많은 인사들이 대선 주자로 거론되고 있는 가운데 제41대 대통령 조지 허버트 워커 부시(George H. W. Bush)의 아들이며, 제43대 대통령 조지 워커 부시(George W. Bush)의 동생인 젭 부시가 대선 출마 공식화를 의미하는 정치활동위원회 출범 계획을 발표하였다. 아직까지 민주당의 힐러리 클린턴 전 장관이 대선출마를 공식화하지는 않았지만 일각에서는 1992년 클린턴 가문과 부시 가문의 대통령 맞대결이 재연되는 것 아니냐는 예측이

나오고 있다(연합뉴스 2014. 12. 17).

12월 18일 미국과 쿠바의 국교 정상화 발표가 이루어졌다. 오바마 대통령은 특별 성명을 통해 쿠바와 외교 관계 정상화 협상을 지시하며 국교 정상화를 공식화하였다. 쿠바와 국교 단절 이후 53년 만에 일어난 이번 결정 이후 간첩 혐의로 수감 중이던 앨런 그로스(Alan Gross)가 석방되고, 민간 교류 규제가 완화되는 등 즉각적인 변화 움직임이 포착되고 있다. 이번 국교 정상화는 미국이 수십 년 간 유지해 온 쿠바 봉쇄 정책이 실패한 것을 공식적으로 시인한 것으로 평가받고 있으며, 미국 내에서 쿠바와의 국교 정상화를 둘러싼 갑론을박이 계속되고 있다(워싱턴포스트 2014. 12. 17).

미국 정당

12월 02일

• 공화당, 오바마 이민 개혁 백지화 추진　　　　　　　　　(워싱턴포스트 12. 03)

- 하원 다수당 공화당이 오바마 대통령의 이민 개혁 행정명령을 백지화하면서, 연방정부 업무 정지(Shut Down)를 피하는 법안을 함께 처리하기로 했다. 이는 2015년부터 상·하원을 장악하는 공화당의 정국 운영 방식을 예고하는 것으로 보인다. 존베이너 하원의장은 오바마 대통령이 행정명령을 불법 체류자 추방을 유예하도록 한 조치를 무력화하기 위해 테드 요호(Ted Yoho) 의원이 제출한 법안을 표결에 부칠 방침이다. 하지만 하원에서 통과하더라도 상원에서 통과되기 어려운 상황에서 당내 강경파를 의식한 조치로 해석된다.

12월 16일

• 젭 부시 "대선 출마 적극 검토"　　　　　　　　　　　　(연합뉴스 12. 17)

- 젭 부시 전 플로리다 주지사가 16일 2016년 대선 출마 의지를 공식적으로 내비쳤다. 부시 전 주지사는 이날 페이스북에 올린 글에서 "가족과 대화하고 또 미국이 요구하는 새로운 리더십에 대해 심사숙고한 끝에 대선 출마를 적극적으로 검토하기로 했다"고 밝혔다. 부시 전 주지사는 "미국이 현재 직면한 가장 중대한 도전에 대해

미 전역의 시민과 대화를 하는 기구인 이른바 리더십 정치활동위원회(Polical Action Committee)를 2015년 1월에 출범시킬 계획"이라고 말했다. 정치활동위원회는 선거 자금을 모을 수 있는 창구로, 대선 캠페인의 첫 단계로 여겨진다.

12월 17일

• 힐러리, "쿠바와의 적대 관계 끝낸 오바마 결정 지지"　　　(로이터통신, 12. 17)

– 2016년 민주당 대선 후보로 거론되고 있는 힐러리 전 국무장관이 미국과 쿠바 국교 정상화에 지지 의사를 드러냈다. 클린턴 전 장관은 성명을 통해 "좋은 의도임에도 불구하고 수십 년간 펼쳐 온 고립 정책으로 카스트로 정권은 단단해졌다"며 오바마 대통령의 결정에 힘을 실어 주었다.

12월 19일

• 공화당 크루즈 의원 미·쿠바 국교 정상화 추진 맹비난　　　(연합뉴스 12. 20)

– 미국 공화당 차기 대선 후보로 거론되는 극우 보수파 테드 크루즈 상원 의원이 쿠바와의 국교 정상화 추진을 선언한 오바마 대통령을 맹비난했다. 그는 타임지에 기고한 글을 통해 '쿠바와의 국교 정상화 추진은 러시아, 이란을 잇는 미국의 세 번째 외교 실패 사례가 될 것'이며, 쿠바의 카스트로 독재 정권 체제를 공고히 하는 효과를 낳을 것이라고 주장했다.

미국 선거·의회

11월 28일

• 민주당 루이스 구티에레즈 이민 개혁 행정명령 연기 비판　　　(연합뉴스 11. 29)

– 미국 연방하원 이민개혁위원장이자 대표적인 히스패닉 의원인 민주당 루이스 빈센트 구티에레즈(Luis Vicente Gutierrez) 의원이 오바마 대통령의 불법 이민자 구제 조치 행정명령 시점에 대해 불만을 표시했다. 그는 오바마 대통령이 이민 개혁 행정명령을 선거 이후로 미룬 것이 민주당의 패배로 이어졌다고 주장했다. 또한 그는 "공화당에 장악될 위험이 있는 주를 지키겠다는 전략적 결정이었으나 결국 실패로 돌

아갔다"며 "이민 개혁 행정명령 발표 지연이 히스패닉 유권자들의 투표 의욕을 저하시켰다"고 말했다. 그는 "행정명령을 9월에 발동하면서 소수 인종에게 민주당이 자신들을 위한 정당이라는 점을 각인시켰어야 했다"면서 행정명령 시기에 대해 비판하였다.

12월 04일
• 하원, 이민 개혁 백지화 법안 처리   (폴리티코 12. 04)
− 하원이 전체회의를 통해 오바마 대통령이 강행한 이민 개혁 행정명령을 백지화하는 법안을 처리했다. 이날 표결에는 찬성 219명, 반대 197명으로 하원을 통과하였다. 그러나 이 법안은 민주당이 아직 다수당인 상원을 통과하기 어려울뿐더러 오바마 대통령이 거부권을 행사할 것이라고 밝힌 상태여서 입법화는 어려울 전망이다.

12월 07일
• 루이지애나 주 상원 의원 결선 투표, 공화당 승리로 끝나   (AP통신 12. 07)
− 중간 선거 마지막 투표인 루이지애나 주 상원 의원 결선 투표에서 공화당 빌 캐시디(Bill Cassidy) 후보가 승리했다. 이로써 공화당은 새로 구성되는 상원에서 54석을 차지하게 되었다.

12월 09일
• 상원 정보위원회 중앙정보국 고문 보고서 공개   (월스트리트저널 12. 09)
− 상원 정보위원회는 9·11 테러 이후 중앙정보국의 테러 용의자 고문 실태에 관한 보고서를 공개했다. 보고서는 중앙정보국의 심문 기법이 효과적이지 못했다고 결론지으면서, 문제가 많고 당초 중앙정보국이 인정한 것보다 "훨씬 더 야만적이고 잔혹했다"고 밝혔다. 민주당의 다이앤 골드만 버먼 파인스타인(Dianne Goldman Berman Feinstein) 상원 정보위원장은 "이 보고서를 공개하는 것은 미국이 중시하는 가치를 회복하고, 미국이 진정 합법적이고 정당한 사회임을 세계에 알리기 위한 중요한 발걸음"이라며 "중앙정보국이 비밀리에 최소 119명의 개인을 구금하고 때로는 고문에 가까운 강압적인 심문 기법을 사용한 사실이 밝혀졌다"고 말했다.

12월 11일

• 하원, 업무 정지 2시간 앞두고 예산안 통과　　　　　　　　　　　(AP통신 12. 11)

− 하원은 11일 1조 1000억 달러 규모의 2015 회계연도 예산안 시한을 2시간 앞두고 가결 처리 했다. 이날 표결에서 찬성 219표, 반대 206표로 하원을 통과했다. 미국 의회는 상원 심의·표결 및 오바마 대통령 서명 등 남아 있는 절차를 위해 이날 자정까지 유효한 잠정 예산안을 이틀간 연장하는 초단기 예산안도 구두 표결로 별도 처리했다.

미국 여론

12월 07일

• 미국인 절반 "오바마 집권 후 인종 갈등 악화"　　　　　　(블룸버그 Politics 12. 07)

− 전국 성인 1001명을 대상으로 조사한 여론 조사 결과에 따르면, 응답자의 53%가 오바마 대통령이 2009년 취임한 뒤 미국 내 인종 간 관계가 나빠졌다고 응답했다. 인종 갈등이 악화됐다고 응답한 응답자는 인종별로 흑인 45%, 백인 56%에 달했다. 응답자들은 최근 전국적인 시위를 촉발한 퍼거슨·뉴욕 사건의 대배심 결정에 다른 의견을 보였다. 미주리 주 퍼거슨에서 흑인 청년 마이클 브라운을 총격 사살한 백인 경관을 불기소 처분한 데는 52%가 찬성했지만, 뉴욕에서 흑인 에릭 가너(Eric Garner)를 체포하는 과정에서 목 졸라 숨지게 한 백인 경관에 대한 불기소 결정은 60%가 반대 의사를 보였다. 특히 백인은 퍼거슨 대배심 결정에 대해 64%가 지지를 표했으나 뉴욕 대배심 결정에는 32%만 동의했다. 흑인은 두 사건 모두의 대배심 결정에 90% 이상 반대했다.

12월 15일

• 미국인 절반 '중앙정보국(Central Intelligence Agency, CIA) 고문 정당했다'

　　　　　　　　　　　　　　　　　　　　　　　　　　(퓨리서치센터 12. 15)

− 미국 중앙정보국이 알카에다 수감자를 대상으로 고문을 자행한 것에 대해 미국인중 절반은 정당하다고 생각하는 것으로 조사되었다. 11~14일까지 성인 1,001명을

대상으로 한 여론 조사에서 응답자의 51%는 CIA의 고문 방법이 정당했다고 대답하였고, 그렇지 않다는 대답은 29%에 그쳤다. 또한 응답자 가운데 56%는 '중앙정보국의 고문을 통해 얻은 정보로 테러 공격을 막아낼 수 있었다'라고 평가했다. 한편, 상원 정보위원회가 중앙정보국의 고문 보고서를 공개한 것에 대해서 응답자의 42%가 옳은 결정이라고, 43%가 옳지 못한 결정이라고 대답하였다.

12월 15일
• 미국 퍼거슨 사태 등 잇따른 인종 갈등   (연합뉴스 12. 15)

– 미주리 주 퍼거슨 시에서 18세 흑인 청년이 백인 경관의 총에 맞아 숨졌다. 그가 비무장 상태에서 사살됐다는 증언이 잇따르면서 경찰 공권력에 대한 항의 시위가 전국으로 번졌다. 정부의 조사로 진정 양상을 보이던 시위는 해당 경찰에 대한 불기소 결정을 계기로 격화되었다. 이런 가운데 뉴욕에서 흑인 남성을 체포하는 과정에서 목을 졸라 숨지게 한 백인 경관에 대해서도 불기소 처분이 결정되면서 사태는 더욱 악화되었다. 이런 상황 아래 인종 차별에 반대하는 시위가 전국으로 확산되고 있다.

12월 16일
• 미국인 대부분, 이슬람국가(IS)의 미국 본토 공격 가능성 높게 평가

(폭스뉴스 12. 16)

– 미국 주도의 이슬람국가(IS) 공습에 주도적으로 참여한 호주에서 이슬람국가(IS) 소행으로 추측되는 인질극이 발생한 가운데 테러 단체가 미국 본토에 공격을 시도할 지에 대한 추측이 무성하다. 폭스뉴스 조사 결과 80%가 넘는 미국인이 '가까운 미래에 이슬람국가(IS)가 미국 본토에 대한 공격을 시도할 것'이라고 응답했으며 전체 응답자의 48%는 '가능성이 매우 높다'라고 답변했다. 이에 한 전문가는 '이슬람국가(IS)의 미국 본토 공격 가능성을 배제하기는 어렵지만 그 가능성이 매우 낮다'라고 밝히며 미국인들이 이슬람국가(IS)에 대해 지나친 공포심을 갖고 있다고 말했다.

7차(12월 말~2015년 1월 말)

미국 의회는 2014년 11월 치러진 중간 선거로 새롭게 구성된 114대 연방의회 회기가 1월 6일 시작되었다. 회기 시작과 동시에 이뤄진 투표에서 하원의장으로 존 베이너 의원이 당선되면서 하원의장 3선 연임에 성공하였다. 존 베이너 의장은 112대 의회부터 하원의장직을 수행해 왔으나 이번 회기 의장 선출 과정에서 공화당 강경파인 티파티의 반대로 어려움을 겪었다. 새로 시작하는 회기에 발맞추어 공화당과 민주당은 각 정당의 향후 전략과 정책 방향을 결정하는 정책 워크숍을 개최하였고, 버락 오바마 대통령은 민주당 정책 워크숍에 참여한 것으로 알려졌다(폴리티코 2015. 01. 15).

새해에도 미국 정계의 관심은 16년 대선을 향해 있었다. 의회가 회기를 본격 개시하는 날 전직 대통령을 배출한 부시 가문의 젭 부시 전 플로리다 주지사가 대선 자금을 모으기 위한 정치활동위원회를 발족하며 사실상 대선 출마 의지를 공식화하였다. 1월 12일에는 밋 롬니 전 매사추세츠 주지사의 차기 대통령 출마 검토 선언이 있었다. 그러나 3번째 공화당 대통령 후보 도전 의사를 밝힌 그를 둘러싼 당내 분위기는 차갑기만 하다(더 힐 2015. 01. 14).

지난 중간 선거 결과로 상하 양원 다수당 지위를 공화당이 차지하면서 본격적인 분점정부의 대립이 시작되었다. 의회 내 다수당인 공화당은 오바마 대통령과 반대되는 입법을 강력하게 추진하면서 행정부와 대립하고 있다. 12일 상원은 2014년 무산되었던 키스톤 XL 송유관 건설을 위한 법안을 통과시켰다. 14일 하원은 이미 예고해 온 대로 오바마 대통령의 이민법 시행을 위한 행정 처분을 무효화하는 법안을 통과시켰다. 상·하원이 회기 시작부터 행정부를 압박하는 입법을 추진하는 가운데 오바마 대통령은 일찍이 두 법안에 대한 거부권 행사 입장을 밝히면서 의회와 행정부의 대립이 격화되고 있다(폴리티코 2015. 01. 13).

최근 프랑스에서 잇달아 발생하고 있는 극우 이슬람 단체에 의한 테러로 시민들이 목숨을 잃고, 언론의 자유가 위축되는 것을 우려하는 파리 행진이 파리에서 있었다. 이날 행사에는 세계 34개국 정상이 참여하였고, 역사적인 순간에 자유를 최우선으로 생각하는 미국의 대통령이 참여하지 않은 사실에 대한 미국인의 부정적 시각이 우세하다. 백악관은 논란 이후 빠른 대응 모습을 보여 주기는 했지만 역사적 상황에 미국 대통령이 함께하지 못한 일에 대한 미국인들의 아쉬움이 쉽게 가시지 않고 있다(연합뉴스 2015. 01. 12).

미국 정당

01월 06일
• 미 대선 랠리 시동 건 젭 부시   (경향신문 01. 07)
– 젭 부시 전 플로리다 주지사가 6일 대선 자금을 모으기 시작하며 2016년 대선 가도에 본격 시동을 걸었다. 젭 부시 전 주지사는 아직 공식 출마 선언을 한 것은 아니지만 선거 자금을 모으는 정치활동위원회를 발족하며 사실상 선거 캠페인을 시작했다. 정치활동위원회의 이름은 '일어설 권리(Right to Rise)'로 정해졌다. 그는 웹 사이트 성명을 통해 '부자 정당', '백인 정당'이라는 공화당의 이미지를 버리고 소수계 이민자들까지 껴안겠다고 밝히기도 하였다.

01월 13일
• 공화당 소속 의원 '파리 행진 불참 오바마' 비판   (AP통신 01. 12)
– 랜디 웨버(Randy Weber) 하원 의원은 SNS 계정을 통해 최근 프랑스 파리에서 열린 국제 테러 규탄 거리 행진에 참석하지 않은 오바마 대통령을 강도 높게 비판했다. 그는 "아돌프 히틀러(Adolf Hitler)조차 명분은 잘못됐지만, 파리 방문을 오바마 대통령보다는 더 중요하게 생각했다"며 "오바마 대통령은 대의명분이 있음에도 그렇게 하지 않았다"고 썼다. 같은 이슈에 공화당 테드 크루즈 상원 의원은 "미국 대통령의 불참은 세계 무대에서 미국 리더십 부재를 상징하는 것으로 위험스럽다", 마르코 루비오 상원 의원도 "오바마 행정부가 고위직 정부 대표를 보내지 않은 것은 실수"라며 공화당 소속 의원들의 거센 비난이 이어졌다.

01월 14일

• 롬니 대권 3수 검토에 공화당 내부 반응 냉담 (더힐 01. 14)

- 공화당 의원들이 밋 롬니 전 매사추세츠 주지사의 대권 3수 검토에 냉담한 반응을 보이고 있다. 2008년 경선에 이어 2012년 공화당 대선 후보로 나섰던 그가 출마하면 공화당 내 경선판 자체가 크게 요동칠 것이라는 애초 예상과 달리 의원들 사이에서 별다른 지지를 받지 못하고 있다. 지난 대선에서 함께했던 동료 의원들조차 그와 거리를 두는 모습을 보이고 있다. 현재 공화당 후보로 거론되는 인물은 젭 부시, 랜드 폴, 테드 크루즈 등이다.

01월 15일

• 오바마, 민주당 상원 의원들과 정책 조율 (폴리티코 01. 15)

- 오바마 대통령이 민주당 상원 의원 정책 워크숍 장소를 찾았다. 집권 여당인 민주당 상원 의원들이 제114대 국회 개회에 맞춰 핵심 의제 및 향후 전략을 논의하는 자리에 직접 참석해 협력을 요청하기 위해서다. 이날 민주당 의원들과 어떤 대화를 나누었는지 구체적으로 확인되지 않았지만, 집권 후반기 역점 과제에 대한 협력을 당부한 것으로 알려졌다. 이런 가운데 공화당도 이날부터 이틀간 상하원 합동 정책 워크숍을 개최한다.

미국 선거·의회

01월 06일

• 공화당 베이너, 하원의장 3연임 간신히 성공 (폴리티코 01. 06)

- 공화당 존 베이너 하원의장이 3연임에 간신히 성공했다. 하원은 이날 오후 제114대 의회 개회에 맞추어 전체회의에서 표결 끝에 베이너 의장을 선출했다. 이에 따라 112대 의회부터 의장을 맡아 온 베이너 의장은 앞으로 2년간 더 하원을 이끌게 되었다. 이날 표결에서는 출석 의원 408명 가운데 절반을 조금 넘긴 216표를 얻었다. 베이너 의장은 중간 선거 압승 이후 낙승을 예상했으나 막판에 강경 보수 세력인 티파티를 중심으로 제기된 리더십 문제로 고전했다. 실제 이날 표결에서 공화당 내부에

서 25명의 반대 표가 나오기도 하였다. 베이너를 반대하는 의원들은 그가 이민 개혁 대처나 예산안 처리 등에서 오바마 대통령과 타협하고 있다고 비판해 왔다.

01월 12일

• 미국 상원 키스톤 XL 송유관 건설 법안 통과   (폴리티코 01. 13)

- 오바마 미국 대통령과 의회를 장악한 공화당이 키스톤 XL 송유관 건설 법안을 필두로 쟁점 현안을 놓고 격돌하기 시작했다. 공화당의 법안 표결과 오바마 대통령의 거부권 행사, 공화당의 법안 재표결 시나리오가 되풀이되면서 갈등이 증폭될 전망이다. 미 상원은 12일 오후 키스톤 XL 법안을 표결에 붙여 찬성 63표, 반대 32표로 통과시켰다. 표결에는 공화당 52명, 민주당 10명, 무소속 1명이 찬성표를 던진 것으로 알려졌다. 오바마 대통령은 해당 법안에 대한 거부권 행사를 수차례 예고해 왔다. 이날 표결에 대해서 백악관은 거부권 행사 방침을 재확인했다. 이에 공화당은 대통령의 거부권 행사를 무력화하기 위한 정족수인 2/3의 의석을 확보하기 위해 노력하고 있다.

01월 14일

• 하원, 오바마 이민 개혁 백지화 법안 통과   (허핑턴포스트 01. 14)

- 공화당이 장악한 하원은 오바마 대통령이 2014년 말 발동한 이민 개혁 행정명령을 무력화하는 법안을 통과시켰다. 하원은 이날 전체회의에서 이민 개혁 행정명령을 집행하는 부처인 국토안보부의 예산안 수정안을 표결에 부쳐 찬성 236표, 반대 191표로 가결 처리 했다. 아울러 오바마 대통령이 청소년을 대상으로 추방을 유예해 주었던 2012년 행정명령도 찬성 218표, 반대 209표로 백지화하였다. 하지만 공화당이 상원에서 안정적으로 법안을 통과시키기 위한 최소 의석인 60석 확보가 불투명한 상태이며, 오바마 대통령은 거부권 행사를 공언한 상태이다.

01월 18일

• 오바마 '부자 증세' 방안 놓고 공화·민주 격돌   (세계일보 01. 19)

- 공화, 민주 양당이 오바마 대통령의 '부자 증세'를 놓고 치열한 공방을 펼치고 있

다. 오바마 대통령이 부유층과 대형 금융 회사들을 상대로 한 증세와 중산층 지원 재원 마련 방안 소식이 전해지자 양당의 입장이 엇갈린 것이다. 공화당 소속 상원 재무위원장인 오린 해치(Orrin Hatch) 위원장은 "오바마 대통령의 제안은 중소기업인과 자영업자, 저축인, 투자자의 세금 부담만 늘릴 것"이라고 주장했다. 대조적으로 하원 세입위원회 민주당 간사인 샌더 레빈(Sander Levin) 의원은 "오바마 대통령이 제시한 세제 개혁안은 정확히 미국이 가야 할 방향"이라며 오바마 대통령의 구상을 환영했다.

미국 여론

12월 28일
• 흑인 10명 중 9명 '사법 체제 불공평'　　　　　　　　　　　(워싱턴포스트 12. 28)
- 미국의 형사 사법 체계를 바라보는 흑인의 불신이 심각하다. 흑인과 백인이 공평하게 다뤄진다고 여기는 흑인은 10명 가운데 1명에 불과했다. 같은 질문에 백인은 2명중 1명이 공평하게 다뤄진다고 응답하였다. 미국 성인 1,012명을 대상으로 한 전화 설문 조사 결과를 살펴보면, 미국 형사 사법 체계에서 흑인 등 소수 인종이 백인과 동등한 처우를 받는다고 답한 비율은 43%, 그렇지 않다고 대답한 사람은 54%로 조사되었다. 동등한 처우를 받는다는 응답자 비율은 백인이 52%인 반면 흑인은 10%, 히스패닉은 35%에 그쳤다.

01월 10일
• 미주리 주 정치인, 퍼거슨 서장 사퇴 압박했으나 실패　　　　　　(연합뉴스 01. 11)
- 미국 미주리 주의 주요 선출직 공직자들이 퍼거슨 사태를 악화시킨 책임을 물어 퍼거슨 경찰서장의 자진 사퇴를 압박했으나 실패한 것으로 밝혀졌다. 제임스 놀즈(James Knowles) 퍼거슨 시장은 AP통신과의 인터뷰에서 톰 잭슨(Tom Jackson) 서장의 사퇴 종용을 논의하는 자리에 주요 정치인들이 참석했다고 말했다. 이들은 지난 2014년 8월 백인 경관이 쏜 총에 흑인 청년이 사망한 뒤 퍼거슨에서 소요 사태가 확산되자 잭슨 서장의 직위 해제와 후임자 등을 상의했다. 하지만 경찰 지도부 공백에

대한 우려로 잭슨 서장의 압박 추진은 불발됐다. 잭슨 서장은 현재 자리를 지키고 있으며, 그의 결정적인 판단 착오로 퍼거슨 사태가 걷잡을 수 없이 커졌다는 여론의 비난을 받고 있다.

01월 11일

• 오바마는 어디에? 파리 행진 불참에 미국 내 비판 여론 　　　　　　(연합뉴스 01. 12)

– 프랑스 파리에서 열린 국제 테러 규탄 거리 행진에 오바마 대통령이 불참한 것을 놓고 미국 내에서 비판론이 제기되고 있다. 세계 34개국 정상이 집결해 파리 주간지 테러를 규탄하고 표현의 자유를 주창하는 역사적 현장에 미국 대통령이 빠진 것은 문제가 있다는 지적이다. CNN 방송은 오바마 대통령과 존 포브스 케리(John Forbes Kerry) 국무장관이 불참했다는 내용을 제목으로 비판적 논조를 보였다. 미국의 온라인 매체인 '더블레이즈(The blaze)', '폭스뉴스'도 오바마 대통령의 파리 행진 불참을 비판했다.

01월 14일

• '여성 대통령 희망' 미국 성인 38%에 그쳐 　　　　　　(퓨리서치센터 01. 14)

– 여성 대통령이 탄생하기를 바란다고 응답한 비율이 성인 10명 가운데 4명에도 미치지 못했다. '당신의 생애 동안 여성 대통령이 뽑히기를 바라느냐, 아니면 이 문제가 중요하지 않은가?'라는 질문을 받은 참가자 가운데 38%가 여성 대통령을 기대한다고 답했다. 바라지 않는다는 답변은 57%로 나타났다. 지지하는 정당별로 여성 대통령에 대한 지지 정도가 확연한 차이를 보였다. 민주당을 지지하는 여성의 69%, 남성의 46%가 여성 대통령을 원한다고 응답했다. 이에 반해 공화당을 지지하는 여성의 16%, 남성의 20%만 여성 대통령을 원한다고 응답하였다. 이런 차이는 공화당 지지자들이 여성의 권리 신장을 획기적인 이정표로 생각하지 않고, 클린턴 전 장관의 대통령 당선 전망에 초점을 맞춘 결과로 해석되고 있다. 이번 조사는 미국 성인 남녀 1,004명을 대상으로 실시되었으며 신뢰수준 95%에 오차범위 ±3.5%이다.

01월 14일

• 오바마, 지지율 상승 곡선 　　　　　　　　　　　　　　　(퓨리서치센터 01. 14)

– 오바마 대통령에 대한 지지율이 지난달에 비해 5% 올라 47%를 기록했다. 2014년 한해 오바마 대통령 지지율은 40% 초반에 머물렀고, 30%대로 떨어지기도 했다. 이렇게 오바마 대통령의 지지율이 오르고 있는 이유는 미국의 경제 사정이 좋아지고 있기 때문으로 풀이된다. 오바마 대통령의 정책으로 경제가 좋아지고 있냐는 물음에는 전체 응답자의 38%가 좋아지고 있다고 응답하였고, 28%가 나빠지고 있다고 응답하였다. 이번 여론 조사는 미국 성인 1,504명을 대상으로 조사되었다.

8차(1월 말~2월 말)

2015년 2월 미국은 오랜 이슈를 이어가는 모습을 보였다. 민주당 유력 대선 후보로 거론되고 있는 힐러리 클린턴 전 국무장관은 50%가 넘는 당내 지지율을 꾸준히 유지하고 있다. 그녀의 공식적인 출마 선언이 이뤄진 것은 아니지만 정치활동위원회 출범 이후 그녀의 경선 출마가 사실상 확정된 분위기이다. 대조적으로 공화당은 민주당만큼 힘 있는 대권 주자가 없는 상황이다. 유력 대선 후보 가운데 한 명인 밋 롬니 주지사가 대선에 참여하지 않을 것을 선언하면서 공화당 내부 경선은 한치 앞도 내다보지 못하는 상황이 되었다(연합뉴스 2015. 01. 30).

중간 선거 이전부터 뜨거운 감자였던 '키스톤 XL 송유관' 건설을 둘러싼 공화당과 민주당 사이 대립이 끝을 향해 가고 있다. 1월 29일 해당 법안이 상원을 통과한 가운데, 이달 12일에는 하원에서도 법안이 통과된 것이다. 6년 넘게 의회를 넘지 못했던 법안이 11번의 표결 끝에 양원을 통과했지만 버락 오바마 대통령의 거부권 행사로 법안 발효는 묘원한 상태이다(연합뉴스 2015. 02. 11).

세계를 테러의 공포로 몰아넣은 이슬람국가(IS)가 일본인 인질을 살해한 데 이어 미국인 기자를 참수하는 영상을 공개하며 미국 사회를 또다시 충격에 빠뜨렸다. 또다시 미국인이 이슬람국가(IS)에 의해 목숨을 잃는 사건이 발생하자 이슬람국가(IS)에 대한 미국 내 여론의 변화가 심상치 않다. NBC 방송국이 이달 실시한 여론 조사에 따르면 미국인의 66%가 이슬람국가(IS) 격퇴를 위한 미군의 지상군 투입이 필요하다고 생각하는 것으로 나타나기도 하였다. 여론 조사에 앞서 오바마 대통령은 미국 의회에 제한적 지상군 투입을 위한 승인안을 제출하였고, 이라크전과 같은 대규모 병력 투입이 아닌 것을 강조하였다. 한편 2014년 오바마 대통령은 이슬람국가(IS)에 대응하기 위한 지상군 투입은 없을 것이라고 공언한 바 있으며, 현재는 이라크군을 훈련시키기 위한 소수 병력이 파견되어 있는 상황이다(NBC 2015. 02. 14).

1월 백악관 주도로 오랜 대립을 마치고 미국과 쿠바가 수교를 맺은 가운데 상원에서 공화당·민주당 의원 6명이 합심하여 수교 이후에도 이어져 오던 쿠바에

제3부.. 미국의 동향 및 쟁점 **281**

대한 제재를 철폐하는 법안을 제출하였다. 이로써 미국과 쿠바의 관계 개선 작업은 더욱 속도감 있게 진행될 것으로 전망된다(USA TODAY 2015. 02. 12).

미국 정당

01월 30일

• **롬니 대권 포기, 공화당 대선 경선 구도 변화**　　　　　　　　（연합뉴스 01. 30）
- '대권 3수'를 저울질해 온 밋 롬니 전 미국 매사추세츠 주지사가 30일 2016년 대통령 선거에 출마하지 않겠다고 공식 선언하면서 앞으로 공화당 대선 후보 경선 구도의 변화를 예고하고 있다. 롬니 전 주지사는 일부 여론 조사에서 1위를 달릴 정도로 '강력한' 후보로 꼽혀 왔다. 롬니 전 주지사가 경선판에서 빠진 만큼 이제부터 다른 후보들 간의 각축전은 한층 가열될 전망이다. 특히 롬니 전 주지사의 지지를 끌어내기 위한 후보들의 구애 경쟁이 뜨겁게 진행될 것으로 보인다.

02월 08일

• **힐러리·젭 부시, '대선 풍향계' 뉴햄프셔에서 두각**　　　　　（블룸버그 02. 08）
- 미국에서 아이오와 주와 함께 대통령 선거의 초기 판세를 보여 주는 '대선 풍향계'로 불리는 뉴햄프셔 주에서 힐러리 클린턴 전 국무장관과 젭 부시 전 플로리다 주지사가 두각을 보였다. 뉴햄프셔 주 세인트 안셀름(Saint Anselm University) 대학과 함께 실시한 여론 조사 결과 민주당 지지자 가운데 클린턴 전 장관이 56%, 공화당 지지자 가운데 부시 전 지사가 16%를 기록하며 가장 높은 지지율을 보였다. 민주당에서는 엘리자베스 워런, 조 바이든 부통령이 각각 15%, 8% 지지를 기록했고, 공화당에서는 랜드 폴 상원 의원이 13%, 스콧 워커(Scott Walker) 위스콘신 주지사와 크리스 크리스티 뉴저지 주지사가 각각 12%, 10%로 조사되었다. 이번 조사는 '지금 뉴햄프셔 주에서 정당별 예비 경선이 실시된다면 누구를 대선 후보로 가장 먼저 택하겠느냐'에 대한 응답이었으며, 1월 31일부터 2월 5일까지 뉴햄프셔 주 유권자 953명을 대상으로 실시되었다.

02월 12일

• 2016년 민주당 전당대회 필라델피아로 (로이터통신 02. 13)

– 2016년 대선에 나서는 제45대 민주당 대통령 후보 지명을 위한 민주당 전당대회가 펜실베니아 주 필라델피아에서 열린다. 데비 와서먼 슐츠(Debbie Wasserman Schultz) 민주당 전국위원회 의장은 2016년 7월 25일로 예정된 민주당 전당대회 개최지로 필라델피아를 선정했다고 밝혔다. 슐츠 의장은 성명에서 "미국 역사에 깊이 뿌리내린 필라델피아는 민주당 전당대회라는 특별한 모임을 개최하기 위한 완벽한 장소"라고 평가했다. 인구 150만 명의 필라델피아는 전통적으로 민주당이 강세를 보이는 지역이다. 공화당은 2014년 여름 다음 전당대회를 오하이오주 클리블랜드에서 개최한다고 밝힌 바 있다.

02월 12일

• 공화당 랜드 폴 상원 의원 대선 출마 의사 피력 (AP통신 02. 12)

– 공화당 내 대권주자인 랜드 폴 상원 의원이 2016년 대선 출마 의사를 피력했다. 폴 의원은 켄터키 주 공화당 지도자들에게 보낸 서한에서 대선 후보를 선출하는 방식에 변화를 줄 것을 제안했다. 폴 상원 의원은 이미 2016년 실시되는 상원 의원 선거에 출마할 것이라고 선언했다. 그러나 지금까지 대선 출마에 대해서는 명확한 입장을 표명하지 않았다. 여론 조사에서 공화당 대선 주자 중 선두권을 형성한 자유주의적 성향이 뚜렷한 폴 상원 의원은 자신을 미국 내 소수계 청년들에게 어필할 수 있는 정치인이라고 주장했지만, 공화당 지도부와 몇 차례 마찰을 빚기도 했다.

미국 선거·의회

01월 22일

• 하원, 낙태에 대한 연방정부 지원 제한 법안 가결 (AP통신 01. 22)

– 공화당이 주도하는 하원이 낙태에 대한 연방정부의 지원을 금지하는 법안을 가결했다. 백악관이 거부권을 행사할 것이라고 천명했지만 낙태와 관련한 연방 예산의 지출을 영원히 금지하는 이 법안은 242 대 179로 가결되었다. 공화당 하원 지도부는

이에 앞서 임신 20주 이상 여성의 낙태를 금지하는 법안을 제출하려다가 당내 여성 의원들의 반대로 이를 철회한 것으로 알려졌다. 이와는 별도로 1973년 낙태를 합법 화한 로우 대 웨이드(Roe v. Wade) 판결에 대한 낙태 반대자 수천 명의 시위가 워싱턴 디시에서 열리기도 했다.

02월 09일

• 오바마, 이번 주 임기 세 번째 거부권 행사 나선다　　　　　　　　　(폴리티코 02. 09)

－ 오바마 대통령이 자신의 임기 가운데 세 번째 거부권을 행사할 전망이다. 행사 대 상은 1월 29일 상원을 통과한 '키스톤 XL 송유관 건설 법안'이다. 미국 의회에 따르 면 하원 규칙위원회에서 10일 오후에 해당 법안을 다룰 예정이며, 이르면 11일 하원 전체회의에서 이 법안이 처리될 예정이다. 상원에서 찬성 62, 반대 36으로 가결되었 고, 하원에서도 무난히 통과될 전망이다. 하지만 오바마 대통령이 거부권 행사 입장 을 밝힌 상태이다. 대통령이 거부권을 행사해도 의회가 2/3의 표결로 무효화 할 수 있지만, 공화당이 상원에서 확보한 의석수는 2/3인 67석에 미치지 못한다. 이 법안 에 대한 거부권 행사는 상·하 양원을 모두 장악한 공화당과 오바마 대통령이 정면 으로 충돌하는 첫 사례가 될 것으로 전망된다.

02월 11일

• 하원 키스톤 XL 법안 통과　　　　　　　　　　　　　　　　　　(연합뉴스 02. 11)

－ 캐나다와 미국을 연결하는 키스톤 XL 송유관 건립 사업 계획이 미 상원에 이어 하 원에서도 압도적 표차로 통과됐다. 송유관 사업 계획은 지난 1월 29일 이미 상원을 통과했으며, 어제 하원 표결에서도 찬성 270대 반대 152표로 가결 처리됐다. 공화당 은 올해(2015년)부터 의회 상하원을 모두 장악한 이래 키스톤 XL 송유관 사업을 최우 선 과제로 추진해 왔다. 하지만 이에 대해 바락 오바마 미국 대통령은 이미 거부권 행사 방침을 분명히 밝힌 바 있다. 키스톤 XL 송유관 사업은 지난 2008년 처음 제안 되었으며, 총 80억 달러가 소요되는 이 사업에 대해 공화당은 일자리 창출과 에너지 안보 증대 효과가 있다며 찬성하고 있다. 반면 민주당은 석유 산업이 지구 온난화를 부추기고 자칫 기름 유출 위험이 있다며 반대하고 있다.

02월 12일

· 상원, 쿠바에 대한 금수 완전 철폐 법안 제출 　　　　　(USA TODAY 02. 12)

- 백악관이 지난 50년 동안 동결됐던 쿠바와의 관계 정상화 움직임에 나선 가운데 공화당과 민주당의 상원 의원 6명이 쿠바에 대한 경제 제재를 완전히 폐기하도록 하는 법안을 제출했다. 오바마 대통령은 2014년 12월 쿠바와의 관계를 정상화해 미국 기업들이 쿠바에서 더 많은 기회를 찾을 수 있도록 할 것이라고 밝혔었다. 그러나 쿠바에 대한 미국의 경제 제재는 여전히 남아 있고 미 기업들이 쿠바에서 사업 기회를 찾는 것은 여전히 제한되고 있다. 이에 4명의 민주당 의원과 2명의 공화당 의원이 미국과 쿠바 간 교역을 저해하는 제재를 모두 철폐, 양국 간에 자유로운 교역이 이뤄질 수 있도록 하는 내용의 법안을 제출한 것이다.

02월 24일

· 오바마, 키스톤XL 법안 거부권 행사…공화와 갈등 고조 　　　　(폴리티코 02. 24)

- 오바마 대통령이 예상대로 키스톤XL 송유관 건설 법안에 거부권을 행사했다. 취임 이후 세 번째이며, 2010년 이후로는 처음이다. 공화당이 주도한 키스톤XL 법안은 캐나다 앨버타 주와 미국 텍사스 주의 멕시코 만 사이에 캐나다의 셰일가스를 수송하는 송유관을 건설하는 법안으로, 지난 11일 하원에서 찬성 270표, 반대 152표로 처리됐다. 상원에서는 1월 29일 통과됐다. 오바마 대통령은 거부권 행사 직후 성명을 내고 "미 의회가 키스톤XL 송유관을 건설해야 할지 말지, 또 그것이 국익에 부합하는지 아닌지를 따져 보는 오래되고 입증된 절차를 피해 가려 하고 있다"고 비판했다.

02월 25일

· 상원, 이민 개혁 조항 뺀 국토 안보 예산안 처리하기로 　　　　(워싱턴포스트 02. 26)

- 미국 상원이 국토안보부의 '부분 업무 정지' 방지를 위해 여야 간 뜨거운 쟁점인 오바마 내동링의 이민 개혁 행정명령 폐지 조항을 빼고 순수하게 국토안보부 예산안만 먼저 통과시키기로 했다. 상원은 국토안보부 예산안과 이민 개혁 행정명령 폐지 조항을 분리해 처리하는 방안에 관한 절차 투표를 실시해 찬성 98표, 반대 2표로 통과시켰다. 하지만 하원이 수정된 예산안을 어떻게 처리할지에 대해 명확한 입장

을 내놓지 않고 있어 '부분 업무 정지'를 피할 수 있을지는 여전히 불투명하다.

02월 07일

• 오바마 지지도 '양극화', 민주·공화당 간 70% 격차 (연합뉴스 02. 08)

– 오바마 대통령의 국정 수행에 대한 지지도가 유권자의 정치적 성향에 따라 극명하게 엇갈리는 것으로 조사됐다. 갤럽 조사에 따르면 집권 6년차인 오바마 대통령의 국정 수행을 지지한다는 응답자는 민주당원에서 79%에 달한 반면 공화당은 9%에 불과했다. 이민 개혁, 오바마 케어 같은 현안을 놓고 집권 민주당과 야당인 공화당이 사사건건 대립하는 양상이 유권자들에게도 반영된 결과다. 민주당원과 공화당원 간 격차가 70%에 달한 이번 여론 조사는 갤럽이 미국 대통령 지지도를 조사한 1953년 이래 역대 공동 5위다.

02월 14일

• 미국민 66%, IS 격퇴에 미국 지상군 투입 찬성 (NBC 02. 14)

– 미국민 3분의 2가량이 수니파 무장 단체 이슬람국가(IS) 격퇴를 위해 미군 지상군을 파견하는 데 찬성하는 것으로 조사됐다. 메리스트(Marist)대학과 함께 실시한 여론 조사에 따르면 이슬람국가(IS)를 격퇴하려면 지상군이 필요하다는 데 전체 응답자의 66%가 공감했다. 이 가운데 26%는 대규모 파병을, 40%는 제한적 소규모 파병을 지지했다. 전체 응답자의 26%는 지상전을 치르는 데 반대했고 7%는 모르겠다고 응답했다. 대규모 지상군 투입에는 공화당원의 38%, 민주당원의 16%, 무당파의 25%가 각각 찬성해 정치 성향별로 차이를 보였다. 응답자의 66%는 미국과 동맹이 궁극적으로 이슬람국가(IS)를 물리칠 것이라고 낙관했다. 미 의회가 오바마 대통령이 요청한 무력 사용권 승인안에 찬성해야 한다는 의견은 54%, 반대는 32%로 나타났다. 이번 조사는 오바마 대통령의 요청 직후인 지난 11~12일 미국 전역의 성인 603명을 상대로 실시한 것이다. 오차범위는 ±4.0%포인트다.

02월 16일

• 미국인 18% "최대 적국은 러시아"   (갤럽 02. 16)

- 미국인들이 최근 냉전 이후 최악의 관계인 러시아를 북한과 이란보다 더 적국으로 여기는 것으로 나타났다. 지난 8~11일 전국 성인 남녀 837명을 대상으로 전화 설문 조사를 실시한 결과 러시아를 최대 적국으로 꼽은 응답자 비율이 전체의 18%로 가장 많았다. 응답자들은 이어 북한(15%), 중국(12%), 이란(9%), 이라크(8%) 등 순으로 꼽았다. 2014년 같은 조사에서는 중국이 20%로 1위에 올랐고 러시아(9%)는 북한(16%)과 이란(16%)에 이어 4위에 올랐다. 러시아를 최대 적국으로 꼽은 응답자 비율은 2011년 3%, 2012년 2%, 2014년 9%에서 올해(2015년) 크게 높아졌다. 오바마 행정부 출범 이후 한때 화해를 모색하던 러시아와의 관계가 우크라이나 사태를 계기로 냉전 시절 같은 상태로 돌아간 셈이다. 북한은 2011년 이란에 이어 중국과 공동 2위, 2012년 이란과 중국에 이어 3위, 2014년 중국에 이어 이란과 공동 2위를 기록했다.

02월 18일

• 힐러리 · 워런 '미래', 부시 · 바이든 '과거' 느낌   (CNN 02. 18)

- 차기 대선 후보군 가운데 민주당의 유력 주자인 힐러리 클린턴 전 국무장관과 그의 대항마로 거론되는 엘리자베스 워런 상원 의원은 '미래', 공화당 젭 부시 전 플로리다 주지사와 민주당의 조 바이든 부통령은 '과거' 느낌이 상대적으로 강한 것으로 조사됐다. 함께 조사된 정당별 후보 지지에서 민주당 클린턴 전 장관이 61%, 바이든 부통령이 14%, 워런 상원 의원이 10%를 기록했다. 공화당은 마이크 허커비 전 아칸소 주지사 16%, 젭 부시 전 플로리다 주지사 14%, 스캇 워커 위스콘신 주지사 11%, 랜드 폴 상원 의원 10%로 조사되었다. 이번 조사는 CNN 방송과 여론 조사 기관 ORC가 공동으로 수행하였으며 2월 12~15일까지 1,027명을 대상으로 진행되었다.

9차(2월 말~3월 말)

2015년 초 미국 연방하원은 처음부터 잡음을 내며 개원했다. 113대 하원의장 존 베이너 의원이 114대 의장에 선출되는 과정에서 공화당 내부 반대에 부딪혔던 것이다. 당 내부에서 지도력을 의심받으며 어렵게 하원의장 재선에 성공한 그에게 또다시 위기가 찾아왔다. 공화당 내 보수 세력은 하원의장 교체를 추진하고 있는 것으로 알려졌다. 하지만 민주당 의원들은 차라리 베이너 의장이 낫다고 평가하는 것으로 알려지면서 귀추가 주목된다(더힐 2015. 03. 06).

버락 오바마 행정부가 이란과 핵협상을 다시 추진하고 있는 가운데 공화당이 견제에 나섰다. 공화당이 이란 지도부에 핵 협정이 이루어질 경우 차기 정권에서 무용지물이 될 수 있다는 내용의 서한을 전달했고, 오바마 대통령이 곧바로 공화당을 비판하며 민주당과 공화당 사이 갈등이 증폭되고 있다(CNN 2015. 03. 09).

한편 2월 오바마 대통령의 이민 개혁 행정명령을 둘러싼 갈등으로 부분 업무 정지 위기에 빠졌던 국토안보부가 극적으로 위기에서 벗어났다. 공화당이 이끄는 하원에서 행정명령 백지화를 위한 법안을 제외한 예산안이 통과된 것이다. 국토안보부가 부분 업무 정지 위기를 피해가면서 오바마 대통령은 대선 공약 이행에 가능성을 확인하였고, 존 베이너 하원의장은 오바마 행정부에 끌려가는 것 아니냐는 당내 비판 여론을 피하지 못하게 되었다(AP통신 2015. 03. 03).

차기 대선 후보를 둘러싼 이슈도 끊이지 않았다. 민주당 유력 대선 후보인 힐러리 클린턴 전 장관이 재임시절 개인 이메일 계정을 사용한 사실이 뉴욕타임스에 보도되었고 거센 비난을 받았다. 한편 공화당 유력 대선 후보인 젭 부시도 주지사 시절 개인 이메일을 사용한 것으로 드러나면서 논란이 확대되고 있다. 개인 이메일 사용 논란이 있었지만 최근 실시된 여론 조사에서도 민주당 내 힐러리를 지지하는 여론은 부동의 1위를 유지하고 있다(CNN 2015. 03. 18).

민주당과 공화당 내부에서 다음 대선에 출마할 인물에 대한 논의가 활발한 가운데 공화당 유력 대선 후보로 거론되어 온 테드 크루즈 상원 의원이 23일 출마 선언을 하면서 본격적인 대선 레이스에 막이 올랐다(MSNBC 2015. 03. 23).

03월 06일

• 적의 적은 아군…미국 민주 '공화당 1인자' 구하기   (더힐 03. 06)

– 미국 공화당 일부 의원이 당내 1인자인 존 베이너 하원의장을 끌어내리려는 움직임을 보이자 민주당이 그의 자리를 지켜 주겠다고 공언하고 나섰다. 공화당 내부 티파티의 지원을 받는 보수 성향 의원들은 하원의장 교체를 추진하는 것으로 알려졌다. 베이너 의장이 오바마 대통령에게 굴복한다는 이유에서다. 공화당 보수파 의원은 2015년 초 114대 의회가 개원하면서 하원의장을 새로 선출할 당시에도 25명이 반대 투표를 한 바 있다. 민주당은 공화당 보수 세력에 하원의장을 넘겨주느니 차라리 베이너 의장이 낫다는 입장이다.

03월 09일

• 공화 "이란 핵협상 차기 정권서 폐기" 공개 서한 보내   (CNN 03. 09)

– 미국 상·하원을 장악한 공화당이 이란 지도부에 주요 6개국과 이란 사이에 핵 협정이 맺어질 경우 차기 정권에서 무용지물이 될 수 있다고 경고하는 내용의 서한을 보냈다. 공화당이 미국의 핵심 적대국인 이란의 최고 지도부에 직접 서한을 보낸 것은 극히 이례적인 일이다. 이번 서한 발송을 주도한 상원 군사위 소속의 톰 코튼(Tom Cotton) 의원은 이란 최고 지도자가 미국의 정치 시스템을 잘 이해하지 못하고 있기 때문에 이를 직접 알려 줄 필요가 있었다고 주장했다. 이에 백악관은 "공화당이 당파적 접근으로 오바마 대통령의 권위를 약화시키려 들고 있다"고 말했다. 오바마 대통령도 직접 나서 공화당이 이란의 국제적인 핵 협상에 반대하는 이란의 강경파 세력과 연대하는 결과를 초래하고 있다고 비판했다.

03월 10일

• 힐러리 '개인 이메일' 논란 격화…민주서도 우려   (연합뉴스 03. 10)

– 미국 민주당의 유력 대선 주자인 힐러리 클린턴 전 국무장관이 재직 시절 개인 이메일 계정만 사용한 것을 두고 미 정치권의 논란이 격화되고 있다. 공화당은 일제히

연방법 위반이라며 '힐러리 때리기'에 나섰고 민주당 일각에서도 우려의 목소리가 나오고 있다. 개인 이메일 논란이 자칫 대선 출마 선언을 앞둔 클린턴 전 장관의 발목을 잡을 수도 있다는 관측이 나오고 있다. 이번 논란은 2013년 초 물러난 클린턴 전 장관이 약 4년간의 재직 기간에 관용 이메일 계정을 따로 만들지 않은 채 개인 이메일만 사용했으며 심지어 개인 이메일을 국무부 서버에 저장하지도 않았다고 뉴욕타임스가 2일 처음으로 보도하면서 시작됐다.

03월 23일

• 공화당 테드 크루즈 상원 의원 대선 레이스 '스타트'　　　　　　　(MSNBC 03. 23)

− 2016년 미국 대통령 선거의 개막 테이프를 테드 크루즈 상원 의원이 끊었다. 미 공화·민주 양당 대선 후보군 가운데 처음 대권 도전을 공식 선언한 것이다. 민주당의 힐러리 클린턴 전 국무장관도 다음 달 대선 가도에 합류할 것으로 보여 본격적인 미국 대선전이 펼쳐질 전망이다. 크루즈 상원 의원은 23일 0시를 넘겨 자신의 트위터 계정(@tedcruz)에 "대선에 출마할 생각이다. 여러분의 지지를 얻기를 희망한다"는 글을 올렸다. 그는 이어 버지니아주 리버티대학(Liberty University)에서 공식 출마 선언을 했다.

미국 선거·의회

02월 27일

• 미 공화 상·하원 균열, 베이너-맥코넬 틀어지나　　　　　　　　(연합뉴스 02. 27)

− 미국 공화당이 심각한 내부 분열 위기에 봉착했다. 버락 오바마 미국 대통령의 이민 개혁 행정명령과 연계된 2015 회계연도 국토안보부 예산안 처리 방식을 놓고 상·하원이 근본적인 시각차를 드러내며 파열음이 흘러나오고 있기 때문이다. 특히 미치 맥 코넬 공화당 상원 원내대표와 존 베이너 하원의장의 사이가 틀어질 조짐을 보이면서 2014년 '11·4 중간 선거' 압승 이후 최대 위기를 맞고 있다는 분석이 나오고 있다. 이민 개혁 행정명령 이슈와 더불어 키스톤XL 송유관 건설 법안, 오바마 케어 등 핵심 쟁점을 놓고 오바마 대통령과 일전을 겨뤄야 하는 상황에서 적전 분열 양

상을 노출하는 형국이다.

03월 03일

• 하원, 이민 개혁 거부 조항 없이 국토안보부 예산안 통과   (AP통신 03. 03)

– 공화당이 이끄는 하원이 오바마 대통령의 이민 개혁 행정명령을 백지화하는 내용을 제외한 국토안보부 예산안을 통과시켰다. 3일 열린 하원 전체회의에서 오바마 대통령 이민 개혁 행정명령 폐지 조항을 뺀 400억 달러 규모의 국토안보부 예산안은 찬성 257표, 반대 167표로 통과됐다. 하원 전체회의에 참석한 민주당 하원 의원 182명 전원이 찬성표를 행사한 반면, 공화당에서는 찬성이 74표에 그치고 반대는 167표에 달했다. 이 예산안은 이미 상원의 관문을 넘었기 때문에 오바마 대통령이 예산안에 서명하면 국토안보부 부분 업무 정지 위기를 넘기게 된다. 이번 표결을 통해 존 베이너 하원의장은 정치적 공방에서 민주당과 오바마 대통령의 벽에 막혔을 뿐만 아니라 티파티 등 당내 보수 성향 의원들의 지지를 받지 못하면서 지도력에 적지 않은 타격을 입게 됐다.

03월 12일

• 미국 유타 주, 7년 만에 '성 소수자 차별 금지법' 통과   (연합뉴스 03. 13)

– 모르몬교의 '성지'이자 보수 성향이 강한 미국 유타 주가 성 소수자 차별 금지법을 7년 만에 통과시켰다. 12일 유타 주 하원은 전날 밤 본회의에 상정된 성 소수자 차별 금지법을 찬성 65 대 반대 10으로 가결했다. 앞서 주 상원은 지난주 찬성 23 대 반대 5로 법안을 통과시켰다. 이 법안은 이날 오후 게리 리차드 허버트(Gary Richard Herbert) 주지사가 법안에 서명하면서 발효됐다. 특히 이 법안의 통과는 그동안 동성애를 강력히 반대해 왔던 모르몬교가 시대적 흐름을 수용해 한 발 양보하면서 이뤄진 것으로, 종교 단체들과 성 소수자 인권 단체가 그동안 반목과 불화를 씻고 서로 윈윈(Win-Win)한 사례로 평가된다.

03월 23일

• 하원, 오바마 대통령에게 공개 서한 보내   (CNN 03. 23)

– 하원이 이란과의 핵 협정 발효를 위해서는 의회의 승인을 필요로 한다고 경고하는 공개 서한을 오바마 대통령에게 발송하였다. 공화당과 민주당을 합해 367명의 하원 의원이 서한에 서명했다. 이것은 대통령이 거부권을 행사한다 하여도 이를 무력화시킬 수 있는 충분한 다수를 확보한 것이어서 주목된다. 서한에는 미국 의회가 이란이 핵무기를 생산하지 않는다는 것이 확실히 보장될 때에만 이란에 대한 제재를 해제하겠다는 의미를 담고 있다. 상원에 이어 하원도 이란 핵 협상에 반대하는 서한을 공개함에 따라 오바마 대통령이 추진하는 이란과의 핵 협정은 어려움에 빠질 것으로 예상된다.

미국 여론

02월 25일

• 미국 지상군 파병 여론 고조, 47% 찬성 　　　　　　　　　　　　(허핑턴포스트 02. 26)

– 미국 내에서 수니파 극단주의 무장 단체 '이슬람국가(IS)' 격퇴를 위한 지상군 파병 여론이 고조되고 있다. 퓨리서치센터의 여론 조사 결과 응답자의 47%가 지상군 파병에 찬성 입장을 보였다. 이는 이슬람국가(IS) 격퇴전 초반인 2014년 10월 여론 조사 당시 찬성 의견보다 8%포인트 높은 것이며, 지상군 파병 반대 여론은 49%로 이전보다 6%포인트 낮아졌다. 미국 주도의 국제 동맹군 공습에 대한 찬성 여론은 63%를 기록해 지난 10월에 비해 6%포인트 높아진 것으로 조사되었다.

02월 27일

• 민주 '온건·합리'…공화 '이슈 해결 능력' 　　　　　　　　　　(퓨리서치센터 02. 27)

– 미국인 상당수는 정치적 지향점에서 민주당을 선호하지만, 외교·세금 등 주요 쟁점에서 공화당에 지지를 보내는 것으로 나타났다. 이번 조사에 따르면 '공화·민주 양당 중 어느 정당이 정치적으로 극단적이냐'라는 질문에 민주당(36%)보다 공화당(50%)을 꼽은 답변이 압도적으로 많았다. 또 '모든 계층에 관용적이고 열려 있는 정당'으로는 민주당(59%)이라고 밝힌 응답이 공화당(35%)보다 훨씬 앞섰다. '친중산층 정당이 어디냐'라는 질문에서도 민주당(60%)이라는 답변이 공화당(43%)보다 많았다.

다만, '강한 원칙을 가진 정당이 어디냐'라는 질문에는 공화당(63%)을 꼽은 응답이 민주당(57%)보다 많았다. 이번 여론 조사는 미국 성인 1,054명을 대상으로 휴대 전화와 일반 전화로 이루어졌으며 신뢰수준 95%, 오차범위 ±2.9%이다.

03월 16일
• 당파 싸움에 미국 정당 지지율 하락, 23년 만에 40% 밑으로　　　　　(갤럽 03. 16)
- 각종 쟁점 현안을 놓고 대치를 이어가는 미국 정치권에 미국 국민이 싸늘한 시선을 보내고 있다. 3월 5~8일 1,025명을 대상으로 실시된 여론 조사 결과에 따르면 의회를 장악한 공화당의 지지율은 37%, 집권 여당인 민주당의 지지율은 39%로 각각 집계되었다. '11·4 중간 선거'와 비교해 공화당은 42%에서 5%포인트 하락하였고, 민주당은 36%에서 3%포인트 상승한 것이다. 갤럽이 여론 조사를 처음 실시한 1992년 이후 양당의 지지율이 동시에 40% 밑으로 떨어진 것은 이번이 처음이다.

03월 18일
• 대선 후보 여론 조사, 민주당 후보 가운데 힐러리 압도적 1위　　　　　(CNN 03. 18)
- 힐러리 클린턴 전 국무장관이 미국 민주당 유력 대선 후보 선호도 조사에서 압도적 1위를 차지했으며 공화당 대선 주자와의 대결에서도 앞서는 것으로 나타났다. 이번 여론 조사 결과에 따르면 민주당 지지자와 민주당 성향의 무소속 유권자 중 62%는 힐러리 전 장관을 지지한다고 답변해 15%의 지지율로 2위를 기록한 조 로비네트 바이든(Joseph Robinette Biden) 부통령을 큰 폭으로 따돌렸다. 공화당의 차기 대선 주자 지지도 조사에서는 젭 부시 전 플로리다 주지사가 16%의 지지율로 1위에 올랐으며 각각 13%, 12%의 지지율을 얻은 스콧 워커 위스콘신 주지사와 랜드 폴 상원 의원이 2, 3위를 차지했다. 민주, 공화 대선 후보 1대 1 대결에서도 힐러리 전 장관은 55%의 지지율을 기록해 40%의 부시 전 주지사에 앞섰다. 한편 이번 여론 조사는 미국 성인 1,009명을 대상으로 이뤄졌다.

10차(3월 말~4월 말)

손현지

　미국 상원과 오바마 행정부 사이에 '이란 핵합의 승인법' 수정안이 타협되었다. 오바마 행정부의 이란 핵합의 진행을 반대해 온 공화당뿐 아니라 민주당 의원들까지 가세해 법안을 마련했다. 이 법안은 6월 말까지 이란과 최종 합의에 이를 경우 미국 의회가 합의안에 대한 표결권을 갖게 되는 것을 핵심으로 하며 60일의 검토 기간 동안에는 이란에 대한 제재를 해제할 수 없도록 했다. 또한 대통령은 90일마다 이란이 미국에 대한 테러를 지원하지 않는다는 인증을 해야 하며, 불가능할 경우 대(對)이란 경제 제재는 다시 효력을 발휘하도록 했다. 버락 오바마 대통령은 즉각 법안에 대한 거부권 행사를 예고했다. 이에 따라 상원에서는 의회의 검토 기간을 30일로 줄이고 대이란 제재 재개 항목을 제외한 수정안을 내놓고, 오바마 대통령은 수용 의사를 밝혔다(뉴욕타임스 2015. 04. 14; 연합뉴스 2015. 04. 15 재인용).

　오바마 대통령은 쿠바에 대한 테러 지원국 해제 방침을 승인하고 의회에 통보했다. 공화당은 이에 대해 끔찍한 결정이라며 강하게 비판하고 있지만 미 의회는 승인 권한이 없기 때문에 검토 기간을 거치면 쿠바는 테러 지원국에서 자동 해제된다. 이에 따라 "국교 정상화를 통해 경제적 대가를 제공하며 쿠바를 정상 국가로 인정해 주는 대신 민주주의와 표현의 자유 및 인권 증진을 유도하겠다"는 오바마 대통령의 '쿠바 모델'이 가시화되고 있다(워싱턴포스트 2015. 04. 14; 연합뉴스 2015. 04. 15 재인용).

　힐러리 클린턴 전 국무장관이 대선 출마를 선언한 가운데 20일 실시된 지지율 조사에서 클린턴 후보의 독주가 확인됐다. 민주당 지지자들의 클린턴 후보에 대한 지지율은 69%로 압도적이었고 양당 후보의 1대 1 가상 대결 시 공화당의 어떤 후보와 맞붙어도 두 자릿수 차이로 크게 앞서는 것으로 나타났다. 반면 공화당에서는 아직 출마 선언도 하지 않은 젭 부시 전 주지사가 17%의 지지를 받았다. 이어 스콧 워커 위스콘신 주지사가 12%, 랜드 폴 상원 의원과 마르코 루비오 상원 의원이 각각 11%의 지지를 받으며 어느 누구의 독주도 없이 각축하는 양상이었다(CNN 2015. 04.20; 연합뉴스 2015. 04. 20 재인용).

　최근 백인 경찰이 등을 보이며 달아나는 흑인에게 8발의 총을 쏴 숨지게 한 사건에 이어서 백인 경찰이 비무장한 흑인 용의자를 사살하는 사건이 잇따라 발생하며 미국 25개 도시에서 항의 시위가 일어났다. 2010년에서 2014년 사이 이뤄진 각종 조사에서 '미국의 사법 체계가 흑인을 차별적으로 대하는가'라는 물음에 흑인에 대한 차별이 없다고 답변한 백인은 무려 69%에 달했지만 흑인을 차별하지 않는다고 생각한 흑인은 26%로 소수에 그친 가운데, 이 사건들로 인해 경찰에 대한 여론이 극도로 악화될 수 있으며 미국에서의 '흑백 갈등'이 고조될 가능성이 커졌다(뉴욕타임스 2015. 04. 13, 연합뉴스 2015. 04. 14 재인용).

미국 정당

04월 05일

• 미국 공화당 잠룡들, '이란 핵 합의안' 일제히 비난　　　　　(연합뉴스 04. 05)

– 차기 대선을 앞둔 공화당 대선 주자들이 이란 핵협상을 놓고 버락 오바마 정부 및 민주당 대선 주자들과 본격적인 대립각을 세우면서 오는 6월 말 최종 합의 전까지 이란 핵협상이 주요 정치 쟁점이 될 것으로 보인다. 공화당 대선 주자 스콧 워커 위스콘신 주지사는 트위터에서 "오바마 대통령과 이란의 합의는 적에게 보상하고, 우리의 동맹국을 약화시키며, 우리의 안전을 위협하는 것"이라고 밝혔다. 젭 부시 전 플로리다 주지사는 "이란은 여전히 중동 지역을 불안정하게 하는 국가이고, 미국의 이해에 반해 행동하는 국가"라고 지적했다. 마르코 루비오 상원 의원은 "외교적 실패를 성공인 양 제시하려는 이 시도는 오바마 정부의 이란에 대한 터무니없는 접근법을 보여 주는 가장 최근의 사례일 뿐"이라고 말했고, 지금까지 공화당에서 유일하게 공식 출마 선언을 한 테드 크루즈 상원 의원은 "미국의 이해를 극적으로 약화시킬 것으로 보인다"며 "정부는 자신들이 상대하는 사람이 누구인지 이해하지 못하는 것 같다"고 비판했다.

04월 12일

• 몸 낮춘 클린턴 "평범한 미국인들의 대변자 되겠다" 출사표 　　　(경향신문 04. 13)

– 힐러리 클린턴은 12일 트위터 게시글을 통해 평범한 '미국인들을 위한 대변자'를 모토로 대선 출마를 선언했다. 클린턴은 이어 공개한 2분 18초 분량의 동영상에서 왜 대통령에 다시 도전하는지 밝혔다. 동영상을 통해 얘기하는 것은 8년 전 대선 출마 때와 다르지 않았지만 이번에는 '낮은 자세'를 콘셉트로 설정했다. 견제를 의식해 발표를 미뤄 오던 클린턴이 출마를 선언하자 공화당은 클린턴을 '실패한 오바마 외교의 책임자'라며 공격했다. 랜드 폴 공화당 상원 의원은 "클린턴은 아주 위선적이며 그의 일가는 법 위에 있다고 생각한다"고 최근 개인 이메일 계정 파문 등을 염두에 두며 말했고 테드 크루즈 공화당 상원 의원은 "오바마와 클린턴의 외교 정책이 세계를 더 위험하게 만들었다. 그녀가 가만히 지켜보는 사이 러시아, 이란, 이슬람 국가(IS) 등이 부상했다"고 말했다.

04월 14일

• 쿠바 테러 지원국 해제에 미국 공화당 "끔찍하다" 맹공

(워싱턴포스트 04. 14, 연합뉴스 04. 15 재인용)

– 버락 오바마 미국 대통령이 쿠바를 테러 지원국에서 해제하기로 한 것에 대해 공화당의 대선 주자들은 강력히 반발했다. 대선 출마를 선언한 공화당 마르코 루비오 상원 의원은 이날 백악관의 결정에 대해 "끔찍하다"며 강하게 비난했다. 쿠바계 히스패닉이지만 공화당 외곽 극우 강경 조직인 티파티 소속인 그는 "쿠바는 여전히 테러 지원국이며 미국의 탈주자들을 숨겨주고 유엔의 제재를 피해 북한의 무기 밀매를 도와주는 나라"라고 주장했다. 공화당의 또 다른 예비 대선 후보 주자인 젭 부시 전 플로리다 주지사도 "오바마 대통령의 이번 결정은 일방적으로 협상하는 경향을 보여 주는 또 하나의 사례이고 대통령이 너무 많이 나아가는 바람에 오히려 쿠바의 자유에 가까이 다가가지 못하고 있다"고 반발했다. 대선 출마를 선언한 예비 후보인 테드 크루즈 상원 의원도 "미국이 테러 지원국 명단에서 해제하기 전에 쿠바는 기꺼이 변화하는 모습을 행동으로 증명해야 한다"고 말했다.

04월 18일

• 미 공화 잠룡들 뉴햄프셔 집결…일제히 '힐러리 때리기'

(워싱턴포스트 04. 18, 연합뉴스 04. 19 재인용)

- 18일 공화당 뉴햄프셔 지부가 전날부터 이틀 일정으로 내슈아에서 개최 중인 '리더십 서밋(leadership summit)'에 공화당 대선 후보들이 모두 모습을 드러냈다. 뚜렷한 선두 주자가 없는 상황에서 이들은 각자 주어진 30분의 연설 시간 동안 자신의 비전을 제시하는 동시에 클린턴 전 장관과 더불어 버락 오바마 대통령을 비판하는 데 올인했다. 동시에 자신이 클린턴 전 장관에 맞설 적임자라고 앞다퉈 주장했다. 랜드 폴 상원 의원은 클린턴 전 장관의 약점 중 하나인 '부자 이미지'를 부각시켰고, 존 로버트 볼튼(John Robert Bolton) 전 유엔 주재 미국 대사는 클린턴 전 장관이 급진적이라고 비판했다. 젭 부시 전 플로리다 주지사와 크리스 크리스티 뉴저지 주지사는 오바마 행정부의 외교 정책을 비판함으로써 클린턴 전 장관을 우회적으로 겨냥했다. 이런 가운데 마르코 루비오 상원 의원을 비롯한 상당수 공화당 후보들은 리더십 서밋 참석 이외에 이 지역의 다른 소규모 행사장도 찾아 지지를 호소했다.

미국 선거·의회

03월 23일

• 미국 하원, 우크라이나 무기 공급 결의안 압도적으로 가결   (뉴시스 03. 24)

- 미 하원은 23일 우크라이나가 러시아의 지원을 받고 있는 우크라이나 반군과 싸울 수 있게 치명적 무기를 공급하도록 오바마 대통령에게 촉구하는 결의안을 찬성 348, 반대 48로 가결했다. 국무부 관리들은 오바마 정부가 치명적 무기의 원조 문제를 논의하고 있으나 현재로서는 지난 2월 체결된 휴전 협정이 이행되고 있는지 지켜보고 있다고 말하고 있다.

03월 30일

• 미 의원 또 "아베, 과거사 반성을"   (경향신문 03. 31)

- 한인 유권자들이 많이 사는 버지니아 주가 지역구인 제리 코널리(Gerry Connolly)

민주당 하원 의원은 30일 워싱턴한인연합회 임소정 회장 앞으로 보낸 서한에서 "아베 신조(安倍晉三) 일본 총리가 이끄는 일본 정부가 과거의 정의롭지 못한 일들을 분명하게 시인해야 한다"고 밝혔다. 이로써 이달 말 미국을 방문하는 아베 총리에게 과거사에 대한 반성을 공개 촉구한 미국 정치인은 민주당 마이크 혼다(Mike Honda) 하원 의원에 이어 두 명으로 늘었다. 혼다 의원은 지난 18일 한인들이 연방의회 건물 앞에서 개최한 집회에 참석해 "아베 총리가 과거사에 대해 모호하지 않은 표현으로 사과와 반성을 해야 한다"고 밝혔다. 존 베이너 하원의장의 26일 발표로 아베 총리의 상·하원 합동 연설이 확정되었지만 재미 한인들의 아베 의회 연설 반대 운동이 더욱 거세지고 있다. 뉴욕시민참여센터, 워싱턴 정신대문제대책위원회 등은 대중 집회도 계획하고 있다.

04월 14일

• 미국 상원, 오바마의 '이란 핵합의 승인법' 수정안 타협

(뉴욕타임스 04. 14, 연합뉴스 04. 15 재인용)

– 미국 상원 외교위원회는 14일 이란 핵합의에 대한 의회 승인법안 수정안을 19명 전원 찬성으로 통과시켰다. 법안은 곧 상원 전체회의에서 표결에 부쳐질 예정이다. 이란과의 핵협상을 반대해 온 공화당뿐 아니라 민주당 의원들까지 가세해 법안을 마련했는데, 애초 법안의 핵심은 6월 말까지 이란과 최종 합의에 이를 경우 미 의회가 합의안에 대한 표결권을 갖게 되는 것이다. 또 60일의 검토 기간 동안에는 이란에 대한 제재를 해제할 수 없도록 했고 대통령이 90일마다 이란이 미국에 대한 테러를 지원하지 않는다는 인증을 해야 하며, 불가능할 때는 대이란 경제 제재는 다시 효력을 발휘하도록 했다. 오바마 대통령은 즉각 법안에 대한 거부권 행사를 예고했다. 이에 벤 카딘(Ben Cardin) 상원 의원이 공화당과 백악관을 오가며 수정안 마련에 나섰고, 밥 코커(Bob Corker) 상원 외교위원장의 동의하에 수정안이 제시됐다. 수정안은 의회 검토 기간을 30일로 줄였다. 이란의 의무 이행 여부에 대한 대통령의 정기 보고는 유효하지만, 이로 인한 대이란 제재 재개는 불가능하다. 조시 어니스트(Josh Earnest) 백악관 대변인은 이날 "수정안대로라면 오바마 대통령이 서명할 것"이라고 밝혔다. 미 언론은 이번 '합의'를 두고 오바마 정부가 단합된 의회에 손을 든 결과라

고 전했다.

04월 16일

• 미 의회, 오바마에 환태평양 경제 동반자 협정(Trans-Pacific Partnership, TPP) 신
  속 협상권 부여 합의   (연합뉴스 04. 17)

- 미국 상원 재무위원회는 행정부에 신속 협상권(Trade Promotion Authority, TPA)을 부
여하는 내용의 여야·양원 공동 법안을 발의했다고 발표했다. 신속 협상권은 행정부
가 타결한 무역 협정에 대해 미 의회가 내용을 수정할 없고, 오직 찬반 표결만 할 수
있도록 규정하고 있다. 이 법안은 행정부에 신속 협상권을 부여하는 대신 무역 협정
이 인권 존중, 시행 가능한 노동 기준, 환경 보호를 촉진시켜야 하고, 미국과의 협정
상대국은 환율 조작을 해서는 안 되며, 디지털 경제에 대한 장벽을 없애기 위해 데
이터 전송 등을 금지하지 말아야 한다고도 규정하고 있다. 만약 행정부가 체결한 무
역협정이 이런 요건을 충족하지 못하면 상원 내 표결로 신속 협상권 권한을 정지시
키고, 수정 협상을 개시하도록 했다. 그러나 상당수 공화당 의원들도 지도부의 찬성
방침과 달리 반대 의사를 드러내고 있다. 그리고 미국 최대 단일 노조인 산별노조총
연맹은 이날 신속 협상권 부여 법안의 처리에 반대하기 위해 '수십만 달러' 규모의
정치 광고를 실어 의원들을 압박하기로 하는 등 민주당 지지 기반인 노동계가 강력
반발하고 있어, 오는 23일로 예정된 의회 표결에서 법안이 통과될 수 있을지 장담하
기 어렵다. 하지만 오바마 대통령은 성명을 내서 신속한 법안 처리를 주문했다.

미국 여론

04월 03일

• 미국인 59% "이란 핵협상 지지"   (워싱턴포스트, 연합뉴스 04. 04 재인용)

- 워싱턴포스트와 ABC방송의 공동 여론 조사 결과에 따르면 이란이 핵무기 개발을
중단하는 대가로 미국과 국제 사회가 대이란 경제 제재를 해제하는 이란 핵협상에
59%가 찬성 입장을 보였다. 핵협상 반대 의견은 31%였다. 정당별로는 민주당 지지
자들 사이에선 찬성 68%, 반대 22%로 찬성 의견이 3배가량 높았으나, 공화당 지지

자들은 찬성 47%, 반대 43%로 찬반 의견이 엇비슷하게 나왔다. 다만, 핵협상을 통해 이란의 핵무장을 막을 수 있다고 생각하느냐는 질문에는 응답자의 37%가 '다소' 또는 '매우' 확신한다는 반응을 보인 반면 59%는 확신하지 못한다고 밝혀 회의적 시각이 상대적으로 많았다.

04월 09일

• 동성애 차별법 불발됐지만…미국인 절반만 "차별 반대"　　　　(로이터통신 04. 09)

－ 6일부터 8일까지 18세 이상의 미국인 892명을 대상으로 온라인 설문 조사를 실시한 결과 응답자의 54%가 기업이 동성애자에 대한 서비스를 거절하는 것은 잘못됐다고 밝혔다. 55%는 동성애자 채용 거부도 잘못됐다고 답변했다. 그러나 여전히 28%, 27%는 사업주가 동성애자에 대한 서비스를 거부하고, 동성애자를 채용하지 않을 권리가 있다고 설명했다. 미국인들은 동성 결혼에 대해서 상당히 엇갈린 모습을 보였다. 응답자의 34%는 미국 대법원에 의해 동성 결혼이 허용돼 전국적으로 헌법상의 권리로 선언돼야 한다고 밝혔다. 11%는 동성 결혼이 주 당국에 의해서 만들어져야 하고, 8%는 의회가 만들어야 한다고 전했다. 다만 22%는 동성 결혼법이 주 당국 주도하에 투표로 결정돼야 한다고 주장했다. 24%는 동성 결혼법이 어떻게 처리돼야 하는지 모르겠다고 응답했다.

04월 13일

• 미국 사법 제도 공평한가? 백인 69% 대 흑인 26%

　　　　　　　　　　　　　　　　　(뉴욕타임스 04. 13, 연합뉴스 04. 14 재인용)

－ 2010~2013년 사이 이뤄진 각종 조사에서 '경찰관은 정직하고 윤리적인가'라는 질문에 '정직하고 윤리적이다'라는 반응을 보인 비율이 백인은 59%로 과반이었지만, 흑인은 45%로 절반에 못 미쳤다. 또 2011~2014년 사이에 이뤄진 각종 조사에서는 '경찰을 어느 정도 신뢰하는가'라는 물음에 '신뢰한다'는 답변이 백인은 59%에 달하였지만, 흑인은 37%에 그쳤다. 특히 2013년 6월 갤럽의 여론 조사에서 '미국의 사법 체계가 흑인을 차별적으로 대하는가'라는 물음에 대한 두 인종 간 답변에는 극심한 편차가 드러나는데 흑인에 대한 차별이 없다고 답변한 백인은 무려 69%에 달했지

만, 흑인을 차별하지 않는다고 생각한 흑인은 26%로 소수에 그쳤다.

04월 20일

• 미 대선 초반 판세… '클린턴-부시' 가문 대결 구도   (CNN, 연합뉴스 04. 20 재인용)
– 미국 CNN방송과 여론 조사 기관 ORC가 지난 16~19일 성인 1,018명을 상대로 2016년 대권 주자 선호도 조사를 실시했다. 우선 민주당의 경우, 클린턴 전 장관은 민주당 성향 조사자 가운데 69%의 지지를 얻었고 조사 대상자들의 58%가 클린턴 전 장관이 최종 후보로 지명되기를 원한다고 답했다. 공화당 성향 조사 대상자 가운데 부시 전 주지사는 17%의 지지를 얻었다. 이어 스콧 워커 위스콘신 주지사가 12%, 폴 상원 의원과 마르코 루비오 상원 의원이 각각 11%, 마이크 허커비 전 아칸소 주지사 9%, 크루즈 상원 의원 7%, 보수 논객 벤 카슨(Ben Carson)과 크리스 크리스티 뉴저지 주지사가 각각 4%의 지지를 받은 것으로 조사됐다. 조사 결과 클린턴 전 장관의 초반 대세론은 뚜렷한 반면, 공화당은 어느 누구의 독주도 없이 각축하는 양상이었다. 또 공화당은 누구 할 것 없이 클린턴 전 장관과의 경쟁력 비교에서도 모두 두 자릿수 이상으로 뒤졌다.

04월 22일

• 미국, 비확산 '원칙' 지키며 동맹 '배려'   (연합뉴스 04. 23)
– 4년 반 넘게 끌어온 한·미 원자력 협정 협상이 최종 타결된 데 대해 미국 조야는 대체로 "양국 모두 '윈-윈'이 됐다"는 반응을 보이고 있다. 농축과 재처리를 불허한다는 미국의 '비확산 원칙'을 지켜내면서도 동맹국인 한국의 입장도 적절히 배려하며 추후 여지를 열어 놓는 '유연성'을 발휘했다는 것이다. 하지만 아랍에미리트와의 협상 때 적용한 '골드 스탠더드(Gold Standard)'를 다른 모든 나라에 동일하게 적용해야 한다는 입장을 보여 왔던 비확산 전문가들과 의회 내 강경파들이 이번 협상 결과에 이의를 제기할 가능성이 있다. 따라서 앞으로 상원의 심의와 승인 과정에서 적잖은 논란이 벌어질 것으로 예상된다. 워싱턴 외교가에서는 이번 협상 결과가 현재 오바마 행정부와 공화당이 대립하는 이란 핵협상 논쟁에도 영향을 줄 것으로 보고 있다. 동맹국인 한국에는 원칙적으로 농축을 불허하면서 공화당이 '불량 국가'로 치부

하고 있는 이란에는 평화적 에너지의 이용을 명분으로 일정 수준의 농축을 허용해 준 결과가 되기 때문이다. 특히 미국 상원이 조만간 이란 핵합의 의회 승인 법안을 심의할 것으로 예상되는 가운데, 공화당의 '이란 핵합의 흔들기'가 더욱 가속화될 것으로 전망된다.

11차(4월 말~5월 말)

손현지

미국 민주당의 마틴 조셉 오말리(Martin Joseph O'Malley) 전 메릴랜드 주지사가 오는 5월 30일 대선 출마를 선언한다. 무소속인 버니 샌더스(Bernie Sanders) 상원 의원이 출마 의사를 밝히고 링컨 데번포트 채피(Lincoln Davenport Chafee) 전 로드아일랜드 주지사와 짐 웹(Jim Webb) 상원 의원도 경선 참여에 관심을 보이면서 민주당 내 대선 후보 경쟁이 다자 구도의 양상으로 바뀔지 주목되고 있다. 공화당은 현재 후보군 가운데 마르코 루비오 상원 의원, 젭 부시 전 플로리다 주지사, 스콧 워커 위스콘신 주지사가 선두그룹을 형성하고 있다(워싱턴포스트 2015. 05. 14). 민주당 힐러리 클린턴 후보는 불법 체류 이민자에 시민권 부여의 길을 열어 주는 것을 포함한 포괄적 이민 개혁을 지지하며 공화당 대선 주자들을 압박하고 나섰다. 이와 동시에 슈퍼팩(Super Political Action Committee, Super PAC)을 통한 모금을 본격화할 태세인데 초기에 개헌을 통해서라도 미국 선거 자금 모금 체제를 개편하겠다는 주장을 했지만 공화당 젭 부시 후보가 대권 도전 선언을 앞두고 외곽을 돌며 선거 자금을 쓸어 담자 말을 바꾸고 현실에 편승하는 모습이다(더힐 2015. 05. 07; 연합뉴스 2015. 05. 07 재인용).

22일 상원 전체회의에서 '환태평양 경제 동반자 협정' 협상을 위한 무역 협상 촉진권 부여 법안이 통과됐다. 그러나 아직도 이를 지지하는 공화당과 반대하는 민주당이 첨예하게 대립하는 가운데 하원에서 공화당 총 245명 중 50여 명이 무역 협상 촉진권에 반대하고 있어 과반 득표 218표를 확보할 수 있을지는 불투명한 상황이다(CNN 2015. 05. 23; 뉴시스 2015. 05. 23 재인용). 또한 미국 상원이 미 국가 안보국(National Security Agency, NSA)의 통신 기록 무차별 수집 근거 법 조항인 애국법 215조 처리 문제를 놓고 진통을 겪고 있다. 버락 오바마 대통령을 비롯한 민주당은 이러한 새 '미국 자유 법안'의 통과를 촉구하고 있으나 상원을 장악한 공화당 지도부는 통신 기록 수집을 제한하면 국가 안보가 위험에 빠진다며 수정 불가 입장을 고수하고 있다(연합뉴스 2015. 05. 22).

미국 하원 법사위원회가 볼티모어에서 폭동을 유발한 '경찰에 의한 흑인 청년 살인 사건'에 대한 청문회를 이달 말 개최한다. 청문회에서는 현재 법사위에서 논의되고 있는 형사 체제 개혁안이 심도 있게 다뤄질 전망이다(폴리티코 2015. 05. 02). 미국 성인 남녀 508명을 대상으로 진행한 여론 조사 결과, 흑인의 60%는 볼티모어 사태의 주요 원인이 '흑인에 대한 백인 경관의 부당한 대우'라고 답한 반면 이에 동의한 백인은 32%에 불과했고, 오히려 백인의 58%는 '흑인들이 약탈과 폭력 행위에 인종 차별을 들이밀고 있다'고 응답했다(월스트리트저널 2015. 05. 03).

미국 정당

04월 23일

• 오바마·공화 대 민주 '환태평양 경제 동반자 협정' 대립　　　　(경향신문 04. 23)

— 버락 오바마 행정부가 환태평양 경제 동반자 협정 협상을 위한 무역 협상 촉진권 부여 법안을 서두르고 공화당은 이를 적극 지지하자 민주당 의원들이 반발하고 있다. 민주당 지도부, 노조와 시민 단체 등 민주당의 핵심 지지 세력이 환태평양 경제 동반자 협정을 반대하는 상황에서 2016년 당내 예비 선거를 앞둔 민주당 현역들로서는 당연한 행동이다. 민주당 지지자들의 환태평양 경제 동반자 협정 반대는 북미 자유 무역 협정(North American Free Trade Agreement, NAFTA) 등 수많은 자유 무역 협정에서 보았듯이 일자리가 늘기는커녕 줄어들고, 경제적 불평등만 심화됐다는 인식이 어느 때보다 커진 것과 관계 있다.

05월 05일

• 힐러리, "불법 체류 이민자들에게도 시민권 준다"　　　　(세계일보 05. 06)

— 미국 민주당 유력 대권 후보인 힐러리 클린턴 전 국무장관은 어떠한 이민 개혁도 불법 체류 이민자들이 '완전하고 평등한' 시민권을 부여받을 수 있는 방안을 포함해야 한다면서 '합법적 지위' 부여를 주장하는 공화당과 분명한 선을 그었다. 클린턴 전 장관은 버락 오바마 대통령이 수백만 명의 불법 체류 이민자들을 추방으로부터 구제하기 위해 2014년 발동한 행정명령을 지지한다며 자신이 대통령에 당선되면 공

화당의 반대로부터 행정명령을 지키고 확대하겠다고 말했다. 이민 개혁 이슈는 특히 히스패닉계 유권자 다수의 관심사이며 이들의 지지는 지난 대선에서 오바마 대통령이 밋 롬니 후보를 큰 표 차이로 이겨 재선에 성공하는 데 기여했다. 클린턴 전 장관은 2008년 대선 후보 경선 당시 불법 체류 이민자가 운전면허를 취득하도록 허용해서는 안 된다고 주장해 패착을 둔 경험이 있다.

05월 07일
• 부시 외곽서 선거 자금 쓸어 담자 힐러리도 '머니 게임(money game)' 가세

(더힐 05. 07, 연합뉴스 05. 07 재인용)

– 공화당 잠룡 중 가장 거물로 꼽히는 젭 부시 전 플로리다 주지사가 대권 도전 선언을 앞두고 외곽을 돌며 선거 자금을 저인망식으로 쓸어 담고 있는 가운데 가장 유력한 대권 주자인 민주당 힐러리 클린턴 전 국무장관도 자신을 지지하는 슈퍼팩을 통한 모금을 본격화할 태세이다. 클린턴 전 장관은 최근 대권 도전 일성으로 개헌을 통해서라도 '머니 게임'으로 변질된 미국 선거 자금 모금 체제를 개편하겠다고 주장했지만, 막상 부시의 기세가 대단하자 황급히 말을 바꾸고 현실에 편승하는 모습이다. '선거 자금 개혁'을 자신의 4대 대선 공약으로 내세운 클린턴 전 장관이 슈퍼팩에 대한 의존으로 방향을 튼 것은 미 대선이 전형적 머니 게임이기 때문이다. 무제한 후원이 가능한 슈퍼팩에 의존하지 않고는 선거를 치를 수 없는 게 현실인 것이다.

05월 14일
• 오말리, 30일 미국 대선 출마 선언 　　　　　　　　　　　(워싱턴포스트 05. 14)

– 미국 민주당의 잠룡으로 꼽히는 마틴 오말리 전 메릴랜드 주지사가 오는 30일 대선 출마를 선언한다. 이에 따라 힐러리 클린턴 전 국무장관이 독주해 온 민주당 내 대선 후보 경쟁이 후보가 난립하는 공화당처럼 다자 구도의 양상으로 바뀔지 주목된다. 이미 무소속인 버나드 샌더스 상원 의원이 민주당 경선 출마 의사를 밝힌 데 이어, 링컨 채피 전 로드아일랜드 주지사와 짐 웹 상원 의원 등도 경선 참여에 관심을 보이고 있기 때문이다. 또 본인은 거듭 부인하고 있지만, 클린턴 전 국무장관의 최대 경쟁자로 거론되는 엘리자베스 워런 상원 의원도 여전히 민주당 내 잠재적 후

보군에서 빠지지 않고 있다. 한편, 존 볼튼 전 유엔 주재 미국대사도 이날 오후 대선 후보를 결정하는 공화당 경선 출마를 선언한다.

미국 선거·의회

05월 02일
• 미 하원 법사위, '볼티모어 흑인 살인 사건' 청문회 개최   (폴리티코 05. 02)
- 미국 하원 법사위원회가 볼티모어에서 폭동을 유발한 '경찰에 의한 흑인 청년 살인 사건'에 대한 청문회를 이달 말 개최한다. 법사위 측은 경찰에 의한 과도한 폭력과 이에 따른 경찰에 대한 공격 등이 앞으로 어떻게 지역 경찰과 주민들을 소통하게 할지를 생각하게 한다며 조만간 청문회를 열어 이 문제를 다루겠다는 입장을 밝혔다. 청문회에서는 현재 법사위에서 논의되고 있는 형사 체제 개혁안이 심도 있게 다뤄질 전망이다. 이 개혁안은 경찰에 새로운 훈련 기준을 부과하고 구금 중 사망에 대한 보고 요건을 더욱 강화하는 방안을 담았다.

05월 15일
• 미 하원, 이란 핵 관련 협정의 의회 심사 법안 가결   (뉴시스 05. 15)
- 지난 7일 미국 상원이 이란의 핵개발과 관련한 협정을 의회가 심사할 권한을 부여키로 한 법안을 98대 1로 가결한 것에 이어 미국 하원에서 14일 법안을 압도적으로 (찬성 400 반대 25) 가결했다. 공화당이 주도하는 의회는 이란의 핵무장을 반대하는 한편, 이란이 협정을 이행할 것인지를 두고도 회의적이어서 정부가 이란과 맺은 어떤 협정도 세부 내용을 심사할 시간을 요구해 왔다. 조쉬 어니스트 백악관 대변인은 버락 오바마 대통령이 이 법안에 서명할 것이라고 다시 한 번 말했다.

05월 22일
• 미 국가안보국 통신 기록 수집 애국법 막판 진통   (연합뉴스 05. 22)
- 미국 상원이 미 국가안보국의 통신 기록 무차별 수집 근거 법 조항인 애국법 215조 처리 문제를 놓고 막판 진통을 겪고 있다. 버락 오바마 대통령을 비롯한 민주당은

법원의 허가 없이는 일반 시민의 통신 기록을 감청할 수 없도록 한 새 '미국 자유 법안'의 통과를 촉구하고 있으나, 상원을 장악한 공화당 지도부는 통신 기록 수집을 제한하면 국가 안보가 위험에 빠진다며 '수정 불가' 입장을 고수하고 있다. 역시 공화당이 다수당인 하원에서는 지난 13일 일찌감치 찬성 388표, 반대 88표의 압도적 찬성으로 미국 자유 법안을 처리했지만, 상원 공화당 지도부는 22일 현재까지 여전히 미국 자유 법안에 반대하며 현행 애국법 215조의 2개월 연장을 대안으로 제시하고 있다. 다음 달 1일로 시한이 만료되는 애국법 215조를 일단 연장한 뒤 개정 방향에 대해서는 추후 논의하자는 게 공화당 지도부의 생각이다.

05월 22일

• 미 상원, 무역 협정 신속 협상권 통과 　　　　　　(CNN 05. 23, 뉴시스 05. 23 재인용)

– 신속 협상권으로도 불리는 무역 협상 촉진권 부여 법안은 22일 찬성 62표, 반대 37표로 상원 전체회의에서 통과됐다. 이날 표결에서 공화당 상원 의원 52명 중 48명이 찬성표를 던졌지만, 오바마 대통령의 친정인 민주당에서는 상원 내 민주당 의원 44명 중 14명만이 이 법안에 찬성했다. 엘리자베스 워런 상원 의원과 민주당 상원 의원 상당수는 환경 및 노동자 보호 조항이 미흡하다는 이유로 이 법안에 반대해 왔다. 무역 협상 촉진권 부여 법안이 상원을 통과함에 따라 하원도 다음 달 초부터 이 법안에 대해 본격적인 논의에 착수할 것으로 예상된다. 하원에서 공화당(총 245석)은 50여 명이 무역 협상 촉진권에 반대하고 있어 가결에 필요한 과반 득표(218표)를 확보할 수 있을지는 현시점에서 불투명하다.

미국 여론

04월 22일

• 미국인 68% "이슬람국가(IS)가 가장 큰 위협" 　　　　　　　　　(CNN 04. 22)

– 미국 CNN방송과 여론 조사 기관 ORC가 지난 16일부터 19일까지 1,018명을 대상으로 실시한 여론 조사에서 응답자의 68%가 미국에 가장 큰 위협을 주는 세력으로 이슬람국가(IS)를 꼽았다. 이번 조사에서는 응답자가 복수로 답변할 수 있도록 했다.

이슬람국가(IS) 다음으로는 이란 39%, 북한 32%, 러시아 25%, 중국 18% 등의 순으로 나타났다. 정당별로 보면 민주당 지지자 68%, 공화당 지지자 79%, 무소속 응답자 63%가 각각 이슬람국가(IS)를 최대 위협 세력이라고 답변했다.

04월 23일

• 공화당, 루비오-부시-워커 3인 선두 그룹 형성 (연합뉴스 04. 23)

– 23일 미국 퀴니피액 대학의 여론 조사 결과에 따르면 공화당 후보군 가운데 마르코 루비오 상원 의원이 15%를 얻어 1위를 차지했다. 이 대학의 3월 초 여론 조사와 비교해 무려 10%포인트가 오른 것이다. 젭 부시 전 플로리다 주지사는 13%의 지지율로 2위에 머물렀고 스콧 워커 위스콘신 주지사는 11%를 얻었다. 랜드 폴 상원 의원은 8%에 그쳤다. 앞서 지난 20일 발표된 CNN과 ORC의 여론 조사에서는 부시 전 주지사가 17%로 선두를 달렸고 스콧 워커 위스콘신 주지사가 12%, 루비오 의원과 폴 의원이 각각 11%의 지지율을 기록했다. 두 여론 조사로 본 공화당의 초반 관세는 일단 루비오-부시-워커 3인이 선두 그룹을 형성한 모양새다. 이런 가운데 민주당 지지층에서는 예상대로 클린턴 전 장관이 60%의 압도적인 지지율로 1위 자리를 지켰고 조 바이든 부통령이 10%, 버니 샌더스 상원 의원이 8%를 각각 얻었다.

05월 03일

• 미국 백인 58% "볼티모어 소요 사태는 흑인의 폭력성 때문" (월스트리트저널 05. 03)

– 월스트리트저널과 NBC가 4월 26일부터 30일까지 미국 성인 남녀 508명을 대상으로 공동 진행한 여론 조사 결과, 미국인의 96%는 최근 미국 메릴랜드 주 볼티모어와 같은 흑인 폭동 사태가 조만간 재발할 것이라고 응답했다. 대다수 미국인이 이번 흑인 소요 사태는 볼티모어와 같은 일부 지역만의 문제가 아니라고 인식하고 있는 것으로 해석할 수 있다. 참여자 가운데 절반가량은 볼티모어와 같은 폭동 사태가 자신이 거주하는 지역 인근 대도시에서 벌어질 수 있다고 답했고 인종별로는 백인이 53%, 흑인이 46%였다. 하지만 흑인 소요 사태 원인을 놓고 흑인의 60%는 볼티모어 사태의 주요 원인이 '흑인에 대한 백인 경관의 부당한 대우'라고 답한 반면 이에 동의한 백인은 32%에 불과했다. 오히려 백인의 58%는 흑인들이 약탈과 폭력 행위에

인종 차별을 들이밀고 있다'고 응답했다. 이에 대한 흑인 응답률은 27%였다.

05월 20일

- 미 정부 개인 정보 보호 신뢰도, 신용카드사보다 낮아 　　　　　　(퓨리서치센터 05. 20)

– 퓨리서치센터의 보고서를 보면 '정부 기관이 개인 정보를 잘 보호할 것이라고 생각하느냐'는 설문에서 '매우 확신한다' 또는 '어느 정도 확신한다'고 답한 사람의 비율이 31%에 머물렀다. 이는 신용카드회사에 대한 같은 설문에서 '매우' 또는 '어느 정도' 확신한다고 답한 사람의 비율인 38%보다 낮았고 유·무선 통신 회사의 신뢰도와 동일한 수준이었다. 그렇지만 정부 기관에 대한 신뢰도는 사업상 거래처(26%)나 검색 서비스 제공 업체(16%), 소셜미디어 서비스 제공 업체(11%)보다 높았다. 이번 보고서에서 신용카드 회사는 정부 기관을 포함한 11개 조사 대상 가운데 가장 높은 개인 정보 보호 신뢰도를 보였다. 다량의 개인 정보를 취급하는 정부 기관이나 사업자들이 개인 정보를 잘 보호하는지에 대해 이처럼 부정적 인식이 큰 상황에서, 미국인들은 기술적이고 전문적인 방법보다는 자신이 할 수 있는 쉬운 방법으로 대응하는 것으로 조사됐다.

12차(5월 말~6월 말)

손현지

　미국 펜실베이니아 주 상원 의원을 지낸 릭 샌토럼(Rick Santorum)이 5월 27일 2016년 대선 출마를 공식으로 선언하면서 공화당의 후보군은 이미 출마를 선언한 후보들과 대선 출마를 직·간접으로 예고한 후보들을 포함해 20명에 육박하고 있다(워싱턴타임스 2015. 05. 27; 연합뉴스 2015. 05. 27 재인용). 이와 함께 6월 15일 젭 부시 전 플로리다 주지사의 대선 출마 선언으로 '부시'와 '클린턴' 정치 명문가의 재대결 가능성에도 관심이 쏠리고 있다. 두 사람은 대선 출마 첫 일성으로 구체적인 해법은 다르지만 '중산층'을 역설해 눈길을 끌었다(연합뉴스 2015. 06. 16).

　미 연방대법원은 공화당의 수 이븐월(Sue Evenwel) 텍사스 주 타이터스 카운티 의장 등의 청원을 받아들여 선거구 획정 방식 문제를 심리하겠다고 밝혔다. 연방대법원이 이들의 요구대로 유권자 수로 선거구를 나눠야 한다고 판결을 내릴 경우, 도시 선거구는 줄어들고 농촌 지역 선거구가 늘어날 가능성이 높다(한겨레 2015. 05. 27). 미 상원에서는 6월 2일 법원의 허가 없는 국가안보국의 대량 통신 기록 수집을 금지하는 내용의 '미국 자유법'을 원안 처리했다(뉴욕타임스 2015. 06. 02).

　버락 오바마 미국 대통령이 한·미 원자력 협정안을 16일 미국 의회에 넘겼고 미국 상·하원은 이르면 내주부터 외교위 등 소관 상임위에서 심의 절차에 착수할 예정이다(연합뉴스 2015. 06. 17). 18일 미 하원에서는 재투표를 통해 환태평양 경제 동반자 협정 관련 무역 촉진 권한을 가결시켰다(CNN 2015. 06. 19). 버락 오바마 미국 대통령이 총기 규제에 반대하고 있는 미국총기협회(National Rifle Association, NRA)와 대중의 무관심 등을 비난하였고, 민주당의 유력 대선 주자 힐러리 클린턴도 흑인 교회 총기 난사 사건 직후 인종 갈등과 총기 규제에 대한 감성적인 연설을 했다. 그러나 입법권을 쥔 의회는 이번 사안에 이렇다 할 반응을 내놓지 않고 있다(AP통신 2015. 06. 20).

　ABC뉴스와 워싱턴포스트가 공동으로 발표한 여론 조사 결과에서 '클린턴 전 장관이 정직하고 신뢰할 만하다고 생각하느냐'는 설문에 그렇다고 답한 유권자의 비율은 38%로, 2014년 6월 조사에 비교해 봤을 때 신뢰와 불신 사이에 일종의 역전이 이루어졌다(ABC뉴스 2015. 06. 02). 월스트리트저널과 NBC방송이 공화당 프라이머리 참여 유권자 1천 명을 대상으로 대선 후보 적합도 여론 조사를 한 결과에 따르면 부시 전 주지사가 75%를 차지해 1위를 기록했다(월스트리트저널 2015. 06. 22).

05월 27일

• 릭 샌토럼, 미국 대선 가세…공화 후보군 20명 육박

(워싱턴타임스 05. 27, 연합뉴스 05. 27 재인용)

– 미국 펜실베이니아 주 상원 의원을 지낸 릭 샌토럼이 2016년 대선 출마를 27일 공식으로 선언한다. 2012년에 이어 두 번째 대권 도전이다. 샌토럼 전 의원까지 가세하면서 공화당 후보군은 10명을 훌쩍 넘겨 20명에 육박하고 있다. 마르코 루비오, 랜드 폴, 테드 크루즈 상원 의원 등이 이미 출마를 선언한 가운데, 젭 부시 전 플로리다 주지사와 크리스 크리스티 뉴저지 주지사도 공식 출마 선언은 하지 않았으나 사실상 대선 행보를 이어가고 있다. 또 스콧 워커 위스콘신 주지사와 바비 진달(Bobby Jindal) 루이지애나 주지사, 린제이 그레이엄 상원 의원 등도 대선 출마를 직·간접으로 예고한 상태다.

05월 27일

• 랜드 폴 상원 의원, IS 세력 확산 관련 공화당 매파 의원들 비판 (뉴시스 05. 28)

– 랜드 폴 상원 의원은 이날 MSNBC방송의 '모닝 조'에 출연 "이슬람국가(IS)의 세력이 커진 것은 공화당 매파 의원들이 주도한 무분별한 외교 정책 때문"이라고 주장했다. 자유주의적 성향의 폴 상원 의원은 해외 분쟁에 대해 미국이 적극적으로 개입하는 데 부정적이며 외국 정부에 대한 자금 지원 규모를 대폭 줄일 것을 요구하고 있다. 그는 국가의 무차별 통화 기록 수집을 막자며 미국 의회에서 합법적 의사 진행, 이른바 필리버스터에 나서기도 했다. 공화당의 또 다른 대선 주자인 젭 부시 전 플로

리다 주지사는 "이라크의 안정화를 위해서는 미군의 리더십이 필요하다"며 "이라크 군의 규율을 확립하기 위해 현지에서 미군이 수행해야 할 역할이 있다"고 말했다.

06월 15일

• 미국 대선 부시-클린턴 가문 대결 촉각…본인들은 '홀로서기'　　　（연합뉴스 06. 16)

− 미국 공화당 잠룡 중 한 명인 젭 부시 전 플로리다 주지사가 15일 2016년 대선 출마를 공식으로 선언하면서 '부시'와 '클린턴' 정치 명문가의 재대결 가능성에 관심이 쏠리고 있다. 이들이 당내 경선 관문을 통과해 본선에서 만날 경우 1992년 대선 이후 24년 만에 양대 가문이 리턴 매치를 하게 된다. 여기에 더해 클린턴 전 장관은 '부부 대통령', 부시 전 주사는 '3부자 대통령' 기록에 각각 도전하는 의미도 있어 정치적 재미를 더하고 있다. 두 사람은 선거 캠프 로고도 클린턴이나 부시 등 가문을 상징하는 성(姓) 대신 'Hillary for America', 'Jeb! 2016'처럼 본인의 이름인 힐러리와 젭을 각각 전면에 내세웠다. 향후 선거 캠페인 과정에서 본인의 이미지로 승부를 보겠다는 의지를 드러낸 것이다. 이런 가운데 두 사람은 대선 출마 첫 일성으로 구체적인 해법은 다르지만 '중산층'을 역설해 눈길을 끌었다.

06월 20일

• 총기 규제, 말 아끼는 공화당　　　（AP통신 06. 20)

− 버락 오바마 미국 대통령이 엄격한 총기 규제에 반대하고 있는 미국총기협회와 대중의 무관심 등을 비난함과 함께 민주당의 유력 대선 주자 힐러리 클린턴도 흑인 교회 총기난사 사건 직후 인종 갈등과 총기 규제에 대한 감성적인 연설을 했다. 그러나 입법권을 쥔 의회는 이번 사안에 이렇다 할 반응을 내놓지 않고 있다. 특히 공화당의 경우 지도부를 포함해 2016년 대선에 출마를 선언한 후보자들도 언급을 피하고 있다. 이는 총기 규제 공론화를 촉구하는 오바마 대통령에 제대로 된 힘을 실어주지 못하는 형국이다. 철저히 자금 후원에 의존하는 미국 정치인들로서는 선거관에 막대한 자금을 지원하는 미국총기협회의 로비에 영향을 받을 수밖에 없고 미국총기협회가 전통적으로 지지해온 공화당이 현재 상·하원을 동시 장악한 입법 구조에서는 총기 규제 논의가 제대로 공론화되기 어려운 상황이다.

05월 26일

• 인구수로? 유권자수로?…미 대법원, '1인 1표제' 진정한 의미 따져 본다

(한겨레 05. 27)

– 연방대법원은 26일 수 이븐윌 텍사스 주 타이터스 카운티 의장 등의 청원을 받아들여 선거구 획정 방식 문제를 심리하겠다고 밝혔다. 이븐윌은 자신이 속한 선거구는 57만 3,895명의 유권자가 사는 반면, 인근 선거구의 경우 유권자가 37만 2,420명에 불과해 자신의 표의 가치가 그들보다 떨어지게 돼 평등권이 침해됐다며 소송을 제기했다. 미국에서 1인 1표제의 원칙은 50년간 인구수를 균등하게 나눠 선거구를 획정하고 정치 권력을 부여하는 방식을 따랐다. 만일 연방대법원이 이들의 요구대로 유권자 수로 선거구를 나눠야 한다고 판결을 내릴 경우, 도시 선거구는 줄어들고 농촌 지역 선거구가 늘어날 가능성이 높다. 미 언론들은 비시민권자가 적은 농촌 지역의 정치적 위상이 올라가면 공화당에 유리하게 작용할 수 있다고 전했다. 연방대법원의 심리 결정 소식을 접한 캘리포니아 히스패닉 사회에서는 당장 우려의 목소리가 나왔다.

06월 02일

• 미 정보 기관 무제한 도·감청 제한   (뉴욕타임스 06. 02)

– 미국 상원은 2일 법원의 허가 없는 국가안보국의 대량 통신 기록 수집을 금지하는 내용의 '미국 자유법'을 찬성 67표·반대 32표로 원안 처리했다. 일반 시민 통신 기록의 대량 도·감청을 허용하는 애국법(Patriot Act) 효력이 이달 1일 0시에 만료됐으나, 그 대체 법안이라고 할 수 있는 자유법의 처리가 지연돼 정보 기관의 대 테러감시 활동이 공백 사태를 맞은 지 이틀 만이다. 미국 자유법이 버락 오바마 대통령의 서명을 거쳐 시행되면, 국가안보국의 대테러 첩보 활동은 큰 변화를 맞게 된다. 시민의 통신 기록은 원칙적으로 통신 회사만 보유하고, 정보 기관은 집단이 아닌 개별 통신 기록에 대해서만 법원 영장을 발부받아 접근할 수 있게 된다. 그러나 이동 장비를 이용해 움직이는 테러 용의자를 추적·도청하거나, '외로운 늑대'로 불리는 자생적 테러

용의자에 대한 감시·추적을 허용하는 애국법 조항은 그대로 유지했다.

06월 17일

• 한미 원자력 협정 미 의회로…오바마 "한국, 강력한 트랙 레코드" (연합뉴스 06. 17)
– 버락 오바마 미국 대통령이 지난 15일 한·미 양국 정부가 정식 서명한 한·미 원자력 협정안을 16일 미국 의회에 넘겼다. 오바마 대통령은 이날 성명을 내고 "이번 협정안은 미국 원자력법의 123항 등 모든 법적인 요구 조건을 충족하고 비확산과 다른 외교 정책 이해를 증진시키고 있다고 판단한다"고 밝혔다. 이어 "한국은 비확산과 관련해 강력한 트랙 레코드를 갖고 있으며 한국 정부는 지속적으로 비확산 의무를 강조하고 있다"고 강조했다. 이처럼 한국의 비확산 이행을 강조한 것은 앞으로 의회 심의 과정에서 비확산론자들이 비판에 나설 것을 의식한 것으로 풀이된다. 미국 상·하원은 이르면 내주부터 외교위 등 소관 상임위에서 심의 절차에 착수할 예정이다.

06월 18일

• 미 하원 환태평양 경제 동반자 협정 신속 협상권 가결 처리 (CNN 06. 19)
– 공화당이 주도하는 미 하원이 18일 환태평양 경제 동반자 협정 관련 무역 촉진 권한을 재투표해 가결시켰다. 미 하원에서 찬성 218표 대 반대 208표로 가까스로 처리된 이 법안은 이제 상원의 결정을 기다리게 됐다. 앞서 12일 무역 촉진 권한은 무역 조정 지원 제도와 연계 법안으로 하원에서 표결에 부쳐졌으나 하원 민주당 의원들의 집단 반발로 부결됐었다. 이에 따라 무역 촉진 권한과 무역 조정 지원 제도 두 법안을 분리해 처리하기로 결정한 것이다. '신속 협상권'이라고 불리 무역 촉진 권한이 통과되면 행정부에 통상 교섭 전권을 위임되고 의회는 승인, 거부권만 행사할 수 있기 때문에 버락 오바마 미 대통령은 무역 촉진 권한 통과를 고대해 왔다. 그러나 노동자를 대표하는 민주당 하원 의원들은 이 법안 통과에 반대하는 입장이다. 무역 촉진 권한의 연계 법안인 무역 조정 지원 제도도 며칠 내 하원에서 표결에 부쳐질 예정이다.

05월 27일

• 미국인 58% 자유 무역 협정 미국에 도움…46% 일자리 감소 　(퓨리서치센터 05. 27)
－ 여론 조사 기관 퓨리서치센터가 발표한 설문 조사 결과를 보면 자유 무역 협정이
'미국에 긍정적일 것'이라고 답변한 응답자는 58%로 조사됐다. '부정적일 것'이라는
응답은 33%였다. 자유 무역 협정이 가계에 도움이 될 것으로 생각한다는 응답자는
43%를 기록해, 악영향을 미칠 것이라는 응답자 비율 36%를 앞섰다. 또 가구당 소득
이 높을수록 자유 무역 협정이 가계에 도움이 된다는 답변이 높게 나타났다. 자유 무
역 협정으로 미국 내 일자리 감소를 예상하는 의견(46%)은 증가 전망(17%)보다 월등
히 많은 것으로 드러났다. 자유 무역 협정이 미국에서 임금 감소를 야기할 것이라는
의견(46%)도 임금 증가로 이어질 것이라는 견해(11%)보다 두드러지게 높게 나타났다.

06월 02일

• 클린턴 전 장관 신뢰도 하락세 　(ABC뉴스 06. 02)
－ ABC뉴스와 워싱턴포스트가 공동으로 발표한 여론 조사 결과에서 '클린턴 전 장
관이 정직하고 신뢰할 만하다고 생각하느냐'는 설문에 그렇다고 답한 유권자의 비
율은 38%로 그렇지 않다는 응답률 56%에 비해 적었다. 2014년 6월 조사에 비교하
면 신뢰와 불신 사이에 일종의 역전이 이뤄진 셈이다. 클린턴 전 장관에 대한 미국인
들의 이미지가 벵가지 사건이나 클린턴 재단의 모금 같은 내용에 더 강하게 결부되
면서 신뢰도를 좀처럼 올리지 못하는 것으로 보인다.

06월 03일

• 미국인들 "빈부 격차 문제 심각하다" 　(뉴욕타임스 06. 03)
－ 뉴욕타임스와 CBS뉴스의 공동 여론 조사 결과에 따르면 빈부 격차가 점점 커지
고 있다고 응답한 사람은 67%였다. 부의 분배가 더 공평하게 이뤄져야 한다는 응답
도 66%였다. 빈부 격차 해소를 위해 당장 대책이 필요하다고 응답한 사람이 65%,
정부가 더 많은 일을 해야 한다고 응답한 사람이 57%였다. 응답자의 68%는 100만

달러 이상의 소득자가 더 많은 세금을 내야 한다는 데 찬성했다. 연방정부의 최저 임금이 현재 7.25달러에서 10.1달러로 올려야 한다는 데에 71%가 찬성했고, 병가 중에도 임금을 지급해야 한다는 데도 85%가 지지했다.

06월 22일

• 젭 부시, 공화 잠룡 중 1위 부상   (월스트리트저널 06. 22)

- 월스트리트저널과 NBC방송이 지난 6월 14~18일 공화당 프라이머리 참여 유권자 1천 명을 대상으로 대선 후보 적합도 여론 조사를 한 결과에 따르면 부시 전 주지사가 75%(복수응답)를 차지해 1위를 기록했다. 마르코 루비오 상원 의원이 74%로 2위에 올랐다. 지난 3월의 같은 여론 조사에 비해 부시 전 주지사는 26% 포인트, 로비오 의원은 17% 포인트 각각 상승했다. 두 후보 다음은 마이크 허커비 전 아칸소 주지사(65%), 스콧 워커 위스콘신 주지사(57%), 릭 페리 전 텍사스 주지사(53%), 테드 크루즈 상원 의원(51%), 신경외과 의사 출신인 벤 카슨(50%), 랜드 폴 상원 의원(49%) 등의 순이었다.

제2장

미국의 쟁점

중간 선거 최대 화두 이민 개혁 법안, 살아남을 수 있을까?

원명재

상원에서 통과된 이민법 개혁안은 하원에서 통과되지 못했다. 공화당 소속 하원의장은 표결 거부 의사를 밝히며 이민법의 의회 통과는 더욱 묘연하게 하였다. 이민법에 상반된 의견을 보이는 공화당, 민주당은 보도자료, 공식 홈페이지 기고 등 가능한 모든 방법으로 서로의 주장을 이어가고 있다. 양당의 의견차가 크기 때문에 의회를 통과를 통한 이민법 시행은 어려울 것으로 전망된다. 이에 오바마 행정부는 의회를 거치지 않고 정책을 추진하기 위한 방안을 모색하고 있다. 오바마 대통령은 행정부에 방안을 요구했고, 일정 부분 성과를 거두고 있다. 최근 일부 주에서 '밀입국 아동 수용' 가능 입장을 나타내며 오바마 행정부의 이민법 추진에 힘을 실어 주고 있다.

하지만 공화당이 이민법 개정에 대해서 강하게 반대하고 있기 때문에 일부 주에서 나오는 긍정적 반응만으로 이민법의 미래에 대해 낙관하기는 아직 이르다. 그렇지만 이민법 시행에 호의적인 주지사 가운데 공화당 출신이 포함되어 있다는 점은 주목할 만하다. 해결의 실마리가 보이지 않던 이민법이 행정 조치

등을 통한 해결 방안 마련으로 해결 가능성을 보여 주었다. 또한 오바마 대통령 본인이 정책추진에 대한 강한 필요성과 실현 의지를 가지고 있기 때문에 오랜 시간이 걸리더라도 계속해서 정책 추진할 가능성이 높다. 오바마에게 이민법은 오바마 케어와 더불어 그의 대표 정책이니만큼 시간을 갖고 지켜볼 필요가 있다.

공화당 내부 세력 싸움도 치열하다. 주류 공화당 세력과 공화당 신진 세력인 티파티 사이의 권력 싸움이 필라델피아 예비 경선에서 극단적 결과를 가져왔다. 건전한 재정 운영을 강하게 주장하며 등장한 티파티는 2010년 40명의 초선 의원을 배출하며 공화당 내 신진 세력으로 떠올랐다. 하지만 당내 새로운 대안으로 불리며 주목을 받던 그들을 바라보는 최근의 여론은 호의적이지 않았고, 티파티 소속 예비 후보가 '자살'을 선택한 하나의 이유로 작용했다.

7월 실시된 여론 조사 결과를 살펴보면 이라크 군사 개입 반대 55%, 찬성 37%를 기록하며 20%에 가까운 차이를 나타내고 있다. 오바마 지지율은 40%대로 추락했고 페일린 주지사는 '탄핵'을 주장하고 있다. 놀라운 점은 탄핵 이슈에 대해 미국 유권자 35%가량이 동의하고 있다는 사실이다. 6월 퓨리서치센터 조사를 통해 조사되었던 미국 유권자 이념 성향 양극화와 최근 오바마 행정부에 대한 부정적 여론이 결합된 결과로 생각된다.

오바마 행정부는 여러 가지 문제에 동시에 대응하고 있다. 따라서 당분간 낮은 지지율을 벗어나는 데 어려움을 겪을 것으로 생각한다.

||||||||||||||||||||||||||||||||||||||||||||||||||||||||||||||||||||||||||||||||||||||||||||||||||||||

다름과 틀림, 화합의 정치가 필요할 때

원명재

전통적 공화당 지지층은 보수 성향 백인이 우세했다. 인종별 지지 정당에 대한 고정 관념이 일정 정도 존재하는 미국 정당 구조에 변화의 바람이 감지되고 있다. 지지층 내연 확대를 노리는 공화당의 행보가 주목되는 이유이다. 최근 공화당을 지지하는 억만장자의 히스패닉 지원, LGBT(Lesbian·Gay·Bisexual·Transgender) 단체의 공화당 압력 행사 등을 확인할 수 있는데. 전통적인 지지층 경계가 무너지는 신호라고 생각한다. 공화당은 과거 대선에서 히스패닉 유권자의 압도적 지지를 받은 오바마 대통령에게 패배하면서 그 중요성을 인식하기 시작하였고, 앞으로도 지지층 확보에 힘을 쏟을 것으로 생각된다. 공화당의 중도 끌어들이기 행보가 다가오는 11월 선거를 승리로 이끌지 기대해 볼 대목이다.

2013년부터 이어지고 있는 일명 '오바마 케어'를 둘러싼 갈등은 해가 넘어가고, 오바마의 강력한 추진 의사에도 명확한 해결이 나오지 않은 상황이다. 7월 의회를 통한 법안 통과가 좌절되자 오바마 행정부는 행정적 조치를 동원한 추진의 사를 밝혔고, 당시 여러 주에서 긍정적인 반응을 보여 주었다. 공화당이 과반수를 차지하고 있는 미국 하원에서 오바마 대통령의 행정 조치의 불법성을 내세우며 대통령을 제소안을 의결하였다. 이를 둘러싸고 민주당은 11월 중간 선거를 겨냥한 정치적 술수라고 비난하고 나섰다. 의결 과정에서 민주당 전원 반대, 공화당 5명 반대에도 과반수 이상을 점하고 있는 공화당의 추진으로 제소안은 통과되었다. 해를 넘긴 '오바마 케어'의 향방은 쉽게 결정되지 않을 것 같다.

미국은 민주주의, 인도주의를 내세우는 대표적인 국가이다. 그런데 최근 미국의 결정을 지켜보면 '민주주의 확장'에는 노력하지만 '인도주의'와 가까운지 의문을 갖게 한다. 제한적 공습을 결의한 이라크 반군 개입, 이스라엘의 미사일 방어 체계를 지원하는 법안을 통과하는 모습은 인도주의적인 모습과는 다르다고 생각한다. 이스라엘에 대한 긍정적 정형화가 약해지고 있는 지금 미국 행정부의 이와 같은 태도가 국민의 바람과 일치하는지는 의문이다.

안보 위협에 직면한 미국 정치

원명재

2001년 9월 11일 미국은 워싱턴의 국방부 청사, 의사당을 비롯한 주요 관청과 세계무역빌딩이 항공기와 폭탄을 동원한 테러를 당했다. 쌍둥이 빌딩이라는 별명으로 유명한 세계무역빌딩이 무너져 내렸고, 수많은 사람이 목숨을 잃었다. 9·11 테러는 태평양과 대서양으로 둘러싸인 미국이 공격받은 최초의 위협이었다. 안전할 것만 같았던 미국 본토가 공격받자 미국인들은 큰 혼란에 빠졌다. 테러는 도·감청을 포함한 감시 강화의 계기가 되었고, 미국에 입국하기 위한 절차도 강화되었다.

10여 년 시간이 지나는 동안 미국 사회는 9·11 악몽에서 벗어난 것처럼 보였다. 시간이 지나 2014년 9월 미국은 '이슬람국가'라는 집단에 의해 다시 위협받고 있다. 미국인 참수 영상이 유튜브를 통해 공개되자 미국은 9·11의 악몽을 다시 떠올렸다. 여론은 미국이 '이슬람국가(IS)'에 개입하는 것으로 모였다. 여론이 반응하자 행정부도 의회도 즉각 행동에 나섰다. 실제로 최근 여론 조사 결과를 살펴보면 유권자의 절반 이상인 61%가 이슬람 국가에 대한 군사 행동이 국익에 부합한다고 대답했다(월스트리트저널 2014. 09. 11).

오바마 행정부는 시리아에 위치한 이슬람국가(IS)의 거점 공습을 준비하였고, 의회는 지체 없이 승인하며 안보 이슈에 대해 발 빠른 대응을 보였다. 그동안 백악관과 의회가 다른 목소리를 낸 것과 대조적이다. 이것은 '안보' 문제가 그만큼 중요하며 더 큰 위협이 되기 전에 대처해야 한다는 위기 의식이 담겨 있는 것으로 보인다.

오바마 대통령은 9월 24일 유엔총회 기조 연설에서 이슬람국가(IS)에 대한 군사 작전 의지를 거듭 밝혔다. 1년 전 같은 자리에서 시리아에 대한 공습 계획을 취소하면서 군사 개입에 신중했던 것과 반대의 모습을 보인 것이다(한겨레 2014. 09. 25). 오늘 미국은 안보 위협에 직면해 있다. 에볼라 바이러스를 국가 안보 비상 사태로 규정하였고, 외부 위협 세력인 이슬람국가(IS)까지 등장하였다. 전에 없던 위협을 받은 미국은 똘똘 뭉쳤고, 발 빠른 대응을 하고 있다. 2014년 11월 중간 선거를 앞둔 9월, 행정부의 빠른 조치와 의회의 지원이 선거 결과에 어떻게 영향을 미칠지 그 결과에 귀추가 주목된다.

참고문헌

월스트리트저널 2014. 09. 11.
한겨레 2014. 09. 25.

총기 소유, 제한될 것인가?

원명재

'총' 하면 우리는 군대, 경찰을 제일 먼저 떠올린다. 국가가 총을 엄격하게 규제하고 있기 때문이다. 민간이 총을 사용할 수 있는 경우는 사냥용, 레저용으로 제한적 허용을 하고 있는 상태이다. 때문에 개인이 총기 소지를 한다는 것은 총기 규제가 엄격한 우리나라에서 낯선 일이다. 대조적으로 바다 건너 미국에서는 개인이 총을 가지고 있는 것이 낯선 일이 아니다. 총기 전문 매장이 있고, 심지어 일부 지역 대형 마트에 총기 코너가 있을 정도이다. 미국의 총기 소지는 오랜 역사를 가지고 있다. 건국 초기 서부 개척을 하면서 미국인들은 자신을 보호해야 했고, 총기 소지는 당연한 것이 되었다. 그래서일까 미국 수정 헌법은 무기를 소지할 자유를 보장하고 있다. 넓은 지역에 퍼져 사는 미국인들은 위협이 발생 했을 때 경찰의 치안 서비스를 받기 위한 시간이 오래 걸리고, 나를 직접 보호하기 위해 총기를 소지하기도 한다. 미국의 역사와 환경을 생각해 본다면 개인이 총기를 가지고 있는 것이 그다지 이상하게 느껴지지 않는다. 그들의 문화와 역사적 사실을 인정하지만, 총기의 위험성이 사라지는 것은 아니다. 실제로 미국에서 총기 강습 도중 8살 여아가 반동을 못 이겨 강사가 사망하는 등 총기 사고가 끊이지 않는다. 우리도 익히 알고 있는 버지니아 공대 총기 난사 사건, 얼마 전 미국 전역을 충격에 몰아넣었던 초등학교 총기 난사 사건까지. 총기로 인한 크고 작은 사고가 계속해서 일어나고 있는 상황이다.

역사적으로 민주당은 총기 규제를, 공화당은 자유로운 총기 소지를 주장해 왔다. 그동안 민주당은 총기 규제를 주장하며 입법 노력을 해 왔다. 하지만 총기를 둘러싼 미국의 문화, 공화당의 반대, 강력한 이익 단체 - 미국총기협회-의 로비는 총기 규제 자체를 불가능하게 만들었다.

최근 캘리포니아에서 통과된 총기 규제 관련 법안이 의미를 가지는 것은 오랜 미국의 상황에서 총기 규제의 물꼬를 틀 수 있기 때문이다. 총기 사고 희생자 가족의 강력한 요구에 캘리포니아 주 의원들이 반응했고, 의회는 그 반응으로 총기 규제 법안을 통과시켰다. 캘리포니아에서 통과된 총기 규제 법안은 총기 소지를 전면 금지하는 수준의 획기적 규제 방안은 아니다. 하지만 꾸준히 총기 규제를 주장한 시민들의 목소리에 정치권이 응답한 점, 문제 해결의 새로운 가능성을 만들어 낸 점에서 의의가 있다.

미국이 진정으로 원하는 것

원명재

미국 선거는 크게 대통령을 뽑는 선거와 중간 선거로 구분된다. 2014년 11월 4일 있었던 선거는 대통령 임기 중간에 치러지는 '중간 선거'라고 불린다. 대통령 임기 중간에 치러지는 선거를 '중간 선거'라는 별칭으로 부르는 것처럼, 선거 이후 의회의 회기를 '레임덕(Lame Duck, 집권 말기 증후군)' 회기라고 부르기도 한다. 중간 선거 이후 공화당이 상하 양원을 차지하면서 레임덕 회기라는 말이 더욱 강하게 다가온다. 공화당의 선거 승리로 상하 양원을 공화당이 차지하게 되었다. 때문에 공화당이 앞으로의 정국에서 주도권을 갖게 될 것으로 보였다. 하지만 선거 이후 미국의 상황은 공화당이 주도하는 모습보다 양 진영이 날카롭게 대립하는 모습을 보이고 있다. 이것은 선거 직후 쟁점이 되었던 법안에서 두드러지게 나타난다. 공화당 주도의 텍사스-캐나다 송유관 건설 투표는 단 1표 차이로 법안이 부결되었다. 이어서 민주당이 주장해 오던 미국 자유법 투표에서는 2표 차이로 법안이 부결되면서 양당이 팽팽한 대립 양상을 보이고 있다.

의회에서 양당이 팽팽한 대립을 보이는 상황에서 주목해야 할 것은 이번 중간 선거의 투표율이다. 최종 집계된 공식 투표 참여율은 36.3%로 평균적인 중간 선거 투표 참여율 40%에 미치지 못했다. 더욱이 대다수의 주에서 50%를 넘지 못했고, 60%를 넘는 주는 단 한 군데도 없었다. 투표 참여율의 하락은 미국인의 정치 무관심이 커진 것으로 이해할 수 있으며, 낮은 투표 참여율의 이유 가운데 하나로 양당의 네거티브 선거 운동이 꼽히고 있다(연합뉴스2014. 11. 12).

중간 선거에서 나타난 낮은 투표율은 연일 대립을 이어가는 의회에 대한 미국인의 '경고 메시지'가 아닐까? 더욱이 국민의 반 이상이 참여하지 않은 선거에서 다수당 지위를 차지한 공화당의 승리가 진정한 의미의 승리일까? 선거 직후 오바마 대통령은 양당의 대표가 함께한 조찬 회동에서 협력과 화합의 국정 운영을 요청한 바 있다.

2015년 초 새롭게 문을 열 114대 미국 의회에 국민들이 진정으로 바라는 것은 '화합'하는 정치라고 생각한다. 계속되는 대립과 정쟁을 극복하고, 화합의 정신으로 국민의 신뢰를 회복하는 미국 의회를 기대해 본다.

참고문헌

연합뉴스 2014. 11. 12.

미국 인종 차별, 희망은 있는가?

원명재

2014년 12월 미국 전역은 인종 차별 반대 시위로 떠들썩했다. 미주리 주 퍼거슨 시에서 흑인 청년이 백인 경찰이 쏜 총에 맞아 시작된 시위는 점차 과격화 되었고, 주 정부가 비상 사태를 선포하기도 하였다. 뉴욕에서 또 다른 흑인이 경찰에 의해 질식사하는 사건이 발생했고, 퍼거슨과 뉴욕에서 문제를 일으킨 경관에게 각각 불기소 처분이 결정되자 시위는 전국으로 퍼져나갔다.

2009년 최초의 흑인 대통령 당선으로 미국 사회는 사회 통합에 대한 큰 기대를 갖고 있었다. 큰 기대와 달리 미국 사회에서 흑인들이 느끼는 이질감과 차별은 여전하다. 상당수 흑인들이 저임금 노동력이 요구되는 직종에서 종사하며, 낮은 학력과 소득 수준으로 생활하고 있다. 더욱이 이전보다 나은 사회가 될 것이라는 흑인들의 기대와는 달리 각종 지표에서 흑인과 백인 사이 격차는 점점 벌어지고 있다. 퓨리서치의 연구 결과(퓨리서치센터 2014. 01. 07)에 따르면, 흑인 가계의 평균소득은 백인 가계 평균소득의 59%에 불과하며 이는 2007년 63%에서 더 낮아진 것으로 조사되었다. 인종 갈등에 대해 개인이 느끼는 체감 정도를 묻는 설문 조사에서 오바마 대통령 취임 이후 미국인이 느끼는 인종 갈등 정도가 더 악화된 것으로 나타났다(블룸버그 2014. 12. 07). 하지만 경제지표, 설문 조사 결과에서 나타나는 것만큼 인종 갈등이 악화되고 있는 것만은 아니다. 희망적인 것은 백인들 스스로 인종 차별에 대한 문제의식을 공유하기 시작했다는 사실이다(이데일리 2014. 12. 10).

뉴욕에서 시작된 인종 차별 반대 시위에서 적지 않은 백인들이 앞장서서 인권 보호를 외치는 등 인종을 뛰어넘은 행동을 보이고 있는 것이다. 당시 시위에 참여한 한 백인 남성은 "내가 백인인지 흑인인지는 시위를 하는 데 중요하지 않다. 우리 사회는 정의를 찾아야 하고 투명성은 반드시 지켜져야 할 사회의 가치다. 우리는 그걸 되찾기 위해 끝까지 시위할 것이다"라며 시위 참여 이유를 밝히기도 하였다.

미국 사회에서 인종 차별은 수백 년간 형태를 달리할 뿐 계속되어 왔다. 오랜 기간 이어온 인종 사이 갈등을 해결하는 데 더는 시간을 늦출 수 없다. 다수 인종인 백인과 소수 인종의 갈등은 미국 사회를 분열시키고 위험을 키울 뿐이다. 인종을 뛰어넘은 통합의 목소리가 커지고 있는 지금, 미국 사회가 통합을 위한 힘찬 발걸음을 내딛길 희망한다.

참고문헌

블룸버그 2014. 12. 07.

이데일리 2014. 12. 10.

퓨리서치센터 2014. 01. 07.

분점정부, 화합은 불가능한가?

원명재

2014년 11월 중간 선거 이전까지 상원은 민주당, 하원은 공화당이 다수당 지위를 차지하고 있었다. 그러나 중간 선거 결과 공화당이 상원에서 다수 의석을 차지하게 되면서 상·하 양원을 공화당이 주도하게 되었다. 2015년 1월 6일 시작된 미국의 114대 의회는 집권 여당인 민주당이 다수당 지위를 야당에게 내어준 이른바 여소야대 정국으로 시작하게 되었다. 분점정부를 둘러싼 정치학적 논의를 살펴보면 갈등 증폭, 민주적 질서 확대라는 두 가지 흐름 아래 상반된 논의가 존재한다. 대립의 증가로 갈등만 커질 것이라는 의견도, 대화와 타협을 통한 민주적 질서의 공고화라는 의견도 모두 일리가 있다.

이달 미국 정치는 언론들이 예상했던 것과 같이 의회-행정부 간 대립을 보였다. 새로운 회기 시작과 함께 공화당은 지난 113대 당시 부결된 자신들의 핵심 안건인 '키스톤 XL' 법안을 표결에 붙여 상원에서 통과시켰다(폴리티코 2015. 01. 13). 하원에서는 공화당 주도 아래 오바마 대통령의 이민법 행정 처분을 무효화하기 위한 법안이 통과되었다(허핑턴포스트 2015. 01. 14). 공화당의 공세 속에서 오바마 대통령이 키스톤 XL 법안과 이민법 무효화를 위한 법률안 거부권 행사를 분명히 하고 있으며, 의회 내 예상되는 민주당의 반발로 법안의 실질적 발효 여부는 불투명하다.

실제로 미국 역사에서 대통령이 거부권을 행사한 법안이 재상정을 통해 통과되는 경우가 극히 드물었다는 점을 고려한다면 지금과 같은 공화당의 무리한 법안 통과 시도는 오바마 행정부와 공화당 사이 갈등의 장기화 신호로 생각할 수도 있다. 서로 다른 정당이 입장 차이로 인해 대립하는 것은 자연스러운 일이지만 지나친 경쟁은 소모적 논쟁을 가져올 뿐이다. 지금과 같이 양당이 입장 차이를 좁히지 못하고 힘겨루기를 계속 한다면 의미 없는 시간만 보내게 될 것이다. 새해의 시작, 미국 정치가 보여 주고 있는 대립의 모습은 건강한 미국 사회, 국민들이 진정으로 원하는 미국 사회의 모습과는 거리가 멀어 보인다. 미국인들이 진정으로 원하는 것은 자신들이 뽑은 대표들이 모인 의회가 서로의 입장만을 내세우며 반목하는 것이 아닐 것이다. 오바마 대통령의 남은 2년 임기 동안 이어질 분점정부 상황 아래 미국 정치권의 숙제는 갈등과 대립을 넘어선 화합이며, 이것이야 말로 국민들이 진정으로 원하는 정치의 모습일 것이다.

미국은 지금 분점정부라는 다소 갈등적인 환경 아래 있다. 하지만 오랜 민주주의 역사를 가지고 있는 미국 정치권이 민주주의의 본질인 대화와 타협의 원칙 아래 신뢰받는 모습을 보여 주길 기대한다.

참고문헌

폴리티코 2015. 01. 13.
허핑턴포스트 2015. 01. 14.

대립하는 미국 의회, 희망은 있다

원명재

2015년 2월, 미국은 대립 가운데 협력을 통해 화합의 가능성을 보여 주었다. 공화당과 민주당 사이의 정책 대립은 변함없이 이어졌다. 6년간 의회에서 합의를 이루지 못한 채 계류하던 '키스톤 XL' 송유관 건설 법안이 공화당이 양원을 장악하면서 1월 29일 상원, 2월 11일 하원을 통과하였다(연합뉴스 2015. 02. 11). 오바마 대통령은 거듭 거부권 행사 의사를 밝혀 왔고, 해당 법안에 대한 법률안 거부권을 2월 24일 행사하였다(폴리티코 2015. 02. 24). 따라서 당분간 공화당과 민주당의 '키스톤XL' 송유관 건설 법안을 둘러싼 갈등이 지속될 것으로 예상된다.

쟁점 법안에 대한 대립이 계속되었지만 미국 정치는 정당을 뛰어넘는 협력과 화합의 모습도 함께 보여 주었다. 지난 1월 미국과 쿠바가 국교 정상화를 선언하면서 상원에서 그동안 계속되고 있던 대쿠바 경제 제재를 풀기 위한 법안이 제출된 것이다. 경제 교류 활성화를 위한 경제적 이익 극대화를 위한 이번 법안은 공화당과 민주당 의원 6명이 공동 제출하면서 협력의 모습을 보여 준 것이다 (USA TODAY 2015. 02. 12).

국토안보부의 '부분 업무 정지'를 방지하기 위한 예산안 심의 과정에서도 상원은 쟁점 사항이었던 오바마 대통령의 이민 개혁 행정명령 폐지 조항과 예산안을 분리시키는 방법으로 업무 정지를 막기 위해 노력하는 모습을 보였다. 찬성 98표, 반대 2표라는 높은 찬성률을 보인 상원에서 양당의 협력으로 '부분 업무 정지'로 인한 혼란을 방지할 길이 열리게 되었다.

지난 1월 의회 회기 시작과 동시에 시작된 '분점정부' 상황 아래 예상되었던 양당의 정책 대립이 '키스톤XL' 법안 통과와 대통령의 거부권 행사로 나타났다. 하지만 쿠바 경제 제재 해소, 국토안보부 '부분 업 무정지' 방지를 위한 협력 모습은 미국 의회가 보여 준 가능성이었다. 양대 정당이 정책 대립을 계속하는 도중에 국익 증대와 국민 편익 보호라는 가치 아래 보여 준 협력과 화합의 모습은 분점정부 아래 우려되는 부작용을 관리할 역량을 보여 준 사례라고 생각한다.

다음 대통령 선거와 의회 선거까지 2년여 시간이 남아 있다. 앞으로 계속될 분점정부 아래 미국 정계가 국익과 국민을 위한 협력과 화합의 모습을 통해 신뢰받는 정치를 보여 주길 기대한다.

참고문헌

연합뉴스 2015. 02. 11.
폴리티코 2015. 02. 24.
USA TODAY 2015. 02. 12.

성 소수자, 환멸을 넘어 하나로

원명재

2015년 3월 12일, 모르몬교의 '성지'이자 보수 성향이 강한 미국 유타 주에서 성 소수자 차별 금지법을 7년 만에 통과시켰다. 주 하원에 상정된 차별 금지법은 찬성 65, 반대 10으로 가결되었다. 상원에서는 같은 법안이 찬성 23, 반대 5로 통과되면서 양원을 통과하였고 게리 허버트 주지사의 서명으로 발효되었다. 이번에 통과된 성 소수자 차별 금지법은 그동안 동성애를 강력히 반대해 왔던 모르몬교가 시대적 흐름을 수용하면서 이루어졌다(연합뉴스 2015. 03. 13).

법안을 둘러싼 논쟁이 수년간 이어지는 동안 성 소수자에 대한 모르몬교의 기존 입장도 조금씩 변화했다. 시대의 변화 앞에 기존 입장을 철회하고 '다름'을 인정하기 시작한 것이다. 이번 법안이 7년여 시간 끝에 재논의를 시작한 것은 2015년 초 모르몬교가 "레즈비언, 게이, 양성애자, 성 전환자 등 성 소수자들을 보호하기 위한 차별 금지 법안을 지지한다"고 밝힌 직후였다. 모르몬교의 이런 입장 변화에는 "성 소수자들의 권리를 반대하는 이들의 종교적인 신념 또한 보호되어야 한다"라는 단서가 붙었지만 종교적 신념을 이유로 성 소수자에 대한 차별적 인식을 유지하던 이전에 비추어 큰 변화라고 할 수 있다.

성 소수자를 둘러싼 문제는 미국 사회에서도 오랫동안 계속되어 온 논쟁이었고, 지금도 주에 따라 동성애 합법화를 두고 논쟁이 계속되고 있다. 이런 가운데 보수적 성향이 강한 유타 주에서 만들어 낸 이번 입법은 그 의미가 남다르다. 특히 그동안 동성애를 강력하게 반대해 온 공화당 의원들이 차별 금지법에 서명하였고, 법안이 통과될 수 있었다. 이것은 변하고 있는 사회적 분위기를 공화당이 적극 받아들인 것으로 생각할 수 있으며 미국 사회가 가지고 있는 '대화와 타협'이라는 오랜 민주주의의 전통의 결과로 생각할 수 있다.

유타의 의회, 종교, 시민은 개인이 가지고 있는 성적 취향의 '다름'을 인정하였고 대화를 통해 '성 소수자 차별 금지법'을 만들어 냈다. 법안 그 자체가 가지는 상징성에 더불어 종교의 자발적 이해에서 다시 시작된 '성 소수자 차별 금지법'은 미국 사회의 발전과 화합, 이해와 배려의 가능성을 보여 주었다. 유타에서 보여 준 자발적 이해의 노력과 가치가 미국 전역으로 퍼져나가 소수자라는 이유로 차별받지 않는 미국 사회가 되기를 희망한다.

참고문헌

연합뉴스 2015. 03. 13.

국민의 신뢰를 잃는 여야 대치

손현지

3월 16일 갤럽이 발표한 여론 조사 결과에 따르면 미 의회를 장악한 야당인 공화당의 지지율은 37%, 집권 여당인 민주당의 지지율은 39%로 각각 집계됐다. 이는 2014년 '11·4 중간 선거' 당시와 비교해 공화당은 42%에서 5%포인트 하락하고, 민주당은 36%에서 3%포인트 상승한 것이다. 그러나 갤럽이 이 여론 조사를 처음 실시한 1992년 이후 양당의 지지율이 한꺼번에 40% 밑으로 떨어진 것은 이번이 처음이다

그동안의 정치 상황을 보면 오바마 대통령의 이민 개혁 행정명령, 키스톤XL 송유관 건설 법안, 오바마 케어까지 양당은 주요 이슈에서 사사건건 극단적으로 맞서왔다. 이를 근거로 미 언론은 이번 여론 조사 결과가 여야의 끝없는 대치와 당파 싸움에 미국 국민들이 등을 돌린 것을 의미한다고 말하고 있다(갤럽 2015. 03. 16; 연합뉴스 2015. 03. 16 재인용).

이런 상태에서 최근에는 선거를 앞두고 민주당 클린턴 전 장관의 대선 후보 선언과 함께 공화당에서 네거티브 캠페인이 벌어지기 시작하였다. 공화당 뉴햄프셔 지부가 내슈아에서 개최 중인 '리더십 서밋'에 모인 공화당 의원들은 30분의 연설 시간 동안 자신의 비전을 제시하는 동시에 클린턴 전 장관과 더불어 오바마 대통령을 비판하였고, 자신이 클린턴 전 장관에 맞설 적임자라고 주장하기 시작했다. 공화당에서는 오바마 행정부의 외교 정책을 비난하였고, 클린턴 전 장관을 북한의 독재자에 비유하면서 서민과 동떨어진 귀족이라고 비난하였다(워싱턴포스트 2015. 04. 18; 연합뉴스 2015. 04. 19 재인용). 공화당 정치 행사가 클린턴 전 장관을 끌어내리기 위한 비난 경쟁으로 변질된 것이다. 이에 클린턴 전 장관은 "공화당 후보들이 내 얘기만 하는 것은 생각해 볼 필요가 있다"면서 "내가 대선에 나서지 않았다면 얘기 거리도 없었을 것"이라고 반격했지만, 맞대응을 자제하고 이른바 서민 행보에 집중하는 등 장기전 차원의 선거 전략을 사용하고 있다(조선일보 2015. 04. 21).

여야는 이미 그동안의 당파 싸움으로 인해 국민의 신뢰를 많이 잃은 상태이다. 이런 상황에서 유세 초반부터 그들의 초점이 상대방을 비난하고, 약점을 파고드는 네거티브 캠페인에 맞춰진다면 여야를 떠나 정치권 전체에 대한 국민적 불신은 깊어질 수밖에 없다. 앞으로의 정치 행사와 유세에서 네거티브 캠페인이 아닌 정책 대결에 전력을 다해 국민들의 신뢰를 얻어야 할 것이다.

참고문헌

갤럽 2015. 03. 16.

연합뉴스 2015. 03. 16.

연합뉴스 2015. 04. 19.

워싱턴포스트 2015.04.18.

조선일보 2015. 04. 21.

국민의 눈을 가리는 머니 게임

손현지

공화당 젭 부시 전 플로리다 주지사가 대권 도전 선언을 앞두고 선거 자금을 쓸어 담자, 개헌을 통해서라도 선거 자금 모금 체제를 개편하겠다고 했던 민주당 힐러리 클린턴 후보도 황급히 말을 바꾸고 슈퍼팩을 통한 모금을 본격화하려 하고 있다(더힐 2015. 05. 07; 연합뉴스 2015. 05. 07 재인용). 미국 대선은 말 그대로 '머니 게임'이다. 언론들이 수시로 후보 측의 기부금 모집 규모를 비교하면서 판세를 점칠 정도다. 지난 2010년 '단합된 시민들(Citizens United) 대 연방선거위원회' 재판에서 기업이나 노조, 이익 단체들이 특정 후보를 위해 광고나 홍보비를 지출하는 데 제한을 둘 수 없다는 판결이 나왔고 이후 텔레비전 광고 등에 엄청난 자금을 쏟아 붓는 슈퍼팩의 활동이 미국의 선거전을 좌우하기에 이르렀다(연합뉴스 2015. 05 . 07). 미국 대통령 선거의 초기 캠페인 비용을 추산한 결과 최소 4,000만~5,000만 달러(437억~547억 원)가 필요하고, 2012년 대선에서 최종 대결을 벌였던 버락 오바마 대통령과 밋 롬니 공화당 후보는 각각 1조원 이상 자금을 썼다(매일경제 2015. 04. 10).

문제가 되는 이유는 미국 선거판이 돈의 힘에 의해 좌우되는 머니 게임, 수많은 인력을 동원한 광고 게임으로 변질되었다는 것이다. 정치에 대한 미국인들의 관심이 낮은 데다 선거전이 초박빙으로 치러지다 보니 부동층을 잡기 위해 대선 주자들은 미디어 광고 등에 천문학적인 돈을 투입한다. 자금 동원력과 당선 가능성이 거의 정비례하면서 매 선거마다 선거 자금 규모는 최고치를 경신 중이다(서울경제 2015. 04. 19).

　모든 후보를 일일이 만날 수 있는 것이 아니기에 짧은 광고를 보고 후보를 뽑기도 하는 것이 오늘날의 선거 제도의 현실이다. 이 때문에 정치인은 스타가 되어 가고, 스타가 되기 위해 광고 비용을 대줄 자금도 필요해진다. 자금을 모으기 위해 모금 캠페인과 슈퍼팩에 의지하게 되며 이로 인해 대통령이나 선출직 공직자들은 자신의 업무를 수행하고, 선거 공약을 이행하는 데에 눈치를 보게 된다. 또 유권자들과 후보의 관계는 쇼 비즈니스가 되어 버려 민주주의 체제가 흔들리게 된다. 현재 선거 제도에는 명백히 드러나는 문제점들이 있고 이를 바꾸기 위해 정부 차원의 정치 자금법과 선거법 개혁도 분명히 필요하다. 하지만 더 중요한 것은 선거와 정치에 대한 국민의 깊은 관심이다. 국민의 무관심은 광고 비용을 충당하기 위해 자본가에게 매달리는 후보자를 만들어 낸다. 그러므로 국민들은 선거철 수십 수백 개의 광고, 후보자들의 머니 게임에 휘둘리지 말고 후보자들의 공약과 행보에 관심을 갖고 지켜봐야 한다.

참고문헌

뉴욕타임스 2014. 10. 09.
더 힐 2015. 05. 07.
매일경제 2015. 04. 10.
서울경제 2015. 04. 19.
연합뉴스 2015. 05. 07.

끊임없는 총기 사고 누가 막아야 하는가?

손현지

6월 17일 20대 백인이 미국 남동부 사우스캐롤라이나 주 찰스턴의 흑인 교회에 들어가 총기를 난사해 9명이 숨졌다. 범행에 사용된 총은 지난 4월 아버지가 그의 21번째 생일 선물로 준 45구경 권총이었다(연합뉴스 2015. 06. 09). 사건 직후 민주당 대선 주자 힐러리 클린턴은 "미국이 여전히 증오로 가득한 사람들이 손쉽게 총을 가질 수 있도록 허용하는 이 현실을 어떻게 생각해야 하느냐"며 현행 제도의 문제점을 제기했다. 버락 오바마 대통령은 백악관 기자 회견에서 총기 규제에 대한 논의를 다시 해야 할 필요가 있다고 강조했고 엄격한 총기 규제에 반대하고 있는 미국총기협회와 대중의 무관심 등을 강력하게 비난했다(AP통신 2015. 06. 20). 오바마 대통령의 미국총기협회에 대한 강력한 비난은 이번이 처음이 아니다. 앞서 2012년 오바마 대통령이 내놓은 총기 규제 법안이 당시 설문 조사 결과 91%의 미국인이 총기 규제에 찬성했음에도 미국 총기협회와 의회의 반발로 이듬해 상원에서 부결된 이후 총기 규제는 정치권에서 '쉬쉬'하는 이슈였다(중앙일보 2015. 06. 23).

공화당 대선 후보들은 총격 사건 발생 후 애도를 표하는 성명은 발표했지만 총기 규제 문제에 대한 언급은 피하는 모습을 보였다(연합뉴스 2015. 06. 19). 이는 총기 규제 공론화를 촉구하는 오바마 대통령에 제대로 된 힘을 실어 주지 못하는 형국이다. 철저히 자금 후원에 의존하는 정치인들로서는 선거판에 막대한 자금을 지원하는 미국총기협회의 로비에 영향을 받을 수밖에 없고, 협회가 전통적으로 지지해 온 공화당이 현재 상·하원을 동시 장악한 입법 구조에서는 총기 규제 논의가 제대로 공론화되기 어려운 상황인 것이다(AP통신 2015. 06. 20).

로이터통신의 여론 조사에서 미국인 48%는 총기 규제를 지지하고, 41%는 규제가 필요 없다고 답했다(로이터통신 2015. 06. 18). 하지만 비영리 단체 폭력정책센터(The Violence Policy Center, VPC)가 17일 내놓은 자료에 따르면 2008년부터 2012년까지 정당방위 성격의 총기 살인은 1,108건에 그친 반면 정당방위에 해당하지 않는 일반 흉악 범죄적 살인은 42,419건이고, 매년 총기 사고 또는 총기를 이용한 자살을 통해 숨진 사람은 약 2만 2천 명에 달하는 것으로 나타났다(허핑턴포스트 2015. 06. 21). 통계를 보면 시민들이 범죄자에 대항해 성공적으로 총기를 사용하고 있는 부분도 있지만 지금과 같은 상황에서는 총기를 규제하는 방향으로의 법 개혁이 필요한 상황이다. 총기로 인해 국민들의 안전이 위협받고 있고, 이를 규제해야 할 필요성이 대두되며 총기 규제가 2016년 대선의 쟁점으로 떠오르고 있는 지금, 국민들이 자신의 안전을 위해 더 적극적으로 관심을 갖고 움직여야 하고 의회와 정당은 총기협회의 자금에 휘둘리지 않고 국민을 위해 행동해야 한다고 생각한다.

참고문헌

로이터통신 2015. 06. 18.
연합뉴스 2015. 06. 09.
연합뉴스 2015. 06. 19.
중앙일보 2015. 06. 23.
허핑턴포스트 2015. 06. 21.
AP통신 2015. 06. 20.

일본의 동향 및 쟁점

아베 총리의 장기 집권과 야당의 결속 노력

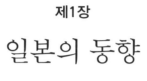

제1장

일본의 동향

1차(2014년 6월 말~7월 말)

고혜빈

　아베 신조 총리 내각은 1일 집단 자위권 행사가 허용된다는 새로운 헌법 해석을 채택하면서 '전쟁을 할 수 있는 나라'로 전환했다. 일본의 아베 신조 총리 내각은 이날 오후 총리 관저에서 임시 각의를 열어 일정 요건을 충족하면 집단 자위권을 행사할 수 있다는 내용의 각의 결정문을 의결했다. 이번 헌법 해석 변경은 '국제 분쟁의 해결 수단으로서의 무력 사용을 포기'한다는 헌법 9조에 입각해 전수 방위를 표방해 온 전후 안보 정책을 일대 전환한 일로 평가된다(연합뉴스 2014. 07. 01).

　이렇게 집단 자위권 행사를 허용하는 방향으로 헌법 해석을 변경한 아베 정권의 독단적인 정국운영으로 인해 일본 내의 분위기가 심상치 않다. 아베 신조 일본 총리가 서둘러 헌법 해석을 바꾸는 각의 결정을 강행하고 나서 지지율이 하락했고 해석 개헌에 맞서 법적 대응을 하겠다는 움직임도 나오고 있다. 또한 집단적 자위권 행사 용인과 원전 재가동 등 국민들의 삶에 중대한 영향을 미치는 사안들을 각의 결정만으로 처리해 버리는 독선적 행태에 대해 일본 국민들이 표를 통해 불만을 표출하고 있다. 13일 치러진 시가(滋賀)현 지사 선거에서는 민주당의 지원을 받은 무소속 미카즈키 다이조(三日月大造) 후보가 여당 추천 후보를 누르고 당선됐다. 아베 정권은 이 선거에 전력을 쏟았지만 집단 자위권 행사에 거부감을 느낀 민심을 잡는 데는 실패했다. 아베 정권이 집단적 자위권을 허용한 이후 실시한 첫 선거에서 패배한 것으로, 아베 정권의 이후 행보에도 중요한 영향을 끼칠 것으로 보인다.

그럼에도 불구하고 아베 신조 일본 총리는 자신의 뜻을 굽히지 않고 있다. 아베 신조 일본 총리는 14일 중의원 예산위원회에서 열린 집단 자위권 집중 심의 답변에서 각의 결정 이상으로 집단 자위권 행사를 확대하려면 헌법 개정이 필요하다고 밝혔다. 이에 대해 일본 국민들은 계속해서 반대 의견을 표출하고 있고, 아베 신조 일본 총리가 의회에서 집단 자위권 행사의 범위, 잠재적 위험성 등에 대해 충분히 설명하지 못했음에도 불구하고, 여론의 반대 목소리를 대변해야 할 야당이 무기력해 집단 자위권에 불안해하는 국민 여론을 규합하지 못하고 있다는 비판을 받고 있다.

한편, 집단 자위권을 행사할 수 있도록 헌법 해석을 변경한 직후 주요 언론사의 여론 조사에서 아베 내각의 지지율이 40%대로 떨어졌고 집단 자위권에 관한 정부 설명이 충분하지 않았다는 지적의 목소리가 높았다(연합뉴스 2014. 07. 11). NHK(Nippon Hoso Kyokai)가 11~13일 실시한 여론 조사 결과, 아베 내각이 집단 자위권 행사를 용인하는 방향으로 헌법 해석을 변경한 데 대해 56%가 부정적인 반응을 보였고, 아베 내각 지지율은 6월 대비 5%포인트 하락한 47%로 집계됐다. NHK가 2012년 12월 아베 내각 출범 이후 실시한 여론 조사 중 내각 지지율이 50% 아래로 떨어지기는 이번이 처음이었다(아시아투데이 2014. 07. 14).

일본 정당

07월 01일

• 국방군, 군법회의 부활, '전쟁' 겨냥한 일 자민당 헌법 개정안　　　(경향신문 07. 02)
 − 아베 신조 일본 정권이 지난 1일 집단적 자위권 행사 용인을 위한 각의 결정을 강행한 가운데 자민당이 2012년 4월 만든 '일본국 헌법 개정 초안'이 관심을 끌고 있다.

아베 총리의 다음 행보가 개헌일 것으로 예측되고 있기 때문이다. 아베 총리를 포함한 자민당 정권의 속셈과 향후 구상을 가늠해 볼 수 있는 자료가 될 일본국 헌법 개정 초안을 살펴보면, 군대를 당당하게 만들어 전쟁에 참가하고자 하는 자민당의 강한 의지를 느낄 수 있다. 다른 나라가 공격해 올 때 방어하는 것을 목적으로 하는 현재의 자위대 대신 다른 나라에 대한 공격도 가능한 군대를 갖겠다는 것이다. 또 평화헌법 제정 이후 사라진 군법회의를 부활시키는 등 전쟁이 가능한 나라의 모습을 완벽하게 갖추고자 하는 의욕이 곳곳에서 드러나고 있다. 또 평화헌법의 근간인 9조의 전쟁 포기 문구도 삭제했다.

07월 01일

- 일본서 집단 자위권 반대 가열…정치권은 '사분오열'　　　　　　(연합뉴스 07. 07)
  - 일본 아베 신조 내각이 1일 집단 자위권 행사를 용인하기로 한 이후 일본 시민 사회에서 저항이 계속되고 있다. 하지만, 여론의 반대 목소리를 국정에 반영할 야당들은 집단 자위권에 대한 찬반을 놓고 '사분오열'하는 상황이어서 아베 정권의 독주를 저지할 수 있을지는 불투명해 보인다. 정치권에서도 최근 진보 야당인 공산당과 사민당이 2015년 봄 지방 선거를 겨냥한 전국 유세 등을 통해 집단 자위권에 반대하는 세력을 표로 연결하는 데 애쓰고 있다. 이들은 각종 여론 조사 결과 국민 과반이 반대하는 것으로 나타난 집단 자위권을 선거 쟁점화함으로써 아베 정권에 대항한다는 목표 아래 집단 자위권에 강한 비판의 목소리를 냈다. 그러나 민주당, 일본유신회, 통합당 등 주요 야당들은 집단 자위권 각의 결정 이후 내분을 겪거나 예정된 합당 절차에 차질이 빚어지면서 대여 공세의 진용을 갖추지 못하고 있다.

07월 05일

- 일본 자민당 간부 "평화헌법 개정 필요"　　　　　　　　　　(연합뉴스 07. 05)
  - 일본 집권 자민당이 다음 주부터 헌법 개정과 관련한 당내 논의에 착수한다. 자민당은 개정 국민 투표법이 전날 국회를 통과하면서 개헌과 관련한 절차법이 완비됨에 따라 개헌 항목에 대한 검토에 들어가기로 했다. 자민당은 교전권을 부정하는 헌법 9조 개정을 개헌의 지상 과제로 삼고 있으며, 그것을 실현하기 위해 개헌 발의 요

건을 완화하는 헌법 96조 개정을 희망하고 있다. 하지만 집단 자위권 논란에 평화헌법의 축인 헌법 9조 개정까지 더해지면 여론과 야당의 반발이 클 수 있다고 보고 대형 재해 시 총리에게 강한 지휘권을 주는 긴급 사태 조항과 환경권 신설 등을 우선 검토할 계획이다.

07월 16일

• 아베 일본 총리 새달 말 개각…각료 절반 이상 교체할 듯

(니혼게이자이신문 07. 16, 서울신문 07. 17 재인용)

– 아베 신조 일본 총리가 새달 말 개각을 실시해 각료 18명 중 절반 이상을 교체할 것으로 보인다고 니혼게이자이신문이 16일 보도했다. 신문은 아베 총리가 오는 9월 임기가 만료되는 자민당 간부들의 인사를 내각 개편에 맞춰 앞당길 방침이라고 전하며 이같이 보도했다. 개각이 단행되면 2012년 12월 아베 내각 출범 이후 첫 각료 교체가 된다. 집단적 자위권 행사를 용인한 정부의 각의 결정에 대한 비판이 나오는 상황에서 개각을 통해 입각을 원하는 당내 인사로 정권의 진용을 재구축하고, 장악력을 높이는 것을 목표로 하고 있다고 신문은 분석했다.

07월 17일

• 일본 야당 사민당, 집단 자위권 반대 포스터 제작

(아사히신문 07. 17, 국민일보 07. 18 재인용)

– 일본 사민당이 아베 신조 내각의 집단 자위권 행사 용인에 반대하는 내용을 담은 "이제, 집단 자위권에 노(NO)를"이란 문구와 참전한 아버지를 하염없이 기다리는 어린아이의 모습이 실린 포스터를 발표했다고 아사히신문이 보도했다. 아베 내각이 집단 자위권 행사를 용인하는 각의 결정을 내림에 따라 자위대의 해외 전투병 파병이 추진된다면 앞으로 전사자가 생겨날 수도 있다는 점을 가족 간 생이별로 부각시킨 것이다. 사민당은 공산당과 함께 집단 자위권에 대한 국회 심의에서 분명한 반대 입장을 피력하고 있다. 하지만 중의원 2석, 참의원 3석 등 5석에 불과한 군소 야당이어서 거대 여당 자민당에 맞서기에 역부족이다.

07월 13일

• 아베, 지자체장 선거에서 '역풍' (한국일보 07. 14)

– 아베 신조 일본 정권이 집단적 자위권을 용인하는 헌법 해석 변경을 각의 결정한 이후 처음 치러진 지자체 단체장 선거에서 자민당과 공명당이 추천한 후보가 낙선했다. 일본 언론은 이번 선거 결과를 아베 정권의 집단적 자위권의 무모한 밀어붙이기에 대한 부작용으로 분석하고 있다. 14일 일본 언론에 따르면 13일 열린 일본 시가현 지사 선거에서 미카즈키 다이조 후보가 집권 자민당과 연립 여당인 공명당이 추천한 고야리 다카시(小鑓隆史) 후보를 누르고 당선됐다. 민주당 소속 중의원을 지낸 미카즈키는 이번 선거에 무소속으로 출마했지만, 민주당의 조직적 지원을 받아 사실상 여야 대결로 치러지면서 관심이 증폭됐다. 이번 선거는 초기에는 시가 현 인근에 후쿠이 원전의 재가동을 둘러싼 정책 대결이 주를 이뤘다. 하지만 아베 총리가 이달 초 집단적 자위권 용인을 각의 결정하면서 선거 판도는 급변했다. 한 달 전 여론 조사만 해도 고야리 후보의 압도적인 승리가 점쳐졌으나 점점 미카즈키와의 격차가 좁혀졌고, 결국 이날 선거에서 1만 3,000표 차로 패배, 지사직을 내줘야 했다.

07월 16일

• 일본 법제국, 헌법 해석 변경 단 하루 심사… "의견 없음"

(마이니치신문 07. 16, 연합뉴스 07. 16 재인용)

– 일본 정부의 법률 심사 업무 등을 담당하는 내각 법제국이 집단 자위권을 행사하도록 헌법 해석을 변경하는 과정에서 심사를 제대로 하지 않았다는 논란이 일고 있다. 16일 마이니치신문에 따르면 요코바타케 유스케(橫畠裕介) 내각 법제국 장관은 전날 참의원 예산위원회에 출석해 집단 자위권에 관한 헌법 해석을 변경하는 각의 결정안에 대해 6월 30일 정부로부터 심사 요청을 받았다고 밝혔다. 이날은 아베 신조 내각이 헌법 해석 변경을 각의 결정하기 하루 전날이다. 요코바다케 장관은 정부 요청에 대해 다음날인 7월 1일 "의견 없음"으로 회신했다고 설명했다. 마이니치신문은 내각 법제국이 40년 이상 집단 자위권이 허용되지 않는다고 하다가 하루 심사하

고서 아무 이견 없이 용인한 것이라고 평가했다.

일본 여론

06월 29일

• 일본인 71%, "집단 자위권 행사로 전쟁 휘말릴 우려"

(마이니치신문 06. 29, 아시아 투데이 06. 29 재인용)

– 집단 자위권 행사 용인으로 일본이 전쟁하게 될 것이라는 우려감이 일본 내에서도 커지고 있다. 마이니치신문은 27~28일 실시한 일본 내 전화 여론 조사 결과, 일본이 집단 자위권을 행사할 수 있게 되면 다른 나라의 전쟁에 휘말릴 우려가 있다고 생각한다는 응답이 71%였다고 보도했다. 집단 자위권 행사에 대한 반대는 58%, 찬성은 32%였다. 집단 자위권에 관한 정부 여당의 설명이 충분하지 않다는 평가는 81%에 달했고 개헌이 아닌 헌법 해석 변경으로 집단 자위권을 용인하는 구상에는 60%가 반대했다. 집단 자위권 용인으로 타국의 도발을 막는 억지력이 향상된다는 아베 총리의 설명에 동의하지 않는다는 응답은 62%였다. 아베 내각의 지지율은 지난달 조사 때보다 4%포인트 하락해 45%로 집계됐다.

06월 30일

• 일본 '집단 자위권 반대' 최대 규모 시위 (TBS 07. 01, 문화일보 07. 01 재인용)

– 아베 신조 일본 정부의 집단적 자위권 행사 결정에 반대하는 움직임이 급속도로 확산되고 있다. 1일 TBS(Tokyo Broadcasting System)에 따르면 30일 일본 도쿄 총리 관저 앞에서 열린 반대 집회에는 정권 출범 이후 최대 규모인 1만여 명의 시민들이 참가했다. 시민 단체들이 주최한 이날 시위에는 젊은 층들이 몰려 아베 총리를 독일 나치 정권의 독재자 히틀러에 빗댄 팻말 등을 들고 "집단적 자위권은 필요 없다"는 등의 구호를 외치며 항의했다. 오사카(大阪) 시내 자민당 사무실이 있는 건물 앞에서는 시민 200여 명이 모여 '전쟁하고 싶어 하는 총리는 퇴진하라' 등의 구호를 외쳤다.

07월 01일

• "권력에 취했다" 일본 공명당에 비판 여론

(아사히신문 07. 01, 연합뉴스 07. 01 재인용)

– 일본의 연립 여당인 공명당이 1일 아베 신조 일본 총리와 집권 자민당이 주도하는 집단 자위권 구상에 결국 동의하기로 함에 따라 비판이 쏟아지고 있다. 공명당은 2013년 참의원 선거 때 집단 자위권에 반대한다는 뜻을 표명했고 오랜 기간 '평화의 당'으로서의 이미지를 쌓아 아베 총리의 집단 자위권 구상의 최대 변수로 여겨졌다. 그러나 야마구치 나쓰오(山口那津男) 공명당 대표가 "정책의 차이만으로 연립 정권에서 이탈하는 것은 생각할 수 없다"며 가장 강력한 카드를 스스로 포기한 것은 패착으로 지적되고 있다. 아사히신문은 1일 공명당이 창당 이념을 손상하면서까지 자민당과 보조를 맞출 수밖에 없는 것은 선거 중 협력을 매개로 양당이 얽혀 있기 때문이라고 설명하고 "공명당이 권력의 단맛에 취해 꺾였다"고 평가했다.

07월 01일

• 집단 자위권 놓고 둘로 쪼개진 일본

(마이니치신문 · 아사히신문 · 산케이신문 07. 01, 조선일보 07. 02 재인용)

– 1일 오전 9시 30분 일본 도쿄의 총리 관저 앞에는 시민 2,000여 명이 일제히 몰렸다. 이날 오전 8시쯤 일본 집권 여당인 자민당 · 공명당이 집단적 자위권 행사를 용인하는 각의 결정안에 합의한 직후, 정부와 여당의 일방적인 조치에 항의하기 위해서였다. 이들은 "헌법 해석을 변경하는 각의 결정은 결코 용납할 수 없다"고 외쳤다. 일본 언론도 찬반으로 나뉘어 싸우는 형국이다. 마이니치신문은 특별 칼럼에서 "'수의 힘'에 의해 '국가의 형태'까지 바꾸려 하고 있다"며 "조잡한 정치가 우려된다"고 지적했고, 아사히신문은 평화 국가의 길을 걷겠다면서 집단적 자위권을 통해 자위대원을 전쟁터로 내몰려는 것 자체가 모순적이라는 의미라고 지적했다. 반면 그간 집단적 자위권 행사의 필요성을 주장해 온 산케이신문은 "자체 여론 조사에서 집단적 자위권 행사에 대한 찬성 비율이 63.7%로 집계됐다"고 전했다.

07월 02일

• 아베 내각 지지율 50% 아래로. 집단 자위권 반대 응답은 54%

(교도통신 07. 02, 아시아투데이 07. 02 재인용)

- 집단 자위권 행사 용인을 강행한 일본 아베 내각 지지율이 교도통신 조사에서 50% 아래로 떨어졌다. 교도통신이 집단 자위권 관련 헌법 해석을 변경하는 각의 결정이 이뤄진 1일과 2일에 걸쳐 이틀간 실시한 긴급 전화 여론 조사에서 내각 지지율은 47.8%를 기록, 2013년 12월 이후 처음 50% 아래로 떨어졌다. '아베 내각을 지지하지 않는다'는 응답은 40.6%를 기록하며 2012년 12월 출범 이후 처음 40%대로 올라갔다고 교도통신은 전했다. 이 같은 결과는 아베 정권의 집단 자위권 강행 처리와 무관치 않아 보인다. 이번 조사에서 집단 자위권과 관련, 행사 용인에 반대한다는 응답이 54.4%, 찬성이 34.6%를 각각 기록했다. 또 집단 자위권 행사를 용인한 각의 결정에 대해 82.1%가 '검토가 충분히 이뤄지지 않았다'고 답했고, '행사용인의 범위가 넓어질 우려가 있다'는 응답이 73.1%에 달했다. 더불어 아베 정권에 의한 안보 정책 전환에 대해, 중의원을 해산해 국민에 신임을 물을 필요가 있다는 응답이 68.4%로 집계됐다.

07월 04일

• 집단 자위권 '후폭풍'… 아베 내각 지지율 잇따라 40%대

(요미우리신문 07. 04, 연합뉴스 07. 04 재인용)

- 일본 아베 신조 내각 지지율이 친아베 성향인 요미우리신문의 여론 조사에서도 40%대로 떨어진 것으로 나타났다. 요미우리는 집단 자위권 행사를 용인하는 각의 결정이 이뤄진 다음 날인 지난 2일과 3일 실시한 전국 여론 조사에서 내각 지지율이 48%를 기록했다. 2012년 12월 제2차 아베 내각 출범 이후 자사 조사에서 처음 50% 아래로 떨어진 것이라고 요미우리는 전했다. 아베 내각을 지지하지 않는다는 응답은 직전 조사에 비해 9%포인트 올라간 40%로 집계됐다. 요미우리는 정부와 여당이 이 같은 결과에 충격을 받고 있다면서, 집단 자위권 행사 용인에 대한 대국민 설명이 부족했다는 것이 집권 자민당의 인식이라고 전했다.

07월 15일

• 아베 폭주에 내각·자민당 지지율 '동반 하락' (NHK 07. 15, 문화일보 07. 15 재인용)
– 집단적 자위권 행사를 각의 결정한 이후 반대 집회가 이어지고 있는 가운데, 내각 지지율은 물론 자민당 지지율도 떨어지고 있다. NHK가 11~13일까지 실시한 여론 조사에 따르면 아베 내각 지지율은 지난달 같은 조사에 비해 5%포인트 하락한 47% 를 기록했다. 2012년 말 2기 아베 내각이 출범한 이후 NHK 조사에서 50% 이하의 지지율을 기록한 것은 이번이 처음이다. 반면 아베 내각을 지지하지 않는다는 응답 은 전월 대비 6%포인트 상승한 38%였다. 집권 자민당의 지지율은 34.3%로 지난달 에 비해 2.6%포인트 하락했다. 제1야당 민주당이 4.8% 지지율을 기록한 것과 비교 하면 여전히 높은 지지율이지만, '지지 정당이 없다'는 응답 42.5%보다는 크게 낮은 수치다. 지지율 하락의 핵심은 집단적 자위권 행사 결정 등 아베 정권의 일방적인 외 교·안보 정책이다.

2차(7월 말~8월 말)

고혜빈

아베 신조 일본 총리가 자신이 간부로 재직 중인 보수 우익 단체를 이용하여 헌법 개정 세몰이에 나서고 있다. 2014년 8월 1일 아사히신문에 따르면 일본 19개 현 의회에서 조속한 개헌을 요구하는 의견서와 청원서를 채택했다. 대다수 의회가 제출한 의견서의 내용은 동아시아 정세가 냉엄해지는 가운데 시대에 맞는 헌법이 필요하다는 논리를 펴고 있다. 이에 반해 일본 야당 의원들은 아베 정권이 집단 자위권 행사를 위해 관련 법 정비를 추진하는 것에 맞서 집단 자위권 행사를 허용하지 않는다는 금지를 규정한 법안의 초안을 발표했다고 교도통신이 보도했다.

한편, 아베 총리가 9월 첫째 주에 개각 및 자민당 인사를 실시하겠다고 밝혔다. 이에 대해 일본 신문들은 내각 지지율이 40%대로 하락한 가운데 아베 총리가 어떤 결단을 내릴지 주목된다고 보도했다. 이번 개각과 당 인사는 차기 자민당 총재 선거를 1년여 남긴 시점에서 이뤄진다는 점에서 앞으로 정국을 향한 포석이 될 전망이다. 특히 2015년 9월 총재에 재선돼 장기 집권을 바라고 있는 아베 총리는 현재의 낮은 지지율 상승과 당내 장악력을 높이기 위한 절묘한 인사를 실시해야 한다는 부담감을 안고 있다(문화일보 2014. 08. 01). 이런 가운데, 아베 신조 일본 총리의 장기 집권 플랜이 실제로 나타나고 있다. 아베 총리는 9월 초로 예정된 개각에서 이시바 시게루(石破茂) 자민당 간사장을 안전보장법제담당상에 앉히려 한다고 일본 언론들이 보도했다. 표면적으로는 집권 여당 내 최고의 안보 전문가인 이시바 간사장에게 집단적자위권 각의 결정 후의 관련 법 제정을 맡긴다는 것이지만, 실제로는 차기 0순위로 불리는 이시바를 간사장 자리에서 빼고 내각 안에 포진시킴으로써 2015년 가을의 자민당 총재 선거에 출마하지 못하도록 하려는 모습이 나타난다(중앙일보 2014. 07. 30).

8월 5일 자민당 본부에서 열린 지방 조직 간부를 소집한 회의에서 아베 총리는 집단적 자위권의 행사를 용인한 각의 결정을 언급하던 중 징병제에 대해 부정했다. 그럼에도 불구하고 최근 여야당 정치인들의 징병제에 대한 발언 등으로 인해서 징병제에 대한 불신은 커져만 가고 인터넷 등에서도 계속해서 관심이 높아지고 있다.

헌법 해석 변경을 통한 집단적 자위권 용인을 계기로 급락하던 아베 총리의 지지율이 소폭 상승한 것으로 드러났다. 요미우리신문은 1~3일 실시한 여론 조사서 아베 내각 지지율은 51%로, 집단적 자위권 용인을 각의 결정한 직후 조사(48%)에 비해 3%포인트 올랐다. 반면 아베 총리의 지지율이 추가 상승으로 연결될지는 미지수다. 교도통신 조사에서는 집단적 자위권 각의 결정에 대해 응답자의 84.1%가 설명이 부족했고, 60%가 자위권 행사에 반대하고 있어 관련 법안 개정 과정에서 지지율이 재하락할 가능성도 점쳐진다(한국일보 2014. 08. 04).

일본 정당

07월 31일

• 아베, 지지율 만회 승부수 "9월 초 개각·자민당 인사"

(아사히신문 08. 01, 문화일보 08. 01 재인용)

– 아베 신조 일본 총리가 31일 칠레 산티아고에서 열린 기자 회견에서 9월 첫째 주에 개각 및 자민당 인사를 실시하겠다고 밝혔다. 1일 아사히신문 등은 아베 총리가 개각이나 인사에 대해 구체적인 날짜를 언급한 것은 처음이라며 내각 지지율이 40%대로 하락한 가운데 어떤 결단을 할지 주목된다고 보도했다. 이번 개각과 당 인사는 차기 자민당 총재 선거를 1년여 남긴 시점에서 이뤄진다는 점에서 앞으로 정국을 향한 포석이 될 전망이다. 특히 2015년 9월 총재에 재선돼 장기 집권을 바라고 있는 아베 총리는 현재의 낮은 지지율 상승과 당내 장악력을 높이기 위한 절묘한 인사를 실시해야 한다는 부담감을 안고 있다.

08월 01일

• 일본 광역 의회서 개헌 요구 잇따라… '자민당 주도'

(아사히신문 08. 01, 연합뉴스 08. 01 재인용)

– 일본 자민당과 일본 보수·우익 세력이 헌법 개정을 위한 세몰이에 나섰다. 1일 아

사히신문에 따르면 조속한 개헌을 요구하는 의견서나 청원이 전국 19개 현 의회에서 2014년 처음으로 채택됐다. 이들 의견서는 동아시아 정세가 냉엄해지는 가운데 가족관을 반영하고 대규모 재해에 제대로 대응할 수 있는 시대에 맞는 헌법이 필요하다는 취지의 내용으로 돼 있다. 개헌 논의가 급물살을 타면 전쟁과 무력 행사를 금지한 헌법 9조를 수정·폐기해야 한다는 주장이 힘을 받을 것이라는 전망이 나오면서 평화헌법을 지키자는 취지로 결성된 '9조의 모임' 등 호헌 세력 사이에 위기감이 감돌고 있다.

08월 05일

• 2014년판 일본 방위백서… '집단 자위권 홍보용'　　　　　　　(세계일보 08. 05)

– 5일 공개된 2014년판 일본 방위백서는 일본을 둘러싼 안보 위협을 집중 부각하면서 아베 신조 내각의 집단 자위권 용인 방침 등을 새롭게 반영했다. 일본 언론은 이에 집단 자위권 행사에 대한 일본 국민들의 우려감 해소를 겨냥한 측면이 적지 않다고 분석했다. 백서는 2013년의 경우 집단 자위권과 관련해 헌법 제9조 아래 허용되지 않는다는 기존 헌법 해석이 담겼지만 2014년에는 집단 자위권 행사를 용인한 7월 1일 각의 결정을 소개하며 집단 자위권 행사가 가능하다고 대체했다. 보통 일본의 방위백서는 그해 6월 30일까지의 안보 정세와 관련 정책이 반영돼 왔다는 점에서 7월 1일 각의 결정 내용을 담은 것은 이례적이라는 분석이다. 그만큼 아베 정부의 안보 정책을 반영하고 홍보하기 위해 고심한 것으로 해석된다.

08월 06일

• 아베, 자민당 2인자에 '견제구'…당내 반발 기류도　　　　　　(연합뉴스 08. 06)

– 아베 신조 일본 총리가 개각과 자민당 간부 인사를 앞두고 이시바 시게루 자민당 간사장에 대한 견제에 나섰다. 아베 총리는 이시바 씨를 적절히 활용하되 그가 2015년 9월 예정된 자민당 총재 선거에서 자신의 패권을 위협하지 못하도록 묶어 두려는 구상을 굳힌 것으로 전해졌다. 그러나 아베 총리의 이런 구상에 관해 당내에서 반발 기류도 형성되고 있다. 이들은 이시바 간사장이 지역민에게 인기가 많고 집단 자위권 행사 용인 등에 관해 이론적으로 밝기 때문에 유세 현장을 돌며 주민을 설득해야

한다는 점을 내세우고 있다.

08월 07일

• '롱런' 노리는 아베, 2015년 국회 해산 카드 빼들까

(아사히신문 08. 07, 연합뉴스 08. 07 재인용)

- 아베 신조 일본 총리가 장기 집권을 위한 중대 관문인 2015년 9월 자민당 총재 선거를 앞두고, '중의원 해산' 카드를 빼들지 관심이 쏠린다. 아사히신문은 2015년 6월 하순께 정기국회가 끝난 뒤 자민당 총재 선거전이 시작될 무렵 아베 총리가 중의원을 해산하고 그에 따라 '해산 총선'을 치러 승리하면 2015년 9월 자민당 총재 선거에서 '무투표 추대'될 가능성이 있다고 7일 보도했다. 다만, 7월 1일 아베 총리가 집단 자위권 행사 용인을 결정한 데 대한 여론의 반응이 싸늘한 상황에서 최근 하락 추세를 보인 내각 지지율이 아베 총리의 결정에 영향을 줄 수 있다는 분석도 나온다. 2015년 여름까지 지지율이 추가 하락할 경우 조기 총선 카드를 빼들 수 없게 된다는 얘기다.

08월 15일

• 아베 총리, 종전일에 '가해자 반성' 생략하고, 야스쿠니(靖國) 신사에 공물 바쳐

(교도통신 08. 15, 조선일보 08. 15 재인용)

- 아베 신조 일본 총리는 2차 대전 종전 69주년인 15일 도쿄에서 열린 전국 전몰자 추도식 연설에서 "세월이 흘러도 바뀌어선 안 되는 길이 있다. 오늘은 그 평화의 맹세를 새롭게 하는 날이다"라고 말했다고 교도통신이 보도했다. 지난 7월 집단적 자위권 행사를 용인하는 각의 결정으로 일본에 대한 우려가 높아지자 평화 노선을 강조한 것으로 교도통신은 분석했다. 아베 총리는 그러나 역대 일본 총리가 종전 기념일 때마다 표명해 온 아시아 국가에 대한 가해 책임과 반성은 언급하지 않았으며, 부전의 맹세라는 표현도 쓰지 않았다. 아베 신조 일본 총리는 이번에는 직접 야스쿠니를 찾지 않고 하기우다 고이치(萩生田光一) 자민당 총재 특별보좌관을 통해 '자민당 총재' 명의로 공물을 납부했다.

08월 15일

• 일본 여당, 아사히기사 빌미로 고노(河野) 담화 검증 움직임

(산케이신문 08. 16, 경향신문 08. 17 재인용)

– 일본의 집권당인 자민당의 일부 의원들이 최근 아사히신문이 일본군 위안부 관련 기사 중 일부가 오보였다고 인정한 것과 관련, 일본군 위안부 모집의 강제성을 인정하고 사과한 고노 담화에 대한 검증에 나설 움직임을 보이고 있다. 자민당 소속 의원들의 모임은 8월 15일 당 본부에서 회의를 열고 아사히신문의 위안부 관련 일부 기사의 오보 인정과 관련해 고노 요헤이(河野洋平) 전 장관에 대한 자민당의 독자적인 조사를 실시할 것을 요구하기로 했다고 산케이신문이 16일 보도했다. 의원들은 고노 전 장관을 상대로 아사히신문의 보도가 고노 담화에 영향을 끼쳤는지 여부를 조사해야 한다고 주장했다.

일본 선거·의회

08월 10일

• 일본 야당 의원들, 집단 자위권 행사 금지법 추진

(도쿄신문 08. 10, 연합뉴스 08. 10 재인용)

– 일본 아베 신조 정권이 집단 자위권 행사를 위해 관련 법 정비를 추진하는 것에 맞서 일본 야당 의원들이 집단 자위권 행사 금지를 규정한 법안을 마련 중이라고 도쿄신문이 10일 보도했다. 보도에 따르면 민주당과 사민당 등 야당 의원들이 구성한 입헌포럼의 안전 보장 정책은 국제 분쟁을 비군사적 수단으로 해결하는 것을 핵심으로 추진한다는 구상을 담아 '평화 창조 기본법안'을 작성 중이다. 이들은 '국제적 협조 추진'과 '평화적 생존권 보장'을 기치로 내걸고 있으며 집단 자위권을 행사하지 않는다는 내용을 법안에 명시할 계획이다. 이 법안은 최근 일본 내 여론 조사 등에서 드러나는 집단 자위권에 관한 우려와 반대의 목소리를 상징적으로 보여 주는 것으로 평가된다. 그러나 여당이 중의원과 참의원의 과반을 점유해 현실적으로 성립하기 어려울 것으로 보인다.

08월 12일

• 일본 "독도 인근에 자위대 시설 설치" (요미우리신문 08. 12, 한국일보 08. 12 재인용)

– 일본 집권 자민당이 한국, 중국 등 국경과 가까운 낙도에 자위대 시설 등을 설치하는 방안의 의원 입법을 가을 국회에 제출할 방침이라고 요미우리신문이 12일 보도했다. 자민당은 법안이 통과되면 안보와 해양 질서에 중요한 역할을 하는 섬을 특정 국경 낙도로 지정, 자위대와 해상보안청 등 국가 기관을 설치하고, 자위대 시설 주변 토지는 국가가 매입하고 항만과 도로 등 인프라 정비의 국고 부담을 늘리는 등 지원 방안을 강구할 예정이다. 이 신문은 중국 어선의 불법 어업이나 외국 자본의 토지 취득을 막을 방법이 없는 등 안보에 대한 우려가 심각해지고 있다며 자민당은 민주당, 공명당에 협력을 얻어 가을 임시국회에서 법안을 통과시킬 방침이라고 전했다.

일본 여론

07월 29일

• 아베 40%대 지지율…'롱런 가도'에 이상 있나

(아사히신문 07. 29, 연합뉴스 07. 29 재인용)

– 일본 아베 신조 내각의 지지율 하락이 심상치 않다. 집단 자위권 행사를 용인하는 각의 결정을 한 지난 1일 이후 각 언론사의 여론 조사에서 내각 지지율은 예외 없이 40%대를 기록했다. 특히 아사히신문이 26~27일 실시한 조사에서는 42%로 집계돼 40% 선까지 위협받는 것으로 나타났다. 아베 내각의 지지율 하락이 시기적으로 집단 자위권 행사 용인을 결정한 이후 두드러졌다는 점에서 우선 집단 자위권 추진 방식에 대한 일본 국민의 반감이 영향을 준 것으로 보인다. 집단 자위권 자체에 대해서도 반대가 찬성보다 많지만, 이 문제와 관련한 아베 총리의 소통 방식에 대한 반대는 더욱 두드러진다.

07월 31일

• "일본 국민 정치·사회 참여 흥미 잃어" (NHK 07. 31, 문화일보 07. 31 재인용)

– 일본인들이 점점 정치 및 사회 참여 문제에 대해 흥미를 잃어가고 있는 것으로 나

타났다. 31일 NHK 설문 조사 결과 공적 결정에 참여할 수 있는 기회를 늘려야 한다는 질문에 응답자 중 21%만이 '매우 중요하다'고 답해 10년 전에 비해 절반 이하로 떨어진 것으로 나타났다.

08월 04일

• "아베 내각 지지율 50%대 회복"　　　(요미우리신문 08. 04, 연합뉴스 08. 04 재인용)

‒ 일본 아베 신조 내각 지지율이 요미우리신문 여론 조사에서 50%대를 회복한 것으로 나타났다. 요미우리가 1~3일 실시해 4일 공개한 전국 여론 조사에서 아베 내각 지지율은 51%로, 집단 자위권 행사 용인을 결정한 직후인 7월 2~3일 조사에서의 48%에서 3%포인트 상승했다. 이번 조사에서 집단 자위권을 제한적으로 행사할 수 있게 한 아베 내각의 결정에 대해 '평가한다(가치 있는 것으로 간주한다는 의미)'는 응답은 41%로 집계돼 앞선 조사에 비해 5%포인트 올라갔지만, '평가하지 않는다'는 응답은 51%를 그대로 유지했다. 반면 '아베 내각을 지지하지 않는다'는 응답의 비율은 41%로 2012년 12월 제2차 아베 내각이 출범한 이후 가장 높았다.

08월 06일

• 아베 총리 히로시마 원폭 69주년 행사 참석하자, 히로시마 시민 항의 시위

　　　　　　　　　(중국 관영 신화통신·교도통신 08. 06, 조선일보 08. 06 재인용)

‒ 아베 일본 총리가 히로시마 원자탄 피폭 69주년 기념행사에 참가한 6일, 히로시마 시내에서 아베 총리의 행사 참가에 반대하는 시민들의 시위가 벌어졌다고 중국 관영 신화통신이 보도했다. 히로시마 시내에서는 1,000여 명이 거리로 나서 아베 총리가 기념식에 참석한 것을 항의하고, 집단 자위권 행사 결정에 반대하는 시위를 벌였다. 한 시민은 신화통신에 "아베 내각이 집단 자위권 행사를 결정한 것은 히로시마, 나가사키의 참화를 다시 부르겠다는 뜻"이라고 말했다. 히로시마 현 원폭피해자다체협의회는 아베 총리에게 "정부는 집단 자위권 행사를 용인해 일본 헌법의 정신을 지우려하고 있다"면서 "이는 피폭자들의 오랜 바람과 다른 것으로 우려를 금할 수 없다"고 말했다. 아베 총리는 이에 대해 "(집단 자위권 행사 결정은) 국민의 평화로운 생활을 지키기 위한 것이다. 국민의 이해를 얻기 위해 노력하겠다"고 말했다고 교도통신은 전했다.

08월 06일

• 아베 '히로시마 연설' 2013년 것 베껴 망신   (문화일보 08. 08)

– 아베 신조 일본 총리가 원자폭탄 투하 69주년을 맞은 8월 6일 히로시마에서 열린
평화 기념식에서 2013년 연설문을 거의 그대로 베껴 발표했다가 논란에 휩싸였다.
8일 일본 인터넷 언론 등에 따르면 6일 아베 총리가 한 연설의 앞부분 세 문단과 마
지막 문단은 2013년 연설과 조사까지 똑같을 정도로 판박이였다. 아베 총리의 연설
을 비교한 트위터는 이틀 만에 무려 6,100여 건 리트윗되면서 급속도로 퍼져 나가고
있다. 세계의 평화를 기원하고 희생자들을 애도하는 의미의 연설이 '자기 표절'이었
다는 사실에 일본 여론은 들끓고 있다.

08월 11일

• "아베 내각 지지율 50%대 회복"   (NHK 08. 11, 연합뉴스 08. 11 재인용)

– 집단 자위권에 대한 각의(국무회의) 결정이 있었던 지난달 각 언론사 조사에서 일
제히 40%대로 하락했던 아베 신조 내각의 지지율이 반등하는 양상이다. NHK는
8~10일 전국 20세 이상 남녀 1천522명(응답자 968명)을 상대로 실시한 여론 조사에서
'아베 내각을 지지한다'는 응답이 지난달 조사보다 4%포인트 상승한 51%로 집계됐
다고 11일 보도했다. '아베 내각을 지지하지 않는다'는 응답은 지난달에 비해 5%포
인트 내려간 33%였다.

08월 12일

• "징병제는 위헌" 아베 확답에도 일본 내 불안감 확산   (연합뉴스 08. 12)

– 일본에서 징병제가 도입될지 모른다는 불안감이 확산하고 있다. 아베 신조 일본
총리가 최근 징병제가 헌법 위반이라서 도입되지 않을 것이라는 뜻을 거듭 밝혔지
만, 징병제에 대한 논쟁이 끊이지 않는 양상이다. 일본에서 징병제에 대한 관심이
이어지는 것은 아베 정권이 집단 자위권 행사 용인을 추진한 것이 계기를 제공했다.
에다노 유키오(枝野幸男) 전 관방장관이 "집단 자위권을 적극적으로 행사하면 징병제
로 갈 수밖에 없다"고 언급한 것이 큰 파문을 일으켰다고 전했다. 이를 다룬 기사가
정치인의 발언치고는 이례적으로 4천 번 넘게 트위터에서 리트윗된 것이다. 이후

일본의 주간지나 일간지 등이 징병제에 관한 찬반 의견·전망을 내놓았고 각종 투고 란에도 글이 이어지는 등 상황이 쉽게 진정되지 않고 있다.

08월 14일

• "군위안부 해결, 전쟁 성폭력 종식 첫발"   (연합뉴스 08. 14)

– 일본군 위안부 문제 해결을 요구하는 일본 시민들이 광복절 전날인 14일 저녁 일본군 위안부 기림일 행사를 열었다. '전시성폭력문제연락협의회'가 주최한 이 행사에는 시민 단체 관계자와 일본 시민 등 약 250명이 참석, 일본 정부에 군위안부 문제의 조속한 해결을 촉구했다. '일본군위안부문제해결전국행동'은 이날 발표한 호소문에서 "이 나라를 다시 '전쟁을 할 수 있는 나라'로 만들고 있는 아베 정권은 군위안부 문제의 해결을 모색하기는커녕 우파 정당·정치가와 일부 언론의 힘을 빌려가며 역사적 사실을 부정하려 하고 있다"고 지적했다.

08월 18일

• 일본, 미군기지 이전 준비 본격화…주민 반발 고조

(도쿄신문 08. 18, 경향신문 08. 18 재인용)

– 일본 정부가 오키나와(沖繩) 현 후텐마(普天間) 미군기지의 이전 준비 작업을 본격적으로 추진하고 나섰다. 지역 주민과 환경 단체 등의 반발이 심해질 것으로 예상된다. 일본 정부가 오키나와 현 주일미군 후텐마 비행장(기지)의 이전 대상지인 현내 헤노코(邊野古) 연안에서 17일 지질 조사에 착수했다고 도쿄신문 등 일본 언론이 18일 보도했다. 기지 이전에 반대하는 지역 주민 등 100여 명은 헤노코 연안의 미군기지 입구에서 시위를 벌였다. 미국과 일본 정부는 주택가 한가운데에 있어 주민의 생활에 큰 불편을 끼쳐 온 후텐마 기지를 오키나와 현의 다른 곳으로 이전하기로 1996년 합의한 바 있다. 그러나 주민들이 강하게 반대하면서 18년 동안 합의는 이행되지 않았다. 지난 1월 실시된 나고(名護) 시장 선거에서 현내 기지 이전에 반대하는 이나미네 스스무(稻嶺進) 시장이 재선에 성공함으로써 기지 건설에 부정적인 주민 여론이 여전히 강하게 남아 있다는 사실이 확인된 바 있다.

3차(8월 말~9월 말)

아베 신조 일본 총리는 3일 취임(2012년 12월) 이래 첫 개각이자 자민당 간부 인사를 단행, 당 간사장에 다니가키 사다카즈(谷垣禎一) 법무상을 임명했다. 다니가키 신임 간사장은 2009년 자민당 총재를 지낸 중의원 11선 의원으로, 2인자 격인 자민당 간사장에 당 총재 경험자가 임명된 것은 처음이다. 그리고 이시바 시게루 자민당 간사장은 안보법제담당상 자리를 거부함으로써 아베 총리와 갈등을 보였는데, 결국에는 아베 총리의 뜻에 따라서 지방창생담당상으로 내각에 입각했다. 또한 아베 내각의 여성 각료 수가 기존 2명에서 5명으로 역대 최다 기록을 보이고 있다. 아베 총리는 이와 함께 새 자민당 정조회장에 이나다 도모미(稲田朋美) 행정개혁담당상, 총무회장에 니카이 도시히로(二階俊博) 중의원 예산위원장, 선거대책위원장에 모테기 도시미쓰(茂木敏充) 경제산업상을 임명하는 등 자민당 4역을 일괄 교체했다. 당 4역 교체는 2015년 9월의 자민당 총재 선거 등 장기 집권을 겨냥하여, 당 체제를 쇄신함으로써 정권 구심력과 당내 기반을 강화하기 위한 것으로 분석된다(연합뉴스 2014. 09. 03).

한편, 일본 보수·우익 세력은 최근 일본 정부의 고노 담화 검증과 아사히신문이 일본군 위안부 강제 연행에 관해 증언한 요시다 세이지(吉田淸治) 씨의 발언에 관한 기사를 취소한 것을 계기로 고노 담화 수정과 고노 전 관방장관의 국회 출석을 요구하는 발언에 대해 자민당 내부에서 입장 차이를 보이고 있다. 아베 정부가 고노 담화 검증 작업을 벌인 데 이어 자민당 정책 결정 기구가 고노 담화를 대체할 새 담화를 발표해야 한다고 요구하는 모습을 보여 왔고, 이번 개각으로 당 운영의 한 축을 담당하는 정무조사회장인 이나다 도모미도 고노 담화 수정을 지속적으로 주장하고 있다. 반면에 니카이 도시히로 자민당 신임 총무회장은 아베 신조 일본 정권 내부에서 확산되고 있는 고노 담화 수정이나 고노 전 관방장관의 국회 소환에 관해 부정적인 견해를 밝혔다(연합뉴스 2014. 09. 11).

이런 가운데, 일본 아베 신조 정권의 지지율이 여성 각료 등용과 중량급 인사 중용에 힘입어 크게 반등했다. 요미우리신문이 3~4일 실시한 전국 전화 여

354 지역 다양성과 사회 통합 (Ⅱ)

론 조사에서 아베 내각 지지율은 64%로 한 달 전에 비해 13%포인트 상승했다. 아베 내각을 지지하지 않는다는 응답은 29%로 12%포인트 떨어졌다. 또한 여성 각료를 2명에서 역대 최다인 5명으로 늘린 데 대해 좋게 평가한다는 응답이 67%를 차지했다. 2020년을 목표로 사회 각계 지도층의 여성 비율을 30%까지 끌어올리겠다고 밝힌 아베 총리의 여성 중시 정책이 이번 개각에서 어느 정도 증명됐다고 본 것이다(중앙일보 2014. 09. 05). 그러나 집단적 자위권 행사 문제와 소비세 문제에 대해서는 여전히 반대 여론이 높아 향후 정책 추진 과정에서 갈등이 예고되고 있다.

일본 정당

08월 28일

• 일본 자민당, 국회 주변 시위도 규제 검토   (교도통신 08. 28)

– 자민당은 28일 '증오 발언(hate speech)'으로 불리는 인종 차별적인 가두 연설 활동에 대한 대책을 검토하는 프로젝트팀의 첫 회동을 당 본부에서 열어 국회 주변에서 큰 음량을 내는 가두 활동과 시위에 대한 규제도 함께 논의할 방침을 확인했다. 다카이치 사나에 정조회장은 "일을 못 하는 상황이 있다. 일할 수 있는 환경을 확보하지 않으면 안 된다. 비판을 두려워하지 말고 논의를 추진한다"고 말했다. 한편 증오 발언 규제에 관해서는 신규 입법이 필요할지 여부 검토를 추진한다.

08월 29일

• 일본 자민당 넘버 2 이시바 간사장 "아베 총리 뜻 따르겠다" 입각 시사

(아사히신문 08. 31, 서울신문 08. 31 재인용)

– 일본 집권 자민당의 넘버 2 이시바 시게루 간사장이 내달 3일 입각할 것으로 보인다. 이시바 간사장은 29일 도쿄 총리관저에서 아베 신조 총리와 독대한 뒤 기자들에게 조직의 일원으로서 수장의 결정에 따르겠다며 총리의 입각 요청을 받아들일 방침을 밝혔다고 아사히신문이 보도했다. 이시바 간사장은 회담에서 아베 총리가 제안한 안보법제담당상을 거절하고 간사장 연임을 희망한다는 생각을 밝혔으나 결국

"총리와의 사이에 균열은 없다. 정권을 전력으로 지지하겠다"며 입각 요청이 있을 경우 수락하겠다는 뜻을 나타냈다. 이시바 간사장은 안보법제담당상 자리를 받아들이려다 막판에 거부했지만, 이로 인해 자민당 내에서 정권을 흔든다는 비판이 높아지는 것을 막기 위해 노선을 바꾼 것으로 보인다고 아사히신문은 분석했다.

09월 03일

• 아베 첫 개각 단행, 장기 집권 겨냥 친정 체제 강화   (세계일보 09. 03)

− 아베 신조 일본 총리가 3일 집권 후 첫 개각을 단행했다. 아소 다로(麻生太郎) 부총리 겸 재무상 등 핵심 각료 6명을 유임하고 지역창생상에 이시바 시게루 자민당 간사장을 기용하는 등 12명을 교체했다. 아베 총리는 이날 오후 총리관저에서 임시 각의를 열어 연립 여당인 공명당의 야마구치 나쓰오 대표와 당수 회담을 가진 뒤 개각을 발표했다. 아베 총리는 2012년 12월 제2차 집권 이후 617일간 각료를 교체하지 않았다. 정책 연속성과 함께 당에 대한 정부 우위도 유지해 깜짝 개각보다 장기 집권을 위한 안정을 택했다는 평가다. 아울러 여성 각료를 5명이나 기용했다. 2001년 고이즈미 준이치로(小泉純一郎) 내각 때의 여성 각료 수와 같은 역대 최다 기록이다.

09월 03일

• 자민당 간사장은 총재 출신 'Mr. 조정자'   (서울신문 09. 04)

− 아베 신조 일본 총리의 3일 개각 및 자민당 간부 인사에서 가장 눈길을 끈 인물은 자민당 간사장에 임명된 다니가키 사다카즈 법무상이다. 중의원 11선 경력의 베테랑인 그는 2009~2012년 자민당 총재를 역임한 바 있다. 당의 수장을 지낸 인사가 2인자 격인 간사장에 중용되는 것은 이례적인 일이라고 일본 언론들은 평가했다. 아베 총리가 예상을 뒤엎고 다니가키 법무상을 간사장에 기용한 것은 당 운영에 안정을 꾀하기 위한 의도로 풀이된다. 이달 이후 연말까지 아베 정권은 중요한 선거와 정책 결정이 줄이어 예정돼 있다. 10월에는 후쿠시마 현 지사 선거, 11월에는 오키나와 현 지사 선거가 있고 2015년 4월에는 통일 지방 선거가 열린다. 이런 중요한 일정을 앞둔 상황에서 당내 다양한 파벌의 이해를 잡음 없이 조절할 수 있을 만한 적임자로 다니가키를 지목한 것이다.

09월 03일

• 일본 자민당 신임 정조회장 "고노 담화 수정해야"

(요미우리신문 09. 04, 연합뉴스 09. 04 재인용)

– 일본 집권 자민당의 이나다 도모미 신임 정무조사회장(정조회장)이 취임하자마자 일본군 위안부 강제 동원을 인정하고 사죄한 고노 담화를 수정해야 한다고 주장했다. 이나다 정조회장은 3일 민방인 BS후지에 출연한 자리에서 고노 담화에 대해 "허위로 인해 국가의 명예가 세계에서 실추하고 있는 상황이 개탄스럽다"며 "명예 회복을 위해 담화를 수정하지 않으면 안 된다"고 말했다고 요미우리신문이 4일 보도했다.

09월 11일

• 일본 자민당 총무회장, "고노 담화 수정에 반대"

(산케이신문 09. 11, 세계일보 09. 11 재인용)

– 니카이 도시히로 일본 자민당 신임 총무회장이 고노 담화 수정은 물론 고노 요헤이 전 관방장관의 국회 소환에 대해 반대 의견을 밝혔다. 니카이 총무회장은 11일 보도된 산케이신문과의 인터뷰를 통해 "고노 담화는 당시 고노 전 장관이 주변 사람들과 의논해 결정한 것이다. 고노 전 장관이 아닌 사람이 담화에 대해 이러쿵저러쿵 경솔하게 발언해서는 안 된다"고 말했다. 니카이 총무회장은 또 "의장을 지낸 사람을 국회에 가볍게 부르면 일본군 위안부 문제 이외의 새로운 문제가 발생한다"며 고노 전 관방장관의 국회 소환에 대해서도 반대 의사를 분명히 했다.

09월 16일

• 일본 자민당 "고노 담화 수정 않겠다"   (세계일보 09. 16)

– 일본 집권당인 자민당의 다니가키 사다카즈 간사장이 16일 기자 회견에서 일본군 위안부의 강제성을 인정하고 사죄한 1993년 고노 담화를 수정하지 않겠다고 밝혔다. 그는 또 위안부와 관련한 과거의 일부 기사를 취소한 아사히신문 관계자를 국회로 소환하는 방안에 대해서도 잘못된 신문 보도는 반성할 필요가 있지만 우선 저널리즘의 세계에서 제대로 논의하는 것이 중요하다고 신중한 자세를 보였다. 이 발언

은 이나다 도모미 정무조사회장이 지난 3일 방송에서 일본의 명예 회복을 위해 고노 담화를 수정하지 않으면 안 된다고 말한 것과 정면 배치된다. 아베 신조 총리에 이어 자민당 내 2인자인 다니가키 간사장이 이같이 밝힘에 따라 정책조사회를 중심으로 제기된 고노 담화 수정론은 당분간 진정될 것으로 보인다.

09월 16일

• 일본 민주당, 1년 9개월 만에 거당 체제　　(지지통신 09. 16, 세계일보 09. 16 재인용)

– 일본의 제1야당 민주당이 2012년 12월 총선 참패 이후 1년 9개월 만에 거당 체제를 구축했다. 그동안 아베 신조 총리가 이끄는 집권 자민당에 끌려 다닌 민주당이 반 자민당 노선을 분명히 해 정국 주도권을 둘러싼 여·야 대결도 본격화될 전망이다. 민주당은 16일 모리오카(盛岡) 시에서 중·참의원 합동 의원총회를 개최하고 대표대행에 오카다 가쓰야(岡田克也) 전 대표를, 신임 간사장에 에다노 유키오 전 관방장관을 임명했다고 일본 언론이 보도했다. 오카다 대표대행과 에다노 신임 간사장은 가이에다 반리(海江田万里) 현 대표와 긴장 관계를 유지한 인물들로, 대중적인 인기가 높은 민주당 중의원 6인방 소속이라는 점에서 거당 체제를 구축한 것으로 평가된다. 지지통신 등은 민주당이 당내 라이벌을 흡수해 거당 체제를 구축, 반자민당 노선을 걷는 한편 야권 재편에도 본격 나설 것이라고 전망했다.

일본 선거·의회

09월 07일

• 일본 나고(名護) 시 의회 선거서 미군기지 수용 반대파 과반

(일본 언론 09. 08, 연합뉴스 09. 08 재인용)

– 일본 오키나와 현 나고 시 시의회 선거에서 미군기지 수용을 반대하는 후보들이 과반 의석을 차지했다고 일본 언론이 8일 보도했다. 7일 치러진 선거에서 의원 정원 27명 가운데 미군기지 수용에 반대하는 후보 16명이 당선됐고, 찬성하는 후보 11명이 당선됐다. 미군기지 수용에 반대하는 의원 수는 17명에서 1명 줄어들게 됐지만 여전히 과반을 유지했다. 일본 정부는 미일 합의에 따라 민가에 인접한 미 해병대

후텐마 기지를 나고 시 헤노코 연안으로 이전하는 방안을 추진하고 있지만 '오키나와 현 외 이전'을 주장하는 시민 단체 등의 반대가 만만치 않은 상황이다. 후텐마 기지의 현내 이전에 반대하며 지난 2014년 1월 재선에 성공한 이나미네 스스무 나고시 시장은 이번 시의회 선거 결과에 대해 "헤노코에 새로운 기지를 만들 수 없다고 호소해 온 후보가 과반수 의석을 유지한 사실에 근거해 앞으로도 나고 시민의 민의를 반영하는 형태로 임하고 싶다"고 말했다.

09월 11일

• '미군기지 쟁점' 일본 오키나와 지사 선거서 여당 '분열'　　　　(연합뉴스 09. 11)

－ 일본 오키나와 현 지사 선거에서 미군 비행장 이전 문제를 두고 일본 집권 자민당이 분열 양상을 보이고 있다. 자민당 중앙본부는 오키나와의 후텐마 기지를 오키나와 본섬 중부 헤노코 연안으로 이전하는 방안에 협조적인 나카이마 히로카즈(仲井眞弘多) 현 지사의 3선을 지원하기로 했는데 이에 반대하는 자민당 출신 정치인이 출마 의사를 표명했기 때문이다. 복병으로 떠오른 인물은 오나가 다케시(翁長雄志) 나하(那覇) 시장이다. 그는 후텐마 기지 이전 문제에 관해 "지역의 이해를 얻을 수 없는 안은 사실상 불가능"이라며 반대 의사를 명확하게 했다. 또 기지 문제가 선거의 쟁점으로 부상할 것임을 예고했다. 미군기지 이전을 현안으로 추진해 온 아베 내각으로서는 상당히 곤혹스러운 상황에 부닥쳤다.

일본 여론

08월 30일

• 자민당의 '국회 앞 시위 규제' 움직임에 분노하는 일본 시민들　　　(교도통신 08. 30)

－ 자민당이 국회 주변에서의 시위와 가두 선전 활동 규제를 검토하기 시작한 것에 반발이 확산되고 있다. "표현의 자유에 대한 이해가 결여돼 있다", "전쟁 중인 듯하다". 국회 주변에서 시위 활동을 벌이는 시민 단체와 지식인들은 이를 강력히 비판했다. 자민당은 인종 차별적인 가두 선전 활동을 '증오 발언' 대책과 함께 검토하겠다는 입장이지만 "같은 선상에 두고 보는 것은 이상하다"는 목소리도 나오고 있다.

모로오카 야스코(師岡康子) 변호사는 "시위와 집회에서의 권력 비판, 정치적 의견 표명은 민주주의 사회에 필요 불가결한 표현의 자유 속에서도 가장 중요하다. 시끄럽다는 이유로 헤이트스 피치와 똑같은 선상에서 규제하는 것은 표현의 자유에 대해 전혀 이해하지 못하고 있다는 증거다. 정부 비판에 대한 탄압에 악용하려는 생각이 아닐까"라며 위기 의식을 표출했다.

09월 03일

• 첫 개각에 대한 일본 각계의 평가　　　(닛케이신문 09. 04, 연합뉴스 09. 04 재인용)

– 3일 단행된 아베 신조 내각의 첫 개각에 대해 일본 각계의 평가는 극명하게 엇갈렸다. 다수의 일본 언론이 핵심 각료 6명 유임 사실 등에 비춰 아베 총리의 '친정 체제 강화'에 초점이 맞춰진 개각이었다고 평가했으며, 아베 정권과의 '밀월 관계'에 있는 일본 재계는 높은 점수를 줬다. 반면 야당은 박한 평가를 내렸다. 제1야당인 민주당의 가이에다 반리 대표는 "개각한 척한 내각이라고 명명하고 싶다"며 "유임이 6명으로, 신선미가 떨어진다"고 지적했고, 강경 우익 성향인 차세대당의 야마다 히로시(山田宏) 간사장도 "무엇을 위해 개각한 것인지 감이 오지 않는다"고 말했다. 또 납북 피해자 송환을 위한 북한과의 협상이 진행 중인 와중에 납치문제담당상을 바꾼 데 대해 납치피해자가족모임 측에서는 "왜 지금 교체하는 것인가. 총리의 생각을 확인하고 싶다"는 우려의 목소리도 나왔다고 닛케이신문이 보도했다.

09월 04일

• 개각 직후 아베 내각 지지율 상승…55%　　(교도통신 09. 04, 연합뉴스 09. 04 재인용)

– 일본 아베 신조 내각 지지율이 출범 이후 첫 개각을 단행한 직후 상승한 것으로 나타났다. 교도통신이 3~4일 진행한 전국 전화 여론 조사에서 내각 지지율은 54.9%로 지난달 조사 때에 비해 5.1% 상승했다. 개각으로 새로 짜여진 내각 진용에 대해 '평가한다'(긍정적으로 본다는 의미)는 답은 46.9%로 '평가하지 않는다'는 답(31.8%)을 상회했다. 아울러 자민당 총재 경력의 다니가키 사다카즈 신임 자민당 간사장에 대해 '기대한다'는 답변이 50.8%로, '기대하지 않는다'(39.6%)보다 많았다. 또 2012년 여야 합의대로 2015년 10월부로 소비세율을 현재의 8%에서 10%로 올리는 데 대해서는

'반대한다'는 답이 68.2%로 나타났다.

09월 05일

• 아베 지지율 '여풍 효과'… 개각 후 60%대 재진입

(요미우리신문 09. 05, 문화일보 09. 05 재인용)

- 3일 개각을 단행한 아베 신조 일본 내각의 지지율이 급등하면서 60%대에 재진입
했다고 요미우리신문이 5일 보도했다. 요미우리가 3~4일 실시한 전화 여론 조사 결
과, 아베 내각 지지율은 64%로 지난 2014년 8월의 51%에 비해 13%포인트 상승했
다. 자민당 지지율도 46%를 기록하며 전월 대비 8%포인트 올랐다. 아베 내각의 지
지율이 60%를 넘은 것은 지난 5월 조사 이후 4개월 만이다. 일본 언론들은 아베 총
리가 이번 개각에서 역대 최다인 5명의 여성 각료를 기용한 것이 지지율 상승으로
이어졌다고 분석하고 있다. 요미우리 조사에서 여성 각료가 늘어난 것에 대한 의견
을 묻는 질문에 응답자의 67%가 '(긍정적으로)평가한다'고 답했다. 그러나 집단적 자
위권 행사 문제에 대해서는 여전히 반대 여론이 높아 향후 정책 추진 과정에서 갈등
이 예고되고 있다. 집단적 자위권 행사 각의 결정과 관련한 의견은 '평가하지 않는
다' 48%, '평가한다' 43%로 찬반 여론이 양분되는 것으로 나타났다. 경기 회복을 실
감할 수 없다는 응답자도 76%로 아베 내각의 경제 정책 성공 여부에 따라 지지율이
하락할 가능성도 있다.

09월 04일

• "헌법 9조를 파괴하지 말라" 도쿄에서 집단적 자위권 반대 집회 열려

(아사히신문 09. 05)

- 지난 4일 도쿄 도(東京都) 히비야(日比谷)에서 집단적 자위권 행사를 용인한 각의 결
정의 철회를 요구하고 관련법의 정비에 반대하는 집회가 열렸다. 참가자들은 "전쟁
하게 하지 말라", "헌법 9조를 파괴하지 말라"고 호소했다. 이번 집회는 작가와 학자
가 주축이 돼 결성된 시민 단체인 '전쟁을 허용하지 않는 1000인 위원회' 등이 주최
했다. 주최 측에 따르면 약 5,500명이 집회에 참가했다고 한다. 작가인 아메미야 카
린(雨宮處凜) 씨는 "전쟁터는 가난한 사람들을 대량으로 필요로 한다. 고용이 파괴된

상황에서 집단적 자위권 문제가 나오는 게 심상치 않게 느껴진다"고 했다. 반대 집회 후 참가자들은 도심을 시위 행진했다.

4차(9월 말~10월 말)

고혜빈

아사히신문이 일본군 위안부 문제를 다룬 기사를 취소한 것을 계기로 일본 내에서는 여전히 위안부 문제와 고노 담화 수정에 대해서 뜨겁다. 아베 신조 일본 정권의 고노 담화에 대한 공세가 심상치 않다. 아베 정부는 고노 담화를 계승한다는 입장이며 담화를 수정하지 않겠다고 확고하게 말하고 있다. 하지만 아사히신문의 보도 때문에 일본군 위안부에 관한 오해가 퍼지고 있다고 거듭 주장하면서 결과적으로는 고노 담화를 수정해야 한다는 논리에 불을 지피고 있다. 아베 총리뿐만 아니라 자민당 내부에서도 이 의견에 동조를 하고 있는 모습을 보인다. 이는 아베 총리의 최측근인 하기우다 고이치 자민당 총재 특별보좌가 6일 고노 담화의 역할이 끝났다며 무력화하자고 주장한 것에서 볼 수 있다(연합뉴스 2014. 10. 07). 반면에 민주당은 고노 담화의 재검토 반대를 촉구하고, 고노 담화를 답습하자는 호소문을 내 제동을 걸 것으로 보여 고노 담화 수정과 위안부 문제에 대한 논란은 지속될 것으로 보인다.

한편, 아베 정권은 지난 10월 8일 합의한 미·일 방위협력지침 중간 보고서에서 일본 자위대의 활동 범위를 일본 주변에서 전 세계로 대폭 확대하겠다는 의지를 보였다(경향신문 2014. 10. 17). 이와 더불어 아베 총리가 '개헌'에 대한 의지를 분명히 밝혔다. 아베 총리는 지난 18일 라디오 프로그램에서 "현행 헌법은 점령군의 영향 아래에서 원안이 작성됐다"며 "역시 스스로 만들어야 한다"고 말했다. 닛케이신문은 이 발언에 대해서 헌법 9조를 수정하는 것을 포함한 전면적인 개헌을 의미하는 '자주 헌법' 제정에 의욕을 보인 것으로 해석했다(조선일보 2014. 10. 19).

10월 14일, 일본 정부가 각의에서 기밀을 누설한 공무원 등에 대한 처벌을 강화하는 내용의 '특정 비밀 보호법'과 관련해, 특정 비밀의 지정과 해제 기준을 정한 운용 기준과 법 시행일을 12월 10일로 한다는 정령을 결정했다. "국민의 알 권리를 제약하는 위헌 법률"이라는 비난 속에 양원 과반 의석을 장악한 연립 여당이 법안을 강행 처리를 했다(연합뉴스 2014. 10. 15). 이를 계기로 각계의 반발이 재점화되는 모습을 보인다.

이러한 가운데, 일본 아베 신조 내각의 지지율이 40%대로 하락했다. 교도통신이 18~19일 실시한 전국 전화 여론 조사에서 내각 지지율은 48.1%로 나타나 개각 직후인 지난달 3~4일 조사 때의 54.9%에서 6.8%포인트 떨어진 것으로 나타났다. 교도통신은 여성 각료 2명의 정치 자금 부당 지출 등의 문제와 정부의 경제 정책에 대한 불만이 지지율 하락에 영향을 줬을 가능성이 있다고 분석했다 (아시아투데이 2014. 10. 19).

일본 정당

10월 06일

• 아베 '고노 담화 수정' 제동 걸리나? 민주 '반대'

(아사히신문 10. 06, 아시아투데이 10. 07 재인용)

– 일본 아베 총리의 측근이 새 담화를 발표해 고노 담화의 역할을 끝내겠다고 발언한 데에 대해 민주당이 고노 담화를 답습하자는 호소문을 내 제동을 걸 것으로 보여 논란이 예상된다. 아사히신문에 따르면 민주당은 지난 6일 임원회에서 고노 담화의 재검토를 요구하는 결의안이 지방 의회에 나올 경우의 대응으로 고노 담화의 재검토 반대를 촉구하는 호소 요청문을 전국 도(都)·도(道)·부(府)·현(縣)에 보내기로 했다. 민주당은 "고노 담화를 답습하는 것이 기본 방침"이라는 입장이다. 당 간부는 "민주당은 의견을 제한하지 않는다"며 담화의 '재검토 반대'를 명시하고 있지는 않지만, 결의안 저지를 향해 "방침을 공유 할 수 있는 세력과의 연대도 포함한 검토"라고 밝혀 다른 야당 세력과의 연계를 요청했다.

10월 07일

• 아베 총리 측근 "고노 담화 역할 끝났다"   (세계일보 10. 07)

– 아베 신조 일본 정권이 일본군 위안부 강제 동원을 사죄한 '고노 담화' 무력화에 노골적으로 나서고 있다. 하기우다 고이치 자민당 총재 특별보좌는 6일 오후 한 방송에 출연한 자리에서 고노 담화에 대해 "발표 당시로서는 정치적 역할이 분명히 있

었지만, 지금은 그 역할이 끝났다. 그런 의미에서 무력화해야 하는 것 아닌가" 라고 담화를 사실상 폐기해야 한다고 주장했다. 그는 이어 "정부는 수정하지 않는다고 하고 있지만 전후 70년인 2015년에 '오해'를 해소할 내용을 포함한 새로운 담화를 내면 고노 담화는 결과적으로 무력화될 것"이라고 부연했다. 일본 언론 등은 하기우다 특보의 발언이 "일본 정부에 사실상 수정을 촉구한 것"이라고 해석했다.

10월 10일

• "아베, 일본 안보 정책 대전환 일방적 결정" (문화일보 10. 10)

– 일본 자위대와 미군의 협력 범위를 일본 주변에서 전 세계로 대폭 확대한 미·일 방위협력지침 개정안 중간 보고서를 놓고 일본 여당 내부에서 불협화음이 일고 있다. 자민당은 미·일 군사 동맹이 강화될 것이라며 환영하고 있지만, 연립 여당 공명당은 자위대의 활동 범위에 제약이 없어진다는 점을 우려하면서 반발하고 있다. 8일 발표된 중간 보고서는 기존 가이드라인에 규정된 평시, 일본 유사시, 주변 사태의 3가지 상황에 따른 미·일 군사 협력 조항을 삭제해 자위대가 일본 주변뿐 아니라 전세계에서 미군을 지원할 수 있도록 하는 내용을 담고 있다. 공명당은 아베 신조 정부가 국회 협의 없이 '주변 사태' 조항을 삭제하겠다는 입장을 정리한 것에 불쾌감을 드러내고 있다.

10월 19일

• 일본 언론 "경제 관료, 정치 자금 의혹으로 사표 제출 의향" (경향신문 10. 19)

– 오부치 유코(小淵優子) 일본 경제산업상이 자신이 관련된 정치 단체의 허위 회계 의혹 등과 관련, 주초에 아베 신조 총리에게 사표를 제출할 의향이라고 일본 언론이 19일 전했다. 일본 언론에 따르면 아베 총리는 오부치 경제산업상의 정치 자금 의혹 파장이 확산하는 것을 막고 정권 운영에 미치는 타격을 최소화하기 위해 서둘러 사표를 수리할 예정이다. 오부치는 아베 총리가 여성 활약 정책 등을 내걸고 지난 9월 단행한 개각의 여성 '간판 각료'로 입각했으나 자신이 관여하는 정치 단체의 불투명한 수지 문제가 한 주간지의 보도로 불거지면서 사임이 불가피한 것으로 지적됐다. 제기되고 있는 의혹이 사실일 경우 선거구 유권자에 대한 기부 행위를 금지한 공직

선거법 등을 위반한 것이 된다.

10월 04일

• 일본 가고시마(鹿兒島) 현 의회, 고노 담화 수정 요구 의견서 채택

(산케이신문 10. 04, 연합뉴스 10. 04 재인용)

– 일본 가고시마 현 의회는 3일 일본군 위안부 강제 동원을 인정하고 사죄한 '고노 담화' 수정과 역사 교과서의 관련 기술 시정을 정부에 요구하는 의견서를 찬성 다수로 가결했다고 산케이신문이 4일 보도했다. 의견서는 고노 담화를 수정해 국가의 명예와 존엄을 회복하는 새로운 담화를 발표할 것과 고교 역사 교과서의 '위안부 연행' 기술 등을 바로잡을 것을 정부에 요구했다. 의견서는 아사히신문이 최근 위안부 관련 기사 일부를 취소한 것과 관련, 현의회 자민당 소속 의원들이 발의했다. 일본의 47개 도도부현(都道府縣) 의회 가운데 고노 담화 수정 등을 요구하는 의견서가 채택된 것은 가고시마 현이 처음이다.

10월 07일

• 오키나와 지사 선거서 자민 – 공명당 공조 '삐걱'

(마이니치신문 10. 07, 연합뉴스 10. 07 재인용)

– 다음 달 예정된 일본 오키나와 현 지사 선거에서 연립 여당인 공명당이 당원 등이 각자 지지하는 후보에게 자유롭게 표를 던지는 '자주 투표'를 실시할 가능성이 크다고 마이니치신문이 7일 보도했다. 보도에 따르면 오키나와의 후텐마 미군기지 이전 문제 때문에 집권 자민당이 지지하기로 한 나카이마 히로카즈 현 지사를 지지하기 어렵다는 의견이 공명당 오키나와 현 지부연합회에서 대세가 됐기 때문에 자주 투표 가능성이 크다. 나카이마 지사는 후텐마 기지를 오키나와 본섬 중부의 헤노코 연안으로 이전하는 정부 구상을 지지하고 이를 추진하겠다는 뜻을 명확하게 하고 있다. 그러나 다수의 공명당 지지자가 기지를 헤노코 연안으로 옮기는 방안에 반대하고 있어 공명당 중앙본부도 오키나와 지부연합회의 의견을 존중할 것으로 알려졌

다. 후텐마 기지 이전 문제는 아베 정권이 미·일 동맹의 유지에 필요한 중요 과제로 내걸고 있으며 이번 선거에서 공명당이 자주 투표를 결정하면 양당의 연립이 다시 삐걱거릴 것으로 예상된다.

10월 14일

• 알권리 침해 논란 일본 '특정비밀보호법' 12월 10일 시행　　　　　(연합뉴스 10.14)

– 일본 정부는 14일 기밀을 누설한 공무원 등에 대한 처벌을 강화하는 내용의 '특정비밀보호법' 운용 기준과 시행령을 각의 결정했다. 특정비밀보호법은 방위, 외교, 간첩 활동 방지, 테러 방지의 4분야 정보 가운데 누설되면 국가 안보에 현저한 지장을 가져올 우려가 있는 정보를 '특정비밀'로 지정, 공무원과 정부와 계약한 기업 관계자가 비밀을 누설할 경우 최고 징역 10년에 처하도록 규정한 법이다. 이 법은 국민의 알 권리를 제약하는 위헌 법률이라는 비난 속에 2013년 12월 자민당, 공명 양당의 찬성 다수로 국회에서 통과됐으며 12월 10일부터 시행된다. '보도·취재 자유' 등과 관련해서는 운용 기준에 '국민의 알 권리 존중' 문구가 들어가긴 했으나 구체적인 내용이 포함되지 않아, 정부 뜻대로 특정비밀이 확대 지정되는 등 국민의 알 권리가 침해될 여지를 남겼다.

10월 15일

• 특별비밀보호법에 이어 정보 기관 창설…일본판 CIA 생기나

　　　　　　　　　　　　(NHK 10. 15, 아시아투데이 10. 15 재인용)

– 일본 정부가 잇따른 반대의 목소리에도 특별 보호법을 시행한 데 이어 새로운 정보 기관 창설 검토에 나섰다. 일본 정부가 기밀을 누설한 공무원 등에 대한 처벌을 강화하는 내용의 '특정비밀보호법'을 오는 12월 10일부터 시행하기로 하자 반대 목소리가 곳곳에서 제기됐다. 이러한 비판에도 일본 자민당은 특정 비밀 보호법 시행을 바탕으로 자민당은 정부에 새로운 정보 기관을 창설과 관련한 검토를 진행할 예정이라고 NHK는 15일 보도했다. 자민당은 "특정비밀보호법 운영 준비를 일단락 지었다"며 향후 아시아를 중심으로 안전 보장 환경이 크게 변화하는 가운데 일본의 정보 수집 능력 강화하기 위해 새로운 정보 기관을 창설을 임시 작업팀을 통해 검토할

것이라 지난 14일 국무회의에서 밝혔다.

10월 16일

• 일본의원들, 내국인 카지노 출입 조건부 허용 추진

(교도통신 10. 16, 연합뉴스 10. 16 재인용)

– 카지노를 합법화하려는 일본의 초당과 국회의원들이 내국인에 대해서도 조건부로 카지노 출입을 허용하는 방안을 추진키로 했다고 교도통신이 16일 보도했다. 카지노 합법화를 목표로 하는 '국제관광산업진흥 의원연맹(이하 의원연맹)'은 이날 국회에서 열린 총회에서 카지노 합법화를 골자로 하는 '통합리조트시설 정비추진법안'에 내국인의 조건부 출입 허용 조문을 담기로 결정했다고 교도통신은 전했다. 아베 내각은 '성장 전략'의 일환으로 카지노 합법화에 의욕을 보이고 있지만 연립 여당 내부에서도 내국인 도박 중독 확산 등을 우려하는 목소리가 나온다.

10월 18일

• 아베 "현행헌법은 점령군 영향…스스로 만들어야"

(닛케이신문 10. 18, 연합뉴스 10. 18 재인용)

– 아베 총리는 18일 한 라디오방송에서 "현행 헌법은 점령군의 영향 아래에서 원안이 작성됐다"며 "역시 스스로 만들어야 한다"고 말했다고 닛케이신문이 보도했다. 아베 총리는 이날 방송된 '라디오일본'의 한 프로그램에서 이같이 말하며 '자주 헌법' 제정에 의욕을 보였다고 신문은 전했다. 자주 헌법 제정은 국제 분쟁 해결 수단으로서의 교전권을 부정하는 헌법 9조를 수정하는 것을 포함한 전면적인 개헌을 의미한다. 일본의 보수 우익 세력은 현재의 헌법이 패전 후 연합국의 강요로 제정된 것이기 때문에 현실에 맞지 않다며 정치, 경제, 군사 대국으로 성장한 독립국 일본의 역할과 국제 안보 상황의 변화에 걸맞은 헌법이 필요하다고 주장해 왔다.

10월 01일

• 일본 활화산 온타케 산 폭발 여파… '원전 반대' 요구 거세질 조짐 (국민일보 10. 01)
- 온타케 산 분화를 계기로 일본 내 '반(反)원전' 움직임도 덩달아 타오를 조짐이다. 화산 폭발 3일째였던 29일 고이즈미 준이치로 전 총리가 아베 신조 총리의 원전 정책에 비판을 가했다. 같은 날 임시국회가 열린 도쿄 국회의사당 주변에서는 아베 정권의 원전 정책을 비판하는 집회가 열렸다. 2000명의 시민이 인간 사슬을 만든 뒤 '센다이 원전 재가동 반대'를 외쳤다. 집회에 참석한 한 회사원은 "원전 재가동의 명확한 이유가 설명돼야 한다"고 주장했다.

10월 05일

• 일본 헌법 9조 노벨평화상 후보 급부상, 아베 정권에 부담

(아사히신문·도쿄신문 10. 05, 경향신문 10. 05 재인용)
- 10일 발표되는 노벨평화상 수상자로 '일본 헌법 9조를 지키는 일본 국민'이 급부상하고 있다고 아사히신문·도쿄신문 등 일본 언론들이 보도했다. 만약 '일본 헌법 9조를 지키는 일본 국민'이 수상자로 결정되는 경우 집단 자위권에 대한 헌법 해석 변경에 이어 헌법 개정까지 추진할 것으로 알려진 아베 신조 일본 정권에 큰 부담이 될 것으로 보인다. 전쟁 포기, 전력 보유·교전권 불인정을 규정한 일본 헌법 9조는 가나가와(神奈川) 현에 거주하는 한 주부의 제창으로 노벨상 수여 시민 운동이 일본에서 전개되기 시작했다. 이후 40여만 명의 지지 서명을 얻어 내면서 지난 2014년 4월 노벨평화상 후보로 올랐다.

10월 09일

• 자위대·미군 협력 확대 구상에 일본서도 우려 목소리 (연합뉴스 10. 09)
- 미국과 일본이 8일 안보 협력을 확대하는 것을 골자로 미·일 방위협력지침 개정에 관한 중간 보고서를 내놓은 것에 대해 일본 내에서 우려의 목소리가 나오고 있다. 도쿄신문은 "무엇을 검토하고 있는지 국민에게 상세히 밝히지 않고 양국 정부

당국자끼리만 논의해 기정사실화하고 있다"며 "그런 수법은 인정할 수 없다"고 비판했다. 마이니치신문은 새로운 가이드라인에 따르면 무력 행사의 새로운 3요건을 충족한다고 정부가 판단하는 경우 무력 행사를 동반하는 미군 지원도 가능해진다며 자위대의 방위 협력이 제한 없이 확대될 수 있다고 내다봤다. 일본변호사연합회는 8일 도쿄도 히비야 야외음악당에서 시민 약 3천 명이 참가한 가운데 집회를 열어 미국과 일본의 방위 협력을 확대하는 이런 구상에 반대했다. 반면 보수 언론은 가이드라인 개정이 일본의 안전을 더욱 공고히 한 계기가 될 것이라는 기대감을 드러냈다.

10월 14일

• "아베 내각 지지율 52%…한 달 새 6%포인트 하락"   (연합뉴스 10. 14)

– 아베 신조 일본 내각의 지지율이 한 달 사이에 6%포인트 하락한 것으로 집계됐다. NHK가 이달 11~13일 일본 내 20세 이상 남녀를 상대로 실시한 전화 여론 조사에서 아베 내각을 지지한다는 응답은 52%로 한 달 전보다 6%포인트 낮아졌다. 반면 아베 내각을 지지하지 않는다는 응답자는 6%포인트 늘어난 34%였다. 일본의 경기가 회복되고 있다는 것을 느낀다고 답한 응답자는 8%에 그쳤고 52%가 경기 회복을 느끼지 못한다고 반응했다. 2015년 10월에 소비세율을 10%로 인상할지 아베 총리가 2014년 안에 판단할 예정인 것에 관해 인상 시기를 늦추거나 인상하지 않아야 한다는 반응이 73%에 달했다. 아베 내각이 지역 사회를 활성화하겠다며 중요 과제로 건 '지방 창생'에 관해서는 54%가 기대한다는 뜻을 표명했고 42%가 기대하지 않는다고 밝혔다.

10월 15일

• 일본서 비밀 보호법 반대 목소리 다시 '분출'   (연합뉴스 10. 15)

– 일본 정부가 기밀을 누설한 공무원 등에 대한 처벌을 강화하는 내용의 '특정비밀보호법'을 오는 12월 10일부로 시행하기로 하자 반대 목소리가 잇달아 제기됐다. 일본변호사연합회(일변련)는 14일 무라코시 스스무(村越進) 회장 명의로 발표한 성명에서 "특정 비밀을 최종적으로 공개하기 위한 확실한 법 제도가 없다"며 "많은 특정비밀이 시민의 감시를 받지 않은 채 (지정됐다가) 폐기될 가능성이 있다"고 지적했다. 또

법에 반대하는 시민과 변호사 등 약 20명은 같은 날 도쿄 지요다(千代田) 구의 총리관저 앞에서 항의 시위를 벌였다.

10월 17일

• 일본 "전쟁 국가 일본 안 된다" 거리로 나선 풀뿌리들   (경향신문 10. 17)

– '평화헌법'으로 일컬어지는 일본 헌법 9조를 지켜내자는 평범한 일본인들의 목소리가 요즘 부쩍 커지고 있다. 그동안 가정에서, 회사에서 일상생활을 묵묵히 해오면서 '헌법 9조 지키기' 서명지에 사인을 하는 정도의 소극적인 의사 표현을 하는 데 그치던 수많은 사람들이 거리로 직접 나서 목소리를 내기 시작한 것이다. 특히 이달 초 '헌법 9조를 지키는 일본 국민'이 노벨평화상의 유력한 수상 후보로 거명된 이후 그런 현상이 두드러지고 있다. 현재 일본 전국에는 무려 7,500여 개의 헌법 9조 지키기 모임이 결성돼 있다. 대부분 각 지역의 평범한 사람들이 자발적으로 나서 만든 '풀뿌리 조직'이다. 각자 살아가는 지역에서 공부하고 의견을 나누면서 평화헌법의 가치를 주변 사람들에게 전파하는 이들은 아베 총리를 비롯한 누군가가 평화헌법을 훼손하려 할 경우 당장 나서 싸우겠다는 의지를 불태우고 있다.

10월 19일

• 아베 내각 지지율 40%대로 하락   (교도통신 10. 19, 연합뉴스 10. 19 재인용)

– 일본 아베 신조 내각의 지지율이 40%대로 하락했다. 교도통신이 18~19일 실시한 전국 전화 여론 조사에서 내각 지지율은 48.1%로 나타나 개각 직후인 지난달 3~4일 조사 때의 54.9%에서 6.8% 포인트 떨어졌다. 교도통신은 각료들의 정치 자금 부당 지출 등 문제와 정부의 경제 정책에 대한 불만이 지지율 하락에 영향을 줬을 가능성이 있다고 분석했다. 아베 내각 출범(2012년 12월) 이후 처음 단행된 개각(9월 3일) 때 임명된 여성 각료 5명 중 한 명이자 새 내각의 '간판스타'로 기대를 모았던 오부치 유코 경제산업상은 정치 자금 부당 지출 및 허위 회계 의혹으로 주중 사임할 전망이다. 여기에 더해 다른 여성 각료인 마쓰시마 미도리(松島みどり) 법무상은 지역구 주민 등에게 부채를 나눠줬다가 야당에 의해 고발된 상황이다.

10월 20일

• 아베 정권 기우뚱…여성 장관 둘 동반 사퇴 　　　　　　　　　　　(한국일보 10. 20)

– 아베 신조 일본 총리가 여성 활약 정책을 내걸고 임명한 여성 장관 2명이 정치 자금 의혹에 휘말려 개각 한 달여 만인 20일 동반 사퇴했다. 2007년 제1차 내각 당시 장관들의 낙마 도미노가 아베 총리의 정권 퇴진으로 이어진 전철이 재현되고 있다는 분석이다. 차세대 여성 총리감으로 지목되던 오부치 유코 경제산업장관은 이날 자신이 관여한 정치 단체의 허위 회계 의혹에 대한 책임을 지고 사임했다. 오부치와 함께 아베 총리가 등용한 마쓰시마 미도리 법무장관도 이날 지역구 축제에서 주민들에게 부채를 나눠준 것이 공직선거법에 저촉된다는 야당의 추궁에 결국 사임했다. 일본 언론은 "여성 장관 2명이 이날 동시에 물러난 것은 각료 사임 도미노가 재연되는 것을 사전에 막기 위한 아베 정권의 노림수"라고 전했다.

5차(10월 말~11월 말)

고혜빈

아베 신조 일본 총리가 11월 18일 오후 도쿄 총리관저에서 기자 회견을 열고 중의원 해산을 전격 선언했다. 아베 총리는 2015년 10월로 예정된 소비세 추가 인상 계획을 1년 6개월 연기하고 21일 중의원을 해산해 12월 14일 총선거를 치르겠다는 방침을 밝혔다. 21일 중의원이 해산되었고, 이에 따라 12월 14일 아베 정권의 중간 평가 무대가 될 총선거가 실시된다. 중의원 해산 이후, 총선을 위해서 여당과 야당이 모두 선거전에 돌입하였다. 이번 총선에서는 아베노믹스(Abe-nomics)가 중요한 평가 기준으로 보인다. 자민당은 아베노믹스가 디플레이션 탈출을 위한 유일한 길이라고 주장하는 반면에, 민주당을 비롯한 야당에서는 아베노믹스 경제 정책이 실패하여 과도한 엔화 가치 하락 등을 초래했다고 주장했다(교도통신 2014. 11. 21).

11월 16일 시행된 일본 오키나와 현 지사 선거에서 주일 미군기지의 현내 이전에 반대하는 오나가 다케시 후보가 당선됨에 따라 일본 정부의 미군기지 이전 계획에 대한 반대론이 급부상하고 있다. 집권 자민당은 현내 이전에 찬성하는 나카이마 히로카즈 현직 지사의 3선을 지원했으나 반대 구호를 내건 오나가 후보가 당선됐다. 이 때문에 이번 선거 결과는 기지 현내 이전에 대한 오키나와 주민의 반대 의사 표명으로 해석되고 있다. 또한 기지 이전과 별개로 아베 정권에 대한 일종의 심판 성격을 지니는 것으로도 해석된다. 집권 자민당은 2014년 7월 시행된 시가 현 지사 선거에 이어 광역자치단체장 선거에서 연속 패배했다. 시가와 오키나와 선거 등에서 드러난 민심이 이번 총선에 얼마나 영향을 미칠지도 주목된다(연합뉴스 2014. 11. 17).

한편, 아베 내각의 지지율은 10월 조사 때보다 3%포인트 하락한 39%였고 지지하지 않는다는 응답은 4%포인트 늘어나 40%를 기록했다. 2012년 12월 제2차 아베 정권 출범 후 아사히신문의 여론 조사에서 아베 내각을 지지하지 않는다는 응답은 이번에 최고치를 기록했으며 처음으로 지지한다는 답변보다 많아졌다. 그리고 아베 총리의 중의원 해산을 부정적으로 평가한다는 응답이 65%로 긍정적으로 평가한다는 응답(27%)의 두 배를 넘었다. 그럼에도 불구하고 총선 때 비례 대표로 어느 정당에 투표할 것인지를 물은 결과 자민당이 41%로 압도적인 지지를 받았다(연합뉴스 2014. 11. 23).

일본 정당

11월 04일

• 일본 극우 정당 '위안부' 도발   (중앙일보 11. 05)

– 일본에서 일본군 위안부의 강제 연행을 부정하는 국회 결의안이 추진된다. 일본 제3야당인 '차세대당'은 4일 총무회를 열고 일본군에 의한 위안부 강제 연행이 없었음을 국회 차원에서 확인하는 결의안을 이번 국회에 제출할 방침이라고 밝혔다. 일본의회에서 위안부 관련 결의안이 제출되는 것은 이례적이다. 집권 자민당이 동조해 결의안이 채택될 경우 한·일 갈등이 심화될 전망이다. 차세대당은 이시하라 신타로(石原愼太郎) 전 도쿄 도 지사가 하시모토 도루(橋下徹) 오사카 시장과 결별해 2014년 6월 창당한 정당으로, 일본 내에서 가장 우익적인 인사들로 구성돼 있다. 차세대 당이 마련한 결의안 제목은 '이른바 위안부 문제에 대해 대외 발신 강화를 요구하는 결의'로, 단독 과반 의석을 확보한 자민당에 결의안의 찬성을 촉구할 방침이다.

11월 12일

• '나약한' 일본 야당들, 아베의 총선 카드에 '전전긍긍'

(산케이신문·마이니치신문 11. 12, 경향신문 11. 12 재인용)

– 아베 신조 일본 총리가 소비세 추가 인상 연기와 함께 중의원 해산 후 총선 실시를 결정할 가능성이 높아지고 있는 가운데 일본의 '나약한' 야당들은 총선에서 이길 수 있는 특별한 대안을 마련하지 못한 채 안절부절못하는 모습을 보이고 있다. 아베 총리가 이달 중 중의원을 해산하고 내달 중 총선을 치를 방침을 굳혔다고 산케이신문이 12일 보도했다. 집권 자민당은 13일 중의원 초선 의원 120명을 상대로 '선거필승숙(학교)'을 개최하기로 하는 등 선거 준비를 본격화할 태세다. 자민당은 최소 278명

의 후보를 내세워 장기 집권의 발판을 마련하겠다고 벼르고 있다. 하지만 현재 중의원 의석 중 54석을 갖고 있는 제1야당인 민주당은 지금까지 134명 정도의 예비 후보를 확보해 놓고 있는 것으로 알려지고 있다. 현재 42석의 유신당도 68명 정도의 예비후 보를 갖고 있다고 마이니치신문이 전했다. 이런 상황에서 민주당과 유신당 등 제 1·2 야당이 아베 내각에 대한 대결 자세를 선명히 하기 위해 '내각 불신임 결의안' 제출에 나서기로 했지만, 현 상황을 반전시키기에는 힘이 턱없이 모자라는 상황이다.

11월 20일

• 갈수록 꼬이는 '아베 의회 해산 도박'　　(일본 언론 11. 20, 문화일보 11. 20 재인용)

– 장기 집권을 겨냥한 아베 신조 일본 총리의 의회 해산 전략이 꼬이고 있다. 21일 중의원 해산과 12월 14일 총선거를 앞두고 집권 자민당 안팎에서는 잡음이 불거지고 있다. 아베 총리는 집권 자민당과 내각의 비교적 높은 지지율을 바탕으로 총선거에서 낙승을 거둔다는 계획이지만, 공천 과정에서 논란이 생기거나 당 내부의 불협화음이 커질 경우엔 아베 총리의 정국 주도권에도 상처가 날 수 있다. 표심을 좌우할 수 있는 공천 문제부터 도마에 오르고 있다. 일본 언론 보도에 따르면 자민당은 19일 정치 자금 문제로 낙마한 오부치 유코 경제산업상을 공천하겠다는 방침을 정했다. 오부치 전 경제산업상은 지난 2014년 9월 개각에서 아베 내각의 간판으로 등용됐다가 두 달도 안 돼 정치 자금 문제가 불거지면서 불명예 사퇴한 인물이다. 해산의 원인 중 하나인 내각 지지율 하락을 초래한 '원인 제공자'를 공천할 경우, 비판 여론이 일면서 민심이 돌아설 가능성이 있다. 그러나 자민당은 5선 중의원 의원인 스타 정치인의 득표력을 무시할 수 없는 입장이다.

11월 21일

• 일본 총선 돌입… 야권 연대 변수　　　　　　　　　　(세계일보 11. 21)

– 일본 중의원이 21일 해산됐다. 이에 따라 다음 달 14일 총선이 치러지게 됐다. 이부키 분메이(伊吹文明) 중의원 의장은 이날 오후 도쿄 지요다 구 국회의사당의 본회의장에서 중의원 해산 조서를 낭독했다. 이 절차로 중의원은 해산됐으며 여야 의원들은 전통에 따라 만세 삼창을 했다. 이번 해산은 현행 일본 헌법하에서 23번째다.

여야는 이에 따라 중의원 475석(소선거구 295석, 비례대표 180석)을 놓고 물러설 수 없는 총선에 돌입했다. 12월 2일 선거 고시에 이어 12월 14일 투개표가 이뤄질 예정이다. 이번 총선의 최대 쟁점은 아베노믹스에 대한 평가가 될 것으로 보인다. 여당인 자민·공명당은 주가 상승 등 경제 성과를 홍보하면서 아베노믹스에 대한 지지를 호소하는 한편, 반면 제1야당인 민주당을 비롯한 야당들은 2분기 연속 마이너스 성장을 기록한 사실과 서민들의 부담 증가 등을 거론하면서 아베노믹스의 문제점과 실패를 집중 부각할 것으로 보인다. 최대 변수는 야권 연대의 성공 여부이다. 만약 민주당과 유신당을 중심으로 후보 단일화나 상당한 수준의 선거 공조를 이뤄내면 자민당의 독주를 저지할 가능성도 있지만, 선거 연대가 실패할 경우 자민당의 압승이 유력하다.

일본 선거·의회

11월 09일

• 오키나와 지사 선거, 반아베 후보 앞서…일 언론 여론 조사 결과

(교도통신 11. 09, 경향신문 11. 09 재인용)

– 16일 치러지는 일본 오키나와 현 지사 선거를 앞두고 일본 언론들이 실시한 여론 조사에서 미군기지 이전 반대파인 오나가 다케시 후보가 현 지사인 나카이마 히로카즈 후보를 앞서고 있는 것으로 나타났다. 교도통신은 유권자를 상대로 실시한 전화 여론 조사와 자체 취재 결과를 토대로 전 나하 시장인 무소속의 오나가 후보가 1위를, 3선을 노리는 나카이마 지사가 그 뒤를 쫓고 있다고 9일 보도했다. 그러나 유권자의 20%가 누구에게 투표할지 아직 정하지 않은 상태이기 때문에 선거 판세는 언제라도 바뀔 수 있는 것으로 분석되고 있다.

11월 14일

• 일본, 선거권 연령 하향에 '전진'…18, 19세도 선거법 위반 시 처벌 (교도통신 11. 14)

– 자민, 민주, 유신, 공명 등 여야당 8당은 14일, 18, 19세 미성년자의 중대한 선거 위반을 성인과 동일한 처벌 대상으로 규정하는 내용의 부칙을 공선법 개정안에 포함

시킬 것에 합의했다. 현재 20세 이상으로 규정된 선거권 연령을 '18세 이상'으로 낮추는 데 크게 나아간다. 각 당은 2015년 통상(정기)국회에서 이를 성립시켜 2016년 여름 참의원 선거 때부터 적용할 것을 목표로 한다.

11월 14일

• "아베, '저소득층 배려' 경감 세율 검토"   (교도통신 11. 14, 연합뉴스 11. 14 재인용)
– 소비세율 인상을 미루는 쪽으로 가닥을 잡은 것으로 알려진 아베 신조 일본 총리가 증세 시 저소득층을 위한 '경감세율'을 도입하는 방안을 검토 중이라고 교도통신이 14일 보도했다. 경감 세율은 식료품 등 생활필수품에 대해 세율을 낮추는 제도다. 집권 자민당은 경감세율 도입 시기를 아직 정하지 않았지만 소비세율을 10%로 올리는 시점이 유력한 것으로 전해졌다. 아베 총리가 일본 언론 보도대로 소비세율 인상(8→10%·법률상 2015년 10월 예정) 시기를 2017년 4월로 연기할 경우 경감세율도 그 시기에 맞춰 도입될 전망이다.

11월 16일

• 일본 오키나와 선거, 미군기지 반대파 당선…아베에 타격   (연합뉴스 11. 17)
– 일본 오키나와 현 지방 선거에서 주일 미군기지의 현내 이전에 반대하는 후보들이 당선됐다고 일본 언론이 16일 보도했다. 집권 자민당은 이날 선거에서 정부의 기지 이전 방침에 찬성하는 경쟁 후보를 지원했으나 패함으로써, 아베 신조 정권이 타격을 받을 것으로 예상된다. 오키나와 지사 선거에서는 오나가 다케시 후보가 나카이마 히로카즈 현 오키나와 지사 등 경쟁자를 누르고 당선됐다. 오나가 후보는 현재 오키나와 현 기노완(宜野灣) 시에 있는 미군 후텐마 비행장을 북부 헤노코 연안으로 옮기는 현내 이전 계획을 저지한다는 방침을 표방하고 출마했다. 같은 날 시행된 오키나와 현 나하 시장 선거에서도 미군 기지의 헤노코 이전에 반대하 무소속 시로마 미키코(城間幹子) 후보가 자민당과 공명당이 추천한 요세다 가네토시(與世田兼稔) 후보를 큰 표 차로 누르고 당선됐다.

11월 18일

• 아베 "일본 12월 14일 총선…소비세 인상 연기"   (세계일보 11.18)

– 아베 신조 일본 총리가 오는 21일 중의원을 해산하고 다음 달 조기 총선을 치르겠다고 밝혔다. 아베 총리는 18일 오후 총리 관저에서 경제재정자문회의를 마친 뒤 기자 회견을 열어 이 같은 입장을 표명했다. 그는 "내년 10월로 예정된 소비세율 재인상을 2017년 4월로 연기하고 이에 대한 국민 신임을 묻기 위한 것"이라고 말했다. 아베 총리는 회견에서 "지난 4월 소비세율을 5%에서 8%로 인상한 뒤 소비 부진 등 경기 상황이 좋지 않다"며 "경기 회복을 확실히 하기 위한 불가피한 조치"라고 소비세 재인상 연기 이유를 설명했다. 대신 "2017년 4월로 연기된 소비세율 인상은 경기 상황에 따른 재연기 없이 무조건 시행하겠다"고 공언했다.

11월 19일

• 아베 중의원 해산 계획에 비판론…"법안·예산 편성 차질"

(닛케이신문 11. 19, 연합뉴스 11. 19 재인용)

– 아베 신조 일본 총리가 국회를 해산하고 총선을 치르겠다는 계획을 발표함에 따라 연말 국정 공백에 대한 우려가 나오고 있다. 아베 총리는 이달 21일 중의원을 해산하고 다음 달 14일 투·개표하는 일정을 제시했다. 선거 후 인선 등을 마치고 정권이 출범하는 데 걸리는 시간과 최근 일본 정계가 급격히 선거 국면으로 전환한 점 등을 고려하면 내각과 의회가 선거와 후속 조치에 한 달 안팎으로 몰입하게 될 것으로 예상된다. 일본은 11~12월에 걸쳐 주요 법안을 심의·성립시키고 다음 회계연도(매년 04월~다음해 03월) 예산 편성 등을 진행했는데 선거 때문에 이런 작업이 사실상 멈추게 됐다. 아소 다로 일본 부총리 겸 재무상은 이에 관해 18일 올해(2014년) 안에 본예산을 각의 결정하는 게 어려워 보인다고 언급했다. 닛케이신문은 임시 국회 회기를 2주가량 남긴 시점에 중의원 해산·총선거를 결정해 아베노믹스의 세 번째 화살인 성장 전략이 정체될 우려가 있다고 평가했다. 아베 정권은 이런 비판을 의식한 때문인지 지방 경제 활성화(지방창생) 방안을 담은 법안만큼은 중의원 해산 당일인 21일 성립시킨다는 계획을 세우고 있다.

11월 20일

• 일본 중의원 해산으로 '미·일 방위지침' 개정 연기될 듯

(닛케이신문 11. 20, 연합뉴스 11. 20 재인용)

- 일본 정부가 애초 연내를 목표로 추진된 미·일 방위협력지침 개정을 2015년으로 연기하는 방안을 미국과 조정 중이라고 닛케이신문이 20일 보도했다. 보도에 따르면 일본이 이달 21일 중의원을 해산하고 다음 달 14일 투·개표하기로 함에 따라 개정에 앞서 필요한 여당 내 조정을 연내에 마치기 어려운 상황이다. 집권 자민당은 자위대의 무력 행사 범위 등 민감한 사안에 관해 연립 여당인 공명당과 협의해야 하지만 이달 16일 시행된 오키나와 지사 선거 등을 의식해 이를 미뤄 왔다. 일본 정부는 가이드라인 개정이 2015년 4월 집중된 지방 선거에 악영향을 미치는 것을 피하기를 원하며 결국 2015년 5월 초 개정이 추진될 가능성이 있다고 닛케이는 전망했다.

일본 여론

11월 10일

• 아베 내각 지지율 40%대…2차 내각 발족 후 최저

(NHK 11. 10, 연합뉴스 11. 10 재인용)

- 일본 아베 신조 내각 지지율이 2차 내각 발족(2012년 12월) 후 가장 낮은 수준으로 떨어졌다. NHK가 이달 7~9일 실시한 전화 여론 조사에서 아베 내각의 지지율은 지난달 조사 때보다 8%포인트 하락한 44%였다. 이는 아베 총리가 2012년 12월 취임한 이후 NHK 조사 결과로서는 가장 낮은 수준이다. 이번 조사에서 아베 내각을 지지하지 않는다는 응답은 4%포인트 상승한 38%를 기록했다. 아베 내각의 경제 정책에 관해서는 매우 높이 평가한다는 반응과 어느 정도 평가한다는 반응이 각각 4%와 43%로 별로 긍정적으로 평가하지 않는다(37%)는 답변과 전혀 긍정적으로 평가하지 않는다(11%)는 답변을 합한 것보다 적었다.

11월 13일

• 40년 된 다카하마 원전 가동 연장 방침… 일본 원전 불안 다시 증폭

(닛케이신문·아사히신문 11. 13, 국민일보 11. 13 재인용)

- 일본에서 운전 기간 40년 안팎의 노후 원전이 재가동될 전망이다. 후쿠시마(福島) 사고 이후 가동이 중단된 원전들이 2015년부터 속속 재가동에 들어가면서 일본 국민들의 불안이 다시 증폭되고 있다. 일본 전력 회사인 간사이전력이 다카하마 원전 1·2호기를 재가동할 방침이라고 닛케이신문이 13일 보도했다. 일본에서 운전 기간 40년 안팎의 노후 원전의 가동 기간 연장이 추진되는 건 이번이 처음이다. 후쿠시마 원전 사고의 여파로 현재 일본 내 모든 원전의 가동이 중단된 상태다. 아베 내각은 안전 심사를 통과한 원전은 차례로 재가동한다는 방침이다. 아베 내각의 강한 의지와 달리, 일본 국민의 원전 불신은 여전히 깊다. 아사히신문에 따르면 아베 내각이 지난 4월 메일·팩스를 통해 여론 조사를 실시한 결과, 1만 8711건의 답신 중 94.4%(1만 7665건)가 '탈(脫)원전이 필요하다'는 의견이었다. '원전을 유지해야 한다'는 213건으로 1.1%에 그쳤다.

11월 17일

• 오키나와 미군기지 이전 갈등 절정…주민 찬반 투표 추진

(교도통신·산케이신문 11. 17, 아시아투데이 11. 18 재인용)

- 일본 오키나와 현에서 정부의 주일 미군기지 정책에 반대하는 후보가 오키나와 현 지사로 선출된 데 이어 자위대 기지 설치에 대해 주민 투표가 추진되고 있다고 알려졌다. 교도통신과 산케이신문은 오키나와 현 요나구니초(與那國町) 의회는 지난 17일 임시회의를 열어 정부가 육상자위대 해안 감시 부대를 요나구니 섬에 배치할 계획인 것에 대한 찬반 투표를 시행하는 조례 안을 찬성 다수로 가결했다고 보도했다. 조례안은 섬 주민 가운데 중학생 이상인 약 1천200명을 상대로 찬반 투표를 하도록 규정했다. 주민 투표 결과가 법적인 구속력을 지니지는 않지만 기지 설치 반대가 다수로 나오면 반대 여론이 더욱 거세질 것으로 예상된다. 방위성은 영공의 경계 지역을 방위한다며 부대 배치 공사를 2014년 4월 시작했으며, 주민 투표 결과와 상관없이 예정대로 진행한다는 방침이라 주민과 갈등을 빚을 가능성도 나오고 있다.

11월 20일

• 계속되는 자민당 강세… "아베 중의원 해산 이해 안 된다"

(교도통신 11. 20, 국민일보 11. 20 재인용)

– 다음 달 14일 치러지는 일본 총선(중의원 선거)에서 집권 자민당을 찍겠다는 유권자가 민주당을 지지하겠다는 유권자보다 2배 이상 많은 것으로 드러났다. 교도통신이 19~20일 실시한 전화 여론 조사 결과 전체 응답자의 25.3%가 비례대표로 자민당을 선택하겠다고 밝혔다. 반면 제1야당인 민주당을 지지한다는 답변은 9.4%에 불과했다. '어떤 선거 결과가 바람직하냐'는 물음에 전체 응답자의 51.4%가 여당과 야당의 세력이 우열을 가리기 어려운 수준이 돼야 한다고 답했다. 여당과 야당이 뒤바뀌어야 한다는 의견도 9.1%를 기록했다. 아베 신조 일본 총리가 중의원 해산을 방침을 표명한 것에 대해 응답자의 63.1%는 '이해할 수 없다'는 응답을 보였다. '이해할 수 있다'고 답한 응답자는 30.5%에 불과했다. 지난달 교도통신 여론 조사에서는 자민당이 36.9%, 민주당은 8.1%의 지지율을 기록했다.

11월 21일

• 일본 오늘 중의원 해산…지지율 추락 '역풍'

(아사히신문 11. 21, 문화일보 11. 21 재인용)

– 아베 신조 일본 내각이 정권 출범 이후 처음으로 30%대 지지율을 기록하면서 21일 단행하는 전격적인 중의원 해산의 역풍에 휩싸이고 있다. 아사히신문이 이날 발표한 긴급 여론 조사에 따르면 2013년 60% 안팎까지 치솟았던 아베 내각 지지율은 최저치인 39%로 추락했다. 아베 내각을 지지하지 않는다는 응답은 최고치인 40%에 달해 지지율을 넘어섰다. 장기 집권을 겨냥한 아베 총리의 해산 전략은 예상보다 강한 반발을 일으키고 있다. 아베 내각의 지지율을 견인해 온 경제 정책 '아베노믹스'에 대한 기대는 실망으로 바뀌고 있다. 아사히신문 조사에서 아베노믹스의 성패를 묻는 질문에 '실패'라는 응답이 39%에 달해 30%에 그친 '성공'이라는 응답보다 많았다.

11월 23일

• 일본인, 자민당 압도적 지지율 41%…중의원 해산은 '부정적'

(요미우리신문 11. 23, 아시아투데이 11. 23 재인용)

– 일본인 3분의 2정도가 아베 신조 일본 총리의 중의원 해산을 부정적으로 평가함에도 자민당을 압도적으로 지지하고 있는 것으로 파악됐다. 요미우리신문이 21~22일 실시한 여론 조사에 따르면 중의원 해산을 부정적으로 평가한다는 응답이 65%로 긍정적인 평가라는 응답 27%의 두 배를 넘어 섰다. 또 소비세율을 10% 증세를 1년 6개월 연기한 데 대해서는 찬성(59%)이 반대(35%)보다 많았다. 총선 때 비례 대표로 어느 정당에 투표할 것인지에 대한 응답으로는 자민당이 41%로 가장 많았고 민주당 14%, 공명당 6%, 유신당 5%로 뒤를 이었다.

6차(11월 말~12월 말)

고혜빈

　일본 집권 여당인 자민당이 2014년 12월 14일 치러진 총선에서 압승을 거뒀다. 자민당은 이날 총 475명의 중의원을 새로 뽑는 선거에서 290석의 의석을 확보했고, 연립 여당인 공명당은 35석을 확보하면서 '거대 여당'으로 거듭났다. 연립 여당은 전체 475석 가운데 '3분의 2(317석)' 의석을 넘은 325석을 얻음으로써, 중의원을 통과한 뒤 참의원에서 부결된 법안을 중의원에서 재의결해 성립시킬 수 있는 의석수를 얻게 되었다. 또한 집권 자민당은 단독 과반(238석)은 물론 중의원 내 모든 상임위에서 위원장 및 위원의 과반을 확보할 수 있는 이른바 '절대 안정 다수(266석)'를 훌쩍 넘겼다(아시아투데이 2014. 12. 15). 이에 반해 선거 전 제1야당인 민주당은 73석을 가져가면서 의석수가 늘었지만, 자민당에 계속되는 패배로 인해서 자민-민주 양당제 구도가 사실상 붕괴되었다는 평가도 나오고 있다.

　11월 18일 '중의원 해산'이라는 깜짝 승부수를 던졌던 아베 정권의 중간 평가 성격을 띤 이번 총선에서 자민당이 크게 승리함에 따라 아베 신조 일본 총리의 1강 독주 체제의 장기화 길이 열렸다. 아베 총리는 이번 선거의 승리로 아베노믹스, 평화헌법 개정 등 여러 가지 사안에 대해서 본격적으로 아베 총리의 뜻대로 진행할 것으로 예측된다. 아베 총리는 NHK 개표 방송에 출연하여 "경제를 최우선으로 하는 동시에 일본의 지위와 국익을 드높이는 외교를 전개하겠다"며 "국민 생명을 지키기 위한 안보법제를 다음 정기국회에서 정비할 것"이라고 말했다. 또한 집단 자위권 용인 등 외교·안보 분야에서 강경 행보를 이어갈 것임을 보였다(국민일보 2014. 12. 15).

　교도통신이 15일, 16일 이틀간에 걸쳐 실시한 여론 조사에 따르면 집단적 자위권 행사 용인 등 아베 정권의 안전 보장 정책에 대해 '지지하지 않는다'가 55.1%로 과반수를 차지해 '지지한다'의 33.6%를 크게 웃돌았다. 여당이 3분의 2이상 의석을 획득한 중의원 선거 결과에 대해 '잘됐다'가 27.4%, '좋지 않다'가 27.1%로 평가가 엇갈렸고 '어느 쪽도 아니다'는 45.2%였다. 내각 지지율은 46.9%로 10월 지난번 조사와 비교하면 1.2%포인트 떨어졌다(교도통신 2014. 12.

16). 이처럼 국민들이 아베 정권의 정책에는 불만족함에도 불구하고 선거에서는 아베 정권을 선택하여, 아베 정권이 완승을 한 모습이다.

일본 정당

11월 28일

• '약속' 꺼리는 일본 정당들…공약에 '숫자' 드물다

(교도통신 11. 28, 연합뉴스 11. 28 재인용)

- 각 당 공약에서 숫자는 손으로 꼽을 수 있을 정도다. 교도통신은 28일, 일본 여야 각 당이 다음 달 14일 중의원 선거를 앞두고 발표한 공약에 구체적인 약속이 드물다고 지적했다. 대다수 정당이 예산 확보 방안과 추진 일정을 갖춘 공약을 의미하는 '매니페스토(manifesto)'라는 제목을 사용하지 않았고, 내용면에서도 시기 및 재원 확보 방안과 목표를 구체적으로 수치화한 공약은 적다는 것이다. 집권 자민당의 경우 공약 중 '아베노믹스' 관련 사항을 제외한 대부분 내용에서 추상적인 표현을 사용했다는 지적이 당 내부에서도 나온다. 또 제1야당인 민주당은 매니페스토라는 명칭은 사용했지만 수치로 목표를 제시하는 데는 신중했다는 게 중평이다. 결국, 각 당이 명운을 건 구체적 공약을 국민에 제시한 뒤 치열한 싸움을 벌였던 매니페스토 선거의 열기는 이번에 차갑게 식어 버린 양상이다. 또 이번 선거가 국회 해산으로부터 투표일까지의 시간이 23일에 불과한 '초단기 결전'인 까닭에 각 당에 공약을 준비할 시간이 부족했던 것도 요인이라고 교도통신은 분석했다.

11월 28일

• 일본 자민당 보도 요청서 발송, 언론 통제 논란

(일본 언론 11. 28, 한국일보 11. 28 재인용)

- 일본 집권 자민당이 NHK를 비롯한 일본 주요 방송사에 선거 보도의 공정성과 중립을 요구하는 취지의 요청서를 보낸 것으로 드러났다고 일본 언론이 28일 보도했다. 요청서에는 거리 인터뷰 수집 방법 등 프로그램의 보도 방향성을 지적하는 내용도 있어 편집권 개입이라는 논란이 일고 있다. 마이니치신문 등에 따르면 자민당은

중의원 해산 전날인 20일 도쿄 주요 방송사에 '선거 기간 보도의 공평 중립 및 공정 확보에 관한 요청'이라는 문서를 전달했다. 아베 신조 총리의 핵심 측근인 하기우다 고이치 자민당 부간사장과 후쿠이 데리(福井照) 보도국장 명의로 된 문서에서 출연자의 발언 횟수와 시간, 게스트 출연자의 선정, 주제 선택, 거리 인터뷰 자료 영상 사용 등 4항목에 대해 '공평 중립, 공정'을 요구했다.

12월 14일

• 일본 총선 자민당 압승 '아베 독주' 가속   (경향신문 12. 14)

− 14일 치러진 일본 총선은 집권 자민당의 압승으로 끝났다. 자민당은 단독으로 300석 안팎의 의석을 차지하면서 연립 파트너 공명당과 함께 전체 의석 475석 가운데 3분의 2(317석) 이상을 확보, 정국을 완전 장악하게 됐다. 일본 헌법에 따르면 특정 정당이나 정파가 전체 의석의 3분의 2 이상을 차지할 경우 개헌 발의가 가능해진다. 또 중의원 내 모든 상임위에서 위원장은 물론 위원의 과반을 확보할 수 있고 참의원에서 부결된 법안을 중의원에서 재의결해 성립시킬 수 있다. 아베 신조 총리는 이번 선거에서의 압승을 등에 업고 장기 집권 체제를 굳혀 나갈 것으로 보인다. 또 엔저를 토대로 한 경제 정책인 '아베노믹스'에 더욱 힘을 쏟는 한편 집단 자위권 행사 용인에 따른 후속 입법 등 안보 정책 정비에 속도를 낼 것으로 전망된다.

12월 14일

• 불명예 사임 전 여성 각료 오부치·마쓰시마 당선

(교도통신 12. 14, 연합뉴스 12. 14 재인용)

− 14일 치러진 일본 중의원 선거에서 지난 10월 정치 자금 문제 등으로 불명예 사임했던 아베 내각의 전직 여성 각료 2명이 화려하게 '재기'했다. 교도통신은 출구 조사 결과 오부치 유코 전 경제산업상(자민당)이 군마(群馬) 5구에서 상대 후보를 큰 표 차로 누르고 압승할 것으로 나타났다고 보도했다. 마쓰시마 미도리 전 법무상(자민당)도 도쿄도 14구에서 민주당 후보를 따돌리고 당선될 것이라고 통신은 전했다. 두 전직 각료의 사임은 야당의 파상 공세를 야기함으로써 아베 신조 총리가 지난달 중의원 해산을 결정하는 데 실마리를 제공했다는 지적이 나왔다. 정권의 1,2인자인 아베

신조 총리와 아소 다로 부총리 겸 재무상은 무난히 당선, 선수를 각각 8선과 12선으로 늘렸다.

12월 14일

• 민주당 등 야당 지리멸렬… 공산당만 의석수 2배 이상 늘려　　　(한국일보 12. 14)

– 일본 정가에서는 이번 총선 최대의 수혜 정당으로 일본공산당을 손꼽는다. 일본 공산당은 14일 최종 집계에서 8석이던 기존 의석을 21석으로 늘렸다. 제1야당인 민주당의 의석이 10여석 늘고, 유신당, 차세대당 등 2012년 총선 당시 제3극으로 불리며 돌풍을 일으켰던 정당이 지리멸렬한 것과는 대조적이다. 일본공산당은 아베 총리가 추진해 온 집단적 자위권 헌법 해석 변경, 특정비밀보호법, 원전 재가동, 헌법 개정 등에 적극적으로 반대 의사를 밝혀 왔다. 민주당이 아베의 정책을 딱 부러지게 비판하지 못하는 등 제1야당의 역할을 제대로 못한다는 비판과 달리 공산당은 아베 정권에 선명한 대립각을 세웠다. 진정한 야당은 민주당이 아니라 공산당이라는 평가가 나오는 것도 이 때문이다.

12월 14일

• 일본 총선 여당 압승, 민주당 대표 낙선…"사임할 것"

(NHK · 교도통신 12. 14, 연합뉴스 12. 15 재인용)

– 14일 치러진 일본 총선(중의원 선거)에서 낙선한 제1야당 민주당의 가이에다 반리 대표가 대표직 사임 의사를 밝혔다. 가이에다 대표는 출마한 지역구인 도쿄1구에서 자민당 후보에 패했고, 비례대표 투표에서도 부활하지 못했다. 일본에서는 지역구 출마 후보가 비례대표 후보로 이름을 올릴 수 있다. NHK와 교도통신은 가이에다 대표가 대표직에서 물러날 뜻을 밝혔다고 보도했다. 선고 공시 직전 62석을 보유했던 민주당은 70석 이상을 획득하며 의석을 소폭 늘렸지만 선거전을 진두지휘한 대표가 낙선함에 따라 당의 재편이 불가피할 전망이다.

12월 15일

• 제3차 아베 내각 24일 출범…기존 각료 재기용 방침

(요미우리신문·교도통신 12. 15, 연합뉴스 12. 15 재인용)

- 아베 신조 일본 총리가 중의원 선거 압승에 따라 제3차 정권을 출범할 때 기존 각
료를 재기용한다는 방침을 정했다고 요미우리신문이 15일 보도했다. 보도에 따르면
아베 총리는 개각을 단행한 지 아직 4개월이 안 됐고 새로 인선하면 2014년도 추경
예산과 2015년도 예산을 편성에 사용할 시간이 줄어드는 점 등을 고려해 이같이 판
단한 것으로 알려졌다. 아베 총리는 15일 연립 여당인 공명당의 야마구치 나쓰오 대
표를 만나 이런 의사를 밝히고 앞으로 정권 운영 계획을 논의할 예정이다. 현행 제2
차 아베 내각이 총 사퇴하고 아베 총리가 재지명되는 특별국회는 24~26일 열릴 전
망이다. 교도통신은 아베 총리가 24일에 3차 내각을 발족할 것이라고 관측했다.

일본 선거·의회

12월 10일
• 일본 특정비밀보호법 오늘부터 시행 '파장'

(아사히신문 12. 10, 문화일보 12. 10 재인용)

- 아베 신조 일본 정권이 안보 강화의 핵심 정책으로 밀어붙인 특정비밀보호법이
10일부터 시행에 돌입하면서 '알 권리' 침해 등 비판 여론이 다시 불붙고 있다. 외
교·국방과 관련한 정보 가운데 보안이 필요한 '특정비밀'을 유출한 공무원을 최고
10년의 징역형에 처하고, 유출을 교사한 사람에 대해서도 5년 이하의 징역형을 내
린다는 내용의 이 법안은 집권 세력이 자의적으로 특정비밀을 지정할 수 있고 언론
의 취재 활동을 위축시킬 수 있다는 등의 우려를 낳고 있다. 아사히신문에 따르면 법
안 시행 하루 전인 9일 도쿄 총리 관저 앞에는 법안에 반대하는 시민 1000여 명이 집
결해 "법안을 폐지하라"며 시위를 벌였다. 자유인권협회도 성명을 내고 "국민의 눈
과 귀와 입을 막고 언론·표현의 자유를 빼앗는다" "시대착오적 언론 통제"라고 비판
하면서 언론인과 인권 운동가 등이 유출 교사 처벌 대상이 될 수 있다는 점을 지적했
다. 아베 정권은 여론을 수렴해 적절하게 운용할 것이라며 맞서고 있다.

12월 16일

• 총선 압승 아베 개헌 논의 '시동'…연정 합의문에 반영

(아사히신문 12. 16, 국민일보 12. 16 재인용)

－ 12·14 중의원 선거에서 압승한 아베 신조 일본 총리가 본격적인 개헌 논의에 시동을 걸었다. 제1여당인 자민당 총재를 겸한 아베 총리는 15일 연립 여당인 공명당 야마구치 나쓰오 대표와 당수 회담을 갖고 개헌 관련 내용이 담긴 연립 정권 합의문에 서명했다고 아사히신문이 16일 보도했다. 합의문에는 "헌법심사회 심의를 촉진하고 헌법 개정을 위한 국민적 논의를 심화한다"는 내용이 담겼다. 집단 자위권에 대해서는 "(지난 7월) 각의 결정에 근거한 안전 보장 관련 법안을 신속히 통과시킨다"고 적었다. 2017년 4월 2차 소비세율 인상(8→10%)과 생활필수품에 대한 경감 세율 도입, 아베 내각의 경제 정책인 '아베노믹스' 지속 등도 명시했다. 한편 이번 총선의 당선자 대부분이 개헌에 찬성하지만 평화헌법의 핵심으로 꼽히는 헌법 9조의 개정에 찬성하는 사람은 절반 수준인 것으로 나타났다. 헌법 9조는 군대 보유 금지, 교전권 불인정 등을 규정하고 있다. 마이니치신문이 입후보자를 상대로 설문 조사를 해 당선자의 답변을 추출한 결과 83%가 개헌에 찬성했다. 다만 9조 개정에 찬성한다는 응답은 57%에 그쳐 개헌안 발의 요건(중·참의원 각각 3분의 2 찬성)에 미달했다. 집단 자위권 행사는 62%가 찬성하고 23%만 반대했다.

12월 16일

• 일본 총선 당선자 83% "평화헌법 개정 찬성"

(마이니치신문 12. 16, 중앙일보 12. 17 재인용)

－ 지난 14일 일본 중의원 총선에서 당선된 의원의 10명 중 8명 이상이 평화헌법 개정에 찬성하고 있는 것으로 조사됐다. 마이니치신문이 16일 총선 전 전체 후보자를 대상으로 실시한 설문 조사에서 당선자의 답변만 추출해 분석한 결과 개헌에 찬성하는 이들은 390명(83%)으로 나타났다. 개헌안 발의를 위해 필요한 3분의 2 의석(317석)을 크게 웃도는 결과다. 정당별 응답을 보면 자민당의 보수 우경화가 두드러진다. 자민당 당선자 중 95%가 개헌에 찬성하는 것으로 드러났다. 반면 연립 여당 공명당의 경우 찬성은 76%였다. 평화주의를 내걸고 있는 공명당의 경우 '환경권'을 새롭게

추가하는 '가헌'론을 주장하고 있어 개헌 찬성이 다수 나온 것으로 풀이된다. 제1야당인 민주당도 '개헌 찬성'이 59%, '개헌 반대'가 27%에 달했다. 결과적으로 최근 수년 전까지만 해도 '성역'처럼 여겨져 왔던 평화헌법이 일본 정치권의 보수 우경화에 의해 '개헌을 해도 좋다'는 정도가 아니라 '개헌하는 게 좋다'는 쪽으로 급속히 기울고 있는 것으로 분석된다. 평화헌법 중 핵심인 9조에 대해서도 '개정 찬성'(57%)이 '개정 반대'(27%)의 두 배 이상이었다.

12월 19일

• 미-일 정부, 방위협력지침 개정 2015년 전반기로 연기   (아시아투데이 12. 19)
- 미국과 일본 정부는 애초 2014년 말로 합의했던 미일방위협력지침(가이드라인) 개정 시기를 2015년 전반기로 연기한다고 19일 정식 발표했다. 양국은 이날 미일안전보장협의위원회(2+2) 명의의 공동 문서를 통해 이같이 밝혔다. 가이드라인 개정 연기는 2014년 7월 일본 정부의 집단 자위권 행사 각의 결정을 반영한 안전보장 법제 정비 작업이 오키나와 현 지사 선거와 중의원 총선 등으로 늦어졌기 때문이다. 일본 측은 2015년 4월 통일 지방 선거에 미칠 영향 등을 우려하고 있어 가이드라인 개정은 2015년 5월 이후가 될 전망이다. 미일 두 나라는 2013년 10월 도쿄에서 개최된 안전보장협의위원회에서 중국 군비 증강과 북한 핵개발을 감안한 미일 동맹 강화 조치의 하나로 가이드라인을 일본 측의 요청에 따라 2014년 연말까지 개정키로 합의했다. 가이드라인은 유사 사태 발생 시 미군과 자위대의 역할 분담 등을 정한 정부 간 문서다. 미·일 양국은 일본의 집단 자위권 행사 용인을 고려해 2014년 10월 지구 규모의 협력 확대와 우주·사이버 공간 협력 등을 새로 포함한 가이드라인 개정 중간 보고서를 내놓았다.

일본 여론

12월 16일

• 일본 국민 55%, 아베 안보 정책에 반대   (교도통신 12. 16, 연합뉴스 12. 16 재인용)
- 일본 교도통신이 총선 직후인 15~16일 실시한 전국 전화 여론 조사에서 집단 자

위권 행사 용인 등 아베 정권의 안보 정책을 '지지하지 않는다'는 응답이 55.1%로 절반을 넘는 것으로 나타났다. 지지한다는 대답은 33.6%에 불과했다. 여당이 중의원 의석의 3분의 2를 획득한 14일 총선 결과에 대해서는 '잘됐다'가 27.4%, '좋지 않다'가 27.1%로 평가가 갈렸다. 응답자의 45.2%는 '어느 쪽이라고도 할 수 없다'고 대답했다. 아베 신조 총리의 경제 정책 아베노믹스로 앞으로 경기가 좋아질 것으로 보느냐는 질문에는 '그렇게 생각하지 않는다'가 62.8%로 '그렇게 생각한다'(27.3%)보다 훨씬 많았다. 이번 조사에서 아베 내각 지지율은 46.9%로 10월 조사 때보다 1.2%포인트 하락했다.

12월 18일
• 일본인 72% "자민당 압승 원인은 야당 매력 부재"

(아사히신문 12. 18, 연합뉴스 12. 18 재인용)

- 일본인 70% 이상이 12·14 총선에서 야당의 매력 부재 때문에 자민당이 '어부지리'로 압승했다고 평가하는 것으로 조사됐다. 아사히신문이 15~16일 실시한 전국 전화여론 조사 결과 자민당이 290석을 획득하는 대승을 거둔 원인에 대해 '야당에 매력이 없었기 때문'이라고 답한 사람이 72%였고, '아베 신조 총리의 정책이 평가를 받았기 때문'이라는 응답은 11%에 그쳤다. 야당 중 정권을 맡길 수 있는 당이 '있다'고 답한 사람은 전체 응답자의 8%에 불과했고, '없다'는 답은 78%였다. 정권을 맡길 수 있는 야당으로 2009~2012년 집권당이었던 민주당을 꼽은 응답자는 유신당을 선택한 응답자와 같은 3%였고, 공산당이 1%였다. 비례대표 투표에서 야당을 찍었다는 응답자 중에서도 72%가 '정권을 맡길 수 있는 당이 없다'고 답했고, 민주당에 투표했다는 응답자 중에서조차 정권을 맡길 수 있는 당으로 민주당을 꼽은 사람은 15%에 불과했다. 투표율이 전후 최저인 52%대를 기록한 데 배경에 대해 '투표해도 정치는 바뀌지 않기 때문'이라는 답이 43%, '투표하고 싶은 정당이나 후보자가 없었기 때문'이 18%였다.

7차(12월 말~2015년 1월 말)

고혜빈

아베 신조 일본 총리는 전후 70주년인 2015년을 일본의 장래를 내다보는 개혁 단행의 한 해로 만들겠다고 새해 결의를 밝혔다. 이에 따라 2015년 일본에서는 집권 자민당 주도로 헌법 개정 논의가 본격적으로 이뤄질 것으로 전망된다. 아베 신조 일본 총리는 개헌을 '필생의 과업'으로 강조하며, 21세기 일본의 이상적인 모습을 담은 새로운 헌법을 스스로의 손으로 써 가야 한다고 말하며 개헌을 향한 의지를 드러냈다(연합뉴스 2015. 01. 14). 나아가 개헌을 향한 구체적인 움직임을 보이고 있다.

2014년 12월 14일 총선에서 가이에다 반리 전 대표가 낙선, 대표직에서 물러남에 따라 민주당 대표 선거가 1월 18일에 실시됐다. 일본 아베 신조 총리와 집권 자민당의 독주를 견제할 제1야당 민주당의 새 대표로 오카다 가쓰야 전 외무상이 선출됐다. 민심을 잃고 쇠퇴의 길을 걷고 있는 민주당의 재건과 아베 정권의 독주 견제란 두 마리 토끼를 동시에 잡아야 하는 오카다 새 대표의 첫 시험대는 오는 4월 지방 선거가 될 전망이다(중앙일보 2015. 01. 18).

한편 아베 정권이 오키나와 현 후텐마 기지(비행장)의 현내 이전을 강행하기 위해 관련 예산을 대폭 늘리기로 했다. 그러나 오키나와 진흥 예산은 감액을 검토하고 있는 것으로 알려졌다. 그리고 일본의 집권 자민당이 2014년 11월 오키나와 현 지사 선거에 이어 농협 개혁 문제로 격돌한 사가(佐賀) 현 지사 선거에서도 패배했다. 이로 인해 아베 정권이 2014년 중의원 선거 압승으로 장기 집권의 길을 열었지만 오는 2015년 4월 지방 선거에 적신호가 켜졌다는 분석이 나온다(세계일보 2015. 01. 12).

이런 가운데, 이번 NHK 여론 조사에서 아베 내각 지지율은 지난달 조사 때에 비해 3%포인트 상승한 50%로 집계됐다. 아베 내각을 '지지하지 않는다'는 응답은 6%포인트 하락한 32%였다(연합뉴스 2015. 01. 17). 그리고 헌법 개정의 필요성에 대한 여론 조사 결과 찬성 여론이 반대보다 약간 많은 것으로 나타났다. 응답자의 33%는 헌법 개정이 필요하다고 답했으며, 29%는 개정할 필요가 없다고 밝했다. 아직은 일본 국민들이 개헌에 관해서는 찬성·반대 의견 중 한쪽이 확실한 우위를 점하지 못하고 있으며, 논의가 본격화했을 때 여론의 향배가 결정될 것으로 전망된다(문화일보 2015. 01. 14).

일본 정당

01월 01일

• 〈신년사〉 아베 "개혁 단행의 원년으로 만들겠다"   (연합뉴스 01. 01)

– 아베 신조 일본 총리는 1일 전후 70주년인 2015년을 "일본의 장래를 내다보는 개혁 단행의 한 해로 만들겠다"고 새해 결의를 밝혔다. 아베 총리는 이날 신년사를 통해 자민, 공명 양당이 지난 14일 총선에서 중의원 3분의 2 의석을 유지함으로써 "신임이라는 큰 힘을 얻었으며 올해(2015년)는 더욱 대담하고 속도감 있게 개혁을 추진하겠다"면서 이같이 강조했다. 이와 함께 아베 정권의 경제 정책 아베노믹스를 더욱 진화시키겠다고 선언했다. 한편, 집권 자민당의 다니가키 사다카즈 간사장은 이날 연두 소감을 통해 집단 자위권 행사 관련 안보법제 정비와 헌법 개정 실현을 위한 논의를 국민의 이해를 구하면서 추진하겠다고 밝혔다.

01월 01일

• '아베 잠재 라이벌' 이시바, 9월 총재 선거 불출마 시사

(교도통신 01. 01, 연합뉴스 01. 01 재인용)

– 일본 집권 자민당 안에서 아베 신조 총리의 잠재적 라이벌로 꼽히는 이시바 시게루 지방창생담당상이 오는 9월 자민당 총재 선거에 출마하지 않겠다는 뜻을 밝혔다고 교도통신이 1일 보도했다. 이시바 지방창생상은 이날 오전 돗토리(鳥取) 시내에서 기자들과 만난 자리에서 총재 선거 출마 의향을 질문받자 "다투고 있을 시간적 여유가 없다"며 "일본을 어떻게 만드느냐가 중요하며, 아베 신조 총리 아래 일치단결하는 게 중요하다"고 덧붙였다. 집권당 대표가 총리가 되는 일본의 제도에 비춰 3년 임기의 자민당 총재 선거는 아베 총리에게 '롱런'의 다음 관문이다.

01월 03일

• 새해 최대 화두는 '아베 담화'　　　　　(교도통신 01. 03, 서울신문 01. 05 재인용)

- 일본이 2015년 8월 15일 아베 신조 총리 이름으로 발표할 이른바 '아베 담화'의 윤곽이 서서히 드러날 전망이다. 패전 70주년을 맞은 일본의 역사 인식에 한국을 비롯한 주변국들의 관심이 쏠리고 있다. 일본 정부는 아베 담화 작성을 위해 3월부터 가동할 전문가 회의의 인선 작업에 착수했다고 교도통신이 3일 보도했다. 아베 담화에는 국제 사회의 평화와 안정에 적극 공헌한다는 미래 지향적인 내용이 주로 담길 예정이라고 통신은 전했다. 다만 관건은 담화에 담길 역사 인식이나 전쟁 책임의 표현이다. 아베 담화 역시 '일본의 침략'에 대한 반성의 입장을 계승할지, 아니면 전후 질서를 부정하는 역사 수정주의적 내용을 담을지 주목된다. 일각에서는 아베 총리가 국제 사회와의 관계 때문에 명시적으로 선례를 부정하기보다는 모호한 내용으로 얼버무릴 가능성이 있다는 전망도 나온다.

01월 05일

• 일본 새해…느긋한 아베 VS 다급한 민주당　　　　　　　　(아시아투데이 01. 05)

- 일본 여야 정치권은 2015년 새해 벽두부터 상반된 모습을 보였다. 아베 신조 일본 총리는 5일 일본 왕실의 조상신 등을 모신 미에(三重) 현 이세(伊勢) 시의 이세신궁 참배와 연두 기자 회견에 임하며 새해 업무를 시작했다. 또한 아베 총리는 설날 연휴 기간 동안 영화 감상과 골프를 즐기며 느긋하게 보냈다고 일본 매체들은 전했다. 반면 민주당은 이달 중순으로 예정된 당대표 선거 준비에 본격 돌입했다. 이번 선거는 아베 총리를 선두로 한 집권 자민당의 '1강' 체제를 타파하기 위한 야당 재편이 최대 쟁점이다.

01월 06일

• 일본 총리, 재계에 법인세 인하 거론하며 임금 인상 '압박'　　　　　(연합뉴스 01. 06)

- 아베 신조 정권이 경기 회복의 열쇠인 임금 인상을 유도하기 위해 재계를 압박하는 양상이 이어지고 있다. 교도통신 등에 따르면 아베 총리는 6일 도쿄에서 일본 경제인 단체 게이단렌(經團連) 등 경제 3단체가 공동 주최한 신년 축하 행사에 참석해

법인세율을 2016년도까지 2년에 걸쳐 현재보다 3.3%포인트 낮출 계획이라고 언급하고서 경제계가 이에 부응하는 용기와 결단을 보여 줄 때라고 강조했다. 일본 언론들은 이를 법인세 감세분만큼 임금을 인상해 소비 증가와 경기 선순환의 동력을 만드는 데 협조해 달라는 메시지로 해석했다.

01월 08일
• 일본 아베 정권, '미군기지 정책 반기' 오키나와 지사 냉대

(교도통신 01. 08, 연합뉴스 01. 08 재인용)

– 일본 아베 신조 정권이 미군기지 정책에 반기를 든 오나가 다케시 오키나와 현 지사를 냉대하는 양상이 이어지고 있다. 아베 정권은 오키나와 진흥 예산을 줄이거나 관련 논의에서 오나가 지사를 배제하는 듯한 태도를 내비치고 있다. 이는 경제적 지원을 매개로 협조적인 태도를 끌어내려는 의도로 보인다. 교도통신에 따르면 집권 자민당은 8일 2015년도(2015년 4월~2016년 3월) 오키나와 진흥 예산안을 논의하는 회의를 열었으나 이례적으로 오나가 지사를 초청하지 않았다. 현에 관한 예산을 논의하는 경우 지사를 부르는 경우가 많았으나 '적대적인 태도를 보이는 지사를 부를 필요가 없다'는 의견이 이번에 지배적이었기 때문이다. 일본 정부는 2014년도에 3천460억 엔이던 오키나와 진흥 예산을 2015년 3천100억 엔으로 줄이는 쪽으로 검토 중인 것으로 알려졌다. 아베 정권이 오키나와를 대하는 노선에 변화를 보인 것은 오나가 지사를 압박해 미군기지 이전에 관해 정부에 협조하도록 하려는 것이라는 분석이 나온다.

01월 15일
• 일본 약자 관련 예산은 억제, 방위비는 최고액

(도쿄신문 01. 15, 아시아투데이 01. 15 재인용)

– 일본 정부가 방위비 예산을 역대 최고액으로 책정한 것에 반해 약자와 관련된 예산은 감액한 것으로 드러났다. 15일 도쿄신문에 따르면 방위비 예산은 역대 사상 최고액을 기록했으나, 생활 보호비의 일부를 감액하는 등 생활 기반의 예산은 억제했다. 생활 보호비에서는 임대 주택의 집세 보조 등에 해당하는 '주택 보조비'와 난방

비에 해당하는 '동계가산'을 감액했다. 또 간호, 간병인 보조금에 해당하는 '개호보수'의 2.27%를 인하했다. 특히 건강보험조합이 없는 기업에 근무하는 사람이 가입하는 '전국건강보험협회'에 대한 국고 보조도 삭감했다. 이에 비해 방위비는 3년 연속 증가해, 2014년보다 2.0%포인트 증가한 4조 9801억 엔(약 46조 원)으로 역대 최고액을 기록했다.

일본 선거 · 의회

01월 04일

• 일본 국민 투표 연령, '세계 표준 18세'로 낮춰진다　　　　　　　　(교도통신 01. 04)

- 일본의 여야당은 1월 하순 소집 예정인 통상국회에서 현행 '20세 이상'인 선거권 연령을 '18세 이상'으로 낮추고자 하는 공직선거법 개정안을 성립시킬 방침이다. 2016년 여름 참의원 선거부터 적용할 수 있도록 할 예정이다. 2016년에는 약 240만 명의 미성년자가 유권자로 참여하게 된다. 공직선거법 개정안은 자민, 민주, 유신(維新), 공명 등의 당들이 의견을 모았다. 2014년 11월에 개정안을 제출했으나 중의원 해산과 총선거로 인해 폐안됐기 때문에 통상국회에서 다시 제출하게 된다. 공산, 사민 양당은 연령을 낮추자는 방안에 찬성하지 않고 있다. 한편 선거권 연령을 낮추는 것은 헌법 개정을 위한 환경 정비의 일환이라고도 자리매김 하게 된다. 개헌을 용인하는 여야당은 선거권 연령을 하향 조정과 병행해 개헌에 필요한 국민 투표의 투표 연령을 18세 이상으로 낮춰지는 국민 투표법 개정에도 착수할 방침이다.

01월 10일

• 일본 여당, 첫 개헌서 긴급 사태 조항 신설 추진

　　　　　　　　　　　　　　　(산케이신문 01. 10, 연합뉴스 01. 10 재이용)

- 일본 여당이 우선으로 추진할 개헌 과제로 긴급 사태, 환경권, 재정 규율 등과 관련한 조문 신설을 검토하고 있다고 산케이신문이 10일 보도했다. 연립 여당인 자민·공명당은 일차적으로 긴급 사태 조문 등의 신설을 추진하는 방향으로 조정하고 있으며, 이르면 연내에 개헌 대상 조문을 압축할 전망이라고 산케이는 전했다. 아베

신조 총리는 특히 대규모 자연재해 시 총리의 권한을 대폭 강화하고, 국민의 기본권을 일시적으로 제약할 수 있도록 하는 긴급 사태 조항 신설에 의욕적인 것으로 알려졌다. 자민당은 교전권을 부정하는 헌법 9조에 손을 대는 데 대해 파트너인 공명당이 신중한 입장인 점, 여론 조사 결과로 볼 때 국민 투표에서 부결될 가능성이 상당한 점 등을 의식, '승산'이 큰 조문을 중심으로 개헌의 문을 열고서 다음 목표로 헌법 9조 개정을 추진한다는 복안으로 추정된다.

01월 12일
• 일본 자민당, 지방 선거에서 연속 패배 　(아사히신문 01. 12, 경향신문 01. 12 재인용)
– 일본의 광역지방단체장 선거에서 자민당 추천 후보가 또 낙선했다. 지난 11일 치러진 사가 현 지사 선거에서 무소속 야마구치 요시노리(山口祥義) 후보가 18만 2,975표를 얻어 연립 여당인 자민·공명당이 추천한 히와타시 게이스케 후보를 누르고 당선됐다고 아사히신문이 12일 보도했다. 야마구치 후보는 여당의 농협 개혁 구상에 반발한 지역 농협, 중앙당의 기조에 반발한 일부 자민당 사가 현 의원, 자민당 지원 단체인 '사가현농정협의회' 등의 지지를 받아 출마했다. 이번 선거에서 여당이 패배함에 따라 지난달 총선 승리의 여세를 몰아 농협 등의 구조 개혁을 추진하는 한편 이달 소집되는 정기국회와 오는 4월 치러지는 지방 선거에서 정국을 주도하겠다는 아베 정권의 구상에 차질이 생길 수 있다는 분석이 나오고 있다.

01월 15일
• 일본 예산안에 '아베 색깔' 뚜렷…지방 선거용 '퍼주기' 　　　　　　(연합뉴스 01. 15)
– 일본 정부가 14일 확정한 예산안에는 아베 신조 일본 총리의 정치적 색채가 뚜렷하게 반영됐다는 평가가 나온다. 예산 편성 과정에서 총리 관저의 입김이 세 여당은 제대로 목소리를 내지 못했고 방위비 증액 등 아베 총리의 안보관이 예산 구성에 큰 영향을 미쳤다는 것이다. 특히 지방 경제 활성화 등을 명목으로 지방 정부에 많은 돈을 주기로 한 것은 4월 지방 선거를 고려한 포석으로 보인다. 예산안에서 가장 눈에 띄는 것은 방위비가 4조 9천801억 엔으로 2.0% 늘어 사상 최고치를 기록한 것이다. 방위비 증액에는 전후 70년을 맞이해 일본을 보통 국가에 한 걸음 다가서도록 하겠

다는 아베 정권의 의중이 엿보인다. 일본 정부는 지방 경제 관련 예산 편성은 '퍼주기'에 가깝다는 분석이 나온다. 이런 예산 편성에는 지방 경기를 활성화해 4월에 예정된 지방 선거에서 표심을 잡겠다는 아베 총리의 구상이 깔린 것으로 보인다.

01월 18일

• 일본 민주당 대표에 '미스터 클린' 오카다 당선　　　　　　　　(경향신문 01. 18)

– 18일 일본 민주당 대표 선거에서 오카다 가쓰야 대표대행이 당선됐다. 오카다 대표는 호소노 고시(細野豪志) 전 간사장, 나가쓰마 아키라(長妻昭) 전 후생노동상 등 3명이 출마한 선거에서 호소노 전 간사장과 결선 투표까지 가는 접전 끝에 당선됐다. 오카다 전 외무상은 이번 선거에서 '민주당의 자주 재건'을 표방했다. 2017년 9월까지 당을 이끌게 되는 오카다 대표는 오는 4월의 통일 지방 선거, 2016년의 참의원 선거 등에서 민주당에 대한 일본 국민의 신뢰를 되찾고, 아베 신조 자민당 정권에 대항할 수 있는 정책 비전을 제시해야 하는 책임을 안게 됐다. 오카다 대표는 "민주당을 다시 일으켜 세우고, 자민당에 대항해 일본 정치를 확실히 담당할 수 있는 정당으로 만들겠다"고 밝혔다. 오카다 대표는 야스쿠니 신사 참배에 반대 의사를 나타내는 등 아베 총리의 역사관을 강하게 비난해 오면서도 안보 문제 등에서는 보수적인 입장을 취하고 있다.

일본 여론

01월 12일

• 아베 내각 지지율 53%로 4%p 상승　　(요미우리신문 01. 12, 연합뉴스 01. 12 재인용)

– 일본 아베 신조 내각의 지지율이 3차 내각 발족 후 상승세를 타고 있는 것으로 조사됐다. 요미우리신문이 9~11일 실시한 여론 조사 결과에 따르면 아베 내각의 지지율은 53%로 3차 내각이 발족한 직후인 지난달 24~25일 조사 때보다 4%포인트 상승했다. 아베 내각을 지지하지 않는다는 답변은 3%포인트 감소한 38%를 기록했다. 경제 정책이나 앞으로 경기 전망에 대해서는 부정적인 응답이 많았다. 아베 내각의 경제 정책을 긍정적으로 평가하는 응답자는 43%로 부정적으로 평가한 이들

(46%)보다 적었으며 경기 회복을 실감하지 못한다는 답변은 81%에 달했다. 아베 내각에서 경기 회복이 실현되지 않을 것이라는 전망은 47%로 실현될 것이라는 의견 (38%)보다 많았다. 한편 산케이신문이 수도권 남녀 500명을 상대로 이달 8일 벌인 여론 조사에서는 아베 총리가 8월 15일 무렵에 발표할 전후 70년 담화에서 침략 전쟁과 식민 지배를 사과한 무라야마(村山) 담화를 계승해야 한다는 응답이 48.4%였다. 반면 계승할 필요가 없다는 반응은 36.0%였다.

01월 13일

• '아베 담화에 침략 반성 넣어야' 32%, '빼야' 19%　　　　　　　　(연합뉴스 01. 13)
– 일본 NHK 여론 조사에서 종전 70주년(8월 15일)에 즈음해 아베 신조 총리가 발표할 '아베 담화'에 식민 지배와 침략에 대한 반성을 명기해야 한다고 보는 사람이 빼야 한다는 사람보다 많은 것으로 나타났다. NHK가 지난 10일부터 사흘간 전국 20세 이상 남녀 1천585명(응답자 1천31명)을 대상으로 실시한 전화 여론 조사에서 아베 담화가 무라야마 담화(1995년)에서 표명된 '식민 지배와 침략에 대한 통절한 반성'을 담는 것이 좋다는 응답이 32%, 담지 않는 것이 좋다는 응답이 19%로 각각 나타났다. '어느 쪽이라고도 말할 수 없다'는 응답은 가장 많은 40%였다.

01월 14일

• 일본 헌법 개정해야 33%, 필요 없다 29%　　　　　　　　　　(연합뉴스 01. 14)
– 아베 신조 일본 총리가 전후 70년을 맞이해 헌법 개정의 필요성을 강조하는 가운데 찬성 여론이 반대보다 약간 많은 것으로 14일 파악됐다. NHK가 10~12일 벌인 여론 조사에서 일본 헌법 대해 응답자의 33%가 개정할 필요가 있다고 답했고 29%는 개정할 필요가 없다는 의견을 밝혔다. 개헌에 관해 어느 한 쪽을 택해 답할 수 없다는 반응은 31%였다. 2014년 4월 NHK의 여론 조사에서는 개헌이 필요하다는 의견과 필요 없다는 답변이 각각 28%, 26%였다. NHK 조사 결과를 기준으로 보면 개헌에 관해서는 찬성·반대 의견 중 한쪽이 확실한 우위를 점하지 못하고 있으며 논의가 본격화했을 때 여론의 향배가 결정될 것으로 전망된다.

8차(1월 말~2월 말)

아베 신조 일본 총리와 자민당은 본격적으로 헌법 개정을 위한 분위기를 만들어가고 있는 추세이다. 아베 총리는 헌법 개정을 위해서는 여야당의 합의는 물론이고, 국민들에게도 합의를 받도록 만들어야 한다고 이야기를 하고 있다. 17일 교도통신에 따르면 자민당의 2015년 주요 활동 목표가 헌법 개정이다. 무엇보다도 "개헌 찬동자 확대 운동을 추진한다"며 헌법 개정에 필요한 여론 조성을 위해 힘을 다 쏟겠다는 방침을 밝혔다(국민일보 2015. 02. 17).

집단적 자위권 법제화를 핵심으로 하는 안보법제 정비에 대한 논의에 대해 연립 여당인 자민당과 공명당이 의견 차이를 보이고 있다(연합뉴스 2015. 02. 13). 아베 총리와 자민당은 '보통국가화'에 속도를 내며 집단 자위권 행사 범위를 가능한 확대시키려고 한다. 반면에 평화주의 정당을 표방하는 공명당은 집단 자위권 확대에 대해서 '신중론'을 펴고 있다. 또 자위대의 국외 파견을 위한 항구법(恒久法)을 제정하는 문제에 대해서도 자민당은 적극성을 보이는 반면, 공명당은 소극적인 자세를 취하고 있다(연합뉴스 2015. 02. 23).

한편 아베 총리가 전후 70주년을 맞아 2015년 여름에 발표할 아베 담화에 대한 논쟁도 뜨겁다. 아베 총리는 무라야마 담화를 전체적으로 계승한다고 주장하나, 구체적인 사안에 대해서는 새로운 담화를 만들고자 하는 의지를 나타냈다. 이에 대해 민주당은 물론, 연립 여당인 공명당에서도 우려의 목소리를 내고 있다.

이런 가운데 일본 국민들 과반수가 아베 총리가 발표할 전후 70년 담화에 '식민 지배와 침략', '통절한 반성', '마음으로부터의 사죄'라는 단어를 넣어야 한다고 응답자의 과반수인 52%가 이와 같이 생각하는 것으로 드러났다(국민일보 2015. 02. 17).

01월 31일

• 일본 연립 여당 '아베 담화'에 견제구…"사전 협의하자"　　　　　(연합뉴스 01. 31)

– 일본 집권 자민당의 연립 파트너인 공명당이 아베 신조 총리의 종전 70주년 담화(일명 아베 담화) 내용을 둘러싼 연립 여당 내 사전 협의를 요구하고 나섰다. 이노우에 요시히사(井上義久) 간사장은 1월 30일 기자 회견에서 아베 담화와 관련해 "(정부가) 여당과 협의할 기회가 당연히 있을 것"이라며 "그 과정에서 공명당의 생각을 보이고 싶다"고 말했다고 교도통신 등 일본 언론이 31일 보도했다. 앞서 공명당의 야마구치 나쓰오 대표는 지난 25일 NHK 프로그램에 출연한 아베 신조 총리가 '침략', '식민 지배', '통절한 반성' 등 무라야마 담화(종전 50주년 담화)의 핵심 단어에 얽매이지 않겠다는 뜻을 밝히자 "핵심 단어는 큰 의미를 가지고 있다"며 이견을 표한 바 있다.

02월 08일

• "일본 자민당, 연내 국회서 개헌 항목 선정"

(산케이신문 02. 08, 연합뉴스 02. 08 재인용)

– 일본 집권 자민당은 연내 국회에서 헌법 개정 항목을 추린 후 2016년 정기국회에 개정안을 제출, 2016년 여름 참의원 선거 후 소집되는 임시국회에서 개정안을 발의한다는 개헌 추진 일정 원안을 마련했다고 산케이신문이 8일 보도했다. 개헌안은 2017년 국민 투표에 부친다. 이러한 개헌 원안은 자민당 헌법개정추진본부가 마련한 것으로 아베 신조 총리도 원칙적으로 양해했다. 이 원안에 따르면 자민당은 현재의 정기국회 회기 중에 가장 먼저 추진해야 할 개헌 항목을 선정하는 작업을 벌일 계획이다. 개헌 발의에는 중·참의원 양원에서 '3분의 2' 찬성이 필요하기 때문에 자민당 내 논의와 병행해 중·참의원의 헌법심사회를 열어 야당과도 협의, 2015년 가을 임시국회에서 개헌 항목 선정 작업을 마칠 방침이다. 그 후 헌법심사회 등이 중심이 돼 개헌 항목 조문화에 착수한 다음 2016년 1월 소집되는 정기국회에 개헌안을 제출, 참의원 선거가 끝난 2016년 가을 임시국회에서 개헌을 발의한다는 계획이라고 산케이는 전했다.

02월 10일

• 일본 제1야당 대표 "아베 담화 야당 의견 들어야"

(NHK 02. 10, 연합뉴스 02. 10 재인용)

- 일본 제1야당인 민주당의 오카다 가쓰야 대표는 종전 70주년 담화 내용을 야당과 협의해야 한다며 아베 신조 총리를 압박했다. 오카다 대표는 10일 당 상임간사회의에서 "국회에서 (담화에 대한) 충분한 논의가 필요하다"며 "야당을 포함해 다양한 의견을 듣고, 거국적으로 받아들여지는 것을 내야 한다"고 말했다고 NHK가 보도했다. 그는 또 "아베 총리는 담화 발표가 '내각의 문제'라고 주장하지만 70년에 한 차례 일본이 국가 차원의 생각을 보여 줄 수 있는 기회이기에 내각이 마음대로 내서 끝나는 이야기가 아니다"고 강조했다.

02월 17일

• 일본 자민당의 2015년 활동 목표는 '개헌 분위기 조성'

(닛케이신문 02. 17, 경향신문 02. 17 재인용)

- 일본 자민당의 2015년 주요 활동 목표는 '개헌 분위기 조성'인 것으로 나타났다. 일본의 집권당인 자민당이 주요 활동 목표를 뜻하는 '운동 방침'에 "창당 60주년에 맞춰 헌법 개정에 대한 국민의 이해를 적극적으로 얻겠다"는 내용을 명기했다고 17일 닛케이신문이 보도했다. 자민당은 또 '각당과 연대해 개헌안 작성에 나서겠다'는 지침도 내놨다고 신문은 덧붙였다. 자민당은 창당 60주년 기조와 관련, '다시 가슴에 새겨야 할 것은 헌법 개정을 당시(당의 기본 방침)로 출발한 보수 정당의 긍지'라는 내용을 명기했다고 교도통신이 보도했다. 통신은 '개헌 찬동자 확대 운동을 추진한다'면서 헌법 개정에 필요한 여론 조성을 위해 모든 힘을 다 쏟겠다는 방침도 명확히 했다고 전했다.

02월 18일

• 일본 연립 여당 대표, 아베에 무라야마 담화 계승 촉구　　　　(연합뉴스 02. 18)

- 일본의 연립 여당인 공명당의 야마구치 나쓰오 대표는 아베 신조 총리가 8월 15일 무렵에 발표할 전후 70년 담화에 관해 "(무라야마 담화 등과) 의미가 전혀 달라지지 않도

록 해야 한다"고 18일 말했다. 교도통신에 따르면 야마구치 대표는 이날 국회에서 기자들에게 전후 70년 담화가 "일본 국민에게도, 국제 사회에도 영향을 준다"며 이같이 말했다. 그는 "총리도 충분히 고려하고서 대응할 것으로 생각한다"고 덧붙였다.

02월 22일
• 일본 집권 자민당, 개헌 여론 조성 위한 '대화 집회' 재개

(아사히신문 02. 22, 아시아투데이 02. 22 재인용)

– 일본 집권 자민당이 2014년 말 중의원 선거로 중단했던 개헌 여론 조성 '대화 집회'를 지난 21일 모리오카 시에서 재개했다. 이 집회는 중·참의원 3분의 2의 찬성으로 국회에서 개헌이 발의되더라도 국민 투표에서 과반수 찬성을 얻는 게 쉽지 않을 것이라는 점을 감안해 열린 것이다. 이는 아베 신조 총리와 자민당이 '여론 대책'에 본격 착수했다는 것으로 볼 수 있다. 22일 아사히신문에 따르면 이소자키 요스케(磯崎陽輔) 아베 총리 보좌관은 이날 집회에서 "2016년 중 첫 번째 국민 투표를, 늦어도 내후년 봄에는 국민 투표를 실시해야 한다"고 밝혔다. 이소자키 총리 보좌관은 특히 "국민이 개헌을 한번 경험해 '개헌은 그렇게 무서운 것이 아니다'고 인식되면, 두 번째 개헌 이후에는 어려운 사안을 해보려고 한다"고 밝혔다. 이는 첫 번째 개헌에서는 일부 야당을 포함해 합의가 쉬운 환경권, 긴급 사태 조항 등을 대상으로 하고 두 번째 개헌 이후에 전쟁 포기, 전력 보유·교전권 불인정을 규정한 '헌법 9조(평화헌법)' 개정을 관철시키겠다는 구상을 밝힌 것으로 풀이된다.

02월 25일
• 전후 70년 '아베 담화' 전문가 논의 개시　　　　　　　　　　(연합뉴스 02. 25)

– 아베 신조 일본 총리가 전후(戰後) 70주년을 맞아 2015년 여름 발표할 '아베 담화'에 대한 전문가 논의가 25일 시작했다. 학자, 재계인사, 언론인 등 16명으로 구성된 '20세기를 돌아보고 21세기의 세계 질서와 일본의 역할을 구상하기 위한 유식자 간담회'(21세기 구상 간담회)는 이날 도쿄 총리 관저에서 아베 총리와 스가 요시히데(菅義偉) 관방장관 등이 참석한 가운데 첫 회의를 열었다. 아베 총리는 과거 전쟁에 대한 반성, 일본이 전후 걸어온 평화 국가로서의 행보, 세계 평화와 안정을 위해 일본이

수행할 역할 등을 전후 70년 담화에 담겠다는 입장을 밝혀 왔다. 하지만 그는 전후 50년에 발표된 무라야마 담화 등을 계승하겠다고 밝히면서도 '전체적으로 계승한다'는 표현을 써와 '식민 지배와 침략', '통절한 반성', '마음으로부터의 사죄' 등 과거 담화의 핵심 표현이 아베 담화에 반영될지가 관건이다.

일본 선거·의회

02월 09일

• 일본 농협중앙회 60년 만에 폐지…아베 정권, 농협 개혁 본격화　　(경향신문 02. 09)
- 일본 농협중앙회의 감사·지도권이 60여 년 만에 폐지된다. 아베 신조 일본 정권이 추진하고 있는 농협 개혁이 본격적으로 이루어지고 있다. 전국농업협동조합중앙회의 감사·지도권을 폐지하는 것을 골자로 한 아베 정권의 농협 개혁안을 농협중앙회 측이 받아들이기로 했다고 지지통신이 9일 보도했다. 일본 정부는 이번 정기국회에 농업협동조합법 개정안을 제출, 농협중앙회의 조직 규정과 감사·지도권을 없애고 2019년 3월까지 농협중앙회을 일반 사단법인으로 전환시킬 예정이다

02월 13일

• 일본 공명당, 자위대 파견 '항구법' 저지할 수 있을까?　　(경향신문 02. 13)
- 일본의 연립 여당인 자민당과 공명당이 13일 집단적 자위권 행사 용인에 따른 일본의 안전보장법제 정비와 관련, 본격적인 협의를 시작했다. 여당 협의의 좌장인 고무라 마사히코(高村正彦) 자민당 부총재와 좌장대리인 기타가와 가즈오(北側一雄) 공명당 부대표 등 두 당 관계자들은 이날 회의에서 '회색지대 사태(자위대가 대응할지, 경찰이 대응할지 분명치 않으나 방치할 경우 일본에 대한 무력 공격으로 이어질 수 있는 사태)' 때 자위대가 미군 이 외의 다른 나라 군대 함정도 보호할 수 있도록 하는 방안 등을 논의했다. 이번 여당 협의의 핵심은 자위대의 상시 해외 파견이 가능하게 하는 항구법을 제정할 것인가 여부이다. 정부와 자민당은 자위대를 수시로 해외에 파견할 수 있도록 하는 항구법 제정이 꼭 필요하다고 주장하고 있다. 그러나 공명당은 항구법을 제정할 경우 자위대의 군사적 활동 범위가 비약적으로 늘어나게 된다면서 반대 의사를

굽히지 않고 있는 상황이다.

02월 21일

• 아베 "헌법 개정안 국회 발의 마지막 단계"

(아사히신문 02. 21, 연합뉴스 02. 21 재인용)

– 아베 신조 일본 총리는 20일 헌법 개정안 국회 발의가 '마지막 단계'에 있다는 입장을 밝혔다. 아베 총리는 이날 중의원 예산위원회 답변에서 개헌안을 국민 투표에 부칠 법률이 이미 마련돼 있는 상태라면서 "어떤 조항으로 (개헌안을) 국민 투표에 부치든, 국회 발의를 하든 최후의 과정에 있다"고 말했다. 그는 다만 개헌 시기, 개헌 항목 등에 대해서는 "국회 헌법심사회에서 논의해 주기 바란다"고 구체적인 언급을 삼갔다. 개헌과 관련, 집권 자민당은 "국민 각계각층의 폭넓은 이해를 얻어가면서 개헌을 추진한다"고 명기한 2015년 운동 방침(안)을 정했다고 아사히신문이 21일 보도했다.

02월 23일

• 아베 정권 각료 정치 자금 의혹으로 낙마…3차 아베 내각 들어 처음

(경향신문 02. 23)

– 아베 신조 일본 정권의 각료가 정치 자금 부정 의혹으로 또 낙마했다. 2014년 10월 20일 2명의 여성 각료가 비위 의혹으로 중도 사퇴한 지 4개월 만이다. 2014년 12월 24일 3차 아베 내각이 발족한 이후 각료가 낙마한 것은 처음이다. 직무 관련 업계로부터 부적절한 정치 자금을 수수한 의혹을 받아 온 니시카와 고야(西川公也) 일본 농림수산상이 23일 아베 신조 총리에게 사표를 제출했다. 아베 총리는 후임으로 직전 농림수산상인 하야시 요시마사(林芳正) 참의원을 재기용하기로 했다고 밝혔다. 아베 총리는 사표를 수리한 뒤 관저에서 기자들과 만나 "그를 임명한 책임은 총리인 나에게 있다. 국민들에게 사죄한다"고 밝혔다.

02월 10일

• 이슬람국가(IS) 인질 사태 후 아베 내각 지지율 상승…50%대 안착

(요미우리·교도통신·NHK, 연합뉴스 02. 10 재인용)

– 과격 조직 이슬람국가(IS)에 일본인 2명이 살해된 뒤 아베 내각의 지지율이 반등하며 50%대에 안착한 것으로 복수의 여론 조사에서 나타났다. 아베 내각 지지율은 지난 6~7일 요미우리신문 조사에서 58%, 같은 기간 교도통신 조사에서 54%를 각각 기록하는 등 일본인 피살 사건 후 각종 조사에서 50%대의 견고한 추이를 보였다. 아울러 이번 NHK 조사에서 아베 내각의 경제 정책에 대해 '긍정적으로 평가한다'는 답이 56%였지만 '경기가 회복하고 있음을 느끼느냐'는 질문에는 '그렇지 않다'는 답이 49%로, '그렇다'는 답(13%)보다 많았다. 정당 지지율은 집권 자민당이 41.2%를 기록, 오카다 가쓰야 대표 체제로 새 출발한 제1야당 민주당(10.3%)을 여전히 압도했다.

02월 24일

• 일본 국민 절반 "아베 담화 과거사 사죄 담아야"

(아사히신문·후지뉴스네트워크 02. 22, 세계일보 02. 24 재인용)

– 다수의 일본 국민은 '아베 신조 총리 담화'에 '반성', '사죄' 등 과거 일제의 침략과 식민 지배에 대한 반성의 표현이 담겨야 한다고 생각하는 것으로 나타났다. 산케이신문이 21~22일 후지뉴스네트워크와 공동으로 일본 성인 남녀 1,000명을 대상으로 한 여론 조사에서 응답자의 51.6%는 무라야마 담화에 있던 '침략'이나 '반성', '사죄'라는 표현을 사용해야 한다고 답했다. 반면 '쓰지 말아야 한다'는 응답은 36.6%에 머물렀다. 아사히신문의 이달 14~15일에 실시한 여론 조사에서도 '식민 지배와 침략', '통절한 반성', '마음으로부터의 사죄'라는 단어를 넣어야 한다는 답변이 52%였고, 그렇지 않다는 견해는 31%에 불과했다.

02월 24일

• 자위대 활동 범위 확대 나서는 일본 정부…거기에 제동 거는 일본 국민

(닛케이신문 02. 24, 경향신문 02. 24 재인용)

– 일본 정부·여당이 자위대가 외국에서 다른 나라 군대를 보호하기 위해 무기를 사용할 수 있도록 하는 방안을 추진하고 있다고 닛케이신문이 24일 보도했다. 자위대의 활동 범위를 확대하기 위한 아베 신조 일본 정권의 조치 중 하나로 분석된다. 현재 자위대는 국외에서 후방 지원 활동을 할 때 자기 방어를 목적으로 하는 경우만 무기를 사용할 수 있도록 하고 있다. 앞으로는 함께 활동하는 다른 나라 군대나 NGO 관계자가 공격당하는 경우 이들이 자위대의 '자기 관리하에 있는 자'로 보고 무기를 사용, 보호할 수 있도록 한다는 것이다. 한편 일본 국민의 73%는 일본 정부·여당이 추진하고 있는 자위대의 수시 파견을 위한 항구법 제정에 반대하는 것으로 나타났다. 일본 국민들은 자위대의 활동 범위를 확대하는 것에 대해 강한 경계감을 갖고 있는 것으로 해석되고 있다.

9차(2월 말~3월 말)

2015년 2월 26일 자민당은 헌법개정추진본부가 주도한 당내 회의에서 헌법 개정에 대한 강력한 의지를 재차 표했다. 이번 회의에서 후나다 하지메(船田元) 본부장은 제9조 개정에 대한 찬반 여론이 들끓는 것을 의식해, 제1차 개헌안 발의를 추진하기는 어렵지만 2번째 발의 이후에는 확실히 준비를 하겠다는 의지를 밝혔다. 헌법 제9조의 해석상의 문제는 과거부터 끊임없이 이어져 왔고, 일본 내에서도 개헌을 통해 자위대를 자위군으로 격상시키고자 하는 것이 기본적인 입장이다.

이러한 자민당의 개헌 의지에 각기 정당들의 반응들을 살펴보면 제2야당인 유신당은 개헌에 찬성한다는 뜻을 밝혔다. 우익 성향을 띄는 유신당은 통치기구 개혁에는 찬성하지만 헌법 제9조 개정에는 부정적이었다. 하지만 에다 겐지(江田憲司) 유신당 대표는 '환경권' 조항과 '긴급 사태 조항' 등의 신설은 먼저 추진하고 '전쟁 포기'를 담은 개정은 다음 순위로 미루자는 자민당의 개헌 방침에 동조한다는 입장을 전했다(경향신문 2015. 03. 24). 한편 연립 여당인 공명당은 그동안 항구법 문제, 집단적 자위권의 행사 조건 등의 핵심 현안에 이견을 보였으나 결국 이달 말 자위대 활동 범위 확대 법안 골격에 합의하면서 자민당의 든든한 지원군이 된다. 이에 따라 제1야당인 오카다 가쓰야 민주당 대표는 아베 신조 일본 총리의 헌법 논의는 위험하다는 의견을 내면서도 헌법 개헌에 대한 직접적인 발언은 하지 않고 있다.

아베 총리는 2단계 개헌론으로 전략을 수정해 가면서 자신의 마지막 정치 인생을 걸고 있다. 이에 국민 여론은 현재로서는 반대 의견이 우세하다. 산케이신문과 후지뉴스네트워크가 실시한 여론 조사에서 자위대의 활동 범위의 확대에 반감을 드러냈다. 또한 마이니치신문에서 실시한 여론 조사에서도 국회가 자위권 행사에 관련된 법률을 제정하는 데 반대한다는 응답이 높았고, 아베노믹스에 대한 일본 국민들의 시각 또한 부정적으로 나타났다. 이는 최근 아베 총리의 정치 자금법 위반 논란과 무관하지 않다. 일본의 '정치 자금 규정법'은 국가의 보조금 교부 결정을 받은 기업은 그때부터 1년 동안 정당이나 정치 자금 단체에 기부할 수 없게 돼 있다. 하지만 아베 총리가 대표로 있는 자민당 야마구치 제4선거구 지부는 국가 보조금을 받기로 결정된 3개 기업으로부터 적어도 184만 엔(약 1,686만 원)을 받은 사실이 파악되었다(동아일보 2015. 03. 04). 이에 대해 아베 총리는 "현금을 받은 것은 사실이나 국가 보조금을 받았다는 사실은 몰랐다"며 해명을 했으나 중의원 예산위원회에서 민주당 대표의 비난을 피하지 못했다. 결과적으로 일본 국민들의 아베 총리에 대한 실망감이 지지율 하락으로 나타나고 있다.

일본 정당

02월 26일
• 일본 자민당 "헌법 9조, '특히 중요한' 개헌 대상"

(교도통신 02. 26, 연합뉴스 02. 26 재인용)

– 헌법 개정에 시동을 건 일본 집권 자민당은 평화헌법의 핵심 조문으로 꼽히는 헌법 9조를 '특히 중요한' 개헌 대상 조문으로 꼽았다. 다만 자민당은 9조 개정에 대한 찬반이 엇갈리는 점을 감안해 2016년 7월 참의원 선거 이후를 목표로 하는 제1차 개헌안 발의 때 추진하기는 어렵다는 입장을 밝혔다. 26일 자민당 헌법개정추진본부(후나다 하지메 본부장)가 주도한 당내 회의에서 2012년 결정한 당의 개헌안 초안 중 9조에 정식 군대인 '국방군' 창설을 명기하는 것을 '특히 중요한 항목'으로 규정했다고 교도통신 등 일본 언론이 보도했다. 다만 후나다 본부장은 "9조 등의 개정이 급선무이지만 상당한 준비없이 안이하게 제안할 수 없다"며 "2번째 (발의) 이후에 확실히 준비를 한 뒤에 (9조 개정을) 제안하는 것이 순리"라고 말했다.

03월 01일
• 일본 자민당, 개헌 거부감 희석하려 국방군 잠시 접어두나

(교도통신 03. 01, 국민일보 03. 02 재인용)

– 1일 교도통신에 따르면 후나다 본부장은 이날 자민당의 헌법 개정 초안에 국방군

창설 구상이 포함된 것에 관해 "(그것이) 그대로 원안이 되는 일은 전혀 없다. 거의 다 바뀔 것이다"고 말했다. 그는 "국방군이라는 명칭은 너무 나간 것일지도 모른다. 자위군이나 자위대도 좋다"고 말했다. 개헌안을 국회에서 발의하는 시기에 관해서는 "이르면 2016년 가을에 국민 투표에 부칠 가능성이 있다"며 2016년 여름 참의원 선거 후에 이뤄질 것이라는 인식을 재확인했다.

03월 01일

• 일본 민주당, 전당 대회…"아베 정권과 대결" 천명 (교도통신 03. 01)

– 일본 민주당은 1일, 도쿄 도내 호텔에서 당대회를 개최했다. 2014년 12월 중의원 선거에서 72석 획득에 그친 것을 '패배'라고 총괄 평가했다. '자민당을 대신할 정권의 선택지'를 목표로 한 2015년 활동 방침을 결정, 아베 정권과의 대결 자세를 전면에 내세웠다. 4월 실시 예정인 통일 지방 선거에 '총력'을 다할 방침도 제시했다. 또한, 2016년 여름으로 예정된 참의원 선거 준비를 본격적으로 실시함과 동시에 중·참의원 동시 선거도 시야에 두고 '중의원 선거 준비를 앞당겨 추진'할 것도 밝혔다. 지난 중의원 선거 총평으로는 목표한 세 자릿수 의석 획득에 실패해 '실질적인 패배'로 결론지었다. 패배의 이유는 ⑴ 연내 중의원 해산을 상정하지 못해 선거 준비가 늦었다는 점, ⑵ 당의 정책이 구체적 대안 없이 비판만을 담아냈다는 점 등을 거론했다. 이번 당 대회에는 소속 국회의원과 지방 의원, 도도부현 연합 대표자 등 약 800명이 참석했다. 다른 정당 간부들은 초대하지 않았다.

03월 02일

• 일본 자민당, '일본교직원조합(일교조)' 교사들 탄압 나설듯

(산케이신문 03. 02, 한겨레신문 03. 02 재인용)

– 일본 산케이신문은 2일 "자민당은 정치 사상이 편향된 교직원들이 학생들을 그릇되게 지도하는 것을 막기 위해 필요한 법 개정을 검토해 4월 말~5월 초께 정부에 제언할 방침"이라고 보도했다. 자민당은 '의무 교육의 정치적 중립 확보에 관한 임시 조치법'의 적용 범위를 현재의 중학교에서 고등학교까지 넓히고, 교사의 정치 활동을 제한하는 교육공무원특례법에 처벌 규정을 신설하는 법 개정을 검토할 예정이다.

03월 04일

• 일본 제2야당, 아베 정권의 개헌에 '찬성'

(닛케이신문 03. 04, 경향신문 03. 05 재인용)

– 보수 성향을 보여 온 일본의 제2야당인 유신당이 결국 개헌에 찬성한다는 뜻을 밝혔다. 큰 원군을 확보하게 된 아베 신조 일본 정권이 개헌 작업에 더욱 열을 올리게 될 것으로 예상된다. 에다 겐지 유신당 대표는 4일 보도된 닛케이신문과의 인터뷰에서 개헌과 관련, "자민당이 제안해 오면 진지하게 검토해 안이 마련되는 경우 찬성할 것"이라고 밝혔다. 에다 대표는 일본 정부 측에 환경 보전 노력 의무를 명기하는 '환경권' 조항, 대규모 재해 시 국민 권리를 일시 제한할 수 있도록 하는 '긴급 사태 조항' 등의 신설을 먼저 추진하고, '전쟁 포기'를 담은 9조의 개정은 나중으로 미룬다는 내용의 개헌 방침에 동조했다고 닛케이신문은 전했다.

03월 08일

• 공명당, 아베 '집단 자위권 폭주' 제동 걸까 (한겨레신문 03. 08)

– 아베 정권이 추진하고 있는 '집단적 자위권'의 행사 등 안보법제 개정 방안을 논의하기 위한 일본 여당 간 협의가 막판으로 치닫고 있다. 공명당이 일본 정부와 자민당의 요구를 어느 선까지 억제해 최종안에 반영시킬지에 관심이 모아진다. 지난 2월 첫 회의를 연 자민당과 공명당 사이의 '안전 보장의 법적 정비에 관한 여당협의회'는 8일까지 모두 4차례 개최됐다. 협상 당사자들의 말을 모아 보면, 양당은 △언제든 자위대를 해외에 파견할 수 있도록 항구법(일반법)을 만드는 문제 △집단적 자위권의 행사 조건 △자위대의 후방 지원 대상을 미국 이 외의 국가로 확대하는 문제 등 핵심 현안을 놓고 적지 않은 이견을 보이고 있다.

03월 11일

• 일본 '유엔 표준' 내세워 자위대 무기 사용 확대 추진

(산케이신문 · 교도통신 03. 11, 서울경제 03. 11 재인용)

– 11일 산케이신문에 따르면 일본 집권 자민당과 연립 여당인 공명당은 유엔 평화 유지 활동(Peace Keeping Operations, PKO)에 파견되는 자위대의 무기 사용 기준을 유엔

의 표준에 맞추기로 방침을 정했다. 이에 따라 유엔이나 타국 군 시설의 경비를 위한 무기 사용 외에도 자위대의 활동을 방해하는 무장 세력을 제거하거나 평화유지활동 부대 등에 붙잡혀 있다가 도주를 시도하는 자를 저지하는 과정에서도 무기를 사용할 수 있도록 하는 방안을 검토한다. 교도통신은 국제 분쟁에 대처하는 외군 군대를 후방 지원하기 위해 파견된 자위대가 정보 수집 활동을 할 수 있도록 하는 방향으로 일본 정부가 조율 중이라고 보도했다.

03월 12일

• 일본 자민당 특위, 전후 70년 담화 제언 늦추기로

(교도통신 · 요미우리신문 03. 12, 국민일보 03. 13 재인용)

– 일본 집권 자민당의 '일본의 명예와 신뢰를 회복하기 위한 특별위원회'가 이달 중 내놓으려던 전후 70년 담화에 관한 제언을 애초보다 늦추기로 한 것으로 알려졌다. 교도통신에 따르면 이나다 도모미 자민당 정조회장은 12일 기자 회견에서 "확실히 제언을 정리하고 싶다. 3월은 너무 빠르다. 여름까지(는 낼 수 있을 것)라고 생각한다"고 말했다. 요미우리신문은 특위가 의견을 표명하는 것이 4월 말~5월 초로 예정된 아베 신조 일본 총리의 미국 방문에 미칠 영향을 고려한 것으로 보인다고 보도했다.

03월 24일

• 일본 연립 여당 대표, 2016년 가을 개헌 추진론 '견제'

(교도통신 03. 24, 연합뉴스 03. 24 재인용)

– 일본의 연립 여당인 공명당의 야마구치 나쓰오 대표는 이르면 2016년 가을에 헌법 개정안을 발의하겠다는 집권 자민당 내 흐름에 관해 "기회가 무르익지 않았다. 더 논의를 거듭해야 한다"고 24일 말했다. 교도통신에 따르면 야마구치 대표는 이날 기자 회견에서 "국민의 이해를 얻지 않으면 아무리 해도 개정 절차가 진전하지 않는다"며 이같이 언급했다.

03월 05일

• 일본 정치권 '선거권 20세→18세' 개정안 제출

(교도통신 03. 06, 문화일보 03. 06. 재인용)

- 일본의 자민당과 공명당, 민주당 등 여야 6개 정당이 5일 선거권 연령을 현행 '20세 이상'에서 '18세 이상'으로 낮추는 공직 선거법 개정안을 중의원에 제출했다. 공산당을 제외한 대부분의 정당과 1개 원내 교섭 단체가 개정안에 찬성하고 있어 이번 의회 통과가 확실시되고 있다. 선거법이 개정되면 이르면 2016년 7월 참의원 선거부터 적용될 전망이다. 교도통신 등에 따르면 이번 6개 정당의 선거법 개정안 제출로 선거권 연령이 낮춰지면 헌법 개정에 필요한 국민 투표 연령도 18세 이상으로 조정되는 등 국민 투표법을 개정하기 위한 추진에 탄력을 받을 전망이다.

03월 20일

• 일본 자민·공명당, 자위대 활동 범위 확대 법안 골격 '합의'···5월 국회에 법안 제출

(경향신문 03. 20)

- 일본의 연립 여당인 자민당과 공명당이 자위대의 해외 활동 범위를 대폭 확대하는 것을 핵심 내용으로 하는 안보법제 정비의 골격에 대해 20일 합의했다. 자민·공명당은 4월 지방 선거가 끝난 뒤 5월 중순쯤 국회에 법안을 제출할 예정이다. 자민당과 공명당은 이날 자위대가 국제 사회의 평화와 안정을 위해 활동하는 타국군을 후방 지원할 수 있도록 하는 항구법을 제정하는 데 합의했다. 또 '회색지대 사태(무력 공격 수준에 이르지 못한 도발 상황)'가 발생하는 경우 미군뿐 아니라 일본 방위에 기여하는 다른 나라의 군대도 자위대의 방호 검토 대상에 포함시키기로 했다.

03월 03일

• 아베 총리도 정치 자금법 위반 논란 (교도통신·NHK 03. 03, 조선일보 03. 03 재인용)

– 아베 정권 각료들이 잇달아 돈 문제를 일으킨 데 이어 아베 신조 총리 본인도 불법 정치 자금 184만 엔(약 1,686만 원)을 받은 것으로 나타났다. 3일 교도통신과 NHK 보도에 따르면 야마구치 현 소재 화학 회사 '우베흥산'은 2013년 정부 보조금 3300만 엔을 받고, 8개월 뒤 아베 총리가 대표로 있는 자민당 지부에 50만 엔을 기부했다. 앞서 2012년 오사카 시에 있는 화학 약품 제조업체 '도자이화학산업'도 정부 보조금 100만 엔을 받고, 3개월 뒤 자민당 같은 지부에 12만 엔을 냈다.

03월 08일
• 일본인 57% "아베 정권 정치 자금 문제 대응 부적절"

(요미우리신문 03. 08, 충청일보 03. 09 재인용)

– 요미우리신문이 6~8일 벌인 전화 여론 조사 결과에 따르면 아베 내각이 이른바 '정치와 돈' 문제에 적절하게 대응하는 것으로 생각하지 않는다는 응답이 57%를 차지했다. 적절하게 대응하고 있다는 의견은 30%에 머물렀다. 응답자들의 73%는 니시카와 고야 전 농림수산상이 정부 보조금 지급 대상인 기업으로부터 정치 헌금을 받은 문제로 사임한 것이 당연한 일이라고 반응했다. 아베 내각의 지지율은 55%로 지난달 조사 때보다 3%포인트 낮아졌다.

03월 12일
• "자민당 1강은 안 된다"…일본 정치 원로들, 아베 정권에 브레이크

(도쿄신문 03. 12, 경향신문 03. 12 재인용)

– 무라야마 도미이치(村山富市) 전 총리, 무라카미 마사쿠니(村上正邦) 전 노동상, 야마사키 다쿠(山崎拓) 전 자민당 부총재, 야노 준야(矢野絢也) 전 공명당 위원장 등 일본의 정치 원로 10여 명이 자민당 1개 정당만 강력하고 나머지 정당은 나약한 일본 정계의 '일강다약(一强多弱)' 현상에 대한 대안 모색을 위한 모임을 만들었다. 이들은 지난 11일 도쿄 도내에서 첫 모임을 열었다고 도쿄신문이 12일 보도했다. 정치 원로들은 첫 모임에서 아베 신조 일본 총리가 오는 8월 15일쯤 발표할 예정인 '전후 70년 담화'에서 무라야마 담화를 계승할 것을 촉구하고 나섰다.

03월 15일

• 일본 국민 절반 이상, "이번 국회 중 '자위대 활동 범위 확대' 법률 등 제정 반대"

(마이니치신문 03. 15, 경향신문 03. 16 재인용)

– 마이니치신문이 지난 14·15일 실시한 여론 조사에서 '정부가 자위대의 해외 활동 범위 확대 등 집단적 자위권 행사 용인과 관련된 안전 보장 법률을 이번 국회에서 제정하려고 하는데 이에 대해 찬성하느냐'는 질문에 응답자의 52%가 '반대한다'고 응답했다. '찬성한다'는 응답은 34%에 불과했다. 또 응답자의 56%는 현재 논의되고 있는 법안의 내용에 대해 '모르겠다'고 응답했다. '아베 정권의 경제 정책인 아베노믹스에 의해 경기가 좋아졌다고 생각하느냐'는 질문에 대해서는 26%의 응답자가 '좋아졌다'고 응답했다. 66%는 '좋아졌다고 생각하지 않는다'고 응답, 아베노믹스에 대한 일본 국민들의 부정적인 시각이 다시 한 번 드러났다. 한편 아베 내각에 대한 지지율은 44%로 지난달 조사 결과와 같은 것으로 나타났다.

03월 23일

• 아베 담화 '식민 지배 사죄' 찬반 의견 팽팽　　　　(닛케이신문 03. 23, 한겨레, 03. 23)

– 일본 닛케이신문은 20~22일 진행한 여론 조사 결과 '아베 담화'에 1995년 무라야마 담화의 핵심 표현인 '식민 지배에 대한 반성과 사죄'라는 말을 '써야 한다'는 의견이 39%로, '쓸 필요가 없다'는 의견(36%)을 조금 앞섰다고 23일 보도했다. 좀 더 상세히 보면, 아베 정권을 지지하는 보수층에선 '쓸 필요가 없다'는 의견이 42%로, '써야 한다'(36%)를 다소 앞섰지만, 지지하지 않는 층에선 '써야 한다'는 의견이 48%로, '쓸 필요 없다'(33%)를 크게 앞선 것으로 조사됐다.

10차(3월 말~4월 말)

이송은

04월 12일 치러진 10개 광역자치단체 지방 선거에서 친여 단체장이 대거 승리를 차지했다. 홋카이도와 오이타(大分) 현에서는 자민당과 공명당이 추천한 후보와 민주당의 지원을 받은 후보 사이의 맞대결이 진행되었으나, 두 지역 모두 큰 이변은 없었다. 홋카이도와 오이타 현 각각 여당의 지원을 받은 다카하시 하루미(高橋はるみ) 현직 지사와 히로세 가쓰사다(廣瀬勝貞) 현직 지사가 모두 재선에 성공했다. 이 밖에 8개 현 지사 선거에서도 모두 여당의 지원을 받은 후보들이 승리를 거뒀다(연합뉴스 2015. 04. 13).

하지만 이번 지방 선거에서 시장이 무투표로 당선되는 지방 자치 단체가 30%에 달하는 것으로 집계되어 지방 자치가 흔들리고 있음을 시사했다. 또한 지난 4월 12일 치러진 지방 선거의 투표율은 사상 최저를 기록했고, 광역의원 당선자 가운데 22%는 투표 없이 지방 의회에 진출했다. 비교적 주민들의 관심이 높은 광역지자체장(도·도·부현 지사) 선거에서조차 투표율이 40%를 밑도는 사례가 나왔다. 후쿠오카 현 지사 선거의 경우 투표율은 38.85%인 것으로 최종 집계됐다. 또 광역의회 선거에서 후보자가 1명에 불과해 투표 없이 당선된 경우가 전체의 21.9%에 이르는 것으로 나타났다. 이런 무투표 당선율은 일본 지방 선거 역사상 가장 높은 것이었다. 이번 일본 광역의회 선거의 평균 경쟁률은 1.34 대 1에 불과했다(경향신문 2015. 04. 13).

또한 일본 집권 자민당이 정권에 불리한 내용을 방송했다는 이유로 방송사 간부를 불러 프로그램 제작·보도 경위를 묻기로 해 언론 탄압 논란이 일고 있다. 16일 자민당은 공영 방송 NHK의 시사 프로그램 '클로즈업 현대'와 민영 방송 아사히티비의 간판 뉴스 프로그램 '보도 스테이션'과 관련해 두 방송사 간부를 불러 '사정 청취'를 하기로 했다. '보도 스테이션'이라는 프로그램에서 경제산업성 관료 출신의 해설가 고가 시게아키(古賀茂明) 씨가 생방송에서 하차를 발표하며 하차 압박을 받았다는 돌출 발언을 했던 것이 문제가 된 것이다. 자민당은 두 방송사의 간부를 불러 경위를 묻기로 하자 일본 언론계에서는 명백한 언

제4부.. 일본의 동향 및 쟁점 **415**

론 탄압이라고 반발했다. 이에 아베 신조 일본 총리는 "언론계가 이 정도로 위축되겠느냐"고 맞섰지만 전화나 구두로 전달하거나 비공개로 요구 사항을 전달하던 과거와 달리 대담하게 공적으로 방송을 압박하기 시작했다는 비난을 면치 못하고 있다.

일본 정당

04월 02일
• 일본 야당 "아시아인프라투자은행(AIIB) 참가 유보는 일본 외교의 패배"

(교도통신, 서울경제 04. 02 재인용)

— 일본 정부가 아시아인프라투자은행(Asian Infrastructure Investment Bank, AIIB) 참가를 유보한 데 대해 야당이 일제히 비판하는 등 후폭풍이 일고 있다. 교도통신에 따르면 에다 겐지 유신당 대표는 2일 아시아인프라투자은행 참가 보류에 관해 "매우 졸렬하다. 중국 외교의 승리, 일본 외교의 완전한 패배"라며 "아시아인프라투자은행에 참가하지 않은 것은 미국이 반대하는 것 한 가지뿐"이라고 꼬집었다. 제1야당인 민주당 오카다 가쓰야 대표는 주요 7개국 가운데 미국, 일본, 캐나다를 제외한 영국, 독일, 프랑스, 이탈리아가 참가의 뜻을 표명한 것에 대해 "G7의 결속이 흐트러진 것이 큰 실수"라며 "보조를 맞춰 중국에 투명하게 운영하도록 압박했어야 했다"고 지적했다.

04월 09일
• 일본 자민당 3역, 아베 당총재 재선 지지 표명   (연합뉴스 04. 10)

— 9월 실시될 일본 집권 자민당 총재 선거를 앞두고 당 간부들의 아베 신조 총리 지지 표명이 벌써부터 잇따르고 있다. 다니가키 사다카즈 자민당 간사장이 9일 아베 총리의 총재 재선 지지를 표명한 데 이어, 니카이 도시히로 총무회장도 10일 발매된 한 월간지 인터뷰에서 이번 당 총재 선거에서 아베 총리를 지지하겠다고 밝혔다. 이와 함께 이나다 도모미 자민당 정조회장도 "일본으로서는 아베 총리가 계속 이끌어 가는 것이 좋다"고 밝혀 당 3역 전원이 아베 총리의 재선 지지를 표명하고 나섰다.

04월 12일

• '여성 중용' 일본공산당, 지방 선거서도 약진 　　　　　　(연합뉴스 04. 13)

– 일본 공산당의 약진이 지방 선거에서도 이어졌다. 12일 치러진 41개 광역(도도부현) 의회 지방 선거에서 공산당은 종전 75석에서 48% 늘어난 111석을 따냈다. 광역 의회 선거에서 공산당이 의석을 늘린 것은 1999년 이후 16년 만이었다. 또 선거가 치러진 41개 광역 지방 의회에서 모두 의원을 당선시킴에 따라 사상 처음으로, 이번에 선거가 없었던 도쿄 등을 포함한 47개 광역 의회에 모두 의석을 보유하게 됐다. 공산당의 선전은 거침없이 질주하는 아베 정권에 반대하는 진보 성향 표심을 담을 '그릇'이 마땅치 않은 현실 속에 '반아베' 선명성을 분명히 한 결과로 평가된다. 더불어 '여성 중용' 전략도 먹혀 들어가고 있다. 이번 광역 지방 의회 선거의 전체 여성 당선자 207명 중 공산당 출신이 58명으로 가장 많다. 후보 중 여성을 절반 가까이(275명 중 128명) 내세워 종전 21명이던 여성 의원을 배 이상 늘린 것이다. 앞서 2013년 참의원 선거와 2014년 중의원 선거 때 20대~30대 초반의 여성 후보를 '간판급'으로 내세워 당선시킨 것도 '늙은 정당(1922년 창당)' 이미지에서 벗어나게 하는 데 기여했다는 분석이 나왔다.

04월 16일

• 일본 연립 여당 간부 "아베 총리 개헌 발언 신중해야" 　　　　(연합뉴스 04. 17)

– 일본 연립 여당인 공명당의 기타가와 가즈오 부대표는 아베 신조 총리가 개헌 관련 주장을 공개적으로 피력하는 데 대해 문제를 제기했다고 일본 언론이 17일 보도했다. 보도에 따르면 기타가와 부대표는 16일 중의원 헌법심사회 간사 간담회에서 헌법 개정 논의와 관련한 아베 총리의 발언에 대해 "개헌의 국회 발의는 입법권에 관련된다"며 "행정의 수장인 총리가 개별 내용을 말하는 데는 신중히 하는 것이 좋다"고 말했다. 아베 총리가 국회 출석 등 계기에 개헌에 대해 적극적으로 발언한 것을 문제 삼은 것이다.

04월 17일

• 일본 자민당 언론 통제 논란 　　　　(교도통신 04. 17, 국민일보 04. 17 재인용)

– 일본 집권 자민당이 방송사 간부를 불러 특정 프로그램의 제작·보도 경위를 캐묻기로 하면서 언론 외압 논란이 일고 있다. 교도통신에 따르면 자민당은 17일 예정된 정보통신전략 조사회에서 NHK 시사 프로그램 '클로즈업 현대'와 민영 방송인 아사히티비의 간판 뉴스 프로그램 '보도 스테이션'에 관해 두 방송사 간부를 불러 사정 청취를 하기로 했다. '클로즈업 현대'는 2014년 5월 사기 사건 문제를 다루는 보도에서 취재기자가 가공의 인물 역할을 맡은 일이 문제가 됐고, '보도 스테이션'에서는 관료 출신의 해설가가 생방송 중 자신이 아사히티비 회장 등의 의향에 따라 프로그램에서 하차하게 됐다는 돌출 발언을 했다. 자민당은 해당 방송사로부터 설명을 듣겠다는 것이지만 행정 기관도 아닌 정당이 민영 방송사 간부까지 불러 경위를 따지는 것은 압력과 다름없다는 지적이 나온다.

04월 18일
• 일본 자민당, 야당 의원에 '전쟁법안' 발언 수정 요구 논란　　　　(연합뉴스 04. 18)
– 일본 야당 의원이 아베 신조 정권의 안보법제 정비에 관해 질의하며 사용한 '전쟁법안'이라는 표현을 집권 자민당이 수정하라고 요구해 논란이 일고 있다. 후쿠시마 미즈호(福島瑞穗) 사민당 의원은 이달 1일 참의원 예산위원회에서 여당이 협의 중인 안전 보장 관련 법안을 거론하며 "아베 내각은 5월 15일 14~18개의 이상의 전쟁법안을 낸다고들 한다"고 말했다. 이에 아베 총리가 "딱지를 붙여 논의를 왜소화하는 것은 결코 우리도 감수할 수 없다"고 반발했으나 후쿠시마 의원은 재차 "전쟁이 가능해지는 법안"이라며 물러서지 않았다. 기시 고이치(岸宏一) 예산위원장이 "발언 중 부적절하다고 인정할 수 있을 언사가 있었던 것으로 생각된다. (예산위원회) 이사회에서 속기록을 조사한 뒤 적당한 조치를 하겠다"고 말했다.

일본 선거·의회

03월 26일
• 일본, 집단 자위권 행사 법률안 5월 중순 각의 결정할 듯
　　　　　　　　　　　　　(아사히신문 03. 26, 연합뉴스 03. 26 재인용)

– 일본 정부가 집단 자위권 행사의 구체적인 내용을 담은 안보 관련 법안을 2015년 5월 중순에 완성할 것으로 예상된다. 26일 아사히신문에 따르면 일본 정부는 안보 법안을 5월 14일에 각의 결정하는 방향으로 조율을 시작했다. 아베 신조 일본 총리는 집권 자민당과 연립 여당인 공명당이 이달 20일 합의한 방침에 따라 다음 달 중순까지 관련 법안의 개요를 작성하라고 나카타니 겐(中谷元) 일본 방위상 겸 안보법제 담당상에게 지시한 것으로 알려졌다. 미국과 일본 정부는 4월 27일 워싱턴에서 외교·국방장관(2+2) 회의를, 다음날에는 버락 오바마 대통령과 아베 총리의 정상 회담을 열어 안보 법안과 연동할 미·일 방위협력지침 개정에 관해 합의한다. 이후 아베 정권은 5월 초 연휴 직후에 여당 내 합의를 완료하고 정부안을 완성할 것으로 보인다.

03월 26일

• 일본 10개 광역자치단체 지사 선거전 개막   (연합뉴스 03. 27)

– 일본의 10개 광역자치단체장을 뽑은 지방 선거가 시작됐다. 26일 고시된 이번 선거에서는 홋카이도, 가나가와·후쿠이(福井)·미에·나라(奈良)·도쿠시마(德島)·오이타·후쿠오카·시마네(島根)·돗토리 현의 지사를 각각 선출하며 모두 25명이 출마했다. 각 후보는 다음 달 투표가 예정된 12일까지 2주 남짓한 기간 선거전을 벌일 예정이지만 여야의 대결이 그다지 치열하지는 않을 것으로 전망된다. 나라, 후쿠이, 돗토리, 후쿠오카, 도쿠시마, 가나가와 등 6개 현에서 공산당을 제외한 주요 야당과 여당이 같은 후보를 지지하는 이른바 '합승 출마'가 이뤄졌기 때문이다. 제1야당인 민주당은 미에와 시마네에서는 후보조차 내지 않았기 때문에 집권 자민당과 민주당의 실질적인 대결이 이뤄지는 곳은 홋카이도와 오이타뿐이다.

04월 02일

• 일본 국회 헌법심사회 재가동…개헌 항목 선정 논의   (연합뉴스 04. 02)

– 일본 헌법 개정 문제를 논의할 중의원 헌법심사회가 2015년 정기국회에서는 처음으로 2일 재가동됐다. 집권 자민당은 앞으로 본격적으로 개최될 헌법심사회에서 야당 측과 우선적으로 개헌해야 할 항목 선정에 주력할 것으로 예상된다. 아베 신조 총

리는 최근 국회 답변에서 구체적인 개헌 항목에 대해 "(국회) 헌법심사회에서 논의하면서 선정하는 것이 중요하다"는 견해를 밝힌 바 있다. 이와 관련, 헌법심사회에서는 야당의 찬성을 얻기 쉬운 대형 재난과, 일본에 대한 무력 공격에 대비한 '긴급 사태 조항' 신설 등을 중점 논의할 것으로 보인다. 자민당은 개헌 발의에는 중·참의원 양원에서 '3분의 2' 찬성이 필요하기 때문에 자민당 내 논의와 병행해 중·참의원의 헌법심사회를 열어 야당과도 협의, 2017년 정기국회에서 개헌안을 발의해 국민 투표에 부친다는 계획인 것으로 알려졌다.

04월 09일

• 일본 역대 최고, 올해 예산 96조 3420억 엔 　　　　　　　　　(헤럴드경제 04. 09)

- 일본의 올해 회계연도(2015년 4월~2016년 3월) 예산이 참의원 본회의에서 가결돼 확정되면서 역대 최고치를 기록했다. 가결된 예산안은 96조 3420억 엔(약 874조 7000억 원)으로 참의원 본회의에서 집권 자민당과 연립 여당인 공명당, 야당인 차세대당 등 다수가 찬성하며 예산이 통과돼 역대 최고치를 기록했다고 교도통신 등 현지 언론이 전했다. 세출에서 방위비는 3년 연속 증액해 4조 9800억 엔으로 역대 최고가 됐다. 사회보장비도 2014년도 예산보다 약 1조 엔 늘어 처음으로 31조 엔대에 달했다. 세입은 소비세 인상의 영향과 법인세 수입 증가로 비교적 높은 수준인 54조 5250억 엔이 될 것으로 예상되며 신규 국채 발행액은 전년도 2014년보다 4조 엔 넘게 줄어 36조 8630억 엔이 될 전망이다.

04월 12일

• 일본 지방 선거 야당 부진 속 자민당 압승…아베 독주 견제 요원 　　(국민일보 04. 12)

- 12일 치러진 일본 광역자치단체장 지방 선거에서 친여 단체장이 대거 승리를 차지했다. 2014년 12월 치러진 중의원 선거(총선)에 이어 아베 신조 정권의 독주를 견제하기 더 어려워질 전망이다. 2016년 여름 참의원 선거의 전초전 성격을 갖는 이번 선거에서는 홋카이도 등 10개 도현(광역자치단체)의 지사와 5개 정령 시장, 41개 도부현 의원 및 17개 정령 시의원이 선출됐다. 이날 오전 7시부터 시작된 선거는 오후 8시까지 치러졌지만 애초부터 여당의 승리가 확실한 만큼 유권자들의 발길도 뜸했다

고 교도통신이 전했다. 전체 10개 도현 가운데 8개 현에서 주요 야당이 후보를 내지 않거나 여당과 같은 후보를 지지했다.

04월 19일

• 지방 선거의 후반전 쓰시(津市), 나가사키(長崎) 등 시장 선거에서 27명 무투표 당선

(아사히신문 04. 19)

– 제18회 지방 선거의 후반전인 89 시장 선거와 295 시의회 의원 선거, 도쿄의 특구 11 구청장 선거와 21 구의원 선거가 19일에 고시되었다. 시장 선거에서는 쓰시, 나가사키 등 27명의 시장 선거를 투표했다. 투표율은 30.3%로 총무성의 데이터에서 비교하면 1955년 이후 4번째로 높았다. 21일 고시의 마치무라(町村長選: 일본의 기초 지방자치단체) 선거와 더불어 26일에 개표된다.

일본 여론

03월 24일

• 일본 연립 여당 대표, 2016년 가을 개헌 추진론 '견제'

(교도통신, 연합뉴스 03. 24 재인용)

– 일본의 연립 여당인 공명당의 야마구치 나쓰오 대표는 이르면 2016년 가을에 헌법 개정안을 발의하겠다는 집권 자민당 내 흐름에 관해 "기회가 무르익지 않았다. 더 논의를 거듭해야 한다"고 24일 말했다. 교도통신에 따르면 야마구치 대표는 이날 기자 회견에서 "국민의 이해를 얻지 않으면 아무리 해도 개정 절차가 진전하지 않는다"며 이같이 언급했다. 그는 국민이 좋은 환경에서 생활할 권리를 의미하는 '환경권'을 개헌안에서 제외하자는 주장이 공명당에서 대두하는 것에 관해 "환경의 가치를 중요하게 여기자는 합의가 형성됐지만, 헌법에 이를 반영할 것인지에 관해 여러 가지 견해가 있다. 충분히 합의하려는 노력이 필요하다"고 언급했다.

03월 30일

• 일본인 55% "아베 70주년 담화에 식민지 사죄 포함돼야"

(교도통신 03. 30, 헤럴드경제 03. 30 재인용)

− 일본인의 절반 이상이 아베 신조 총리가 여름에 발표할 전후(戰後) 70주년 담화(아베 담화)에 식민지 지배와 침략에 대한 반성과 사죄가 포함돼야 한다는 견해를 밝혔다. 교도통신이 28~29일 실시한 전국 전화 여론 조사에서 아베 담화에 식민지 지배와 침략에 대한 반성과 사죄를 넣어야 한다는 응답은 54.6%, 넣지 말아야 한다는 응답은 30.5%로 나타났다. 이와 함께 교도통신 조사 결과 6월 정기국회 회기 안에 집단 자위권 행사와 관련된 안보 법률 제·개정을 마무리한다는 아베 총리의 방침에 대해 49.8%가 반대해 38.4%의 찬성보다 10% 이상 앞섰다. 또 아베 내각에 대한 지지율은 지난달 조사에 비해 1.2%포인트 증가한 55.4%로 나타났다.

04월 19일

• 아베 정권 주요 안보 정책에 일본 여론 부정적

(마이니치신문 04. 19, 연합뉴스 04. 20 재인용)

− 아베 신조 정권이 추진하는 주요 안보 정책에 대해 일본 내 반대 여론이 만만치 않은 것으로 파악됐다. 마이니치신문이 18~19일 실시한 여론 조사 결과, 집단 자위권 행사 등 자위대의 국외 활동을 확대하는 안보 관련 법안을 이번 정기 국회에서 제·개정하는 것에 관해 응답자의 54%가 반대하고 34%만 찬성했다. 오키나와 본섬 남쪽에 있는 미군 후텐마 비행장을 북쪽의 헤노코 연안으로 옮기는 구상을 추진하는 과정에서 드러난 일본 정부의 대응 방식에 관해서도 53%가 반대하고 34%가 찬성한 것으로 나타났다. 오나가 다케시 오키나와 지사는 2014년 선거에서 헤노코 이전에 주민들이 반대하는 것이 명확해졌다며 정부 계획에 반대하고 있으나 일본 정부는 강행하겠다는 방침을 고수하고 있다. 아베 내각의 지지율은 47%(마이니치), 52%(닛케이·TV도쿄)로 조사됐다.

11차(4월 말~5월 말)

이송은

2015년 4월 26일 도쿄 세타가야(世田谷) 구 구청장 선거에서 집권 자민당이 고전을 면치 못했다. 제1야당인 민주당이 지원한 현직 호사카 노부토(保坂展人) 구청장이 자민·공명 연립 여당의 추천을 받은 후보를 누르고 승리했다. 또한 시부야(澁谷) 구 구청장 선거에서는 정당의 지지나 추천을 받지 않은 하세베 겐(長谷部健) 후보가 자민당 추천을 받은 무라카미 히데코(村上英子) 후보를 3위로 밀어내고 당선됐다(연합뉴스 2015. 04. 27). 지난 통일 지방 선거인 10개의 광역지방자치단체장(도도부현) 선거에서 자민당 후보가 모두 승리를 거뒀던 것과는 대조되는 모습이다.

이를 시작으로 야당은 통일 지방 선거에서의 참패를 만회하고자 연계 강화를 본격화했다. 민주당의 에다노 유키오 간사장은 기자단에게 유신당을 염두에 두고 야당의 제휴 협력을 희망한다고 말했다(아사히신문 2015. 05. 18). 이에 유신당 대표도 같은 뜻을 내비쳤다. 유신당의 에다 겐지 대표는 오사카 주민 투표에서 부결된 것에 책임을 지고 사임을 표하고, 마쓰노 요리히사(松野頼久) 간사장이 새 대표로 선출되었다. 마쓰노 요리히사 간사장은 현 아베 신조 정권에 대한 비판적인 견해를 밝히고 연내에서 민주당뿐만 아니라 다른 야당까지 포함해 폭넓게 결집하고 싶다며 야당 재편에 의욕을 내비쳤다.

또한 이번 제18회 지방 선거의 후반전은 무투표로 당선한 사람의 비율도 높고 지방 선거의 공동화를 나타낼 기록이 만연했던 통일 지방 선거였다(마이니치신문 2015. 05. 15). 제142시구 읍면장 선거와 586시구 정촌의 선거에서 투표 후 일부를 제외하고 당일 바로 개표되었다. 이번 선거 투표율은 69.07%로 사상 최저를 기록했다. 14일 경찰청은 지방 선거의 선거 위반 단속 상황을 발표했다. 4년 전지방 선거에 비해 적발 인원이 약 3분의 1이 줄어 차이를 보였다. 이는 저조한 투표율과 무투표 당선율이 높았던 이번 선거의 영향으로 나타난 결과라고 볼 수 있다.

이달 3일에는 헌법 기념일을 맞이해 헌법 개정에 찬성, 반대 입장을 취하는 집회가 각지에서 열렸다. 호헌파는 헌법의 평화주의가 위기에 처했다며 개헌파와 의견차를 드러냈다. 이 중 개헌파는 헌법 개정에 대한 강한 의지를 드러내어 아베 총리의 든든한 지원군의 모습을 보여 주고 있다. 아베 총리는 5월 여론 조사에 따르면 내각 지지율이 44%로 상승하고, 총리 재직기간이 1천242일을 기록하면서 근래 드문 장수 총리 대열에 들어섰다.

일본 정당

04월 26일

• 일본 집권 자민당, 도쿄 구청장 선거서 고전

(일본 언론 04. 27, 연합뉴스 04. 27 재인용)

– 일본 집권 자민당이 26일 전국 지방 선거의 일환으로 치러진 도쿄 구청장 선거에서 고전한 것으로 나타났다. 도쿄 세타가야 구 구청장 선거에서 제1야당인 민주당이 지원한 현직 호사카 노부토 구청장이 자민·공명 연립 여당의 추천을 받은 후보에 승리했다고 NHK 등 일본 언론이 27일 보도했다. 지방 의회 선거에서는 27일 개표가 진행되는 도쿄의 6개 구를 제외한 나머지 의회 당선자 7천422명이 결정된 가운데, 자민당(820명)과 공산당(760명)이 기존 보유 의석수 이상을 획득하는 선전을 했다. 이날 투표율은 시장 선거 기준으로 사상 최저치인 50.53%를 기록했다.

04월 29일

• 일본 야당, 일미 정상 회담 담화 비난 봇물…"무책임한 약속"　　(교도통신 04. 29)

– 야당은 29일, 일·미 정상 회담에서 안전 보장 면에서의 일·미 동맹 강화와 오키나와 현 미군 후텐마 비행장의 헤노코 이전 추진을 확인한 아베 신조 수상을 "무책임한 약속을 했다"(에다노 유키오 민주당 간사장)라며 비판했다. 자위대의 활동을 확대하는 새로운 일·미 방위협력지침(가이드라인)에 관해 에다노 간사장은 도쿄도에서 기자단에 "국회와 국민을 상대로 한 설명 없이 한 약속은 국익을 해친다"라고 강조했다. 공산당의 시이 가즈오(志位和夫) 위원장은 "일본의 독립과 주권을 무시하는 대미 종속의 자세를 보인 것"이라며 담화를 규탄했다.

05월 17일

• '오사카 시 폐지안' 주민 투표서 부결…하시모토 시장 "정계 은퇴"

(NHK 05. 17, 한국일보 05. 17 재인용)

— 오사카 시 폐지를 내걸고 하시모토 도루 일본 오사카 시장(유신당 최고 고문)이 추진해 온 오사카 행정구역 재편안(오사카 도 구상)이 17일 주민 투표에서 근소한 차이로 부결됐다. 주민 투표에 정치 생명을 걸었던 하시모토 시장은 약속대로 연말 시장 임기를 마친 뒤 정계를 은퇴하겠다고 밝혔다. 17일 NHK는 오사카 시민 대상 주민 투표의 개표가 99% 진행된 가운데, 반대가 70만 5,855표로, 찬성(69만 4,844표)보다 많은 것으로 최종 집계됐다고 보도했다. 투표율은 66.83%로 집계됐다. 오사카 시 폐지를 골자로 하는 오사카 도 구상이 부결됨에 따라 오사카 시는 그대로 존속하게 됐다. 하시모토 시장은 기자 회견에서 "내 자신의 힘이 부족했다"며 "시장 임기가 끝난 이후 정치는 하지 않을 것"이라고 말했다.

05월 18일

• 야당 재편 가속화인가…민주당, 유신당과 연계 강화에 심혈   (아사히신문 05. 18)

— 오사카 도 주민 투표에서 반대 다수를 차지한 유신당 최고 고문의 하시모토 도루 오사카 시장이 은퇴 표명하자 민주당은 유신당과 연계 강화를 본격화시킨다. 2016년 여름 참의원 선거를 지목하고 장래의 합류도 시야에 선거구 조정을 추진할 생각이다. 유신당이 에다 겐지 대표가 사의를 표명하고 후임에 야당 개편 지향이 강한 마쓰노 요리히사 간사장이 유력하며 재편될 수 있다. 민주의 에다노 유키오 간사장은 18일 도쿄 도내에서 기자단에게 유신당을 염두에 "정책 이념 정치 성향으로 같은 뜻을 하는 동료들이 있으면 가능한 한 폭넓게 협력한다. 야당 중 될 수 있는 한 제휴, 협력하고 싶다"며 추파를 보냈다.

05월 19일

• 일본 유신당 새 대표에 민주 당출신 마쓰노…야당 재편 계기되나   (연합뉴스 05. 19)

— 유신당은 에다 겐지 대표가 오사카 도 구상이 주민 투표에서 부결된 것에 대한 책임을 지고 사임함에 따라 19일 마쓰노 요리히사 간사장을 새 대표로 선출했다. 민주

당 출신인 신임 마쓰노 대표는 2009년 하토야마 유키오(鳩山由紀夫) 내각 때 관방 부(副)장관을 지냈으며 2012년에 유신당의 전신인 일본 유신회의 창립 구성원으로 당적을 옮겼다. 그는 특정비밀보호법 제정, 집단 자위권 용인 등 아베 신조 정권의 주요 안보 정책에 관해 비판적인 견해를 밝혀 왔으며 야당 재편에도 의욕을 보인 것으로 알려졌다.

05월 24일

• 유신당: 마츠노 대표 "폭넓게 결집을" 야당 개편에 의욕　　　(마이니치신문 05. 24)
– 유신당 마츠노 요리히사 대표는 24일 구마모토 시내에서 기자 회견을 갖고 야당 개편에 대해서 "올해 안에 민주당뿐만 아니라 다른 야당까지 포함해 폭넓게 결집을 하고 싶다"고 말했다. 결집 규모에 대해서는 "100명 이상이다"라고 강조했다. 마츠노 씨는 100명이 결집하면 다음 중의원 선거에서 정권 교체 가능성이 높아진다고 지적했다. 당내 의견 수렴에 대해서 "국정 선거 때면 야당 개편으로 정권 교체를 한다는 기본 노선에 온도 차이는 없다고 생각한다"며 실현 가능하다고 말했다.

일본 선거·의회

04월 27일

• 투표율, 각 도시에서 최저 갱신, 무투표 당선율도 증가　　　(아사히신문 04. 27)
– 제18회 지방 선거의 후반전은 26일 142시구 읍면장 선거와 586시구 정촌의 선거에서 투표 후 일부를 제외하고 당일 바로 개표되었다. 집계에 따르면 26일 개표된 62시장 선거의 평균 투표율은 50.53%, 시의회 의원 선거는 48.62%, 마치무라 선거는 69. 07%로 모두 사상 최저의 투표율을 기록했다. 의원 선거에서는 무투표로 당선된 사람의 비율이 높았고 지방 선거의 공동화를 나타낼 기록도 뚜렷했다.

05월 04일

• 일본 광역의회에서 개헌 요구 확산…우익 단체 영향
　　　　　　　　　　　　　　　(아사히신문 05. 04, 경향신문 05. 04 재인용)

– 일본의 광역 지방 의회 가운데 절반 이상이 헌법 개정 논의를 촉구하는 의견서나 청원을 채택한 것으로 나타났다. 일본의 광역지방자치단체인 47개 도도부현 가운데 27개 의회가 헌법 개정 실현이나 헌법 개정 논의 추진을 요구하는 의견서·청원을 가결했다고 4일 아사히신문이 보도했다. 이런 내용의 의견서나 청원을 채택한 광역 의회는 2014년 여름까지는 전국 19개에 그쳤다. 하지만 이후 오사카 부 의회, 가나가와 현 의회 등 8개 의회가 동참했다. 일본회의는 2013년에 개헌을 위한 의견서 가결 운동을 벌인다는 방침을 정했으며 자민당 본부는 이듬해 대규모 국민운동이 필요하다면서 자민당 지역 본부에 의견서의 가결을 주문했다.

05월 11일

• 자위대 활동 전 세계 확대… 일본 자민·공명, 개정안 합의 　　　　(동아일보 05. 12)
– 일본의 연립 여당인 자민당과 공명당이 11일 자위대 활동 범위에 대한 지리적 제약을 없앤 안보법제 개정안에 공식 합의했다. 제2차 세계 대전 이후 전수방위를 고수해 온 일본의 기본 틀을 바꾸는 중대한 변화로 앞으로 일본의 군사 대국화가 '급물살'을 탈 것으로 전망된다. 연립 여당 협의가 속전속결로 진행된 것은 아베 신조 일본 총리가 지난달 미국 방문 때 2015년 여름 관련 법안 성립을 약속한 데 따른 것이다. 일본 정부는 연립 여당이 안보법제 개정안에 합의함에 따라 14일 관련 법안을 각의(국무회의)에서 결정한 뒤 이튿날 곧바로 국회로 넘길 방침이다. 자민당은 여름까지 법안을 마무리 짓기 위해 다음 달 24일까지인 회기도 8월 초로 연장할 방침이다.

05월 14일

• 지방 선거: 선거 위반 적발 인원 수, 4년 전의 3분의 1 　　　　(마이니치신문 05. 15)
– 경찰청은 14일 지방 선거의 선거 위반 단속 상황을 발표했다. 12일까지 26도도부현 경찰이 공직선거법 위반 혐의로 63명을 구속하고 78명을 불구속 입건했다. 4년 전 지방 선거 당시와 같은 시기에 비해 적발 인원은 약 3분의 1로 줄었다. 이는 전반전에서 현의회 의원 선거를 중심으로 무투표로 당선된 지역이 많은 것과 현금이나 음식에 의한 매수의 적발이 줄어든 것이 원인이다.

05월 21일

• 참의원 선거 제도 개혁: 자민당, 아이 구(合区) 논의를 포함한 검토회 개최

(마이니치신문 05. 22)

– 참의원 '1표 격차' 시정을 위한 여야의 '선거 제도 개혁에 관한 검토회'(의장·야마사키 마사아키(山崎正昭) 참의원 의장)가 21일 국회 내에서 열렸다. 자민당은 '도도부현 단위의 선거구를 최대한 유지하면서 합헌을 목표로'이 의견을 나타내는 데 그쳤다. 같은 당의 미조테 겐세이(溝手顕正) 참의원 의원회장은 기자단에게, "6증가 6감소 방안이 중심인 것은 틀림없다"라며, 도도부현 선거구를 통합하는 '아이 구'를 논의할 가능성에 대해서 "있다"고 말했다. 공명당은 전국 11구역의 대선거구제를 주장했지만 이 방안을 철회하고 "격차가 2배 이내가 될 아이구 안의 검토"를 요구할 방침으로 변했다. 유신당도 아이구에 대해서 "유연하게 대응하고 싶다"라고 응했다. 검토회에서는 야마사키 의장의 의견 수렴을 요구하는 목소리가 나왔지만 그는 받아들이지 않고, 월내에 다시 검토회를 개최하고 협의를 계속하게 되었다.

05월 21일

• 안보법제, 26일 심의 들어가…특별 위원회의 회원 선출 (아사히신문 05. 22)

– 중의원 의원운영위원회는 21일 이사회에서 안전 보장 법의 관련 11법안에 대해서 26일 중의원 본회의에서 심의를 시작하기로 결정했다. 각 당은 법안을 심의하는 특별 위원회 명단을 제출하였다. 민주당은 연금 기록 문제에서 제1차 아베 내각을 추궁한 나가츠마 아키라(長妻昭) 씨가 공산당은 당수의 시이 가즈오 위원장이 회원 등 아베 내각과의 대결을 강하게 의식한 포진을 폈다. 민주당은 논쟁을 통해서 "법안의 미비를 색출"하겠다고 표하며 이번 국회 통과를 저지할 태세이다. 당내 진보 세력의 대표적인 존재로 연금 문제 등 국회 의견에서 존재감을 보였던 나가츠마 씨 외, 사민당 출신으로 방송 출연도 풍부한 츠지모토 키요미(辻元清美) 씨도 이름을 올리며 대결 자세를 분명히 취했다.

05월 03일

• "평화에 위기" "개정 기대", 호헌·개헌 양파가 집회·헌법 기념일   (지지통신 05. 03)
- 헌법 기념일인 3일 헌법 개정에 찬성, 반대 각각의 입장을 취하는 집회가 각지에서 열렸다. 호헌파는 "헌법의 평화주의가 위기에 처했다"고 주장했고, 개헌파로부터는 "개정에 손이 닿기 직전이다"라고 기대하는 소리가 커졌다. 요코하마(橫濱)에서 열린 호헌파의 '5.3헌법 집회'에는 노벨상 작가 오에 겐자부로(大江健三郎) 씨와 민주당 나가쓰마 아키라 대표대행, 공산당의 시이 카즈오 위원장 등이 출석했다. 주최자 발표로 약 3만 명이 모였다. 반면 도쿄도 치요다(千代田)구에서 개헌파가 '공개 헌법 포럼'을 개최해 언론인 사쿠라이 요시코(櫻井よしこ) 씨와 전 씨름 선수 마이노오미 슈헤이(舞の海秀平) 씨 등 약 900명(주최자 발표)이 참가했다.

05월 15일

• 내각 지지율, 48%로 상승 자민당은 2개월 연속 떨어져   (지지통신 05. 15)
- 지지통신이 8~11일 실시한 5월의 여론 조사에 따르면 아베 내각 지지율은 전월 대비 2.4%포인트 늘어난 48.0%였다. 지지율은 0.8%포인트 감소한 30.7%이다. 4월 말 닛케이 평균 주가가 일시 2만 엔대를 회복한 것이나 동맹 관계 강화를 확인했고 지난 미일 정상 회담 등이 평가되었다고 보여진다. 내각을 지지하는 이유(복수 응답)는 '특별히 적당한 사람이 없다'가 18.5%로 가장 많았다. 지지하지 않는 이유는 '정책이 안 돼서' 14.7%, '총리를 신뢰할 수 없다' 14.2%, '기대할 수 없다' 13.8%순이었다. 정당 지지율은 자민당이 전월 대비 2.1%포인트 감소한 23.2%로 2개월 연속 감소하였고, 민주당은 0.2%포인트 감소한 5.4%였다.

12차(5월 말~6월 말)

2015년 5월 28일 산케이신문에 따르면 자민당 내 7개 파벌 간 합류와 제휴를 목표로 하는 움직임들이 최근 부쩍 늘었다(국민일보 2015. 05. 28). 도쿄의 한 호텔에서 열린 자민당 내 소수 파벌인 산도파의 파티에 아소파 의원들이 대거 참여했다. 양 파벌의 통합으로 아베 신조 총리의 측근인 아소 다로 부총리 겸 재무상이 이끄는 아소파의 영향력이 강해질 것으로 예측된다.

이에 에다노 유키오 민주당 간사장은 노동자 파견법 개정안과 새로운 안전 보장 법제에 대응하기 위해 연대를 강화하는 데 주력하고 있다. 6월 5일 당 최대 노동조합 단체인 렌고(連合)의 고즈 리키오(神津里季生) 사무국장과 국회 내에서 회동해 정책 내용에 대해 논의하고 렌고의 '중점 정책'을 전달받아 "현장에서 일하는 사람들의 심정을 고려해 정책을 좀 더 다듬어 나가겠다"고 뜻을 밝혔다(교도통신 2015. 06. 06). 이러한 강력한 반발에 배려해 일본의 중의원 후생노동위원회에서는 6월 12일 노동자파견법 개정안에 관해 중의위원회 채결을 보류할 것을 결정했다. 자민, 공명 양당은 개정안이 파견 노동자의 고용 안전에 이어진다며 본 국회에서 성립을 목표로 하고 있지만 이에 민주당 등은 "평생 파견 노동자가 늘어난다"며 단호하게 반대 의사를 표하고 있다(교도통신 2015. 06. 12).

최근 들어 일본 내에서는 안보법제를 둘러싼 갈등이 더욱 첨예화되고 있다. 지난 6월 11일 중의원 헌법심사회에서 여야당이 자유 토론을 실시해 집단적자위권 행사를 가능하게 하는 안전 보장 관련 법안의 합헌성을 두고 논쟁을 펼쳤다(교도통신 2015. 06. 12). 더 나아가 17일에는 여야 대표가 국회에서 벌이는 '당수토론'에서 오카다 대표가 집단적 자위권 행사에 관한 법률인 11개 안보법제 개정안의 헌법의 자의적 해석을 강하게 비판했다. 아베 총리는 이에 대해 정면으로 대답하는 대신 우회적인 답변을 내놓았다.

일본 선거권 연령을 '18세 이상'으로 낮추는 공직선거법이 17일 참의원 본회의에서 만장일치로 가결해 성립되었다. 1945년에 '25세 이상'에서 '20세 이상'으로 낮춘 이래 70년 만의 개혁이다. 2016년 여름에 치러질 참의원 선거에서부터의 적용이 확실해 18, 19세의 미성년자 약 240만 명이 유권자로 추가될 것이다 (중앙일보 2015. 06. 17).

자민당과 아베 신조 내각은 당초 6월 말까지였던 국회 회기를 오는 9월까지 연장하는 방안을 국회에 제출하기로 합의했다(산케이신문 2015. 06. 22). 아베 총리 는 정권 최대 과제인 안전 보장 관련 법안이 여론의 반대에 막혀 6월 안에 통과 하기 어려워진 만큼 회기를 연장해서라도 반드시 통과시키겠다는 생각이다.

일본 정당

05월 28일

• '아베 2인자' 노리기 경쟁… 일본 자민당 파벌 간 지각 변동 예고

(산케이신문 05. 28, 국민일보 05. 28 재인용)

– 일본 집권 자민당이 오는 9월 총재(대표) 선거를 앞두고 다양한 파벌 간 지각 변동 을 예고하고 있다. 그러나 아베 신조 총리가 속해 '아베파'라고도 불리는 '호소다파' 가 여전히 96명이나 되는 독보적인 세력을 자랑하고 있으며 그를 지지하는 파벌들 도 많아 당분간 아베 총리의 독보적인 위치에는 변함이 없을 것으로 보인다. 28일 산케이신문에 따르면 자민당 내 7개 파벌 간 합류와 제휴를 목표로 하는 움직임들이 최근 부쩍 늘었다. 그동안 '정고당저(政高黨低)'라는 말이 나올 정도로 자민당 내에서 아베 총리의 영향력이 독보적이지만 총재 선거를 앞두고 각 파벌의 영수들이 '포스 트 아베'의 위치를 점하기 위한 행보에 나서고 있다고 신문은 전했다.

06월 05일

• 일본 민주당, 노동계 렌고와 '파견법 저지' 연대 강화   (교도통신 06. 06)

– 에다노 유키오 민주당 간사장은 5일, 당 최대 지원 조직인 렌고의 고즈 리키오 사 무국장과 국회 내에서 회동해 정책 내용에 대해 논의했다. 폐안을 목표로 노동자 파 견법 개정안과 새로운 안전 보장 법제에 대한 대응에 대해 연대를 강화해 나갈 방침 에 의견을 같이 했다. 고즈 사무국장은 파견법 개정안의 국회 심의에 관해 "민주당 이 위에서 (아래로) 명령하는 듯한 아베 정권을 추궁해 줘 든든하다"고 평가했다. 렌

고가 3일 결정한 '중점 정책'을 전달받은 에다노 간사장은 "현장에서 일하는 사람들의 심정을 고려해 정책을 좀 더 다듬어 나가겠다"고 답변했다.

06월 11일

• 일본 안보법제, '합헌성' 대립 심화…여 "위헌 아냐", 야 "입헌주의 위반"

(교도통신 06. 12)

– 중의원 헌법심사회는 11일 오전, 여야당이 자유 토론을 실시해 집단적자위권 행사를 가능하게 하는 안전 보장 관련 법안의 합헌성을 두고 논쟁을 펼쳤다. 고무라 마사히코 자민당 부총재가 "헌법 위반이라는 비판은 전혀 해당되지 않는다"고 강조한 데 반해 에다노 유키오 민주당 간사장은 헌법학자의 '위헌'이라는 지적을 토대로 "입헌주의에 반한다"고 비판해 대립이 선명해졌다.

06월 14일

• 아베, 야당 실력자 하시모토 면담…집단 자위권 협력 모색하나   (연합뉴스 06. 15)

– 아베 총리는 14일 오후 도쿄 도심의 한 호텔에서 유신당의 최고 고문인 하시모토 도루 일본 오사카 시장을 만났다. 양측은 식사를 겸해 약 3시간에 걸쳐 회동했으며 이 자리에서 아베 총리는 국회에서 논의 중인 안보 관련 법안에 대한 유신당의 협력을 요청했을 것이라는 분석이 나오고 있다. 비록 하시모토 시장이 정계 은퇴를 발표했지만, 최근까지 유신당 대표를 지내는 등 당에 강한 영향력을 지니고 있기 때문에 아베 총리가 어떤 형태로 든 그의 도움을 받으려고 했을 것으로 풀이된다. 제2야당인 유신당은 현재 최장 3년으로 돼 있는 노동자의 파견 기간 제한을 없애는 내용의 노동자파견법 개정안에 관해서 최근 제1야당인 민주당 및 생활당과의 합의를 깨고 여당에 협력하려는 움직임을 보였다.

06월 15일

• 일본 여·야, '안보법제·파견법' 국회 심의 정상화 합의   (교도통신 06. 16)

– 여야당 국회대책위원장은 15일 오전, 국회 내에서 회담하고 중의원 평화안전법제 특별위원회와 후생노동위원회의 심의를 정상화하기로 합의했다. 자민당 사토 쓰토

무(佐藤勉) 국회대책위원장은 "일부 야당이 출석하지 않은 채 심의하는 것에 대해 매우 유감스럽게 생각한다"고 표명했다. 민주당 다카기 요시아키(高木義明) 국회대책위원장은 "정상화에 동의한다. 심의를 충실을 기하도록 요구하고 싶다"고 말했다. 회담에서 다카기 위원장은 노동자 파견법 개정안에 대해 아베 신조 수상이 출석한 후 생노동위원회를 다시 개최할 것을 요청했다. 유신당의 바바 노부유키(馬場伸幸) 국회대책위원장은 "우리는 여당도 야당도 아니다. 여당은 연금과 안전 보장의 문제로는 분쟁이 일어나지 않도록 운영해야 한다"고 지적했다.

06월 17일
• 아베 · 민주당 대표, 집단적 자위권 '공방'   (한겨레 06. 17)

– 17일 일본 참의원 제1위원회실에서 아베 신조 일본 총리가 총력을 다해 밀어붙이고 있는 '집단적 자위권'의 행사를 뼈대로 한 11개 안보법제 개정안을 둘러싸고 여야 대표가 국회에서 '진검 승부'를 벌이는 '당수 토론'이 진행됐다. 일본 제1야당인 민주당의 오카다 대표가 가장 강하게 지적한 것은 아베 총리가 집단적 자위권의 행사를 위해 사용해 온 수법의 폭력성이었다. 그는 '징병제'를 예로 언급하며, "아베 총리는 이 법을 위헌이라고 말한다. 그러나 나중에 다른 사람이 총리가 돼 그 판단을 뒤집을 수 있다. (헌법 해석을 일개 정권의 판단으로 자의적으로 바꿈) 이에 관한 당신의 죄는 크다"고 공격했다. 아베 총리는 정면으로 답변하는 대신 초점을 피해 갔다. 현재 일본에선 안보법제에 대해 대국민 설명이 충분하다는 의견은 12%(불충분 78%), 이 법안을 이번 회기 안에 통과시켜야 한다는 의견은 18%(반대 63%)에 머무르고 있다.

06월 19일
• 공명 야마구치 대표가 자민당 비판 "참의원 선거의 위헌 무효는 누구도 원치 않는다"
                                                      (산케이신문 06. 19)

– 공명당의 야마구치 나쓰오 대표는 19일, 도쿄 · JR신주쿠 역 앞에서 거리 연설을 하고 참의원 '한 표 격차' 시정을 위한 선거 제도 개혁에 관한 구체 방안을 마련하지 않은 자민당을 비판했다. "제1당이 합의를 만드는 데 고생하고 있다. 당에서 의견이 있는 것은 당연하겠지만 2016년 참의원 선거가 위헌 무효가 되는 것은 누구도 원

치 않는다"고 말했다. 선거권 연령을 '18세 이상'으로 낮추는 공직선거법 개정을 근거로 "젊은 여러분들의 새 출발에 새로운 선거 제도에서 투표권을 행사할 수 있도록 해야 한다"고 강조했다.

일본 선거·의회

05월 26일

• 아베 평화 문구 끼워넣기에… 일본 국회 안보법제 명칭 설전   (한국일보 05. 27)
– 일본 국회에서 집단 자위권 행사를 골자로 한 안보법제 심의가 한창인 가운데, 26일 법안의 명칭을 두고 날 선 공방이 벌어졌다. 아베 신조 총리와 정부 여당이 최근 들어 종전의 안전보장법제를 '평화안전법제'으로 바꿔 부르자 중의원 본회의에서 야당이 반발하면서 국회가 달아올랐다. 민주당 에다노 유키오 간사장은 억지 논리로 명칭을 바꿔 일본이 전쟁에 휘말릴 수 있다는 비판을 호도하려 하지 말라고 포문을 열었다. 시이 가즈오 공산당 위원장 역시 "일본을 해외에서 전쟁하는 나라로 바꾸는 '전쟁 법안'"이라며 공격에 가세했다. 앞서 4월에는 사민당의 후쿠시마 미즈호 의원이 질의 과정에 전쟁 법안이란 표현을 써 자민당이 회의록 삭제를 요구하는 충돌이 벌어지기도 했다. 아베 총리는 이날 "전쟁 법안이란 비판은 근거 없는 낙인찍기로 부끄러운 일"이라고 반박했다.

05월 28일

• 일본 국회서 집단 자위권 범위 논란 가열…아베 "전수방위 불변"   (연합뉴스 05. 28)
– 아베 총리는 지난 20일 당수 토론에서 "일반적으로 해외 파병은 용인되지 않는다"며 타국 영역에서 전투 행위를 목적으로 한 무력 행사는 안 하는 것이 원칙이라고 천명했다. 2014년 헌법 해석을 변경하면서 표명한 '집단 자위권의 한정적 행사' 개념을 재확인한 것이었다. 하지만 이후 아베 총리는 국회 발언에서 '예외' 사례를 잇달아 언급했다. 일본의 안보법제 정비에 대한 국회 심의가 진행 중인 가운데, 아베 신조 총리가 집단 자위권의 허용 가능 사례를 점점 확대함으로써 논란을 야기했다. 국회의 실질적인 법안 심의 첫날인 27일 중의원 특별위원회에 출석한 아베 총리

는 일본 주변에서 분쟁이 발생, 공해상에서 공격당한 미군 군함을 보호할 필요가 생겼을 때 집단 자위권을 행사할지에 대해 "(행사 가능한 사례에) 해당될 가능성이 크다"고 말했다. 또 분쟁국의 영해에서 비슷한 상황이 발생한 경우에 대해서도 "매우 신중하게 적용하는 것이 당연하다"며 여지를 남겼다.

06월 12일

• **일본 중의원, 파견법안 채결 다음 주로 미뤄···민주·공산 반발**   (교도통신 06. 12)

– 일본의 중의원 후생노동위원회는 12일 오전 이사회에서, 기업의 파견노동자 고용 기간의 상한을 폐지하는 노동자파견법 개정안에 관해 이날 중의 위원회 채결을 보류할 것을 결정했다. 자민, 공명 양당은 당초 12일 채결을 예정했지만 민주, 공산 등의 반발에 배려해 다음 주로 미뤘다. 12일 위원회는 야당 측이 개회에 저항해 약 10분이 늦어져, 아베 신조 수상 참석 아래 심의에 들어갔다. 수상 참석은 사실상 채결의 전제가 된다. 중의원 평화안전법제 특별위도 파견법안 채결에 저항하는 민주, 공산이 결석해 개회가 약 10분 지체되는 등 혼란이 확산됐다.

06월 17일

• **일본, 선거권 연령 20세 → 18세로 낮춰**   (교도통신 06. 18, 중앙일보 06. 18 재인용)

– 일본 참의원은 17일 선거권자 연령을 현행 '만 20세 이상'에서 '만 18세 이상'으로 낮추는 공직선거법 개정안을 만장일치로 가결했다. 법안은 1년 유예기간을 거쳐 2016년 7월 참의원 선거 때부터 적용된다. 2016년 참의원 선거 때 투표권을 가질 18~19세 유권자는 약 240만 명에 달할 전망이라고 교도통신은 전했다. 선거권 연령을 낮추는 건 세계적인 추세다.

06월 19일

• **민수 등 3당 본회의 중에 시위 노동자파견법 개정안에 퇴석**   (산케이신문 06. 19)

– 민주당, 생활당과 야마모토 다로(山本太郎)와 동료들, 사민당의 3당은 19일 근로자 파견법 개정안을 처리하는 중의원 본회의 도중 퇴장하고 본회의와 동시 병행으로 항의 집회를 열었다. 국회 내 대기실 화면에 와타나베 히로미치(渡辺博道) 후생노동

위원장(자민)이 비치면 민주당의 이즈미 켄타 국회대책위원회 부위원장은 "연극의 위원장의 연극의 본회의다. 싸움은 날치기다"라고 강조했다. 에다노 유키오 간사장도 참의원 심의를 내다보며 "싸움은 아직 목적지에 도달하지 못했다"라고 호소했다.

06월 22일
• 9월 27일까지인 회기 연장을 의결… 총리, 안보법제 이번 국회 통과

(산케이신문 06. 22)

– 국회는 22일 밤의 중의원 본회의에서 24일까지인 회기를 9월 27일까지 연장하기로 여당의 찬성 다수로 의결했다. 정기 국회에서 95일간 연장은 서기 56년 12월에 스즈키 젠코(鈴木善幸) 개조 내각에서 소집된 제96회 국회의 94일을 넘는 현행 헌법상으로는 최장이다. 여당은 대폭 연장에 집단적 자위권 행사 허용을 포함하는 안전보장 관련 법안의 확실한 통과를 벼르고 있다. 아베 신조 총리는 의결 후 국회 내에서 기자단에게 "최대의 연장 폭을 취하고 철저히 논의하고 싶다"라고 강조하며 "최종적으로 결정할 때"라고 말해 다시 이번 국회에서 법안 통과에 대한 결의를 보였다. 한편 민주, 사민, 생활 3당은 반대 의사를 나타내며 22일 본회의에 참석했다. 유신, 공산 양당은 참석하고 연장에 반대하는 차세대의 당은 찬성했다. 정부 여당이 회기를 대폭 연장한 것은 안보 관련 법안 심의가 난항을 겪기 때문이다. 안보 관련 법안에 대해서 5월 26일 중의원 본회의에서 심의를 시작하는 여당은 심의 시간 '80시간'을 위원회 표결의 기준으로 보았다.

일본 여론

05월 25일
• '미국 전쟁 안 휘말린다' 아베 주장에 일본인 73% '납득 불가'

(닛케이신문 05. 25, 연합뉴스 05. 25 재인용)

– 아베 신조 정권이 정기국회 회기 안에 강행 처리하려 하는 집단 자위권 법안에 대해 일본 여론이 부정적인 것으로 나타났다. 닛케이신문과 TV도쿄가 22~24일 실시한 여론 조사에서, 집단 자위권 행사 용인 방침을 반영한 안보 법률 제·개정안을 정

기국회에서 처리하는 데 대해 반대가 55%, 찬성이 25%로 각각 집계됐다. 지난달의 직전 조사에 비해 반대는 3%포인트 늘었고, 찬성은 4% 포인트 하락했다. 아베 내각 지지율은 닛케이 조사에서 50%, 마이니치 조사에서 45%를 각각 기록했다.

05월 25일

• 일본 16개 역사 단체 "아베 정부, 위안부 왜곡 중단해야"　　　　　　(조선일보 05. 26)

– 일본의 역사 연구·교육 관련 단체 16곳이 일본군 위안부 문제에 대한 일본 정부와 언론의 왜곡 중단을 촉구했다. 구보 도루(久保亨) 역사학연구회 위원장 등 각종 단체 대표자 6명은 25일 오후 일본 도쿄 중의원 제2의원회관에서 기자 회견을 갖고 '위안부 문제에 관한 일본의 역사학회·역사교육자단체의 성명'을 발표했다. 일본의 역사학자들이 집단으로 의견을 표명한 것은 이번이 처음이다. 구보 위원장은 성명서를 낭독하며 "강제 연행된 위안부의 존재는 그동안 많은 사료와 연구에 의해 실증돼 왔으며, 일부 정치가나 미디어가 일본군 위안부 문제에 관해 사실을 외면하는 무책임한 태도를 계속 보인다면 이는 세계에 일본이 인권을 존중하지 않는다는 메시지를 보내는 것"이라고 주장했다.

05월 31일

• "일본인 55%, 식민 지배·침략 사죄 아베 담화에 들어가야"

　　　　　　　　　　　　　　　(교도통신 05. 31, 연합뉴스 05. 31 재인용)

– 일본인 과반이 아베 신조 총리의 전후 70주년 담화(아베 담화)에 식민지 지배와 침략에 대한 반성과 사죄가 포함돼야 한다는 생각인 것으로 조사됐다. 교도통신이 5월 30~31일 실시한 전국 전화 여론 조사에서 응답자의 54.5%가 '식민지 지배와 침략에 대한 반성과 사죄 문구를 담화에 넣어야 한다'고 답했다. 이는 4월 29~30일 실시한 직전 조사 결과(50.4%)에 비해 4.1%포인트 상승한 수치다. 반면, 식민 지배와 침략에 대한 반성과 사죄를 담화에 넣지 말아야 한다는 응답은 32.8%로 직전 조사 때(36.1%)에 비해 3.3%포인트 하락했다. 아베 총리는 종전 기념일인 8월 15일 전후에 담화를 발표할 것으로 알려졌다. 아베 총리가 의욕을 보이는 헌법 개정에 대해서는 찬성이 46%로, 반대(42.1%)보다 조금 높았다.

제2장
일본의 쟁점

아베 정권, 이대로 괜찮은가?

고혜빈

일본 아베 신조 내각은 2014년 7월 1일 일정 요건을 충족하면 집단 자위권을 행사할 수 있다는 내용의 각의 결정문을 의결했다. 집단 자위권을 허용하는 방향으로 헌법 해석을 변경한 일본 열도에 아베 정권에 대한 엄청난 후폭풍이 몰아치고 있다. 일본 아베 총리와 내각에 대한 지지도는 갈수록 떨어지고 있고, 심지어 아베 총리와 여당이 지지한 후보가 낙선하는 결과도 나타났다. 일본 언론들은 이번 선거 결과가 10월 후쿠시마 지사 선거, 11월 오키나와 지사 선거는 물론 2015년 통일 지방 선거와 자민당 총재 선거에까지 아베 정권의 앞으로의 행보에 큰 타격을 줄 것으로 전망하고 있다. 따라서 자민당 한편에서는 선거 결과를 무겁게 받아들이고, 집단 자위권 정책 추진에 힘과 속도를 조절해야 한다는 자성론도 나오고 있다(경향신문 2014. 07. 14).

하지만 아베 총리는 자신의 소신을 굽히지 않고 있다. 그는 중의원 예산위원회에서 다른 나라와 같이 집단 자위권을 행사하기 위해서는 개헌이 필요하다고 강조했다. 또한 아베 총리는 현재 직면한 반발을 극복하기 위해 일본인 납치 문제 해결 움직임이나 대북 관계를 적절히 활용하며 국민의 관심을 돌리거나, 고용과 경기 활성화 등 경제 정책을 강조한 민심 수습을 통해 지지 기반 회복을 시도할 가능성이 있다는 관측이 나온다(연합뉴스 2014. 07. 03).

이렇게 아베 총리는 오롯이 자신의 욕심만을 위하며 근본적인 해결은 하지 않고 겉핥기식의 대처만 하고 있다. 아베 총리는 집단 자위권 행사에 반대하는 일본 국민들의 의견이 담긴 시위, 선거 결과, 여론 조사의 결과를 받아들이지 않는다. 하지만 아베 정권은 독단적으로 하는 것에 있어서 다시 생각해 보아야 할 것이다. 국내 여론은 물론, 여당과 야당 내에서도 좋게 평가받지 못하는 상황에서 자신의 소신만을 고집하다가는 아베 정권의 지지율이 감당할 수 없을 정도로 떨어져 지금보다 더 큰 위기를 겪게 될 수 있다는 점을 알아야 한다. 그렇기 때문에 아베 정권은 자신의 방식으로 자신의 의견만을 주장할 것이 아니라 신중하게 국민들의 여론을 반영하는 태도를 보여야 한다.

참고문헌

경향신문 2014. 07. 14.
연합뉴스 2014. 07. 03.

일본 국민들은 불안하다

고혜빈

일본 야당 의원들이 집단 자위권 행사를 금지하는 법안을 가을 임시국회에서 발의하는 것을 검토 중인 것으로 알려졌다. 일본 야당 의원들의 초당적 모임인 입헌포럼이 집단 자위권을 행사하지 않는다고 명시한 '평화창조기본법안' 초안을 마련했다고 보도했다. 초안에는 "집단 자위권을 포함한 군사적 개입을 확대하려는 계획은 허용하지 않는다"는 내용과 함께 최근 일본에서 논란이 됐던 징병제를 부정하는 조항도 담겨 있는 것으로 알려졌다(국민일보 2014. 08. 14).

집단 자위권 자체에 대해서도 반대가 찬성보다 많았지만, 이 문제와 관련한 아베 총리의 소통 방식에 대한 반대는 더욱 두드러졌다. 교도통신 조사에서는 집단적 자위권 각의 결정에 대해 응답자의 84.1%가 설명이 부족했다고 말했고, 60%가 자위권 행사에 반대하고 있는 모습을 보였다. 이는 충분한 사전 조율을 거쳐 정책을 추진하는 일본 정치의 전통에서 한참 벗어난 속전속결 방식을 국가 안보 정책의 대전환을 의미하는 중대 사안에 적용한 데 대한 일본 국민의 반발이 여론 조사 결과에 반영된 것으로 보인다. 그리고 징병제에 대해서 아베 총리는 헌법에 위배되는 징병제가 실행될 일이 없다고 거듭 주장을 하고 있다. 하지만 징병제에 대한 불안은 없어지지 않는다. 이렇게 불안이 없어지지 않는 것은 정치에 대한 불신과도 관련이 있다는 지적이 나온다. 집단 자위권이 인정되지 않는다는 헌법 해석을 아베 내각이 변경했듯이 징병제가 위헌이라는 견해도 정부가 손바닥 뒤집듯이 바꿀지 모른다는 것이다.

이런 분위기 속에서도 아베 총리는 정치적 뿌리이자 스승인 외조부 기시 노부스케 전 총리의 묘를 참배한 뒤 안보 정책 추진에 대한 의지를 밝혔다. 그는 성묘를 마친 뒤 기자들에게 "국민의 생명과 평화로운 삶을 확고하게 지켜나갈 것을 거듭 다짐했다"고 말했다. 각의 결정만으로 밀어붙인 집단적 자위권을 결코 포기하지 않겠다는 뜻이다(중앙일보 2014. 08. 13).

아직 많은 사람들이 반대를 하고 있음에도 불구하고, 아베 총리는 자신의 정면 돌파 의지만을 가지고 일을 진행하고 있다. 국민들의 신뢰가 무너져가고 여론 조사를 통해서 결정 방법이 틀렸다고 했음에도 불구하고 아베 총리는 국민들을 위한 일이라고 말하면서 일을 진행해 간다. 하지만 일본 국민들은 불안하다. 말을 바꾸는 것에 능사인 아베 신조 총리 내각을 믿을 수 없다는 모습을 보이고 있다. 지지율이 다시 반등하고 있다는 소식에 아베 내각은 불안했던 마음을 조금이나마 달래고 있을지도 모른다. 하지만 이대로 가다가는 국민들의 불안감이 점점 커지며, 아베 내각에 대한 국민들의 마음이 커다란 불신으로 이어질 가능성이 언제든지 있을 수 있다는 점을 염두에 두어야 한다.

참고문헌

국민일보 2014. 08. 14.
중앙일보 2014. 08. 13.

‖‖

아베 총리 내각의 우경화

고혜빈

아베 신조 일본 총리가 재집권 후 처음으로 단행한 개각 및 자민당 간부 인사를 통해 장기 집권으로 가는 길을 열었다. 아베 총리는 이날 차기 당 총재 선거에서 맞붙을 가능성이 큰 경쟁자 이시바 시게루 전 간사장, 다니가키 사다카즈 전 법무상을 각각 지방창생담당상, 당 간사장에 임명하면서 포섭하는 데 성공하였다(문화일보 2014. 09. 04). 이에 대해서 지지율이 크게 하락하지 않는다면 아베 총리가 2015년 9월 총재 선거에서 재선에 성공함으로써 3년의 임기를 보장받아 장기 집권이 가능할 것이라는 평가가 나오고 있다.

이번 개각에서 주목할 점은 우경화를 향한 아베 총리의 폭주를 볼 수 있다는 점이다. 아베 총리는 우익 단체인 일본회의에 소속된 회원들을 대거 내각에 임명시켰다. 일본회의는 일본 우경화를 선도하는 대표적인 모임으로, 아베 총리를 포함해 각료 19명 가운데 15명이 이 단체 소속이다. 이는 개각과 함께 단행된 자민당 인사에서 정조회장에 임명된 이나다 도모미가 취임하자마자 고노 담화 수정에 대해서 강력하게 주장하는 모습을 통해서 극우적 성향을 여실히 보여 줬다. 자민당 정조회장은 정부의 법안을 사전 심의하고, 각계의 입장을 정책 결정에 영향을 미치는 자리이다. 이런 자리에 극우적 성향의 이나다 도모미가 취임한 만큼 앞으로 아베 총리 정권의 우경화가 가속될 수 있다는 전망도 보여 준다 (서울신문 2014. 09. 05).

이렇게 특급 우경화라는 전략과 여성 각료 등용으로 집권 이후 첫 개각을 단행한 아베 신조 일본 총리의 방식은 단기적으로 성공한 것처럼 보인다. 요미우리신문을 비롯한 일본 신문들이 실시한 여론 조사 결과 아베 내각 지지율이 64%로 지난 2014년 8월에 비해 13%포인트나 상승했기 때문이다. 하지만, 아베 총리의 생각대로 장기 집권으로 가는 길이 열리게 될지는 아직 불투명하다. 지난 2014년 4월 8%로 인상한 소비세율을 2015년 10월 다시 10%로 인상하는 소비세 재인상 여부와 오키나와 미군기지 이전 문제, 집단적 자위권 관련 법안 처리 등에 대해서는 여전히 국민들과 갈등을 보이고 있기 때문이다(아시아투데이 2014. 09. 12).

아베 총리가 개각을 통해서 자신의 세력을 구축하고, 지지율을 끌어올리는 데 성공했다. 하지만 이 기세가 앞으로의 행보에도 계속 유지될지는 의문이다. 아베 총리와 그의 내각이 우경화만을 주장하며 자신들의 의견만을 관철시킨다면 아베 총리에 대한 일본 국민들의 여론은 하락할 것이다. 따라서 아베 총리 내각이 우경화 행보를 어떻게 펼치고, 일본 국민들은 그것을 어떻게 평가할지 지켜봐야 할 것이다.

참고문헌

문화일보 2014. 09. 04.
서울신문 2014. 09. 05.
아시아투데이 2014. 09. 12.

아베 신조 일본 총리의 뫼비우스의 띠

고혜빈

아베 신조 일본 정권은 지난 2014년 7월 1일 집단적 자위권 행사 용인을 위한 헌법 해석 변경을 강행함으로써 '전쟁할 수 있는 나라'로 가는 첫걸음을 내디뎠다. 더 나아가 일본은 지난 10월 8일 발표된 미·일 방위협력지침 중간 보고서에서 자위대의 활동 범위를 세계 곳곳으로 확대하겠다는 의지를 다시 한 번 국내외에 과시했다. 전문가들은 아베 정권의 이런 움직임의 종착점이 '개헌'일 것으로 전망하고 있다(경향신문 2014. 10. 17). 일본의 보수 우익 세력이 현재의 헌법이 패전 후 연합국의 강요로 제정된 것이기 때문에 현실에 맞지 않다며 일본의 역할과 국제 안보 상황의 변화에 걸맞은 헌법이 필요하다고 거듭 주장해 왔다. 이에 대해 아베 총리 또한 "21세기에 걸맞은 것으로 만들 필요가 있다"며 헌법 9조를 수정하는 것을 포함한 전면적인 개헌을 하고자 하는 강력한 의지를 보이고 있다(아시아투데이 2014. 10. 18).

하지만 아베 총리가 원하는 것처럼 이 일들이 쉽게 이루어질 것 같지는 않다. 현재 일본 정치권 내에서는 물론이고, 일본 국민들도 이에 대해 반발이 심하다. 아베 총리가 집단적 자위권 행사 각의 결정에 이어 또다시 안보 정책의 방향을 바꾸는 중대한 결정을 일방적으로 추진하고 있다는 비판도 높다. 그리고 일본 국민들이 평화헌법으로 일컬어지는 일본 헌법 9조를 지켜내자며, 개헌의 꿈을 가지고 있는 아베 정권에 대해 적극적으로 반대의 목소리를 내고 있다. 이는 지난 7월 1일 집단적 자위권 행사 용인을 위한 헌법 해석 변경을 한 후에도 나타났었다. 하지만 아베 총리는 그 일에 대해서 밀어붙이기 식으로 통과를 시켰고, 그 후에 아베 총리와 아베 내각에 대한 지지율은 40%까지 떨어지면서 후폭풍을 겪었다. 그럼에도 불구하고 아베 총리는 이전에 했던 똑같은 과오를 반복하는 모습을 보이고 있다.

이러한 상황에서 아베 총리는 정치 위기에 처했다. 아베 총리가 지난 9월 개각 당시 지명한 여성 각료 2명이 정치 자금 스캔들에 연루돼 잇달아 사임했다.

이는 '여성 중용'을 과시하며 입각시킨 여성 각료 5명 가운데 2명이 임명된 지 47일 만에 낙마한 만큼 아베 총리의 정권 운영에 큰 타격을 입힐 것으로 보인다(연합뉴스 2014. 10. 20). 이에 대해 아베 정권은 과거 1차 정권 때의 '각료 사임 도미노'로 다시 이어질까 우려하는 분위기이다. 아베 정권의 잇단 악재에 교도통신이 18, 19일 실시한 여론 조사에서 내각 지지율은 40%대로 하락했고, 여성 장관의 사임으로 지지율 추가하락은 불가피하다는 것이 전문가들의 분석이다. 이와 같은 상황 속에서 아베 총리는 뫼비우스의 띠처럼 과오를 반복하기보다는, 사안을 결정하는 것에 있어서 일본 내 여론에 더욱 귀 기울이며 신중한 태도를 보여야 한다.

참고문헌

경향신문 2014. 10. 17.
아시아투데이 2014. 10. 18.
연합뉴스 2014. 10. 20.

||||||||||||||||||||||||||||||||||||||||||||||||||||||||||||||||||||||||||||||||||||||||||||||||||||||||||||||||

아베 총리의 국회 해산

고혜빈

아베 신조 일본 총리가 일본의 하원에 해당하는 중의원을 전격 해산하고 총선거를 단행하는 승부수를 던졌다. 지난 2014년 11월 21일 중의원은 해산되었고, 이날 해산으로 12월 14일 총선을 향한 선거전이 시작되었다. 이번 총선에서는 경제 정책 '아베노믹스'를 비롯해 집단적 자위권 행사 계획, 원자력 발전소 재가동 문제 등 아베 정권의 주요 정책과 정국 운영 방식을 포함한 '아베 정치'가 심판을 받게 될 중간 평가가 될 것이다. 아베 총리는 국회 해산과 이번 총선거를 통해서 새로운 아베 내각을 출범시켜 장기 집권의 기반을 다지려는 모습을 보였다. 이에 대해서 제1야당인 민주당을 필두로 한 야당들은 이번 중의원 해산이 명분 없는 국회 해산임을 강조하며 비판하고 있다.

여론 조사에서 아베 정권에 대한 일본 국민들의 평가는 긍정보다는 부정적인 평가가 더 많은 것으로 조사됐다. 아베 총리의 경제 정책인 '아베노믹스'에 대해 '평가(가치 있는 것으로 본다는 의미)하지 않는다'는 답이 51%로 '평가한다'는 응답(33%)보다 높게 나타났다. 또한 아베 총리가 집권한 지난 2년간 경기 회복을 실감하는지에 대해 75%가 '실감하지 못하고 있다'고 응답해 부정적인 응답이 압도적으로 나타났다(연합뉴스 2014. 11. 24). 그리고 소비세 인상 연기에 대한 국민의 뜻을 묻고자 중의원을 해산하고 총선을 실시하겠다고 한 것에는 65%가 이해할 수 없다고 반응했다(연합뉴스 2014. 11. 21).

그럼에도 불구하고 총선 때 비례 대표로 어느 정당에 투표할 것인지를 물은 결과 자민당이 압도적인 지지를 받았다. 중의원 선거에서 투표할 정당 또는 투표하려는 후보자가 있는 정당을 묻는 질문에 자민당이 35%로 민주당(9%)을 크게 압도했고, 자민당과 민주당의 지지율도 31% 대 11%로 2배 이상의 큰 차이를 보였다.

이처럼 일본 국민들은 아베 정권의 경제 정책 등에 불만을 품고 부정적으로 평가하는 모습을 보이고 있다. 그럼에도 불구하고 자민당을 선택하는 모순적인 모습을 보였다. 이는 민주당에 대한 불신이 팽배한 일본 국민들이 아베 정권을 대신할 마땅한 '대안 정당'이 없다고 판단했기 때문에, 어쩔 수 없이 자민당을 선택한 것으로 생각된다. 과연 이번 총선거에서 아무런 변동 없이 아베 총리가 안정적으로 재집권을 할 수 있을지에 대해 귀추가 주목된다.

참고문헌

연합뉴스 2014. 11. 21.
연합뉴스 2014. 11. 24.
한국일보 2014. 11. 12.

아베 총리의 장기 집권 길 닦은 일본 자민당의 승리

고혜빈

　일본 집권 자민당이 2014년 12월 14일 중의원 선거에서 압승을 거두면서 아베 신조 총리의 장기 집권에 청신호가 켜졌다. 아베 총리는 경기 침체, 각료 정치 자금 문제 등으로 인한 정치적 위기와 명분 없는 국회 해산이라는 비판 속에서 치른 이번 선거에서 압승을 하면서 장기 집권으로 가는 길을 확실하게 열었다. 아베 총리는 이번 선거 승리를 발판으로 2015년 9월 자민당 총재 선거에서 무투표 추대된 후, 다음 총재 선거 및 중의원 선거가 치러지는 2018년까지 정권을 유지할 전망이다(문화일보 2014. 12. 15). 아베 총리는 이번 선거로 국민으로부터 재신임을 얻었다고 자평을 하면서, 여러 정책 추진을 위해 속도를 낼 것으로 보인다. 무엇보다도 계속 주장해 왔던 헌법 개정 논의가 본격화될 가능성이 높다. 아베 총리는 인터뷰에서 "헌법 개정에 대한 국민적 이해가 깊어지도록 노력하겠다"며 "기본적으로 의석 수 3분의 2보다도 국민 2분의 1의 이해를 얻는 것이 훨씬 중요하다"고 말했다(문화일보 2014. 12. 15). 과연 아베 총리의 말처럼 국민들의 뜻을 무엇보다 중요하게 생각하여 정책을 진행할지에 대해서 지켜봐야 한다. 이번 선거에서 승리를 거둔 연립 여당인 자민당과 공명당은 전체 475석 가운데 3분의 2인 317석보다 많은 325석을 얻었고(아시아투데이 2014. 12. 15), 일본 총선 당선자의 83%가 평화헌법 개정에 찬성한다고 조사가 되었기에 이 사안에 대해서 더욱 귀추가 주목된다.

　일본 국민들은 아베 정권에 불만을 품고 부정적으로 평가했음에도 불구하고, 예상대로 '대안 정당'이 없다는 판단으로 인해 결국에 자민당을 선택했다. 여기서 주목해야 할 점은 아베 정권에 대해서 만족하여 아베 정권을 선택한 것이 아니라는 점이다. 일본 국민들은 자민당을 대신할 대안 정당이 없기에 어쩔 수 없이 자민당을 선택한 것이다. 이러한 모습은 이번 중의원 선거에서 역대 최저 수준의 투표율, 진보 야당 공산당의 약진 등을 통한 아베 총리에 대한 경고의 메시지를 통해서 볼 수 있었다. 일본 언론 보도에 따르면 이번 선거 투표율은 52%로 지난 2012년 중의원 선거의 59.3%보다 낮은 역대 최저치를 기록했다. 대안 야당의 부재로 갈 곳을 잃은 표심이 기권으로 돌아섰다는 분석이 나온다(문화일보 2014. 12. 15).

따라서 아베 정권은 이번 선거에서 압승을 했다고 자만하여 무턱대고 자신들만의 정책을 밀고나가기보다는, 국민들의 이해와 신뢰를 얻고, 의견을 수렴하는 모습을 보여야 할 것이다.

참고문헌

문화일보 2014. 12. 15.
아시아투데이 2014. 12. 15.

아베 총리를 붙잡는 지역 민심

고혜빈

아베 신조 일본 총리가 지역과의 전쟁을 하고 있다. 지난 2014년 12월 총선에서 아베 정권이 압승을 거두면서 장기 집권의 길을 열었다는 평가가 있었다. 그러나 오키나와 현, 시가 현과 같은 지역에서 아베 정권에 대한 불만이 터져 나오고 있다. 중앙 정부와 지방 정부 간의 충돌이 발생한 것이다. 중앙 정부는 국가 안보와 같이 국가적 차원에서 효율성을 따지면서 자신들의 정책을 빠르게 실시하려고 한다. 하지만 지방 정부는 그들 지역의 특수성을 살리고, 지역 주민들의 뜻을 반영하기 위해서 기꺼이 중앙 정부와 싸우려는 모습을 보인다.

우선, 오키나와 현의 후텐마 미군기지 이전 문제가 있다. 국가 안보나 전략적 필요 등의 관점에 따라 미군 기지를 오키나와 현 헤노코로 이전하겠다는 아베 정부와 기지 운용에 따른 소음 피해나 안전사고 등을 우려하며 미군기지 현내 이전을 반대하는 오키나와 주민들이 갈등을 겪고 있다(연합뉴스 2015. 01. 16). 그리고 사가 현에서는 농협 개혁 문제가 있다. 아베 정권은 아베노믹스 성장 전략의 일환으로 농협 개혁을 선두로 규제개 혁을 강력히 실시하겠다고 했다. 하지만 사가 현 주민들은 농협 개혁 작업에 대해 반발하고 있다(세계일보 2015. 01. 18). 아베 정권에 대한 지역 민심은 지방 선거에서 여실히 드러난다. 지난 2014년 11월 오키나와 현 지사 선거에서 자민당 지원 후보가 낙선했고, 이번 사가 현 지사 선거에서도 자민당 지원 후보가 패하는 등 아베 정권은 지방 선거에서 계속 고전하고 있다(한국일보 2015. 01. 12).

이처럼 지역과의 전쟁은 이대로라면 끝이 보이지 않는 싸움이 될 것 같다. 서로가 서로의 이야기를 듣지 않기 때문이다. 지역 주민들은 선거를 통해서, 시위를 통해서 자신들의 반대 의견을 표출하고 있다. 아베 정권은 이를 주의 깊게 들어야 한다. 기정사실이기 때문에 예정대로 집행을 하겠다고 하거나, 예산안을 삭감하겠다고 하는 압박 정책은 사안을 해결하기보다는 지역 주민들의 반발을 거세게 불러오기만 할 것이다. 따라서 아베 정권은 압박 정책으로 일방적으로 밀고나가기보다는, 지역과의 대화와 타협을 통해서 서로의 타협점을 찾아야 한다고 생각한다.

참고문헌

세계일보 2015. 01. 18.
연합뉴스 2015. 01. 16.
한국일보 2015. 01. 12.

아베 담화는 과연 어떻게 작성될까?

고혜빈

아베 신조 총리가 종전 70주년을 맞이하여 발표하게 될 아베 담화를 놓고 일본 사회의 갈등이 확산되고 있다. 자민당 내부에서도, 야당에서도, 국민들까지도 아베 담화에 대한 의견이 각각 다르게 나타남을 볼 수 있다.

아베 총리는 전후 70년 담화와 관련해 역대 내각의 역사인식과 관련한 담화를 전체로서 계승하겠다고 하면서도 구체적인 표현에 있어선 앞선 담화의 표현을 그대로 사용하지 않을 것임을 밝혀 우려를 자아내고 있다(세계일보 2015. 02. 24). 이에 대해서 연립 여당 공명당에서는 아베 총리 마음대로 할 것이 아니라 공명당과의 사전 협의를 요구했다. 아베 담화는 아베 총리의 전권 사항이라고 주장하는 의견도 나오기는 하나, 이에 대해서 자민당 내부에서도 다른 목소리가 나왔다. 자민당의 니카이 도시히로 총무회장이 지난 2월 3일 "좋든 싫든 전 세계가 주목하는 담화가 된다. 많은 사람들의 합의를 얻을 수 있도록 노력해야 한다"며 연립 여당은 물론 공산당과 사민당 등 야당도 포함해 협의해야 한다고 주장하기도 했다(세계일보 2015. 02. 11). 또한 민주당에서도 야당의 목소리를 듣고, 일본 전체에서 수긍할 수 있는 것을 내놓아야 한다고 주장하고 있다. 그리고 일본 국민들까지도 아베 담화에 역대 정권이 유지해 온 핵심 표현들이 포함돼야 한다고 생각하며 무라야마 담화에 들어가 있는 표현을 써야 한다고 생각하고 있다(중앙일보 2015. 02. 25).

아베 담화에 대해서 일본 국내에서는 물론, 해외에서도 주목하고 있다. 아베 담화에 대한 논쟁은 무척이나 뜨겁다. 따라서 아베 담화가 만들어지기 위해서는 상당한 합의 시간이 걸릴 것이라고 예상된다. 앞으로 아베 담화가 어떻게 작성될지 귀주가 주목되는 바이다.

참고문헌

세계일보 2015. 02. 11.

세계일보 2015. 02. 24.

중앙일보 2015. 02. 25.

‖‖‖

자민당의 독주, 막을 수는 없는 것인가

이송은

일본 자민당이 중의원 총선에서 압승을 거둔 이후 헌법 제9조 개헌 개정에 끊임없이 제동을 걸고 있다(연합뉴스 2015. 02. 26). 연초부터 자민당은 당대회에서 평화헌법에 대한 의지를 강력히 드러냈고, 시시각각 국민 여론을 살피면서 아베 내각의 보통국가화를 만드는 데 힘쓰고 있다. 한편 제1야당으로 지난 총선에서 집권 자민당의 독주를 막지 못한 민주당은 2015년 초 당의 이미지 쇄신을 위해 나가쓰마 아키라, 호소노 고시, 오카다 가쓰야 등의 3선 구도 등을 내세우는 등 노력을 했으나 결국은 자민당의 의도대로 흘러가고 있는 추세이다(서울신문 2015. 01. 06).

이런 상황에서 공명당이 자민당의 입장에서는 복병이 아니었을까 싶다. 중의원 선거에서 집권 자민당이 300석 안팎의 의석을 얻으며 압승을 거두는 데 큰 역할을 한 연립 여당 공명당이 의외로 자위대의 활동 범위를 확대하는 데 이견을 보이면서 합의에 어려움이 있었다. 하지만 이 또한 공명당이 20일 안전 보장 법제 개정 방안에 합의하면서 결국은 자민당의 뜻과 함께하게 된다. 이로써 연립 여당은 5월 중순 관련 법안을 국회에 제출, 이번 회기(6월) 중 법안을 성립시키겠다는 의욕까지 보이고 있는 상황이다.

결과적으로 아베의 생각대로 흘러가고 있다고 예측할 수 있다. 지난 3월 18일 연립 여당인 자민당과 공명당의 안보법제 정비에 대한 여당 협의는 그동안의 집단적 자위권 행사에 관련된 논의들에 대한 마무리를 한 셈이다. 이러한 합의 내용을 토대로 미·일 안보협력지침 개정안 또한 확정될 수 있을 것이다. 이 과정 속에서 야당의 역할을 제대로 못하고 있는 민주당의 책임이 크다고도 볼 수 있다. 지난 9일 일본을 방문한 독일 메르켈 총리는 일본이 지난 역사적 과오를 직시하고 평화적 화해를 위한 노력을 아끼지 말 것을 권고했는데 이는 아베 총리가 오는 8월 아베 담화에서 '식민 지배와 침략에 대한 사죄'를 빼겠다고 말한 것에 대한 비판으로 보인다. 이 외에도 무라야마 도미이치 전 총리, 야노 준야 전 공명당 위원장과 같은 일본의 정치 거물들이 자민당의 독주를 막기 위한 모임을 만드는 등의 모습도 보였다(경향신문 2015. 03. 12).

지금처럼 일본 내에서 야당의 역할이 항상 두드러지지 못했던 것은 아니다. 과거 일본 정치는 55년 체제를 유지하는 내내 1과 1/2체제를 유지했었다. 자민당이 1이면 사회당(과거 제1야당)은 그 반 정도의 수를 차지했을 정도로 야당의 여당 견제가 확실히 이루어졌고, 자민당이 오랫동안 세력 강화를 위해 슬로건으로 걸었던 천황의 지위 격상이나 헌법 제9조 등의 개헌 등을 견제하는 데 한 못했다. 하지만 93년도 후반 55년 체제가 몰락하게 되는 시점부터 야당의 역할을 하지 못하게 되면서 지금까지 이어지고 있다고 볼 수 있다.

현재로서는 제1야당인 민주당의 세력 약화로 일본 국내에서 자민당의 독주를 막는 데 어려움이 많다고 볼 수 있다. 하지만 아베의 헌법 개헌은 들끓는 국민 여론을 무시할 수는 없고, 아직은 국제 정치의 따가운 눈총을 막을 힘은 부족해 보인다. 더불어 자민당이 직면한 문제는 개헌안 발의에 필요한 정족수를 확보하는 것인데 2016년 참의원 선거에서 필요 의석수를 유지하기 위해 자민당은 국민적 관심을 고조시키고 다른 정당과의 연대에 총력을 기울여야 할 것이다.

참고문헌

경향신문 2015. 03. 12.
서울신문 2015. 01. 06.
서울신문 2015. 03. 23.
연합뉴스 2015. 02. 26.
조선일보 2015. 03. 12.

지방 선거 압승, 아베 장기 집권 가속화

이송은

2015년 4월 12일 실시된 지방 선거에서 아베 총리의 집권 자민당과 공명당이 압승을 거두었다. 13일 NHK 등 일본 언론에 따르면 10개 광역 지방자치단체장 선거 중 자민·공명 연립 여당 후보와 야당 후보가 맞선 홋카이도와 오이타 현 지사 선거에서 연립 여당이 추천한 후보가 승리했다. 또 주요 야당이 후보를 내지 않거나 여당과 같은 후보를 지지해 실질적인 의미의 여야 대결이 이뤄지지 않은 가나가와, 후쿠이 등 8개 현 지사 선거에서는 모두 현직 지사가 승리했다. 함께 치러진 41개 광역 의회 선거에서는 자민당이 총 2,284석 가운데 1,153석(50.5%)을 얻으며, 오사카 부를 제외한 40곳에서 제1당을 차지했다(국민일보 2015. 04. 13).

이번 치러진 지방 선거는 일본의 통일 지방 선거로서 일정한 시기에 임기가 만료된 지방자치단체장을 같은 시기에 선거하는 제도이다. 한국의 지방 선거와 달리 전국의 의원의 임기가 동시에 만료되는 제도가 아니므로 모든 지역에서 시행되는 것은 아니다. 일본의 지방 선거는 12일과 26일 두 번에 걸쳐 실시하는데, 주요 현 지사를 뽑는 선거는 이번 12일에 실시된 것이다. 이번 선거 1차전에서 자민당의 압승으로 아베 총리는 지지 기반을 굳건히 다지게 된다.

한편 아베 정권에 반대하는 진보 성향의 표심은 공산당의 선전으로 나타났다. 공산당은 광역의회 의석수를 지난 75석에서 111석으로 대폭 늘렸고, 41개의 광역 의회에서 의석을 획득해 이번에 선거를 실시하지 않은 6개의 광역의회를 포함해 처음으로 모든 광역의회에서 의석을 획득했다. 또한 '여성 중용' 전략이 먹혀 전체 여성 당선자 207명 중 공산당 출신이 58명으로 가장 많았다(연합뉴스 2015. 04. 13). 이는 내부 찬반 싸움하기 바쁜 제1야당인 민주당과 달리 자민당의 압승을 조금이나마 견제했다고 볼 수 있는 대목이다.

또한 지방 선거의 승리로 오는 9월 열리는 자민당 총재 선거에서 아베 총리의 무투표 재선 가능성이 더욱 높아졌다. 아베 신조 총리는 9월에 재선되면 최소 2018년 9월까지 총리직을 유지한다. 연초 보통국가화를 표방했던 아베 신조 총리의 계획대로 진행되고 있는 셈이다. 이로서 지난 2014년 7월 각의 결정에 기초해 집단적 자위권의 본격화했던 법 정비를 실행해 나갈 것이고, 아베노믹스, 지방 자치 활성화 등의 아베 총리의 야심은 더욱 구체화될 것이다.

참고문헌

국민일보 2015. 04. 13.
연합뉴스 2015. 04. 13.

‖‖

야당의 결집, 아베 장기 집권을 막을 변수로 작용할 것인가

이송은

중의원 선거(총선)에서 자민당의 압승과 더불어 통일 지방 선거에서도 자민당·공명당 연립 여당이 승리를 거뒀다. 이는 아베 정권의 장기화를 가속화시키는 듯했으나 유신당의 에다 겐지 대표의 사임과 자민당의 도쿄 구청장 선거에서의 고전으로 새로운 국면에 접어들었다.

지난 도쿄 구청장 선거에서 제1야당인 민주당의 현직 호사키 노부타 구청장이 승리했다(연합뉴스 2015. 04. 27). 그동안 통일 지방 선거에서 모든 지역구에서 당선된 자민당의 독주에 제동을 건 셈이다. 이뿐만 아니라 하시모토 도루 일본 오사카 시장의 정계 은퇴 선언은 아베 정권에 큰 타격을 입히고 있다(한국경제 2015. 05. 18). '오사카 도 구상'을 추진해 온 하시모토 도루 유신당 최고 고문이 부결 소식에 정계 은퇴를 선언하면서 아베 총리는 든든한 원군을 잃게 되었다. 아베 정권은 이달 하순부터 열리는 국회의 안보 법률 심의에서 하시모토 시장이 이끄는 유신당의 지원을 받을 생각이었다. 유신당은 2014년부터 '집단적 자위권 행사' 자체를 반대하는 민주당과 공산당 등과는 달리 '시시비비를 가리겠다'면서 어느 정도 지원하겠다는 의견을 뜻한 바 있다.

이후 유신당은 오사카 도 구상에서 주민 투표의 부결 소식에 책임을 지고 사임한 에다 겐지 대표의 후임으로 민주당 출신인 마쓰노 요리히사 간사장이 취임한다(연합뉴스 2015. 05. 19). 마쓰노 요리히사 간사장은 야당 개편에 강한 의욕을 보였다. 이 방안으로 민주당과 유신당의 연계를 내세우면서 자민당의 독주를 막고자 한다. 이는 아베 총리의 우경화 행보에 힘을 실어온 유신당이 위기에 처하며 아베 총리의 헌법 개정 전략에 차질이 생겼음을 나타내고 있다.

이러한 마쓰노 요리히사 일본 유신당 대표의 야당 재편에 대한 적극적인 생각은 곧바로 구마모토에서 열린 기자 회견에서 나타났다(마이니치신문 2015. 05. 24). "민주당과 유신당이 제각기 흩어져 싸우면 정권 교체는 없다"며 다음 중의원 선거에서 목표는 중의원 100명 이상의 결집이라고 밝혔다. 이에 제1야당인 민주당이 유신당과의 공조 가능성에 공감하는 분위기를 띠면서 야당의 결집을 예측할 수 있다. 야당의 결집은 기존의 아베 정권의 구체적인 전략의 변화를 일으키고, 자민당의 영향력을 약화시키는 데 큰 변수로 작용될 것으로 예상된다.

참고문헌

마이니치신문 2015. 05. 24.
연합뉴스 2015. 04. 27.
연합뉴스 2015. 05. 18.
연합뉴스 2015. 05. 19.
한국경제 2015. 05. 18

안보법제 통과를 둘러싼 여야 간의 갈등 첨예화

일본 연립 여당인 자민, 공명 양당은 5월 11일 집단 자위권 행사가 가능하도록 명기한 무력공격사태법 개정안 등 안전보장법제 정비 관련 법안들에 합의했다 (연합뉴스 2015. 05. 11). 이로써 양당은 안전보장법제 정비와 관련한 당내 협의 절차를 최종 마무리하고, 아베 정부는 임시 각의를 열어 관련 법안들을 정식 결정해 법안 심의에 들어갔다. 아베 신조 총리는 이번 의회에서 안보법제를 통과시킨다는 방침이다. 아베 총리는 "정치가는 평화를 원하는 것뿐만이 아니라 과감하게 행동해야 한다"며 법안 성립에 의욕을 표명했다. 전국적으로 확산되는 반대 여론을 잠재우고자 아베 총리는 유신당 최고 고문인 하시모토 도루 오사카 시장과 도쿄 내 회담을 진행하는 등 국회 운영 협력을 요청했다(교도통신 2015. 06. 16).

이에 민주당과 야당 또한 안보법제 개정에 적극적으로 반대의 목소리를 내면서 철저한 심의를 펼친다는 방침이다. 20일 여야 당수 토론에서 제1야당인 민주당의 에다노 유키오 간사장은 25일 자위대 해외 파병을 둘러싼 아베 총리와 나카타니 방위상의 발언이 "지리멸렬하다"며 "정부는 정리를 할 필요가 있다"고 꼬집었다(한겨레 2015. 06. 17). 뿐만 아니라 전국적으로 안보법제 개정을 둘러싸고 시민 단체들은 적극적으로 시위를 벌이고 있는 실상이다. 이런 가운데, 아베 정권은 이번 국회 회기 마지막 날인 오는 24일까지 안보 관련 법안을 중의원에서 통과시키겠다는 목표를 단념하기로 방침을 굳혔다(세계일보 2015. 06. 09). 그 결과 안보법제 통과를 위해 국회 회기를 95일간 연장했으나 아베 총리의 안보법제 개정은 쉽지 않을 것이라 예상된다(매일경제 2015. 06. 11).

안보법제 개정안 통과가 난항을 겪는 가장 큰 이유는 위헌 논란 때문이다. 지난 4일 중의원 헌법심사회가 여당인 자민당과 야당인 민주당 그리고 유신의 당 등 3당이 각각 추천한 헌법학자 3명에게 안보법제 개정안의 헌법 위반 여부에 대해 물었더니, 3명 모두 "위헌"이라고 답했다(한겨레 2015. 06. 09). 현재 안보법제 개정을 둘러싼 야당의 수위 높은 공세와, 여론의 비판뿐만 아니라 물리적으로

도 여당은 중의원에서 법안 통과를 위한 기준을 충족시키지 못해 심의에 차질
이 생겼다. 이로써 야당은 그동안의 중의원 선거 참패 등의 설움을 딛고 아베 정
권의 독주에 브레이크를 제대로 걸었다고 볼 수 있다.

참고문헌

교도통신 2015. 06. 16.
매일경제 2015. 06. 11.
세계일보 2015. 06. 09.
연합뉴스 2015. 05. 11.
한겨레 2015. 06. 09.
한겨레 2015. 06. 17.

제5부

한국의 동향 및 쟁점

갈등의 연속과 소통 부족의 정치

제1장

한국의 동향

1차(2014년 6월 말~7월 말)

김윤실

한 달 가까이 지연되던 19대 국회 후반기 원 구성이 6월 24일에서야 완료되었다. 여야는 이날 본회의에서 각 상임위원장을 선출하였고, 이로써 후반기 국회 활동이 정상화되었다. 한편 새누리당 이완구, 새정치민주연합 박영선 원내대표는 전날 원구성 합의와 함께 1년에 한 차례 실시했던 국정감사를 8월과 10월 두 차례로 나눠서 실시하기로 합의하기도 하였다.

여야는 세월호특별법을 통과시키기 위해 본격적인 논의에 착수하였고, 7월 11일 양당 의원으로 구성된 가칭 '세월호 사건 조사 및 보상에 관한 조속 입법 태스크포스(Task Force, TF)'를 본격 가동하였다. 하지만 여야는 6월 임시국회 회기 내 처리에 합의하였음에도 불구하고, 결국 진상조사위의 수사권 부여와 위원 추천 방식 등을 둘러싼 견해차를 좁히는 데 실패했다. 여야는 임시국회가 종료되는 7월 17일까지도 핵심 쟁점에 대해 합의하지 못하자, 21일 태스크포스에 협상 전권을 부여하기로 합의했다. 태스크포스가 합의를 못해 지도부로 넘긴 지 4일 만에 다시 태스크포스로 협상이 넘어간 것이다(조선일보 2014. 07. 22). 세월호 사고 발생 이후 100일이 지나도록 여야는 여전히 쟁점에 대한 이견을 좁히지 못하고 있다.

　7·30 재·보궐 선거 후보 등록 하루 전인 9일 정의당은 새정치연합에 야권 연대를 공식 제안하였다. 하지만 투표용지 인쇄가 시작된 21일까지도 후보별 단일화를 둘러싼 두 정당 간의 논의가 진전되지 않았고, 사실상 야권 연대의 가능성이 희박해졌다. 투표용지가 인쇄된 이후에는 사퇴한 후보더라도 투표용지에 이름이 남아 있기 때문에 설사 극적으로 후보 단일화가 되더라도 선거 판세에 별다른 영향을 미치지 못하고 단일화 효과도 크게 떨어질 것이라 전망된다. 한편 7월 22일 서울 동작을(乙) 보궐 선거에 출마한 정의당 노회찬 후보는 새정치연합 기동민 후보에 야권 연대를 공식 제안하면서, "단일화가 안 된다면 24일 후보직을 사퇴하겠다"며 새정치연합을 압박한 바 있다. 이 외에도 7월 한 달 동안 후보 공천을 둘러싼 여야 간의 폭로와 난타가 끊이지 않았다. 특히 광주 광산을(乙)에 출마한 새정치연합 권은희 후보에 대한 새누리당의 네거티브가 거셌다. 권은희 전 수서경찰서 수사과장은 지난 대선 때 국정원의 댓글 사건에 대한 수사 외압 의혹을 폭로한 인물이라는 점에서, 새누리당 측에서 "정치적 사후뇌물죄"라며 맹공을 퍼부었다.

　각종 여론 조사 결과에 따르면 박 대통령의 국정 수행에 대한 부정적 평가의 비율은 계속해서 상승하고 있으며, 특히 한국갤럽에 따르면 부정 평가의 이유로 인사 실패가 두드러지는 것으로 나타났다. 실제로 여러 장관 후보자들은 인사청문회 과정에서 각종 논란과 의혹에 휩싸였으며, 특히 새정치민주연합이 청와대 회동에서 박근혜 대통령에게 지명 철회를 요구했던 장관 후보자 2명(김명수·정성근)이 모두 임명 직전 낙마했다(연합뉴스 2014. 07. 16).

한국 정당

06월 23일

• 여야, 국감 분리 실시·예결위 준상임위화 합의　(연합뉴스 06. 23, 조선일보 06. 24)
－ 새누리당 이완구, 새정치민주연합 박영선 원내대표는 23일 하반기 상임위 구성을 완료하고, 2014년 국정감사를 8월 26~9월 4일, 10월 1~10일까지 두 차례로 나눠서

실시하기로 합의했다. 이를 위해 6월 임시국회에서 '국정감사 및 조사법'을 개정키로 했다. 이어 예산결산특위는 상임위원회에 준해 회기 중 2회 이상 개최함으로써 사실상 상임위로 전환하고, 재정을 수반하는 법률은 조속히 해결한다는 데 합의했다. 이와 함께 국회 정보위도 국회가 소집될 때마다 매번 개최할 방침이다. 다만 여야 간 쟁점이었던 모든 상임위의 법안소위 복수화는 결론을 내리지 못하고 추후 다시 논의할 계획이다.

07월 09일

• 정의당, 후보 등록 하루 전 새정연에 야권 연대 제안　　　　　(연합뉴스 07. 09)

− 정의당은 7·30 재·보궐 선거 후보 등록 하루 전인 9일 새정치민주연합에 야권 연대를 위한 협의를 공식 제안했다. 심상정 원내대표는 이날 국회에서 기자 회견을 열고 "야권의 혁신과 재보선의 승리를 위해 새정치연합에 당대당 협의를 제안한다. 책임 있는 입장 표명을 기대한다"고 밝혔다.

07월 10일

• 박 대통령, 여야 원내 지도부와 첫 회동…소통 시도　　　　　(연합뉴스 07. 10)

− 박근혜 대통령은 10일 오전 청와대에서 새누리당과 새정치민주연합 원내대표, 정책위의장 등 여야 원내 지도부 4명과 만나 정국 현안, 국회 입법 과제 등을 논의했다. 박 대통령이 여야 원내 지도부를 청와대로 초청한 것은 취임 후 이번이 처음이다. 이날 박 대통령은 김명수 교육부총리 후보자와 정성근 문화체육관광부 장관 후보자의 지명을 철회해 달라는 새정치민주연합의 요구에 대해 "잘 알겠다. 참고하겠다"고 말했다.

07월 14일

• 새누리 새 대표 김무성…'친박(親朴)' 서청원에 압승　　　　　(연합뉴스 07. 14)

− 집권 여당인 새누리당을 앞으로 2년간 이끌어갈 새 대표최고위원에 비주류의 구심점 역할을 해온 김무성 의원이 14일 선출됐다. 또 4명의 최고위원에는 7선의 서청원, 재선인 김태호, 6선의 이인제 의원이 득표순으로 선출됐고, 재선인 김을동 의원

은 여성을 선출직 최고위원으로 반드시 두도록 한 규정에 따라 지도부에 입성했다. 김 신임 대표는 이날 전당대회 최고위원 경선에서 대의원 투표와 일반 국민 여론 조사를 합산한 결과 총 5만 2천702표를 획득, 3만 8천293표에 그친 서청원 의원을 크게 따돌리고 1위에 올랐다. 김 대표는 수락 연설에서 "박근혜 정부의 성공을 위해 온 몸을 바치겠다"면서 "새누리당이 보수 혁신의 아이콘이 되도록 하겠다"고 말했다.

07월 14일

• 야당 "박 대통령 여당 전대 참석, 또 하나의 반칙"　　　　(연합뉴스 · 한겨레 07. 14)

– 박근혜 대통령은 14일 새누리당 전당대회에 참석해 "치열한 경선 과정에서 주고 받은 서운한 감정은 모두 잊고, 새로운 지도부를 중심으로 하나가 되어 주기 바란 다"고 말했다. 현직 대통령이 여당 전당대회장을 찾은 건 2008년 이명박 대통령 이 후 6년 만이다. 야당은 박 대통령의 전당대회 참석을 7·30 재보궐 선거와 연관지어 "심각한 반칙"이라고 비판했고, 여당 내부에서도 정치적으로 부적절했다는 지적이 나왔다. 특히 유기홍 새정치민주연합 수석대변인은 이날 국회 브리핑에서 "미니 총 선이라 불리는 7·30 재보선을 불과 16일 앞두고, 박 대통령이 선거 필승 결의대회 격인 새누리당 전당대회에 참석하는 것은 대단히 부적절하다"고 비판했다.

07월 16일

• 정성근 사퇴…여당 "결단 존중", 야당 "당연한 결과"

(연합뉴스 07. 16, 중앙일보 07. 17)

– 자질 논란을 빚은 정성근 문화체육관광부 장관 후보자가 지명 33일 만인 16일 자 진 사퇴했다. 정 후보자는 인사청문회 과정에서 위증 논란을 일으켰고, 청문회 정회 중 음주 논란까지 겹치면서 야당뿐 아니라 새누리당으로부터도 사퇴 압력을 받아 왔다. 박 대통령은 15일 밤까지만 해도 국회에 보고서 송부를 재요청하며 정 후보자 임명을 강행하려는 의지를 보였으나, 이날 오전 사퇴시키는 쪽으로 방향을 돌렸다. 7·30 재·보선을 앞둔 상황에서 야권이 정 후보자의 개인 문제와 관련해 추가로 의혹 을 제기할 가능성을 염두에 둔 것이란 해석이 나왔다. 한편 여야는 정 후보자의 사퇴 에 대해 각각 '후보자의 뜻을 존중한다', '당연한 결과'라는 미묘한 입장차를 보였다.

06월 24일

• 국회, 상임위원장단 선출…후반기 원 구성 완료 　　　　　　　(연합뉴스 06. 24)

– 여야는 24일 오후 정의화 국회의장 사회로 본회의를 열어 각 상임위원장단을 선출, 19대 국회 후반기 원 구성을 완료했다. 이에 따라 지난달 29일 후반기 국회의장단 선출 이후 상임위 구성이 안 되어 거의 한달 가까이 겉돌던 후반기 국회 활동이 사실상 정상화됐다.

07월 09일

• 야당, 광주광산을 권은희 공천…'보상 공천' 논란 　(연합뉴스 07. 09, 조선일보 07. 10)

– 새정치민주연합은 9일 비공개 최고위원회의를 열어 7·30 광주 광산을 보궐 선거에 지난 대선 때 국정원의 댓글 사건에 대한 수사 외압 의혹을 폭로했던 권은희 전 수서경찰서 수사과장을 전략 공천하기로 전격 결정했다. 그러나 일부 최고위원들은 이날 김한길·안철수 공동대표가 광주 광산을에 공천을 신청한 천정배 전 의원을 배제하고 권 전 과장을 전략 공천하기로 한 데 대해 반발하는 등 야당 내부에서도 찬반 논란이 벌어졌다. 또한 새누리당 측에서는 "정치적 사후뇌물죄"라며 맹공을 퍼부었다.

07월 15일

• 교문위, 세월호 피해 학생 '정원 1% 특례입학법' 의결 　　　　(연합뉴스 07. 15)

– 국회 교육문화체육관광위원회는 15일 '세월호 침몰 사고 피해 학생의 대학 입학 지원 특별법'을 심의·가결했다. 특별법은 세월호 침몰 사고의 피해 학생을 대학의 정원 외에 입학 정원의 1% 범위 내에서 특례 입학할 수 있도록 했다. 적용 대상은 사고 당시 단원고 3학년 재학생 500여 명과 희생자의 직계 비속이나 형제·자매 중 3학년에 재학 중인 학생 20명이다. 교문위는 새누리당 김명연, 새정치민주연합 유은혜 의원이 각각 발의한 법안을 병합해 통과시켰다. 한편 교문위는 법안 특성상 시급히 처리해야 함에 따라 제정안임에도 공청회를 생략하고, 또 법안소위가 구성돼 있지 않아 소위 심의 없이 곧바로 법제사법위원회로 넘기기로 했다.

07월 21일

• '골든타임' 넘긴 야권 연대…단일화돼도 효과 반감 　　　　　　(연합뉴스 07. 21)

- 새정치민주연합과 정의당이 7·30 재보궐 선거의 투표용지 인쇄가 시작된 21일까지도 야권 연대·후보별 단일화를 둘러싼 팽팽한 신경전을 이어가 사실상 야권 연대 가능성이 희박해졌다. 정치권에서는 야권 연대 효과를 볼 수 있는 골든타임을 놓친 만큼 향후 극적인 후보 단일화가 이뤄진다 하더라도 선거 판세에 별다른 영향을 미치지 못할 것이라는 관측이 나오고 있다. 설사 후보 간 단일화가 되더라도 사퇴한 후보의 이름이 투표용지에 남아 있어 단일화 효과가 크게 떨어지는데다, 야권 후보 단일화가 막판 보수층 결집이라는 역효과를 가져올 수 있기 때문이다.

07월 21일

• 임시국회 다시 열었지만…세월호법 합의 또 불발 　　　　　　(연합뉴스 07. 21)

- 여야는 세월호특별법 처리를 위해 21일 7월 임시국회를 다시 소집해 협상을 재개했지만 진상 조사 기구에 수사권 부여 여부를 둘러싼 이견차를 좁히지 못해 합의에 이르지 못했다. 여야는 다만 새누리당 이완구, 새정치민주연합 박영선 원내대표 주례 회동을 통해 지난 17일 이후 중단됐던 '세월호 사건 조사 및 보상에 관한 조속 입법 태스크포스'를 즉시 재가동하고, 태스크포스에 협상 전권을 부여하기로 했다.

07월 23일

• 노회찬 승부수…기동민, 노회찬 단일화 제안 수용 　　　　　　(조선일보 07. 23)

- 서울 동작을(乙) 보궐 선거에 출마한 기동민 새정치민주연합 후보가 노회찬 정의당 후보의 단일화 제안을 23일 수용했다. 기 후보는 이날 오전 9시 서울 동작을 자신의 사무소에서 기자 회견을 열고 "노회찬 후보의 제안은 깊은 산물로 진정성 있게 받아들인다"며 "단일화는 새로운 미래를 위한 협력의 과정"이라고 밝혔다. 기 후보는 노 후보와 직접 만나 충분한 얘기를 나누겠다면서도, "저는 당의 전략 공천 받은 새정치연합 후보다. 당에서 책임 있게 판단해 달라"며 당 차원에서 단일화 방안을 결정해 줄 것을 요청했다.

07월 04일

• 박 대통령 지지율 40%, 취임 이후 최저　　　　　　　　　　　(조선일보 07. 05)

－ 4일 발표된 한국갤럽(Gallup Korea)의 정례 여론 조사에서 박근혜 대통령 지지율이 1주일 전의 42%에서 2%포인트 하락하면서 취임 이후 최저치(갤럽 조사 기준)인 40%를 기록했다. 박 대통령 지지율은 새누리당에 대한 지지율(41%)보다 낮았다. 박 대통령 지지율이 당 지지율보다 떨어진 것은 처음이다.

07월 11일

• '박 대통령 잘못하고 있다' 48%…인사 실패가 가장 큰 이유　　　　(한겨레 07. 11)

－ 박근혜 대통령이 국정 운영을 잘못하고 있다는 응답이 좀체 나아질 기미를 보이지 않고 있다. 한국갤럽이 8일부터 10일까지 실시한 여론 조사에서 직무 수행 부정 응답이 48%로 긍정 응답 43%를 앞섰다. 부정 응답은 6월 셋째 주 문창극 총리 후보 사퇴 시점 이후 4주 연속 48%를 보여, 2기 내각 인사 실패가 국정 부담으로 작용하고 있는 것으로 분석된다. 특히 부정적 평가를 한 응답자들의 이유를 보면, 인사 잘못함(36%)이 소통 미흡(11%), 세월호 사고 수습 미흡(10%), 국정 운영 원활하지 않음(7%), 독단적(6%)보다 많은 비율을 차지하여 인사 실패가 확연히 드러난다.

07월 16일

• 7·30 재보선 격전지 10곳 중 7곳에서 새누리 '우세'　　　　　　(중앙일보 07. 16)

－ 전국 15곳 선거구 중 격전지 10곳을 추려 10~15일 유권자 800명을 대상으로 여론 조사한 결과, 새누리당이 7곳에서 우세를 보이는 것으로 나타났다. 특히 최대 격전지인 서울 동작을(乙)에서 새누리당 나경원 후보가 43.2%로 새정치 기동민(15.0%), 정의당 노회찬(12.8%) 후보를 크게 앞섰다. 수원정(丁)은 새누리당 임태희 33.7%, 새정치 박광온 21.5%, 정의당 천호선 7.3% 순이었다. 경기 김포선 새누리당 홍철호 후보가 37.0%로 새정치 김두관(28.9%) 후보를 앞섰다. 이 외에도 여검사 대결로 관심을 끌고 있는 경기 수원을(乙)에서 새누리당 정미경 후보가 앞선 것을 비롯, 대전 대

덕과 충북 충주, 충남 서산·태안에서도 새누리당 후보가 우세했다. 한편 경기 수원 병(丙)에서는 새누리당 김용남(36.%) 후보와 새정치 손학규(34.7%) 후보가 오차범위 내 접전을 벌였다.

07월 18일

• 권은희 전략 공천 후폭풍에… 여야 지지율 격차 더 벌어져

(조선일보·동아일보 07. 19)

– 한국갤럽이 18일 발표한 주간 여론 조사에 따르면 정당 지지율은 새누리당 43%, 새정치민주연합 26%로 나타났다. 새정치연합의 지지율이 계속 하락 추세이며, 새정치연합과 새누리당의 지지율 격차는 17%포인트로 6·4 지방 선거 이후 가장 크게 벌어진 것이다. 특히 새정치연합의 경우 7월 첫째 주에는 지지율 31%로 창당 이후 최고치를 기록했지만, 권은희 전 수서경찰서 수사과장의 광주 광산을 전략 공천 파동 직후인 지난주 조사에서 28%, 이번 주에는 26%로 연속 하락했다.

07월 21일

• "박 대통령 지지율 5주 만에 부정 평가 제쳤다"　　　　　　　　(중앙일보 07. 21)

– 박근혜 대통령의 국정 수행 지지율이 5주 만에 부정평가보다 높게 나타났다. 여론 조사 전문업체 리얼미터(Realmeter)의 21일 발표에 따르면, 박 대통령의 국정 수행 지지율은 48.2%를 기록 전주 대비 2.9% 상승했다. 반면, 박 대통령이 국정 수행을 잘못하고 있다는 응답은 1주일 전보다 2.4%포인트 하락한 46.2%를 기록, 5주 만에 긍정적인 평가가 부정적인 평가를 앞섰다. 리얼미터 주간 조사 기준으로 박 대통령이 국정 수행을 잘못하고 있다는 응답이 긍정 평가 응답보다 높게 나오는 추세는 문창극 전 국무총리 후보자 지명 논란 이후 4주 연속 이어졌었다. 한편 정당 지지도에서는 새누리당이 43.1%, 새정치민주연합은 28.2%를 기록하여, 양당 격차는 14.9%로 1주일 선 10.6%보다 4.3% 더 벌어졌다. 이어 정의당은 4.1%, 통합진보당은 2.7%의 지지율을 기록했고, 무당파는 2.8%포인트 상승한 20.3%로 나타났다.

2차(7월 말~8월 말)

7월 30일 치러진 국회의원 재·보궐 선거에서 여당인 새누리당이 전국 15개 선거구 가운데 11곳에서 승리하며 예상 밖의 압승을 거뒀다. 특히 새누리당 이정현 후보는 전남 순천·곡성에 출마해 새정치민주연합 서갑원 후보를 제치고 당선되었다. 야당의 텃밭이라 불리는 전남지역에서 여당 의원이 당선된 것은 지난 1988년 소선거구제가 도입된 이후 처음으로, 한국 선거의 역사를 새로 쓰는 '이변'이라 할 수 있다. 한편 사전 투표를 하루 앞둔 24일 막판 야권 단일화를 성사시켰음에도 불구하고 새정치연합은 15곳 중 4곳에서만 승리하는 데 그쳤다. 이에 새정치연합 김한길—안철수 공동 대표가 선거 참패의 책임을 지고 사퇴했으며, 8월 4일 의원총회에서 당을 수습하고 혁신할 비상대책위원장으로 박영선 원내대표가 선출됐다. 한편 선거 다음날 리얼미터가 실시한 여론 조사 결과에 따르면, 대부분(46%)의 응답자가 여당 압승·야당 참패 원인으로 '세월호 참사 심판론이나 정권 심판론에 기댄 새정치연합의 잘못된 선거 전략'을 지목했다(한겨레 2014. 08. 01).

세월호특별법을 둘러싼 쟁점에 대해 이견을 좁히지 못하던 여야는 8월 7일, 원내대표 주례 회동을 통해 '13일 본회의 처리'에 합의했다. 새정치연합이 특별검사 추천권을 야당이나 진상조사위에 줄 것을 요구해 왔던 기존 요구를 철회하고, 대신 세월호 유가족 측이 진상조사특위 3명을 추천할 수 있도록 함으로써 합의가 이뤄진 것이다. 하지만 세월호 유족 측은 수사권·기소권을 제외한 특별법 합의는 받아들일 수 없다며 여야 합의안에 반대했다. 결국 새정치연합은 11일 의원총회에서 여야 원내대표 합의 내용으로는 세월호 참사 유가족과 국민의 동의를 받기 어렵다고 결론짓고 다시 협상을 추진하기로 했다(연합뉴스 2014. 08. 11). 이에 새누리당은 "합의 파기"라고 강력 반발했다. 그럼에도 여야는 재협상을 이어나갔고, 임시국회 마지막 날인 19일 사실상 특검 추천권을 유가족에 부여하는 내용으로 전격 재합의에 이른다. 하지만 진상조사위에 수사권과 기소권이 부여되지 않았다는 점에서 유가족이 재합의안을 거부하자, 새정치연합은 이날 의총을 열었으나 추인을 유보했다. 이로써 당일 예정되어 있던 본회의가 열리지 못해 세월호특별법의 회기 내 통과가 무산되었고, 7월 임시국회는 '입법 제로(0)'로 회기를 마쳤다(연합뉴스 2014. 08. 20).

한편 이 와중에 여야 현역 의원 5명이 각종 비리에 연루되었다. 새정치연합은 20일로 넘어가는 자정 직전 8월 임시국회 소집 요구서를 단독으로 제출하였고, 새누리당은 구속영장이 청구된 동료 의원을 감싸기 위한 '방탄 국회'라며 비판했다. 검찰은 22일부터 8월 임시국회가 시작되면 의원들에게 '회기 중 불체포 특권'이 적용되는 것을 고려해, 21일 5명 의원에 대한 강제 구인을 시도했고, 당초 연기 요청을 통해 심문에 불응하려던 의원들은 비판 여론에 밀려 전원 자진 출석하였다.

한국 정당

07월 31일

• 김한길-안철수 대표 사퇴…"7·30 재보선 참패 책임"　　　　　(조선일보 07. 31)

– 새정치민주연합 김한길-안철수 공동 대표가 31일 오전 국회에서 열린 새정치민주연합 비공개 최고위원회의에 참석해 동반 사퇴 의사를 밝혔다. 새정치민주연합은 30일 치러진 국회의원 재보궐 선거에서 전국 15석 중 4석을 얻는 데 그치고, 텃밭인 전남 순천-곡성 선거구마저 이정현 새누리당 후보에게 내줘 당 안팎에서 거센 책임론이 제기됐다. 최고위원 전원이 공동 책임을 지고 총사퇴하면서 새정치민주연합은 박영선 원내대표 중심의 비상대책위원회 체제로 전환해 새 지도부 선출을 위한 전당대회 준비에 들어갔다.

08월 04일

• 새정치연합 비대위원장에 박영선…혁신 주도　　　　　(연합뉴스 08. 04)

– 새정치민주연합은 4일 의원총회에서 7·30 재·보선 참패와 김한길·안철수 전 공동대표 사퇴 이후 당을 수습하고 혁신할 비상대책위원장에 박영선 원내대표를 선출했다. 유일한 선출직 지도부이자 당대표 직무대행인 박 원내대표가 비상대책위원장

을 맡아야 한다는 의견이 압도적 다수를 차지했다. 이로써 박 원내대표는 지난 5월 8일 제1야당의 원내 사령탑으로 선출된 뒤 약 3개월 만에 당대표에 해당하는 비대위원장을 맡아 2016년 총선과 2017년 대선에 대비해 당을 수권 정당으로 탈바꿈하고 국민의 신뢰를 회복하는 당 혁신 업무를 총괄하게 됐다.

08월 07일

• 여야 '세월호특별법 13일 처리' 합의…유족 반발 (연합뉴스 08. 07)

− 새누리당 이완구, 새정치민주연합 박영선 원내대표는 7일 주례 회동을 통해 오는 13일 국회 본회의를 열어 세월호특별법과 주요 민생 법안을 처리키로 합의했다. 세월호특별법의 핵심 쟁점이던 진상 조사를 위한 특별검사 추천권은 지난 6월 발효된 '상설특검법' 규정을 따르기로 했다. 그동안 특검 추천권을 야당이나 진상조사위에 줄 것을 요구해 왔던 새정치연합이 기존 요구를 철회함으로써 합의가 이뤄진 것이다. 여야는 다만 특검보가 진상조사특위에서 업무 협조차 활동할 수 있도록 했다. 진상조사특위는 위원장을 포함해 총 17명으로 구성하되 새누리당과 새정치연합이 5명씩, 대법원장과 대한변협 회장이 2명씩, 세월호 유가족 측이 3명을 추천할 수 있도록 했다. 여야는 또 증인 채택 문제로 무산된 세월호 국정조사 청문회를 오는 18~21일 실시키로 했다. 다만 김기춘 청와대 비서실장 등 증인 채택 문제는 여야 특위 간사에게 일임키로 했다. 한편 세월호 유족 측은 "수사권·기소권을 제외한 특별법 합의는 받아들일 수 없다"며 "청문회 실시 말고는 합의 내용을 인정하지 않겠다"고 반발했다.

08월 11일

• 군소야당 '재협상론' 가세…새정연 '고립무원' (연합뉴스 08. 11)

− 정의당과 통합진보당 등 군소 정당들이 세월호특별법 재협상을 요구하며 연일 제1야당인 새정치민주연합을 비판하고 있다. 새누리당의 재협상 '외면'으로 난감한 상태인 새정치연합은 '우군'을 확보하지 못한 셈이어서 세월호 정국 돌파가 더욱 녹록치 않게 됐다. 재보선에서 새정치연합과 손을 맞잡았던 정의당은 새누리당은 물론이고 새정치연합까지 싸잡아 공격하면서 "모든 걸 걸고 합의안 통과를 저지하겠다"

는 각오를 드러내고 있다.

08월 11일

• **새정치연합, 세월호 법 재협상 추진 결정** (연합뉴스·조선일보 08. 11)
– 여야 원내대표가 지난주 전격 합의한 세월호특별법의 13일 국회 본회의 처리와 세월호청문회의 18~21일 개최가 불투명하게 됐다. 새정치민주연합 은 11일 열린 의원총회에서 4시간 30분간 열띤 공방을 벌인 끝에 지난 7일 여야 원내대표 합의 내용으로는 세월호 참사 유가족과 국민의 동의를 받기 어렵다고 결론짓고 다시 협상을 추진하기로 했다. 의총에서 다수 의원들은 세월호 참사 진상조사위원회에 수사권과 기소권을 부여하지 않은 것은 물론 야당이나 진상조사위원회의 특별검사 추천권도 관철하지 못한 것에 대해 문제를 제기하며 재협상을 주장했다. 그러나 새누리당은 새정치연합의 '다시 협상 추진' 결정에 대해 "합의 파기"라고 강력 반발하며 재협상에 부정적인 입장을 보여 향후 협상 자체가 쉽지 않아 보인다.

08월 19일

• **세월호법 재합의…야 '추인 유보'로 본회의 처리 무산** (연합뉴스·조선일보 08. 20)
– 여야가 19일 오후 논란이 되어 온 세월호특별법에 전격 재합의했다. 새누리당 이완구, 새정치민주연합 박영선 원내대표는 임시국회 마지막 날인 이날 핵심 쟁점이었던 특별검사후보추천위원회의 국회 몫 위원 4명 가운데 여당 몫 위원 2명을 세월호 참사 유족과 야당의 사전 동의를 받아 추천하기로 의견을 모았다. 사실상 유가족에게 특검 추천권을 부여한 셈이다. 이후 새누리당은 곧바로 의원총회를 열어 일부 반론이 있었지만 합의안을 박수로 추인했다. 하지만 새정치연합은 이날 오후 6시 30분부터 자정까지 마라톤 의총을 열었으나 의견이 엇갈려 재합의안 추인 여부를 결정짓지 못한 채 의총을 마쳤다. 재합의안에 대한 세월호 참사 유가족들이 반대 기류를 의식해 의원총회의 주인을 유보한 것이다. 이에 따라 당초 이날 저녁 열릴 예정이었던 국회 본회의는 열리지 못했고, 우여곡절 끝에 잠정 타결된 세월호특별법은 이번 임시국회 회기 내 국회 본회의 통과가 무산됐다.

08월 20일

• 야, 유가족 설득에도 불구 재합의안 거부하자 대혼돈…진퇴양난　　（연합뉴스 08. 20)

－ 새정치민주연합은 유가족 대책위가 여야의 세월호특별법 재합의안에 대해 19일 반대 입장을 밝히자 당내 추인을 유보하고 유가족을 최대한 설득하기 위해 총력을 기울였다. 박영선 원내대표는 20일 아침부터 서울 광화문 광장의 유족 단식 농성장을 전격 방문하여, 38일째 단식 농성 중인 고(故) 김유민 양의 아버지 김영오씨 등을 만나 단식 중단을 호소한 뒤 특별법 합의안을 설명하면서 이해를 구했다. 이날 저녁 유가족 전체 총회를 앞두고는 경기도 안산으로 직접 내려가 20여 명을 상대로 이번 합의안을 도출한 과정 등을 40여 분에 걸쳐 가족들에게 설명했다. 하지만 세월호 유가족 총회에서 압도적 표차로 합의안이 부결되자 새정치민주연합은 혼돈 상태에 빠졌다. 특히 새정치연합은 유가족들이 진상조사위원회에 수사권과 기소권을 부여해야 한다는 애초의 입장을 강하게 고수하자 깊은 고민에 빠졌다.

한국 선거·의회

07월 24일

• '단일화 반전' 선거구도 변화…동작·수원서 야권 연대　　（연합뉴스 07. 24)

－ 7·30 재·보궐 선거에서 막판 변수로 꼽혀왔던 야권 연대가 사전 투표를 하루 앞둔 24일 전격적으로 성사됐다. 서울 동작을(乙) 보궐 선거에 출마한 새정치민주연합 기동민 후보가 24일 후보직에서 전격 물러나고 정의당 노회찬 후보 지지를 선언했다. 기 후보는 당 지도부와 상의 없이 독자적으로 결단을 내린 것으로 알려졌다. 그러자 수원정(丁) 천호선 후보와 수원병(丙) 이정미 후보가 지도부 회의를 거쳐 잇따라 후보직 사퇴를 선언, 새정치연합 박광온·손학규 후보를 야권 단일후보로 밀어주기로 결정했다. 이로써 새정치연합과 정의당은 공식적인 당 대 당 협의를 거치지 않고 자연스럽게 새누리당 후보와 1대1 맞대결 구도를 만든 것이다.

07월 30일

• 재보선 여 11곳, 야 4곳 승리…새누리 예상 밖 압승　　（연합뉴스 07. 31)

– 7·30 국회의원 재·보궐 선거에서 여당인 새누리당이 예상을 깨고 압승했다. 새누리당은 이날 전국 15개 선거구에서 실시된 재보선에서 전남 순천·곡성과 서울 동작을(乙) 등 11곳에서, 새정치연합은 경기 수원정(丁) 등 4곳에서 각각 승리했다. 특히 새누리당은 이번 선거 최대 격전지였던 서울 동작을(乙)과 수원벨트 3곳 가운데 수원을(乙)과 수원병(丙) 2곳에서 의미있는 승리를 거둔 것은 물론, 야당의 '텃밭'인 전남지역 선거구에서도 지난 1988년 이후 처음으로 이기는 이변을 현실화하며 선거 역사를 새로 썼다. 반면에 새정치연합은 안방인 전남 순천·곡성을 여당에 내준 것은 물론 선거 막판 야권후보 단일화에도 불구하고 수도권 6곳 가운데 수원정(丁) 단 한 곳에서만 승리했다. 이로써 새누리당은 전체 의원 정수 300명 가운데 158석을 차지하게 돼 원내 안정 과반을 확보하게 됐다. 새정치연합은 130석이 됐다.

07월 30일

• 이정현 후보, 18년 만에 호남권에서 새누리 의원 당선 '이변'

(동아일보·연합뉴스 07. 31)

– 박근혜 대통령의 '복심'으로 통하는 이정현 전 청와대 홍보수석비서관이 새누리당의 불모지인 호남에서 지역주의의 벽을 뚫고 당선됐다. '노무현의 남자'로 불리는 새정치민주연합 서갑원 후보를 꺾는 파란을 일으킨 것이다. 이정현 후보는 7·30 재·보궐 선거의 전남 순천·곡성에 출마해 60,815표(득표율 49.4%)를 얻어 49,611표(득표율 40.3%)의 새정치민주연합의 서갑원 후보를 제치고 당선됐다. 새누리당과 그 전신 정당들은 1988년 국회의원 소선거구제가 도입된 이후 광주·전남에서 단 한 차례도 지역구 의원을 배출하지 못했다. 1985년 12대 총선에서 민주정의당 후보가 중대선거구 제도에서 선출된 게 마지막이었다.

한국 여론

07월 29일

• 국민 57.7% "유병언 국과수 발표 못 믿겠다"　　　　　　(조선일보 07. 29)

– 전남 순천에서 발견된 시신이 유병언 전 세모그룹 회장이라는 국립과학수사연

구원(국과수)의 결론에 대해 우리 국민 절반 이상이 신뢰하지 못하고 있다는 여론 조사 결과가 29일 발표됐다. 여론 조사 전문기관 리얼미터는 국과수 발표 당일인 지난 25일 실시한 여론 조사에서 '국과수의 발표를 신뢰하지 못한다'는 부정적 응답이 57.7%인 반면, '국과수의 발표를 신뢰한다'는 의견은 24.3%에 그쳤다고 밝혔다.

08월 01일

• 새정치 참패는 '잘못된 선거 전략', '공천 파동' 탓   (한겨레 08. 01)

– 7·30 재보궐 선거 결과와 관련해 리얼미터가 31일 실시한 여론 조사 결과, 46%의 응답자는 '세월호 참사 심판론이나 정권 심판론에 기댄 새정치연합의 잘못된 선거 전략'을 여당 압승·야당 참패 원인으로 지목했다. '새누리당 지도부의 혁신적 선거 전략'을 꼽은 이는 4.9%에 불과했다. 한편 새정치민주연합의 참패로 귀결된 이유로 '새정치연합의 잘못된 선거 전략'을 꼽은 의견은 새누리당 지지층에서 매우 높게 나타났고, '새정치연합의 공천 파동' 때문에 야당이 졌다는 의견은 야당 지지층에서 상대적으로 높았다.

08월 01일

• 세월호 진상조사위원회에 '수사권 줘야 한다'…과반 넘은 53%

(한겨레 08. 01, 경향신문 08. 08)

– 여론 조사 전문 기관인 한국갤럽이 7월 29~31일 조사해 1일 발표한 여론 조사 결과에 따르면, '수사권 문제에 어떻게 생각하느냐'는 물음에 응답자의 53%가 '수사권을 줘야 한다'고 답했다. '수사권을 주지 말아야 한다'는 응답은 24%에 그쳤다. 세월호 사고의 원인과 책임 소재가 얼마나 밝혀졌느냐는 물음에 대해선 '아직 밝혀지지 않았다'는 부정적 평가가 64%로, '밝혀졌다'(31%)는 평가의 두 배를 넘었다. 또 세월호 사고 관련 검경 수사 결과 발표에 대해 '신뢰하지 않는다'가 66%, '신뢰한다'가 28%로 나타나 수사 결과에 대한 불신도 상당함을 보여줬다. 한편 박근혜 대통령의 직무 수행과 관련해서는 '잘하고 있다'는 응답은 40%로 7·30 재보궐 선거에서 새누리당이 압승을 거뒀음에도 취임 이래 최저 수준인 지난주와 변함없었다.

08월 09일

• 새정치연합 지지율 21% 창당 후 '최저'…호남서 지지율 급락

(연합뉴스 · 조선일보 · 경향신문 08. 10)

- 한국갤럽이 8일 발표한 전국 여론 조사에 따르면 새정치민주연합의 정당 지지율은 21%를 기록했다. 2014년 3월 옛 민주당과 안철수 전 공동대표 측이 합당한 직후 31%까지 올라섰던 지지율이 5개월여 만에 통합 창당 전 수준으로 떨어진 것이다. 특히 새정치연합의 '텃밭'으로 여겨지던 호남에서의 정당 지지율도 일주일 만에 12%포인트 하락하여 역대 최저 수준인 30%를 기록했다. 반면 재보궐 선거에서 승리한 새누리당의 지지율은 지난주 대비 3%포인트 오른 45%로 2014년 들어 가장 높은 수치를 기록했다. 덩달아 박근혜 대통령의 직무 수행에 대해서도 응답자의 46%가 긍정, 43%는 부정 평가를 해 두 달 만에 긍정 평가가 부정 평가를 역전했다.

08월 09일

• '세월호특별법 합의 반대' 곳곳서 집회 · 시위 (연합뉴스 08. 10)

- 여야가 세월호특별법에 합의한 데 대해 항의하는 집회와 시위가 9일 곳곳에서 벌어졌다. 이날 오후 3시 30분께 세월호특별법 여야 합의에 반대하는 대학생 10여 명이 서울 여의도 국회 본관 새정치연합 원내대표 회의실을 점거하려다 국회 직원들에 의해 제지당했다. 또 여의도 새정치연합 중앙당사 앞에서는 오후 10시께 세월호 유가족과 시민 등 400여 명이 참여한 가운데 촛불집회가 열렸다. 이들은 앞서 광화문광장에서 열린 세월호 문화제에 참가했다가 새정치연합 당사 안에서 농성을 시작한 유가족들을 응원하고자 당사로 향했다. 한편 세월호 유가족 11명은 이날 오후 4시 30분께 특별법 여야 합의에 항의하며 새정치연합 당사로 들어가 농성에 돌입했다. 유가족들이 당사로 들어가는 과정에서 경찰이 신원을 확인하려고 막아서면서 당 관계자가 중재하기까지 잠시 실랑이가 벌어지기도 했다.

08월 18일

• 박 통령 지지율 4주 연속 상승, 2개월 만에 50%대 회복 (조선일보 · 경향신문 08. 18)

- 여론 조사 전문 업체 리얼미터의 조사 결과, 박근혜 대통령의 국정 수행 지지율이

제5부.. 한국의 동향 및 쟁점 473

4주 연속 상승하여 51.4%를 기록했다. 리얼미터 기준으로 박 대통령의 국정 수행 지지율이 50%대를 회복한 건 지난 2014년 6월 셋째 주 이후 약 두 달 만이다. 정당 지지율의 경우 새누리당은 지난주보다 0.6%포인트 하락한 45.0%로 나타났으며, 새정치민주연합은 같은 기간 3.6%포인트나 하락한 22.2%로 나타났다. 정의당(5.3%), 통합진보당(1.7%)이 뒤를 이었고, '지지 정당이 없다'는 무당파 역시 24.0%나 됐다. '차기 대권 주자' 선호도 조사에선 여야를 통틀어 박원순 서울시장이 18.4%을 기록하며 1위를, 김무성 새누리당 대표가 16.3%를 차지하며 2위를 차지했다.

3차(8월 말~9월 말)

세월호특별법이 제자리걸음을 하는 동안 새정치민주연합은 내부적으로 극심한 혼란을 겪었다. 9월 11일 박영선 국민공감혁신위원장(비상대책위원장) 겸 원내대표가 이상돈 중앙대 명예교수를 비대위원장으로 영입하겠다는 의사를 표명하자 거센 당내 반발에 직면했다. 이 과정에서 소속 의원 30여 명이 박 원내대표의 퇴진을 공개 요구하는 등 비판이 일자, 박 원내대표는 탈당을 시사하며 나흘간 잠적했다. 두 차례의 세월호특별법 추인 불발 사태에 이어 비대위원장 인선 문제까지 좌초됨에 따라 박 원내대표의 리더십이 최대 위기를 맞은 것이다(연합뉴스 2014. 09. 12). 박 원내대표는 17일 기자 회견을 열어 대국민 사과를 하고 비대위원장에 사퇴하는 대신 탈당의사는 철회하고 당무에 복귀하였다. 이후 18일 새정치연합의 새로운 비대위원장으로 문희상 의원이 선출되었으며, '문희상 비대위'는 21일 박영선, 문재인, 정세균, 박지원, 인재근 의원 등 당내 각 계파 수장이 참여하는 '6인 체제'로 구성됐다.

여야의 세월호특별법 대치 속에 국회 파행은 장기화되고 있다. 2014년 8월 말 새정치연합은 여야와 유가족이 참여하는 '3자 협의체' 구성 제안을 새누리당이 거부하자 장외 투쟁에 돌입하기도 했다. 새누리당은 세월호 유족과의 직접대화를 통해 합의안 도출을 시도하려 했지만, 3차례의 면담에도 별다른 소득이 없었고, 심지어 9월 1일 3차 면담은 30분 만에 유족들이 중도 퇴장하면서 이후 양측의 대화가 중단되었다. 한편 지난 8월 19일 재합의안이 무산된 이후 단절되었던 여야 원내대표의 공식 접촉이 9월 11일 공식 재개되었으나, 협상은 특별한 성과 없이 서로의 기존 입장을 확인하는 데 그쳤다. 새정치연합은 분리 국감과 민생 법안을 세월호법과 분리해서 처리하자는 새누리당의 주장을 거부하였고, 이에 따라 8월 임시국회는 물론, 8월 26일부터 예정되어 있던 첫 분리 국감도 무산되었다. 이후 9월 정기국회도 새정치연합 소속 의원들의 불참으로 줄줄이 파행되었다. 정의화 국회의장은 9월 26일 본회의를 열고 국정감사 의사일정을 직권 결정했지만, 새정치연합이 부정적인 입장을 보이고 있어 파행이 계속될 것

제5부.. 한국의 동향 및 쟁점   **475**

으로 보인다.

한편 2014년 8월 말 조선일보가 발표한 여론 조사 결과, 국회에서 세월호특별법이 처리되지 않을 경우 다른 경제 법안은 별개로 통과시켜야 한다는 의견이 78.5%으로 압도적이었다. 같은 여론 조사에서 새정치연합이 장외 투쟁에 나선 것과 일부 야당 정치인들이 단식 농성을 하는 것에 대해 부정적인 평가가 각각 64.5%와 69.6%로 나타났다. 심지어 상당수의 야당 지지자들까지 실망스럽다는 반응을 보이고 있으며, 장외 투쟁에 대한 부정적인 여론은 추석 연휴 이후 더 높아진 것으로 조사됐다(조선일보 2014. 08. 28; 중앙일보 2014. 09. 12). 이러한 여론의 흐름은 새정치연합 지지율이 각종 여론 조사에서 창당 이후 최저 수준을 기록하는 것으로 귀결됐다.

한국 정당

08월 26일

• 새정치민주연합, 장외 투쟁 돌입…온건파 "국회 지켜야" 반기　　　(연합뉴스 08. 26)
- 새정치민주연합은 26일 세월호특별법 제정을 위한 '여당·야당·유가족 3자 협의체' 구성을 목표로 비상 체제를 가동, 국회 예결위장을 '베이스캠프' 삼아 장외 투쟁에 돌입했다. 박영선 원내대표는 두 차례의 협상안 추인 불발로 코너에 몰리자 "대통령이 응답할 때까지 싸우겠다"고 '비상 행동'을 선언하며 강경 카드를 꺼냈다. 그러나 온건파 10여 명이 연판장을 돌려 장외 투쟁 반대 입장을 표명, 강온간 노선 갈등을 표출한 데다 당초 이날 예정된 전체 의원 철야 농성도 흐지부지되는 등 첫날부터 단일 대오에 균열이 드러나며 난맥상을 노출했다. 한편 새누리당은 새정치연합이 고강도 투쟁에 나서자 "국민이 외면할 것"이라며 강하게 비난했다. 새누리당은 3자 협의체를 거부하는 대신 세월호 유족과 직접 대화를 통해 합의안 도출을 시도할 방침이다.

09월 11일

• 여야 세월호법 절충 공식 재개…일단 성과 없이 끝나　　　(연합뉴스 09. 11)

– 새누리당 이완구·새정치연합 박영선 원내대표는 11일 오후 회동하여 교착 국면을 이어온 세월호특별법 협상을 공식 재개했다. 8월 19일 재합의 이후 여야 원내대표의 첫 공식 접촉이었지만, 특별한 성과는 내지 못한 채 대화를 재개한 데 의미를 뒀다. 앞서 이들은 추석 연휴 직전인 지난 5일 비공식 만남을 갖긴 했으나 현안에 대한 의견을 교환하고 세월호법 협상 가능성을 타진하는 수준이었다. 한편 이날 이 원내대표는 오는 15일 국회 본회의에 계류된 91개 법안을 처리하자고 요구했고, 박 원내대표는 세월호법도 함께 처리해야 한다는 기존 입장을 고수한 것으로 전해졌다.

09월 12일

• 야당 비대위 '이상돈·안경환 카드' 맥없이 무산…혼돈 끝은 어디   (연합뉴스 09. 12)

– 새정치민주연합 박영선 국민공감혁신위원장(비상대책위원장) 겸 원내대표가 12일 당내 거센 반발 속에 결국 이상돈 중앙대 명예교수와 안경환 서울대 명예교수의 공동 비대위원장 영입 카드를 전격 철회했다. 박 위원장은 이날 저녁 여의도 한 호텔에서 문희상, 정세균, 김한길, 박지원, 문재인 의원 등 중진·원로 인사 5명과 회동했으며, 참석자들은 이 자리에서 "두 공동 비대위원장 내정자들이 완곡히 고사하므로 이들을 비대위원장으로 모시기로 한 것은 현실적으로 어렵게 됐다"는 결론을 내렸다. 두 차례의 세월호특별법 추인 불발 사태에 이어 비대위원장 인선 문제까지 좌초됨에 따라 박 위원장의 리더십이 최대 위기를 맞게 됐다.

09월 17일

• 박영선 탈당 의사 철회·당무 복귀…"심려 끼쳐 송구"   (연합뉴스·한겨레 09. 17)

– 새정치민주연합 박영선 원내대표가 17일 오후 국회 당대표실에서 기자 회견을 열어 자신의 거취 파동과 관련해 대국민 사과를 하고 비상대책위원장에서 사퇴하겠다고 밝혔다. 탈당 의사는 철회했다. 한편 박 원내대표는 박근혜 대통령이 세월호특별법에 따라 구성될 진상조사위원회에 수사권과 기소권을 부여하자는 야당과 단원고 유가족들의 요구를 거부한 것과 관련해 "대통령이 가이드라인을 제시하고 국회에 최후 통첩을 하는 어처구니없는 사태는 그동안 세월호 협상을 청와대가 뒤에서 주도했음을 스스로 밝힌 것"이라며 강력히 대처하겠다고 밝혔다.

09월 18일

• 여야, 2015년도 예산안 충돌…증세 논란도 계속 (연합뉴스 09. 18)

– 여야가 18일 발표된 정부의 2015년도 예산안을 놓고 충돌했다. 새누리당은 경기 회복에 초점을 맞춘 예산 편성이 불가피하다고 두둔하고 나선 반면 새정치민주연 합은 전형적인 '반서민 예산'이라고 강하게 비판했다. 특히 정부가 추진 중인 담뱃값 인상과 주민세 개편 등을 놓고도 야당은 "가렴주구(苛斂誅求) 정권"이라고 공세를 이 어갔지만, 여당은 정치 공세로 일축하며 차단막을 쳤다.

09월 18일

• 새정치연합 비대위원장에 문희상…관리형 리더십 선택 (연합뉴스 09. 18)

– 노선 대립과 계파 갈등으로 위기에 처한 새정치민주연합의 임시 당대표로 문희상 의원이 선출됐다. 새정치연합은 18일 오후 국회에서 원로 중진 연석회의를 열어 문 의원을 2015년 초 전당대회까지 당을 이끌 비상대책위원장에 추대했다. 문 의원은 극심한 내홍을 겪은 당내 갈등을 조기에 수습하고 전대에서 선출되는 당대표 경선 을 공정하게 관리해야 할 책임을 맡게 됐다.

한국 선거·의회

08월 25일

• 세월호 대치로 '국회 올스톱'…첫 분리 국감 무산 (연합뉴스 08. 26)

– 세월호법 정국이 여야 간 극한 대결로 결국 파국을 맞았다. 새정치민주연합은 25 일 여야와 유가족이 참여하는 3자 협의체 제안을 새누리당이 거부하자 강력한 대여 투쟁을 선언하고 국회 예결위장에서 철야 농성에 돌입했다. 새정치연합은 또 분리 국감과 민생 법안을 세월호법과 분리해서 처리하자는 새누리당의 주장에 대해서도 거부키로 의견을 모았다. 이에 따라 8월 임시국회 의사일정은 올스톱됐으며 당장 26 일부터 열릴 예정이었던 국정감사 분리 실시도 무산됐다. 국정감사 분리 실시를 위 해서는 이날까지 '국정감사 및 조사에 관한 법률' 개정안을 처리해야 했지만 여야는 이날 본회의 자체를 열지 못했다. 여야는 당초 올해(2014년) 처음으로 국감을 두 차례

(8월 26일~9월 4일, 10월 1~10일) 나눠 실시하기로 합의했지만 합의가 지켜지지 않으면서 예년처럼 정기국회 때 몰아서 원샷(one-shot)으로 국감을 하게 될 전망이다.

09월 03일

• 송광호 체포 동의안 부결…여당 반대에 야당 부분 동조한 듯

(연합뉴스 09. 03, 중앙일보 09. 04)

− 새누리당 송광호 의원에 대한 체포 동의안이 3일 예상을 깨고 부결되었다. 새누리당이 부결을 주도했지만, 야당 의원들 역시 부분적으로 이에 동조한 것으로 분석된다. 무기명으로 진행된 본회의 투표 결과 여야 의원 223명이 참여해 반대와 무효가 각각 118표, 24표 등 142표를 기록했고, 여기에 '가', '부'를 표시하지 않은 기권도 8표 나와 사실상 반대에 동참했다. 고작 73표에 그친 찬성표를 압도해 부결시킨 것이다. 투표에는 새누리당 의원들이 125명 정도 참여하고, 새정치민주연합을 포함한 야당 의원들이 95명 안팎이었던 것으로 추정된다. 즉, 여당이 모두 반대 또는 무효표를 던지거나 기권했다고 가정해도 야당 의원 역시 적어도 20명 넘게 여기에 동조했다는 추론이 가능하다. 여당은 물론 야당도 당론 투표가 아닌 자유 투표에 맡김에 따라 '교차 투표'를 했을 가능성을 고려한다면 오히려 여당에서는 찬성표가, 야당에서는 반대표가 좀 더 나왔으리라는 분석도 가능하다.

09월 12일

• 고성에 얼굴 붉힌 의장단·상임위원장단 연석회의   (연합뉴스 09. 12)

− 국회 정상화를 모색하기 위해 12일 이례적으로 열린 국회의장단과 상임위원장단 간 연석회의에서는 합의 대신 고성이 오가는 등 볼썽사나운 모습이 연출됐다. 새누리당은 본회의에 계류된 90여 개 법안의 15일 본회의 처리 강행을 강하게 요구한 반면, 새정치연합은 법안이 일방적으로 처리되거나 의장이 직권으로 의사일정을 정하고 강행할 경우 사태 악화를 경고했다.

09월 21일

• "9월 대목인데"…국회의원 출판 기념회 제로   (연합뉴스 09. 21)

– 21일 국회사무처에 따르면 이번 달과 다음 달 중으로 국회 의원회관, 국회도서관 등에서 의원들이 출판 기념회를 개최하기 위해 장소를 예약한 사례는 단 한 건도 없는 것으로 파악됐다. 지난달 시민 단체인 바른사회시민회의가 공개한 자료에 따르면 국정감사 직전인 2013년 9월 한 달 동안에만 국회의원 출판 기념회가 무려 45차례나 집중 개최됐다. 9월은 의원들에겐 '출판 기념회 대목'이나 다름없는 시기였다. 하지만 여야 의원들은 "당분간 (국회에서) 출판 기념회를 찾아보기 어려울 것"이라고 입을 모았다. 최근 검찰이 여야 의원들의 금품 수수 비리 사건을 수사하면서 출판 기념회를 통한 입법 로비 의혹도 수사 대상에 포함시킨 데다가 그동안 출판 기념회가 불법 정치 자금 모금 통로로 지목돼 혁신의 대상에 올랐기 때문인 것으로 분석된다.

한국 여론

08월 28일

• "세월호법과 따로 경제법 처리" 78.5%   (조선일보 08. 28)

– 조선일보가 미디어리서치에 의뢰해 지난 26일 긴급 여론 조사를 한 결과, '국회에서 세월호특별법이 처리되지 않을 경우 다른 경제 관련 법안도 통과시키면 안 된다고 생각하는가, 아니면 세월호특별법과는 별개로 통과시켜야 한다고 생각하는가'란 질문에 '통과시켜야 한다'는 의견이 78.5%였다. 반면 '다른 경제 관련 법안들도 통과시켜서는 안 된다'는 응답은 16.5%였다.

08월 29일

• "세월호법 재협상" 47% 〉 "여야 합의안대로" 40%   (한겨레 08. 29, 조선일보 08. 30)

– 세월호특별법 처리를 위한 여야 재협상과 관련해 한국갤럽의 조사 결과, 47%의 응답자가 '유가족의 뜻에 따라 다시 협상해야 한다'고 답했고, 40%가 '여야 기존 재협상안대로 통과시켜야 한다'고 답했다. 야당이 주장하는 '3자(여야·유가족) 협의체' 구성에 대해선 찬성이 47%, 반대가 41%로 재협상 여론과 비슷했다. 세월호 유가족들이 요구하는 진상조사위원회 수사권·기소권 부여 문제에 대해서는 '줘야 한다'가 41%와 '주지 말아야 한다'가 43%로 조사됐다. 7월 말 조사에선 53% 대 24%로 수사

권·기소권을 줘야 한다는 답변이 많았는데 한 달 만에 상당한 변화가 있었다. 한편 여야 협상 파행을 둘러싼 책임과 관련해선 '여당과 야당 둘 다에 책임이 있다'는 응답이 31%로 가장 많았다. 또 세월호특별법 문제를 처리할 주체에 대한 질문에는 응답자의 52%가 '국회에서 여야가 처리할 문제'라고 답했고, 44%가 '대통령이 직접 나서야 한다'고 답했다.

08월 29일

• 새정치민주연합 창당 후 지지율 최저점···장외 투쟁 악영향   (조선일보 08. 30)
– 한국갤럽이 지난 26~28일 실시하여 29일 발표한 여론 조사 결과, 8월 넷째 주 새정치민주연합의 정당 지지율은 21%를 기록하며 3월 창당 이후 최저 수준으로 떨어졌다. 또 다른 여론 조사 기관 리얼미터가 앞서 28일 공개한 조사에 따르면, 새정치연합은 장외 투쟁을 시작한 26일 지지율 22.6%, 27일 18.8%, 28일 16.6%로 연일 지지율이 2~4%포인트씩 떨어지고 있다. 새정치연합의 지지율 하락세는 새정치연합이 세월호특별법을 둘러싸고 국회 안에서 해답을 찾지 못하고 결국 장외 투쟁에 나선 것이 악영향을 준 것이 아니냐는 관측이 나오고 있다. 실제 한국갤럽 조사 결과 응답자의 59%가 새정치연합의 강경 투쟁에 대해 '하지 말아야 할 일'이라고 답했고, 25%만이 '야당으로서 불가피한 선택'이라고 답했다.

09월 04일

• 응답자 36% "세월호 희생자 가족 신뢰한다"   (시사IN 09. 04)
– 4일 시사IN이 발표한 여론 조사 결과에 따르면, 세월호 진상 규명 해법과 관련해 응답자의 36.4%가 '세월호가족대책위원회를 신뢰한다'라고 답했다. 다음으로 '정부와 새누리당을 신뢰한다'라고 답한 사람은 23.7%, '시민 사회단체'를 꼽은 응답자는 17.9%였다. 반면 '새정치연합 등 야당을 신뢰한다'라는 응답은 2.9%였다 새누리당 지지층은 대체로 정부와 여당에 신뢰를 보낸 반면, 야당 지지층은 대다수가 희생자 가족과 시민 사회단체를 신뢰한다고 답했다.

09월 07일

• 새정치연합 지지율 10%대로 추락…창당 후 최저치　　　(연합뉴스·조선일보 09. 07)

– 여론 조사 전문 기관 리얼미터가 7일 발표한 여론 조사 결과에 따르면, 새정치민주연합의 지지율이 2014년 3월 창당 이후 처음으로 10%대로 추락했다. 새정치연합의 지지율은 지난주보다 0.6% 하락한 19.5%로 나타났다. 새누리당은 44.5%로 지난주보다 1.4% 떨어졌다. 정의당은 4.1%, 통합진보당은 1.4%, 지지하는 정당이 없다는 응답은 28.9%였다.

09월 12일

• "야당 세월호 장외 투쟁 반대" 66. 3% → 76.8%　　　(중앙일보 09. 12)

– 중앙일보 여론 조사팀이 10~11일 실시해 12일 발표한 여론 조사 결과에 따르면, 새정치연합의 장외 투쟁에 대해 응답자의 76.8%가 반대 의견을 냈다. 추석 연휴 직전(8월 26~27일) 조사 때(66.3%)보다 10.5%포인트 부정적 여론이 높아진 것이다. 세월호특별법안과 민생 법안을 연계해선 안 되며 분리해 처리해야 한다는 의견은 67.7%로 여전히 압도적이었다. 기존의 여야 재합의안을 깨고 세월호특별법 협상을 다시 해야 한다는 의견은 54.8%로, 합의안대로 처리하자는 의견(41.5%)보다 높았다. 박근혜 대통령이 유가족을 만날 필요가 없다는 응답은 50.9%, 유가족을 만나 문제를 해결해야 한다는 대답은 48.1%였다. 한편 새누리당 송광호 의원의 체포 동의안 부결로 불거진 '불체포 특권' 논란에 대해선 법률 개정이나 폐지를 요구하는 답변이 86.5%인 반면 '현행 제도를 유지해야 한다'고 답한 비율은 7.0%에 그쳤다.

09월 19일

• 갤럽 "새정치연합 지지도 20%…창당 후 최저"　　　(연합뉴스 09. 19)

– 여론 조사 전문 기관인 한국갤럽이 19일 발표한 여론 조사 결과, 새정치민주연합에 대한 지지율이 세월호특별법 협상과 외부 비대위원장 영입 파동을 둘러싼 내홍 속에 창당 이후 최저 수준인 20% 이하로 떨어졌다. 이는 2014년 3월 통합 창당 후 가장 낮은 수치다. 한편 세월호특별법 협상에 대해서는 '여야가 재협상한 대로 통과시켜야 한다'는 의견이 46%로 '유가족 뜻에 따라 다시 협상해야 한다'는 의견(41%)보

다 많았다. 박근혜 대통령에 대한 업무수행 지지도는 44%가 긍정적으로 평가, 47%가 부정적으로 평가해 7·30 재보궐 선거 이후 7주 만에 부정평가가 긍정평가를 앞질렀다.

4차(9월 말~10월 말)

김윤실

세월호특별법을 둘러싼 여야 간의 협상이 9월 30일, 참사 167일 만에 최종 타결됐다. 지난 두 차례 합의안이 단원고 희생자 유족들에 의해 거부된 이후 새누리당 이완구·새정치민주연합 박영선 원내대표가 도출한 세 번째 합의안이다. 여야는 7명으로 구성된 특검후보추천위원 중 여당 몫 2명을 추천할 때 야당과 유족의 사전 동의를 받도록 하는 2차 합의안에 더해, 여야가 특검 후보를 추천할 때에도 야당의 동의를 받도록 하는 '이중 장치'를 만들었다(연합뉴스 2014. 09. 30). 새정치연합과 유족은 특검 후보 추천 과정에 유족의 참여를 요구해 왔지만, 새누리당이 이를 완강히 거부하면서 결국 유족이 참여할지는 추후 논의하기로 했다.

여야 간의 세월호법 협상이 극적으로 마무리되기까지 국회는 파행을 거듭했다. 당초 여야는 2014년 국감을 두 차례로 분리하여 실시할 계획이었으나, 세월호법 협상을 둘러싼 여야 대립으로 8월 말 예정되어 있던 1차 국감이 무산되었다. 이에 이완구 새누리당 원내대표 겸 국회 운영위원장은 9월 26일 새정치연합 박영선 원내대표와의 계속되는 회동에도 합의에 별다른 진전이 없자, 새누리당 의원들만 참석한 운영위 전체회의에서 단독으로 '2014년 국감 정기회 회기 중 실시의 건'을 통과시켰다. 또한 같은 날 열린 국회 본회의는 새누리당 의원들만 참석한 가운데 9분 만에 산회하기도 했다. 정의화 국회의장은 새정치연합 지도부로부터 본회의를 며칠만 연기해 달라는 요청을 받았다며 산회 이유를 설명하며 30일 본회의에서 모든 계류 안건을 처리하겠다고 했지만, 새누리당은 강하게 반발했다. 특히 이완구 원내대표는 한때 사퇴하겠다는 의사를 밝히기도 했으며, 일부 의원은 '국회의장 사퇴 촉구 결의안'을 제출하기로 했다.

세월호법 협상이 타결되자마자 국회는 일단 정상화됐다. 여야가 합의했으나 국회 공전으로 계류되어 있던 90개 안건이 30일 본회의에서 모두 통과됐다. 특히 '정기국회 내 국감 실시안'이 본회의를 통과함에 따라 10월 7일부터 21일간의 일정으로 국정감사가 시작됐다. 국감에서는 세월호 참사를 비롯해 카카오톡

(KakaoTalk)에 대한 '사이버 사찰' 논란, 최경환 경제부총리의 확장적 재정 정책을 일컫는 '초이노믹스(Choinomics)', 담뱃값 인상을 둘러싼 증세 논란, 단말기 유통 구조 개선법 부작용, 공무원 연금 개혁 등이 주요 이슈로 부각됐다(연합뉴스 2014. 10. 17).

한편 여당과의 세월호법 협상을 이끌었던 새정치연합 박영선 원내대표는 협상이 마무리된 이후 10월 2일 원내대표직에서 사퇴했다. 헌정 사상 첫 여성 원내대표였으나 5개월 만에 중도 하차한 것이다. 이후 9일 원내대표 경선에서 결선 투표까지 가는 접전 끝에 3선의 우윤근 이원이 박 전 원내대표의 잔여 임기를 이어받는 새정치연합의 새 원내대표로 선출됐다.

한국 정당

09월 28일

• 문희상 "대표회담 하자" ⋯ 김무성, 10분 만에 딱 잘라 "노(No)"　　(중앙일보 09. 29)
– 새정치민주연합 문희상 비상대책위원장이 28일 '긴급 기자 회견'을 열어 "원내대표 간엔 세월호특별법 제정을 위한 협상이 완전 교착 상태로, 전화 통화도 안 되고 있다"면서 여야 대표회담을 제안했다. 문 위원장은 "김무성 대표와 당장이라도 만나 특별법 제정과 국회 정상화 문제를 통 크게 일괄 타결하길 소망한다"고 밝혔다. 그러나 새누리당 김 대표의 대답은 "노(No)"였다. 제안이 나온 지 10분 만에 내놓은 답이었다. 새누리당 김영우 대변인은 "국회에서 일할 의무를 정치적 전략이나 협상의 대상으로 생각하는 것은 국민에 대한 모독"이라며 "세월호특별법의 원샷 타결만을 고집하면서 다른 민생 법안들을 처리하지 않는 것은 의회 민주주의에 정면 도전하는 것"이라고 비판했다.

09월 29일

• 여야·유족 첫 3자 회동 일단 결렬⋯내일 타결 재시도　　(연합뉴스 09. 29)
– 새누리당 이완구·새정치민주연합 박영선 원내대표와 세월호 유가족대책위원회 전명선 위원장이 29일 참사 이후 첫 3자 회동을 했으나 구체적인 성과를 내지는 못

했다. 박 원내대표는 이날 세월호법 내용과 관련해 지금까지와는 다른 새로운 방안을 제시했으나 이를 놓고 3자 모두 의견이 엇갈린 것으로 전해졌다. 이에 따라 여야 원내 지도부와 유족 대책위는 이날 논의 내용을 토대로 각자 의견을 수렴한 뒤 30일 다시 회동해 협상을 이어가기로 했다. 새누리당은 회동에서 세월호법 '2차 합의안'에서 물러서기 어렵다는 견해를 밝히는 한편, 박 원대대표가 제시한 안이 유족의 동의를 완전히 받은 것인지에 대해 문제를 제기했다. 박 원내대표는 유족의 동의를 받았다고 주장한 것으로 알려졌지만, 유족 측은 이를 부인하면서 이날 밤 총회를 열어 입장을 정리하겠다고 밝혔다.

10월 02일

• 첫 여성 원내대표 박영선, 5개월 만에 중도하차 　　　　　　　(연합뉴스 10. 02)

– 새정치민주연합 박영선 원내대표가 2일 원내대표직에서 물러났다. 여성으로는 헌정 사상 처음으로 주요 정당의 원내사령탑에 오른 지 약 5개월 만이다. 박 원내대표는 이날 오전 당 소속 전체 의원에게 보낸 이메일 서한에서 "여러모로 부족한 제가 폭풍의 언덕에서 힘들어 할 때 격려해 주신 많은 동료 의원과 힘내라고 성원해 주신 국민 여러분께 깊이 감사드린다"면서 "원내대표직, 그 짐을 내려놓으려 한다"고 말했다. 지난달 탈당 파동과 관련해 박 원내대표는 "직업적 당대표를 위해서라면 그 배의 평형수라도 빼버릴 것 같은 움직임과 일부 극단적 주장이 요동쳤다"며 강경파와 특정 계파 수장의 태도를 맹비난해 논란이 일고 있다. 새정치연합은 박 원내대표의 사퇴 직후 비대위를 열어 새 원내대표를 1주일 안에 뽑기로 하고 중진인 신기남 의원을 위원장으로 하는 선거관리위원회를 구성했다.

10월 09일

• 새정치민주연합 새 원내대표에 우윤근…"품위 있는 야당" 기치 　　(연합뉴스 10. 09)

– 새정치민주연합의 새 원내대표에 3선의 우윤근(전남 광양·구례) 의원이 9일 선출됐다. 우 의원은 이날 오후 국회에서 소속 의원 118명(무효 1표)이 참석한 가운데 열린 원내대표 경선에서 결선 투표까지 가는 접전 끝에 64표를 득표, 53표를 얻은 이종걸 의원을 누르고 당선됐다. 이로써 우 의원은 중도 하차한 박영선 전 원내대표의 잔여

임기를 이어받아 2015년 5월 초까지 원내 수장직을 수행하게 된다. 우 원내대표는 당선 인사에서 "저는 계파가 없다. 일방적으로 쏠리지 않도록 균형감을 갖고 합리적으로 국민과 통하는 품위 있는 야당이 되도록 하는 데 모든 걸 바치겠다"고 밝혔다.

10월 09일
• 새누리당, 정치인 출판 기념회 전면 금지키로   (한겨레 10. 09)

– 새누리당이 국회의원과 지방 의원, 지방 자치 단체장, 공직 선거 입후보 예정자의 출판 기념회를 일절 금지하기로 했다. 새누리당 보수혁신특별위원회(위원장 김문수)는 9일 오후 회의를 열어, 불법 정치 자금 모금 창구 논란을 빚어 온 정치인의 출판 기념회를 일절 금지하고, 야당과 협의해 관련 법 개정을 추진하기로 결정했다. 당초 새누리당은 출판 기념회를 국회의원 임기 중 2회로 제한하고, 수익금을 공개하는 방안, 책을 정가에 판매하는 방안 등을 검토했던 것으로 알려졌다. 하지만 보수혁신특위는 이보다 한발 더 나아가 아예 정치인들의 출판 기념회 자체를 금지하는 '고강도 처방'을 내놨다. 새누리당은 조만간 최고위원회의와 의원총회를 거쳐 이 안을 확정한 뒤 당헌·당규를 개정하고, 야당과 협의해 공직 선거법 개정에 나설 예정이다.

10월 15일
• 여야 "2015년 국회의원 세비 동결"   (동아일보, 10. 16)

– 새정치민주연합은 15일 의원총회를 열어 2015년도 국회의원 세비를 올리지 않기로 결정했다. 이에 앞서 새누리당도 13일 2015년도 세비를 동결하겠다고 밝혔다. 지난달 말 기획재정부는 '공무원 보수 인상률 수준인 3.8%로 세비를 인상하겠다'는 내용이 들어간 세출 예산안을 국회에 제출했다. 이후 "일하지 않는 국회가 돈만 더 받으려 한다"는 비난 여론이 높아지자 여야가 신속하게 '세비 동결'을 결정한 것이다. 여야가 다음 달 국회 운영위원회와 예산결산특별위원회의 예산안 심의 과정에서 세비예산항목을 2014년 수준으로 삭감하면 세비는 동결된다.

09월 26일

• 여당, 운영위서 '정기국회 내 국감 실시안' 단독 처리　　　　　(연합뉴스 09. 26)

– 새누리당 원내대표를 겸하고 있는 이완구 국회 운영위원장은 26일 새정치민주연합 박영선 원내대표와 두 차례 회동한 뒤 아무런 합의에 이르지 못하자 새누리당 의원들만 참석한 가운데 운영위 전체회의를 열어 '2014년 국감 정기회 회기 중 실시의 건'을 상정하고, 곧바로 통과시켰다. 당초 여야는 2014년 1차 국감을 지난 8월 26일부터 10일간 실시한 뒤 2차 국감을 정기국회 회기 중에 실시할 계획이었으나 세월호특별법 협상을 둘러싼 여야 간 대립으로 1차 국감이 무산된 바 있다. 이에 따라 '2014년 국감 정기회 회기 중 실시의 건'이 국회 본회의를 통과하면 2014년 국감도 예년처럼 정기국회 회기 중에 '원샷 국감'으로 실시하게 된다.

09월 26일

• 정의화 의장, 본회의 열자마자 산회…이완구 반발, 한때 "사퇴하겠다"

　　　　　　　　　　　　　　　　　　　　　　　　　(중앙일보, 09. 27)

– 26일 열린 국회 본회의가 9분 만에 끝났다. 정의화 국회의장은 이날 오후 새누리당 의원들만 참석한 가운데 열린 본회의에서 "어제(25일) 새정치민주연합 지도부가 '본회의를 며칠만 연기하면 주말께 당의 총의를 모아 (입장을) 정리하겠다'고 요청해 왔다"며 "야당의 진정성을 믿고 본회의를 30일 재소집하겠다"고 밝혔다. 정 의장은 "30일 본회의는 어떤 경우에도 소집해서 모든 안건을 처리하겠다"고 말한 뒤 산회를 선포했다. 이에 따라 이날 본회의에 상정됐던 보험업법 개정안 등 90건의 안건은 또 다시 처리가 미뤄졌다. 정 의장이 이날 안건을 처리하지 않고 회의를 마치자 새누리당은 강하게 반발했다. 이완구 원내대표는 "정 의장에게 법안을 처리해 달라고 간곡히 호소했지만 전혀 예상치 못한 이런 사태가 벌어졌다"며 "이런 사태에 책임을 지고 원내대표직에서 물러나겠다"고 밝혔다. 김무성 대표는 "이 원내대표는 최선을 다했다"며 전체 의원의 이름으로 사의를 반려했다. 이장우 의원 등 일부 의원은 '국회의장 사퇴 촉구 결의안'을 제출하기로 했다.

09월 30일

- 세월호법 협상 극적 타결…참사 167일 만에 매듭　　　　　　　　　(연합뉴스 09. 30)

– 여야 간 진통을 거듭해 온 세월호특별법 협상이 30일 극적으로 타결됐다. 새누리당 이완구·새정치민주연합 박영선 원내대표는 이날 국회에서 회담을 열어 합의안을 도출했다고 여야 관계자들이 전했다. 지난 두 차례 합의안이 단원고 희생자 유족들에 의해 거부된 이후 세 번째 나온 합의안으로, '2차 합의안'은 그대로 둔 상태에서 일부 조항을 추가했다. 특히 최대 쟁점이던 세월호 특검 추천권과 관련, 특검 후보군 4명을 여야 합의로 추천하되, 유족이 추천 과정에 참여할지는 추후 논의키로 했다. 2차 합의안에서는 7명으로 구성된 특검후보추천위원 중 여당 몫 2명을 추천할 때 야당과 유족의 사전 동의를 받도록 했는데, 여기에 더해 여야가 특검 후보를 추천할 때에도 야당의 동의를 받도록 하는 '이중 장치'를 만든 것이다. 당초 새정치연합과 유족은 특검 후보를 추천할 때에도 유족이 참여하도록 요구했으나, 새누리당이 이를 완강히 거부하면서 결국 유족 참여 여부에 대한 결정을 뒤로 미루는 수정안이 채택됐다. 한편 여야는 세월호특별법과 함께 정부조직법 개정안과 일명 '유병언법(범죄수익은닉규제처벌법)'을 10월 말까지 일괄 처리키로 합의했다.

09월 30일

- 국회 사실상 정상화…법안 등 90개 안건 처리　　　　　　　　　　(한겨레 09. 30)

– 세월호특별법 협상 난항으로 한 달 가까이 멈춰 섰던 정기국회가 30일 세월호특별법 최종 타결과 함께 정상화됐다. 정의화 국회의장은 이날 저녁 7시 30분 여야가 함께 참여한 본회의를 열어 '전자금융거래법 개정안' 등 여야가 합의한 무쟁점 법안과 '국정감사 정기회 기간 중 실시의 건' 등 계류된 90개 안건을 모두 처리했다. 국회 공전으로 지연되어 온 국정감사도 10월 7일부터 27일까지 실시하기로 하는 등 상임위원회 활동과 2015년 예산안 심사도 곧 시작된다.

10월 17일

- 엇갈린 국감 평가…여당 "내실 있게", 야당 "노골적 방해"　　　　(연합뉴스 10. 17)

– 지난 7일부터 21일간 일정으로 시작한 2014년 국정감사가 17일로 반환점을 돌았

다. 전반부 국감에서는 세월호 참사를 비롯해 카카오톡에 대한 '사이버 사찰' 논란, 최경환 경제부총리의 확장적 재정 정책을 일컫는 '초이노믹스', 담뱃값 인상을 둘러 싼 증세 논란, 단말기유통구조개선법(단통법) 부작용, 누리과정 예산 편성 문제 등이 주요 이슈로 부각됐다. 이번 국감은 재벌 총수를 비롯한 증인채택 문제 등을 놓고 부분적으로 파행을 빚기도 했지만 비교적 큰 불상사 없이 굴러가고 있다는 평가를 받고 있다. 그러나 전반부 국감에 대한 여야의 평가는 다소 엇갈린다. 새누리당은 핵심 현안에 대한 야당의 정치 공세를 비판하면서도 국감이 내실 있게 진행되고 있다는 평가를 내린 반면, 새정치민주연합은 정부·여당의 노골적 국감 방해 행위가 도를 넘고 있다고 날을 세웠다.

한국 여론

09월 22일

• 리얼미터 "증세 논란에 박근혜 대통령 지지도 40%대로 하락"　　　(연합뉴스 09. 22)

— 정부의 담뱃값 인상 추진 등 최근의 증세 논란으로 인해 박근혜 대통령의 국정 수행 지지도가 40%대로 떨어졌다는 조사 결과가 나왔다. 여론 조사 전문 기관인 리얼미터가 22일 발표한 9월 셋째 주 주간 집계에 따르면 박 대통령의 국정 수행 지지도는 지난주보다 0.6% 하락한 49.7%를 기록했다. 리얼미터는 박 대통령 지지도 하락과 관련, "담뱃값, 주민세, 자동차세 등 서민증세 논란의 증폭, 세월호 진상조사위에 대한 수사·기소권 불가 입장 표명 등에 따른 것으로 풀이 된다"고 말했다. 정당 지지도에선 새누리당과 새정치민주연합 모두 하락세로 돌아섰다.

10월 06일

• 국민 38% "개헌 논의 2015년 이후로 미뤄야"　　　(한겨레 10. 06)

— 최근 정치권에서 헌법을 개정하자는 논의가 퍼지고 있는 가운데, 국민 10명 가운데 4명이 '올해(2014년) 개헌 논의는 시기상조'라는 생각을 하는 것으로 조사됐다. 여론 조사 전문 기관인 리얼미터의 여론 조사 결과, 응답자 가운데 38.4%가 '내년(2015년) 이후로 미뤄야 한다'고 응답했다. '올해 논의를 시작해야 한다'는 응답은 31.9%로

조사됐고, '논의할 필요 없다'는 응답은 11.7%, '잘 모르겠다'는 응답은 18%로 집계됐다.

10월 16일

• 카카오 '감청 불응' 찬성 43.5%, 반대 30%　　　　　　　　　　　(연합뉴스 10. 16)

– 다음카카오(Daumkakao)의 '감청 영장 불응' 결정에 대해 찬성하는 여론이 우세한 것으로 조사됐다. 여론 조사 전문기관 리얼미터에 따르면 다음카카오의 감청불응에 대한 국민들의 의견을 물은 결과, '개인 정보 보호가 중요하므로 찬성한다'는 의견 비율이 전체 응답자의 43.5%로 나타났다. 반면 '수사를 방해하는 공무 집행 방해이므로 반대한다'는 의견은 30.0%로 찬성률보다 13.5% 포인트 낮았다. '잘 모르겠다'는 26.5%였다. 새누리당 지지층에서는 반대한다는 의견이 43.9%로 찬성한다는 의견(30.3%) 보다 높은 반면, 새정치민주연합 지지층에서는 60.7%가 찬성해 반대율(19.8%)을 크게 웃돌았다. 국민의 23.6%를 차지하는 것으로 나타난 무당파층에서는 찬성이 47.4%로 반대 비율인 20.8%보다 곱절 이상 많았다.

10월 20일

• 박근혜 대통령 국정 수행 지지율 3주 연속 하락⋯1개월 만에 40%대

　　　　　　　　　　　　　　　　　　　　　　　　　　　(동아일보 10. 20)

– 박근혜 대통령의 국정 수행 지지도가 3주 연속 하락, 1개월 만에 40%대로 떨어졌다. 여론 조사 전문 기관 리얼미터는 박 대통령의 국정 수행 지지율이 1주일 전 대비 0.5% 하락한 49.8%('매우 잘함' 14.6%+'잘하는 편' 35.2%)를 기록했다고 20일 밝혔다. 반면 '국정 수행을 잘못하고 있다'는 부정평가는 0.6% 상승한 43.8%('매우 잘못함' 23.8%+'잘못하는 편' 20.0%)로 조사됐다. 정당지지도에서는 새누리당이 43.6%로 전주와 비교해 0.3% 하락한 반면, 새정치민주연합은 1주일 전보다 0.5% 상승, 3주 연속 오름세를 유지하며 20.4%를 기록했다. 새정치연합은 4주 만에 20%대를 회복했다. 양당 간 격차는 23.2%로 0.8% 좁혀졌다.

5차(10월 말~11월 말)

김윤실

 세월호 정국으로 국회 파행이 장기화되면서 국회는 11월 6일에서야 2015년도 예산안 심사에 착수했다. 국회선진화법에 따라 예산결산특별위원회 처리 시한인 11월 30일까지 예산안 심의를 마치지 못하면 12월 1일 본회의에 정부원안이 자동 부의되기 때문에 시작부터 여야의 공방이 치열할 전망이었다(연합뉴스 2014. 11. 06). 예산안 처리 시한까지 남은 기간이 한 달도 채 되지 않아 여야 간 논의에 시간적 여유가 부족한 데다, 공무원연금, 무상육아, '사자방'(이명박 정부 핵심 사업인 4대강·자원외교·방위사업) 비리' 국정조사 등을 둘러싼 여야 논쟁이 끝없이 이어졌다.

 정부의 공무원연금 개편안과 관련해 새누리당은 정부보전기금 급증에 따른 재정 문제를 부각하며 강도 높은 개혁 방안을 지지한 반면, 야당은 공무원에 대한 적절한 사기 진작 방안의 부재 등을 지적하며 우려의 목소리를 높였다(연합뉴스 2014. 10. 24). 새정치민주연합은 여야와 이해 당사자 등이 참여하는 사회적 합의기구가 출범해야 함을 주장하였고, 11월 19일에는 '공적연금 강화를 위한 공동투쟁본부'(공투본)와 함께 공무원연금 개혁 문제를 논의하기 위한 협의체를 구성하자고 여권에 제안하였다. 하지만 새누리당은 이해관계자의 직접 참여는 개혁이 번번이 실패했던 과거의 경험에 비추어 볼 때 불가능하다고 즉각 반대 입장을 밝혔다.

 영유아 무상보육인 '누리과정' 예산의 부담 주체를 둘러싼 여야 간 의견 차이도 극명해 예산 협의안 도출에 걸림돌이 되고 있다. 새누리당은 누리과정 예산은 지방교육청이 부담해야 한다는 원칙을 고수하고 있는 반면 새정치연합은 국고 보조를 해야 한다고 요구하고 있다. 특히 야당이 11월 20일 교육문화체육관광위원회 여야 간사와 황우여 사회부총리 겸 교육부 장관과의 3자 협의에서 "국고 보조하기로 합의했다"고 주장했으나 곧바로 여당이 부인하면서 갈등이 악화되고 있다(연합뉴스 2014. 11. 21). 새정치연합은 새누리당이 청와대의 지침을 받아 합의를 번복했다며 비판했고, 새누리당은 이미 교문위에서 원내 지도부로 협상권을 넘긴 상황에서 야당의 언론 공작에 당한 것이라 반박했다.

새해 예산안 심사 기한이 코앞으로 다가왔다. 새누리당은 개정 국회법의 예산안 자동 부의 제도 시행 원년을 맞아 반드시 헌법에 따른 처리 기한을 준수하겠다는 입장을 고수하고 있으며, 야당과 합의에 이르지 못할 경우 처리 시한인 12월 2일에 여당의 자체 수정안이라도 통과시키겠다는 방침을 공식화했다. 이에 대해 새정치연합은 '날치기 단독 처리'라며 강하게 비판했다. 또한 국회 예산안 자동 부의 규정에 따르면 여야 합의에 따라 시한을 연장할 수 있다는 단서가 붙어 있는데, 새정치연합은 이 조항을 근거로 정기국회가 끝나는 12월 9일까지는 처리를 연기할 수 있다며 새누리당의 단독 강행을 반대하고 있는 상황이다 (연합뉴스 2014. 11. 23).

한국 정당

10월 30일

• 여야, 헌재 '선거구 획정 헌법 불합치' "일단 존중" (연합뉴스 10. 30)
– 여야는 30일 헌법재판소가 국회의원 지역 선거구를 획정한 법조항에 대해 헌법불합치 결정을 내린 데 대해 일단 원론적 수준에서 존중한다는 입장을 밝혔다. 그러면서도 현행 제도의 급격한 변화에 따른 혼란을 우려하며 대응책 마련에 부심했다. 새누리당은 '심도 있는 논의를 통한 합리적 선거구 조정'에 방점을 뒀고, 새정치연합은 국회 정치개혁특별위원회(정개특위)의 조속한 구성 및 선거구획정위의 조기 가동을 공개 제안했다.

10월 31일

• 여야, '3+3 회동'서 세월호 3법 최종 합의 (연합뉴스 10. 31)
– 여야는 31일 원내 지도부 '3+3' 협상을 통해 '세월호 3법'으로 불리는 세월호특별법 제정안·정부조직법 개정안·유병언법(범죄수익은닉규제처벌법 제정안)의 일괄 처리에 합의했다. 이로써 비극적인 세월호 참사가 일어난 지 199일째에 진상 조사와 후속 조처의 실행을 위한 국회의 입법안이 마련됐다. 여야는 세월호특별법의 핵심 쟁

점이었던 '특별조사위원회'의 위원장 추천 주체와 관련, 야당과 유족 요구대로 세월호 유족인 '희생자가족대표회의'가 특별조사위원장을 추천하도록 했다. 이날 협상 결과를 보면 세월호법은 대부분 야당의 주장이 받아들여졌고, 정부조직법은 여당의 주장대로 대부분 완성됐다. 사실상 여야가 주고받기식 '빅딜(big deal)'을 한 것으로 평가된다.

11월 05일

• 여야, 공무원연금 재정 절감액 규모 놓고 공방 　　　　　　　　(연합뉴스 11. 05)
- 새정치민주연합은 오는 2080년까지 총 300조 원대의 재정 절감 효과가 있을 것이라는 정부의 공무원연금 개편안과 관련해 재정 절감 규모가 실제보다 부풀려졌다고 5일 주장했다. 새정치연합 공적연금발전 태스크포스는 이날 국회에서 열린 기자간담회에서 정부의 공무원연금 개편안에서 고려되지 않은 항목들을 반영하면 실제 재정 절감 규모는 113조 원에 불과하다고 지적했다. 이에 대해 새누리당 김현숙 원내대변인은 "새정치연합이 공무원연금 개혁 논의에 적극 참여하기 시작한 점은 환영하지만, 트집잡기에만 몰두한 억지 주장으로 국민을 호도하지 말고 발전적 의견을 개진해달라"고 비판했다. 한편 새정치연합은 이날도 당의 자체적인 공무원연금 개편안은 여야와 이해 당사자 등이 참여하는 사회적 합의 기구가 출범하고 나서 내놓겠다는 태도를 밝혔다.

11월 11일

• 여야, 법인세 공방…여당 "이념 공세" vs 야당 "인상해야" 　　　(연합뉴스 11. 11)
- 무상복지를 둘러싼 여야 간 논쟁이 법인세 인상 등 증세 논란으로 확전되고 있다. 새정치민주연합은 전날 문희상 비상대책위원장의 증세 제안에 이어 11일 구체적으로 이명박 정부에서 내린 법인세율의 환원을 주장하며 대여 압박을 강화했다. 재원 부족에서 비롯된 무상복지 논란을 법인세 인상, 이른바 부자증세로 귀결시키려는 포석으로 보인다. 새누리당은 증세는 검토할 단계가 아니라는 기조를 유지하며 새정치연합의 법인세 인상 주장을 "이념 공세"라고 일축했다. 박근혜 대통령이 '증세 없는 복지' 기조를 여전히 고수하여, 여당으로서는 운신의 폭이 극도로 제한된 상황

에서 야당의 '증세 프레임'을 차단하려는 모습이다.

11월 19일

• 야당·공투본 '사회적 합의 기구' 제안…여당 '거부'　　　　　　(연합뉴스 11. 19)

– 새정치민주연합과 '공적연금 강화를 위한 공동투쟁본부'(공투본)는 19일 공무원 연금 개혁 문제를 논의하기 위한 협의체를 구성하자고 여권에 제안했다. 공투본은 사회적 합의 기구가 구성되면 공무원과 교원의 노후 생존권이 보장되는 합리적 연금 개혁에 동참하기로 했다. 이에 대해 새누리당은 이해관계자가 직접 참여하는 사회적 합의 기구 구성은 불가능하다고 즉각 반대 입장을 밝혔다. 김현숙 원내대변인은 국회 브리핑에서 "공무원노조가 직접 참여하는 사회적 협의 기구를 구성했다가 개혁에 번번이 실패했던 과거에 비춰볼 때 이번 개혁에서도 공투본이 참여하는 협의 기구를 구성하자는 건 개혁의 강도를 낮춰 미미하게 하자는 것과 마찬가지"라고 지적했다. 또 "새누리당은 이미 (합법노조인) 대한민국공무원노동조합총연맹과 '당정노 실무 협의체'를 구성했고 이해 당사자와 어떤 형태로든 분명히 만나 의견을 수렴할 것"이라며 "공노총과 새누리당의 실무 협의체 방식으로 얼마든 새누리당과 대화할 채널이 열려 있다"고 강조했다.

11월 21일

• 여야 '무상보육 예산' 무한 공방…예산 심의 난항　　　　　　(연합뉴스 11. 21)

– 영유아 무상보육을 뜻하는 '누리과정' 예산의 부담 주체를 둘러싼 여야 간 공방이 끝없이 이어지고 있다. 새누리당은 21일 누리과정 예산은 지방 교육청이 부담해야 한다는 원칙을 재확인한 반면, 새정치민주연합은 국고 보조를 해야 한다는 요구를 고수하고 있다. 설상가상으로 전날 교육문화체육관광위원회 여야 간사와 황우여 사회부총리 겸 교육부 장관과의 3자 협의에서 "국고 보조하기로 합의했다"는 야당 측 주장을 곧바로 여당이 부인하고 나서면서 양측의 감정이 더욱 악화됐다. 새정치연합은 새누리당이 청와대의 지침을 받아 누리과정 예산 합의를 번복했다고 주장하며 맹공을 퍼부었다. 반면 새누리당은 '번복'은 야당의 주장일 뿐 이미 교문위에서 원내 지도부로 협상권을 넘긴 상황에서 야당이 '언론 플레이'를 했다고 반박했다.

11월 06일

• 국회, 376조 2015년 예산심사 본격 착수　　　　　　　　　(연합뉴스 11. 06)
– 국회는 6일 예산결산특별위원회 첫 전체회의를 열고 종합 정책 질의를 시작으로 총 376조 원 규모의 2015년도 예산안 심사에 착수한다. 상임위별 예산안 심사도 동시에 진행된다. 세월호 정국으로 국회 파행이 장기화하며 예산안 예결위 처리 시한인 11월 30일까지 남은 시간은 25일에 불과하여, 어느 때보다 여야 공방이 치열할 전망이다. 개정 국회법(일명 국회선진화법)에 따라 이달 말까지 예산안 심의를 마치지 못하면 12월 1일 본회의에 정부 원안이 자동 부의된다. 새누리당은 개정 국회법 적용 원년인 2014년은 반드시 처리 시한 안에 예산을 처리한다는 방침인 반면, 새정치민주연합은 시한 준수에 최선을 다하되 졸속 심사를 할 수는 없다는 입장이어서 논의 과정에서 논란이 불가피할 것으로 예상된다.

11월 07일

• 국회, 세월호 참사 205일 만에 '세월호 3법' 통과　　　　　　(연합뉴스 11. 07)
– 세월호 참사 발생 205일 만인 7일 세월호특별법, 정부조직법, 유병언법(범죄수익은닉 규제 및 처벌법) 등 이른바 '세월호 3법'이 국회 본회의를 통과했다. 이로써 세월호 참사의 진상 규명과 보상·배상, 국민 안전을 위한 정부 개편, 범죄자의 재산 환수를 통한 피해자 지원 등의 기본적인 기틀을 마련하게 됐다. 세월호특별법은 '특별조사위원회'를 설치해 18개월 동안 활동할 수 있도록 했다. 유족이 추천하는 위원장을 비롯해 17명이 조사위의 주축이다. 진상조사위 활동과는 별도로 최장 180일간 활동할 특별검사도 도입할 수 있도록 했다. 유병언법은 세월호 참사와 같은 대형 인명 사고가 발생했을 경우 불법적 행위로 사고의 원인을 제공한 가해자의 재산뿐 아니라 제3자에게 숨겨 놓은 재산도 추징할 수 있도록 했다. 정부조직법 개정안은 재난안전 총괄부처로 국무총리 직속의 '국민안전처'를 신설하고 산하에 해양경비안전본부와 중앙소방본부를 설치하는 내용이다. 또 이른바 세월호 참사로 부각된 '관피아'(관료마피아)를 척결하고, 투명하고 공정한 인사를 위해 국무총리 산하에 '인사혁신처'를

신설하는 등의 내용을 담고 있다.

11월 19일

• 예산 심사 기한…여 "예외 없다" vs 야 "연장 가능"   (연합뉴스 11. 19)

– 국회 예산결산특별위원회의 새해 예산안 심사 시한이 11일 앞으로 다가왔다. 개
정 국회법(일명 국회선진화법)의 예산안 자동 부의 제도 시행 원년을 맞아 헌법에 따른
처리 기한 준수의 전범을 확립하겠다는 여당과 정기국회 기간 동안 예산안을 연결
고리로 최대한 정치적 성과물을 얻어내야 하는 야당이 한 치의 물러섬 없이 팽팽히
맞선 형국이다. 특히 야당이 된 이후 사실상 예산안과 주요 법안을 연계하면서 여권
을 압박하는 방식을 정기국회의 주 전략으로 사용해 온 새정치민주연합은 새롭게 급
변한 환경에 적응하기가 쉽지 않은 모습이다. 새누리당은 19일 "심사 기한의 예외 없
는 준수"를 공식 방침으로 천명하며 예산안 심사 기한인 오는 30일까지 합의안을 만
들지 못하면 처리 시한인 12월 2일에 여당의 자체 수정안을 반드시 통과시키겠다는
방침을 공식화했다. 이에 대해 새정치연합은 "새누리당이 날치기 단독 처리 절차에
들어간 것"이라며 강한 유감을 표명하고 나섰다. 새정치연합은 내부적으로 12월 9일
까지 예결위 심의 시한을 연장하도록 여당에 요구한다는 복안인 것으로 알려졌다.

한국 여론

11월 07일

• 국민 89% "국회, 잘못하고 있다"   (한겨레 11. 07)

– 여론 조사 기관 갤럽은 11월 4일부터 6일까지 전화 조사한 결과, 국회 역할 수행
평가 항목에 응답자의 89%가 '잘못하고 있다'고 답했다고 7일 밝혔다. 갤럽은 2013
년 5~8월에도 국회 역할 수행에 대한 조사를 했었는데, '잘못하고 있다' 응답은 6월
이 65%로 가장 낮았고, 8월이 80%로 가장 높았다. 15개월 만에 실시한 이번 조사에
서 부정 평가가 최고치로 뛴 것이다. '국회가 잘못하고 있다'고 응답한 이들은 그 이
유로, '싸우기만 함/소통 안 함'(20%), '자기 이익·기득권·특권 유지'(14%), '법안 처리
안 됨'(10%), '당리·파벌 정치'(9%), '서민 복지 정책 미흡/민생 외면'(7%) 등을 꼽았다.

새누리당이 여당으로서 역할을 잘하고 있는지를 묻는 질문에 응답자의 61%는 '잘못하고 있다'고 답변해, 갤럽이 정당 역할 수행 조사를 시작한 2013년 6월 43%보다 부정적 평가가 크게 늘었다. 새정치연합이 야당으로서 역할을 '잘못하고 있다'는 평가는 80%로 2013년 6월 61%보다 증가했다. 이번 조사에서 새누리당과 새정치연합의 정당 지지도는 각각 45%와 20%로 나타났다.

11월 10일

• 국회의원 선거구 획정…국민 74% "현재 의원 정수 내에서 조정을" (중앙일보 11. 10)

– 중앙일보가 7~8일 실시한 여론 조사에 따르면, 선거구 간 인구 격차를 종전 3대1에서 2대1에 맞추라는 헌법재판소 결정에 따를 경우 분구 또는 통폐합 대상이 되는 62개 선거구를 조정할 때 국민의 74%가 현행 의원 정수 내에서 해야 한다고 답했다. 구체적으론 '지역구 의석을 늘리는 대신 비례대표 숫자를 줄여야 한다'가 40.9%였고, '비례대표 숫자를 유지하면서 지역구만 재조정하라(사실상 감소를 의미)'는 응답이 33.1%였다. 현재의 300석에서 더 늘려서라도 선거구를 조정하라고 한 응답은 12.3%에 불과했다. 또한 '의원들 스스로 선거구 획정 작업을 하게 해선 안 된다'는 여론이 압도적이었다. 10명 중 8명이 선관위를 제외한 제3의 독립기구(44.1%) 또는 선관위(36.0%)에서 획정 작업을 해야 한다고 했다. 그동안 선거구 획정 작업을 결정해온 국회 정개특위를 더 이상 신뢰할 수 없다는 취지의 답변이다.

11월 13일

• 공무원연금 개혁, 찬성 65% 반대 28% (중앙일보, 11. 13)

– 중앙일보 조사연구팀이 10~11일 1000명을 대상으로 한 '공무원연금·무상복지' 여론 조사에서 응답자의 64.5%가 공무원연금 개혁에 찬성한다고 답했다. 반대한다는 의견은 27.7%에 그쳤다. 새누리당이 발표한 '더 내고 덜 받고 더 늦게 받는' 공무원연금 개혁안에 대해서도 전체적으로 61.9%가 찬성하는 쪽이었다. 공무원노조 측이 요구하고 있는 '공적연금 개혁을 위한 사회적 협의체' 구성에 대해선 32.5%가 '여야 협상이 성과가 없으면 그때 가서 검토할 수 있는 기구'라고 응답했다. '노조 측이 시간을 끌려는 전술에 불과하다'는 응답도 22.4%나 나왔다. '사회적 갈등을 최소화

하기 위해 필수적인 기구'라는 응답은 28.3%였다. 한편 무상보육에 대한 여론이 무상급식보다 호의적이었다. 무상급식에 찬성한다는 의견이 47.7%였으나 무상보육에 찬성한다는 의견은 60.8%였다. 최근 논란을 빚고 있는 누리과정 보육 예산을 누가 부담해야 하느냐는 설문엔 '대통령 공약이므로 중앙정부가 전액 부담'이 29.7%, '중앙정부와 시·도 교육청이 나눠서 부담'이 29.5%였다. '시·도 교육청이 전액 편성해야 한다'는 답변은 7.2%에 그쳤다.

6차(11월 말~12월 말)

김윤실

2015년도 예산안 처리 법정 시한인 12월 2일 예산안이 국회 본회의를 통과했다. 지난 2002년 이후 12년 만에 처음이다. 새정치민주연합이 새누리당과 누리과정 예산의 국고 지원 규모를 놓고 공방을 벌이다 11월 26일 국회 의사일정을 전면 거부하여 정기국회가 파행되는 등 갈등을 겪기도 하였다. 하지만 이틀 만인 28일 예산안 심의 법정시한(30일)을 이틀 앞둔 시점에 누리과정 예산과 담뱃세, 법인세 비과세 감면 축소 등 2015년도 예산안을 둘러싼 핵심 쟁점에 대해 여야가 극적 합의를 도출하면서 법정 시한 내 본회의 통과가 가능했다(연합뉴스 2014. 11. 28; 2014. 12. 02). 여야는 누리과정 예산에 대해 기본적으로 시·도 교육청에서 부담하되, 2015년도 누리과정 지원 확대에 따른 순증분을 국고를 통해 우회 지원하기로 합의했다. 또 담뱃값을 갑당 2,000원씩 인상하는 정부안대로 처리기로 했으며, 이에 대한 반대급부로 새정치연합이 요구해 왔던 법인세 인상 문제는 '비과세·감면 혜택 축소'로 출구를 찾았다(연합뉴스 2014. 11. 28).

예산안을 합의처리하자마자 비선실세 국정 개입 의혹을 담은 청와대 내부 문건을 둘러싼 여야 간 공방이 이어졌다. 여당은 국기 문란에 따른 문건 유출 사건으로 규정하고 검찰의 수사를 지켜봐야 한다는 입장이지만 야당은 진상 규명을 위한 특검과 국정조사 실시를 요구하고 나섰다. 이에 정기국회에서 마무리하지 못한 주요 경제·민생 법안 등을 처리하기 위해 15일부터 소집된 연말 임시국회가 비선실세 국정 개입 의혹을 둘러싼 여야 대치 격화로 며칠 만에 사실상 파행하기도 했다. 새정치민주연합이 국회 운영위 소집과 청문회 개최를 요구하고, 새누리당이 거부하면서 이날 예정됐던 미래창조과학방송통신위 법안심사 소위와 전체회의가 열리지 못한 것이다(연합뉴스 2014. 12. 17; 2014. 12. 18). 이러한 의혹과 논란이 이어지면서 박근혜 대통령에 대한 지지율이 각종 여론 조사 결과 연이어 하락하여 취임 이후 가장 낮은 수치를 기록하였다.

한편 헌법재판소가 12월 19일 통합진보당 해산을 선고하며 통진당 소속 국회의원 5명의 의원직도 모두 박탈하는 결정을 내렸다. 헌재 결정으로 정당이 해산된 사례는 우리나라 헌정사상 처음 있는 일이다. 재판관 9명 가운데 8명이 통진당 해산과 의원직 상실에 찬성하였으며, 통진당의 목적과 활동이 폭력에 의해 진보적 민주주의를 실현하고 최종적으로 북한식 사회주의를 실현하기 위한 것이기 때문에 민주적 기본 질서에 위배된다고 판단 근거를 설명하였다. 반면 혼자 통진당의 해산에 반대한 김이수 재판관은 정당 해산으로 얻을 사회적 이익보다 정치적 자유가 훼손되는 데 따른 불이익이 더 크며, 일부 당원의 활동을 통진당 책임으로 귀속시킬 수 없다는 반대 의견을 냈다.

한국 정당

11월 26일

• 야당, 예결위 포함 국회 의사일정 보이콧…이완구 "법대로 갈 것" (연합뉴스 11. 26)
- 새누리당 이완구 원내대표는 26일 새정치민주연합이 누리과정(3~5세 무상보육 지원) 예산 문제에 대한 여야 합의가 제대로 지켜지지 않고 있다며 예산결산특위를 포함한 국회의 모든 상임위 의사일정을 중단키로 한 데 대해 "법대로 갈 것"이라고 말했다. 이 같은 언급은 여야가 교육부 증액 규모를 놓고 이견을 보이는 데 대해 구체적인 액수를 국회 예결위에서 결정하도록 하겠다는 의미로 해석된다. 여야는 전날 누리과정 예산을 시·도교육청에서 부담하는 대신 지방 교육 재정 부족분을 교육부 예산에서 우회 지원하기로 합의했으나 구체적인 지원 규모를 두고 새누리당(2천억 원)과 새정치연합(5천 233억 원)의 의견이 맞서면서 갈등을 겪고 있다.

11월 28일

• 여야, 12년 만에 예산안 법정 시한 내 처리키로 (연합뉴스 11. 28)
- 여야가 예산안 심의 법정 시한(30일)을 이틀 앞둔 28일 누리과정 예산과 담뱃세, 법인세 비과세 감면 축소 등 2015년도 예산안을 둘러싼 핵심 쟁점에 대해 극적 합의를 도출했다. 이에 따라 지난 26일부터 새정치민주연합의 의사일정 거부로 파행했던 정기국회가 사흘만인 이날 오후부터 정상화됐다. 또 국회 선진화법에 따라 올해(2014년) 처음으로 내년도 예산안이 법정 시한인 내달 2일 본회의를 통과하게 됐다.

12월 02일

• 청와대 문건 공방 계속…여당 "유출 사건" 야당 "권력 암투"　　　(연합뉴스 12. 02)

– '정윤회 국정 개입 의혹'을 담은 청와대 내부 문건을 둘러싼 여야 간 공방이 이어
지고 있다. 특히 이 사건의 성격 규정을 둘러싼 여야의 견해차가 극과 극이어서 양측
의 신경전이 더욱 날카롭게 전개되는 형국이다. 여권은 2일 이 사건을 '국기 문란'에
따른 문건 유출 사건으로 규정하고 정치 공세 대신 검찰의 수사를 지켜볼 것을 주문
했지만, 야당은 이 사건을 '십상시 게이트', '정윤회 게이트', '청와대 권력 암투' 등으
로 명명하고 특검과 국정조사 실시 등을 연일 요구했다. 다만 이 사건의 쟁점화를 원
치 않는 새누리당 지도부는 공식 회의에서는 문건과 관련해 언급을 피했다.

12월 08일

• 새누리 "돈 받는 출판회 금지, 상임위 불참 땐 세비 삭감"　　　(중앙일보 12. 09)

– 한차례 퇴짜를 맞았던 새누리당 보수혁신위원회의 '의원 특권 내려놓기' 혁신안
이 8일 의원총회에서 추인을 받았다. 새누리당은 이날 의원총회를 열고 '대가성 있
는 출판 기념회'를 금지하고 국회의 각종 회의에 불참할 경우 세비를 지급하지 않는
것을 골자로 한 혁신안을 당론으로 채택했다. 다만 기존 혁신안의 일부 내용은 바뀌
었다. 출판 기념회의 경우 당초 전면 금지하는 안에서 한 발 물러나 책을 판매하거나
입장료 형태로 금전을 받지 못하는 쪽으로 완화했다. 또한 국회에 '무노동 무임금'
원칙을 적용해 회기 중에 국회가 파행되거나, 국회 원 구성이 안 됐을 때, 국회의원
이 구속된 경우 세비를 지급하지 않는다는 혁신안은 유지됐다. 다만 세비를 구성하
는 항목 가운데 '특별 활동비'를 '회의 참가 수당'으로 바꿔 회의 참석일수를 기준으
로 하루 3만 1000원씩 수당을 지급하기로 했다. 상임위 등에 불참할수록 세비가 줄
어드는 셈이다. 국회의원의 겸직 금지 규정도 강화했다. 원칙적으론 겸직을 허용하
지 않되, 공익 업무는 국회의장의 허가를 받아 가능하도록 제한했다. 국회의원들이
자의적으로 선거구를 유리하게 획정할 수 없도록 중앙선거관리위원회 산하에 선거
구획정위원회를 두는 방안도 확정했다.

12월 10일

• 여 "야, 통진당 해산 반대는 헌재에 대한 압력"　　　　　　　(연합뉴스 12. 10)

– 새누리당은 10일 새정치민주연합 지도부가 통합진보당의 해산 심판 청구에 대한 헌법재판소 결정을 앞두고 사실상 해산 반대의 입장을 밝힌 데 대해 "헌법재판소에 대한 간섭이자 압력 행위"라며 자제를 촉구했다.

12월 10일

• 여야 '공무원연금 · 자원외교국조' 특위 연내 구성 합의　　　　　(연합뉴스 12. 10)

– 여야는 10일 국회에 '공무원연금개혁 특위'와 자원외교 실태 파악을 위한 '해외자원개발 국정조사 특위'를 연내 구성키로 전격 합의했다. 새누리당 김무성 대표, 새정치민주연합 문희상 비대위원장과 양당 이완구 · 우윤근 원내대표는 이날 국회에서 이른바 '2+2 회담'을 열어 이같이 의견을 모았다고 여야 대변인들이 전했다. 공무원 연금 개혁을 위해서는 정부, 공무원 노조, 전문가 등이 모두 참여할 수 있는 '국민 대타협 기구'를 구성키로 했다. 야당이 요구했던 '사회적 합의 기구'를 여당이 거부함에 따라 절충 성격의 기구에 합의한 것이다. 다만 공무원연금 개혁안 처리 시기나 기구의 활동 시한을 명시하지 않음에 따라 여당이 추진한 연내 통과가 어려울 것이라는 전망이 나온다. 이와 함께 방위사업 비리에 대한 국정조사는 검찰 수사를 지켜본 후 미흡하다고 판단할 경우 실시키로 했다. 한편 4대강 사업과 '정윤회 비선실세 의혹'에 대한 내용은 포함되지 않았다. 새정치민주연합은 두 사안의 실체 규명을 위해 각각 국조와 운영위 소집 등 국회 차원의 조치를 요구했지만, 새누리당은 4대강 사업의 과오가 뚜렷하지 않고 비선실세 의혹은 검찰 수사가 진행 중이라는 이유로 거부했다.

12월 11일

• 합의 하루 만에 연금개혁 · 자원외교 국조 '동상이몽'　　　　　(연합뉴스 12. 11)

– 여야 지도부 '2+2' 연석회의를 통해 현안 '빅딜'이라는 큰 그림을 그렸지만, 마무리는 쉽지 않을 전망이다. 합의하고 채 하루를 넘기기도 전에 여야는 전날 '주고받기'를 한 핵심 쟁점인 공무원연금 개혁과 자원외교 국정조사 이행 절차를 놓고 동상

이몽 격 엇갈린 해석을 내놓고 있기 때문이다. 새누리당은 공무원연금 개혁 시한을 못 박지 않는 이상 자원외교 국조도 진행할 수 없다며 연계 방침을 분명하게 밝혔고, 새정치연합은 국조는 서두르되 연금 문제는 시간을 두고 천천히 논의하자고 요구하면서 정국의 긴장이 고조되고 있다.

12월 19일

• 헌재, 통합진보당 해산…이석기 등 5명 의원직도 박탈   (연합뉴스 12. 19)

— 헌법재판소가 19일 법무부의 청구를 받아들여 통합진보당에 해산을 명했다. 소속 국회의원 5명(지역구 3명, 비례대표 2명)의 의원직도 모두 박탈함에 따라 통진당은 창당 3년 만에 사실상 '공중분해' 됐다. 우리나라 헌정사상 헌재 결정으로 정당이 해산된 첫 사례다. 옛 민주당이 추천한 김이수 재판관만 해산에 반대했고 나머지 재판관 8명은 모두 해산과 의원직 상실에 찬성했다. 이번 심판의 심판 대상은 통진당의 목적이나 활동이 민주적 기본 질서에 위배되는지 여부, 해산 결정을 선고할 것인지 여부, 소속 국회의원에 대한 의원직 상실을 선고할 것인지 여부 등이었다. 헌재는 "통진당의 진정한 목적과 활동은 1차적으로 폭력에 의해 진보적 민주주의를 실현하고 최종적으로 북한식 사회주의를 실현하기 위한 것"이라며 "민주적 기본 질서에 실질적 해악을 끼칠 수 있는 구체적 위험성을 초래했다"고 설명했다. 헌재는 "정당 해산 결정으로 민주적 기본 질서를 수호함으로써 얻을 수 있는 법익은 통진당 정당 활동 자유의 근본적 제약이나 민주주의의 일부 제한이라는 불이익에 비해 월등히 크다"고 덧붙였다. 반면 김이수 재판관은 홀로 낸 반대 의견에서 "통진당 강령 등에 나타난 진보적 민주주의 등 목적은 민주적 기본 질서에 위배되지 않는다"며 "일부 당원의 활동은 통진당 책임으로 귀속시킬 수 없다"고 지적했다. 김 재판관은 "강제적 정당 해산은 민주주의 체제의 가장 중요한 요소인 정당의 자유 및 정치적 결사의 자유에 대한 중대한 제약을 초래한다"며 "해산 결정은 사상의 다양성을 훼손하고 소수자들의 정치적 자유를 위축시킬 수 있다"고 강조했다.

12월 19일

• 새정치민주연합 "헌재 결정 존중"…통진당과는 거리두기   (연합뉴스 12. 19)

– 새정치민주연합은 19일 헌법재판소의 통합진보당 해산 결정에 "존중한다"는 원론적 입장을 밝히며 신중한 반응을 보였다. 당내에 '해산까지는 심한 것 아니냐'는 분위기가 깔린 건 사실이지만 노골적으로 헌재 결정을 비판했다가는 '종북 세력을 옹호한다'는 여론의 뭇매를 맞을 수 있어 일정한 거리두기에 나선 것이다. 박수현 대변인은 한참의 지도부 숙의를 거친 뒤 한 브리핑에서 "헌재의 오늘 결정을 무겁게 받아들인다"면서 "그러나 민주주의의 기초인 정당의 자유가 훼손된 것을 심각하게 우려한다"고 밝혔다. 이어 "새정치연합은 통진당에 결코 찬동하지 않는다"고 명확히 선을 그은 뒤 "그럼에도 해산 판단은 국민의 선택에 맡겼어야 한다고 믿는다"고 말했다.

한국 선거·의회

11월 30일

• 예산안 이틀 더 심사…12월 2일 본회의서 수정안 처리　　　　　(연합뉴스 11. 30)

– 여야가 누리 과정 예산 논란에 따른 물리적 시간의 부족함을 이유로 들어 새해 예산안을 최장 이틀 더 심사하기로 30일 합의했다. 여야는 '법정 심사 시한'인 이날 자정까지 예산안을 여야 합의로 완성하기가 물리적으로 어려운 만큼 하루 또는 이틀 더 예산안을 더 심사하기로 의견을 모았다고 국회 예산결산특별위원회 홍문표 위원장과 여야 간사들이 밝혔다. 이로써 예산안 법정 시한은 준수하지 못하게 됐지만, 여야는 기존 합의대로 예산안 처리 시한(12월 2일)은 반드시 준수한다는 원칙을 재확인했다. 예결위 활동이 법정 심사 시한인 이날 자정 종료되면서 국회선진화법에 따라 정부 원안이 다음 달 1일 0시를 기해 본회의에 자동 부의된다. 이에 따라 여야는 앞으로 기존 예결위원들의 비공식 협상을 통해 수정안을 완성하고 본회의에 제출, 정부 원안을 폐기하고 수정안을 처리하는 절차를 밟아야 한다.

12월 02일

• 예산안 시한 내 처리… 12년 만에 법 지킨 국회　　　　　　　(동아일보 12. 02)

– 여야는 2일 2015년도 예산안 규모를 당초 정부가 제출한 376조 원보다 6000억 원

감액된 375조 4000억 원(세출 기준)으로 합의해 처리했다. 국회가 헌법이 정한 예산안 처리 시한을 지킨 것은 2002년 이후 12년 만이다. 또한 여야는 담뱃값을 갑당 2000원씩 인상하는 안을 정부안대로 처리했다. 그러나 담뱃갑에 흡연 경고 그림을 부착하도록 하는 규정은 일단 삭제하고 소관 상임위인 보건복지위에서 다시 논의하기로 했다.

12월 09일

• '세모녀법' 등 138건 국회 본회의 통과   (경향신문 12. 09)

– 국회는 정기국회 마지막 날인 9일 본회의를 열고 퇴직 공직자 취업 제한을 강화하는 공직자윤리법 개정안(관피아방지법) 등 법률안 134건을 포함해 모두 138건의 의안을 의결했다. 이른바 '송파세모녀법'으로 불리는 국민기초생활보장법·긴급복지지원법 개정안과 사회보장 급여의 이용·제공 및 수급권자 발굴에 관한 법률 제정안 등 복지 사각지대 해소를 내용으로 하는 복지 3법도 국회를 통과했다. 하지만 여야는 부동산 3법 등 쟁점 법안은 오는 15일부터 시작되는 임시국회로 넘겼다.

12월 18일

• 국회 일정 사실상 파행…연말 국회 또 '개점 휴업'   (연합뉴스 12. 18)

– '비선실세 국정 개입' 의혹을 둘러싼 여야 대치 격화로 급기야 18일 국회의 의사일정이 사실상 파행했다. 여야는 전날에 이어 국회 운영위 소집과 청문회 개최 문제를 놓고 한 치의 양보 없는 대치를 이어간 끝에 국회 농림축산식품해양수산위의 입법 공청회 일정 달랑 하나만 소화하고, 일반적인 의사일정은 전혀 진행하지 못했다. 새정치민주연합은 진상 규명을 위해서는 김기춘 청와대 비서실장과 이른바 '문고리 3인방'으로 불리는 청와대 이재만, 정호성, 안봉근 비서관에 대한 추궁이 불가피하다며 새누리당에 운영위 소집과 청문회 개최를 압박했다. 김 비서실장과 이들 비서관 3명의 즉각적인 해임도 주장했다. 새누리당은 검찰 수사도 끝나기 전에 국회에서 이들을 불러 추궁하는 것은 새정치연합의 정쟁 의도를 보여 주는 것이라면서 현 단계에서는 운영위 소집에 응할 생각이 없음을 분명히 밝혔다. 새누리당은 다만 검찰 수사 이후에는 운영위 개최 여부를 검토해 볼 수 있다는 여지를 남겼다.

12월 05일

• "박 대통령 잘하고 있다" 여론 줄어 42%　　　　　　　　　　　　(한겨레 12. 05)

- 정윤회 씨 국정 개입 의혹과 대통령의 문화체육관광부 인사 개입 논란이 연이어 터져 나오면서 박근혜 대통령의 직무 수행에 대해 부정 평가가 상승하고 긍정 평가는 하락한 것으로 나타났다. 여론 조사 전문 기관인 한국갤럽이 지난 2~4일 조사해 5일 발표한 주간 여론 조사 결과를 보면, 대통령의 직무 수행에 대해 '잘하고 있다'는 긍정 평가는 지난주보다 2%포인트 하락해 42%를 기록했다. 반면 '잘못하고 있다'는 부정 평가는 3%포인트 상승해 48%로 나타났다. 한편 부정 평가 이유로는 소통 미흡(14%), 경제 정책(11%), 공약 실천 미흡·입장 변경(11%), 국정 운영이 원활하지 않다(9%), 복지/서민 정책 미흡(9%), 인사 문제(8%) 등의 차례였다.

12월 19일

• 한국갤럽 "박 대통령 지지율 37% 최저"　　　　　　　　　　　(연합뉴스 12. 19)

- 여론 조사 기관인 한국갤럽이 지난 16~18일 실시한 조사 결과에 따르면 박근혜 대통령에 대한 국정 지지도는 37%로 집계됐다. 갤럽 조사에서 박 대통령에 대한 지지도가 40%대 밑으로 떨어진 것은 이번이 처음이며, 부정 평가(52%)도 최고치를 경신했다. 앞서 리얼미터가 지난 8~12일 실시한 주간 전화 여론 조사에서도 박 대통령에 대한 지지도는 39.7%로 나타나 박 대통령의 취임 이후 각종 여론 조사에서 가장 낮은 지지율을 기록한 바 있다. 갤럽 측은 이전 조사에서 가장 두드러진 특징으로 박 대통령에 대한 지지가 상대적으로 호의적이었던 대구·경북과 부산·울산·경남에서의 부정 평가가 증가한 점을 꼽았다. 갤럽 측은 "박 대통령의 기존 지지층에도 청와대 문건 유출 사건의 여파가 미치고 있음을 보여 주는 결과"라고 평가했다. 한편 박 대통령의 직무 수행 부정 평가자 가운데 21%가 '소통 미흡'을 이유로 꼽았다.

7차(12월 말~2015년 1월 말)

김윤실

비선실세 국정 개입 의혹을 둘러싼 여야 간의 대치로 12월 17일부터 파행되던 임시국회가 엿새 만인 23일 주고받기식의 협상을 통해 정상화됐다. 국회 운영위원회는 새정치민주연합의 요구대로 1월 9일 소집하는 대신, 공무원연금개혁특위와 자원외교국조특위는 새누리당 요구대로 활동 기간의 시작과 끝을 사실상 같이하는 것으로 합의했다(연합뉴스 2014. 12. 23). 여야는 두 특위가 늦어도 2015년 4월 임시국회(4~5월)까지는 활동을 매듭지어야 한다는 데 합의했으며, 특히 "연금특위 활동 기간 종료 때까지 공무원연금 관련 법률안을 본회의에서 처리한다"고 합의문에 명시하였다(연합뉴스 2014. 12. 23).

이후 정상화된 임시국회 동안 여야는 다양한 현안에 대해 합의했다. 우선 1월 8일 여야는 자원외교 국정조사의 향후 일정에 대한 계획서에 합의했는데, 조사 범위를 특정 정부, 즉 이명박 정부로 한정하지 않기로 했다. 같은 날 여야는 2월 중순에 선거구 획정과 선거구제 등을 다룰 국회 정치개혁특위를 구성키로 합의했다(연합뉴스 2015. 01. 08). 또한 김영란법이라 불리는 부정 청탁·금품 수수 금지법 제정안은 1월 12일 오전 국회 정무위를 여야 합의로 통과하였으며, 이날 오후 여야는 2월 임시국회에서 해당 법안을 우선 처리하기로 하였다.

한편 1월 15일 여야 양당 대표와 원내대표가 참석하는 '2+2' 회동에서 새정치민주연합은 최근 문건 파동·비선 의혹을 거론하며 권력 구조 개편 등을 위한 개헌의 필요성을 주장하였고 개헌특위 구성을 요구하였지만 합의에 이르지 못했다. 다만 이날 회동에서 여야는 정치개혁특위를 2월 임시국회 중으로 구성하고, 정치 개혁 전반에 대한 논의를 시작하기로 기존에 합의한 내용을 재확인했다. 여야 혁신위가 각각 발의한 공직선거법 개정안에 따르면 여야 모두 선거구획정위를 국회가 아닌 독립적 기구로 구성하도록 하고 있는데, 새누리당은 중앙선관위 산하에, 새정치연합은 중앙선관위 산하가 아닌 제3의 독립기구로 두는 안을 대안으로 내놓은 상태다(연합뉴스 2015. 01. 15).

한편 비선실세 국정 개입 논란을 불러온 문건 유출 사건과 관련해 1월 5일 발표된 검찰 수사에서 해당 문건은 정보 담당 경찰관인 박관천 경정이 사실을 왜곡해 생산한 것으로 밝혀졌으며, 조응천 전 청와대 비서관의 지시로 박근혜 대통령의 친동생인 박지만 이지(EG) 회장 측에 건네지면서 정권 내 권력 암투설로 이어진 것으로 결론 났다. 이에 야당은 검찰의 수사 결과를 비판하며 특검 도입을 주장하고 있다. 한국갤럽이 1월 9일 발표한 여론 조사 결과에 따르면 응답자의 59%가 검찰의 수사 결과를 신뢰하지 않는다고 답했으며, 48%는 국정 개입이 사실일 것이라 답해 '사실이 아닐 것'(15%)이라는 답변을 압도하는 것으로 나타났다(동아일보 2015. 01. 09).

한국 정당

01월 02일
• 박지원·문재인 "민주당 개명" 약속에 안철수 반대 성명 발표 　　　(동아일보 01. 02)
– 새정치민주연합 당권 주자인 문재인·박지원 의원이 새해 첫날 전당대회 유권자가 가장 많은 곳이자 야당의 '심장'인 광주를 찾아 '민주당'으로 당명 변경을 약속한 것에 대해 안철수 의원이 2일 성명을 통해 "당명 변경에 반대한다"고 밝혔다. 새정치민주연합은 구 민주당과 안철수 세력이 합치면서 만든 당명이다. 안 의원은 "우리가 당명에 새 정치를 포함하고 당명을 바꾼 것은 낡은 정치를 바꾸라는 국민의 요구에 부응하려는 의지를 담은 것"이라며 "당명 때문에 우리 당이 집권하지 못하는 것이 아니다. 새누리당이 보수의 역사와 전통에 맞는 당명이어서 집권한 것이 아니다"고 지적했다. 안 의원은 "우리 당에 가장 필요한 것은 국민의 신뢰를 얻는 것이다. 그래야 집권할 수 있다"며 "지금은 당명보다 당의 변화와 혁신을 위해 경쟁할 때"라고 강조했다. 한편 전날 박지원 의원은 '민주당'으로, 문재인 의원은 '새정치민주당'으로 개명을 약속했다. 다만 문 의원은 "(새정치연합 전 공동대표인) 안철수 의원의 양해를 얻는 게 필요하다"고 밝혔다.

01월 05일
• 여당 "허위 자작극 드러나"…야당 "청와대 면죄부 수사" 　　　(연합뉴스 01. 05)

– 여야는 5일 대통령 측근의 국정 개입 논란을 불러온 '정윤회 문건'과 관련한 검찰의 중간 수사 결과 발표를 놓고 상반된 평가를 하면서 특검 도입 공방을 벌였다. 여당은 사안의 본질을 '청와대 문건 유출'로 규정하고 이른바 '비선실세 국정 농단' 의혹은 허위 자작극으로 판명됐다고 목소리를 높인 반면, 야당은 비선실세 국정 농단 의혹의 실체는 규명하지 못한 채 문건 유출 연루자만 처벌하겠다는 검찰 수사가 박근혜 대통령의 '가이드라인'에 충실한 '면죄부 주기'라고 비난했다. 결국 특검 도입이 불가피하다는 논리다.

01월 05일

• **여당 혁신위, 여성 비례대표 50%→60% 상향 추진**　　　　　　　(연합뉴스 01. 05)

– 새누리당 보수혁신특별위원회가 완전 국민 경선으로 불리는 예비 선거 제도를 도입하면서 여성·장애인 정치 신인에게는 10~20%의 공천 가산점을 주는 방안을 추진한다. 안형환 혁신위 간사는 혁신안을 의결한 전체회의 직후 브리핑에서 "혁신위는 지역구 국회의원 후보자를 상향식 공천 방법을 통해 추천하기로 의결했다"며 전략 공천 폐지 방침을 분명히 밝혔다. 아울러 예비 선거 도입에 따라 여전히 사회적 소수자로 여겨지는 여성·장애인이 공천받을 기회가 줄어들 수 있는 점을 고려해 이들에게 득표수의 10~20%가 가산점으로 주어진다. 혁신위가 '디딤돌 점수'로 이름을 지은 가산점은 해당 지역의 각종 공직선거에 출마한 경험이 없는 정치 신인만 받을 수 있다. 한편 비례대표는 심의 과정을 공개하며 여성에게 홀수 번호를 부여해 전체 비례대표 의석의 50%를 할당하던 것을 60%로 높인다. 혁신위는 또 소선거구제의 단점과 지역주의를 극복하기 위한 석패율 제도(지역구에서 가장 높은 득표율로 낙선한 후보를 비례대표로 구제하는 방식)를 도입하되, 구체적인 도입 방식은 추가 논의를 거치기로 했다.

01월 08일

• **여야, 자원외교 국조 계획 합의…26일부터 예비 조사**　　　　　(연합뉴스 01. 08)

– 여야는 8일 이명박 정부로 범위를 한정하지 않는 자원외교 국정조사 계획서에 합의했다. 여야는 이명박 전 대통령과 최경환 경제부총리 겸 기획재정부 장관 등을 포

함한 증인 채택 문제도 논의했지만 의견이 대립해 합의에는 이르지 못함에 따라 추후 논의에 난항이 예상된다. 여야는 국조 조사 범위를 특정 정부에 국한하지 않고, 조사 기간은 2014년 12월 29일부터 2015년 4월 7일까지 100일간으로 한 기존 합의를 재확인했다. 기간은 필요한 경우 25일간 연장할 수 있다. 예비 조사는 1월 26일부터 2월 6일 사이에 실시하고, 기관 보고는 2월 9일부터 23일까지, 같은 달 23일부터 27일 사이에 두 차례에 걸쳐 최소 5번 이상 진행한다. 오는 3월 중 현장 검증을 벌이고 이후 청문회를 개최할 방침이다.

01월 10일

• '항명' 후폭풍 계속…김영한 '면직 처리' 놓고도 충돌　　　　　　　(연합뉴스 01. 10)

− 김영한 청와대 민정수석의 국회 운영위 출석 거부로 촉발된 '항명 파동'에 박근혜 대통령이 10일 김 수석의 사표를 하루 만에 수리, 수습 조치에 나섰지만 후폭풍은 계속 이어질 조짐이다. 새정치민주연합은 박 대통령의 사과, 김기춘 비서실장 문책(사퇴), 특검 도입을 촉구하고 나섰고, 새누리당 일각에서도 청와대 인적 쇄신론이 불거지는 가운데 김 수석을 해임 조치하지 않은 데 대해서도 야당이 "미온적 조치"라며 강력 반발하고 있다. 새누리당은 김 수석의 운영위 출석 거부를 야당의 부당한 정치공세를 피하기 위한 개인적 소신에 따른 '돌발 행동'으로 규정짓고 오는 12일 박 대통령의 신년 회견 입장 표명을 통한 국면 전환을 기대했다.

01월 11일

• 정동영 탈당 선언 "새정치민주연합 떠나 '국민모임' 동참"　　　　　(경향신문 01. 11)

− 새정치민주연합 상임고문인 정동영 전 의원이 11일 새정치연합을 탈당하고 재야와 시민 사회가 주도하는 야권 신당에 합류했다. 정동영 전 의원은 이날 국회에서 기자 회견을 하고 "오랜 고민 끝에 오늘 새정치연합을 떠나 '국민모임'의 시대적 요청에 동참하기로 결정했다"고 말했다. 정동영 전 의원은 "새정치연합은 서민과 중산층이 아닌 '중상층'을 대변하는 정당으로 새누리당 따라하기를 하고 있다"며 "야당성마저 사라져 국민의 기대와 정권 교체의 희망을 발견하기 어렵게 됐다"고 말했다. 최근 신당 창당 기구를 만든 국민모임은 종북주의 배격 등 '합리적 진보'를 표방하는

인사들이 주도하는 결사체로 김세균 서울대 명예교수, 이수호 전 민노총 위원장 등 각계에서 명망과 인지도를 갖춘 인사 100여 명이 참여했다.

01월 18일

• '13월의 세금 폭탄' 논란, 여야 입법 책임 폭탄 돌리기　　　　　　　　　(연합뉴스 01. 18)

– 지난 2013년 말 개정된 세법으로 이번 연말정산 때부터 달라진 소득공제 제도가 적용돼, 세금을 환급받는 대신 오히려 추가 납부해야 하는 직장인이 늘어날 것이라는 전망이 나오면서 조세 저항 징후가 감지되고 있다. 여권은 "여야가 함께 법안을 통과시킨 것"이라며 여야 '공동 책임론'을 내세워 방어막을 치면서도 정부 정책을 주도적으로 뒷받침하는 집권 여당으로서 화살이 집중되며 돌발 악재로 작용하지 않을까 내심 곤혹스러워 하는 눈치이다. 야권은 "정부 여당이 밀어붙여 놓고 이제 와서 '물귀신 작전'을 펴고 있다"고 되치기 하면서 이번 논란의 뿌리가 정부의 재벌 중심 경제 정책에 있다고 강하게 비판했다. 이참에 정부 여당에 '부자 감세·서민 증세' 딱지를 확실히 붙여 몰아치겠다는 포석이다.

한국 선거·의회

12월 23일

• 1월 9일 '비선 의혹' 운영위…임시국회 정상화 합의　　　　　　　　　(연합뉴스 12. 23)

– 새누리당과 새정치연합은 23일 '비선실세 국정 개입' 의혹을 다루기 위한 국회 운영위원회를 1월 9일 소집하기로 합의했다. 이로써 지난 17일부터 새정치연합이 상임위 활동에 부분 거부함으로써 파행한 국회는 엿새 만에 정상화됐다. 여야는 이날 국회 운영위 소집을 비롯해 당면 현안인 공무원연금 개혁 및 자원외교 국정조사 일정 등을 일괄 타결했다. 공무원연금 개혁특위와 자원외교 국조특위는 새누리당 요구대로 활동 기간의 시작과 끝을 사실상 같이 하는 것으로 합의됐다. 국회는 공무원연금특위 구성 결의안과 자원외교국조특위 국조요구서를 오는 12월 29일 본회의에서 처리하고, 두 특위의 활동 기간을 이날로부터 100일간으로 정하되, 필요할 경우 한 차례에 한해 25일 범위 내에서 연장할 수 있도록 했다. 두 특위는 활동 기간을 최

대한으로 사용하더라도 2015년 4월 임시국회(4~5월)까지는 활동을 매듭지어야 한다. 여야는 특히 "연금특위 활동 기간 종료 때까지 공무원연금 관련 법률안을 본회의에서 처리한다"고 합의문에 명시하여, 공무원연금개혁법안의 처리 시한을 사실상 4월 임시국회로 한다는 데 합의했다.

01월 08일

• 여야, 2월 정개특위 구성…선거구·선거제 개편 논의　　　　　　　(연합뉴스 01. 08)

– 새누리당 이완구, 새정치민주연합 우윤근 원내대표는 8일 국회에서 정의화 국회 의장 주재로 회동을 열어 오는 2월 중순 선거구 획정과 선거구제 등을 다룰 국회 정치개혁특위를 구성키로 합의했다. 이에 앞서 이달 중 국회의장과 여야가 추천하는 외부 인사로 구성되는 '선거 제도 개혁 국민자문위원회'를 구성키로 합의했다. 의장 직속 기구인 국민자문위는 학계 등에서 의장이 4명, 여야도 각각 4명씩 추천해 모두 12명으로 구성키로 했다. 이와 함께 여야는 내달 ▲무쟁점 법안의 신속 처리 ▲체포동의안 개선 ▲헌법재판소의 위헌 결정에 대한 국회 심사 절차 도입 ▲의사일정 요일제 도입 등 정 의장이 2014년 10월 제시한 10개 국회 운영 제도 개선안도 처리키로 한 것으로 전해졌다.

01월 12일

• 여야 "김영란법 2월 임시국회 우선 처리"　　　　　　　　　　　(연합뉴스 01. 12)

– 새누리당 이완구·새정치민주연합 우윤근 원내대표와 이상민 국회 법제사법위원장은 12일 오후 '김영란법'(부정청탁·금품수수 금지법 제정안)을 2월 임시국회에서 우선 처리하기로 의견을 모았다. 국회 정무위는 이날 오전 전체회의를 열어 김영란법을 여야 합의로 가결했다. 제정안은 공직자가 1회 100만 원을 넘는 금품을 받으면 대가성이나 직무 관련성과 관계없이 3년 이하 징역 또는 받은 돈의 최대 5배까지 벌금형을 내리노록 했다. 100만 원 이하 금품을 받으면 직무 관련성이 있는 경우에만 과태료를 부과한다. 다만 규정을 악용해 금품을 나눠 받는 사례를 막고자 직무 관련성 없이 100만 원 이하를 받더라도 같은 사람으로부터 1년에 300만 원 넘게 받으면 형사처벌 대상이 된다.

01월 15일

• 여야, 개헌특위 합의 불발…선거구 획정 독립 기구화 　　　　(연합뉴스 01. 15)

- 새누리당과 새정치연합은 15일 국회에서 새해 들어 처음으로 양당 대표와 원내대
표가 참석하는 '2+2' 회동을 했지만 야당이 요구한 개헌특위 구성에 대해 합의를 보
지 못했다. 새정치연합은 최근 문건 파동·비선 의혹을 거론하며 권력 구조 개편 등
을 위한 개헌특위 구성을 강력히 요구했고 새누리당은 개헌 필요성에는 공감했지만
어려운 경제 사정을 감안해야 한다고 맞서 추후 논의키로 했다. 한편 여야는 선거구
획정 등을 논의하기 위한 정치개혁특위를 2월 임시국회 중으로 구성하고, 정치 개혁
전반에 대한 논의를 시작하기로 했다. 지난 8일 여야 원내대표가 정의화 국회의장과
의 회동에서 합의한 2월 정개특위 구성을 재확인한 것이다. 특히 선거구획정위를 이
해당사자인 국회가 아닌 독립적 기구로 구성키로 했다. 한편 여야 혁신위가 각각 발
의한 공직선거법 개정안에서 새누리당은 선거구획정위를 중앙선관위 산하에, 새정
치연합은 중앙선관위 산하가 아닌 제3의 독립기구로 두는 안을 대안으로 내놓은 상
태다. 여야가 발의한 개정안에는 또 선거구획정위가 내놓은 선거구획정안을 국회가
수정해서 의결하지 못하도록 하고 있다.

한국 여론

12월 22일

• 통진당 해산, 찬성 64% 반대 24% 　　　　(중앙일보 12. 22)

- 중앙일보 조사연구팀이 지난 19~20일 실시한 여론 조사 결과에 따르면 통합진보
당 해산 결정에 대한 찬반 여부를 묻는 질문에 "찬성한다"고 답한 비율은 63.8%(매
우 찬성 45.4%, 대체로 찬성 18.4%), "반대한다"는 답변은 23.7%(매우 반대 11.6%, 대체로 반대
12.1%)로 나타났다. 특히 새누리당 지지자들의 88.7%가 해산 결정에 찬성했고 새정
치민주연합 지지층에서도 41.4%의 찬성 응답이 나왔다. "'통진당은 종북 세력인 이
전 의원과 지하혁명조직 등이 주도하는 정당으로 민주적 기본 질서에 위협이 된다'
는 헌재 결정의 근거에 동의하느냐"는 질문에 69.3%가 "동의한다"고 답변해 정당 해
산에 찬성하는 의견(63.8%)보다 높은 지지를 보였다. 또한 통진당 소속 지역구 의원

들의 의원직 상실 결정에 대해선 "정당의 존립 근거가 위헌으로 결정됐기 때문에 지역구 의원도 의원직을 내놓는 게 당연하다"는 답변이 55.8%, "유권자가 뽑은 의원들은 무소속으로 활동할 수 있게 했어야 한다"는 답변이 38.8%로 조사됐다.

01월 09일

• 유권자 2명 중 1명 "정윤회 국정 개입 사실일 것"   (동아일보 01. 09)

– 여론 조사 전문 기관 한국갤럽이 지난 6일부터 8일까지 검찰의 청와대 문건 유출 수사 결과에 대해 어떻게 생각하는지 물은 결과 59%가 '신뢰하지 않는다'고 답했다. '신뢰한다'는 반응은 20%였으며 21%는 의견을 유보했다. 검찰 수사는 청와대 문건 유출 경위 파악에 초점이 맞춰져 있었으나, 세간의 관심은 문건 내용에 포함된 정윤회 씨의 국정개입 의혹에 있었다. 국정 개입설이 사실일 것으로 보는지 물은 결과 우리나라 성인의 절반 가까운 48%가 '사실일 것'이라고 밝혀 '사실이 아닐 것'(15%)이라는 답변을 압도했다. 특히 검찰 수사 결과를 신뢰하는 사람 중에서도 '사실일 것'(34%)이라고 보는 이가 '사실이 아닐 것'(33%)이라고 보는 이보다 많은 것으로 나타났다.

01월 16일

• 박근혜 대통령 지지율 취임후 최저⋯50대·대구경북지역 지지층 이탈

(동아일보 01. 16)

– 집권 3년차를 맞은 박근혜 대통령의 직무수행 지지율이 취임 후 최저치를 기록했다. 여론 조사 전문 업체 한국갤럽이 지난 13일부터 15일까지 실시하여 16일 발표한 주간 정례조사 결과에 따르면, 박근혜 대통령 직무 수행에 대한 긍정 평가는 35%, 부정 평가는 55%로 나타났다. 특히 세대별 지지도를 살펴보면 박 대통령의 군건한 지지층으로 꼽혀 온 50대에서 취임 후 처음으로 부정 평가(50%)가 긍정 평가(43%)를 추월했다. 또 박 대통령의 전통 지지층인 대구·경북(TK) 지역에서도 이탈 현상이 나타나고 있다. 대구·경북 지역 부정 평가 응답률은 46%를 기록하며 긍정 평가(44%)를 웃돌았다. 취임 직후 대구·경북 지역 응답자의 부정 평가 비율은 10%에 불과했다. 이번 조사에서 박 대통령의 직무 수행을 부정적으로 평가한 응답자들(548명)은 소통 미흡(19%)과 인사 문제(13%)를 가장 많이 지적하였다.

8차(1월 말~2월 말)

김윤실

2015년 2월 초 새누리당의 원내대표와 새정치민주연합의 당대표가 새롭게 선출되었다. 2월 2일 새누리당 원내대표 경선에서 비박(非朴)계인 유승민 의원이 당선되자 새정치연합은 "박근혜 대통령의 불통과 독단에 경고음을 울린 것"이라고 평가하였다. 여야는 유 신임 원내대표가 선출된 다음 날인 3일 첫 주례 회동을 열어 전임 원내대표부터 이어져 온 주례 회동의 전통을 그대로 이어가기로 하였다. 2월 8일 새정치연합의 전당대회에서는 문재인 의원이 신임 대표로 선출되었다. 문 대표는 수락 연설에서 "박근혜 정부와 전면전을 시작"하겠다고 선언하였는데, 이에 대해 새누리당 김무성 대표는 "유감스러운 말"이라고 비판한 뒤 "그럼에도 불구하고 잘 협조해 정국을 잘 풀어 나가도록 하겠다"고 말했다(연합뉴스 2015. 02. 08). 문 신임 대표는 당선 다음날인 9일 현충원을 방문하여 이승만, 박정희 전 대통령 묘역을 참배하였으며 방명록에 "모든 역사가 대한민국입니다. 진정한 화해와 통합을 꿈꿉니다"라고 적었다.

새누리당이 새로운 원내대표를 선출한 이유는 이완구 원내대표가 새 국무총리 후보자로 지명되면서 공석이 되었기 때문이다. 2015년 1월 23일 국무총리 후보자로 지명된 직후 이 후보자는 "쓴 소리를 하는 직언 총리가 되겠다"며 자신감을 보였지만, 국회 인사청문회가 열리기 전부터 부동산 투기, 병역 면제, 박사학위 논문 표절, 언론 외압 등 각종 의혹이 제기되었다. 여론 조사 전문 기관인 갤럽이 청문회 기간(10~11일)과 겹치는 10~12일 실시한 여론 조사에 따르면 이 후보자에 대해 총리로서 '적합하지 않다'는 의견이 41%, '적합하다'는 답변이 29%를 기록하였다(연합뉴스 2015. 02. 13).

야당의 자진 사퇴 요구에도 불구하고 국회 이완구 인사청문특위는 12일 야당 위원들이 불참한 가운데 여당 단독으로 청문경과보고서를 채택해 본회의에 부의하였다. 당초 새누리당은 야당이 불참하더라도 이날 본회의를 열어 이 후보자의 인준 동의안을 처리하겠다는 의사를 밝혀 왔지만 새정치연합은 설 연휴 이후로 인준안 처리를 미루자고 주장하였고, 여야는 16일로 연기하는 데 극적으로 합의하였다. 16일 본회의에서 이 후보자 임명 동의안은 가결 요건인 출석 의원 과반(141표)에서 불과 7표를 더 얻었으며 52.7%라는 낮은 찬성률로 통과되었다. 이로써 이 후보자는 박근혜 대통령이 지명한 지 24일 만에 박근혜 정부의 제2대 국무총리에 오르게 됐다(연합뉴스 2015. 02. 16). 하지만 여론 조사 전문 기관 리얼미터가 인준안 처리 직후인 16~17일 설문 조사한 결과 새누리당과 새정치연합의 지지율 차이가 2014년 3월 새정치연합 창당 이래 가장 작은 0.9%에 불과한 것으로 나타났다(연합뉴스 2015. 02. 18). 야당 지지율이 오차범위 내로 여당 지지율을 따라잡은 것이다.

한국 정당

02월 02일

• 야당 "유승민 당선 축하…대통령 불통에 경고음"　　　　　　　　(연합뉴스 02. 02)

– 새정치민주연합은 2일 새누리당 원내대표 경선에서 유승민 의원이 당선된 것을 두고 "박근혜 대통령의 불통과 독단에 경고음을 울린 것"이라고 평가했다. 유기홍 수석대변인은 이날 국회 브리핑에서 "당선을 진심으로 축하한다"며 이같이 말했다. 유 수석대변인은 "유 신임 원내대표는 대통령께 할 말을 확실히 하겠다고 밝힌 바 있다"며 "박근혜 정부의 실정을 바로잡는 국회를 만드는 데 적극 협조하겠다"고 강조했다.

02월 03일

• 김무성 "증세 없는 복지 불가능" …야당 "부자 감세 철회"　　　　(동아일보 02. 03)

– 새누리당 김무성 대표는 3일 박근혜 정부의 '증세 없는 복지' 기조에 대해 "불가능하다"고 제동을 걸며 정면 비판하고 나섰다. 김무성 대표는 이날 오전 국회에서 열린 교섭 단체 대표연설에서 "최근 한 여론 조사에서 증세 없는 복지에 대해 국민의 65%가 불가능하다는 인식을 보였다"며 "증세 없는 복지는 불가능하며 정치인이 그러한 말로 국민을 속이는 것은 옳지 못하다"고 강하게 지적했다. 이에 대해 새정치민주연합은 "증세냐 복지냐의 문제가 아니라 공평 과세와 재정지출 효율화가 핵심"

이라고 지적했다. 특히 김무성 대표가 증세 없는 복지가 불가능하다고 비판하면서
도 부자 감세 철회에 대해 언급하지 않은 것에 대해 강한 유감을 표했다

02월 04일

• 여당 "개헌 국민 투표 거론 시기 상조…경제 살리기부터"　　　　　(연합뉴스 02. 04)

– 새누리당은 4일 새정치민주연합 우윤근 원내대표가 국회 교섭 단체 대표 연설에
서 2016년 4월 총선에서 개헌을 국민 투표로 부치자고 제안한 데 대해 "시기 상조"
라며 신중한 접근을 주문했다. 박대출 대변인은 "우 원내대표가 경제와 민생을 살리
는 방법은 개헌이라고 했는데 개헌론은 자칫 경제 살리기 동력을 약화시킬 수도 있
어 신중히 접근할 필요가 있다"며 "개헌을 위해 다음 총선에서 국민 투표까지 거론
하는 것은 시기상조"라고 밝혔다. 박 대변인은 "지금은 개헌이 아니라 경제 살리기
에 국력을 집중해야 할 시기"라며 "2월 임시국회는 민생안정과 경제 활성화라는 본
연의 목적에 충실한 '민생국회'가 돼야 한다"며 야당의 협조를 촉구했다.

02월 08일

• 야당 새 대표에 문재인 "박근혜 정부와 전면전 시작"　　　　　(연합뉴스 02. 08)

– 새정치민주연합의 새 대표로 문재인 후보가 선출됐다. 문 후보는 8일 서울 올림
픽체조경기장에서 열린 전국대의원대회 대표경선에서 45.30%의 득표율로 박지원
(41.78%) 후보를 누르고 당대표가 됐다. 문 대표는 수락 연설에서 여권을 향해 "민주
주의, 서민 경제, 계속 파탄 낸다면 저는 박근혜 정부와 전면전을 시작할 것"이라고
경고하고 "문재인이라는 이름으로 대한민국의 정치를 바꾸겠다"고 약속했다. 이에
새누리당 김무성 대표는 문 대표의 '전면전' 발언에 대해 "대표 취임 일성으로 한 말
로 듣기에는 좀 유감스러운 말"이라고 비판했다. 한편 문 대표는 9일 새 지도부의 첫
일정으로 현충원을 방문, 이승만, 박정희 전 대통령 묘역을 참배할 예정이다. 문 대
표는 기자 회견에서 "현충원 참배로 분열과 갈등을 끝내겠다"고 말했다.

02월 10일

• '선거구 획정 정개특위' 여야 동수 구성　　　　　(동아일보 02. 11)

– 새누리당 유승민, 새정치민주연합 우윤근 원내대표는 3월 3일 국회 본회의에서 2016년 총선의 선거구 획정 문제 등을 논의할 정치개혁특별위원회 구성안과 대통령 친인척 등의 비위 감찰을 위한 특별감찰관 후보자 추천안을 처리하기로 10일 합의했다. 정개특위는 여야 동수로 총 20명으로 구성되며 자신의 선거구가 변경될 가능성이 있는 지역구 의원은 특위에서 배제된다. 정개특위에서 개헌 문제도 다룰지는 확정되지 않았다. 국회 처리가 지연되고 있는 특별감찰관 후보는 여야가 한 명씩 추천하고, 나머지 한 명은 여야가 공동으로 대한변호사협회에 추천을 의뢰하기로 했다.

02월 13일

• 야당 "이완구, 여론 조사로 하자"…여당 "반민주적 발상"　　　　(연합뉴스 02. 13)

– 여야는 13일 이완구 국무총리 후보자 인준안과 관련, 국회 본회의 개최를 16일로 연기하기로 합의한 지 하루 만에 야당이 던진 '공동 여론 조사' 제안을 놓고 입씨름을 벌였다. 새정치연합 문재인 대표는 이날 최고위원회의에서 "본회의가 16일로 연기된 것은 이 후보자가 스스로 결단할 수 있는 시간을 준 것"이라면서 사실상 자진 사퇴를 촉구했다. 문 대표는 이어 "만약 우리 주장을 야당의 정치 공세로 여긴다면 중립적이고 공신력 있는 여론 조사 기관에 여야 공동으로 여론 조사하기를 청와대와 여당에 제안한다"면서 "우리 당은 결과를 승복할 용의가 있고, 이런 사항의 경우 국민의 여론이 답"이라고 말했다. 이에 대해 새누리당 유승민 원내대표는 원내대표단·정책위의장단 연석회의에서 "야당 대표가 하루 만에 이렇게 말씀을 바꾼 데 대해 정말 유감스럽게 생각한다"고 비판하고, "16일 반드시 표결처리하겠다"고 말했다. 권은희 대변인은 "헌법과 법률에 따라 청문 절차를 마치고 표결하는 것은 국회의 임무이며 민주주의 그 자체"라면서 "국무총리를 여론 조사로 심판하자는 것은 삼권 분립을 흔드는 반민주적 발상"이라고 목소리를 높였다.

01월 22일

- 나경원·박영선, 손잡고 오픈프라이머리(open primary, 완전 국민 경선제) 공론화
주도 (연합뉴스 01. 22)

– 여야 의원과 전문가들이 22일 양당 혁신기구 주최로 합동 토론회를 열어 정치개
혁의 화두로 떠오른 오픈프라이머리 도입을 놓고 머리를 맞댔다. 공동 발제를 맡은
나경원(새누리당)·박영선(새정치민주연합) 두 의원은 오픈프라이머리가 정치권의 해묵
은 계파 갈등을 종식시키고 국민에게 공천권을 돌려준다는 차원에서 꼭 필요하다고
강조했다. 나 의원은 "공천을 소수 지도부가 하지 않고 국민에게 돌려주려면 더욱
많은 일반 유권자와 당원의 참여가 있어야 한다"며 여야 동시 오픈프라이머리를 제
안했다. 박 의원은 "영·호남은 '공천=당선'인 현실에서 열심히 유권자를 만나고 민
심을 훑은 후보자가 당선돼야 한다"며 '톱투프라이머리(top–two primary)' 방식의 오
픈프라이머리를 제안했다. 톱투프라이머리는 정당 소속에 관계없이 모든 후보자가
예비 선거에 참가하고 최고 득표자 2명이 본선에서 당선을 놓고 겨루는 방식이다.

02월 12일

- '이완구 청문경과보고서' 여 단독 처리…본회의 부의 (연합뉴스 02. 12)

– 국회 이완구 인사청문특위는 12일 야당 위원들이 불참한 가운데 국회에서 전체회
의를 열어 여당 단독으로 청문경과보고서를 채택해 본회의에 부의했다. 인사청문특
위는 한선교 위원장을 포함해 새누리당 7명, 새정치민주연합 6명으로 구성돼 있어
새누리당의 단독 처리가 가능했다. 한편 새정치민주연합 소속 의원들은 오후 2시
회의가 개의되자 회의장에 들어섰으나 표결에는 참여하지 않은 채 여당의 단독 처
리에 거칠게 항의한 뒤 퇴장했다.

02월 16일

- 이완구 총리 인준 완료…7표차 턱걸이 통과 (연합뉴스 02. 16)

– 이완구 국무총리 후보자 임명 동의안이 16일 국회 본회의를 재석 의원 281명 가

운데 찬성 148명, 반대 128명, 무효 5명으로 통과했다. 가결 요건인 출석 의원 과반 (141표)에서 불과 7표를 더 얻은 것으로, 표결에 참여한 새누리당 소속 의원 155명 가운데 최소한 7명의 이탈표(반대 또는 무효표)가 발생한 것으로 분석된다. 표결에는 새누리당 의원 155명 외에 새정치민주연합 124명, 무소속 2명(정의화 국회의장·유승우 의원)이 참여했고, 정의당 의원 5명은 전원 불참했다. 이 후보자 총리 인준 찬성률은 52.7%로 정홍원 국무총리 인준 당시의 찬성률 72.4%를 크게 밑돌았다. 한편 최경환 경제부총리, 황우여 사회부총리에 이어 국무총리까지 여당 중진 의원인 이 후보자가 차지함에 따라 내각의 핵심 3인방 자리가 모두 여당 현역 의원으로 채워지게 됐다.

02월 24일

• 선관위, 국회에 권역별 비례대표제·석패율제 제안…여야 일단 환영

(조선일보 02. 24)

－ 중앙선거관리위원회가 24일 국회에서 기자 간담회를 갖고 권역별 비례대표제와 석패율제 도입을 제안했다. 선관위는 전국을 6개 권역으로 구분하고 국회의원 정수 300명을 권역별 인구 비례에 따라 배분하되, 지역구와 비례대표 비율은 2:1 범위에서 정하도록 했다. 각 정당은 득표율에 따라 의석을 배분받고 지역구 당선인을 제외한 나머지 인원을 비례대표 명부 순위에 따라 권역별 당선인으로 결정할 수 있다. 선관위는 또 지역구 후보자가 비례대표 선거에 동시 입후보하는 석패율제 도입도 제안했다. 같은 시·도 안의 지역구 후보자에 한해 2명 이상을 비례대표 후보자 명부의 같은 순위에 배치할 수 있게 하고, 지역구에서 낙선할 경우 상대 득표율이 가장 높은 후보자를 당선인으로 결정하도록 한 것이다. 선관위는 또 2004년 정치 개혁의 일환으로 폐지했던 지구당 제도를 부활시키고 정당이 시·군·구 당(黨)을 두고 당비를 받을 수 있도록 하는 정당법과, 국회의원 후원회 연간 모금 한도를 상향 조정하는 정치자금법 개정 의견노 함께 제출했다. 국회는 조만간 구성될 정치개혁특별위원회에서 이런 선관위 의견을 반영해 선거 제도를 최종 결정한다. 여야는 이날 권역별 비례대표제와 석패율제 도입을 골자로 한 중앙선거관리위원회의 정치 관계법 개정 의견에 대해 일단 환영 입장을 밝혔다.

01월 30일

• "증세 없는 복지 불가능" 65%… "복지보다 성장" 58%   (조선일보 01. 31)

– 여론 조사 회사인 한국갤럽이 지난 1월 27일부터 29일까지 설문 조사한 결과 정부 경제 정책의 중심을 '경제 성장'에 둬야 한다고 답한 응답자는 58%로, '복지 우선'이라는 응답(36%)보다 22%포인트 많았다고 30일 발표했다. 새누리당 지지자(성장 73%, 복지 20%)는 물론 새정치민주연합 지지층에서도 '성장이 우선'이라는 응답이 48%로 '복지 우선'(45%)보다 높게 나타났다. 성장과 복지에 대한 인식은 2012년 총선과 대선을 거치면서 크게 바뀐 것으로 조사됐다. 선거를 앞둔 2012년 1월 조사에서는 '성장보다 복지'라는 응답이 62%로 '복지보다 성장'(31%)을 두 배 앞섰다. 그러나 박근혜 정부 출범 직전인 2013년 1월부터는 성장(56%)이 복지(36%)를 앞섰고, 2014년 9월 조사에서도 이런 추세(성장 55%, 복지 38%)는 계속됐다. 한편 박근혜 정부의 '증세 없는 복지'에 대해선 65%가 '가능하지 않다'고 답했고, 27%만이 '가능하다'고 응답했다. 정부는 '증세 없는 복지'를 공식적으로 수정한 적이 없지만 국민 10명 중 8명은 '현 정부가 증세를 하고 있다'고 응답했다.

02월 06일

• 박 대통령 지지율 2주 연속 29%…60대 이상도 55%→50% 급락   (동아일보 02. 06)

– 6일 여론 조사 전문 업체 한국갤럽에 따르면 지난 3일부터 5일까지 '박근혜 대통령이 대통령으로서 직무를 잘 수행하고 있다고 보는지 잘 못 수행하고 있다고 보는지' 물은 결과 29%는 긍정 평가했고, 62%는 부정평가 했다. 특히 박 대통령의 주요 지지 기반 중 하나로 여겨지는 50대에서도 긍정 32%, 부정 59%로 4주 연속 부정률이 더 높았다. 이 기간 50대의 박 대통령에 대한 지지율은 43%→38%→34%→32%로 갈수록 낮아지고 있다. 다만 60대 이상에서는 여전히 긍정률(50%)이 부정률(43%)을 앞서고 있다. 그러나 60세 이상에서도 긍정률이 전주의 55%에서 50%로 급락하고 부정률은 36%에서 43%로 크게 높아져, 박 대통령을 대하는 태도에서 변화가 감지됐다. 직무 수행 부정 평가 이유를 살펴보면 '소통 미흡'(17%)과 '세제 개편안/

증세'(14%)를 꼽는 이가 가장 많았다. 정당지지율은 새누리당 41%, 새정치민주연합 24%, 정의당 4%, 없음/의견 유보 31%다.

02월 13일

• **문재인 '박정희 묘역' 참배, 65%가 '잘한 일'… '잘못한 일' 12%**　　　(경향신문 02. 13)

－ 한국갤럽은 10~12일까지 새정치민주연합 문재인 대표의 이승만·박정희 전 대통령의 묘역 참배에 대한 생각을 물은 결과 65%가 '잘한 일'이라고 평가한 반면 12%가 '잘못한 일'로 봤다고 13일 밝혔다. 23%는 의견을 유보했다. 지지 정당별로 보면 새누리당 지지층은 74%가 문재인 대표의 두 전직 대통령 묘역 참배를 '잘한 일'로 평가했다. 새정치민주연합 지지층의 68%도 '잘한 일'로 평가해 긍정적 시각이 우세한 가운데 12%만이 '잘못한 일'이라고 답했다. 무당층은 '잘한 일' 48%, '잘못한 일' 14%, 의견 유보 38%로 나타났다. 한편 새정치민주연합 최고위원들이 묘역 참배에 불참한 데 대해서는 '잘한 일' 14%, '잘못한 일' 53%로 부정적 시각이 더 우세했다.

02월 13일

• **갤럽 "이완구 부적합 41%, 적합 29%"**　　　(연합뉴스 02. 13)

－ 청문회 과정에서 부동산 투기와 병역 면제, 언론 외압 등 각종 의혹에 휩싸였던 이완구 국무총리 후보자에 대해 총리로서 '적합하지 않다'는 의견이 41%에 이르는 것으로 조사됐다. 여론 조사 전문 기관인 갤럽은 지난 10~12일 실시한 여론 조사에서 이 후보자에 대해 총리로서 '부적합' 의견이 41%, '적합' 답변이 29%를 각각 기록했다고 13일 밝혔다. 30%는 의견을 유보했다. 이번 조사 대상 기간은 이 후보자의 국회 인사청문회가 열린 기간인 10~11일 겹치는 만큼 청문회 결과가 여론 조사에 반영된 것으로 풀이된다. 한편 박근혜 대통령 지지율은 30%를 기록했고, 정당 지지도는 새누리당 42%, 새정치민주연합 29%, 정의당 3%로 나타났다.

02월 18일

• **리얼미터 "'이완구 후폭풍'에 야당 지지율 여당 턱밑 추격"**　　　(연합뉴스 02. 18)

－ 이완구 국무총리 임명 동의안의 국회 표결 후폭풍으로 여야 지지율이 오차범위

내로 좁혀진 여론 조사 결과가 나왔다. 여론 조사 전문 기관 리얼미터는 지난 16~17일 설문 조사한 결과 정당별 지지율이 새누리당 34.7%, 새정치민주연합 33.8%, 정의당 4.1%로 각각 집계됐다고 18일 밝혔다. 새누리당과 새정치연합의 지지율 차이는 2014년 3월 새정치연합 창당 이래 가장 작은 0.9%에 불과했다. 새정치연합 지지율은 문창극 총리 후보자 지명 논란이 일었던 2014년 6월 35.0%를 기록한 이후 가장 높은 수치다.

9차(2월 말~3월 말)

김윤실

　김영란법(부정 청탁 및 금품 등 수수의 금지에 관한 법률)이 3월 3일 국회 본회의를 통과했다. 이는 전날 새누리당 유승민, 새정치민주연합 우윤근 원내대표 등 여야 원내지도부가 합의한 데 따른 것으로, 공직자를 포함해 언론인·사립 교원까지 직무 관련성에 상관없이 100만 원 초과 금품 수수 시 처벌이 가능하도록 하였다. 지난 2012년 김영란법을 처음 발의했던 김영란 전 국민권익위원장은 3월 10일 기자 회견을 통해 법안의 적용 대상 중 가족의 범위가 본인과 직계혈족, 형제자매 등 민법상 가족에서 배우자로 축소되는 등 수정되어 국회 본회의를 통과한 것과 관련해 아쉬움을 표현하기도 했다. 이에 여야는 김 전 위원장의 의견을 존중한다는 입장을 밝혔다. 아울러 새누리당은 김 전 위원장의 의견을 추후 보완 과정에서 참고하겠다고 밝혔으며 새정치민주연합은 국민의 뜻을 따르겠다는 원칙을 내세웠다(연합뉴스 2015. 03. 10). 한편 한 여론 조사 결과에 따르면 응답자의 절반 이상(58%)이 김영란법의 국회 통과가 '잘된 일'이라고 답했다(경향신문 2015. 03. 13).

　박근혜 대통령과 김무성 새누리당 대표, 문재인 새정치민주연합 대표가 3월 17일 오후 청와대에서 3자 회동을 가졌다. 이날 박 대통령과 여야 대표는 필요할 때마다 수시로 3자 회동을 추가로 하는 데 공감했으며 공무원 연금 개혁이 필요하다는 데에도 원칙적으로 동의했다. 하지만 김 대표는 합의 시한(5월 2일)을 강조한 반면 문 대표는 대타협기구에서의 합의와 공무원 단체의 동의가 중요하다고 말해 입장 차이를 보였다. 여야 대표는 회동에서 공무원연금 개혁과 관련해 정부안과 야당의 자체 개혁안을 각각 추가로 제시하기로 합의하였다(연합뉴스 2015. 03. 17). 한편 박 대통령은 여야 대표에게 경제 재도약을 위한 초당적 협력을 요청했으나, 문 내표는 정부의 경제 정책이 이미 실패했다고 규정하고 야당이 주장해 온 소득 주도 성장으로의 정책 기조 대전환을 촉구하기도 하였다(연합뉴스 2015. 03. 17). 3자 회동 이후 새정치연합이 '공식적인 정부 안'을 요구하면서 야당 자체안을 내놓지 않자, 새누리당은 국민대타협기구의 활동 시한이 3월 28일임을 강조하며 새정치연합이 개혁에 적극적으로 나설 것을 촉구했다. 이에 3월 25일 새정치연합은 중하위직 공무원연금 수준을 현행 수준으로 유지하고 연금 제도의 지속 가능성을 제고하기 위해 보험료를 인상하는 내용의 자체 개혁안을 공개하였다. 하지만 새누리당은 새정치연합의 개혁안이 세부적인 내용을 담고 있지 않은 부실한 대안이라고 비판하였다.

한편 2016년 총선을 위한 국회 정치개혁특위의 구성이 3월 17일 완료되었다. 정개특위는 활동 기한인 8월 31일까지 지역구 최대·최소 인구 편차를 3:1에서 2:1로 줄여야 한다는 헌법재판소 결정에 따른 선거구 재획정과 권역별 비례대표제, 석패율제 도입과 같은 선거 제도 개혁 등을 논의하게 된다.

한국 정당

02월 27일

• 야 "이병기 실장 사상 유례 없는 잘못된 인사"…여 "적재적소"　　　(동아일보 02. 27)
– 박근혜 대통령이 27일 이병기 국가정보원장을 청와대 비서실장에 임명한 것에 대해 여야가 상반된 평가를 내렸다. 새누리당 김무성 대표는 이날 국회에서 기자들과 만나 "청와대에서 오래 근무한 경험이 있고 국정원장을 맡아서 역할을 잘 해왔기 때문에 앞으로 잘하시리라 기대한다"고 밝혔다. 유승민 원내대표도 "소통은 상당히 잘하실 걸로 기대한다"고 말했다. 다만 "국정원장에 임명된 지 얼마 안 된 분이 비서실장으로 간 부분은 조금 유감"이라고 덧붙였다. 하지만 야권은 강한 불만을 드러냈다. 제1야당인 새정치민주연합은 김영록 수석대변인의 국회 정론관 브리핑을 통해 "음지에서 일하는 정보 기관의 수장을 국정 운영의 중심인 청와대 비서실장에 임명한 것은 사상 유례없는 잘못된 인사"라고 지적했다. 이어 "인사 혁신을 통해 국정 운영 기조를 바꾸라는 국민의 요구를 거부한 불통 인사이며, 국민 소통과 거리가 먼 숨막히는 회전문 인사"라면서 "소통과 국민 통합에 매진해야 할 비서실장에 현직 국정원장을 임명해서 정보 정치, 공안 정치의 망령이 되살아나지 않을까 걱정스럽다"고 우려했다.

03월 05일

- 외통위 '마크 리퍼트(Mark Lippert) 피습' 규탄…여야 성격 규정 온도차

(연합뉴스 03. 05)

- 마크 리퍼트 주한 미국대사 피습사건과 관련해 5일 오후 긴급 소집된 국회 외교통일위 회의에서는 여야 가릴 것 없이 용의자 김기종 씨의 테러 행위에 대한 규탄 목소리가 이어졌다. 또 이번 사건으로 한미 관계가 악화할 가능성에 대한 우려 제기와 함께 이를 막기 위한 외교 당국의 철저한 대응에 대한 주문이 쏟아졌다. 그러나 김 씨의 범행 동기와 관련해서는 여당 의원들은 반미·종북 세력에 의한 테러 행위라는 입장을 강조한 반면 야당 일부 의원들은 김 씨의 평소 '돌출적'인 언행에 비춰볼 때 인격적인 문제에서 비롯된 사건이라는 측면도 고려해야 한다고 미묘하게 시각차를 드러내기도 했다. 이 같은 시각차는 이번 사건을 '한미동맹에 대한 테러'로 규정하는 것이 타당한지에 대한 논쟁으로 이어졌다. 일부 의원은 '돌출적' 사건일 수도 있는 상황에서 정치적 측면을 부각시킬 경우 오히려 한미동맹에도 바람직하지 않다는 주장을 폈다.

03월 10일

- 여야 "김영란 의견 존중"…보완에는 온도차　　　　　(연합뉴스 03. 10)

- 여야는 10일 김영란 전 권익위원장이 최근 국회 본회의를 수정 통과한 이른바 '김영란법'(부정청탁 및 금품수수 금지법) 내용에 일부 아쉬움을 표시한 것과 관련, 김 전 위원장의 의견을 존중한다는 입장을 밝혔다. 다만 새누리당이 보완 필요성에 무게를 둔 반면 새정치민주연합은 국민의 뜻을 따르겠다는 원칙만 내세워 온도차를 보였다. 새누리당 박대출 대변인은 국회 브리핑에서 "김 전 위원장의 의견을 기본적으로 존중하면서 앞으로 국회에서 필요하다면 보완하는 과정에서 잘 참고하겠다"며 "김 전 위원장이 법의 적용 대상이 민간 분야로 확대된 데 대해 위헌이라고 생각하지 않느니다고 밝힌 것은 국회의 뜻을 존중한 것으로 평가하고 환영한다"고 밝혔다. 새정치민주연합 박완주 원내대변인은 "어렵게 여야가 합의한 만큼 1년 6개월이라는 시행 시기를 넉넉히 둔 것도 시행령 등 제정 과정에서 명확한 부분을 명시하자는 의미였다는 점을 상기하며 국민의 뜻을 따르겠다는 점을 말씀드린다"며 "향후 김영란법의

취지에 맞게 이 사회가 투명해지길 기대한다"고 덧붙였다.

03월 15일

• 정의당 심상정 "국회의원 수 360명으로 늘리자"　　　　　(연합뉴스 03. 15)

– 정의당 심상정 원내대표는 금주 출범 예정인 국회 정치개혁특별위원회에 "국회 의원 정수를 360명으로 확대하고, 의원 특권을 축소해 국회의원 유지에 필요한 총 비용을 동결하자"고 15일 제안했다. 그는 "우리나라 의원 정수는 경제협력개발기구 (OECD) 평균을 밑도는 수준이라는 점에서 확대가 불가피하다"며 의원 정수를 지역 구 240명, 비례대표 120명으로 변경할 것을 주장했다. 그러면서 "의원 세비 등 국회 의원 유지에 필요한 비용을 20% 삭감하고, 운전비서 지원 등 특권을 과감히 폐지하 며, 해외 출장 등 의원 활동을 투명하게 개혁하면 총 비용을 동결할 수 있다"고 밝혔 다. 선거 제도 개혁안으로는 권역별 정당 명부 비례대표제, 대통령 선거와 광역단체 장 선거에서의 결선 투표제 도입을 각각 제안했다. 정의당은 이와 같은 선거 제도 개 혁안과 현 선거구획정위원회를 '국회의원 정수 및 선거구 획정위원회'로 바꿔 선관 위 산하에 설치하는 내용의 공직선거법 개정안을 조만간 발의할 예정이다.

03월 16일

• 여당 보수혁신위, 선거 후보 '먹튀 방지법' 추진키로　　　　(연합뉴스 03. 16)

– 새누리당 보수혁신위는 16일 선거 후보자가 등록 후 사퇴할 수 없도록 공직선거 법 개정안을 추진하겠다고 밝혔다. 안형환 간사는 이날 열린 혁신위 전체 회의 직후 브리핑에서 "선거 때마다 갑자기 후보자가 사퇴함으로써 먹튀(먹고 튀기) 논란이 일 고, 선택의 폭을 줄이는 게 반복돼 공직 후보자 등록 이후 사퇴할 수 없도록 법을 개 정하겠다"면서 "사퇴할 경우 정당 보조금을 삭감하고, 대선에서는 지급받은 선거 보 조금도 반환토록 하겠다"고 말했다. 최근 중앙선관위도 정치관계법 개정 의견에서 이 같은 내용을 담았다. 혁신위는 또 정당에 대한 국고 보조금과 정치 자금을 구분해 사용하도록 별도의 계좌를 신고하는 방안도 추진키로 했다.

03월 17일

• 박 대통령-여야 대표 연금 개혁 공감…'추가 회동' 합의   (연합뉴스 03. 17)
- 박근혜 대통령은 17일 청와대에서 새누리당 김무성·새정치민주연합 문재인 대
표와 회담해 경제 재도약을 위한 초당적 협력을 요청했다. 그러나 문 대표는 정부의
경제 정책이 이미 실패했다고 규정하고 야당이 주장해 온 소득 주도 성장으로의 정
책 기조 대전환을 촉구하며 정면으로 대립각을 세웠다. 다만 박 대통령과 여야 대표
는 이 같은 3자 회담을 필요할 때마다 수시로 하자는 데에는 동의해 '대화 채널'을 열
어 놓는 데는 일단 성공했다. 여야 대표는 또 공무원 연금 개혁이 필요하다는 데에는
원칙적으로 동의했지만 각론에서는 여전히 견해차를 보였다. 김 대표는 "합의된 시
한을 지켜야 한다"고 강조한 반면, 문 대표는 "합의한 날짜를 가볍게 여기지 않으며,
대타협기구에서의 합의와 공무원 단체의 동의가 중요하다"고 말했다. 여야 대표는
회동에서 공무원연금 개혁과 관련, 정부안과 야당 자체안을 각각 추가로 제시하기
로 의견을 모았다. 김 대표는 회담이 끝나고 "뜻을 같이하는 부분도 있었지만, 대부
분은 서로 뜻이 달랐다"고 말했고, 문 대표도 "일부 의견은 일치했지만 많은 부분 의
견이 달랐다"고 전했다.

03월 21일

• 여당, 연금 개혁 촉구…"국민은 83일간 야당에 속은 셈"   (연합뉴스 03. 21)
- 새누리당은 21일 공무원연금 개혁을 위한 국민대타협기구 활동 종료 일주일을 앞
두고 새정치민주연합에 연금 개혁에 적극적으로 나설 것을 촉구했다. 오는 28일 활
동을 마치는 대타협기구가 다음 주 중에는 단수 또는 복수의 합의안을 마련, 국회 공
무원연금개혁특별위원회에 넘겨야 약속된 5월 2일까지 개혁안 입법을 마칠 수 있다
는 것이다. 새누리당 김명연 원내대변인은 "대타협기구가 일주일을 남긴 시점에서
뭔가 결론을 내야 하는데, 제1야당인 새정치연합은 국무회의를 통과한 정부 안을 내
놓으라고 억지를 부린다"고 비판했다. 김 원내대변인은 "이는 새정치연합이 공무원
연금 개혁의 의지가 없다는 속내를 드러낸 것이며, 지난 83일 동안 시간만 보내면서
연금 개혁을 애타게 기다리는 국민을 속여온 셈"이라고 말했다. 새누리당은 새정치
연합이 '공식적인 정부 안'을 요구하면서 야당의 자체 개혁안을 내놓지 않는 데 대해

김무성 대표가 지난 19일 "연금 개혁에 뜻이 있는지 없는지 의심할 수밖에 없는 그런 처사"라고 지적한 데 이어 유승민 원내대표도 전날 "판을 깨는 꼼수"라고 강도 높게 비판하는 등 대야 압박 수위를 높이고 있다.

03월 25일

• 새정치민주연합 "중하위직 연금은 현행 수준 유지"···자체개혁안 공개

(연합뉴스 03. 25)

− 새정치민주연합은 25일 공무원연금 일부를 국민연금과 동일한 방식으로 운용하고, 중하위직의 연금 수준을 현행대로 유지한다는 내용의 자체 개혁안을 공개했다. 공무원연금 개혁 국민대타협기구 공동위원장인 새정치연합 강기정 정책위의장은 이날 국회에서 설명회를 열어 "적정 노후 소득의 보장을 위해 중하위직 공무원연금을 현행 수준으로 유지하고, 연금 제도의 지속 가능성을 제고하기 위해 보험료를 인상하는 안"이라고 밝혔다. 강 정책위의장은 "우리 안의 핵심은 공적연금 강화와 공무원연금 재구조화"라며 "정부는 '반쪽 연금' 제안을 포기하고 남은 4일 동안 공무원의 적정 노후 소득을 보장하면서도 재정 절감 효과가 확실한 방안을 다시 제출하라"고 촉구했다. 한편 전체 공무원의 84%로 추산되는 중하위직 공무원의 연금은 현재 수준을 유지하면서 고액 연금은 적정한 수준으로 조정하겠다고 설명했으나, 어떤 식으로 조정할지는 제시하지 않았다. 또 야당 개혁안을 통한 재정 절감 효과에 대해선 '정부·여당안의 266조 원보다 많을 것'이라고만 밝혔으나, 이보다 55조 원 많은 321조 원의 재정 절감을 기대하는 것으로 알려졌다. 이처럼 야당이 세부 숫자와 방법을 빼놓고 개혁안의 윤곽만 공개한 것을 두고 새누리당에서는 '애매모호하고 부실한 대안'이라는 비판이 터져 나왔다.

한국 선거·의회

03월 03일

• '김영란법' 찬성 226표·반대 4표···국회 본회의 통과 (조선일보 03. 03)

− 국회는 3일 오후 본회의를 열고 '김영란법'으로 불리는 부정 청탁 및 금품 등 수수

금지법을 재석 의원 247명 가운데 찬성 226표, 반대 4표, 기권 17표로 통과시켰다. 이는 전날 새누리당 유승민, 새정치민주연합 우윤근 원내대표 등 여야 원내지도부가 '김영란법' 처리를 합의한 데 따른 것이다. 제안 당시부터 논란을 빚어 온 김영란법이 국회 본회의를 통과하면 공직자를 포함해 언론인·사립 교원까지 직무 관련성에 상관없이 100만 원 초과 금품 수수 시 처벌이 가능해져 공직은 물론 우리 사회 전반의 큰 변화가 불가피해 보인다. 이날 본회의에서 안철수 새정치민주연합 의원이 찬성 토론자로 나와 "저는 이 법안이 부정부패를 획기적으로 줄일 수 있는 반부패 법안이라고 생각한다", "대가성 입증 없이도 처벌되기 때문에 부패를 크게 줄일 수 있다"며 찬성표를 호소하기도 했다.

03월 09일

• 천정배 탈당 무소속 출마 공식선언…새정치민주연합 "명분 없는 출마"

(동아일보 03. 09)

– 새정치민주연합 천정배 상임고문이 9일 탈당을 선언하고 4·29보궐 선거의 광주 서구에 무소속 출마를 공식 선언했다. 천 고문은 이날 광주 서구 농수산물유통센터에서 기자 회견을 열고 "야권을 재구성해 정권 교체의 밀알이 되고자 한다"며 "4월 보선에서 승리해 호남에서 새정치연합의 독점 구조를 깨겠다"고 말했다. 천 고문은 이날 국민신당 등 야권 세력과의 연대 가능성도 내비쳤다. 그는 "일부 (야권에서) 나를 후보로 영입하려는 움직임을 있다는 것을 알고 있다"며 "그분들이 시민 후보로 선정해 주면 무거운 책임감을 갖고 수락하겠다"고 밝혔다. 그는 조만간 국민모임 등 야권 관계자를 만나 후보 단일화 여부를 논의할 것으로 알려졌다. 이에 대해 새정치연합 김영록 수석대변인은 "(천 고문의) 명분 없는 (무소속) 출마로 야권 분열의 위기감을 조성하는 것에 실망을 금할 수 없다"고 비난했다.

03월 17일

• 국회 정치개혁특위 구성 완료…위원장에 이병석 (연합뉴스 03. 17)

– 여야는 17일 국회 정치개혁특위 구성을 마무리 짓고, 위원장에 국회 부의장을 지낸 4선의 새누리당 이병석(경북 포항북) 의원을 내정했다. 새누리당 유승민, 새정치민

주연합 우윤근 원내대표는 이날 국회에서 회동을 하고 여야 동수, 총 20명으로 구성되는 정치개혁특위 명단에 합의했다. 정개특위는 지역구 최대·최소 인구 편차를 3:1에서 2:1로 줄여야 한다는 헌법재판소 결정에 따른 선거구 재획정과 권역별 비례대표제 및 석패율제 도입과 같은 선거 제도 개혁도 논의하게 된다. 여야는 '이해관계자를 특위 위원에서 배제한다'는 당초 합의에 따라 선거구 재획정 대상이 되는 지역구 의원들은 위원에 포함시키지 않았다. 또 선수와 지역을 두루 안배했다. 정치개혁특위 구성결의안은 여야 합의에 따라 지난 3일 본회의를 통과했으며, 정개특위는 18일 첫 회의를 갖고 본격적인 활동을 시작한다. 활동 기한은 오는 8월 31일이다. 정개특위는 선거구 재획정 및 선거 제도 개혁 문제 외에도 여야 혁신위에서 내놓은 오픈 프라이머리 도입을 비롯해 중앙선거관리위원회가 최근 국회에 제출한 지구당 부활, 단체 정치 자금 기탁 허용 등 정치 관계법 개정 의견도 논의할 전망이다.

03월 23일

• 자원특위 증인 협상 결렬…여당 "정치 공세"…야당 "물타기"　　　　(연합뉴스 03. 23)

– 여야가 23일 해외 자원 개발 진상 규명을 위한 국정조사 청문회의 증인 선정을 위해 첫 협상에 나섰으나 결렬됐다. 여야는 서로 요구하는 핵심 증인들의 채택 여부를 두고 40분간 "정치 공세", "물타기"라는 등의 거친 언사를 쏟아내며 공방만 벌이다 재협상 일정도 잡지 못한 채 얼굴만 붉히고 헤어졌다. 국회 해외 자원 개발 국조 특위 여야 간사인 새누리당 권성동, 새정치민주연합 홍영표 의원은 시작부터 양당이 요구한 핵심 증인 명단을 놓고 부딪쳤다. 양당 간사는 지난 19일 회동에서 각 당이 요구하는 증인 명단을 교환했는데, 새누리당은 새정치연합 문재인 대표와 정세균 의원 등 참여정부 관계자를, 새정치연합은 이명박 전 대통령과 이상득 전 의원, 박영준 전 차관 등 이명박 정부 주요 인사를 명단에 포함했다.

한국 여론

03월 13일

• 김영란법 통과 "잘된 일" 58%…리퍼트 피습 "개인 일탈" 47%　　　　(경향신문 03. 13)

– 여론 조사 기관인 한국갤럽은 지난 10일부터 3일간 조사한 결과 김영란법(부정 청탁 및 금품 등 수수의 금지에 관한 법률) 국회 통과가 '잘된 일'이라고 답한 비율은 58%, '잘 못된 일'은 21%였다고 13일 밝혔다. 김영란법은 부정 청탁과 관련해 국회의원 등 선출직 공직자가 공익 목적으로 제3자의 고충·민원을 전달하는 것은 허용하도록 예외 조항을 뒀다. 하지만 응답자의 70%는 '국회의원에게 예외 조항을 둬서는 안 된다'고 했다. 반면 18%만이 '지역 주민 고충이나 민원 처리는 국회의원 고유 업무이므로 허용돼야 한다'고 답했다. 마크 리퍼트 주한 미국대사 피습 사건에 대해서는 47%가 '한 개인의 일탈 행위'로, 40%는 '종북 세력이 벌인 일'로 평가했다. 13%는 의견을 유보했다.

03월 20일

• 홍준표 경남지사 무상급식 중단 '잘한 일' 49%, '잘못한 일' 37%   (동아일보 03. 20)
– 여론 조사 기관 한국갤럽이 20일 발표한 조사에 따르면 홍준표 경남도지사의 무상급식 전면 중단 결정에 대해 응답자의 49%가 '잘한 일', 37%가 '잘못한 일'이라고 평가했다. 그러나 무상급식의 수혜를 받는 초·중·고교생 자녀를 둔 학부모들은 잘못한 일이라고 평가한 비율이 55%로 잘한 일이라는 응답비율(34%)보다 높았다. 해당 연령대의 자녀가 없는 응답자는 53%가 '잘한 일'이라고 평가해 상반된 입장을 보였다. 정당별로는 새누리당 지지자의 72%가 '잘한 일'이라고 평가해 찬성의견이 많았다. 새정치민주연합 지지자는 56%가 부정적으로, 33%가 긍정적으로 평가했다.

03월 20일

• 박근혜 대통령 지지율, 다시 30%대 중반으로 떨어져   (경향신문 03. 20)
– 20일 한국갤럽에 따르면, 17~19일 사흘간 박 대통령 지지율을 조사한 결과 긍정 평가는 전주보다 3%포인트 하락한 36%로 나타났다. 부정 평가는 2%포인트 높아진 54%로 조사됐으며, 10%는 의견을 유보했다(어느 쪽도 아님 4%, 모름·응답거절 6%). 지역별로 보면 대구·경북(TK)에서만 '긍정 47%, 부정 43%'로 긍정 평가가 높을 뿐, 나머지 전 지역에서 부정 평가가 긍정 평가를 앞질렀다. 박 대통령에 비판적인 부정 평가자(540명)는 부정 평가 이유로(자유응답) '경제 정책'(17%), '소통 미흡'(16%), '복지·서민

정책 미흡'(10%), '공약 실천 미흡·입장 바뀜'(10%), '인사 문제'(8%), '세제개편안·증세'(7%), '국정 운영이 원활하지 않다'(7%) 등을 꼽았다. 정당 지지율은 새누리당 40%, 새정치민주연합 27%, 정의당 3%, 없음·의견 유보가 30%였다.

10차(3월 말~4월 말)

김윤실

자원외교 비리 의혹으로 검찰 수사를 받던 성완종 전 경남기업 회장이 4월 9일 자살하였고, 그가 금품을 전달한 정치권 인사들의 이름이 적힌 메모가 발견되면서 큰 파문이 일었다. 메모에는 김기춘·허태열 전 청와대 비서실장, 이병기 현 비서실장, 이완구 총리 등 현 정권 실세들이 포함된 것으로 밝혀졌고, 새정치민주연합은 리스트에 거론된 여권 인사들의 직무 정지 등을 촉구하였다. 이에 맞서 새누리당은 지난 2012년 대선 자금 문제에 대해 여야가 함께 조사를 받자고 주장했으며, 성 전 회장이 노무현 정부 시절 두 차례 특별 사면된 데 대해서도 검찰 조사를 요구하고 나섰다. 그러던 중 이완구 총리가 성 전 회장이 숨지기 전날 만났던 태안군 의원들에게 전화를 걸어 대화 내용을 추궁했다는 주장이 제기되었다. 또한 경향신문이 성 전 회장과 자살 직전 인터뷰한 내용을 토대로 성 전 회장이 이 총리에게 2013년 국회의원 재보궐 선거 당시 지원금 명목으로 3천만 원을 건넸다고 보도하면서 이 총리에 대한 의혹이 한층 붉어졌다. 이 총리는 13~16일 4일 동안 국회 대정부 질문에 참석해 증거가 나오면 목숨까지 내놓겠다며 의혹은 전면 부인했으며 일방적인 주장만으로 거취를 결정할 수 없다며 총리직 사퇴 불가 입장을 내세웠다.

새정치연합이 이 총리의 해임 건의안을 주장하자 새누리당은 남미 순방 중인 박 대통령이 귀국하는 4월 27일까지는 해임 건의안 제출에 반대한다는 방침을 유지했다. 새정치연합은 이 총리 해임 건의안을 이르면 22일 제출하겠다는 방침을 발표하는 등 계속해서 압박했고, 여론이 악화되자 새누리당 지도부에서도 박 대통령 귀국 전에 이 총리의 자진 사퇴가 필요하다는 기류가 형성되었다. 결국 이 총리는 20일 사의를 표명하였다. 이에 대해 김무성 새누리당 대표는 "고뇌에 찬 결단에 대해서 높이 평가하면서도 참 안타까운 마음 금치 못한다"고 말한 반면 새정치연합은 야당의 압박이 통한 결과라고 자평했다(조선일보 2015. 04. 21; 중앙일보 2015. 04. 21).

한편 국회 정치개혁특별위원회는 선거구획정위원회를 독립기구로 설치하고, 이 위원회에서 마련한 획정안에 대한 국회의 수정 권한을 포기하기로 4월 8일 합의했다(연합뉴스 2015. 04. 08). 또한 여야 모두 20대 총선부터 오픈프라이머리를 적용하기로 결정했다. 새누리당은 4월 9일 의원총회에서 전략 공천을 없애는 대신 선거권을 가진 모든 유권자가 참여하는 예비 선거를 통해 후보자를 추천하기로 결정했다(연합뉴스 2015. 04. 09). 이와 관련 새정치연합은 "오픈프라이머리 제도화에는 찬성하지만 모든 지역에 일괄적용하는 것은 안 된다"며 부분적 도입 방침을 밝혔다. 새정치연합은 전략 공천을 유지하는 대신 전략 공천 심사를 당 대표가 아닌 전략공천위원회가 실행해 공정성을 높이기로 했고, 전략 공천 비율도 기존 30%에서 20%로 줄이기로 했다(연합뉴스 2015. 04. 13).

한국 정당

04월 08일

• 야 "여, 놀라운 변화"·"명연설"···이례적 극찬　　　　　　　　　(연합뉴스 04. 08)

– 새정치민주연합은 8일 새누리당 유승민 원내대표의 국회 교섭 단체 대표 연설에 대해 '놀랍다', '명연설', '박수' 등 표현을 동원해 극찬했다. 지금껏 야당이 여당의 국회 대표연설에 대해 공개적으로 칭찬하는 사례는 흔치 않았다. 유은혜 대변인은 현안 브리핑을 통해 "우리나라의 보수가 나아가야 할 방향을 보여 준 명연설이었다"며 "새누리당의 이러한 새로운 변화가 실천으로 이어지길 기대한다"고 밝혔다. 박완주 원내대변인도 브리핑에서 "오늘 새누리당의 놀라운 변화, 유승민 (원내)대표의 합의의 정치 제안에 공감한다"고 말했다. 특히 야당은 유 원내대표의 현 정부 경제 정책 비판을 높게 평가했다. 박 원내대변인은 "박근혜 정부의 조세 정책, 단기 부양책, 부동산 정책 등 잘못된 실책에 대한 비판과 야당과 함께 하자는 제안에 동의한다"고 밝혔다. 다만 "진단은 옳았지만 처방이 없다는 점은 아쉽다. 말뿐이어서는 안 될 것"이라며 "행동으로, 이제 실천으로 국민께 신뢰있는 정책들을 보이는 것이 진정성을 보이는 것"이라고 덧붙였다.

04월 09일

• 여, '오픈프라이머리' 채택…법 개정 여야 협상키로 　　　　　　(연합뉴스 04. 09)

– 새누리당은 9일 의원총회에서 일종의 예비 선거 제도인 '국민 공천제'를 제20대 총선부터 적용키로 한 것으로 전해졌다. 의총에서는 새누리당만 오픈프라이머리를 도입할 경우 역선택의 우려 등이 제기됐으나 일단 추인한 뒤 공직선거법 개정을 위해 새정치민주연합과 협상에 나설 방침인 것으로 알려졌다. 이날 의총에 보고된 오픈프라이머리에 따르면 공직 후보자 우선 추천 지역인 이른바 '전략 공천'을 없애고, 선거권을 가진 모든 유권자가 참여하는 예비 선거를 통해 후보자를 추천토록 했다. 예비 선거는 선거일 전 60일 이후 첫 번째 토요일에 실시토록 했다. 경선에 불복해 탈당한 뒤 무소속 후보로 등록할 경우 등록을 무효로 하고, 선거일 기준으로 5년간 복당도 금지토록 했다. 현역 의원이 유리하다는 지적을 고려해 당협위원장은 예비 선거일 전 180일까지 사퇴하고, 국회의원 선거의 예비후보자 등록을 현행 선거 120일전에서 1년 전으로 변경토록 했다. 또 비례대표의 60% 이상을 여성으로 추천하고, 지역구에서도 여성 비율을 30% 이상으로 규정해 이를 충족하지 못할 경우 선거보조금을 감액토록 했다. 이와 함께 새누리당은 지역주의 완화를 위해 지역구와 비례대표의 중복 추천을 허용하는 석패율제도 도입하기로 했다. 이어 새누리당은 국회 개혁 방안으로 모든 의사일정을 1년 단위로 사전에 정하고, 임시국회 중에도 연간 30일 이내에서 국정감사를 실시할 수 있도록 했다. 이밖에 당원협의회(구 지구당) 사무실 설치를 허용하되 자원봉사자를 활용하도록 했다.

04월 13일

• 야 "오픈프라이머리 부분적 도입…전략 공천 유지" 　　　　　　(연합뉴스 04. 13)

– 새정치민주연합은 13일 새누리당이 최근 오픈프라이머리의 전면도입을 당론으로 추인한 것과 관련, "오픈프라이머리 제도화에는 찬성하지만, 모든 지역에 일괄적용해서는 안 된다"며 부분적 도입 방침을 밝혔다. 공천혁신추진단장인 원혜영 의원은 이날 국회 정론관에서 20대 국회의원 후보자 추천 경선 방법을 발표하며 "당헌 부칙에 이미 '여야가 오픈프라이머리 도입 등 선거법을 개정하면 이를 수용한다'고 규정돼 있다"며 "그러나 이를 모든 당이 전 지역에서 실시하자는 여당의 주장은 헌

법 정신에 위배된다"고 말했다. 원 의원은 전략 공천제에 대해 유지 방침을 밝힌 대신 전략 공천 심사를 당 대표가 아닌 전략공천위원회가 실행해 공정성을 높이기로 했고, 전략 공천 비율도 기존 30%에서 20%로 줄이기로 했다. 원 의원은 "오픈프라이머리 도입은 야당이 먼저 제도화해 당헌 부칙에 명시화했고, 여당은 정치적 구호로만 들고나온 것"이라며 "게다가 전략 공천을 없애자는 여당의 주장은 현역 의원의 기득권 유지만 불러올 것"이라고 반박했다.

04월 16일

• 야당 "총리사퇴 언급 없는 면피용 회동…민심 모르나"　　　　(연합뉴스 04. 16)

– 새정치민주연합은 16일 박근혜 대통령과 새누리당 김무성 대표의 긴급 회동과 관련해 "국민은 이완구 국무총리의 즉각 사퇴를 기대하고 있었는데, 이에 대한 언급은 없었다"며 "대통령의 도피성 해외 출장을 앞둔 면피용 회동"이라고 비판했다. 김영록 수석대변인은 이날 국회 브리핑에서 "김무성 대표는 가감 없이 의견을 전달했다고 하는데, 대통령은 성난 민심을 전혀 모르는 것 같다"며 이같이 말했다. 김 수석대변인은 "특히 해외 순방 후 결정하겠다는 것은 사안의 중대성을 모르는 안이한 시각"이라며 "시간 끌기 회동에 실망을 금할 수 없다"고 지적했다. 대통령이 "특검을 마다할 이유가 없다"고 한 것을 두고도 새정치연합은 부정적인 입장을 내비쳤다. 김 수석대변인은 "검찰 수사를 공정하게 진행하는 것이 우선"이라며 "이를 위해 (의혹 당사자 중) 총리 및 검찰의 지휘선상에 있는 인사들은 자리를 내려놔야 한다"고 했다.

04월 20일

• 이완구 총리 사의 표명, 여 "이완구 결단 평가한다" … 야 "압박 통했다"

　　　　(중앙일보 04. 21)

– 이완구 국무총리의 사의 표명 소식이 전해지자 새정치민주연합에선 '해임 건의안 제출'을 포함한 야당의 압박이 통한 결과라는 자평이 나왔다. 새정치연합은 20일 이 총리에 대한 해임 건의안을 오는 24일 표결에 부치는 방안을 추진했다. 24일 표결이 이뤄지려면 22~23일 해임 건의안을 제출하고 23일 국회 본회의에 보고해야 한다. 새누리당이 24일 표결에 반대해 의사일정에 협조해 주지 않더라도 해임 건의안 제

출을 강행하겠다는 입장이었다.

한국 선거·의회

03월 30일

• 정동영 "정치판 지각 변동 일으킬 것"…관악을(乙) 출마　　　　　(연합뉴스 03. 30)
– 국민모임의 정동영 전 의원이 4·29 서울 관악을(乙) 보궐 선거에 출마했다. 정 전
의원은 30일 서울 여의도 자신의 사무실에서 기자 회견을 갖고 "관악을(乙) 선거는
'이대로가 좋다'는 기득권 정치 세력과 '이대로는 안 된다'는 국민간 한판 대결"이라
며 "저를 그 도구로 내놓아 정면승부를 벌이겠다"고 출마를 선언했다. 정 전 의원은
"국민모임과 정동영의 승리는 박근혜 정권에 대한 진정한 심판이 되고 정치판에 지
각 변동을 일으켜 여당 야당 모두 정신 차리게 될 것"이라며 "관악구민은 기성 정당
에 1석을 보태주는 선택을 하지 않을 것"이라고 말했다. 그는 출마를 결심한 이유로
"힘 없고 돈 없는 사람들에게 기댈 곳을 만들어 주고 싶다"며 "제가 무엇이 되고 안
되고는 중요하지 않다"고 밝히고는 잠시 말을 잇지 못했다.

04월 08일

• 정개특위, 선거구 획정안 국회 수정 권한 포기 합의　　　　　(연합뉴스 04. 08)
– 국회 정치개혁특별위원회는 8일 국회의원 선거의 선거구를 획정하는 선거구획정
위원회를 독립기구로 설치하고, 이 위원회에서 마련한 획정안에 대한 국회의 수정
권한을 포기하기로 합의했다. 정개특위 여야 간사인 새누리당 정문헌 의원과 새정
치민주연합 김태년 의원은 이날 오후 특위 전체회의에 앞서 이병석 위원장 주재로
회동하고 선거구획정안에 대해 국회가 수정할 수 없도록 한다는 데 합의했다. 김 의
원은 전체회의 모두발언에서 "선거구 획정과 관련해 국민의 불신을 샀던 국회의원
들의 수정 조항을 삭제하기로 한 것은 기득권을 내려놓는다는 측면에서 큰 합의가
아닌가 생각한다"고 말했다. 앞서 헌법재판소는 국회의원 지역선거구의 최대·최소
인구 편차를 현행 3:1에서 2:1로 축소해야 한다고 결정한 바 있어 20대 총선을 앞두
고 대대적인 선거구 조정이 불가피한 상황이다. 여야 간사는 이런 내용의 공직선거

법 개정안을 4월 임시국회에서 우선 처리하기로 의견을 모았다.

04월 20일

• 옛 통진당 이상규 사퇴…관악서 '야권 연대' 논란 불붙나   (연합뉴스 04. 20)

− 4·29 서울 관악을(乙) 국회의원 보궐 선거에 출마한 옛 통합진보당 출신 이상규 전 의원이 20일 기자 회견을 열어 "박근혜 정권 심판을 위해, 야성 회복과 야권 단결을 위해 후보직을 사퇴한다"고 밝혔다. 이 전 의원은 다른 야권 후보 중 누구를 지지하느냐는 질문에는 구체적으로 언급하지 않았다. 다만 "다른 야권과 접촉해 (야권 단결을) 요구했지만, 누구도 답하지 않았다"면서 "제 주장을 받아 안는 후보가 저를 지지하는 유권자의 마음을 얻을 것"이라고 답했다. 이 전 의원은 출마 후 각종 여론 조사에서 2~5%의 지지율을 기록해 왔다. 지지세가 큰 편은 아니지만, 새누리당 오신환 후보·새정치연합 정태호 후보가 박빙의 승부를 벌이고 있고, 국민모임 정동영 후보가 바짝 추격하는 양상을 보이는 구도에서 이 전 의원의 지지표가 어디로 이동할지가 판세에 영향을 미칠 수 있다는 분석이 나온다. 새누리당은 이 전 의원의 사퇴로 인해 서울 관악을(乙)에서 사실상 야권 연대가 이뤄질 수 있음을 경계하며 비판하고 나선 반면 새정치연합이나 국민모임은 이 전 의원측과 거리를 두며 신중한 태도를 보였다.

한국 여론

04월 03일

• '무상급식' 선별 실시 60% 대 전면 실시 37%   (연합뉴스 04. 03)

− 최근 경상남도가 교육청에 제공하던 무상급식 예산을 중단하고 기존 무상급식 예산 643억 원을 저소득층 교육 사업 지원에 쓰겠다고 홍준표 경남도지사가 밝히면서 촉발된 초중등 무상급식 논란과 관련, 선별적 무상급식에 찬성하는 여론이 60%로 전면 무상급식보다 더 우세한 것으로 나타났다. 한국갤럽이 지난달 31일부터 지난 2일까지 설문 조사하여 3일 밝힌 결과에 따르면 초중등 무상급식과 관련해 '소득 수준을 고려해 선별적 무상급식을 해야 한다'는 답변이 60%였으며, '소득에 상관없이

전면 무상급식을 해야 한다'는 답변은 37%에 그쳤다. 3%는 의견을 유보했다. 홍준표 지사의 무상급식 관련 결정에 대해선 '잘한 일'이라는 답변이 49%로 '잘못한 일'(40%)이라는 답변보다 많았지만, 전국 여론과는 달리 경남도민은 '잘한 일'(35%)보다 '잘못한 일'(49%)이라는 평가가 많았다. 한편 박근혜 대통령의 국정 수행에 대한 지지율이 지난 1월 첫째 주 갤럽 여론 조사에서 40%를 기록한 이후 20~30%대로 떨어져 머물다가 석 달 만에 처음으로 40%대를 회복한 것으로 나타났다. 정당 지지도는 새누리당이 40%, 새정치연합 27%, 정의당 3%, 없음 또는 의견 유보가 30%로 조사됐다.

04월 07일

- 리얼미터 "국민 65% 세월호 인양 찬성"　　　　　　　　　　　(경향신문 04. 07)

− 여론 조사 기관 리얼미터는 박근혜 대통령이 6일 '기술적으로 가능할 경우 세월호 인양을 적극 검토하겠다'고 밝힌 것과 관련해 세월호 선체 인양에 대해 여론 조사를 벌인 결과 '인양해야 한다'는 의견이 65.8%로 나타났다고 7일 밝혔다. 이는 '인양하지 말아야 한다'는 의견(16.0%)의 4배를 넘는 수치다. '잘 모른다'는 응답도 18.2%에 달해 반대 의견보다 더 많았다. 리얼미터가 지난 2일 실시한 조사 때에 비해 찬성(49.4%) 의견이 15%가량 높아졌다. 지지 정당별로 보면 새누리당 지지층에서는 찬성이 48.9%, 반대가 25.5%였고, 새정치민주연합 지지층에서는 찬성이 82.3%, 반대가 12.1%으로 나타났다. 무당파에서도 찬성이 69.9%, 반대가 10.7%였다.

04월 15일

- 여, 4월 재보선 여론 조사, 전 지역서 지지율 하락　　　　　　(조선일보 04. 15)

− '성완종 리스트' 파문이 4월 재·보선 판도를 뒤흔들고 있다. 새누리당은 이 사건이 발생하기 전만 해도 "재·보선 지역 4곳 중 수도권 3곳은 가져올 수 있다"는 기대감을 보였다. 그러나 지난 10일 성완종 리스트가 공개된 이후 당 자체 조사에서도 유리했던 지역의 지지율 격차는 줄고, 열세 지역은 격차가 벌어지는 추세가 확인돼 '전패' 분위기마저 감돌고 있다. 새누리당 싱크탱크인 여의도연구원의 이번 주 여론 조사 결과, 낙승을 예상했던 성남 중원의 경우 새누리당 신상진 후보와 새정치연

합 정환석 후보의 지지율 격차는 8~9%포인트 정도로 급격히 줄어든 것으로 알려졌다. 새누리당 관계자는 "지난주 같은 조사에선 신 후보가 정 후보를 13~14%포인트 정도 앞섰다"고 밝혔다. 새누리당 '안방'으로 불렸던 인천서·강화에선 새누리당 안상수 후보가 새정치연합 신동근 후보에 여전히 뒤지고 있으며, 격차가 다소 벌어진 것으로 알려졌다. 지난주 여의도연구원 조사에서 안 후보는 신 후보에 비해 1%포인트 정도 뒤졌지만, 이번 주 조사에선 3~4%포인트 차로 벌어진 것으로 알려졌다. 서울 관악을(乙)의 경우, 지난주에 비해 새누리당 오신환 후보와 새정치연합 정태호 후보의 지지율이 동반 하락하고, 국민모임 정동영 후보의 지지율이 오른 것으로 전해졌다. 여권 관계자는 "그동안 정 후보의 지지율은 19~20% 정도로 정체 상태였는데, 이번 조사에선 20% 중반까지 올라왔다"고 했다. 광주 서을(乙)은 새정치연합 조영택 후보와 무소속 천정배 후보가 박빙 대결을 벌이는 가운데 새누리당 정승 후보는 지지율이 10%대 중반에서 정체돼 있는 것으로 전해졌다.

04월 20일

- 리얼미터 "대통령 지지도 하락·새누리 지지도 상승"   (연합뉴스 04. 20)
- 여론 조사 기관 리얼미터가 지난 13~17일 실시하여 20일 발표한 여론 조사에 따르면 박근혜 대통령의 취임 112주차 지지율은 전주보다 1.5%포인트 하락한 38.2%를 기록했다. 리얼미터는 "세월호 1주기와 '성완종 파문'의 후폭풍으로 박근혜 대통령의 국정 수행 지지도가 2주 연속 하락했다"고 밝혔다. 한편 새누리당 지지도는 전주 대비 1.5%포인트 반등한 35.5%를 기록하여 상승세를 회복한 반면, 새정치민주연합은 1.0%포인트 하락한 28.6%로 집계됐다. 리얼미터의 일간 분석에 따르면 새누리당의 지지도는 이완구 총리에 대한 적극적 대처 요구, 박 대통령과 김무성 대표 간 독대 등을 기점으로 상승했다. 새정치연합의 지지도는 새누리당이 노무현 정부에서의 성완종 전 회장의 특별사면 문제를 본격 거론하고 일부 새정치연합 의원들 또한 성 전 회장의 로비 대상이었다는 보도가 있었던 시점 등에서 각각 하락세를 보였다.

11차(4월 말~5월 말)

4월 29일 치러진 재·보궐선거 결과 새누리당이 수도권 3곳(서울 관악을, 인천 서·강화을, 경기 성남 중원)에서 승리하였다. 반면 새정치민주연합은 광주 서구을 (乙)마저도 새정치연합을 탈당한 무소속 천정배 후보에 내주면서 1석도 차지하지 못했다. 선거 이후 실시된 한 여론 조사에서도 박근혜 대통령과 김무성 새누리당 대표의 지지율은 크게 오른 반면 문재인 새정치연합 대표의 지지율은 하락하여 여야의 희비가 엇갈렸다(조선일보 2015. 05. 01). '성완종 파문'으로 인해 하락했던 박 대통령의 국정 운영 평가는 재보선 이후 일련의 여론 조사에서 지속적으로 상승하여 40%대를 회복하기도 하였다. 반면 새정치연합의 지지율은 계속해서 하락하여 여야 간의 지지율 격차는 벌어지고 있는 추세이다. 광주 서구 을에서 당선된 무소속 천정배 의원은 4월 30일 국회에 등원하며 "내년 총선 때 호남 (선거구) 30군데에서 '뉴 DJ(김대중 전 대통령)'들을 모아 도전하고 싶다"면서 호남 신당 창당을 시사하기도 하였다(동아일보 2015. 05. 01). 하지만 한 여론 조사 결과에 따르면 절반에 가까운 46.2%의 유권자가 호남 신당 창당에 공감하지 않으며, 특히 새정치연합 지지층의 58.1%가 호남 신당 창당에 공감하지 않는 것으로 나타났다(경향신문 2015. 05. 11).

여야는 공무원연금개혁 특별위원회의 활동 시한인 2015년 5월 2일 '더 내고 덜 받는' 방향의 개혁안을 담은 공무원연금법 개정안을 오는 6일 국회 본회의에서 처리하기로 최종 합의했다(연합뉴스 2015. 05. 02). 여야는 개혁안이 사회적 합의 과정을 통해 타결되었다면서 '국민 대타협'의 의미를 부여하기도 하였지만, 5월 6일, 12일 열린 본회의에서 연달아 처리가 무산되었다. 여야 원내지도부는 당초 국회 규칙의 부칙에 '공무원연금 개혁을 통한 재정 절감분 20%를 공적연금 강화에 사용하고, 국민연금을 포함한 공적연금의 명목 소득 대체율의 목표치를 50%로 한다'는 내용의 서류를 첨부하기로 의견을 모았지만, 새누리당이 합의안을 거부하자 새정치연합도 본회의 참석을 거부하고 나선 것이다(연합뉴스 2015. 05. 06). 이에 따라 공무원연금 개혁안뿐만 아니라 여야가 합의하여 법사위를 통과한 여러 법안들까지도 본회의 상정이 무산되는 등 논란이 계속 되었다.

한편 국회 정치개혁특별위원회는 현재 국회에 설치되어 있는 선거구획정위원회를 중앙선거관리위원회 산하에 두도록 하고 선거구획정위의 국회의원 선거구획정안을 국회가 수정하지 못하도록 하는 내용을 담은 공직선거법 개정안을 4월 30일 의결하였다. 개정안에 따르면 정개특위는 1회에 한해 재적위원 3분의 2 이상의 의결로 획정안의 재제출을 요구할 수 있으며, 선거구획정안은 법제사법위를 거치지 않고 바로 본회의에 상정돼 채택 가부만 의결할 수 있도록 하였다(연합뉴스 2015. 04. 30). 이러한 내용의 개정안은 5월 6일 법사위를 통과했지만 공무원연금 개혁안을 둘러싼 여야 갈등으로 인해 12일 본회의에 부의되지 못했다.

한국 정당

04월 22일

• 한미 원자력 협정, 여 "원자력 정책 방향타"…야 "미진하나 나름의 성과"

(연합뉴스 04. 22)

− 여야 정치권은 22일 4년 6개월의 마라톤 협상 끝에 타결된 한미 원자력 협정에 대해 소기의 성과를 거뒀다고 의미를 부여했다. 다만 여야 간에 온도차도 감지됐다. 국회 외교통일위 소속 새누리당 심윤조 의원은 "사용 후 핵연료의 효율적 관리와 원전 연료의 안정적 공급, 원전 수출 증진 등 우리 정부가 추구했던 목표 3가지를 얻었다"고 말했다. 권은희 대변인은 논평에서 "우리의 원자력 정책을 안정적으로 추진하기 위한 방향타가 마련됐다"면서 "새로운 협정을 효율적으로 이행하기 위해 조직적, 제도적 체제 정비가 필요한 만큼 국회 차원의 뒷받침을 위해 최선의 노력을 다할 것"이라고 밝혔다. 새정치연합 김성수 대변인은 공식 논평을 통해 "미국의 농축·재처리 금지조항을 배제함으로써 원자력 이용에 있어서 일정 수준의 자율권과 원전 수출의 자율성을 확보한 것은 나름의 성과로 평가한다"고 밝혔다. 다만 김 대변인은 "핵심 쟁점이었던 우라늄 농축과 사용 후 핵연료 재활용 문제에 대해서는 확실한 권리를 확보하지 못한 것은 미진한 부분이다"고 덧붙였다.

05월 02일

• 여야, 공무원연금 개혁안 최종 합의…'공식 환영' 한 목소리 속 온도차

(연합뉴스 05. 02)

- 여야가 공무원연금개혁 특별위원회 활동 시한인 2일 '더 내고 덜 받는' 방향의 개혁안을 담은 공무원연금법 개정안을 오는 6일 국회 본회의에서 처리하기로 합의했다. 여야는 합의문에서 "공무원 단체가 국가 재정을 위해 고통 분담의 결단을 내려준 데 대해 높이 평가한다"고 밝혔으며 이번 개혁안이 사회적 합의 과정을 통해 타결되었다는 점에서 '국민 대타협'의 의미를 부여했다. 여야는 합의 도출에 대해 공식적인 환영의 뜻을 밝혔지만 새누리당 지도부는 일부 아쉬움과 불만을 표시하기도 했다. 한편 공적연금 기능을 강화하기 위해 국민연금의 명목 소득 대체율을 50%로 인상하고, 공무원연금 개혁의 재정 절감분을 국민연금에 일부 투입하는 데 대해 정부와 청와대가 거부감을 감추지 않았다. 특히 공무원연금 개혁을 위해 만들어진 특위가 국민연금 명목 소득 대체율을 명시한 것은 일종의 '월권'이라는 이유에서다.

05월 12일

• 여, 홍준표 '공천헌금' 발언에 당 '불똥' 우려 (연합뉴스 05. 12)

- 새누리당은 12일 '성완종 리스트'와 관련, 검찰 수사를 받는 홍준표 경남지사가 자신의 결백을 주장하면서 과거 한나라당 시절 수억 원대 공천 헌금이 오갔다고 발언한 데 대해 당혹해하는 분위기가 역력했다. 지난 2002년 대선 당시 '차떼기 정당'이라는 오명으로 선거 때마다 어려움을 겪어 온 새누리당은 그동안의 숱한 혁신 노력에도 불구하고 '돈 공천 의혹'이 다시 불거질 경우 2016년 총선을 앞두고 당에 상당한 타격이 될 수 있다는 우려의 목소리가 적지 않다. 한편 홍 지사는 전날 기자간담회에서 윤승모 전 경남기업 부사장이 2011년 6월 성완종 전 경남기업 회장의 부탁으로 자신에게 건넨 1억 원을 "2012년 총선 대비 공천 헌금"이라고 진술한 내용을 반박하면서 과거의 공천 헌금에 대해 언급했다. 홍 지사는 2004년 17대 총선 공천심사위원 시절을 언급하며 "(윤 전 부사장이) 1억 원 이야기를 하는데, 1억 원은 정치권에서 광역의원 공천하는 돈도 안 된다"고 말했다.

05월 21일

• 황교안 총리 내정에 엇갈린 반응…여 "잘 된 인사" 야 "공안 통치 선언"

(조선일보 05. 21)

- 박근혜 대통령은 21일 신임 국무총리 후보자에 황교안 법무부 장관을 지명했다. 이에 대해 새누리당 김무성 대표는 "박근혜 대통령께서 부정부패를 척결하고 청렴한 사회를 만들겠다는 의지가 강하기 때문에 그러한 역할을 충실히 잘할 사람으로 아주 잘 된 인사"라고 평가했다. 반면, 새정치민주연합 김영록 수석대변인은 이날 국회 브리핑을 통해 "박근혜 대통령이 황교안 법무장관을 국무총리로 내정한 것은 국민 통합형 총리를 원했던 국민의 바람을 져버린 것"이라며 "황 장관을 국무총리로 내정해 공안 통치에 나서겠다고 노골적으로 선언한 것"이라고 맹비난했다.

한국 선거·의회

04월 29일

• 새누리 '수도권 3곳 싹쓸이'–새정치 '4곳 전패 충격'   (연합뉴스 04. 30)

- 박근혜 정부 후반기 정국 향배를 가를 4·29 재·보궐선거에서 새누리당이 예상 외의 압승을 거두고, 새정치민주연합은 최악의 참패를 기록했다. 새누리당은 이날 4개 선거구에서 실시된 국회의원 재보선에서 서울 관악을, 인천 서·강화을, 경기 성남중원에서 승리를 챙겼다. 광주 서을(乙)에서는 새정치연합에서 탈당한 무소속 천정배 후보가 당선됐다. 특히 새누리당은 수도권 3곳을 '싹쓸이'하는 동시에 야당의 '전통적 텃밭'으로 분류되는 관악을(乙)에서도 무려 27년 만에 당선인을 내며 짜릿한 승리를 맛본 반면 새정치연합은 '최후의 보루'로 여겨졌던 광주마저 '탈당파'에 내주면서 전패의 충격에 빠졌다. 이날 선거 결과에 따라 국회 의석수는 새누리당이 157개(지역구 130, 비례대표 27)에서 160개로 늘었고, 새정치연합은 130개(지역구 109, 비례대표 21)를 유지했으며, 무소속이 3명으로 늘었다.

04월 30일

• 정개특위, 선관위 선거구 획정안 국회서 수정 불가…1회 한해 재심 요청

- 국회 정치개혁특별위원회는 30일 공직선거법 심사소위와 전체회의를 잇따라 열어 선거구획정위원회에서 만든 국회의원 선거구획정안을 국회에서 수정하지 못하도록 하는 내용의 공직선거법 개정안을 의결했다. 개정안은 또 현재 국회에 설치돼 있는 선거구획정위를 중앙선거관리위원회 산하에 두도록 했다. 개정안에 따르면, 국회의원 선거구획정위는 선거일 1년 6개월(18개월) 전까지 중앙선관위에 설치하되 1년 1개월 전에 획정안을 국회 정개특위에 제출하고 1년 전까지 본회의에서 의결하도록 했다. 다만 2016년 4월 총선의 경우는 선거일 5개월 전까지 획정안을 확정하기로 했다. 선거구획정위는 중앙선관위원장 추천 1인과 시민 단체, 학계, 법조계, 언론계, 정당 등이 추천한 8인 등 9명으로 구성하기로 했다. 선거구 획정안은 선거구획정위 재적위원 3분의 2 이상 찬성으로 의결된다. 국회 정치개혁특위는 제출받은 선거구 획정안에서 위헌 또는 위법적 요소가 발견될 경우 1회에 한해 재적위원 3분의 2 이상의 의결로 이유를 명기해서 선거구획정위에 획정안을 다시 제출해 달라고 요구할 수 있는 권한을 갖게 된다. 선거구 획정안은 법제사법위를 거치지 않고 바로 본회의에 상정돼 채택 가부만 의결할 수 있도록 했다. 국회의장은 선거구 획정안을 담은 법률이 제안된 뒤 처음 개의하는 본회의에 이를 부의해야 하며 바로 표결 절차를 밟도록 했다.

05월 06일

• 공무원연금 개혁안 4월 국회 처리 무산…후폭풍 예고　　　　(연합뉴스 05. 06)

- 공무원연금 재정 절감을 위해 여야가 합의한 공무원연금법 개정안의 4월 임시국회 처리가 결국 무산됐다. 새누리당은 6일 밤 의원총회를 열어 여야 원내지도부 차원에서 합의한 내용을 수용하지 않기로 했다. 앞서 새누리당 유승민·새정치민주연합 우윤근 원내대표는 이날 국회에서 회동해 사회적 기구 구성안을 담은 국회 규칙의 부칙에 '공무원연금 개혁을 통한 재정 절감분 20%를 공적연금 강화에 사용하고, 국민연금을 포함한 공적연금의 명목 소득 대체율의 목표치를 50%로 한다'는 내용의 서류를 첨부하기로 의견을 모았다. 그러나 새누리당이 최고위원회의와 의원총회를 거친 끝에 결국 이 같은 잠정 합의안을 거부하기로 하자, 새정치연합도 "소득 대

체율 50%가 첨부 서류에 명기 안 되면 다른 법안 처리도 거부한다"며 본회의 참석을 보이콧했다. 이에 따라 여야가 이번 회기 내에 처리키로 합의한 100여 건의 법안 처리도 함께 무산됐다. 한편 이날 정의화 국회의장이 박상옥 대법관 임명 동의안을 직권 상정해 여당이 단독 표결 처리하였다. 박 후보자 임명 동의안이 국회에 제출된 지 100일 만이며, 지난 2012년 국회선진화법 도입 이후 공직 후보자 임명 동의안이 직권 상정된 것은 사실상 이번이 처음이다.

05월 08일

• 국회의장 자문 기구 "오픈프라이머리 모든 정당 강요는 부적절"   (연합뉴스 05. 10)

– 오픈프라이머리를 모든 정당에 강요하는 것은 바람직하지 않다는 의견이 국회의장 자문 기구에서 최근 제기되었다. 국회 정치개혁특위에 도움을 주기 위해 지난 3월 국회의장 산하 기구로 설치된 선거 제도 개혁 국민자문위원회는 8일 국회에서 내부토론회를 갖고 공천 제도 개혁 방안에 대해 의견을 나눴다. 이 자리에서 고려대 이내영 교수는 "완전 국민 경선제를 모든 정당에 강제하는 것은 바람직하지 않고, 개별 정당에 다양한 예비 선거 가운데 선택권을 주는 게 바람직하다"는 의견을 제시했다고 자문위원장인 연세대 신명순 명예교수는 전했다. 자문위는 이달 말까지 공천 제도를 포함한 선거 제도 개혁안을 정의화 국회의장에게 제출하고 활동을 마칠 예정이다. 한편 새누리당은 2016년 총선부터 오픈프라이머리를 전면 도입키로 당론을 정한 바 있으나 새정치연합은 오픈프라이머리의 전면 도입에는 반대, 부분적으로 도입하고 전략 공천 제도를 일부 유지하기로 방침을 정했다.

05월 12일

• 본회의 처리 법안 '달랑 3건'…법사위원장 월권 논란   (연합뉴스 05. 12)

– 공무원연금법 개정안 처리 무산으로 다시 소집된 5월 임시국회의 첫 본회의가 12일 열렸지만 법안 3건과 결의안 2건만 처리한 채 산회했다. 법안 처리 건수가 고작 3건에 불과한 것을 놓고 새누리당은 새정치민주연합 탓이라고 비난했다. 국민 생활과 밀접한 60여 건의 법안이 지난 4월 임시국회에서 사실상의 '최종 관문'인 법사위를 이미 통과했음에도 불구하고 야당 소속 이상민 법사위원장이 '요식 행위'인 전자

서명을 거부하면서 본회의 상정이 무산됐기 때문이다. 민현주 원내대변인은 본회의 의사진행 발언을 통해 "이는 전례가 없는 일로, 권한 남용이며 월권"이라고 성토했다. 이상민 법사위원장은 본회의에 앞서 여당 원내 지도부의 항의 방문을 받은 자리에서 "당내에서 오늘 본회의 자체를 못하겠다는 강한 의견이 있었지만 제가 책임지고 (3개 법안 처리) 합의 사항을 지키자고 했다"면서 "합의된 것만이라도 빨리 통과시키자"고 말했다. 한편 이날 처리된 법안은 연말정산 환급을 위한 소득세법 개정안과 상가권리금 보호를 위한 상가건물임대차보호법 개정안, 누리과정 예산 마련을 위한 지방재정법 개정안 등이다.

05월 20일

• 여야, '유용 논란' 국회 특수 활동비 개선 대책 추진 　　　　　　　(연합뉴스 05. 20)

– 여야는 '성완종 파문'에 연루된 새누리당 소속 홍준표 경남지사와 '입법 로비' 의혹으로 재판을 받는 새정치민주연합 신계륜 의원이 의혹을 받는 뭉칫돈의 출처를 국회 주요 직책의 판공비 격인 특수 활동비로 해명한 데 대해 여론 비난이 들끓자 앞다퉈 대책 마련에 나서기로 했다. 새누리당 유승민 원내대표는 "여당의 원내대표로서 국회의장을 찾아뵙고 이 문제를 국회 차원에서 어떻게 개선해 나갈지, 또 운영위원장으로서 운영위 차원에서 어떤 제도 개선책을 마련할지를 진지하게 논의할 것"이라고 설명했다. 새정치민주연합 이종걸 원내대표는 "이윤석 원내수석부대표를 반장으로 국회 특수 활동비를 전체 점검하고 투명성을 제고하는 개선 대책단을 발족하겠다"면서 "국회 윤리 확립을 위해 제대로 된 정책을 신속히 마련하겠다"고 설명했다.

한국 여론

04월 30일

• 엇갈린 여야 당 대표 희비…김무성 지지도 7% 급등, 문재인 3% 하락

　　　　　　　　　　　　　　　　　　　　　　　　　　　　　(조선일보 05. 01)

– 새누리당이 4·29 재·보궐선거에서 압승을 거두면서 박근혜 대통령과 김무성 새

누리당 대표의 지지율은 크게 오른 반면, 야권 대권 주자인 문재인 새정치민주연합 대표의 지지율은 하락했다. 여론 조사 전문기관 리얼미터는 30일 설문한 결과, 김무성 대표의 지지도는 전날 16.3%에서 23.4%로 7.1%포인트 상승했고, 문재인 대표는 26.9%에서 23.6%로 3.3%포인트 떨어졌다고 밝혔다. 선거 전까지 지지도에서 문 대표에게 10.6%포인트 차이로 뒤처져 있던 김 대표가 격차를 0.2% 포인트 차이로 대폭 좁힌 것이다. 정당 지지도에서도 새누리당은 전날 36.0%에서 41.9%로 올랐고, 새정련은 33.4%에서 27.7%로 떨어졌다. 전날 2.6%포인트에 불과했던 여야 지지율 격차는 14.2%포인트로 벌어진 것이다. 한편 박근혜 대통령의 국정 수행에 대한 긍정적 평가도 전날 37.6%에서 이날은 43.3%로 5.7%포인트 상승했다.

05월 11일
• 리얼미터 "국민 절반 호남 신당 공감 못해"   (경향신문 05. 11)
– 국민 10명 중 절반 가까이가 '호남 신당' 창당에 공감하지 않는다는 여론 조사 결과가 나왔다. 이번 조사 결과는 4·29 재·보궐선거 이후 광주에서 새정치민주연합을 누르고 의석을 얻은 천정배 의원이 호남 신당 창당을 시사하고 있는 중에 나온 것이어서 주목된다. 여론 조사 전문 기관 리얼미터는 지난 6~7일 이틀간 여론 조사 결과 '호남 신당 창당에 공감하지 않는다'는 의견이 46.2%로 '공감한다'는 의견(36.6%)보다 9.6% 더 높은 것으로 나타났다고 11일 밝혔다. 응답자의 정당 지지별로 보면 새누리당 지지층은 공감 의견이 45.6%, 비공감 의견이 42.1%로 오차범위 내에서 팽팽했지만, 새정치연합 지지층은 공감 29.5%, 비공감 58.1%로 비공감이 압도적이었다.

05월 15일
• 박 대통령 지지율 40% 회복…새정치연합 지지율 2015년 들어 최저 (조선일보 05. 15)
– 한국갤럽이 지난 12~14일 실시해 15일 발표한 여론 조사에 따르면 박근혜 대통령이 국정 운영을 '잘하고 있다'는 평가가 40%를 기록한 반면 새정치연합의 정당 지지율은 2015년 들어 가장 낮은 수치인 22%를 기록했다. 박 대통령 지지율은 4월 첫째 주 여론 조사에서 40%를 기록한 후 '성완종 리스트' 파문으로 34%까지 떨어졌다가

한 달여 만에 다시 회복됐다.

05월 25일
• 새누리당 지지율, 황교안 후보자 지명 이후 소폭 상승   (동아일보 05. 25)
－ 공무원연금 개혁안 처리 불발 이후 주춤했던 새누리당 지지율이 황교안 국무총리 후보자 지명 이후 소폭 상승했다. 반면 새정치연합은 내홍이 격화되면서 지지율이 하락해 여야 간 격차가 더 벌어졌다. 여론 조사 기관 리얼미터가 18~22일 실시한 여론 조사 결과 새누리당 지지율은 지난주에 비해 0.9%포인트 상승한 41.7%로 조사됐다. 반면 새정치연합은 지난주보다 1.9%포인트 하락한 27.3%에 그쳤다. 여야 간 격차는 14.4%로 지난주보다 2.8%포인트 더 벌어졌다. 박근혜 대통령 국정 수행 지지도는 지난주보다 0.5%포인트 떨어진 42.9%를 기록했지만 3주 연속 40%대 지지율을 지켰다.

12차(5월 말~6월 말)

김윤실

공무원연금 개혁안의 본회의 통과를 조건으로 한 여야 원내대표의 합의에 따라, 정부의 행정 입법에 대한 국회의 수정 및 변경 요구 권한을 강화토록 한 국회법 개정안이 5월 29일 새벽 본회의에서 통과됐다(연합뉴스 2015. 05. 29). 새누리당 소속의 법조인 출신 의원들은 위헌 소지가 있다며 개정안에 강력하게 반발하였으며, 실제로 표결 결과 새누리당에서 반대표와 기권표를 포함하여 대거 이탈표가 나오기도 하였다. 이후 국회의 행정 입법 수정 권한의 강제성을 두고 여야가 엇갈린 해석을 내놓으며 갈등이 지속되었다. 새누리당은 국회의 시정 요구를 행정부가 이행하지 않더라도 이를 강제할 후속 조치가 없다며 '강제성이 없다'고 보는 반면, 새정치민주연합은 행정부가 국회의 수정 요구를 반드시 따라야 한다며 '강제성이 있다'고 정반대로 주장했다(연합뉴스 2015. 06. 01).

국회법 개정안의 본회의 통과 이후 청와대가 거부권 행사를 시사하자 새정치민주연합은 '행정 독재적 발상'이라며 강하게 비판하고 나섰다(연합뉴스 2015. 06. 02). 대통령이 거부권을 행사한 법안은 과반수 의원 출석에 출석 의원 3분의 2 이상의 찬성을 통해 재의결할 수 있기 때문에 국회법 개정안을 법률로 확정하기 위해서는 여야 간의 협조가 필요한 상황이다. 정의화 국회의장은 원안의 조문보다 강제성을 완화한 중재안을 통해 여야 합의를 시도하기도 하였다. 여야가 여러 차례 의견을 조율한 결과 6월 15일 정부 시행령에 대해 국회가 수정·변경을 '요구한다'는 문구를 '요청한다'로 바꾼 국회법 개정안이 정부로 이송되었다.

황교안 전 법무부 장관은 박근혜 대통령으로부터 총리 후보자로 지명된 지 28일 만인 6월 18일 국회의 임명 동의 절차를 모두 마치고 대한민국 제44대 총리로 취임하였다(연합뉴스 2015. 06. 18). 이에 앞서 새정치연합은 황 후보의 자료 제출이 부실하다며 인사 청문회 일정을 뒤로 미뤄줄 것은 요청하였으나 새누리당이 거절하였다. 12일 야당의 반대를 무릅쓰고 여당이 단독으로 황 후보의 인사 청문보고서를 채택하자 야당 의원들이 격렬히 반대하며 회의장을 전원 퇴장하기도 하였다. 이 과정에서 야당의 보이콧 가능성이 제기되기도 했지만, 여야가 모두 참석한 18일 국회 본회의에서 황 후보의 총리 임명 동의안이 가결되었다.

한편 새누리당이 당론으로 채택한 국민 공천제를 2016년 총선부터 실현시키기 위한 방안 마련에 본격 나섰다(연합뉴스 2015. 06. 07). 전략 공천 대신 상향식 공천을 통해 유권자가 직접 공직선거 후보자를 결정하는 방안을 논의할 태스크포스를 구성한 것이다. 한편 새정치연합 혁신위원회는 막말로 인해 당 차원에서 일정 수준 이하의 징계라도 받으면 총선 공천 과정에서 감점을 주고, 일정 수준 이상의 징계를 받으면 공천 과정에서 아예 배제하도록 하는 방침을 6월 18일 밝혔다.

한국 정당

06월 04일

- 정의당·노동당·국민모임·노동정치연대 "9월까지 새 정당"…야권 재편·총선 구도
  변화 관심 (한겨레 06. 04)
- 정의당, 노동당, 국민모임, 노동정치연대 등 4개 진보 세력은 4일 단계적 통합을 거쳐 9월까지 새로운 대중적 진보 정당 건설에 나서겠다고 선언했다. '반새누리당-비새정치민주연합'이란 기치 아래 통합진보당 해산 뒤 남은 진보 세력 대부분이 집결하는 셈이다. 4개 진보 세력의 결합은 가뜩이나 위축된 진보 세력이 지금처럼 나뉘어진 상태로는 진보적 대안 정당으로서 최소한의 기능을 하기 어렵다는 공감대 속에 2014년 말부터 추진돼 왔다. 이들이 지향하는 바는 △최저 임금 시간당 1만 원으로 인상 △비정규직 문제 해결 △보편 복지 확대와 조세정의 실현 △노동자 경영 참여제 도입과 재벌 체제 개혁 △정당명부 비례대표제 확대 등을 과제로 하는 민주주의·민생·복지 정당이다. 한편 '온건 진보'를 내세운 무소속 천정배 의원은 '제1야당 개혁'을 내세우며 독자 행보에 나서고 있다.

06월 07일

- 여당, 2016년 총선 겨냥 '국민 공천제' 본격화…태스크포스 구성 (연합뉴스 06. 07)

– 새누리당은 최근 국민 공천제(오픈프라이머리) 실시 방안을 연구할 태스크포스 구성을 완료했으며 오는 10일 첫 회의를 가질 예정인 것으로 7일 알려졌다. 지난 4월 당내 추인 절차를 마친 국민 공천제는 이른바 '전략 공천'을 없애고 유권자가 예비 선거를 통해 공직선거 후보자를 결정하는 '상향식 공천'을 골자로 하고 있다. 하지만 역선택 우려와 비용 문제 등으로 현행법 개정 없이 애초 추진한 완전 국민 경선 방식을 100% 실현하기에는 어려운 만큼 당헌·당규 개정만으로 실현 가능한 범위 내에서 당초의 국민 공천제에 근접한 대안을 모색할 방침이다. 앞으로 태스크포스는 선거인단의 구성 방법과 구성 비율, 경선관리 비용, 여론 조사로 경선을 대체할지 여부 등에 대해 중점적으로 검토하게 된다. 또한 비례대표 국회의원 후보 선정 기준과 공모 방식 투명성 강화 방안 등도 모색할 방침이다. 그러나 새정치연합은 여전히 오픈프라이머리 전면 실시에 대해선 부정적인 입장이어서 20대 총선 전에 국회 차원의 논의가 시작될 수 있을지는 미지수다.

06월 07일

• 정쟁만 하던 여야 '메르스(MERS·중동호흡기증후군) 휴전'   (동아일보 06. 08)
– 새누리당 김무성 대표, 새정치민주연합 문재인 대표 등 여야 지도부와 양당의 메르스 관련 특별위원장은 7일 국회에서 '4+4' 회동을 갖고 메르스 사태 조기 종결을 위해 초당적으로 협력하기로 했다. 여야는 국회 차원의 '메르스대책특별위원회'를 가동하는 데 뜻을 모았으며, 정부가 국민이 필요로 하는 정보를 신속히 공개하고 지자체와도 실시간으로 필요한 정보를 공유해야 한다고 지적했다. 뒤늦게라도 정쟁을 중단하고 초당적 협력을 결의한 것은 다행이지만 메르스 공포가 급속도로 확산될 때 손을 놓고 있던 정치권이 뒤늦게 생색내기 대응에 나선 것 아니냐는 지적도 나온다. 한편 이날 여야 대표 회동은 5일 남경필 경기도지사가 새정치연합 문 대표를 만났을 때 아이디어를 제공했고 문 대표가 새누리당 김 대표에게 제안하면서 성사됐다.

06월 12일

• 여당, 황교안 청문 보고서 단독 채택…야당 퇴장   (연합뉴스 06. 12)
– 국회 황교안 국무총리 후보자 인사청문특별위원회는 12일 전체회의를 열어 여

당 의원만 참여한 가운데 인사청문 경과보고서를 채택했다. 특위는 위원장을 포함해 새누리당 7명, 새정치민주연합 5명, 정의당 1명으로 구성된 만큼 새누리당 소속 위원들의 참석만으로 과반 의결 요건을 충족해 단독 처리가 가능했다. 야당 소속 위원들은 전체회의에 참석해 황 후보자의 부적격성을 주장하며 보고서 채택을 격렬히 반대했지만, 장윤석 위원장과 여당 의원들이 표결 절차를 강행하자 전원 퇴장했다. 이에 따라 본회의에서 인준 표결을 할 수 있는 절차상 요건을 갖추게 됐지만, 정의화 국회의장이 일단 여야 합의로 본회의를 열 것을 원하고 있어 대정부 질문을 위한 본회의가 시작되는 오는 18일 이전에 인준 표결이 이뤄질지는 불투명한 상황이다.

06월 18일

• 야 '막말' 징계 땐 공천 배제   (경향신문 06. 18)

– 새정치민주연합 혁신위원회는 18일 "막말을 해서 당 윤리심판원에서 일정 수준 이상의 징계를 받으면 아예 (2016년 총선) 공천에서 배제하도록 하겠다"고 밝혔다. 정채웅 혁신위 대변인은 이날 혁신위 3차 회의를 마친 뒤 국회에서 가진 브리핑을 통해 "당원 통합을 저해하고 당의 기강을 무너뜨리는 '막말'에 대해선 당 윤리심판원이 엄중히 조사해 합당한 조치를 할 것"이라며 이같이 말했다. 정 대변인은 "일정 수준 이하의 징계라도 공천 과정에서 감점을 줄 수 있다"고 덧붙였다. 정 대변인은 그러나 공천에서 배제되는 구체적인 징계 수위에 대해서는 "여러 위원의 견해차가 있어 합의점에 이르지 못했다"고 전했다. 현재 당 윤리심판원에 '막말'로 제소되거나 징계를 받은 의원은 "비노(非盧)는 새누리당의 세작"이라고 한 김경협 의원과 "혁신위가 문재인의 전위부대 같다"고 한 조경태 의원, 주승용 최고위원에게 '공갈 사퇴' 발언을 한 정청래 최고위원 등이다.

한국 선거·의회

05월 29일

• 공무원연금법 개정안 통과, 여야 모두 호평… "합의 정신 이뤄냈다"

                    (조선일보 05. 29)

– 국회는 29일 새벽 본회의를 열어 재석의원 246명 중 찬성 233명, 반대 0명, 기권 13명으로 공무원연금법 개정안을 심의·의결했다. 2014년 10월 28일 새누리당 김무성 대표가 '공무원연금법 개정안'을 당론으로 대표 발의한 지 7개월 만이다. 개정안에는 매달 내는 보험료인 기여율은 2020년까지 현행 (기준소득월액) 7%에서 9%로 높이고, 은퇴 후 받는 연금액을 결정하는 지급률은 2035년까지 현재 1.9%에서 1.7%로 내리는 내용이 담겼다. 이를 통해 향후 70년간 333조 원을 절감할 수 있을 것으로 추산된다.

05월 29일

• '시행령 수정 요구권 강화' 표결에 여당 30여 명 '이탈'　　　　　(연합뉴스 05. 29)

– 새누리당과 새정치민주연합은 공무원연금 개혁안 통과의 조건으로 국회법 개정안을 처리한다는 양당 유승민, 이종걸 원내대표의 합의에 따라 29일 새벽 운영위와 법사위, 본회의를 잇달아 열어 국회법 개정안을 통과시켰다. 개정안은 행정 입법이 법률의 취지와 내용에 합치되지 않는 경우 국회가 수정·변경을 요구하고, 행정기관은 이를 처리하여 소관 상임위에 보고토록 했다. 그러자 새누리당 소속의 법조인 출신 의원들은 위헌 시비를 제기하며 강력 반발했다. 표결 결과 본회의 전광판을 기준으로 12명의 반대표가 모두 새누리당에서 나왔다. 또 기권표를 던진 새누리당 의원 20명도 국회법 개정안에 불만 의사를 간접적으로 내비친 것으로 풀이된다.

05월 29일

• 선관위 "선거구 획정안 10월 중순까지 국회 제출"　　　　　(연합뉴스 05. 29)

– 중앙선거관리위원회는 29일 위원회 산하에 설치되는 국회의원 선거구획정위원회에서 오는 10월 13일까지 2016년 4월 총선에 적용될 선거구 획정안을 마련해 국회에 제출하겠다고 밝혔다. 선관위는 이날 국회 본회의에서 공직선거법 개정안이 통과, 선거구획정위를 선관위 소속 독립기구로 설치하고 국회 수정 권한을 사실상 포기하도록 한 것에 환영하면서 이같이 밝혔다. 한편 국회는 11월 13일까지 선거구 획정안을 의결하고 12월 15일부터 총선에 출마할 예비후보자 등록을 시작하게 된다.

06월 07일

• 야당 "자료 제출 부실" 황교안 청문회 연기 요청…여당 거절 　　　(연합뉴스 06. 07)

– 새정치민주연합은 7일 황교안 국무총리 후보자의 자료 제출 부실을 들어 8~10일
로 예정된 국회 인사 청문회의 연기를 요청했으나 새누리당이 거부했다. 대신 여야
원내대표는 황 후보자에게 자료 제출을 거듭 요청키로 했으며, 야당 청문위원들도
청문회 직전까지 계속 후보자를 압박하기로 했다. 황 후보자가 제출하지 않은 자료
는 변호사 시절 수임 자료를 비롯하여 재산 증가·증여 검증을 위한 후보자와 직계
존비속 간 금전 거래 내역 및 증빙 자료, 병역 면제 의혹 검증을 위한 학교생활기록
부, 직무 검증을 위한 검사 재직 시 판공비와 특정업무 경비 사용 내역 등이다.

06월 15일

• 국회법 논란, 정부로 '이송'…'거부권 정국' 펼쳐지나 　　　(연합뉴스 06. 15)

– 정의화 국회의장이 15일 국회법 개정안 통과 17일 만에 개정안을 일부 수정해 정
부로 이송하면서 국회에서의 논란은 일단락됐다. 이날 이송된 개정안은 지난달 29
일 새벽 통과한 원안 중 시행령에 대해 국회가 '수정·변경을 요구한다'는 문구에서
'요구'가 '요청'으로 바뀌었다. 박근혜 대통령의 거부권 행사 여부는 개정안이 이송
된 지 15일 이내인 오는 30일까지 결론나게 됐다. 청와대는 즉각 입장을 발표하지는
않았지만 위헌 소지가 여전하다는 입장을 고수하는 것으로 전해졌다. 새정치연합은
개정안이 국회로 되돌아오면 본회의에 상정해 재의결 절차를 진행해야 한다고 요구
하고 있지만, 새누리당은 정치적 부담 때문에 이에 선뜻 응하기 어려운 상황이다.

06월 18일

• 국회, 황교안 총리 인준…52일 만에 총리 공백 해소 　　　(연합뉴스 06. 18)

– 황교안 국무총리 후보자 임명동의안이 18일 국회 본회의를 통과했다. 여야가 참
석한 가운데 실시된 이날 무기명 투표 결과 재석 의원 278명 가운데 찬성 156표, 반
대 120표, 무효 2표 등으로 집계돼 찬성률은 56.1%를 기록했다. 이는 총리 인사청문
회 도입 이후 이한동·이완구 전 총리에 이어 역대 세 번째로 낮은 찬성률이다. 새정
치연합은 본회의 개의 직전까지 의원총회를 열어 인준 표결 참여 여부를 놓고 격론

을 벌인 끝에 지도부의 결단으로 표결 참여를 결정했다. 총리 후보자 임명동의안의 가결 기준은 재적 의원(298명) 과반 출석에 과반의 찬성이다.

05월 29일

• 황교안, 총리로 '적합하다' 31%…'부적합하다'는 24%　　　　　(조선일보 05. 29)
– 한국갤럽이 지난 26일부터 3일간 황교안 국무총리 후보자에 대해 여론 조사한 결과 신임 총리로 '적합하다'는 응답이 31%로 '적합하지 않다'는 24%를 웃도는 것으로 나타났다. 황 후보자가 총리로 적합하다고 응답한 사람들은 그 이유로 '무난하다'(16%), '경력이 좋다'(11%), '대통령과 관계가 좋다'(10%)를 들었다. 적합하지 않다는 응답자들은 '도덕성'(19%), '공안검사 출신'(10%), '법무부 장관 출신'(9%) 등의 이유로 반대했다. 이번 조사에서 박근혜 대통령 지지율은 40%를 기록했다. 새누리당 지지율은 5주 연속 상승하며 44%, 새정치민주연합의 지지율은 23%를 기록했다.

06월 05일

• 갤럽 "메르스 여파로 박 대통령 지지율 34%로 하락"　　　　　(연합뉴스 06. 05)
– 한국갤럽은 지난 2일부터 3일간 설문 조사한 결과 메르스 사태의 여파로 인해 이번주 박근혜 대통령의 국정 수행에 대한 긍정 평가 비율이 지난주보다 6%포인트 하락해 34%로 내려앉은 것으로 조사됐다고 5일 밝혔다. 박 대통령의 직무 수행에 대한 부정 평가는 55%였고, 10%는 의견을 유보했다. 긍정 평가율은 지난주까지 5주 연속 39~40%에 머물렀으나, 이번 지지율 하락으로 성완종 리스트 파문 때와 비슷해졌다. 또한 직무 수행 부정 평가자가 꼽은 부정평가 이유 중 두 번째는 메르스 확산 대처 미흡(14%)으로 나타났다. 특히 전 연령대에 걸쳐 긍정률이 하락했지만, 성별로는 남성(지난주 38%→이번주 35%)보다 여성(42%→34%)에서, 직업별로는 가정주부(55%→39%)에서 변화 폭이 컸다. 정당 지지도는 새누리당이 41%, 새정치민주연합 21%, 정의당 4%, 없음·의견 유보가 34%로 나타났다.

06월 05일

• 국민 70% "정부 '메르스 관리 대책' 못 믿겠다"　　　　　　　　　(한겨레 06. 05)

‒ 국민 약 10명 중 7명은 정부의 메르스 관리 대책을 신뢰하지 않는 것으로 나타났다. 여론 조사 전문 기관 리얼미터가 4일 정부 메르스 관리 대책에 대한 신뢰도를 조사해 5일 내놓은 결과를 보면, '신뢰하지 않는다'는 응답이 68.3%로 집계됐다. 응답자의 39.6%는 '매우 신뢰하지 않는다'고 답했고, '신뢰한다'는 응답은 25.9%에 그쳤다. 지지 정당별로는 새정치민주연합 지지층(신뢰 4.8%, 불신 90.9%)과 무당층(신뢰 5.7%, 불신 88.8%)에서 '신뢰하지 않는다'는 답이 압도적으로 많았다. 반면 새누리당 지지층(신뢰 52.5%, 불신 39.9%)에서는 '신뢰한다'는 응답이 우세했다.

06월 19일

• 갤럽 "박 대통령 지지율 29%로 급락…취임 후 최저 수준"　　　(연합뉴스 06. 19)

‒ 한국갤럽은 지난 16일부터 18일까지 설문 조사한 결과 박근혜 대통령의 국정 수행에 대한 지지율이 29%로 급락해 취임 이후 최저치를 기록했다고 19일 밝혔다. 대통령 직무 수행 부정 평가자(606명)는 부정 평가의 이유로 '메르스 확산 대처 미흡'(33%)을 가장 큰 이유로 꼽았다. 다음은 '국정 운영이 원활치 않다'(12%), '리더십 부족·책임 회피'(12%), '소통 미흡'(11%) 등의 순이었다. 한편 정당 지지도는 새누리당 40%, 새정치민주연합 25%, 정의당 3%를 각각 기록했으며, 없음·의견 유보는 32%였다.

06월 22일

• 리얼미터 "박 대통령 지지율 34.9%…하락세 멈춰"　　　　　　(연합뉴스 06. 22)

‒ 메르스 사태가 진정 국면에 접어들면서 박근혜 대통령과 새누리당의 지지율이 지난 2주간의 하락세를 벗어나 소폭 반등했다고 여론 조사 기관인 리얼미터가 22일 밝혔다. 리얼미터가 지난 15~19일 실시한 여론 조사 결과에 따르면 박 대통령의 국정 수행 지지노는 34.9%로 지난주 대비 0.3%포인트 올랐다. 새누리당 역시 지난주 대비 0.2%포인트 상승한 36.7%의 정당 지지도를 보이며 지난 2주간의 하락세에서 벗어난 반면, 당직 인선 문제로 내분 양상을 보이는 새정치연합은 29.4%로 0.9%포인트 하락, 다시 20%대로 내려앉았다.

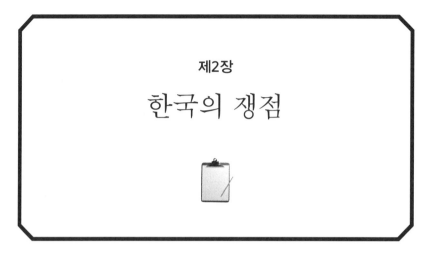

제2장
한국의 쟁점

거듭되는 정부의 인사 실패, 소통이 문제다

김윤실

　세월호 참사에 책임을 지고 사퇴한 정홍원 총리가 두 차례 인사 파동 끝에 2014년 6월 26일 유임하기로 결정됐다. 사의를 표명한 총리가 유임된 것은 헌정 사상 처음 있는 일인 만큼 많은 논란이 일었고, 이후 2기 내각의 구성 역시 순탄치 않았다. 박근혜 대통령은 논문 표절 등의 의혹은 물론 청문회에서의 동문서답으로 자질 논란에 휩싸인 김명수 사회부총리 겸 교육부 장관 후보자에 대한 지명을 한 달여 만인 7월 15일 철회하였으며, 이는 박 대통령이 취임 이후 처음으로 스스로의 인사 실패를 인정한 것이라 할 수 있다. 연이어 위증 의혹에 '폭탄주 회식' 논란 등이 일면서 여야 모두로부터 거센 비판을 받았던 정성근 문화체육관광부 장관 후보자 역시 지명 한 달여 말인 16일 자진 사퇴하였다.

　2기 내각의 인사 실패가 거듭되면서 각종 여론 조사 결과에서 박 대통령의 국정 수행에 대한 평가는 부정적인 여론이 절반 가까이를 차지하며, 지지율의 하락세를 유지하고 있다. 심지어 한국갤럽에서 실시한 여론 조사 결과에 따르면 박 대통령의 국정 운영이 잘못되고 있는 이유 가운데 '인사 잘못함'이 36%로 가장 많았고, '소통 미흡'이 11%로 뒤를 이었다(한겨레 2014. 07. 14). 이러한 결과는 박 대통령이 지명한 인사의 청문회 과정을 국민들이 부정적으로 평가하고 있으며, 특히 인사 과정에서 여야 및 국민과의 소통이 부족하다고 느끼고 있다고 해석할 수 있다. 박 대통령은 여야가 반대하는 인사에도 불구하고 임명을 강행하려는 '불통 정치'의 모습을 자주 보여 주기 때문이다.

하지만 최근 박 대통령의 반가운 행보도 눈에 띈다. 박 대통령은 7월 10일 새누리당과 새정치민주연합의 원내대표 및 정책위의장 등 여야 원내지도부 4명을 청와대로 초청하여 정국 현안과 국회 입법 과제 등을 논의하였다. 이 과정에서 청와대-야당의 관계는 물론 여야 간의 관계도 회복하는 소통의 기회를 가졌다고 할 수 있다. 박 대통령은 회동에서 야당 측의 지적과 조언을 경청하면서 '정례회동'까지 제안하는 등 적극적인 소통 의지를 보였다(연합뉴스 2014. 07. 10). 회동 당시 박영선 원내대표가 "'국가 개조'라는 말은 일본 군국주의 시대의 용어이며 권위주의적 하향식 어휘이기 때문에 이것을 국가 혁신으로 바꾸는 게 좋겠다"는 제안을 하자, 박 대통령은 즉석에서 "그러면 그렇게 하는 게 좋겠다"고 했고 실제로 나흘 뒤인 전당대회 연설에서 바로 적용하였다(조선일보 2014. 07. 15). 첫술에 배부를 수는 없을 것이다. 여야 지도부와 대통령이 상시적으로 만나 작은 소통에서부터 시작하는 것이 빠르지 않더라도 소통·통합 정치로 가는 가장 바른 길이라 생각한다.

참고문헌

연합뉴스 2014. 07. 10.
조선일보 2014. 07. 15.
한겨레 2014. 07. 14.

방탄 국회, 비판 여론은 막을 수 없었다

철도·해운 비리 및 입법 로비 연루 혐의로 구속영장이 청구된 여야 현역 의원 5명이 지난 2014년 8월 21일 구속 전 피의자 심문(영장실질심사)에 전원 자진 출석했다. 하루만 버티면 22일부터 8월 임시국회와 9월 정기국회가 연달아 시작되어 회기 중인 국회 뒤에 숨을 수 있었다. 국회의원은 현행범이 아닐 경우 국회 동의 없이는 회기 중에 체포할 수 없다는 헌법상 불체포 특권을 가지고 있기 때문이다. 하지만 그들이 달콤한 방탄 국회의 유혹을 포기할 수밖에 없을 만큼 여론은 거세게 그들을 몰아붙였다. 사실상 자진출석이라기보다는 검찰과 여론의 압박에 등 떠밀린 출석이었다. 하지만 검찰의 강제 구인을 피해 도망가고 잠적하는 등 실망스러운 모습을 보이긴 했지만, 결과적으로 전원 자진 출석했다는 것에서 작은 변화를 발견하고 싶다.

여야는 선거 때마다 불체포 특권을 포기하겠다는 공약을 들고 나왔었다(조선일보 2014. 08. 11; 동아일보 2014. 08. 22). 그러나 막상 눈앞에 닥치자 또다시 습관처럼 방탄 국회를 준비했다. 7월 임시국회 종료일인 8월 19일 자정 직전 새정치민주연합이 단독으로 8월 임시국회 소집 요구서를 제출한 것이다. 새정치연합은 세월호특별법 처리를 위한 국회 소집이라 항변했지만, 한밤중에 쫓기듯 제출된 서류는 '날이 바뀌기 전에 서둘렀다'는 의심을 사기에 충분하다. 국회법상 임시국회는 소집 공고 '3일 후'에 열리도록 되어 있기 때문이다.

22일 오전까지만 해도 해당 의원들이 실질 심사 연기를 요청하면서 결국 '방탄 국회'임을 인정하는 것이 아니냐는 우려의 목소리도 나왔었다(연합뉴스 2014. 08. 21). 구인장을 들고 의원회관 사무실을 찾아간 검찰을 막기 위해 보좌진이 문을 걸어 잠그는 것은 기본, 회관에 아예 출근을 하지 않고 위치 추적을 피하기 위해 휴대폰을 꺼놓거나 차명폰을 사용하는 등 구차하고 볼썽사나운 상황이 연출되기도 했다(중앙일보 2014. 08. 22). 비리 혐의에 연루되지 않는 것이 가장 좋겠지만 억울하게 연루되었다면, 말로만 부인할 것이 아니라 당당하게 영장 심사에

지역 다양성과 사회 통합 (Ⅱ)

응해서 자심의 무혐의를 주장할 필요가 있다. 방탄 국회의 유혹에 애초부터 흔들리지 않는 것이 가장 바람직한 모습이다. 하지만 방탄 국회에 숨어 보려 시도하던 의원들이 끝내 여론에 굴복했다는 사실에서 불행 중 다행을 엿보았다. 불체포 특권을 포기하는 시늉이라도 했기 때문이다. 방탄 국회라는 잘못된 선택을 하지 않은 것에 다행스럽다.

참고문헌

동아일보 2014. 08. 22.
연합뉴스 2014. 08. 21.
조선일보 2014. 08. 11.
중앙일보 2014. 08. 22.

파행의 연속, 무능한 19대 국회

김윤실

이보다 더 무능한 국회가 있을까. 19대 국회가 2014년 5월 2일 이후 단 1건의 법안도 처리하지 못하면서 역대 최악의 법안 처리율을 기록하고 있다. 여야가 세월호특별법 등을 둘러싸고 대치하면서 본회의는 물론 상임위도 제대로 운영되지 못했고 국회가 제 기능을 사실상 상실하고 말았다(연합뉴스 2014. 09. 08). 방탄 국회라는 오명을 뒤집어쓰면서 새정치연합의 단독 요구로 소집된 8월 임시 국회는 본회의 한 번 열지 못 한 채 종료됐으며, 스스로 방탄 국회의 목적이었음을 인정하는 꼴이 되었다. 이후 오랜만에 열린 9월 3일 본회의에서 여야는 밀린 법안들을 검토하기보다는 비리 혐의를 받고 있는 새누리당 송광호 의원에 대한 체포 동의안을 부결하는 데 힘을 모았다. 제 식구 감싸기에만 열심히인 모습을 보여 준 것이다. 파행의 연속, 반쪽짜리 국회, 무능한 국회에 국민들의 실망이 커질 수밖에 없다.

국회는 단순히 법을 만들고 수정하는 등의 입법 기능뿐만 아니라 행정부 등 국가 권력들을 감독하고 감시하는 역할을 하며, 사회 다양한 이해관계를 대표하는 정당들로 구성되어 갈등을 조정하고 해소하는 역할도 한다. 하지만 지난 5월 이후 세월호 정국이 파행으로 치달으면서 19대 국회는 이 모든 역할들에 소홀히 하고 있다. 8월 임시국회 당시 예정되어 있던 국정감사가 무산되면서 정부의 한 해 업무를 감시하는 국회의 주요 활동이 제때 처리되지 못했고, 2013회계연도 지출에 대한 결산안도 법정 시한(8월 31일)을 넘겼다. 심지어 여야 간의 의견 차가 적은 단순 법안들조차 처리되지 못하고 있다(연합뉴스 2014. 08. 31). 때문에 이후 국회가 정상화된다 해도 걱정이 앞선다. 국정감사를 실시하고 민생 법안은 물론 새해 예산안을 논의함에 있어서 충분한 시간적 여유가 부족하여 졸속 심사가 우려되기 때문이다.

무능한 국회에서 벗어나 일하는 국회로 거듭나기 위해서는 우선 지금의 세월호 정국에서 벗어나야 한다. 국민들은 세월호의 침몰에 하나 되어 슬퍼했지만, 민생을 돌보지 않는 국회의 모습에 이제는 지칠 수밖에 없다. 국회의 정상화를 위해서는 협상 도구로서 장외 투쟁을 선택하는 정당, 특히 야당들의 행태가 먼저 사라져야 할 것이다. 한 여론 조사 결과 야당의 장외 투쟁에 대해 응답자의 76.8%가 반대했다. 상대방과의 협상 과정이 내키지 않더라도 자신의 자리는 지켜야 한다는 것이다. 또한 유연한 사고로 양보하고 타협하기 위해 서로 간의 소통도 중요하다. 그런 점에서 공개 회담이든 비공개 회담이든, 양자 회담이든 삼자 회담이든 다양한 만남과 대화가 필요하다. 여당이 3자 협의체를 거부할 이유가 없는 이유이다.

참고문헌

연합뉴스 2014. 08. 31.
연합뉴스 2014. 09. 08.

사이버 검열 논란, 편의 위한 관행이 불신 초래

김윤실

"자기야, 내 카톡 좀 그만 뒤져" 인터넷 상에서 화제가 되었던 대자보의 내용이다. 이는 단순히 남녀 사이의 연애 문제가 아니라 카카오톡의 사이버 검열 논란을 비꼬듯이 익살스럽게 다룬 것이다. 사이버 검열 논란은 2014년 9월 19일 검찰이 '사이버 명예 훼손 전담 수사팀'을 신설하는 검열 강화 계획을 발표하면서부터 시작됐으며, 10월 1일 정진우 노동당 부대표가 경찰이 자신을 수사하는 과정에서 지인들과 나눈 카카오톡 대화 내용 등을 사찰했다고 주장하면서 거세졌다(연합뉴스 2014. 10. 05). 이에 이석우 다음카카오 공동 대표는 13일 "지난 7일부터 감청 영장의 집행에 응하지 않고 있고 향후에도 응하지 않을 계획"이라며 영장 불응 방침을 밝히기도 했다.

여야는 사이버 검열 논란 및 카카오톡의 '감청 영장 불응' 방침과 관련해 상반된 반응을 보였다. 새누리당은 카카오톡의 방침을 두고 법질서를 지키지 않겠다는 무책임한 선언이라고 비판한 반면, 새정치민주연합은 사이버 검열에 대한 국민의 거부감을 반영한 것으로 근본적인 문제는 정부에 있다고 지적했다(연합뉴스 2014. 10. 14). 사이버 검열 논란이 계속되자 민간인 사찰 의혹으로 번질 것을 우려한 새누리당은 수습에 나서기도 했다. 판사나 검사 등 법조계 출신의 새누리당 소속 의원들은 검열과 감청은 엄연히 다르다며, 감청은 범죄 혐의자를 추적하기 위해 법원의 영장을 받아서 적법 절차에 의해 수사하는 것이라고 설명했다.

카카오톡 사이버 검열의 논란은 사실상 법원과 검찰에서 자초한 일이라 생각된다. 본래 취지대로 판사가 엄격하게 심사한 영장으로 실시되는 감청이라면, 사이버 검열 논란은 '오해'일 수도 있겠다. 하지만 엄밀히 말하면 현재로서 카카오톡은 감청 대상이 아니며, 때문에 감청 영장을 청구하는 것은 맞지 않는 절차이다. 대법원 판례상 감청은 송수신되는 순간에 내용을 가로채는 방식이지만 카카오톡은 실시간 감청에 필요한 설비를 갖추고 있지 않고, 때문에 그동안 서버에 저장된 내용을 모아 제출할 수밖에 없었다. 검찰은 서버에 저장된 것은 감청이 아니라 압수 수색의 대상이어야 한다는 사실을 알면서도 한 번 발부받으면 두 달까지 쓸 수 있다는 이점 때문에 감청 영장을 청구해 왔다(경향신문 2014. 10. 21). 대법원에 따르면 2013년 감청 영장 발부율은 94%에 이른다. 당사자의 동의 없이 대화 내용을 수집한다는 점에서 사생활 침해와 관련해 민감할 수밖에 없는 문제이지만, 법원에서 엄격한 제한 없이 영장을 발부해 온 것이다. 이처럼 자신들의 편의만을 생각하는 관행은 검찰과 법원 등 국가 기관에 대한 국민들의 불신을 키울 수 있다. 국민들의 신뢰를 되찾기 위해서는 사회 통합을 저해하는 관행에서 벗어나야 한다.

참고문헌

경향신문 2014. 10. 21.
연합뉴스 2014. 10. 05.
연합뉴스 2014. 10. 14.

당으로부터 외면받는 여야 혁신안

김윤실

여야의 혁신위원장이 2014년 11월 12일 중앙선거방송토론위원회가 '정치 개혁, 어떻게 이룰 것인가'를 주제로 개최한 정당정책토론회에서 토론을 벌였다. 당시 여야 혁신위원장들은 국회의원 세비 동결 및 무노동 무임금 적용, 출판 기념회 금지, 체포 동의안 제도 강화 등 이른바 '국회의원 특권 내려놓기' 방안과 관련해 많은 부분 공감대를 형성했다(연합뉴스 2014. 11. 12). 또한 선거 개혁에 있어서 헌법재판소의 선거구 재획정 결정을 존중하며 국회가 아닌 외부 독립기구가 그 기능을 맡아야 한다는 데 의견을 모았으며, 정당 개혁과 관련해서도 여야 모두 완전 국민 경선제 도입을 통한 상향식 공천 제도화의 필요성을 주장했다(연합뉴스 2014. 11. 12). 구체적인 분야별 개혁 방향과 범위 등을 놓고 의견차를 보이기도 했지만, 이는 정당들이 서로 다른 사회적, 이념적 지지 기반을 토대로 한다는 점에서 어쩌면 자연스러운 것이다. 또한 여야가 큰 틀에서 공감하고 있기 때문에 이번 토론회에서와 같이 상호 간의 의견 교환과 협의를 통해 발전적으로 해결할 수 있는 부분이라 생각한다.

여야 혁신위 간의 세부적인 의견 차이에 앞서 양당 국회의원을 포함한 지도부의 미지근한 태도가 더 큰 걸림돌이다. 새누리당 보수혁신특별위원회가 국회의원들에게 무노동·무임금 원칙을 적용하겠다는 안을 내놓자 의원들은 불만을 표출했으며, 김무성 대표도 혁신위에 수정해 보라는 지시를 내렸다. 새정치민주연합의 경우에도 정치혁신실천위원회가 선거구 획정에 대한 의원의 개입을 차단하기 위해 제3의 독립기구로 위원회를 구성하는 한편 상임위원회 의결 없이 국회 본회의에 곧바로 상정한다는 내용의 정치 혁신안을 보고하자, 문희상 비대위원장을 비롯한 일부 비대위원이 추인에 제동을 건 것으로 전해졌다(동아일보 2014. 11. 18).

일각에서는 양당 혁신위의 접근 방식이 잘못되었다는 지적도 있다. 국회의원 특권 포기 및 선거구 획정과 관련한 혁신안의 경우 의원들에게 미리 설명하고 견해를 듣는 작업이 미리 이뤄지지 않아 반팔을 키웠다는 것이다(동아일보 2014. 11. 18). 하지만 정치개혁은 이미 오래전부터 정치권에서 논의되어 오던 사안이다. 최근 갤럽이 실시한 여론 조사 결과에 따르면, 국회가 잘못하고 있다고 답한 응답자는 89%에 달했다(한겨레 2014. 11. 07). 국민 10명 중 9명이 국회가 제 역할을 못하고 있다고 평가한 것이다. 동일한 기관에서 2013년 실시한 조사에서 국회역할에 대한 부정 평가 비율이 최고 80%였던 것을 감안하면, 국회 및 정치권에 대한 국민들의 불신과 불만족이 커져가고 있는 상황이다. 여야는 정치 혁신 의지에 대한 국민들의 의구심이 더 커지기 전에 행동과 실천으로 보여 주어야 한다.

참고문헌

동아일보 2014. 11. 18.

연합뉴스 2014. 11. 12.

한겨레 2014. 11. 07.

통합진보당 해산 결정, 사회 갈등으로 번져서는 안 돼

김윤실

통합진보당이 2014년 12월 19일 창당 3년 만에 해산되었다. 통합진보당의 목적과 활동이 헌법상의 민주주의 기본 질서에 위반된다며 법무부가 청구한 정당해산 심판을 헌법재판소가 받아들인 것이다. 뿐만 아니라 소속 현직 의원 5명(지역구 의원 3명, 비례대표 의원 2명) 모두 의원직을 상실하게 되었다. 헌법재판소의 판단으로 정당이 해산된 것은 이번이 처음이기에 실제로 통진당의 목적이나 활동이 민주적 기본 질서에 위배되는지 여부보다는 정치 결사의 자유를 사법 기관이 훼손한 것이 아닌가 하는 문제에 시선이 집중되고 있다. 헌재 재판관 가운데 유일하게 해산에 반대한 김이수 재판관은 "해산 결정은 사상의 다양성을 훼손하고 소수자들의 정치적 자유를 위축시킬 수 있다"고 지적하기도 하였다. 또한 통진당 해산 결정 이후 보수-진보 간의 이념 갈등이 격화되는 것이 아니냐는 우려도 있다.

헌재의 통진당 해산 결정에 대해 여야 모두 "존중한다"는 원론적인 입장을 밝히며 신중한 반응을 보였지만 미묘한 온도차는 있었다. 새누리당은 "헌법의 승리이자 자유민주주의의 승리"라며 환영 의사를 밝힌 반면, 새정치민주연합은 "헌재 결정을 무겁게 받아들이지만 헌법 가치와 민주주의 기초인 정치 결사의 자유가 훼손된 것은 우려하지 않을 수 없다"고 비판했다(연합뉴스 2014. 12. 19). 새정치연합은 지난 19대 총선에서 야권 연대를 통해 통진당의 국회 진출을 도운 책임에 대한 이른바 '원죄론' 비판에 대해 경계하면서도 한편으로는 비선실세 국정 개입 의혹으로 수세에 몰린 정부·여당이 통진당 해산 사태를 국면 전환용을 이용하려는 정치적 의도가 의심 된다고 지적하는 등 여야 간의 갈등과 혼란이 증폭되는 양상이다.

　하지만 현재의 진보당 해산 결정문에는 소모적 이념 논쟁과 통진당에 대한 부정적 낙인을 경계하는 헌법재판관들의 당부가 담겨 있음을 눈여겨봐야 한다. 재판관들은 "이번 결정으로 인해 우리의 민주주의가 후퇴하고 진보 정당의 활동이 위축될 것이라는 우려가 있음을 알고 있다"면서도 "이 결정을 통해 북한식 사회주의 이념이 우리의 정치 영역에서 배제됨으로써 그런 이념을 지향하지 않는 진보 정당들이 이 땅에서 성장할 수 있는 계기가 될 수 있으리라 믿는다"고 밝혔다(연합뉴스 2014. 12. 19). 통진당 해산 결정이 이념 갈등으로 번지기보다는 그동안 진보 진영에 끊임없이 제기되었던 종북 논란을 잠재우고 진보 정당의 발전으로 이어지길 바라는 것이다. 여야 역시 이번 결정을 서로에 대한 공격 소재로 사용하기보다는 자성과 상생의 계기로 받아들여야 할 것이다.

참고문헌

연합뉴스 2014. 12. 19.

국민의 눈물을 닦아 줄 수 있는 새로운 정치 세력

김윤실

　정동영 전 의원이 상임고문으로 있던 새정치연합을 탈당하고 '국민모임'에 합류했다. 이후 신당 창당 작업을 본격화하고 있는 '국민모임'의 정식 이름은 '국민의 눈물을 닦아주는 새로운 정치 세력의 건설을 촉구하는 모임'이다. 정동영 전 의원의 한 언론매체 인터뷰에 따르면, 세월호특별법 협상이 한창 진행되던 2014년 9월 초 광화문 광장에서 열린 관련 토론회에서 새로운 대안 정당 건설이 필요하다는 논의가 분출되었고 그것이 실질적인 출발점이 되었다(머니투데이 2015. 01. 11). 김세균 서울대 명예교수, 이수호 전 민노총 위원장, 명진 스님, 신학철 화백, 정지용 감독 등 사회 각계각층의 진보 성향 인사들이 모여 구성한 국민모임은 '야당 교체를 통한 정권 교체'라는 목표를 내걸고 있다. 과연 '국민모임'은 이름 그대로 국민의 눈물을 닦아줄 수 있는 새로운 정당, 새로운 정권을 창출할 수 있을까?

'국민모임'의 신당 창당에 대한 여론 조사 결과는 제한적이지만 긍정적이라 평가할 수 있다. 여론 조사 전문 기관인 '휴먼리서치(Humanresearch)'가 2014년 12월 30~31일 이틀간 실시한 여론 조사에서 '국민모임'이 촉구하는 새로운 신당이 출현한다면 어느 정당을 지지하겠느냐고 질문한 결과, 신당의 지지율은 새누리당(39.6%), 새정치연합(21.1%)에 이어 18.7%를 기록했다. 해당 설문 조사의 표준오차가 95% 신뢰수준에서 ±2.5%포인트인 것을 감안하면, 아직 창당도 되지 않은 신당의 지지율이 제1야당인 새정치연합과 오차범위에서 다투고 있다고 할 수 있다(주간경향 2015. 01. 13). 하지만 여론 조사가 실시되던 당시 '국민모임'을 모르는 유권자가 많았으며, 최근 기존 정치권에 대한 국민들의 실망감이 커져가는 상황이라는 점에서 단순히 '국민의 눈물을 닦아주는 새로운 정치 세력'이라는 표현에 대한 유권자들의 선호를 보여 주는 결과라 할 수도 있다. 특히 기존 야당인 새정치연합에 대한 불만족과 새로운 정치 세력에 대한 막연한 기대감이 신당의 비교적 높은 지지율로 표출된 것이다.

한편 국민모임의 결성이 통합진보당의 해산 결정 직후에 발표되었으며, 국민모임의 공동 대표로 이름을 올린 8명 중 일부는 통진당 해산 반대를 주장하며 비상 원탁회의 구성을 제안하여 '통진당 부활'에 뜻을 모은 원탁회의의 핵심 인사인 것으로 알려졌다(중앙일보 2014. 12. 24). 통진당과의 관계 설정이 내부적으로도 명확하지 않은 상황에서 국민모임이 한국 정치 개혁과 사회 통합을 위해 어떤 역할을 하게 될지 걱정이 앞선다. 사사로운 욕심에 얽매여 당리당락에 치우

친 정당이 아닌 진정으로 국민을 위하여 생각하고 움직이는 새로운 정당이 필요하다.

참고문헌

머니투데이 2015. 01. 11.

주간경향 2015. 01. 13.

중앙일보 2014. 12. 24.

선거 제도 개편, 위기를 기회로

김윤실

2015년 2월 24일 중앙선거관리위원회는 '지역주의 완화와 유권자 의사를 충실히 반영하는 선거 제도 개선' 방안 등을 주요내용으로 하는 정치 관계법 개정 의견을 발표했다. 권역별 비례대표제와 석패율제를 도입하고 지역구 의원을 줄이는 대신 비례대표 의원을 지금보다 2배가량 늘리는 내용을 담고 있어 정치권에 미치는 파장이 제법 크다. 중앙선관위는 국회의원 비례대표 선거구를 현행 전국구에서 권역별로 개선함으로써 정당 득표율과 의석수 간, 시·도별 인구수와 의석수 간 불(不)비례성을 극복하여 투표 가치의 평등과 대표성을 강화할 수 있다고 설명하였다(중앙선거관리위원회 2015). 또한 선관위는 시·도 단위로 지역구와 비례대표 동시 입후보를 허용하는 석패율제를 통해 비록 지역구에 당선되지 못하더라도 비례대표로 당선될 수 있는 가능성을 제공함으로써 정당의 지역 편중을 완화하고자 하였다. 이러한 제도 개선을 통해 새누리당은 호남에서, 새정치민주연합은 영남에서 의원을 당선시킬 수 있는 가능성이 높아지며 지역주의 완화 효과를 기대할 수 있게 된다.

중앙선관위의 이러한 의견에 대해 여야는 일단 환영한다는 입장을 밝혔지만 미세하게 반응은 엇갈리고 있다. 새누리당 김무성 대표는 "선관위의 의견일 뿐"이라며 "(국회)정치개혁특별위원회에서 논의돼야 한다"고 말하는 데 그쳤지만(조선일보 2015. 02. 26), 새정치연합은 더 적극적으로 환영의사를 밝혔다. 문재인 대표는 "저와 우리 당은 정치의 고질적 병폐인 지역 대결 구도의 해결 방안으로 권역별 비례대표제와 석패율제 도입을 주장했는데, 독립적 기관인 선관위조차 같은 의견을 냈다"고 말하기도 했다(연합뉴스 2015. 02. 25). 선관위의 개정의견에 따라 권역별 비례대표제와 석패율제를 도입할 경우 지역구 의석이 46석 줄어들게 되는데, 현역 의원들은 다음 선거에서의 결과를 예측하기 어려워지기 때문에 셈법이 복잡한 상황이다. 머지않아 여야 동수로 구성될 정개특위는 선관위의 의견을 반영해 선거 제도를 최종 결정하게 된다. 어떤 제도가 자신에게 더 유리한지보다는 유권자가 무엇을 원하는지, 어떤 제도가 유권자의 의사를 더 정확하게 보여 주고 대의 민주주의에 적합한지 고민하는 시간이 되어야 할 것이다. 제 밥그릇을 내놓고 대의를 위하는 것이 유권자의 신뢰를 회복하는 가장 정확한 방법이라 생각한다.

참고문헌

연합뉴스 2015. 02. 25.

조선일보 2015. 02. 26.

중앙선거관리위원회. 2015. 「중앙선관위, 정치관계법 개정의견 국회 제출」 보도자료(2월 24일).

김영란법, 반쪽 법안의 오명을 벗으려면

김윤실

2015년 3월 3일 김영란법(부정청탁 및 금품 등 수수의 금지에 관한 법률)이 국회 본회의를 통과했다. 2011년 6월 김영란 당시 국민권익위원장이 국무회의에 법 초안을 보고한 지 3년 9개월, 국민권익위원회가 2012년 8월 입법 예고안을 낸 뒤 2년 7개월 만이다(조선일보 2015. 03. 04). 재석 의원 247명 가운데 찬성 226표, 반대 4표, 기권 17표로 상당히 높은 찬성률이었다. 하지만 법안이 통과되고 하루 만에 여야는 법안에 대한 수정 및 보완의 필요성을 이야기하고 나섰다. 스스로 졸속 입법이었음을 인정한 것이다. 법 적용 대상에 언론인과 사립학교 교원을 포함시켜 과잉 금지 원칙과 형평성에 위배된다는 점, 국회의원과 시민 단체에 예외를 적용한 부정 청탁 기준의 모호성, 배우자 신고 의무의 위헌 가능성, 수사 기관의 수사권 남용 가능성, 그리고 여야 의견이 엇갈려 이번 법 처리 과정에서 제외된 이해 충돌 방지 규정 등이 추가 논의가 필요한 부분으로 거론되고 있다(연합뉴스 2015. 03. 04; 조선일보 2015. 03. 05). 김영란법의 최초 제안자인 김영란 전 국민권익위원장은 원안인 입법 예고안에서 일부 후퇴한 부분을 아쉽게 생각한다고 입장을 밝히기도 하였다.

김영란법이 비록 반쪽 법안, 졸속 입법의 오명을 쓰고 있지만, 한국 사회의 부정부패와 비리를 척결하고 사회 전반에 대한 국민 신뢰를 회복하기 위해 꼭 필요한 법이라 생각한다. 국민들은 공직자의 비리와 부당한 권한 행사를 근절하고 부정부패를 개혁하여 투명한 한국 사회를 건설하자는 법안의 본래 취지에 공감하고 있다. 한 여론 조사 결과에 따르면 법안 처리 과정에서의 여러 잡음과 한계에도 불구하고 응답자의 절반 이상(58%)은 김영란법의 국회 통과가 '잘된 일'이라고 평가했다. 또한 응답자의 70%가 김영란법과 관련해 '국회의원에게 예외 조항을 둬서는 안 된다'고 답한 것으로 나타났다(경향신문 2015. 03. 13). 김영란법은 앞으로 1년 6개월의 유예기간을 거친 뒤 2016년 9월경부터 시행될 예정이다. 여야는 법안에 대한 충분한 수정과 보완을 위해 시간적 여유를 넉넉히 두었다고 해명했지만, 법의 적용 시기를 이번 국회 임기가 끝나는 뒤로 미루는 데 의기투합했다는 비난을 피할 수 없을 것이다(조선일보 2015. 03. 04). 이제 여야는 자신들의 특권을 내려놓고 김영란법을 통해 국민들이 꿈꾸는 한국 사회의 모습이 진정 무엇인지 생각해야 할 때이다.

참고문헌

경향신문 2015. 03. 13.
연합뉴스 2015. 03. 04.
조선일보 2015. 03. 04.
조선일보 2015. 03. 05.

‖‖

정치권의 초당적 소통 노력의 한계와 가능성

김윤실

한국 사회의 갈등을 조정하고 완화해야 할 주체인 정치권이 오히려 사회 갈등을 부추기고 통합을 저해하는 요인으로 여겨지고 있다. 그런데 최근 정치권에서 초당적 소통을 시도하려는 노력들이 엿보이고 있다. 2014년 6월 당시 새누리당 이완구·새정치민주연합 박영선 원내대표가 매주 회담을 정례화하기로 합의한 이후 2015년 4월 현재 유승민·우윤근 원내대표까지 여야 원내대표 주례회담은 유지되고 있다. 여야 원내대표는 매주 현안을 논의하는 과정에서 서로 간의 이견을 확인할 뿐 뚜렷한 합의 없이 다음 회동을 기약하는 경우가 많다는 한계가 있는 것이 사실이다. 하지만 여야 간의 의사소통의 기회가 특별한 약속 없이도 매주 마련된다는 점에서 예측 가능한 정치를 보여 주고 있다고 생각한다.

2015년 2월 새로 임명된 이병기 청와대 비서실장도 전임 김기춘 전 비서실장과 달리 여야를 아우르는 적극적인 소통에 나서고 있다. 3월 26일 새누리당 원내지도부와의 회동에 이어 4월 1일 새정치연합 우윤근 원내대표를 비롯한 야당 원내지도부와 회동을 가졌는데, 야당 원내지도부와 청와대 비서실이 식사를 겸해 회동한 것은 이례적인 일이다(연합뉴스 2015. 04. 01). 이 실장은 임명 직후 "대통령과 국민께서 지금 저에게 기대하시는 주요 덕목이 소통이라는 것을 잘 인식하고 있다"고 말하기도 했다(연합뉴스 2015. 02. 28). 이 실장은 수석비서관들에게 자신을 통하기보다는 박 대통령에게 직접 보고하라고 독려하는 등 청와대 비서실 분위기를 바꾸고 있다고 한다(연합뉴스 2015. 03. 29). 이러한 이 실장의 유연하고 열린 태도는 박 대통령의 불통 이미지를 완화시키는 데에도 일조할 것으로 보인다.

문재인 새정치연합 대표도 2015년 2월 취임 이후 지속적인 초당적 행보를 보이고 있다. 3월 10일 새누리당 남경필 경기지사를 찾아 생활 임금제 도입 문제를, 18일엔 홍준표 경남지사를 만나 무상급식 중단 문제를 논의한 데 이어 4월 3일 새누리당 원희룡 제주지사를 만나서도 지역 현안을 함께 고민했다(연합뉴스 2015. 04. 03). 비록 만남과 대화의 과정에서 공감과 화합만 있었던 것은 아니었으며 언성을 높이는 일도 있었지만 소통하려는 노력을 높이 평가하고 싶다. 오히려 서로의 차이를 확인하고 얼굴 붉히며 헤어진 홍준표-문재인의 만남에서 정치적 연출이 아닌 진정성을 엿볼 수 있었다. 단순히 두 정치 거물이 만나 현안을 논의했다는 사실을 언론에 내비치고자 하는 의도였다면 표면적인 대화만을 주고받고 웃으며 악수하는 사진을 남겼을 것이다. 서로 양보하여 통합으로 가는 것이 필요하지만, 그에 앞서 서로 다름을 인정하려 노력하고 끊임없이 대화하려는 단계가 선행되어야 한다.

참고문헌

연합뉴스 2015. 02. 28.
연합뉴스 2015. 03. 29.
연합뉴스 2015. 04. 01.
연합뉴스 2015. 04. 03.

새정치민주연합의 당내 갈등 심화

김윤실

　4·29 재보선에서 참패한 이후 새정치민주연합 내 친노(親盧)와 비노(非盧) 간의 갈등이 커져가고 있다. 선거 직후 문재인 대표가 대표직에서 물러날 뜻이 없음을 분명히 하자, 당내 비노를 중심으로 사퇴 요구가 터져 나왔다(한겨레 2015. 04. 30; 동아일보 2015. 05. 01). 문 대표가 선거 다음날인 4월 30일 긴급 소집한 최고위원회 자리에서 비노 진영 최고위원인 주승용 의원은 "지도부가 더 책임지는 모습을 보여야 한다"면서 최고위원직 사퇴까지 거론했으며, 양승조 사무총장과 이춘석 전략홍보본부장을 포함한 일부 부총장 등 선거에서 중추적 역할을 했던 당직자들도 잇따라 자리에서 물러나겠다는 뜻을 밝히기도 했다(연합뉴스 2015. 04. 30). 문 대표의 만류로 대부분의 당직자들이 사의를 철회하였지만 여전히 친노와 비노 간의 계파 갈등으로 새정치연합의 내홍이 깊어지고 있는 모양새다.

　설상가상으로 정청래 최고위원은 5월 8일 최고위원회의에서 주승용 최고위원에게 "사퇴할 것처럼 공갈치는 게 문제"라고 비난했고 주 최고위원이 사퇴 의사를 밝히면서 당내 갈등에 불이 붙었다(중앙일보 2015. 05. 12). 문 대표는 정 최고위원이 주 최고위원에게 직접 사과하도록 설득하였고 정 최고위원에게 당분간 자숙의 시간을 가질 것을 요청하였다. 또한 문 대표는 "앞으로 '문재인은 친노 수장'이라는 말이 없어질 때까지 노력을 멈추지 않겠다"고 약속하고(중앙일보 2015. 05. 12), 분열하는 당을 수습하기 위해 김상곤 전 경기교육감을 위원장으로 하는 혁신 기구 구성을 내세우는 등 갈등을 완화시키려 노력하는 모습을 보였다. 하지만 5월 23일 경남 김해 봉하마을 묘역에서 열린 노무현 전 대통령의 6주기 추도식에서 새정치연합의 당내 갈등은 다시 한 번 심각성을 드러냈다. 이날 김무성 새누리당 대표뿐만 아니라 새정치민주연합 박지원, 김한길 의원과 무소속 천정배 의원 등 비노 진영 의원들은 일부 친노 성향 참석자들로부터 물세례를 맞거나 욕설을 듣는 등 봉변을 당했다(조선일보 2015. 05. 24).

　이러한 새정치연합의 계파 갈등은 지켜보는 유권자들도 지치고 실망하게 만든다. 최근 새정치연합의 정당 지지율이 연일 최저치를 기록하는 등 당내 분열은 정당 지지율에 부정적인 영향을 미치고 있다. 많은 유권자들은 사회 통합을 저해하는 주요 갈등 요인으로 정치 갈등을 꼽고 있는데(김형준 2010; 동아일보 2014. 04. 01), 최근 새정치연합이 보여 준 갈등은 여야 간의 갈등을 넘어선 당내 계파 갈등으로서 더욱 심각한 문제라고 할 수 있다. 새정치연합이 2016년 총선에서 승리하고 더 나아가 정권 교체를 이루기 위해서는 정치 개혁과 혁신에 앞서 통합된 하나의 정당으로서의 모습을 보여 줘야 할 것이다.

참고문헌

김형준. 2010. "한국 사회 갈등 고찰과 정치 발전 방향 모색: 정당과 국회의 역할을 중심으로." 『의정논총』 5권 2호, 129-158.
동아일보 2015. 05. 01.
동아일보 2014. 04. 01.
연합뉴스 2015. 04.30.
조선일보 2015. 05. 24.
중앙일보 2015. 05. 12.
한겨레 2015. 04.30.

국회법 개정안과 합의의 정치

김윤실

　국회법 개정안과 대통령의 거부권 행사를 둘러싼 여당과 야당, 그리고 청와대 간의 긴장이 고조되고 있다. 여야를 넘어 입법부와 행정부 간의 합의가 필요한 시점이다. 2015년 5월 29일 국회 본회의에서 행정 입법이 법률의 취지와 내용에 합치되지 않는 경우 국회가 수정 및 변경을 요구할 수 있도록 하는 내용의 국회법 개정안이 통과되었지만(연합뉴스 2015. 05. 29), 청와대가 위헌 소지를 지적하며 거부권 행사 가능성을 내비쳐 정치권의 갈등이 증폭되었다. 입법부의 행정부 견제 강화를 통해 제왕적 대통령제의 폐해를 완화하고 대의 민주주의를 강화할 수 있다는 의견과 삼권 분립에 어긋난다는 의견이 부딪친 것이다. 이후 정의화 국회의장의 중재에 따라 '요구한다'는 표현을 '요청한다'로 수정하여 본회의 통과 보름 만인 6월 15일 정부로 이송하였지만, 여전히 여야와 청와대 간의 입장 차이가 뚜렷한 상황이다.

대통령이 개정안에 거부권을 행사할 경우 여당과 청와대의 관계 악화는 물론 여당 내 계파 갈등과 여야 대치가 동반 상승하여 혼란스러운 정치 상황이 펼쳐질 것으로 우려된다(연합뉴스 2015. 06. 15). 다수의 여당 의원들은 당정 관계의 파국을 피하기 위해서 대통령이 국회법 개정안을 거부하고 국회의 재의를 요청하더라도 재의결은 불가능하며 법안 폐기 수순을 밟을 수밖에 없다는 인식에 공감하고 있다(연합뉴스 2015. 06. 22; 조선일보 2015. 06. 19). 그러나 법안 폐기 수순으로 갈 경우 야당의 거센 비난을 피할 길이 없으며 여야 간 신뢰에 금이 가면서 향후 법률안을 포함한 의사일정 협의에 차질이 예상된다(연합뉴스 2015. 06. 15). 이러한 진퇴양난의 상황에서는 바로 정치권의 합의 정신이 필요하다.

이번 국회법 개정안이 국회 본회의를 통과한 이후 바로 정부로 이송되지 않고 상당 시일 동안 여야 간의 조율을 거친 것에서 합의 정치의 가능성을 발견할 수 있다. 여야가 모두 만족하는 합의는 아니었지만 파행을 예방하고 절충을 시도했다는 점에서 긍정적으로 평가할 수 있을 것이다. 비록 정부에 이송된 국회법 개정안이 본회의에 통과한 원안과 비교해 큰 차이가 없을 지라도 '한 글자' 수정에 여야가 합의했다는 의미가 담겨 있다고 생각한다. 대통령의 거부권 행사 여부는 개정안이 이송된 지 15일 이내인 오는 6월 30일 이전에 결정된다. 여야를 넘어선 입법부와 행정부 간의 충돌이 불가피한 상황에서 반목이 아닌 합의의 정치를 기대해 본다.

참고문헌

연합뉴스 2015. 05. 29.

연합뉴스 2015. 06. 15.

연합뉴스 2015. 06. 22.

조선일보 2015. 06. 19.

이 책을 기획하고 쓴 사람들

윤종빈	명지대학교 정치외교학과 교수
정회옥	명지대학교 정치외교학과 교수
박경미	전북대학교 정치외교학과 교수
유성진	이화여자대학교 스크랜튼학부 교수
장승진	국민대학교 정치외교학과 교수
한의석	성신여자대학교 정치외교학과 교수
한정훈	숭실대학교 정치외교학과 교수
김윤실	명지대학교 정치외교학과 박사과정
김진주	명지대학교 정치외교학과 석사과정
하종민	명지대학교 정치외교학과 학부생
김소정	명지대학교 정치외교학과 학부생
원명재	명지대학교 정치외교학과 학부생
고혜빈	명지대학교 정치외교학과 학부생
이송은	명지대학교 정치외교학과 학부생
손현지	명지대학교 정치외교학과 학부생
전미소	명지대학교 정치외교학과 학부생